U0469460

陈兴良 /著

刑法研究（第十二卷）
刑法各论 II

Research on Criminal Law

中国人民大学出版社
·北京·

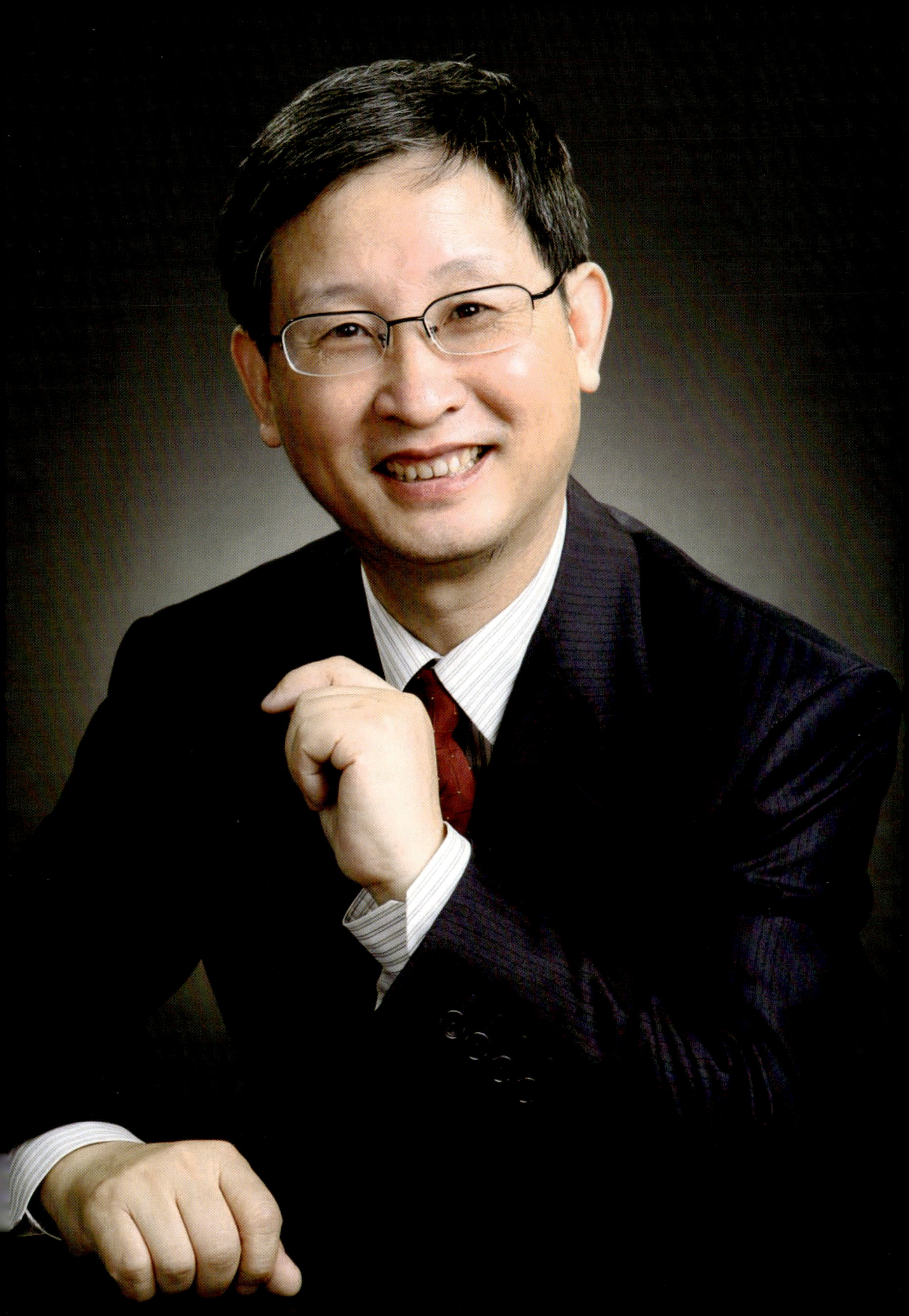

总　目　录

第一卷　刑法绪论 I

第一编　刑法绪论
　　一、刑法理念
　　二、刑事法治

第二卷　刑法绪论 II

　　二、刑事法治（续）
　　三、刑事政策
　　四、刑法立法

第三卷　刑法绪论 III

　　四、刑法立法（续）
　　五、刑法原则
　　六、刑法人物
　　七、刑法随笔

第四卷　刑法理论 I

第二编　刑法理论
　　一、刑法哲学
　　二、刑法教义学
　　三、刑法知识论

第五卷　刑法理论 II

　　三、刑法知识论（续）
　　四、判例刑法学

第六卷　刑法总论 I

第三编　刑法总论
　　一、犯罪概论
　　二、犯罪论体系
　　三、构成要件

第七卷　刑法总论 II

　　三、构成要件（续）
　　四、违法性

第八卷　刑法总论 III

　　四、违法性（续）
　　五、有责性
　　六、未完成罪

第九卷　刑法总论 Ⅳ

七、共同犯罪

八、单位犯罪

九、竞合论

第十卷　刑法总论 Ⅴ

十、刑罚概论

十一、刑罚体系

十二、刑罚适用

第十一卷　刑法各论 Ⅰ

第四编　刑法各论

一、概述

二、公共安全犯罪

三、经济秩序犯罪

第十二卷　刑法各论 Ⅱ

四、侵犯人身犯罪

五、侵犯财产犯罪

六、社会秩序犯罪

第十三卷　刑法各论 Ⅲ

六、社会秩序犯罪（续）

七、贪污贿赂犯罪

本卷目录

四、侵犯人身犯罪 …………………………………………………………… 1
    教唆或者帮助他人自杀行为之定性研究——邵建国案分析 …………… 2
    故意杀人罪的手段残忍及其死刑裁量
        ——以刑事指导案例为对象的研究 …………………………… 17
    被害人有过错的故意杀人罪的死刑裁量研究
        ——从被害与加害的关系切入 ………………………………… 47
    奸淫幼女构成犯罪应以明知为前提——为一个司法解释辩护 ………… 63
    婚内强奸犯罪化：能与不能——一种法解释学的分析 ………………… 89
    婚内强奸行为之定性研究——现行法视域内的考察 …………………… 99
    轮奸妇女之未完成形态研究 ………………………………………………… 115
    强奸罪与强制猥亵妇女罪的区分 …………………………………………… 134
    拘禁他人并向他人勒索财物行为之定性研究——杨宝营案的分析 …… 139
    非家庭成员间遗弃行为之定性研究——王益民等遗弃案分析 ………… 153

五、侵犯财产犯罪 …………………………………………………………… 172
    论财产犯罪的司法认定 ……………………………………………………… 173

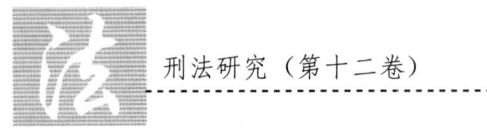

财产犯罪以及相关犯罪案例研析 …………………………………… 192
虚拟财产的刑法属性及其保护路径 …………………………………… 215
故意杀人后取财行为之定性研究——计永欣案分析 ………………… 253
盗窃罪研究 ……………………………………………………………… 264
利用柜员机故障恶意取款行为之定性研究 …………………………… 344
内外勾结窃取银行现金行为之定性研究——以高金有案为视角 …… 380
民事欺诈和刑事欺诈的界分 …………………………………………… 400
侵占罪研究 ……………………………………………………………… 419
立此存照：高尚挪用资金案侧记 ……………………………………… 460
敲诈勒索罪与抢劫罪的界分
　　——兼对"两个当场"观点的质疑 ……………………………… 587
故意毁坏财物行为之定性研究
　　——以朱建勇案和孙静案为线索分析 ………………………… 599

六、社会秩序犯罪 …………………………………………………… 621

扰乱法庭秩序罪的修订：以律师为视角的评判 ……………………… 622
包庇罪与帮助毁灭证据罪之界分
　　——冉儒超案研究 ………………………………………………… 639

四、侵犯人身犯罪

教唆或者帮助他人自杀行为之定性研究
——邵建国案分析

教唆或者帮助他人自杀的行为，在刑法理论上，也称为自杀相关行为。在我国刑法中，自杀行为并非犯罪，但对于教唆或者帮助他人自杀的行为如何处理，却是一个值得研究的问题。本文以邵建国案为分析对象[①]，对自杀相关行为的定性问题进行探讨。

一、案情及诉讼过程

被告人邵建国，男，29岁，宁夏回族自治区银川市人，原系银川市公安局城区分局文化街派出所民警。于1991年8月29日被逮捕。

1990年4月30日，被告人邵建国与本所部分干警及联防队员沈某（女），应邀到苏某家喝酒。喝完酒后，几个人一起在返回派出所的途中，与邵建国的妻子王彩相遇。王彩原来就怀疑邵建国与沈某关系暧昧，看到邵与沈又在一起，更加

---

① 参见最高人民法院中国应用法学研究所编：《人民法院案例选》（刑事卷），279~283页，北京，人民法院出版社，1997。

怀疑邵、沈的关系不正常,便负气回家。当晚7时许,邵建国与王彩在家中为此事争吵不休。争吵中邵建国说:"我不愿见到你。"王彩说:"你不愿见我,我也不想活了,我死就是你把我逼死的。"邵说:"你不想活了,我也不想活了,我们两个一起死。"邵把自己佩带的"五四"式手枪从枪套里取出,表示要与王彩一起自杀。王彩情绪激动地说:"要死我就死,你别死,我不想让儿子没爹没妈。"王彩两次上前与邵夺枪没有夺到手,邵即持枪进入卧室。王彩跟进去说:"要死我先死。"邵说:"我不会让你先死的,要死一块死,你有什么要说的,给你们家写个话。"王彩便去写遗书,邵在王快写完时自己也写了遗书。随后,王对邵说:"你把枪给我,我先打,我死后你再打。"邵从枪套上取下一颗子弹上了膛,使手枪处于一触即发的状态。王彩见此情景,便从邵手中夺枪。在谁也不肯松手的情况下,邵建国把枪放在地上用脚踩住。此时,王彩提出和邵一起上床躺一会,邵表示同意,但没有把地上的枪拣起。邵躺在床里边,王躺在床外边,两人又争执了一会。大约晚10时许,王彩起身说要下床做饭,并说:"要死也不能当饿死鬼。"邵建国坐起来双手扳住王彩的双肩,不让王拣枪。王说把枪拣起来交给邵,邵便放开双手让王去拣枪。王彩拣起枪后,即对准自己的胸部击发。邵见王开枪自击后,发现王胸前有一黑洞,立即喊后院邻居贾某等人前来查看,同时将枪中的弹壳退出,把枪装入身上的枪套。王彩被送到医院,经检查已经死亡。经法医尸检、侦查实验和复核鉴定,王彩系枪弹近距离射击胸部,穿破右心室,导致急性失血性休克死亡,属于自己持枪击发而死。

  银川市人民检察院以被告人邵建国犯故意杀人罪向银川市中级人民法院提起公诉,王彩之父王善宽提起附带民事诉讼,要求被告人邵建国赔偿其为王彩办理丧葬等费用共计1 100元。

  银川市中级人民法院经过公开审理认为,被告人邵建国身为公安人员,明知其妻王彩有轻生念头而为王彩提供枪支,并将子弹上膛,对王彩的自杀在客观上起了诱发和帮助的作用,在主观上持放任的态度,其行为已构成故意杀人罪,应负刑事责任。由被告人邵建国的犯罪行为所造成的经济损失,邵建国确无赔偿能力。该院依照《中华人民共和国刑法》第132条的规定,于1992年11月17日

作出刑事附带民事判决,以故意杀人罪判处被告人邵建国有期徒刑 7 年。

宣判后,被告人邵建国和附带民事原告人王善宽均不服,提出上诉。邵建国的上诉理由是:"主观上没有诱发王彩自杀的故意,客观上没有帮助王彩自杀的行为。"王善宽的上诉理由是:邵建国有赔偿能力。

宁夏回族自治区高级人民法院对本案进行了二审审理。对附带民事诉讼部分,经该院主持调解,邵建国赔偿王善宽 1 100 元已达成协议,并已执行。对刑事诉讼部分,该院认为,上诉人邵建国在与其妻王彩争吵的过程中不是缓解夫妻纠纷,而是以"一起死"、"给家里写个话"、掏出手枪等言词举动激怒对方。在王彩具有明显轻生念头的情况下,邵建国又将子弹上膛,使手枪处于一触即发的状态,为王彩的自杀起了诱发和帮助作用。邵建国明知自己的行为可能发生王彩自杀的结果,但他对这种结果持放任态度,以致发生了王彩持枪自杀的严重后果。邵建国诱发、帮助王彩自杀的行为,已构成故意杀人罪。原审判决事实清楚,证据确实充分,定罪准确,量刑适当,审判程序合法。邵建国的上诉理由不能成立,应予驳回。据此,该院依照《中华人民共和国刑事诉讼法》第 139 条第 1 项和《中华人民共和国刑法》第 132 条的规定,于 1993 年 1 月 14 日裁定如下:驳回邵建国的上诉,维持原审刑事附带民事判决中的刑事判决。

二、争议及评析

在本案审理过程中,对于被告人邵建国的行为是否构成犯罪,构成什么罪,存在以下四种意见:

第一种意见认为:邵建国的行为不构成犯罪。王彩是自杀身亡的,邵建国没有杀人的故意,也没有杀人的行为。而且邵、王二人属于相约自杀,王彩自杀,邵建国没有自杀,不应追究邵建国的刑事责任。

第二种意见认为:邵建国在与其妻王彩争吵的过程中,拿出手枪,将子弹上膛,对王彩拿枪自杀制止不力,并非故意杀人。但邵建国违反枪支佩带规定,造

成了社会危害，后果严重，应比照《刑法》（1979年刑法，下同）第187条的规定，类推定"违反枪支佩带规定致人死亡罪"。

第三种意见认为：邵建国的行为与刑法规定的故意杀人罪最相类似，应比照《刑法》第132条的规定，类推定"提供枪支帮助配偶自杀罪"或"帮助自杀罪"。

第四种意见认为：邵建国的行为构成故意杀人罪。邵建国、王彩夫妇在争吵的过程中，王彩说："我不想活了。"这是王出于一时激愤而萌生短见，并非一定要自杀，更没有明确的自杀方法。此时，邵建国不是设法缓解夫妻矛盾，消除王彩的轻生念头，而是用"两人一起死"、"给家里写个话"和掏出手枪等言词举动，诱使和激发王彩坚定自杀的决心。当王彩决意自杀，情绪十分激动，向邵建国要手枪的时候，邵又把手枪子弹上膛，使之处于一触即发的状态，这又进一步为王彩自杀提供了便利条件，起到了帮助王彩自杀的作用。尽管王从邵手中夺枪时，邵没有松手，随后把枪放在地上用脚踩住，但当王彩提议两人上床躺一会的时候，邵没有拾起手枪加以控制，反而自己躺在床里，让王彩躺在床外，使她更接近枪支。邵建国明知自己的上述一系列行为可能造成王彩自杀的后果。邵建国诱发和帮助王彩自杀的行为，其实质是非法剥夺他人的生命，符合故意杀人罪的构成要件。在我国刑法对这类行为没有另定罪名的情况下，以故意杀人罪追究邵建国的刑事责任是适当的，无须类推。

在本案审理中，虽然存在上述四种意见之多，但实际上就是两种意见：构成犯罪或者不构成犯罪。其中的第二、三种意见，主张对本案类推定罪，是因为本案发生在1992年，当时刑法中存在类推制度。但类推是以法无明文规定为前提的，因而主张类推的观点也认为自杀相关行为没有被刑法规定为犯罪。显然，一、二审法院都采纳了上述第四种意见，对被告人邵建国的行为认定为故意杀人罪。

那么，教唆或者帮助他人自杀在法理上能够直接等同于故意杀人吗？显然，这是一个中国特色的问题，这个问题在外国大体上是不存在的。因为在大陆法系各国的刑法大多都有关于教唆或者帮助他人自杀构成犯罪的明文规定。根据我国

学者的归纳,大致有以下三种情况①:第一种情况是只要行为人实施了教唆他人自杀或者帮助他人自杀的行为,不论是否产生自杀后果,均构成犯罪。如日本《刑法》第202条规定:"教唆或帮助他人使之自杀,或受被杀人嘱托或得其承诺而杀之的,处6个月以上7年以下惩役或监禁。"第二种情况是行为人必须是出于利己或其他动机而教唆或帮助他人自杀的。如瑞士《刑法》第115条规定:"出于利己动机,教唆或帮助他人自杀,而其自杀已遂或未遂者,处5年以下重惩役或轻惩役。"第三种情况是要求他人的自杀行为必须已遂,或者虽然未遂但却造成了严重的伤害结果。如巴西刑法典第122条规定:"引诱或怂恿他人自杀,或帮助他人自杀,处刑:如果自杀既遂,2年至6年监禁;如果自杀未遂,但身体遭受严重损害,则1年至3年监禁。"又如意大利刑法典第580条规定:"使人决心自杀,或加强其自杀的意图,或以其他方法使其易于实行,以致发生自杀的,处5年以上12年以下徒刑;如未发生自杀而仅致重伤或非常严重伤害的结果,处1年以上5年以下徒刑。"这些规定,尽管在具体内容上存在差别,但都将教唆或者帮助他人自杀的行为予以犯罪化,从而为司法机关处理此类案件提供了明确的法律根据。英美法系国家,同样也有类似的规定。例如英国《1961年自杀法》第2条规定了参与共谋他人自杀的刑事责任:(1)任何人帮助、教唆、建议或者促成他人自杀或者他人自杀未遂的,经公诉程序判罪,处不超过14年的监禁。(2)若在对谋杀或者误杀起诉的案件中,有证据证明被告人帮助、教唆、建议或者促成他人自杀的,陪审团可认定构成前款规定之罪。②

我国刑法则只有故意杀人罪的规定,对于教唆或者帮助自杀的行为未作任何规定。在我国刑法理论上,对于教唆或者帮助他人自杀的行为,传统观点认为是应当定罪的,但究竟如何定罪,存在以下两种观点:第一种观点认为应当定故意杀人罪。例如我国学者指出:教唆自杀的行为实质上是借他人之手达到杀人的目

---

① 参见李黎等:《杀人伤害罪个案研究》,65页,成都,四川大学出版社,1990。
② 参见谢望原主译:《英国刑事制定法精要(1351—1997)》,152页,北京,中国人民公安大学出版社,2003。

的，帮助自杀的行为对他人的死亡起了一定的作用并且具有一定的因果关系。因此，教唆或者帮助他人自杀的行为均应以故意杀人罪论处。[1] 第二种观点则认为，教唆或者帮助自杀的行为不应直接定故意杀人罪，而应类推定罪。

个别著作对教唆或者帮助他人自杀的行为应当类推定罪的理由作了论述，主要是以下四个方面：首先，从行为的性质上分析。行为的性质就是指行为本身的合法与非法。如果行为人的行为是正当的、合法的，那么即使造成了他人自杀，也不应负刑事责任。教唆他人自杀和帮助他人自杀的行为本身是非法的，具有非法剥夺他人生命的性质。因为剥夺他人生命的刑罚权只有人民法院才能行使，任何机关和个人都无权行使这项权力。教唆或者帮助他人自杀的行为是违法的，侵犯了他人的生命权。其次，从行为对社会的危害程度和具体情节上分析。构成犯罪、应当负刑事责任的行为，必须情节严重、危害较大。如果是情节显著轻微、危害不大的，就不应负刑事责任。从教唆他人自杀和帮助他人自杀的行为的危害性上看：教唆他人自杀和帮助他人自杀的行为，使人们不能正确地对待人生，丧失生存的勇气和希望。他的目的是把他人引向绝望。因此这种行为具有较大的社会危害性。再次，从行为与结果的因果关系上分析，危害行为与危害结果之间存在着因果关系。唆使、诱劝、指点、帮助的行为与他人的自杀行为之间具有内在的、必然的联系。因为没有诱劝、指点和帮助，就不会有他人的自杀。怂恿、诱劝是直接引起他人自杀的起因。因此，教唆或者帮助自杀是他人自杀的起因或原因，他人自杀则是教唆或者帮助自杀行为的直接结果，教唆或者帮助自杀行为与他人的自杀行为之间具有刑法上的因果关系。这是教唆或者帮助他人自杀行为负刑事责任的客观基础。最后，从行为人的主观上分析。构成犯罪的行为，除了在客观上具有违法性和危害性外，行为人在主观上还必须具有罪过——故意或者过失。唆使、帮助他人自杀的行为，不仅在客观上具有危害性、违法性和因果性，而且在主观上也是故意的。因为，行为人对其唆使、帮助他人自杀的行为会引起

---

[1] 参见金子桐等：《罪与罚——侵犯公民人身权利、民主权利罪的理论与实践》，16页，上海，上海社会科学院出版社，1986。

的后果是明知的,并且又是希望这一结果出现的。行为人在主观上不是出于利己,这并不影响其故意罪过形式的成立。这是教唆或者帮助他人自杀行为负刑事责任的主观基础。综上四个方面可以看出,教唆和帮助他人自杀的行为已完全具备应负刑事责任的主客观要件。[①]

这一段引文是在分析一个教唆、帮助死刑犯自杀案时所论述的,我作了个别文字上的删改。这段引文使我产生兴趣的并非其结论,而是其论述过程。在我看来,这一论证对于教唆或者帮助他人自杀与故意杀人行为是否具有最相类似性并未论及,而这才是需要论证的。尤其是第一点,只是论及"教唆他人自杀和帮助他人自杀的行为本身是非法的,具有非法剥夺他人生命的性质"。问题在于:这里的非法能否等同于犯罪,剥夺他人生命的性质从何而来,难道不是自杀者在剥夺自己的生命吗?因此,以上论证是缺乏说服力的。考虑到这一论述出自1990年的著作中,而且主张对教唆或者帮助他人自杀行为应以故意杀人罪类推定罪的结论,也就不足为怪了。

在1997年刑法修订以后,尤其是《刑法》第3条规定了罪刑法定原则以后,这个问题仍然没有引起充分重视。在刑法教科书中仍然一般性地沿袭传统观点。例如在论及教唆自杀行为时指出:由于教唆者是实施教唆自杀行为,是否自杀,自杀者仍具有意志选择的自由,因此,社会危害性较小,虽应以故意杀人罪论处,但应按情节较轻的故意杀人从轻、减轻或者免除处罚。[②] 在此根本未论及教唆自杀行为构成故意杀人罪的理由,似乎这已不成其为问题,径行讨论其量刑问题。当然,也有个别学者开始意识到这是一个问题。饶有兴趣的是张明楷教授观点前后的微妙变化。在1997年出版的《刑法学》一书中,张明楷教授指出:"这里的教唆、帮助行为,是教唆、帮助他人实施自杀。因此,不能用共同犯罪理论来解释这里的教唆、帮助行为,而应将这种教唆、帮助行为理解为借被害人之手杀死被害人的故意杀人行为。《刑法》第232条规定的'故意杀人'包括了教唆、

---

① 参见李黎等:《杀人伤害罪个案研究》,66~67页,成都,四川大学出版社,1990。
② 参见高铭暄、马克昌主编:《刑法学》,470页,北京,北京大学出版社、高等教育出版社,2000。

帮助自杀的行为,对教唆、帮助自杀的,应直接定故意杀人罪。"① 但在 2003 年出版的《刑法学》第二版中,其观点有所改变。张明楷教授指出:"我国刑法对杀人罪规定得比较简单,没有将教唆、帮助自杀的行为规定为独立的犯罪。在这种立法体制之下,是认为教唆、帮助自杀的行为根本不成立犯罪,还是认为教唆、帮助自杀的行为成立普通的故意杀人罪,的确是需要研究的问题。如果认为刑法分则条文规定的只是实行行为,那么,只有当教唆、帮助(与共同犯罪中的教唆、帮助不是等同概念)自杀的行为,具有间接正犯性质时,才能认定为故意杀人罪。"② 张明楷教授对于将教唆、帮助自杀行为认定为故意杀人罪的观点基本上持否定的态度,只是论证上语焉不详。值得注意的是,我国个别学者对于教唆或者帮助他人自杀行为的定性问题提出了不同于传统观点的见解,认为目前在我国对于教唆、帮助自杀行为不能以犯罪论处,原因在于这类行为不符合刑法规定的任何一种犯罪的构成要件,也就是说,教唆、帮助自杀行为不具有刑事违法性。造成这一局面的根本原因在于刑法本身的疏漏。解决这一问题的唯一方法是对刑法进行补充完善,在刑法中明文规定教唆、帮助自杀罪。③ 对于这一观点,我是深表赞同的。在现行刑法之下,教唆或者帮助他人自杀行为不构成故意杀人罪。结论虽是简单的,论证却涉及刑法中的一些基本理论问题,颇有进一步展开之必要。

三、理论分析

教唆或者帮助他人自杀行为,对其概念需分而论之。教唆自杀,是指故意采用引诱、怂恿、欺骗等方法,使他人产生自杀意图并进而实行自杀的行为。而帮助自杀,是指在他人已有自杀意图的情况下,帮助他人实现自杀意图的行为。

---

① 张明楷:《刑法学》(下),696 页,北京,法律出版社,1997。
② 张明楷:《刑法学》,2 版,678 页,北京,法律出版社,2003。
③ 参见冯凡英:《教唆、帮助自杀行为刍议》,载《人民检察》,2004(2),27 页。

教唆或者帮助他人自杀，首先涉及自杀的概念。自杀是指基于意志自由，自我决定结束生命的行为。在古代自杀曾经是一种犯罪，例如在英国普通法中就把自杀未遂规定为谋杀罪，因而凡是鼓励或帮助他人杀害自己的，被定为谋杀罪的共犯，因为自杀是自我谋杀。根据《1957年杀人罪法》第4条，凡是帮助和教唆自杀的，只要行为人也同意死去，他的责任可减为非预谋杀人罪。但《1961年自杀罪法》废除了自杀罪，该法第2条设立一种帮助和教唆自杀的较轻的犯罪，最高刑可判处14年监禁，它适用于所有这类行为的案件。如果事实得到了证明，那么，在谋杀罪或非预谋杀人罪的审判中，可以按帮助和教唆自杀定罪。① 由此可见，教唆或者帮助他人自杀行为的单独设罪，是以自杀未遂不再作为犯罪为前提的。

这里还涉及一个问题，在逻辑上，杀人能否包括自杀？从语义上看，杀人的人是可以既包括他人又包括自己的。因此，杀人既包括他杀又包括自杀。但现在已经没有人对杀人一词作这样的解释，例如日本学者指出：杀人罪的客体是"人"，指行为人以外的自然人，行为人自身的自杀行为不成为犯罪，法人也因为不具有生命而不能成为以生命为法益的本罪的客体。② 在我国刑法中，也都把杀人罪的人解释为他人，侵犯的是他人的生命权。③ 因此，杀人的概念中不包括自杀而专指他杀。显然，自杀与他杀在逻辑上是相排斥的。那么，教唆或者帮助自杀与教唆或者帮助杀人是否具有价值上的等同性呢？对于这个问题，我国个别学者认为，在教唆他人自杀的案件中，被教唆者原本并无自杀的意图，行为人主观上具有剥夺他人生命权利的故意，客观上实施了唆使他人剥夺本人生命权利的行为，应构成故意杀人罪的教唆犯。④ 根据这种观点，教唆自杀等同于教唆杀人，

---

① 参见〔英〕鲁珀特·克罗斯、菲利普·A.琼斯：《英国刑法导论》，赵秉志等译，159页，北京，中国人民大学出版社，1991。

② 参见〔日〕大塚仁：《刑法概说（各论）》，冯军译，29页，北京，中国人民大学出版社，2003。

③ 参见周道鸾、张军主编：《刑法罪名精释》，2版，352页，北京，人民法院出版社，2003。

④ 参见赵秉志：《论相约自杀案件的刑事责任——兼析李某见死不救行为的定性处理》，载《刑法分则问题专论》，326页，北京，法律出版社，2004。

因而使杀人在逻辑上包括了自杀行为，这显然是与对杀人罪的通常理解相悖离的。我国刑法理论上存在另一种观点，认为教唆或者帮助他人自杀的行为不同于教唆、帮助他人犯罪的行为，不能用共同犯罪的理论来解释这种教唆、帮助行为，而应把这种行为理解为借被害人之手杀死被害人的故意杀人行为。因此，这种观点甚至认为我国刑法规定的"故意杀人"这一罪状本身包括了教唆或者帮助自杀的行为。[①] 这种观点在司法实践中也有一定的影响。例如邵建国案的第四种意见，实际上也就是本案的裁判理由指出："邵建国诱发和帮助王彩自杀的行为，其实质是非法剥夺他人的生命，符合故意杀人罪的构成要件。"这里所谓"实质上是非法剥夺他人的生命"的说法，可谓似是而非。教唆或者帮助本身就不是实行行为。只有在被教唆或者被帮助的行为构成犯罪的前提下，教唆或者帮助行为才具有可罚性，可按照共犯处理。但在教唆或者帮助自杀情况下，自杀本身并非犯罪，因而教唆或者帮助自杀行为不能从自杀中获得犯罪性。而教唆或者帮助自杀行为与杀人行为本身也不能等同，除了教唆或者帮助自杀构成故意杀人罪的间接正犯以外，教唆或者帮助自杀无论如何也是不能直接等同于故意杀人的。正如我国台湾地区学者指出：杀人罪仅处罚杀害他人之行为，至于自己杀害自己之自杀行为，则非杀人罪之构成要件该当行为，故教唆或帮助他人自杀者，因无主行为可以附丽，故亦无由依杀人罪之教唆犯或帮助犯处断。[②] 正因为如此，我国台湾地区"刑法"在刑事立法政策上认为教唆或帮助自杀之行为，仍有加以处罚之必要，因而设置了加功自杀罪。而我国刑法未设此类犯罪，因此，我认为教唆或者帮助自杀的行为属于法无明文规定的情形，根据罪刑法定原则，不应以故意杀人罪论处。

这里还涉及一个相约自杀的问题。相约自杀是指两人以上相互约定，自愿共同自杀的行为。如果相约自杀者在自杀中均已死亡，当然不存在刑事责任问题。如果相约自杀者各自自杀，他人已死，其中一人自杀未遂，对自杀未遂者也不能

---

① 参见吴安清主编：《新编刑法学》（罪刑各论），154 页，北京，中国政法大学出版社，1990。
② 参见林山田：《刑法各罪论》（上册），增订 2 版，57 页，台北，2000。

追究刑事责任。如果相约自杀,由一人将他人杀死,本人却因反悔而未自杀或自杀未遂,对自杀未遂者应以故意杀人罪追究刑事责任。因此,相约自杀与教唆或者帮助自杀的情形是有所不同的。当然,正如我国学者指出:如果一方假称要自杀而欺骗他人自杀,则不是相约自杀,而是以欺骗的手段使他人基于错误认识而产生自杀的意图,是一种情节恶劣的教唆自杀的行为。[1] 就本案而言,也存在是否相约自杀的问题。因为当死者提出自杀时,被告人邵建国也说过"要一起死"之类的话,似乎是相约自杀。但死者与被告人邵建国之间并无真实的自杀约定。对此,本案第四种意见认为:"邵、王二人的行为并非相约自杀。相约自杀必须是双方都有真实自杀的决心,如果一方虚伪表示愿与另一方同死,实际上却不愿同死,就不能认为是相约自杀。从本案的情况看,邵建国虽然表示要与王彩一起自杀,继王彩之后自己也写了遗书,但事实表明他并没有真实自杀的决心。王彩自杀之前,手枪基本上控制在邵建国手中,邵如果真的要自杀,完全有可能用手枪自杀,他并没有这样做。当他发现王彩自杀之后,他也没有自杀,而是把手枪收起装入枪套,破坏了现场。因此,认为邵、王二人属于相约自杀的观点是难以成立的。"我认为,这一认定是有道理的。本案在性质上属于帮助自杀,因为是死者先产生自杀的意图,被告人邵建国只是客观上强化了其自杀意图并在一定程度上为其自杀创造了条件。

采用欺骗手段的教唆自杀行为,是否属于故意杀人罪的间接正犯,也是一个理论上值得研究的问题。故意杀人罪的间接正犯,是指利用未达到刑事责任年龄的人、精神病人、无罪过的人或者过失行为实施杀人行为的情形。在这种情况下,行为人不是自己直接杀人,而是利用他人实施杀人。例如教唆精神病人进行杀人,就是典型的故意杀人罪的间接正犯。由此可见,一般意义上的故意杀人罪的间接正犯,被利用者实施的是杀害他人的行为。而在自杀情况下成立的故意杀人罪的间接正犯,被利用者实施的是自杀行为,其中也包括被欺骗而自杀的情形。例如张明楷教授指出了以下三种自杀情况下的故意杀人罪的间接正犯:首

---

[1] 参见冯凡英:《教唆、帮助自杀行为刍议》,载《人民检察》,2004 (2),27页。

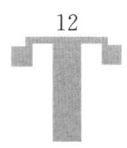

先，欺骗不能理解死亡意义的儿童或者精神病患者等人，使其自杀的，属于故意杀人罪的间接正犯。其次，凭借某种权势或利用某种特殊关系，以暴力、威胁或者其他心理强制方法，使他人自杀身亡的，成立故意杀人罪的间接正犯，应以故意杀人罪论处。最后，行为人教唆自杀的行为使被害人对法益的有无、程度、情况等产生错误，其对死亡的同意无效时，也应认定为故意杀人罪。① 在上述论述中，张明楷教授特别提到了有关邪教组织的司法解释。其中，1999年10月30日最高人民法院、最高人民检察院《关于办理组织和利用邪教组织犯罪案件具体应用法律若干问题的解释》第4条规定："组织和利用邪教组织制造、散布迷信邪说，指使、胁迫其成员或者其他人实施自杀、自伤行为的，分别依照《刑法》第二百三十二条、第二百三十四条的规定，以故意杀人罪或者故意伤害罪定罪处罚。"而2001年6月4日最高人民法院、最高人民检察院《关于办理组织和利用邪教组织犯罪案件具体应用法律若干问题的解释（二）》第9条规定："组织、策划、煽动、教唆、帮助邪教组织人员自杀、自残的，依照《刑法》第二百三十二条、第二百三十四条的规定，以故意杀人罪、故意伤害罪定罪处罚。"这两个司法解释都规定了利用邪教教唆他人自杀的行为应以故意杀人罪论处。对此，张明楷教授认为是故意杀人罪的间接正犯。但上述司法解释的科学性是值得质疑的。上述司法解释是以《刑法》第300条为解释对象的，其中第300条第2款规定："组织和利用会道门、邪教组织或者利用迷信蒙骗他人，致人死亡的，依照前款的规定处罚。"关于这里的"致人死亡"，立法者解释为："他人因受到会道门、邪教组织或者迷信的蒙骗，进行绝食、自焚等自杀性行为，造成死亡后果的。"② 显然，这里的"致人死亡"，是包括或者说主要是指被邪教蒙骗而自杀的情形。但前述第一个司法解释第3条规定："《刑法》第三百条第二款规定的组织和利用邪教组织蒙骗他人，致人死亡，是指组织和利用邪教组织制造、散布迷信邪说，蒙骗其成员或者其他人实施绝食、自残、自虐等行为，或者阻止病人进行正常治

---

① 参见张明楷：《刑法学》，2版，678页，北京，法律出版社，2003。
② 胡康生、李福成主编：《中华人民共和国刑法释义》，429页，北京，法律出版社，1997。

疗，致人死亡的情形。"上述司法解释对"致人死亡"的解释未包括自杀，而将邪教组织教唆他人自杀的行为解释为应以故意杀人罪论处。在我看来，我国刑法未一般地规定教唆自杀行为构成犯罪，但《刑法》第 300 条第 2 款恰恰是一个特别规定，在邪教组织中教唆他人自杀而致人死亡的，构成组织、利用会道门、邪教组织、利用迷信致人死亡罪。因此，采用欺骗的方法教唆他人自杀，到底在什么情况下构成故意杀人罪的间接正犯，确实是一个值得研究的问题。对于这个问题，在日本刑法理论上也是存在争议的。一般认为，教唆的方法达到了剥夺他人意志自由程度的时候，就成为杀人罪的间接正犯。[①] 当然，也有见解认为，教唆自杀罪没有限定教唆的方法，在被欺骗而自杀的情况下，自杀者的错误只不过是动机的错误，教唆者成立教唆自杀罪。[②]

我认为，采用欺骗方法教唆自杀，尽管其自杀意图是在行为人的欺骗下产生的，但能否由此将教唆自杀行为认定为故意杀人罪的间接正犯，还是有待推敲的。至于逼迫他人自杀，他人之自杀并非死者所愿，因此名为自杀实则杀人，这是一种借被害人之手杀被害人的情形，应以故意杀人罪论处。

四、进一步的思考

根据以上理论立场，将本案认定为故意杀人罪是有所不妥的。但我更关注的是法院为什么得出这样的结论以及是如何进行推理的。我认为，这与我国目前通行的耦合式的犯罪构成体系是有关系的。对于这一问题的讨论，我们可以发现大陆法系刑法理论与我国刑法理论的思维方式是有所不同的。大陆法系刑法理论讨论的问题集中在教唆或者帮助他人自杀行为是否等同于故意杀人行为这一命题上，即教唆或者帮助他人自杀行为是否具备故意杀人罪的构成要件该当性。这是

[①] 参见［日］大谷实：《刑法各论》，黎宏译，16 页，注⑤，北京，法律出版社，2003。
[②] 参见［日］大塚仁：《刑法概说（各论）》，冯军译，35 页，注①，北京，中国人民大学出版社，2003。

由大陆法系犯罪构成体系递进式的逻辑结构所决定的,在不具备构成要件该当性的情况下,就不再需要考察是否具有违法性及有责性的要件。换言之,定罪过程就此终止。但根据我国耦合式的犯罪构成体系,犯罪客体、犯罪客观方面、犯罪主体、犯罪主观方面这四个要件是一种并存关系,可以分别加以考察,因而形成以下论证逻辑:"行为人的教唆行为或者帮助行为与他人自杀死亡之间有因果关系,主观上有使他人死亡的故意(希望或者放任死亡结果发生),是对他人生命权利的侵犯,应以故意杀人罪论处。"[①] 在这一论证中,提出了三个要件:(1)因果关系;(2)致人死亡的故意;(3)对生命权的侵犯。可以说,这些要件都是成立的,但恰恰回避了最为关键的问题,即教唆或者帮助他人自杀行为是否等同于故意杀人行为。根据大陆法系的递进式的犯罪构成体系,这种论证逻辑是绝对不会发生的。

另外一种论证方式就是主观与客观之间逻辑关系的颠倒。例如,在论及致人自杀行为是否构成故意杀人罪时,有以下这样一段论证:如果行为人没有杀人的故意(包括没有杀人的间接故意),尽管行为人的行为与他人自杀有因果关系,行为人不负故意杀人罪的责任。在这种情况下,不能把致人自杀和故意杀人罪等同起来。反之,如果行为人具有杀人的故意,追求被害人死亡结果的发生,致人自杀只是作为杀人的一种特殊手段。在这种情况下,致人自杀就是故意杀人,行为人应负故意杀人的责任。[②] 根据这一观点,致人自杀行为是否构成故意杀人罪,并非取决于其行为是否属于故意杀人行为,而取决于主观上是否具有杀人的故意。这里提出的问题是:杀人故意可以决定杀人行为吗?杀人故意是支配着杀人行为的主观心理态度,离开杀人行为又谈何杀人故意?而且,这里还把杀人故意与希望他人死亡的故意也等同起来了。在教唆或者帮助他人自杀的情况,行为人主观上存在着希望他人死亡的心理状态,但这与杀人故意还不能直接等同。只有把教唆或者帮助他人自杀的行为定性为杀人行为,才能把这种心理状态认定为

---

① 王作富主编:《刑法分则实务研究》(上),862页,北京,中国方正出版社,2001。
② 参见高铭暄主编:《刑法学》(修订本),429页,北京,法律出版社,1984。

杀人故意。这本来是一个客观行为定性的问题，却被我国学者转换为一个主观故意的问题。这种逻辑论证上的缺陷，就是由我国耦合式的犯罪构成体系所决定的。

而按照大陆法系递进式的犯罪构成体系，在认定犯罪的时候，首先应当考察的就是是否存在构成要件该当的行为，接下来再考察是否存在构成要件该当的故意，这种客观与主观的逻辑顺序永远不能颠倒的，从而呈现出一种层层递进的关系。因此，在大陆法系犯罪构成体系中，客观判断优先于主观判断，这是一个基本原则。其理由，正如张明楷教授所指出：一方面，行为性质不是由故意、过失决定的，而是由行为本身决定的。另一方面，主观要素是为了解决主观归责的问题，即在客观地决定了行为性质及结果后，判断能否将行为及结果归咎于行为人。这便是故意、过失等主观要素所要解决的问题。所以，阶层的体系（即递进式的犯罪构成体系）不可能容忍由主观到客观地认定犯罪。[①] 而在我国耦合式的犯罪构成体系中，是没有客观判断优先于主观判断原则的，因而主观判断有时先于客观判断进行，从而容易产生逻辑上的混乱。上述对于致人自杀行为是否构成故意杀人罪的论证就充分反映了这一点。由此可见，尽管在对一般犯罪的认定上，耦合式的犯罪构成体系与递进式的犯罪构成体系的差别似乎并不明显，但当遇到一些定罪上的疑难问题时，两种犯罪构成体系的优劣就一目了然，这也是分析本案的意外之得。

（本文原载《浙江社会科学》，2004（6））

---

① 参见张明楷：《犯罪构成理论的课题》，载《环球法律评论》，2003年秋季号，269页。

故意杀人罪的手段残忍及其死刑裁量
——以刑事指导案例为对象的研究

故意杀人罪是我国刑法中最为严重的犯罪之一,在死刑适用中占有较大的比例。在当前限制和减少死刑的刑事政策背景下,对影响故意杀人罪死刑适用的要素进行较为深入的研究,有助于司法机关正确裁量故意杀人罪的死刑。本文拟以《人民法院刑事指导案例裁判要旨通纂》上卷(以下简称《通纂》)[①]一书收录的部分典型案例为对象,对故意杀人罪的手段残忍进行分析,并兼而论及故意杀人罪的死刑裁量。

一、故意杀人手段残忍的案例素材

本文从《通纂》一书中选择了十个被认定为手段残忍的故意杀人罪案例,其中包括两个最高人民法院颁布的指导性案例。分述如下:

(一)孙习军等故意杀人案

手段描述:孙习军用军用菜刀切割卓女(被害人)颈部,致卓女失血性休克

[①] 参见陈兴良、张军、胡云腾主编:《人民法院刑事指导案例裁判要旨通纂》上卷,北京,北京大学出版社,2013。

死亡。后孙又割下卓女的头颅抛至该市的一条河中。

连云港市中级人民法院认为：被告人孙习军、王媛以非法占有为目的，入户施暴，掠人钱财，后又杀人灭口，其行为均已分别构成抢劫罪和故意杀人罪，系共同犯罪，且故意杀人罪的手段残忍、情节恶劣，依法应予严惩。

判决结果：死刑立即执行。

(二) 蔡超故意杀人案

手段描述：蔡超与被害人陈晶晶原系恋爱关系，后陈晶晶因蔡超个性强、脾气大而提出终止恋爱关系。蔡超遂起意报复陈晶晶。蔡超从市场购得匕首、菜刀、榔头、绳子、透明胶带等物，将陈晶晶从工作场所带回家。进门后，蔡超将陈晶晶拉至自己卧室，搜去手机等物。陈晶晶见状拨打固定电话欲求救，蔡超上前将电话线拔掉，反锁家门，拉上客厅、卧室窗帘，强行将陈晶晶的衣服撕光；又从包内倒出购得的作案工具，用绳子将其身体从双手到双脚反绑；又往其口中塞入袜子，并贴上透明胶封堵口部。接着，蔡超拿起匕首在陈晶晶乳房及乳头、胸部、胳膊、大腿等部位刺扎、割划，后又在伤口弹撒烟灰，用烟头烧烫乳头及身体其他部位。之后，蔡超又持榔头砸击其左足等处，用缸子盛得热水在陈晶晶腿部、腹部、胸部淋烫，还两次将热水往其阴部灌烫。看到陈晶晶痛苦不堪，蔡超放声大笑。之后，蔡超持匕首向陈晶晶胸、腹部连刺三刀，后持匕首向自己胸、腹部连刺两刀。经法医鉴定，陈晶晶腹部损伤致肝、脾、胰破裂，构成重伤；腹部损伤致胃破裂、穿孔，构成重伤；胸部损伤致急性脓胸，构成重伤。陈晶晶的胸腹腔贯通伤所致多器官损伤构成八级伤残。

安康市中级人民法院认为：被告人蔡超与他人谈恋爱遭拒绝后，采取报复手段，故意非法剥夺他人生命，其行为已构成故意杀人罪（未遂），且犯罪手段特别残忍，后果特别严重，依法应予严惩。

判决结果：一审判处死刑立即执行；二审改判死刑缓期执行。

(三) 王斌余故意杀人案

手段描述：王斌余为讨薪于晚上 10 时 30 分左右到吴新国的住处，二人发生争执。苏文才见状上前责问并打了王斌余一耳光，双方遂发生厮打。王斌余掏出

随身携带的折叠刀,先后将苏志刚、苏文才捅倒在地。此时,王斌银抓住王斌余持刀的手进行劝阻,王斌余推开王斌银,又将吴华、苏香兰捅倒在地。吴新国妻子汤晓琴闻讯从屋内走出,搀扶被刺倒在地的苏志刚,王斌余又将汤晓琴捅成重伤,汤晓琴负伤躲避。此时王斌余发现吴新国也在场,遂持刀追杀,未果。王斌余返回现场,边喊"让你全家都死",边对已被刺倒在地的苏志刚等人连捅数刀,致苏志刚、苏文才、吴华、苏香兰当场死亡。经检验,五名被害人共被捅刺48刀。

宁夏回族自治区高级人民法院认为:王斌余无视他人生命权利,不听其弟劝阻,持刀连续捅刺五人,杀害无辜;特别严重的是,王斌余在追杀吴新国未果返回现场后,又对已倒在血泊中的被害人连续补刺,前后共刺杀被害人48刀,必欲置被害人于死地,造成四人当场死亡、一人重伤。王斌余杀人手段极其残忍,情节特别恶劣,犯罪后果极其严重,虽具有可以从轻处罚的情节(自首),但不足以从轻处罚。

判决结果:死刑立即执行。

(四)刘兵故意杀人案

手段描述:被告人刘兵与未成年被害人韩某(14岁)发生性关系后,因害怕事情败露,遂产生杀人灭口的念头。刘兵用双手将韩某扼掐致死,并将尸体藏匿于路边菜地刺蓬中后逃离现场。经检验,被害人韩某系被他人扼压颈部致窒息死亡。

贵州省高级人民法院认为:上诉人刘兵与未成年被害人发生性关系后因害怕事情败露而产生杀人灭口之恶念,用手扼掐被害人颈部并向被害人口中塞入泥土,致被害人死亡,其行为已构成故意杀人罪。其作案动机卑劣,手段残忍,社会影响极坏,应依法严惩。

判决结果:死刑立即执行。

(五)陈宗发故意杀人案

手段描述:陈宗发按约定同被害人王小兰见面,之后将王小兰及同行的王之幼子李浩带至上海天山西路陈的暂住处。双方为制作假文凭的价格发生争执,陈

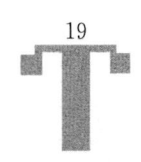

宗发即用橡胶榔头连续猛击王的头部，继而又用尖刀刺戳王的头部、胸部，致被害人王小兰当场死亡。陈唯恐罪行败露，又用橡胶榔头击打的方法致李浩死亡。陈宗发作案后为逃避法律制裁，在暂住处浴缸内，用钢锯、折叠刀等工具，肢解两被害人尸体，并将尸块装于编织袋内，于次日丢弃于暂住处附近的河道。嗣后，被告人陈宗发用手机发短信给被害人王小兰的丈夫李建兰，以王小兰母子已被绑架为由，向李建兰勒索钱款人民币10万元。后因李及家人及时报案而未得逞。

上海市第一中级人民法院认为：被告人陈宗发采用暴力手段，将王小兰及其两岁幼儿李浩杀死，并分尸后丢弃于河道中；陈宗发杀人抛尸后，又以母子被人绑架为名向被害人亲属索取钱款，因案发而未遂。其行为已分别构成故意杀人罪、敲诈勒索罪（未遂），其犯罪手段残忍，社会危害极大，依法应予严惩。

判决结果：死刑立即执行。

（六）王勇故意杀人案

手段描述：被告人王勇得知其父被董德伟殴打，即赶回家中，适逢董德伟上楼来到其家，即与董德伟发生争吵、厮打。厮打中王勇在其父家厨房持菜刀一把，向董德伟头、面部连砍八刀，将董德伟当场杀死。经法医鉴定，董德伟系被他人持锐器砍切头、颈部致开放性颅脑损伤合并失血性休克而死亡。

西安市中级人民法院认为：被告人王勇故意非法剥夺他人生命，已构成故意杀人罪，且犯罪手段残忍，情节特别严重，应依法严惩。但王勇有投案自首情节，被害人又有明显过错，对王勇可以从轻判处。

判决结果：死刑缓期执行。

（七）刘加奎故意杀人案

手段描述：被告人刘加奎因故与马立未及其妻徐翠萍发生争执厮打。11月24日下午3时许，刘加奎被迫雇车同马立未一起到随州市第一医院给徐翠萍拍片检查，结果无异常。马立未仍继续纠缠，刘加奎十分恼怒，掏出随身携带的剔骨刀朝马立未背部刺了一刀，马立未、徐翠萍见状迅速跑开；徐翠萍跑动时摔倒在地，刘加奎朝徐的胸、背、腹部连刺数刀，又追上马立未，朝其胸、腹、背部

等处猛刺十余刀；然后持刀自杀（致肝破裂）未遂，被群众当场抓获。马立未因被刺破肺脏致大出血而死亡，徐翠萍的损伤属重伤。

襄樊市中级人民法院认为：被告人刘加奎持刀行凶，杀死一人，重伤一人，其行为已构成故意杀人罪，杀人情节恶劣，手段残忍，本应依法严惩。但本案事出有因，被害人对案件的发生和矛盾的激化有一定过错。被告人归案后，认罪态度尚好，有悔罪表现。

判决结果：一审判决被告人刘加奎死刑缓期执行。一审判决后，被告人刘加奎提起上诉、检察机关提起抗诉。湖北省高级人民法院二审判决被告人刘加奎死刑立即执行。最高人民法院复核时改判死刑缓期执行。

（八）阿古敦故意杀人案

手段描述：被告人阿古敦拿了一把杀牛单刃弯刀进入他人住宅行窃，发现有人后，持刀将被害人冯延红逼到卧室，朝冯腰、腹、头部连捅数刀，将冯刺倒在地；随后又朝冯颈部连捅数刀，致冯延红气管、双侧颈动脉被割断，因失血性休克而死亡。

内蒙古自治区高级人民法院认为：原审被告人阿古敦私自配制他人家门钥匙行窃并持械对他人行凶，为掩盖罪行，又持刀杀害他人，其行为已构成故意杀人罪；犯罪情节恶劣，手段残忍，罪行极其严重；被告人虽具有认罪态度较好和亲属积极赔偿被害人经济损失等酌定情节，但不足以从轻处罚，应依法严惩。

判决结果：锡林郭勒盟中级人民法院判处被告人阿古敦死刑缓期执行，检察机关提起抗诉。内蒙古自治区高级人民法院二审判处被告人阿古敦死刑立即执行。最高人民法院复核以被告人阿古敦患有分裂型人格障碍，系限制责任能力人为由，改判死刑缓期执行。

（九）李飞故意杀人案

手段描述：李飞破门进入徐某某的卧室，持室内的铁锤多次击打徐某某的头部，击打徐某某表妹王某某头部、双手数下。稍后，李飞又持铁锤先后再次击打徐某某、王某某的头部，致徐某某当场死亡、王某某轻伤。

黑龙江省高级人民法院经重新审理认为：对于因民间矛盾引发的故意杀人案件，被告人犯罪手段残忍，且系累犯，论罪应当判处死刑。但被告人亲属主动协助公安机关将其抓捕归案，并积极赔偿，人民法院根据案件具体情节，从尽量化解社会矛盾角度考虑，可以依法判处被告人死刑，缓期二年执行，同时决定限制减刑。

判决结果：哈尔滨市中级人民法院判处被告人李飞死刑立即执行；黑龙江省高级人民法院二审维持原判；最高人民法院不核准死刑；黑龙江省高级人民法院经重新审理判处被告人李飞死刑缓期执行。

（十）王志才故意杀人案

手段描述：王志才因被女友赵某某拒绝，感到绝望，愤而产生杀死赵某某然后自杀的念头，即持赵某某宿舍内的一把单刃尖刀，朝赵的颈部、胸腹部、背部连续捅刺，致其失血性休克死亡。

山东省高级人民法院经重新审理认为：因恋爱、婚姻矛盾激化引发的故意杀人案件，被告人犯罪手段残忍，论罪应当判处死刑。但被告人具有坦白悔罪、积极赔偿等从轻处罚情节，同时被害人亲属要求严惩的，人民法院根据案件性质、犯罪情节、危害后果和被告人的主观恶性及人身危险性，可以依法判处被告人死刑，缓期二年执行，同时决定限制减刑，以有效化解社会矛盾，促进社会和谐。

判决结果：潍坊市中级人民法院判处被告人王志才死刑立即执行；山东省高级人民法院二审维持原判；最高人民法院不核准死刑；山东省高级人民法院经重新审理判处被告人王志才死刑缓期执行。

二、故意杀人手段残忍的司法认定

本文引述的以上十个案例，法院判决都认定被告人犯故意杀人罪，且手段残忍；有的案例还认定为故意杀人手段特别残忍。应该指出，并非所有的故意杀人都能认定为手段残忍，手段残忍的故意杀人案件只占到整个故意杀人案件的一小

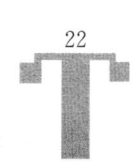

部分。张明楷教授认为，手段残忍的故意杀人属于情节严重的故意杀人①，这是正确的。当然我们也必须承认，故意杀人罪的手段残忍已经从情节严重中独立了出来。尤其值得注意的是，在孙习军等故意杀人案中还确立了以下裁判要旨。

以一般人难以接受的方法杀人的，可以认定为故意杀人罪的手段特别残忍。

什么是一般人难以接受的方法呢？对此，裁判理由作出了以下阐述："对于以一般人难以接受的方法杀人，可以认定为特别残忍、特别危险。前者如用多种工具杀害被害人，用一种工具多次杀戮，使被害人长时间经受肉体和精神上的痛苦或杀害被害人，使被害人面目全非、身首异处等；后者如用爆炸或用交通工具等方法杀害被害人等。"② 这一裁判要旨把手段特别残忍与特别危险相并列。这里就存在一个疑问：手段特别残忍与手段特别危险是什么关系？换言之，手段特别危险是否属于手段特别残忍？从两者的并列关系来看，似乎手段特别危险并不属于手段特别残忍。但在讨论故意杀人罪的手段特别残忍时，将与之无关的手段特别危险夹杂进来，无助于科学界定故意杀人罪的手段特别残忍。由此表明，我国司法人员在叙述逻辑上存在一定的混乱。不仅如此，故意杀人罪的手段特别残忍是相对于故意杀人罪的手段残忍而言的，按照一般逻辑，应该首先讨论故意杀人罪的手段残忍，在此基础上再进一步讨论故意杀人罪的手段特别残忍：前者是性质问题，后者是程度问题。但以上裁判要旨及其裁判理由把两者混为一谈，也是不妥的。

以上裁判理由以"一般人难以接受"作为故意杀人罪的手段残忍的判断标准，就此而言，似乎是一种主观标准。但从所列举的两种情形——使被害人长时间经受肉体和精神上的痛苦；使被害人面目全非、身首异处——来看，又是根据客观事实认定故意杀人罪的手段残忍。在裁判理由看来，以上两种情形是"一般人难以接受"的，属于故意杀人罪的手段残忍。在这两种情形中，第一种情形的

---

① 参见张明楷：《刑法学》，761页，北京，法律出版社，2011。
② 陈兴良、张军、胡云腾主编：《人民法院刑事指导案例裁判要旨通纂》上卷，319页，北京，北京大学出版社，2013。

造成涉及杀人工具，即用多种工具杀害被害人、用一种工具多次杀戮。但是，杀人工具与手段残忍之间的关系还值得探讨。对于采用多种工具杀害被害人是否就一定成立故意杀人罪的手段残忍，不能简单地得出结论。例如，被告人先用棍棒打被害人，打而未死，又用砖头将被害人砸死。这就很难认定为手段残忍的故意杀人罪。至于采用一种工具多次杀戮，如果我们不考虑"杀戮"一词是否具有特殊含义，那么，一种工具的多次使用也不能简单地认定为手段残忍的故意杀人罪。而使被害人长时间经受肉体和精神上的痛苦较为接近手段残忍，但还要考察被告人是否有意使被害人长时间处于肉体和精神上的痛苦状态。如果被害人长时间经受肉体和精神上的痛苦状态不是被告人有意追求的，而是由杀人行为客观带来的，就不能认定为手段残忍。例如，被告人对着被害人要害部位捅了数刀后置被害人死活于不顾，扬长而去，被害人因无人救助而长时间处于肉体和精神上的痛苦状态，最后身亡。此外，使被害人面目全非、身首异处属于杀人以后的毁尸行为，这当然是故意杀人罪的酌定从重处罚情节，但是否属于故意杀人罪的手段残忍，还值得推敲。因为故意杀人罪的手段残忍中的手段是指将人杀死的手段，而人被杀死以后的所作所为并不能包含在杀人手段这一概念之中。应该指出，以上孙习军等故意杀人案裁判要旨对手段特别残忍的界定，只是采取了列举的方式，而没有对故意杀人罪的手段残忍以及手段特别残忍进行较为深入的法理探讨。

我国刑法第232条关于故意杀人罪的规定并没有涉及故意杀人的手段残忍。但在刑法第234条关于故意伤害罪的规定中有关于手段特别残忍的规定，即"以特别残忍手段致人重伤造成严重残疾的，处十年以上有期徒刑、无期徒刑或者死刑"。对此，我们可以借鉴故意伤害罪的手段特别残忍的内容来理解故意杀人罪的手段残忍。关于故意伤害罪的手段特别残忍，我国学者一般采取列举的方式来明确其内容。例如，"所谓特别残忍手段，是指采取朝人面部泼镪水、用刀划破面部等方法严重毁人容貌，挖人眼睛，砍掉手脚、剜掉髌骨等特别残忍手段，造成他人严重残疾的行为，不是指一般重伤"[①]。此外，也有学者将挖眼、割耳、

---

① 周道鸾、张军主编：《刑法罪名精释》上册，518页，北京，人民法院出版社，2013。

低温冷冻、高温暴晒、火烫、针刺界定为故意伤害罪的特别残忍手段。[1] 这种列举式的界定，因为未能揭示手段特别残忍的内涵而有所不足，但它使特别残忍手段得以特定化，对于司法机关具有参照价值，因而具有一定的现实意义。值得注意的是，立法机关在解释故意伤害罪的特别残忍手段时指出："这里所说的'特别残忍手段'，是指故意要造成他人严重残疾而采用毁容、挖人眼睛、砍掉人双脚等特别残忍的手段伤害他人的行为。"[2] 在这一界定中，立法机关特别揭示了特别残忍手段的主观内容，即对造成他人严重残疾的追求。显然，只有在被告人将上述特定方式作为追求造成他人严重残疾的手段时，才能将其认定为故意伤害罪的特别残忍手段。如果基于主观上的伤害故意，客观上虽然造成了他人毁容、失明、手脚被砍断等严重残疾的伤害后果，但被告人主观上并不具有将这些方式作为追求造成他人严重残疾的特定意欲，则仍然不能认定为故意伤害罪的手段特别残忍。因此，对于故意伤害罪的手段特别残忍，应当从客观与主观的统一上加以认定。而且，特别应该强调的是，这里的主观不是指一般性的伤害故意，而是指伤害故意以外的其他特定主观要素，即造成他人严重残疾的目的。这一目的是超出伤害故意的主观要素。这一点，对于我们正确地界定故意杀人罪的手段残忍也具有重要参考价值。

对于故意杀人罪的手段残忍，我国刑法学界并没有展开充分的讨论。换言之，关于故意杀人罪的研究并没有把手段残忍问题纳入研究视域。现在所见的对这一问题的较早论述是胡云腾博士在论及极其残忍的杀人手段时，列举了以下情形：使用火烧、蛇兽咬等使人恐惧的方法杀死被害人的；使用非致命的工具，数次或数十次击打被害人，使其多处重伤后才杀死的；或者手持利刃，对被害人连捅几十刀，致被害人死亡的；或者在被害人被打伤后逃避、呼救的过程中，执意追杀被害人，直至杀死的；等等。[3] 这一对故意杀人手段残忍的论述，采取了列

---

[1] 参见黎宏：《刑法学》，648页，北京，法律出版社，2012。
[2] 全国人大常委会法制工作委员会刑法室编：《中华人民共和国刑法：条文说明、立法理由及相关规定》，479页，北京，北京大学出版社，2009。
[3] 参见胡云腾：《死刑通论》，276页，北京，中国政法大学出版社，1995。

举的方式。其缺陷是缺乏对故意杀人手段残忍的内涵的揭示;同时,这一论述也没有区分故意杀人罪的手段残忍与特别残忍。当然,这一论述对于我们进一步思考具有启迪意义,作者意图从一般的故意杀人罪中分离出手段残忍的故意杀人罪这一类型的努力也值得赞赏。此后,车浩博士在关于李昌奎故意杀人案的研究中,对故意杀人罪的手段残忍进行了较为深入的探讨,为这一问题的进一步研究提供了基础。车浩指出,故意杀人罪的手段残忍的法理内涵是对善良风俗和人类恻隐心的挑战,手段残忍侧重的不是对法益侵害程度和后果的判断(法益侵害性),而是着眼于对一般善良风俗和伦理观念的违反(规范违反说);手段残忍并不必然造成更大的危害后果(结果无价值),却足以反映出与一般的杀人手段相比,该手段本身的反伦理、反道德性更加严重(行为无价值);对于手段是否残忍,必须基于社会的一般道德观念,站在社会一般人的立场加以判断。[①] 应该说,车浩揭示了故意杀人罪的手段残忍的伦理特征,从而将对手段残忍的理解提升到了一个较高的理论层次,这是值得肯定的。车浩在此强调应当基于社会的一般道德观念,站在社会一般人的立场判断故意杀人罪的手段残忍。这一观点与前述孙习军等故意杀人案的裁判要旨所确认的命题具有一定的相似之处。

笔者认为,一般人的观念对于判断故意杀人罪的手段残忍,当然具有重要的影响。但一般人的观念还是一个极为模糊与笼统的概念,尚不能直接成为故意杀人罪的手段残忍的具体判断标准,只能说一般人的观念是确定故意杀人手段残忍的判断标准的背后根据。我们仍然应该回到故意杀人罪的手段残忍的具体判断标准上来。根据笔者的理解,可以得出以下结论。

所谓故意杀人罪的手段残忍是指,在杀人过程中,故意折磨被害人,致使被害人死亡之前处于肉体与精神的痛苦状态。

应该指出,绝大多数杀人行为都会给被害人造成肉体与精神的痛苦,除非一枪毙命或者在睡眠、昏迷等丧失知觉状态下杀死被害人。因此,肉体与精神的痛苦是杀人行为的伴随结果。但是,并非所有具有这种肉体与精神痛苦的故意杀人

[①] 参见车浩:《从李昌奎案看"邻里纠纷"与"手段残忍"的涵义》,载《法学》,2011(8)。

都是手段残忍的故意杀人。关键要看，这种肉体与精神的痛苦状态是否是被告人所追求的。只有被告人除了杀死被害人以外，还故意造成被害人肉体与精神痛苦状态的情形，才能被认定为手段残忍的故意杀人。故意造成被害人肉体与精神的痛苦，可以说是对被害人的折磨，这种折磨额外增加了被害人死亡之前肉体与精神的痛苦，因而被评价为手段残忍。如果只是追求杀死被害人的效果，采取的杀人手段却致使被害人产生重大的肉体与精神痛苦，则不属于手段残忍的故意杀人罪，而可以评价为情节严重或者情节恶劣的故意杀人罪。虽然手段残忍也可以说是情节严重的一种情形，但考虑到目前司法实践中手段残忍这一评价已经特定化，所以，笔者认为还是应该使手段残忍成为故意杀人罪的一个独立量刑要素。

笔者将在杀人过程中故意追求被害人的肉体与精神痛苦作为认定故意杀人手段残忍的根据，在一定程度上使手段残忍得以特定化，同时也使手段残忍的范围得以限缩，以避免故意杀人罪的手段残忍成为判决书中缺乏特定内容的一句套话。这一对故意杀人手段残忍的较为限缩的界定，是否会放纵那些情节恶劣的故意杀人犯罪分子？笔者的回答是否定的。这里涉及故意杀人罪的手段残忍与故意杀人罪的情节严重（恶劣）、故意杀人罪的后果严重等对故意杀人罪的量刑具有重要影响的评价性法律用语之间的关系。笔者认为，目前，这些法律用语之间的关系并没有厘清，而是十分混乱地使用着，且往往并列使用；裁判者本人也并不清楚这些法律用语之间到底存在何种区别，不过是顺手拈来、随意添上而已。在对故意杀人罪的手段残忍做了限缩性界定以后，完全可以把那些并不属于手段残忍的故意杀人情形归结为故意杀人罪的情节严重（恶劣），这不会影响对故意杀人罪的刑罚裁量，反而使故意杀人罪的量刑情节更为明确。

在笔者看来，目前我国司法实践中对故意杀人手段残忍的界定过于宽泛，即使刑法学界对故意杀人手段残忍的理解也是过于扩张。例如，在云南李昌奎故意杀人案中，就涉及对故意杀人手段特别残忍的认定与理解。判决书认定的该案案情如下。

被告人李昌奎与被害人王家飞存在感情纠纷。2009年5月14日，李昌奎之

兄李昌国与王家飞之母陈礼金因琐事打架,李昌奎得知此事后于5月16日13时许赶到家,在途经王廷金(王家飞之父)家门口时遇见被害人王家飞及其弟王家红(3岁)。李昌奎与王家飞发生争吵,进而抓打,在抓打过程中李昌奎将王家飞掐晕,抱到王廷金家厨房门口实施强奸。王家飞醒来后跑向堂屋,李昌奎提起一把锄头打击王家飞头部,致王家飞当场倒地,并将王家飞拖入王廷金家堂屋左面第一间房内,又提起王家红的手脚将其头猛撞向门框。后又在王廷金家找来一根绳子勒住已经昏迷的王家红和王家飞的脖子,并逃离现场。

根据以上故意杀人的事实,一审判决认为:被告人李昌奎所犯故意杀人罪,犯罪手段特别残忍,情节特别恶劣,后果特别严重,罪行特别严重,社会危害性极大,应依法严惩;李昌奎虽有自首情节,但依法不足以对其从轻处罚。因而,一审判决李昌奎死刑立即执行。但二审判决在犯罪事实相同的情况下,改判被告人李昌奎死刑缓期执行,并且在法律评判上删去了手段特别残忍的评价性用语,同时也删去了情节特别恶劣、后果特别严重等用语。本案引起社会舆论的关注,最终再审判决恢复了犯罪手段特别残忍、情节特别恶劣、后果特别严重、社会危害极大等用语,认为被告人李昌奎虽有自首情节,但不足以对其从轻处罚,原二审死缓判决量刑不当,故改判死刑立即执行。本案在报请最高人民法院核准以后,对李昌奎执行了死刑。

从以上李昌奎故意杀人案的判决情况来看,笔者认为这并不只是是否采用故意杀人手段特别残忍这一用语的问题,而是如何正确理解与把握我国死刑政策的问题。不可否认的是,在本案中,判决书对故意杀人罪的手段特别残忍、情节特别恶劣、后果特别严重、社会危害极大等用语的使用,是极为随意的:在杀人事实没有变化的情况下,想删就删,想添就添,并不以一定的案件事实为基础。

车浩对本案的故意杀人手段特别残忍问题进行了分析,认为被告人李昌奎的故意杀人属于手段特别残忍,其手段的残忍性表现在两个方面:一方面,李昌奎将被害人王家飞掐晕后实施强奸,再用锄头猛击其头部,性质上属于先奸后杀;另一方面,李昌奎对三岁的无辜幼儿王家红实施暴力,依据法院判决书的描述,

李昌奎"提起王家红的手脚将其头猛撞房间门框"①。这里涉及的问题是，先奸后杀是否属于故意杀人的手段特别残忍？以及将人摔死是否属于故意杀人的手段特别残忍？对于这个问题，笔者在相关论文中表达了以下不同意见："就一般社会公众的观念而言，该故意杀人手段引起了众怒，挑战了法律与道德的底线，这是可以肯定的。但从刑法上来说，是否属于故意杀人的手段特别残忍，还是需要论证而不能简单地予以赞同。就先奸后杀而言，这是指犯有故意杀人罪与强奸罪两罪。根据数罪并罚原则，应当分别评价。笔者认为，不能以此前构成的强奸罪作为此后实施的故意杀人罪的手段特别残忍加以评价。其实，除了先奸后杀还有先杀后奸。先杀后奸当然只构成故意杀人罪，其后的强奸行为实际上是奸尸，在刑法上并不构成强奸罪。但是，在这种情况下，奸尸情节可以作为故意杀人罪的从重处罚情节予以考虑，将其视为手段特别残忍的杀人或许具有一定的道理。至于李昌奎杀死三岁幼儿所采用的摔死手段，是否属于特别残忍，也还值得研究。摔死也只是杀死的一种行为方式，只是较少发生，很难说一定就是手段特别残忍。总之，对于故意杀人的手段特别残忍需要进行刑法教义学的分析，而不是在社会公众观念的意义上使用。"② 李昌奎的故意杀人之所以不能成立手段特别残忍，主要是其并没有故意追求造成被害人死亡之前肉体与精神的痛苦状态。尽管如此，笔者认为李昌奎的故意杀人属于情节严重、后果严重，对其判处死刑立即执行符合我国彼时的死刑政策精神。由此可见，如何认定故意杀人罪的手段残忍，不仅要考虑其自身的特征，还要与故意杀人罪的情节严重等相关用语进行比较分析，尽量使这些用语的内涵特定化，使之相互区分，而不是把这些评价性法律用语当作宽泛空洞的判词随意使用。

故意杀人的手段残忍这一用语被滥用，还可以从宋有福等故意杀人案中得到生动的说明。一审判决认定的案情是：被告人宋有福因琐事与被害人宋起锋发生纠纷，邀请许朝相、李艳坤（在逃）教训被害人。当晚11时许，三人蒙面持剑，

---

① 车浩：《从李昌奎案看"邻里纠纷"与"手段残忍"的涵义》，载《法学》，2011 (8)。
② 陈兴良：《死刑适用的司法控制——以首批刑事指导案例为视角》，载《法学》，2013 (2)。

翻墙跳入被害人家院内。此时，宋起锋女儿宋某某打开房门欲上厕所，被李艳坤捂住嘴推回室内。宋某某挣扎、呼喊，惊动了宋起锋夫妇。宋起锋夫妇出屋查看动静时，许朝相朝宋起锋胸部猛刺一剑，后与宋有福、李艳坤逃离现场。宋起锋被送往医院时已死亡。对于本案，一审法院认为：被告人宋有福纠集许朝相报复被害人宋起锋，致其死亡，已构成故意杀人罪，且情节严重，以故意杀人罪判处宋有福、许朝相死刑缓期执行。一审宣判后，被告人提起上诉，公诉机关提起抗诉。二审判决认为：宋有福、许朝相深夜持剑蒙面窜入被害人住宅，并将被害人杀死，犯罪情节恶劣，后果严重，社会危害性极大，应依法严惩，由此改判宋有福、许朝相死刑立即执行。最高人民法院经复核认为：被告人宋有福与宋起锋有积怨，在纠集许朝相实施报复加害行为过程中，将宋起锋刺死，二被告人的行为均构成故意杀人罪，犯罪情节严重；鉴于二被告人作案手段并非残忍，主观上对危害后果持放任态度，不是预谋杀人，对其判处死刑，可不立即执行。因此改判宋有福、许朝相死刑缓期执行。①

对于本案，三级法院的判决对故意杀人行为的评价性用语的使用情况有所不同：一审判决表述为情节严重；二审判决表述为犯罪情节恶劣，后果严重；最高人民法院裁定表述为犯罪情节严重，手段并非残忍。在此，一审判决认定的情节严重与二审判决认定的情节恶劣到底有何区别？从案情中看不出这种区别，由此表现出一、二审判决在情节严重与情节恶劣这两个用语使用上的随意。二审判决在情节恶劣之外还增加了后果严重一词，但本案只是杀死一人，却被认定为故意杀人的后果严重，反映了我国司法实践对后果严重的较为宽泛的把握。最值得注意的是，最高人民法院的裁定为改判而提出了作案手段并非残忍这一理由。对于本案，最高人民法院的改判是完全正确的，体现了对死刑适用的严格限制。但改判的理由缺乏针对性，也缺乏逻辑性。如果二审判决以手段残忍为由而改判本案为死刑立即执行，那么，最高人民法院以并非手段残忍为由改判死刑缓期执行，

---

① 参见陈兴良、张军、胡云腾主编：《人民法院刑事指导案例裁判要旨通纂》上卷，355页以下，北京，北京大学出版社，2013。

就具有针对性。但本案二审判决根本没有论及手段残忍，而是以情节恶劣、后果严重为由改判死刑立即执行。所以，具有针对性的改判理由应该是情节不恶劣或者后果不严重，也可以是虽然情节恶劣、后果严重但不是情节特别恶劣、后果特别严重，等等。因此，最高人民法院的改判理由不是完全针对二审判决，上下审级之间的判决各说各话。此外，最高人民法院的裁定一方面肯定本案的故意杀人是情节严重，另一方面又说本案的故意杀人手段并非残忍。故意杀人的情节严重与手段残忍之间到底是什么样的逻辑关系，也不甚了然。这些司法文书给人的感觉是：对故意杀人罪的情节严重、情节恶劣、后果严重、手段残忍等用语的使用十分随意，它们成了判决结论表述上的"修辞"，而非由此得出判决结论的先在性根据。即不是先根据案件事实认定为情节严重、情节恶劣、手段残忍，然后再引申出判决结论，而是相反，先有判决结论，然后再根据修辞的需要选择采用以上这些用语。

三、故意杀人手段残忍的案例检视

故意杀人罪的手段残忍是一个涉及该罪犯罪严重程度的指标性要素，对此进行法理探究，对于正确把握故意杀人手段残忍的性质与特征具有重要理论意义。下面笔者根据故意杀人手段残忍的法理界定，对上述十个案例认定的故意杀人手段残忍进行法理上的检视。

（一）孙习军等故意杀人案

根据判决书对孙习军等杀人事实的描述（孙习军用军用菜刀切割被害人颈部，致被害人失血性休克死亡；后孙又割下被害人的头颅抛至该市的一条河中），还难以得出故意杀人手段残忍的结论。本案的裁判理由指出："本案中，孙习军、王媛用菜刀反复切割被害人颈部，致被害人颈部大部分断离，面目全非，后又割下被害人头颅，抛于河中，使被害人身首异处。杀人手段特别残忍。"值得注意的是，判决书的表述是手段残忍，但裁判理由随意地表述为手段特别残忍。可见，我国司法人员对故意杀人罪的手段残忍与手段特别残忍是不加区分随意使用的。先

不考虑这个表述问题,从裁判理由的内容来看,是把反复切割这一杀人情节与割下被害人的头颅这一毁尸行为共同作为认定故意杀人手段残忍的事实根据。

对于采取反复切割的方法杀人,如果这一行为不是为了故意造成被害人死亡之前的肉体与精神痛苦,就不能认定为手段残忍。但裁判理由并没有对此加以说明。从案情叙述来看,反复切割仅仅是为了追求被害人死亡的结果,因此不能认定为故意杀人罪的手段残忍。本案之所以认定为手段残忍,更多是考虑到杀死被害人以后,割下其头颅,使之身首异处。但正如笔者此前所述,将人杀死以后的毁尸行为能否认定为杀人的手段,是存在疑问的。杀人以后的毁尸行为,某些情形属于我国刑法规定的侮辱尸体行为,当然切割头颅是否属于侮辱尸体还值得推敲。即使是侮辱尸体的行为,也是故意杀人罪的不可罚的事后行为,并不另外构成侮辱尸体罪,而只是故意杀人罪的从重处罚情节。但这种从重处罚情节还不能说是杀人的手段残忍,因为此时被害人已经死亡。此外,本案一审判决认定被告人故意杀人罪的手段残忍、情节恶劣。那么,这里的手段残忍与情节恶劣是什么关系?裁判理由只是随意地使用这些概念,而完全没有考虑两者之间的逻辑关系。其实,将本案认定为情节恶劣的杀人是完全没有问题的,但能否认定为手段残忍的杀人则值得讨论。

(二)蔡超故意杀人案

笔者认为,蔡超故意杀人案是最典型的手段残忍的故意杀人案件。根据案情描述,本案确实属于手段特别残忍,判决书的认定是完全正确的。本案之所以应当认定为故意杀人罪的手段特别残忍,是因为被告人采取的杀人手段,并非只是追求被害人死亡的结果,而是对被害人进行折磨,故意造成被害人死亡之前的肉体与精神痛苦。因此,本案完全符合故意杀人手段残忍的特征并且达到了特别残忍的程度。

(三)王斌余故意杀人案

在本案中,被告人王斌余持刀连续捅刺五人,并且在追杀他人未果返回现场后,又对已倒在血泊中的被害人连续补刺,前后共刺杀被害人48刀,造成四人当场死亡、一人重伤。对此,判决书认定被告人王斌余杀人手段极其残忍、情节

特别恶劣、犯罪后果极其严重。就本案案情而言，认定为情节特别恶劣以及犯罪后果极其严重是没有问题的。所谓情节特别恶劣，是指返回现场后对已经被刺伤的被害人进行补刺。所谓犯罪后果极其严重，是指造成了四人死亡、一人重伤的后果。值得指出的是，在德日刑法中，故意杀人罪的罪数认定以被害人的个数为标准：杀死一人为一个故意杀人罪，杀死数人为数个故意杀人罪。"个人生命不仅是一身专属的，而且各个人的生命都具有独立的价值，因此，应当根据各个对象来评价罪数，即根据被害人的人数决定罪数。"① 但我国刑法中同种数罪不并罚，因此无论杀死多少人都认定为一个故意杀人罪。在这种情况下，就出现了将杀死多人作为故意杀人罪的犯罪后果严重予以认定的问题。本案是否成立手段特别残忍，主要还是在于刺杀五个被害人共计48刀这一事实。笔者认为，如果根本不考虑被告人主观上是否具有故意追求对被害人的肉体与精神折磨这一要素，而仅仅根据刺杀次数较多就认定为故意杀人罪的手段特别残忍，显然不妥。

（四）刘兵故意杀人案

刘兵在与未成年少女发生性关系后，因害怕事情败露而将被害人杀死。判决书没有认定被告人构成强奸罪，而只是认定了故意杀人罪。其杀人行为被表述为，"用双手将韩某扼掐致死"。由此可见，刘兵没有使用任何杀人工具，而是用双手掐死被害人，属于一般的杀人手段。但为什么本案在一审判决、二审判决，甚至最高人民法院的裁定中都被定性为手段残忍？最高人民法院在裁定中如此表述：被告人刘兵与未成年少女发生性关系后，因害怕事情败露而杀人灭口，其行为已构成故意杀人罪，且犯罪手段残忍，后果严重。② 这里的犯罪手段残忍与后果严重的判断没有任何事实根据，而成为一句套话。只是用双手将被害人掐死，怎么能说是手段残忍？至于后果严重，更是难以理解。如果将人杀死就是故意杀人罪的后果严重，那么，每一个故意杀人罪的既遂都是后果严重。本案对故意杀

---

① ［日］大谷实：《刑法讲义各论》，黎宏译，12页，北京，中国人民大学出版社，2008。
② 参见陈兴良、张军、胡云腾主编：《人民法院刑事指导案例裁判要旨通纂》上卷，340页，北京，北京大学出版社，2013。

人手段残忍的认定最能够说明我国司法机关在认定手段残忍时的随意，根本就没有意识到这一认定需要充足的事实根据。就本案而言，先奸后杀是犯有数罪的问题，杀人灭口是故意杀人罪的动机问题，杀害未成年少女是故意杀人的特定对象问题，这些要素都属于犯罪情节，但不能由此认定为手段残忍。

（五）陈宗发故意杀人案

陈宗发杀死二人，并且杀人后肢解尸体，其故意杀人属于情节严重当然没有问题。但对于本案，一审与二审判决先后认定为犯罪手段残忍。从案情描述来看，被告人陈宗发使用凶器分别将两个被害人杀死，但无法证明被告人具有故意折磨被害人的意思，因此不能认定被告人构成故意杀人手段残忍。而杀人以后的肢解尸体行为不属于杀人的手段，也就不能认定为故意杀人罪的手段残忍，而是量刑时应当考虑的其他从重情节。

（六）王勇故意杀人案

根据判决书的描述，本案之所以被认定为故意杀人手段残忍，可能是基于连砍八刀这一事实。但如果连砍八刀只是追求将被害人砍死，则本案不能认定为故意杀人罪的手段残忍。在本案中，连砍八刀应属于故意杀人罪的情节严重。

（七）刘加奎故意杀人案

从案情来看，本案之所以认定为故意杀人罪的手段残忍主要是考虑了刺杀的刀数较多。但这些刺杀动作都是为了达到将被害人杀死的目的，而并非追求造成被害人死亡之前肉体与精神的痛苦，因此难以认定为故意杀人罪的手段残忍。在本案中，刺杀的刀数较多属于故意杀人罪的情节严重。

（八）阿古敦故意杀人案

对于本案，判决书认定为故意杀人手段残忍。就持刀入室杀人而言，犯罪性质当然是严重的。但仅从杀人手段来看，将被害人刺死，并没有追求造成被害人死亡之前肉体与精神的痛苦，所以难以认定为故意杀人罪的手段残忍。在本案中，入室杀人、连捅数刀属于故意杀人罪的情节严重。

（九）李飞故意杀人案

本案是最高人民法院颁布的指导性案例，对死刑的正确适用具有重要参考价

值。但本案在故意杀人手段残忍的认定上，同样存在问题。本案中被告人李飞持铁锤多次击打被害人头部，致被害人当场死亡。上述手段虽然较之未使用凶器的故意杀人在情节上更为严重，但并不能由此认定被告人李飞的故意杀人属于手段残忍。而且，判决虽然认定了故意杀人手段残忍，但并没有对作出这一认定的根据予以说明，而只是随意地使用手段残忍一词。从具体案情来看，本案只是一般性的故意杀人，缺乏认定手段残忍的主客观根据。

（十）王志才故意杀人案

本案也是最高人民法院颁布的指导性案例，同样认定了被告人王志才故意杀人手段残忍。本案的基本案情是，王志才持一把单刃尖刀，朝被害人的颈部、胸腹部、背部连续捅刺，致其失血性休克死亡。本案也是一般性的杀人案件，同样缺乏认定手段残忍的主客观根据。如果本案可以认定为手段残忍的故意杀人罪，那么几乎就没有非手段残忍的故意杀人罪了。如此认定使手段残忍这一概念丧失了对故意杀人罪的标示与区隔意义。

通过以上分析，笔者认为我国司法实践中对故意杀人手段残忍的认定是缺乏主客观根据的，实际上这一用语已经成为可以随处、随意、随便安放的司法套语，而没有特定的法律内涵。对故意杀人罪的手段残忍、情节严重、情节恶劣以及后果严重等评价性用语，应当进行法教义学的研究，使之类型化与特定化，这是我国刑法学者面临的任务。

四、故意杀人手段残忍的外延界定

基于以上对故意杀人手段残忍的理论与案例的分析，我们还需要进一步对手段残忍进行外延界定，即对故意杀人罪的手段残忍与情节严重、情节恶劣、后果严重等评价性用语之间的关系加以厘定。

（一）故意杀人手段残忍与情节严重的界分

情节是指除犯罪基本事实以外影响定罪量刑的主客观事实要素。情节一词在我国刑法以及司法实践中的使用十分广泛，其功能也存在较大差异。在此，我们

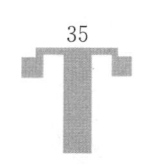

主要考察量刑情节，即影响刑罚裁量的主客观事实要素。这里的情节严重主要是就客观事实而言，是指行为的客观危害程度较高，从而为从重处罚提供了客观根据。可以作为情节严重的评价根据的客观要素，通常是指犯罪的手段和方法、犯罪的侵害对象、犯罪的损害后果、犯罪的时间和地点等。在故意杀人罪中，虽然我国刑法第 232 条并没有将故意杀人罪区分为情节严重或者情节特别严重，但司法实践中对故意杀人罪进行刑罚裁量时，一般还是要进行上述区分，只是目前尚未形成统一标准，即使是情节严重与情节恶劣之间的界分也显得较为混乱。对此，本节后文将加以论述。

一般情况下，手段是否残忍属于情节严重的一个指标性要素。例如，黎宏教授指出："在刑法未将犯罪的方法、手段规定为犯罪构成要件要素的情况下，犯罪手段虽然不影响定罪，但对量刑却有一定的影响。如犯罪分子的手段和方法极为残忍或者极为狡猾、隐蔽，则比一般原始、简单的手段方法所反映出来的社会危害性更大，对他们的处罚也应当有所区别，即对前者的处罚要重于后者。"[①] 因此，量刑中一般都把手段残忍纳入情节严重的范畴进行考察。但在故意杀人罪的量刑，尤其是故意杀人罪的死刑裁量中，形成了特殊的规则，即把故意杀人罪的手段残忍从情节严重中分离出来，作为故意杀人罪死刑裁量的一个特定评价性要素。在这种情况下，就应当把故意杀人罪的手段残忍与情节严重、情节恶劣加以区分，而不能混为一谈。这种区分表现为：手段残忍是故意杀人情节严重之外的一个客观评价要素，对二者要分别加以认定。

（二）故意杀人手段残忍与后果严重的界分

后果严重本来也是情节严重的一个事实要素，但在某些情况下，后果严重从情节严重中分离出来，成为一个独立的量刑指数。在故意杀人罪中，有些死刑判决也单独列出后果严重作为评价性用语。因此，对故意杀人罪来说，后果严重是一个独立的刑罚裁量影响要素。应当指出，作为量刑情节的后果并不是构成要件结果，而是其他影响犯罪法益侵害程度的后果。因此，在故意杀人罪的死刑裁量

[①] 黎宏：《刑法学》，360 页以下，北京，法律出版社，2012。

中,如果仅仅杀死一人,则所谓严重后果就不是指该被害人的死亡后果,而应当是指被害人死亡以外的其他后果。但在杀死数人的情况下,由于我国刑法对数个故意杀人罪不实行并罚,因此可以将杀死数人认定为故意杀人罪的后果严重。如果杀死人数较多,可以认定为故意杀人罪的后果特别严重。根据这一界定,故意杀人罪的手段残忍与后果严重之间也存在根本区别,二者应加以厘清。

(三)故意杀人手段残忍与情节恶劣的界分

如果说情节严重主要是指影响刑罚裁量的犯罪客观因素,那么,情节恶劣就主要是指影响刑罚裁量的犯罪主观要素。这里的情节恶劣主要是指主观恶性程度较高,因而为从重处罚提供了主观根据。可以作为情节恶劣的评价根据的主观要素,通常是指犯罪的动机、犯罪后的态度、犯罪人的一贯表现等。因此,情节严重属于影响量刑的不法要素,情节恶劣则属于影响量刑的责任要素。在德日刑法学中,行为不法与主观责任等都是犯罪成立要件与刑罚裁量要素的重要分析工具。犯罪行为的不法性是根据它的结果无价值——对受到保护客体的侵犯和危害——和行为无价值来确定,其有责性则产生于行为人所实际表露出来的思想意识无价值;该无价值反映了行为人对待法制秩序要求的行为规范的错误态度和法制观念上存在的不足。[①]这里论及了客观上的不法要素和主观上的责任要素。其中,客观上的不法要素可以分为结果无价值与行为无价值,分别从侵害结果与侵害行为两个方面揭示不法特征;主观上的责任要素则表现为所谓思想意识无价值,反映了行为人主观意思的可谴责性。不仅定罪而且量刑,都应该从这两个方面考察。情节严重侧重于从结果无价值与行为无价值为刑罚裁量提供从重处罚的客观根据,情节恶劣则侧重于从思想意识无价值为刑罚裁量提供从重处罚的主观根据。

对故意杀人罪来说,影响量刑的主观与客观要素具有特殊性。在德国刑法关于故意杀人罪的规定中,对影响刑罚裁量的要素做了专门规定。德国学者指出,谋杀罪中的"卑劣动机",就是纯正的责任标志,因为它唯独性质地和不仅仅是

[①] 参见[德]约翰内斯·韦塞尔斯:《德国刑法总论》,李昌珂译,9页,北京,法律出版社,2008。

作为不法的反射地在说明行为人之最低劣层次的可谴责的思想。与之相反，谋杀罪特征中的"残忍"和"残暴"属于行为不法，因为它们所规定的主要是实施方式的可谴责性，只是间接地准许推论行为人的思想。① 由此可见，德国刑法谋杀罪中的"卑劣动机"，是一种主观的可谴责程度较高的标志，相当于我国司法实践所称的情节恶劣。在刘兵故意杀人案中，被告人刘兵在与未成年少女发生性关系后，因害怕事情败露而将被害人杀死。对这种杀人灭口的行为之所以应当予以更为严厉的惩罚，主要根据还是动机卑劣，将之评价为情节恶劣更为妥帖，称之为手段残忍则言未及意。而德国刑法谋杀罪中的"残忍"和"残暴"，是行为无价值程度较高的标志，相当于我国司法实践中的手段残忍和情节严重。

五、故意杀人罪的死刑裁量

以上笔者对故意杀人手段残忍的司法认定问题，结合十个具体案例进行了分析，认为我国司法实践在故意杀人手段残忍的认定上缺乏标准，只有个别故意杀人案件可以认定为手段残忍。即使以司法机关认定的故意杀人手段残忍为根据，这一情节在故意杀人罪死刑裁量上的功能，也较为混乱。以下是十个故意杀人案件的手段与最终处刑之间的关系列表：

序号	案名	手段	刑期
1	孙习军等故意杀人案	手段残忍	死刑立即执行
2	蔡超故意杀人案	手段特别残忍	死刑立即执行
3	王斌余故意杀人案	手段特别残忍	死刑立即执行
4	刘兵故意杀人案	手段残忍	死刑立即执行
5	陈宗发故意杀人案	手段残忍	死刑立即执行
6	王勇故意杀人案	手段残忍	死刑缓期执行

---

① 参见［德］约翰内斯·韦塞尔斯：《德国刑法总论》，李昌珂译，228页，北京，法律出版社，2008。

续表

序号	案名	手段	刑期
7	刘加奎故意杀人案	手段残忍	死刑缓期执行
8	阿古敦故意杀人案	手段残忍	死刑缓期执行
9	李飞故意杀人案	手段残忍	死刑缓期执行
10	王志才故意杀人案	手段残忍	死刑缓期执行

从以上列表来看,在选取的十个故意杀人案件中,两个被认定为手段特别残忍,八个被认定为手段残忍。这十个故意杀人案件中,四个被判处死刑立即执行,六个被判处死刑缓期执行。当然,这些故意杀人案件中,影响量刑的除了手段残忍或者特别残忍这一情节以外,还有其他情节。例如,蔡超故意杀人案虽然是手段特别残忍,但因为杀人未遂而被判处死刑缓期执行。而陈宗发故意杀人案,虽然认定为手段残忍,但被判处死刑立即执行与其杀死两人有关。因此,并不存在故意杀人手段残忍与死刑缓期执行、故意杀人手段特别残忍与死刑立即执行之间的对应关系。但从司法适用的情况来看,手段残忍也可以判处死刑立即执行。由此可见,故意杀人手段残忍对故意杀人罪的死刑裁量来说,并不是一个综合性的评价指标,而只是一个单一性的评价指标。明确这一点,对厘清故意杀人罪的手段残忍与情节严重之间的关系,具有重要意义。

我国刑法第232条关于故意杀人罪的法定刑分为两个档次:(1)处死刑、无期徒刑或者十年以上有期徒刑;(2)情节较轻的,处三年以上十年以下有期徒刑。应该指出,我国刑法关于故意杀人罪法定刑的规定是极为特殊的,即从重到轻排列,而其他犯罪的法定刑都是从轻到重排列。因此,除了情节较轻的故意杀人罪,其他的故意杀人罪都应当判处死刑、无期徒刑或者十年以上有期徒刑。并且,在司法实践中,对于故意杀人罪的罪犯,量刑时应当首先考虑重刑。[1] 而对故意杀人罪的情节较轻,我国司法实践中已经形成较为类型化的标准,即防卫过

---

[1] 参见全国人大常委会法制工作委员会刑法室编:《中华人民共和国刑法:条文说明、立法理由及相关规定》,477页,北京,北京大学出版社,2009。

当致人死亡的、出于义愤杀人的、因受被害人长期迫害而杀人的、溺婴的等情形。① 但是，故意杀人罪的第一个量刑档次如何适用，尤其是故意杀人罪的死刑（包括死刑立即执行与死刑缓期执行）如何裁量，则是刑事政策界限难以把握的问题。

故意杀人罪的第一个量刑档次，可以进一步细分为两个档次：（1）十年以上有期徒刑、无期徒刑；（2）死刑。在死刑中，又可以进一步区分死刑立即执行与死刑缓期执行这两个档次。从逻辑上分析，既然情节较轻的故意杀人罪处三年以上十年以下有期徒刑，那么，情节一般，即不存在较轻情节的故意杀人罪，就应该在十年以上有期徒刑这个档次量刑；情节严重或者情节恶劣的故意杀人，就应该在无期徒刑这个档次量刑；情节特别严重或者情节特别恶劣的故意杀人，则应该适用死刑。这样理解也能够与刑法第 48 条"死刑只适用于罪行极其严重的犯罪分子"这一死刑适用的总标准相协调。在我国刑法学界，对于如何理解这里的罪行极其严重是存在争议的。争议的焦点在于：罪行极其严重是指犯罪的客观方面极其严重，还是指犯罪的客观与主观这两个方面综合起来极其严重？对此，笔者还是主张应当从犯罪的客观与主观两个方面来判断罪行是否属于极其严重。② 应当指出，刑法总则规定的是死刑适用的一般标准，刑法分则则对适用死刑的标准作了具体规定。虽然刑法第 232 条对故意杀人罪没有明确规定情节特别严重、情节特别恶劣或者后果特别严重等具体标准，但参照其他罪名的规定，对故意杀人罪也可做如此理解。

如果再细致分析，故意杀人罪的第一个量刑档次，是否也是从重到轻依次裁量？对此，笔者认为应当认真斟酌。死刑的法定刑从重到轻排列，只是指优先考虑死刑、无期徒刑或者十年以上有期徒刑这个量刑档次，然后再考虑三年以上十年以下这个量刑档次。但在第一个量刑档次，不能再优先考虑死刑，其次考虑无期徒刑，最后才考虑十年以上有期徒刑，而是相反：故意杀人情节一般，即没有

---

① 参见周道鸾、张军主编：《刑法罪名精释》上册，507 页，北京，人民法院出版社，2013。
② 参见陈兴良：《死刑适用的司法控制——以首批刑事指导案例为视角》，载《法学》，2013（2）。

严重情节或者恶劣情节的，应当考虑十年以上这个量刑档次；有严重情节或者恶劣情节的，再考虑无期徒刑这个量刑档次；只有故意杀人情节特别严重或者情节特别恶劣的，才最后考虑死刑这个量刑档次。但是，目前在我国司法实践中，对于非情节较轻的故意杀人，是从死刑到无期徒刑，再到十年以上有期徒刑这样一个次序考虑量刑的。

例如董伟故意杀人案。一审判决认定的事实是：2001年5月2日零时许，董伟与多人酒后到延安电影院通宵舞厅，因琐事与宋阳发生争吵并打架，被在场人劝开后，董、宋二人又在舞厅旁继续打架。董伟用地砖连续打击宋的头部，致宋倒地后逃离，宋被送往医院，经抢救无效死亡。法医鉴定结论称，宋阳因被钝器打击头部造成闭合性颅脑损伤，导致呼吸心跳中枢衰竭死亡。据此，延安市中院一审认为，董伟因琐事竟用地砖猛击宋阳头部，致其死亡，手段残忍，后果严重，以故意杀人罪判处董伟死刑，剥夺政治权利终身。[①]

一审判决认定被告人董伟的故意杀人属于手段残忍，但从案情来看，只是用随手捡起的地砖击打被害人头部致其死亡，即使是连续击打，也不存在手段残忍的问题。由此可见，手段残忍的认定缺乏根据。更值得注意的是，二审判决认定被告人董伟的行为已构成故意杀人罪，但在裁定中并没有认定故意杀人手段残忍，而是以"无法定或酌定从轻处罚之情节，故应依法严惩"为由[②]，维持了一审死刑立即执行的判决。也就是说，对于故意杀人罪，只要没有法定或酌定的从轻处罚情节，就应当判处死刑立即执行。反之，只有存在法定或者酌定的从轻处罚情节，才能判处死刑缓期执行。这种对故意杀人罪法定刑的理解，实际上是把情节一般的故意杀人罪作为适用死刑立即执行的基准。笔者认为，这一理解是错误的，它会导致故意杀人罪死刑立即执行的滥用。

为限制故意杀人罪的死刑适用，应该明确只有在情节严重或者情节特别严重

[①] 本案一审判决书参见陈兴良主编：《中国死刑检讨：以"枪下留人案"为视角》，308页以下，北京，中国检察出版社，2003。

[②] 本案二审裁定书参见陈兴良主编：《中国死刑检讨：以"枪下留人案"为视角》，324页以下，北京，中国检察出版社 2003。

的故意杀人罪中才能考虑适用死刑（包括死刑立即执行与死刑缓期执行）。虽然是故意杀人情节特别严重，但具有法定或者酌定的从轻处罚情节，也应当适用死刑缓期执行。根据笔者的了解，在死刑判决中，以"无法定或酌定从轻处罚之情节，故应依法严惩"为说辞的情况多有所见。在某种意义上，"无法定或酌定从轻处罚之情节，故应依法严惩"已经成为死刑判决中的一句套话。即使在最高人民法院的死刑裁定中，也存在这一表述。例如刘兵故意杀人案，最高人民法院复核指出："被告人刘兵与未成年被害人韩某发生性关系后，因害怕事情败露而杀人灭口，其行为已构成故意杀人罪，且犯罪手段残忍，后果严重，无法定从轻、减轻处罚情节。"① 由此，最高人民法院核准了被告人刘兵死刑立即执行的判决结果。但是，本案以"无法定从轻、减轻处罚情节"作为判处死刑立即执行的理由，给人以根据不足、结论牵强的感觉，至少是说理不够充分。

基于上述限制死刑适用的立场，笔者认为，故意杀人罪的死刑裁量，主要应当从以下四个方面考量。

（一）案件性质

案件性质也就是犯罪性质，是决定量刑的一个主要因素。应当指出，这里的案件性质并不是指定罪意义上的犯罪性质，例如是定故意杀人罪还是定故意伤害罪，而是指量刑意义上的犯罪性质，即故意杀人犯罪所具有的社会性质与法律性质。在最高人民法院《全国法院维护农村稳定刑事审判工作座谈会纪要》中，首次提出了区分因婚姻家庭、邻里纠纷等民间矛盾激化引发的故意杀人犯罪与发生在社会上的严重危害社会治安的其他故意杀人犯罪的意见，这对于故意杀人罪的死刑裁量具有刑事政策意义上的指导作用。在最高人民法院《关于审理故意杀人、故意伤害案件正确适用死刑问题的指导意见》（以下简称《指导意见》）中，再次强调对严重危害社会治安和严重影响人民群众安全感的故意杀人案件与因婚姻家庭、邻里纠纷以及山林、水流、田地纠纷等民间矛盾激化引发的故意杀人案

---

① 陈兴良、张军、胡云腾主编：《人民法院刑事指导案例裁判要旨通纂》上卷，340页，北京，北京大学出版社，2013。

件加以区分：对于前者应当体现从严惩治的原则，依法判处被告人重刑直至死刑立即执行；对于后者在适用死刑时要特别慎重，除犯罪情节特别恶劣、犯罪后果特别严重、人身危险性极大的被告人外，一般可考虑不判处死刑立即执行。

《指导意见》所规定的严重危害社会治安和严重影响人民群众安全感的故意杀人案件，是指暴力恐怖犯罪、黑社会性质组织犯罪、恶势力犯罪以及其他严重暴力犯罪中故意杀人的首要分子；雇凶杀人的；冒充军警、执法人员杀人的；等等。就这部分故意杀人犯罪而言，性质是极为严重的，不仅侵害了公民的生命权，而且危害了社会治安，因此应当严惩。对于其中具有法定从轻处罚情节的，应当依法从宽处罚。在本文所引的十个故意杀人案件中，尚没有一个案件属于以上性质，而是属于因婚姻家庭、邻里纠纷以及山林、水流、田地纠纷等民间矛盾激化引发的故意杀人案件。其中婚姻家庭纠纷引发的故意杀人案件占有较大比例，例如蔡超故意杀人案、李飞故意杀人案和王志才故意杀人案；此外，民间纠纷引发的故意杀人案也占一定比例，例如王斌余故意杀人案、王勇故意杀人案、刘加奎故意杀人案。对于这些婚姻家庭纠纷、民间纠纷引发的故意杀人案，因为被害人一方有明显过错或者对矛盾激化负有直接责任；被告人有法定从轻处罚情节；被告人积极赔偿被害人经济损失、真诚悔罪；被害方谅解等，除犯罪情节特别恶劣、犯罪后果特别严重、人身危险性极大的被告人外，一般可考虑不判处死刑立即执行。在李飞故意杀人案和王志才故意杀人案中，都是因为被告人具有积极赔偿、坦白悔罪等情节，而最终被改判为死刑缓期执行。

（二）犯罪情节

犯罪情节对于故意杀人罪的死刑裁量也具有重要的意义，它直接影响对被告人是否适用死刑，以及是适用死刑缓期执行还是死刑立即执行。故意杀人罪的犯罪情节主要通过杀人手段、杀人工具、被害人、杀人以后的表现等因素表现出来。《指导意见》列举了以下犯罪情节特别恶劣的故意杀人犯罪：暴力抗法而杀害执法人员的；以特别残忍的手段杀人的；持枪杀人的；实施其他犯罪后杀人灭口的；杀人后为掩盖罪行或者出于其他卑劣动机分尸、碎尸、焚尸灭迹等。从以上规定来看，《指导意见》是把故意杀人的手段特别残忍纳入情节特别恶劣之中

予以考量的。但正如笔者所述，手段残忍应该是情节恶劣以外独立的故意杀人罪死刑裁量要素。在本文所引的十个故意杀人案件中，刘兵故意杀人案属于杀人灭口，陈宗发故意杀人案属于杀人后分尸，孙习军等故意杀人案则既有杀人灭口又有杀人后分尸。根据《指导意见》的规定，对于犯罪情节特别恶劣的故意杀人犯罪，如果没有从轻处罚情节，可以判处死刑立即执行。因此，这三个故意杀人案的被告人都被判处了死刑立即执行。当然，以上案件中都存在将情节特别恶劣与手段残忍相混淆的问题。

(三) 犯罪后果

故意杀人罪就其致人死亡而言，具有单一性，不像伤害罪那样存在伤害程度上的区分，也不像财产犯罪那样存在数额上的差别。因此，在故意杀人致一人死亡的案件中，结果具有相同性。只是在故意杀人致二人以上死亡的案件中，才存在后果上的差别。但《指导意见》把致人死亡作为故意杀人罪的直接后果，同时认为还要考虑对社会治安的影响等其他后果，也就是把对社会治安的影响看作是故意杀人罪的间接后果。但是，严重危害社会治安是故意杀人犯罪性质的决定因素，将其视为故意杀人罪的间接后果，似有不妥。此外，最高人民法院刑三庭《在审理故意杀人、伤害及黑社会性质组织犯罪案件中切实贯彻宽严相济刑事政策》中指出："在实际中一般认为故意杀人、故意伤害一人死亡的为后果严重，致二人以上死亡的为犯罪后果特别严重。"[1] 笔者认为，在我国司法实践中将死亡一人作为故意杀人、故意伤害的后果严重并不妥当。在我国刑法目前对杀害多人按一个故意杀人罪论处的语境之下，应当把杀害二人以上作为故意杀人罪的后果严重。因此，杀害二人以上，尤其是杀害多人，属于后果严重或者特别严重的故意杀人犯罪，应当予以严惩。例如王斌余故意杀人案，被告人王斌余杀死四人，重伤一人，属于故意杀人后果特别严重，即使有自首情节，也应当判处死刑立即执行。

---

[1] 《人民法院报》，2010-04-14。

（四）主观恶性和人身危险性

在故意杀人罪的死刑裁量中，不仅应当考虑客观要素，而且要考虑主观要素。这种主观要素主要是指主观恶性和人身危险性。

故意杀人罪的主观心理态度都是故意，但主观恶性还是有所不同；这种主观恶性程度上的差别对故意杀人罪的死刑裁量具有参考价值，会直接影响处刑。根据《指导意见》的规定，被告人的主观恶性主要从犯罪动机、犯罪预谋、犯罪过程中的具体情节以及被害人的过错等方面综合判断。对于犯罪动机卑劣而预谋杀人的，或者性情残暴动辄肆意杀人的被告人，可以依法判处死刑立即执行。对于坦白主要犯罪事实并对定案证据的收集有主要作用的；犯罪后自动归案但尚不构成自首的；被告人亲属协助司法机关抓获被告人后，被告人对自己的罪行供认不讳的；被告人亲属积极赔偿被害方经济损失并取得被害方谅解的；刚满18周岁或70周岁以上的人犯罪且情节不是特别恶劣的；等等，一般可不判处死刑立即执行。从以上规定来看，主观恶性程度对死刑裁量还是有影响的。当然，相对于客观危害，主观恶性对故意杀人罪死刑裁量的影响相对较小。一般是在具有其他情节的情况下，起到补强的作用。例如，李飞故意杀人案和王志才故意杀人案，都属于婚姻家庭纠纷引发的故意杀人犯罪，本来就应当与那些严重危害社会治安的故意杀人犯罪加以区分，同时考虑到被告人具有亲属协助抓获被告人、归案后坦白悔罪、积极赔偿等表明被告人主观恶性较轻的情节，因而处以死刑缓期执行。

人身危险性也是故意杀人罪量刑时应当考虑的要素。根据《指导意见》的规定，被告人的人身危险性主要从有无前科及平时表现、犯罪后的悔罪情况等方面综合判断。对于累犯中前罪系暴力犯罪，或者曾因暴力犯罪被判重刑后又犯故意杀人罪的；杀人后毫无悔罪表现的；等等，如果没有法定从轻处罚情节，一般可依法判处死刑立即执行。对于犯罪后积极抢救被害人、减轻危害后果或者防止危害后果扩大的；虽具有累犯等从重处罚情节，但前罪较轻，或者同时具有自首等法定、酌定从轻情节，经综合考虑不是必须判处死刑立即执行的；等等，一般可不判处被告人死刑立即执行。以上规定强调了对各种从重与从轻情节的综合考

虑，尤其是对表明被告人人身危险性较大的情节在量刑中的辅助性作用，做了较为科学的阐述。例如，累犯是表明人身危险性较大的主要情节之一，但刑法只是一般性地规定了累犯从重处罚。那么，在故意杀人罪的死刑裁量中，如何考量累犯这一情节？根据《指导意见》，在确定累犯如何从重处罚时，应当考虑前罪的轻重：如果前罪较重甚至十分严重，则累犯这一情节对故意杀人罪的死刑裁量具有较大的影响。同时，还要考虑其他从轻处罚的情节，即在从重处罚情节与从轻处罚情节竞合的情况下，应当全面地、综合地和理性地考察故意杀人罪的犯罪轻重，以便裁量是否适用死刑，以及适用死刑立即执行还是死刑缓期执行。例如，在李飞故意杀人案中，虽然被告人系累犯，论罪应该判处死刑立即执行，但被告人亲属主动协助公安机关将其抓捕归案，并积极赔偿，因此判处被告人死刑缓期执行。

（本文原载《法学研究》，2013（4））

被害人有过错的故意杀人罪的死刑裁量研究
——从被害与加害的关系切入

故意杀人罪是普通刑事犯罪中最严重者之一,我国历来有"杀人者死"的法律传统和"杀人偿命"的报应心理。因而在判处死刑的案件中,故意杀人罪占有相当比重。本文从被害与加害的关系切入,研究被告人的过错在何种程度上影响故意杀人罪的死刑裁量。

一、故意杀人罪中的被害与加害

在犯罪学理论上,犯罪可以分为两类:一类是有被害人的犯罪,另一类是无被害人的犯罪。当然,这里的被害人是指单个的人,并且以意识到自己被害为前提。否则,有被害人的犯罪与无被害人的犯罪之间就无法区分。例如买卖毒品、买卖枪支以及(在刑法规定为犯罪情况下的)卖淫嫖娼,都是双方自愿交换某种法律所禁止的物品或者服务,因而在将被害人界定为个体的人的情况下,是典型的无被害人的犯罪。当然,如果将社会,甚至国家也纳入被害人的范畴,任何犯罪都是有被害人的,因而也就取消了无被害人犯罪这一概念。我赞同有被害人的犯罪与无被害人的犯罪的分类,因为这两种犯罪是有所不同的:前者的犯罪危害

往往落实在一个具体的人身上,因而其犯罪的危害性具有采集性;后者的犯罪危害是弥散于整个社会的,因而其犯罪的危害性具有稀释性。有被害人的犯罪与无被害人的犯罪的区分,不仅具有犯罪学上的意义,而且具有刑法学与刑事诉讼法学上的意义。在刑法学上,被害人因素对于量刑,甚至在某些情况下对于定罪存在一定的影响。在刑事诉讼法上,被害人作为刑事诉讼的参与人,甚至是当事人,具有一定的诉讼权利。

根据被害人在犯罪过程中所起的作用,一般将被害人分为三种类型:(1)无责性被害人,即指对于自己被害的加害行为之发生没有任何道义上的或者法律上的责任而遭受被害的人。(2)有责性被害人,即指那些本身实施了违法犯罪行为或者违背道德或其他社会规范行为或过失行为,从而与加害行为的发生之间具有一定直接关系的人。有责任性被害人又可以进一步分为:1)责任小于加害人的被害人。2)责任与加害人等同的被害人。3)责任大于加害人的被害人。4)负完全责任的被害人。[①] 在上述四种有责性被害人中,负完全责任的被害人,是指正当防卫等情形中的被害人,这个意义上的被害人实质上是加害人,由于其加害行为而导致正当防卫,其被害不能获得法律上的救济。至于前三种有责性被害人,尽管对于加害的发生负有一定责任,但加害行为人仍然应构成犯罪,只不过作为一种被害人有过错的犯罪,其在量刑上应当考虑而已。

故意杀人罪是最典型意义上的有被害人的犯罪,因为杀人是针对一定个人的,这一定个人就是被害人,否则无所谓杀人可言。在故意杀人罪中,被害人对于犯罪的责任存在两种情形:一是被害人加害在先,引起他人加害。在各种情形下,正是先在加害行为引发后至的加害行为。二是被害人激化矛盾,引起他人加害。在上述两种情况下,被害人都是有过错的,属于被害人有过错的故意杀人罪。在故意杀人罪的量刑中,被害人的过错是酌定的从轻情节,它在故意杀人罪的死刑裁量中同样具有重要意义。1999年10月27日最高人民法院《全国法院维护农村稳定刑事审判工作座谈会纪要》规定:"对故意杀人犯罪是否判处死刑,

---

[①] 参见汤啸天等:《犯罪被害人学》,110页以下,兰州,甘肃人民出版社,1998。

不仅要看是否造成了被害人死亡结果,还要综合考虑案件的全部情况。对于因婚姻家庭、邻里纠纷等民间矛盾激化引发的故意杀人犯罪,适用死刑一定要十分慎重,应当与发生在社会上的严重危害社会治安的其他故意杀人犯罪案件有所区别。对于被害人一方有明显过错或对矛盾激化负有直接责任,或者被害人有法定从轻处罚情节的,一般不应判处死刑立即执行。"由此可见,前引司法解释确立了以下规则:

被害人一方有明显过错或对矛盾激化负有直接责任的故意杀人罪,一般不应判处死刑立即执行。

二、王勇案:被害人有明显过错

被告人王勇,男,24岁,工人。因涉嫌犯故意杀人罪,于1996年3月11日被逮捕。西安市中级人民法院经公开审理查明:

1996年1月12日晚10时许,被告人王勇得知其父出事即赶回家中,适逢兵器工业部213研究所职工董德伟到其家,王勇得知其父系为董德伟所打,为此发生争吵、厮打。被告人王勇用菜刀在董德伟颈部、头部、面部连砍数刀,将董德伟当场杀死。后王勇逃离现场。被告人王勇于1月14日投案自首。

西安市中级人民法院认为:被告人王勇故意非法剥夺他人生命,已构成故意杀人罪,且犯罪手段凶残,情节特别严重,应依法严惩。但王勇有投案情节,被害人又有明显过错,对王勇可以从轻判处。被告人王勇的犯罪行为给被害人家庭造成的经济损失,依法应予赔偿。一审于1996年10月22日判处被告人王勇死刑,缓期2年执行,剥夺政治权利终身;被告人王勇赔偿附带民事诉讼原告人董锡厚经济损失人民币7 000元。

一审宣判后,附带民事诉讼原告人董锡厚以对王勇犯罪应当判处死刑立即执行、赔偿数额太少为由,向陕西省高级人民法院提出上诉。陕西省高级人民法院认为:被告人王勇故意非法剥夺他人生命,已构成故意杀人罪,且犯罪手段凶残,情节特别严重,应依法严惩。但被害人董德伟无故打伤被告人王勇的父亲,

又找到王勇家，对引发本案有一定的过错责任，且被告人王勇作案后能投案自首，故依法从轻判处。原判决定罪准确，量刑适当，审判程序合法遂于1997年12月1日裁定驳回上诉，维持原判。

王勇故意杀人案，一审和二审法院之所以判处死缓，主要是在本案中存在两个从轻情节：一是被害人有明显过错这一酌定从轻情节，二是被告人犯罪后自首这一法定从轻情节。在此，我主要论述被害人有明显过错这一情节。

在故意杀人罪中，被害人的过程是指被害人促成（Precipitation）犯罪。[①] 这里的促成，是指被害人的行为是故意杀人罪发生的起因。也就是说，没有被害人过错在先，故意杀人罪就不会发生。引发故意杀人罪的过错是多种多样的，从程度上来区分有轻有重，轻的过错引发故意杀人罪的可能性较小，重的过错引发故意杀人罪的可能性较大。因此，过错轻重对于量刑的影响是有所不同的。轻微过错，在日常生活中通常是指辱骂、争吵等，虽然是一种先在过错，但被害人责任很小，加害人应对故意杀人罪负完全责任。重大过错，也可以说是严重过错或者明显过错，将在一定程度上影响对被告人的量刑。王勇案为我们正确认定明显过错提供了一个可资参照的判例。在王勇案中，根据二审判决的认定，被害人的过错情节如下：

1996年1月12日晚8时30分许，兵器工业部213所职工董德伟酒后在该所俱乐部舞厅跳舞时，无故拦住被告人王勇之父王钢成，让王给其买酒喝，被王拒绝。董继续纠缠，并强行在王的衣服口袋里掏钱，致使二人推拉、厮打。厮打中，董致王头皮血肿，胸壁软组织损伤。后王钢成被送医院住院治疗。晚10时许，被告人王勇得知其父出事即赶回家中，适逢董德伟上楼来到其家，即与董德伟发生争吵、厮打。[②]

根据上述描述，被害人董德伟有酒后寻衅滋事的情节，并且将王勇之父王钢成打伤，这是引起王勇故意杀人的直接起因。当然，这里还存在一个值得注意的

---

① 参见《比较犯罪学》，283页，北京，中国人民公安大学出版社，1992。
② 参见《刑事审判案例》，97页，北京，法律出版社，2002。

情节,就是晚 10 时许,当被告人王勇得知其父出事即赶回家中,"适逢董德伟上楼来到其家"。在此,对董德伟来到王勇家的动机并未交代,即董究竟是来继续滋事还是来道歉,我认为这对量刑也是有影响的。王勇案判决将董德伟"无故纠缠并打伤被告人王勇的父亲"认定为是被害人的明显过错,对此,最高人民法院在裁判理由中指出:

本案中,被害人董德伟无理纠缠并打伤被告人王勇的父亲,引起被告人与被害人争吵、厮打,并用刀当场杀死被害人。被害人董德伟打伤被告人王勇父亲,与被告人王勇杀死董德伟的行为是紧密联系的。被害人无故纠缠被告人王勇的父亲,并致其父头皮血肿、胸壁软组织损伤,属于有严重过错。[①]

根据这一论述,构成被害人的明显过错,必须具备以下条件:(1)被害人对被告人或者其亲属使用暴力,致其受伤,至于伤害程度并无限制,一般应为轻微伤以上。(2)被害人的伤害是在他人无过错情况下实施的。如果在他人有过错的情况下发生争执或者互殴,则不能认为是被害人有明显过错。(3)被害人的过错与被告人的故意杀人行为之间具有紧密联系。这里的紧密联系,是指在时间上前后相随,在性质上互为因果。如果不具有这种紧密联系,同样也不能成为对故意杀人罪从轻处罚的被害人的明显过错。

三、刘加奎案:对矛盾激化负有直接责任

被告人刘加奎,男,35 岁。因涉嫌犯故意杀人罪,于 1997 年 11 月 19 日被逮捕。襄樊市中级人民法院经公开审理查明:被告人刘加奎和被害人马立未同在随州市五眼桥农贸市场相邻摊位卖肉。1997 年 10 月 22 日上午 11 时许,被告人刘加奎之妻胡坤芳在摊位上卖肉时,有客户来买排骨,因自己摊上的排骨已售完,便介绍左边摊主王××卖给客户,此时,被害人马立未之妻徐翠萍即在自己摊位上喊叫更低的价格,但客户嫌徐摊位上的排骨不好,仍买了王××摊位的排

[①] 参见《刑事审判案例》,98 页,北京,法律出版社,2002。

骨。为此，徐翠萍指责被告一方，继而与胡坤芳发生争执厮打，二人均受轻微伤。被群众拉开后，徐又把胡摊位上价值三百多元的猪肉甩到地上。市场治安科明确"各自看各自的伤，最后凭法医鉴定结果再行处理"。但是马立未夫妇拒绝市场治安管理人员的调解，在事发当日和次日多次强迫被告人刘加奎拿出360元钱给徐翠萍看病，并殴打了刘加奎夫妇。被告人刘加奎在矛盾发生后，多次找市场治安科和随州市公安巡警大队等要求组织解决，并反映马立未方人多势众、纠缠不休，请有关组织对自己给予保护。被害人马立未以刘加奎向其妻赔礼道歉、承认错误为条件，托人给刘捎话要求私了，刘加奎拒绝并托亲属找公安机关要求解决。马立未知道后威胁说："黑道白道都不怕，不给我媳妇看好病绝不罢休！"11月24日下午3时许，刘加奎被迫雇车同马立未一起到随州市第一医院放射科给徐翠萍拍片检查，结果无异常。马立未仍继续纠缠，刘加奎十分恼怒，掏出随身携带的剔骨刀朝马立未背部刺1刀，马立未、徐翠萍见状迅速跑开，徐翠萍跑动时摔倒在地，刘加奎朝徐的胸、背、腹部连刺数刀，又追上马立未，朝其胸、腹、背部等处猛刺十余刀，然后持刀自杀（致肝破裂）未遂，被群众当场阻止。马立未因被刺破肝脏致大出血而死亡，徐翠萍的损害属重伤。

襄樊市中级人民法院认为：被告人刘加奎持刀行凶，杀死1人，重伤1人，其行为已构成故意杀人罪。杀人情节恶劣，手段残忍，本应依法严惩，但本案事出有因，被害人对案件的发生和矛盾的激化有一定过错。被告人归案后，认罪态度尚好，有悔罪表现。一审于1998年2月22日判处被告人刘加奎死刑，缓期2年执行，剥夺政治权利终身。

一审宣判后，被告人刘加奎向湖南省高级人民法院提出上诉，其上诉称：为争卖排骨之事与被害人马立未夫妇发生矛盾后，被害一方多次殴打侮辱、敲诈勒索我们，并非是一审判决所称的一定过错，而是一种侵犯人权的犯罪行为。在医院为徐翠萍拍片检查、结果无异常的情况下，马立未仍无理要求拿10万、8万元为其妻徐翠萍整容，这是我行凶的直接原因。请考虑我是在事情发生后曾找过多个部门得不到解决的情况下犯罪，要求从轻处罚。襄樊市人民检察院以被告人刘加奎在公共场所预谋杀人，手段残忍，后果严重，社会影响极坏，依法应当判

处其死刑立即执行为由，提出抗诉。

湖北省高级人民法院经开庭审理查明的被告人刘加奎的犯罪事实与一审判决认定的基本一致，但认定起诉指控并已被一审判决确认的"徐翠萍拍片检查后无异常时马立未仍提出无理要求"这一情节，只有被告人刘加奎一人供述，没有其他证据能够印证，不能成立。湖北省高级人民法院认为：该案被害一方虽有一定过错，但被告人刘加奎用剥夺他人生命的犯罪手段报复被害人，手段残忍，情节恶劣，后果特别严重，应依法严惩。公诉机关抗诉要求判处被告人刘加奎死刑的理由成立，予以采纳。二审于1998年6月24日判决如下：（1）撤销襄樊市中级人民法院刑事判决中对刘加奎的量刑部分；（2）上诉人刘加奎犯故意杀人罪，判处死刑，剥夺政治权利终身。

湖北省高级人民法院依法将此案报请最高人民法院核准。最高人民法院经复核认为：被告人刘加奎持刀行凶杀人的行为已构成故意杀人罪。一、二审判决认定的事实清楚，证据确实、充分，定罪准确，审判程序合法。一审判决根据本案的起因及矛盾发展上被害人一方有一定过错的具体情节，对被告人刘加奎判处死刑，缓期2年执行，剥夺政治权利终身，并无不当。检察机关抗诉后，二审判决改判被告人刘加奎死刑立即执行失当。经最高人民法院审判委员会讨论决定，于1999年9月6日判决如下：（1）撤销湖北省高级人民法院二审判决中对被告人刘加奎的量刑部分；（2）被告人刘加奎犯故意杀人罪，判处死刑，缓期2年执行，剥夺政治权利终身。

刘加奎案相对于前述王勇案，情况更为复杂，诉讼过程可谓一波三折。从一审判处死刑缓期执行到二审判处死刑立即执行，一生一死差别重大。实际上，一审法院和二审法院都认定被害人有一定过错。但这一过错对于量刑的影响，两级法院的看法是不同的：二审法院强调刘加奎用剥夺他人生命的犯罪手段报复被害人，手段残忍，情节恶劣，后果特别严重，因而改轻为重。当然，在此，检察机关的抗诉是之所以改判的一个重要因素。当然，本案被告人刘加奎是幸运的，经最高人民法院复核，对刘加奎又改判死缓。最高人民法院改判的理由就是：被害人一方在案件起因及矛盾激化发展上有一定过错。这也就是

《全国法院维护农村稳定刑事审判工作座谈会纪要》中所说的"对矛盾激化负有直接责任"。

"对矛盾激化负有直接责任",也是被害人有过错的表现之一,前引司法解释之所以将其与"被害人一方有明显过错"相并列,作为故意杀人罪一般不应当判处死刑立即执行的从轻处罚情节之一,主要是因为这种情形不同于一般的被害人过错。矛盾激化的说法,是极具中国特色的毛氏话语。毛泽东同志在《矛盾论》中对矛盾的转化作了哲学上的论述,认为矛盾激化是矛盾转化的一种特殊形式。毛泽东将矛盾一语引入政治领域,在20世纪50年代初期提出了国家政治经济生活中的十大矛盾,尤其是提出正确处理两类性质的矛盾:敌我矛盾和人民内部矛盾,人民内部矛盾激化就转化为敌我矛盾。在这样一个背景下,矛盾激化在犯罪学意义上的含义是指关系恶化并导致犯罪。因此,矛盾激化就成为对犯罪心理动因的描述。例如,最高人民法院关于刘加奎案的裁判理由中对矛盾激化作了以下表述:

本案纯属因生产生活、邻里纠纷等民间矛盾激化引发的故意杀人刑事犯罪案件。被告人刘加奎与被害人之间平素并无矛盾,只是因为一点纠纷没有及时处理好而使矛盾激化。被告人在被害人马立未、徐翠萍夫妇没有任何对其人身加害的情况下,又是在医院内的公共场所用剔骨刀刺向被害人夫妇,将马立未扎十余刀刺破肝脏致大出血而死亡;将徐翠萍扎了数刀造成重伤。其杀人手段残忍,后果极其严重,应予依法严惩。但是,综观全案的发展过程,被害人一方在案件起因及矛盾激化发展上有一定过错。被告人刘加奎提出,从事发到对马立未夫妇行凶前,曾多次找工商局和公安局巡警大队反映,要求解决。在有关部门让先各自治伤,然后再双方协商解决的情况下,被害人马立未再三无理相逼,刘加奎自己妻子的伤得不到治疗还要被逼迫给人家治伤,已产生一定的恐惧心理。被告人在11月23日曾向其妻流露过要与马立未同归于尽的想法。被告人行凶杀人后立即自杀(致肝破裂)未遂,归案后认罪态度尚好。[1]

---

[1] 参见《刑事审判案例》,98页,北京,法律出版社,2002。

由此可知，对矛盾激化负有责任的被害人的过错与一般被害人的过错的不同之处在于：前者不以被害人对被告人的暴力加害为前提，而是在发生纠纷以后由于未能妥善解决，在一定条件下关系恶化，导致故意杀人的犯罪。在这一矛盾发展当中，被害人有一定责任。其中，刘加奎案中，被害人马立未的责任就是：在发生纠纷经由有关部门处理调解后，多次逼迫刘加奎为马立未之妻徐翠萍看病赔钱，致使刘加奎积怨加深，在忍无可忍的情况下萌发杀意。因此，对矛盾激化负有责任的过错不如被害人曾经暴力加害那样的过错明显，其对于故意杀人罪量刑的意义更不容易认识。

四、被害人过错的认定

在故意杀人罪的定罪量刑中，人们关注的往往是被害人死亡这样一个严重的后果，而对于被害人的过错则容易忽视。一般来说，被害人事前暴力加害于被告人的过错是较易认定的。像在王勇案中，被害人董德伟对王勇父亲王钢成的无故纠缠并打伤情节就是如此。但对矛盾激化负有责任的过错就较难认定。例如在刘加奎案中，经检察机关抗诉后，二审法院否认了起诉指控并已被一审判决确认的"徐翠萍拍片检查后无异常时马立未仍提出无理要求"这一情节，虽承认被害一方有一定过错，但仍对刘加奎由死刑缓期执行改判为死刑立即执行。显然，上述情节的否认是为由轻改重提供条件。值得注意的是，最高人民法院在复核时对此情节并未涉及。当然，被害人马立未已死，他到底有没有像刘加奎陈述的那样"无理要求拿10万、8万元为其妻徐翠萍整容"，由于死无对证而无从求真。但徐翠萍拍片检查后到底是否异常，应当是有证据证明的。如果检查结果无异常，本该息诉，刘加奎怎么反而持刀行凶？联系纠纷发生后刘加奎的软弱和马立未的霸道，应该可以推断刘加奎所述属实。因此，我认为，二审否认这一情节是没有根据的。

被害人过错的认定直接关系到被告人的生死，但司法实践中在对此查清有困难的情况下未能查清而对被告人作出不利判决的情况是十分普遍的。例如在

董伟案[①]中，根据陕西省延安市中级人民法院一审判决书记载："被告人董伟当庭承认其用砖击打宋阳的事实，但辩称自己是被迫还手的，不应以故意杀人定罪；另外，本案是被害人引起的。其辩护人提出，本案应以故意伤害（致死）定性及在起因上被害人有过错等辩护意见。"但在判决书中认定董伟因"琐事"与宋阳发生争吵并相互厮打，对"琐事"未作具体描述。在表述不采纳辩护意见时也只有简单一句套话："被告人董伟及其辩护人关于本案定性不准以及被害人也有过错等辩护意见，因无事实和法律根据，故不予采纳。"在二审认定的事实中，则连"琐事"也删去，直接表述为"董伟在舞厅的门口与亦来舞厅跳舞的宋阳（死年19岁）发生口角，进而厮打在一起"，对于发生口角的起因未作说明。至于被告人的辩解与辩护人的辩护，二审判决作了以下说明："对董伟及辩护人所提，被害人宋阳有流氓挑衅行为，在案件起因上有过错的理由与意见。经查，宋阳有流氓挑衅语言，仅是董伟的供述，郝永军、曹筱丽、封春丽所提供的证言也是完全听董伟说的，而在场的薛锋、石爱军等人并不证明宋阳有流氓挑衅语言，故董伟及辩护人所提宋阳有过错的理由与意见，没有证据支持，不予采信。对董伟与辩护人所提宋阳不仅用皮带抽打，且与其同伙揪住董的头发围打，有不法侵害行为，董伟是在完全被激怒的情况下，用地砖砸宋的头部，是防卫过当的理由与意见。经查，薛锋、石爱军、高培峰证明，宋阳确实用皮带抽打过董伟，但这是二人发生争吵后的互殴行为。"二审判决对宋阳的挑衅语言不予认定，对宋阳用皮带抽打董伟虽予认定，但又认为这是互殴行为。在这种情况下，董伟与宋阳为何发生争吵，谁先由争执转化为殴打？这些关键性的地方均未查清，或者在判决书中未说清，从而直接影响了对董伟的死刑适用。由此可见，在故意杀人罪中，杀人事实当然是重要的，但杀人的起因以及被害人有无过错这些情节对于量刑是有重大影响的，也应查明。尽管控方对此可以不予关注，对于辩方来说，则是辩护的基本根据，应当赋予律师在这些问题上更大的调查取证权，从而为法院

---

① 董伟案，又称"枪下留人案"，参见陈兴良主编：《中国死刑检讨——以"枪下留人案"为视角》，308页以下，北京，中国检察出版社，2003。

的认定提供根据。法院作为一个裁判者,不仅要对控方指控的故意杀人的事实注重,而且要对辩方提供的被害人有过错的情节注重。只有这样,才能公正裁判。

五、如何对待被害人亲属的压力与民意

生死乃大事也,被害人的死亡必然给其亲属造成精神上的伤害,并使其对被告人产生怨恨,要求对被告人严惩,甚至判处被告人死刑,这种心情都是可以理解的。当然,被害人亲属有通情达理的,也有胡搅蛮缠的,更有不达目的誓不罢休的。最难对付的是第三种人:到法院闹事者有之,上街游行者有之,赴省城、京城上诉者有之。如何对待被害人亲属施加的压力,对于我们的司法公正确实是一个重大的考验。在我国刑事诉讼法中,被害人以及被害人亲属除在自诉案件中是原告人以外,在公诉案件中并无原告人的身份。如果是刑事附带民事诉讼的被害人以及被害人亲属,则可以充当民事诉讼的原告人。因此,被害人以及被害人亲属对于刑事部分在法律上并无更多的发言权,对一审判决不服的,不能独立提起上诉,而只能请求检察机关抗诉。只有在刑事附带民事诉讼案件中,提起民事上诉时,附带地表示对一审刑事判决的不满。在王勇案中就是如此:"一审宣判后,附带民事诉讼原告人董锡厚以对王勇应当判处死刑立即执行、赔偿数额太少为由,向陕西省高级人民法院提出上诉。"这一上诉被二审裁定驳回。被害人以及被害人亲属向法院施加压力,往往是采用诉讼程序之外的方法。

从我国目前司法实践的情况来看,被害人的因素在一定程度上左右着对故意杀人罪的死刑适用。我国学者胡云腾举了两个例子,分别说明被害方的态度对死刑适用的影响。这两个例子都发生在山东省,两个犯罪人所犯的罪行都是故意杀人罪,犯罪分子和被害人都是亲戚。其中第一个案例的犯罪分子在打架的过程中,杀死了一个人,按照限制死刑的刑事政策和该案的具体情节,该罪犯的罪行尚不属于情节极其严重者,依法可以不判处死刑。该省高级人民法院开始并不赞成对被告人判处死刑立即执行。但是,由于被害人的亲属和所在村子的老百姓不满意,坚决要求判处被告人死刑,并且不断到法院门前聚众闹事,最后,该法院

还是判了被告人的死刑。另一个案例的被告人，在家庭纠纷中，杀死了自己的妻子和岳母。根据中国刑法的规定，这种杀死两人的犯罪，应当属于罪行极其严重的，判处死刑没有什么错误。但是，被告人的岳父，也就是两被害人的父亲和丈夫，到法院坚决要求不判处被告人的死刑。他的理由是，被告人的一个10岁的孩子，已经失去了母亲，不能再没有父亲。最后，山东省高级人民法院同意了被告人岳父的意见，没有判处被告人死刑立即执行，而是判处死刑缓期执行。

在中国的司法实践中，对于可以判处死刑、也可以不判处死刑，由于被害方的态度而影响死刑裁判的案件，并不是个别现象。[①] 实际上，在可杀可不杀的情况下，被害人亲属的意见发挥作用，还在可容忍范围之内。可怕的是，在根本不应杀的案件中，法院过分迁就被害人亲属的意见，满足其要求判处死刑的愿望而杀，则是在法律上没有任何根据的。因此，如何对待被害人以及被害人亲属的压力，是法治社会需要解决的一个问题。在自然状态下，被害人以及被害人亲属直接行使处罚权，各种处罚权被古典自然法学家视作自然权利。但是，被害人以及被害人亲属由于是侵犯行为的直接受害者，因而由他们对侵害行为决定如何处罚，是一种赤裸裸的报复。为了使报复成为公正的报复，必须在两者之间引入一定的距离——冒犯者强加的最初痛苦和惩罚实施的补加痛苦之间的距离。法国学者利科指出："进一步讲，义愤欠缺的是报复与公正之间关系的明确划分。事实上，律师企求直接实行公正以期求立即报复，就已经欠缺这种距离了。公正的法则是这样说的：任何人对自己实行公正都是不被允许的。然而，正是为了这样的距离，第三者、第三部分在冒犯者和受害者之间，在罪恶和惩罚之间是必不可少的。第三者如同是两个行动和两个施动者之间的正确距离的担保者。这种距离的确定，完成了作为道德的公正和作为制度的公正之间的过渡。"[②] 在此，利科指出了被害人不能充当自己的法官，而必须引入第三者，这是法律制度的基础。在

[①] 参见胡云腾：《关于死刑在中国司法实践中的裁量》，载《中英量刑问题》，128～129页，北京，中国政法大学出版社，2001。

[②] 杜小真编：《利科北大讲演录》，1～2页，北京，北京大学出版社，2000。

正式司法制度中,被害人将其大部分权利过渡给政府,由检察机关代行公诉权,将被害人对加害人的报复义愤对判决的影响降低,从而更高程度地实现司法公正。正是第三者的引入,裁判者与犯罪在时间上与空间上的适当距离,使道德的公正转换成为司法的公正。因此,审判虽然需要聆听来自被害人的意愿,但判决本身却不能以此为转移,并且要与此保持适当的距离。

在我国目前现实生活中,在刑事审判,尤其是涉及杀人的案件中,司法机关受到来自被害人亲属的巨大压力。即使是被害人有过错,甚至是严重过错的杀人案件也是如此。根据我的分析,除某些案件中被害人亲属对于被告人确实存在情感意义上的"仇恨"以外,在很多情况下是中国传统文化中"复仇"观念与"杀人偿命"观念互相作用的结果。换言之,尽管被害人亲属对于被告人没有个人之间的怨仇,但如果不表达这种仇恨,不将杀人者置于死地,其本人就会被指责为对死者没有尽到为之报仇的责任,在死者是被害人亲属的父母的情况下更是如此。因此,只有"杀人者死"才是讨还了公道,否则就对不起死者。出于这种文化上的复仇动机,被害人亲属总是对法院施加压力,法院也不得不正视这种压力,不得不为化解这种压力而做大量法律之外的工作。在某些情况下,由于顶不住被害人亲属的压力,或者为减少不必要的麻烦,干脆对被告人判处死刑,使法院得以解脱。这正是中国目前在故意杀人罪中大量适用死刑的真实原因之一。在王勇案中,最高人民法院的裁判理由指出:

实践中确有一些被害人亲属因法院没有判处被告人死刑而想不通,不断上访,有的甚至闹事。对此我们应在处理具体案件时做细致扎实的工作,不可简单地迁就被害人亲属的要求一判了之。[①]

类似于被害人亲属对法院的压力,在故意杀人案件的量刑中,还存在一个如何正确对待民意的问题。民意存在两种形态:一是对被告人不利的民意,即所谓民愤;二是对被告人有利的民意。在以往的司法实践中,司法机关一般都比较重视对被告人不利的民意,因而在死刑判决中有所谓"不杀不足以平民愤"之说,

---

① 参见《刑事审判案例》,98页,北京,法律出版社,2002。

将民愤在死刑适用中的作用夸张到了一个不适当的程度。这显然是不妥的。在这个意义上说，司法机关应当善待民愤。与此同时，在某些案件，尤其是被害人有过错的故意杀人案件中，还会存在另一种对被告人有利的民意，即上书求情。对于上书求情，也同样应当在法律范围内考虑。对此，在刘加奎案中，最高人民法院的裁判理由指出：

案发后，随州市厉山镇幸福村、厉山镇神农集贸市场、五眼桥农贸市场几百人签名发来请求司法机关对刘加奎从轻处理的信函，十余人向法庭提供了对被告人有利的证明材料，这些情节虽不是法定从轻处理情节，但也是考虑对被告人是否判处死刑立即执行的因素。①

在这种被害人有过错的故意杀人案件的处理中，在对被告人的量刑上还不能无原则地迁就被害人亲属，但在民事赔偿上应当尽量满足被害人亲属的要求。当然，故意杀人案件的许多被告人都是一贫如洗，并拿不出很多的钱来赔偿。在这种情况下，被害补偿的问题是值得我们关注的。我始终认为，被害人在经济上获得足额补偿，是能够抵消或者弥补在对被告人判处死刑上的让步的。被害补偿不同于被害赔偿，被害赔偿的主体是加害人。我国《刑法》第36条第1款规定："由于犯罪行为而使被害人遭受经济损失的，对犯罪分子除依法给予刑事处罚外，并应根据情况判处赔偿经济损失。"这就是我国刑法对被害赔偿的规定。我国刑法对被害补偿则没有规定。在刑法理论上，被害补偿是指当被害人无法通过刑事附带民事诉讼取得赔偿或者赔偿极度不足时，由国家在经济上给予一定资助的法律制度。② 因此，被害补偿的主体是国家，它是国家没有尽到防止犯罪发生的责任，对公民保护不力的情况下对被害人的某种补偿。由于我国经济上还比较落后，国家财政上也比较紧张，真正建立起被害补偿制度还有一定困难，但这个目标是我们需要通过不懈的努力去实现的。

---

① 参见《刑事审判案例》，102页，北京，法律出版社，2002。
② 参见汤啸天等：《犯罪被害人学》，264页，兰州，甘肃人民出版社，1998。

六、被害人过错：酌定情节的法定化

被害人的过错，在我国刑法中是从轻处罚的酌定情节。本来酌定情节也是从轻情节，在对被告人量刑时也是应当考虑的，但在司法实践中往往不予考虑。在王勇案中，最高人民法院的裁判理由指出："被害人对引发犯罪有过错，属于对被告人酌定从轻处罚情节。在处理具体案件时，是否从轻处罚，要根据案件的具体情况确定。但在司法实践中，各地的做法有很大差异，特别是因被害人的过错引发的故意杀人等恶性案件，不少地方实际很少考虑这一情节。理由不外乎为：其一，酌定从轻情节，不是法律规定应当或可以从轻处罚的情节，不从轻不违法；其二，故意杀人等犯罪一向是打击重点，对被告人酌情从轻处罚不符合'严打'精神；其三，故意杀人等致被害人死亡的案件，多为被害人亲属关注，以酌定从轻情节为由而不判处被告人死刑，不仅说服不了被害人亲属，有的还会引起被害人亲属闹事。"[①] 应当说，上述三种理由是不能成立的，裁判理由对此都作了批驳。但问题在于：在现行的立法规定下，通过司法方法果真能解决这个问题吗？如果解决不了，我们应当寻求立法解决，即将被害人有过错这一酌定情节法定化。

考察关于故意杀人罪的规定，由于故意杀人罪是最严重之罪，因而刑法中的规定应该较为细致。中国古代刑法中有"六杀"之说，《大清律例通考》在概括明律的人命律时指出："明以人命至重，按唐律而增损之始，汇为人使一篇，大概以谋、故、殴、戏、误、过失六杀统之。"[②] 在上述"六杀"中，除误、过失以外，谋、故、殴、戏"四杀"，均为故意杀人。因此，根据不同情节，中国古代刑法对故意杀人加以区分，以便规定轻重不等的法定刑。同样，在外国刑法中，故意杀人也区分为各种不同的类型，除普通杀人以外，还包括杀婴、堕胎、

---

① 《刑事审判案例》，97~98页，北京，法律出版社，2002。
② （清）吴壇：《大清律例通考》，卷二十六，1页。

激愤杀人、受托杀人、促成自杀、互殴致死、医疗事故、防卫过当、怠于救助等特殊情况的杀人行为。尤其是激愤杀人罪之设，体现了对故意杀人罪中较轻情节的专门规定。因为在杀人是因当场受到挑衅而引起的情况下，犯罪恶性及刑事责任更可有大幅度的降低。[①] 我国《刑法》第232条对故意杀人罪只规定了单一罪名，但在处刑上，将故意杀人罪的法定刑分为两个幅度：故意杀人的，处死刑、无期徒刑或者10年以上有期徒刑；情节较轻的，处3年以上10年以下有期徒刑。这里的情节较轻，包括义愤杀人的情形。例如我国学者指出：所谓义愤杀人，是指杀人犯本无杀人的故意，只是基于义愤而实施杀人。因义愤而杀人，虽属于故意杀人，但其杀人的故意是由义愤引起的，因此，和故意杀人相对比，主观方面的罪责是比较轻的，应属于具有较轻情节的故意杀人罪，应当在3年以上10年以下有期徒刑这一法定刑的幅度内考虑判处与其罪行相适应的刑罚。[②] 但实际上，真正按照情节较轻的故意杀人罪来处理是少数情况。而在不属于情节较轻的故意杀人罪中，如果由于被害人的过错而导致义愤杀人的，则刑法中并无规定，它也不是一个从轻处罚的法定情节。我认为，为了减少和限制故意杀人罪的死刑适用，在立法上有必要将被害人有过错这一酌定从轻情节法定化。

（本文原载《当代法学》，2004（3））

---

① 参见郑伟：《刑法个罪比较研究》，80页，郑州，河南人民出版社，1990。
② 参见宁汉林：《杀人罪》，176~177页，北京，群众出版社，1986。

奸淫幼女构成犯罪应以明知为前提
——为一个司法解释辩护

在我国现行法律体系下，司法解释具有某种创制法律规则的功能，因而在司法活动中具有重要的作用。具有司法解释权的最高人民法院和最高人民检察院以每年颁布近百个司法解释的进度履行着其制定司法解释的职能。在这些司法解释中，尽管不乏弥补立法之疏漏、满足司法之急需的司法解释，但也有个别越权司法解释为学者所诟病。然而，没有一个司法解释像 2003 年 1 月 23 日最高人民法院《关于行为人不明知是不满十四周岁的幼女，双方自愿发生性关系是否构成强奸罪问题的批复》（以下简称《批复》）这样，一经颁行，骤然之间引起轩然大波，为全社会所瞩目。不仅普通百姓群起而攻之，即使在学者当中，也是指责之声鹊起。由于《批复》涉及的是一个刑法问题，我之关注是理所当然。而且，这个司法解释引发的问题还远远地超出了刑法领域，涉及司法权与立法权之分野、司法程序与司法体制，甚至涉及作为一种公共政策的法的价值选择等一系列法理学问题，值得从法学理论上进行探讨。本文是我从这个司法解释中引申出的有关刑法与法理问题的思考，意在为这个司法解释辩护。

一

《批复》源于辽宁省高级人民法院对一个奸淫幼女案件的请示。这个请示案件中的被害人徐某，女，1989年5月2日出生，案发时13岁，身高1.65米，体重60.2公斤。该女在2002年2月，以"疯女人"的网名上网与人聊天，随后与人见面，先后与张某等六人发生性关系。本案经某区人民检察院向某区人民法院提起公诉。某区人民法院经审理后，对该案奸淫事实确认无误，但对被告人的行为是否构成犯罪存在意见分歧，遂将该案请示到中级人民法院。中级人民法院经审委会讨论，同样存在意见分歧，遂请示到辽宁省高级人民法院。辽宁省高级人民法院对本案定性没有把握，尤其是考虑到这个事件涉及对《刑法》第236条第2款规定的正确解释，具有一定的普遍性，就将该案请示到最高人民法院，最终最高人民法院以批复的形式对本案作出了司法解释。法院在对该案审理中，主要存在以下两种意见：第一种意见认为，被告人张某等六人构成强奸罪。理由是：被害人徐某案发时未满14周岁，而奸淫幼女罪（该罪名已经取消，奸淫幼女行为均定强奸罪——作者注）是指与不满14周岁的幼女发生性交的行为。本案主观方面是故意，并且具有奸淫的目的；客观方面表现为与不满14周岁的幼女发生性交行为。不管幼女是否同意，也不管行为人用什么方法达到奸淫目的，只要实施与幼女的性交行为，即构成此罪，上述六被告人的行为符合奸淫幼女罪的犯罪构成。第二种意见则认为，被告人张某等六人的行为不构成强奸罪。理由是：首先，奸淫幼女罪主要是考虑到不满14周岁的儿童对性的认识能力欠缺，为保护儿童的身心健康，所以在强奸罪中单独规定"奸淫不满十四周岁的幼女的，以强奸论，从重处罚"。在本案中，被害人徐某虽未满14周岁，但其从网上和其他渠道更多地了解了有关性知识，其在给被告人杜某的信中也说："爱好：上网、找男人做爱……"，说明其心理发育早熟，有别于传统意义上的幼女。其次，被害人与上述六被告人均是在网上聊天时相识，被害人被奸淫之前大多是其提出要与对方见面，不想回家，想找个地方睡觉。网上聊天时，也是以性爱作为主要内

容,想知道性爱是什么,由于早熟及好奇心驱使,其主动接触异性并勾引异性,导致其与多人发生性行为。且被害人在网上及当着六被告人的面均说自己19岁,从其体貌特征看貌似成人,被告人不可能知道其是幼女。也就是说在本案中,上述六被告人无罪过,不能认为是犯罪。该案于2002年1月8日经最高人民法院审判委员会讨论,通过了对本案的下述《批复》:"辽宁省高级人民法院:你院《关于行为人不明知是不满十四周岁的幼女而与其自愿发生性关系,是否构成强奸罪问题的请示》收悉。经研究,答复如下:行为人明知是不满十四周岁的幼女而与其发生性关系,不论幼女是否自愿,均应依照《刑法》第二百三十六条第二款的规定,以强奸罪定罪处罚;行为人确实不知对方是不满十四周岁的幼女,双方自愿发生性关系,未造成严重后果,情节显著轻微的,不认为是犯罪。"

二

在正式讨论这个司法解释之前,有一个程序性问题值得研究,这就是案件请示报告制度。这里的案件请示报告制度,在司法实践中也称为疑请制度,是指下级人民法院把自己正在办理的疑难案件,报请上级人民法院研究,并根据上级人民法院的意见作出判决的一种做法。[①] 在一定意义上说,它是这个司法解释出台的程序性前提。显然,没有辽宁省高级人民法院的请示,就不会有这个司法解释产生。

在我国刑事诉讼法中,并没有关于案件请示报告的规定,但是在司法实践中往往存在一些法律适用上的疑难案件,法官对此没有把握或者合议庭甚至法院审判委员会存在意见分歧。在这种情况下,向上级法院请示报告,往往成为解决此类问题的一条出路,也就是所谓矛盾上交。此外,由于司法不独立,法院的人、财、物受制于地方政府,对于当地党政领导非法干预但又无力抗拒的案件,下级

---

① 参见金京钊:《刑事案件"疑请"做法应当取消》,载《人民司法》,1999(5)。

法院也往往将上级法院的意见作为挡箭牌。① 因此，疑请，不疑也请。由于案件请示报告不是法定的诉讼程序，因而存在一些较为混乱的情形。尤其是在错案追究制的压力之下，为使本人所办案件在上诉以后不被上级法院改判，各种形式，包括口头的与书面的请示报告大行其道，成为我国刑事诉讼活动中的一个特色。关于错案追究之成为案件请示报告的动因，正如我国学者指出：案件请示制度使得下级法院在审判案件的过程中就案件事实和法律适用问题向上级法院请示，层层请示，直至上级人民法院作出批示或最高人民法院作出批复。这样，如果下级法院按照上级法院指示行事或者按照最高人民法院的司法解释行事，发生错案也难以追究责任。

为了规范案件请示报告的做法，1986 年 3 月 24 日最高人民法院曾经下发《关于报送请示案件应注意的问题的通知》。此后，又于 1990 年 8 月 16 日发布了《关于报送请示案件的补充通知》，这一通知的主要精神如下：（1）报送请示的案件，必须是少数重大疑难，涉及政策、法律不清，定罪及适用法律不易把握的案件。对于各方面有争议的案件，应提交审判委员会讨论，并根据少数服从多数的原则作出决定，个别需要请示的，由省高级人民法院审判委员会提出倾向性意见。（2）报送请示的案件，除特殊案件外，在报送前，一审均应开庭审理，查清事实，核对证据；省院应确定承办人组成合议庭进行审查，并报经审判委员会讨论。（3）报送请示的案件，必须事实清楚、证据确凿。事实与证据由请示法院完全负责；凡属认定事实及鉴别证据问题，应自行查清或进一步鉴定，不要上报请示。应该说，最高人民法院的上述通知对于保证重大疑难案件的正确处理，防止有些不应该或者不需要请示的案件报送请示，从而增加不必要的工作量具有一定的意义。但这种案件请示报告的做法，毕竟是法院内部的②、法外的一种非正式程序，相对于公开程序来说，它是一种隐性的程序。这种法外程序对于个案的正确处理虽然具有一定的积极意义，但从总体上来看，这种案件请示报告制度是弊

---

① 参见陈卫东主编：《刑事诉讼法实施问题调研报告》，166 页，北京，中国方正出版社，2001。
② 案件请示报告不限于法院，检察院也存在，在此主要论述法院的案件请示报告制度。

大于利的，主要理由如下：

首先，案件请示报告制度破坏了审级之间的正常关系，尤其是使二审程序名存实亡。审级制度是司法体制的重要内容，其中二审又称为复审，是指复级审理制度，是一种上诉制度，例如我国普通刑事案件实行的是二审终审制。只有死刑案件在二审之外，另有最高人民法院的死刑复核制度，实行的是实际上的三审终审制。当然，由于除危害国家安全的犯罪、经济犯罪和外国人、港澳台人犯罪以外，其他犯罪的死刑复核权下放，死刑复核程序与死刑的二审程序合而为一，因此又复归二审终审。我国学者在论及复级审理制度时指出：在刑事审判制度中，由于单级审理制度不能形成来自上级法院的权力制约，控辩双方也没有获得上级法院对已经作出判决的案件进行复查的机会，诉讼权利的制度保障是不充分的，因而现代刑事诉讼中，普遍实行复级审理制度（又称"上诉制度"）。一般只有最高级的司法机构作为第一审法院时才因没有更高级别的法院供当事人上诉而实行单级审理制度。由此可见，通过复级审理，可以对下级法院作出的未生效的判决进行审查，从而在更大程度上实现司法公正。但由于案件请示报告制度的存在，一审判决未生效以前就已经请示二审法院，因而实际上取消了复审存在的价值，使法律上的二审终审变成了实际上的一审终审。

其次，案件请示报告制度侵犯了被告人的上诉权。在现代法治社会，被告人具有获得公正审判的诉讼权利。这里的公正审判，不仅指一审而且包括二审。因此，上诉权是被告人的主要诉讼权利之一。通过上诉启动二审程序，获得更高级别法院的公正审判，从而使被告人的实体权利能够得到进一步救济。由于案件请示报告制度的存在，上定下判，一审法院的判决已经经过二审法院的研究决定，因而被告人不服一审判决而提出上诉只具有形式意义而无实质价值，这实际上是侵犯了被告人的上诉权。

再次，案件请示报告制度是法院体制的行政化的主要症候。行政权的特征是上命下从，上下级机构之间存在着命令与服从的关系。法院体制行政化的倾向，向来为学者所诟病。所谓法院体制的行政化，是指法院在整个构成和运作方面与行政机关在体制构成和运作方面有着基本相同的属性，是按照行政体制的结构和

运作模式建构和运作的,强调内部的上下服从关系。可见,法院体制行政化的现象不仅表现在法院内部机构设置与人事管理上,而且也表现在审级关系上。两审法院的关系不像行政机构是上下级之间的关系,而是各自独立行使审判权的法院。尽管在审级制度上,二审法院有权改变一审法院的判决,但这只是二审法院行使审判权的结果。现行的案件请示报告制度实际上是把二审或者更高级别的法院当做上级来看待的。正如我国学者指出:下级法院法官和上级法院法官应仅限于监督和被监督关系而且这种监督只能通过诉讼来实现。目前法院系统流行的一些做法是不符合法官独立的要求的。如,下级法院携卷向上级法院请示判决结果,或以请示法律问题为由和上级法院法官商量裁判结论,以及上级法院法官命令下级法院法官如何裁判等。为了维护司法公正,应保证下级法院法官独立审判,逐步限制下级法院请示的范围,直至最终取消请示制度。因此,不是通过审判来调整各级法院之间的关系,而是通过行政方式来协调各级法院之间的关系的做法,有悖于法治原则。

最后,案件请示报告也是一种最不经济的手段。案件请示报告是一种法外程序,法律对此没有明文规定,因而也就没有时限上的要求。因此,除了暗箱操作的弊端之外,被请示的上级法院没有法定答复义务,往往一拖动辄数月,甚至达数年之久。如果被告人在押的,往往造成久拖不决、超期关押,从而严重地侵犯被告人的合法权益。

既然案件请示报告制度存在上述弊端,对此如何解决呢?我认为,在这种情况下,应当摒弃案件请示报告制度,各级人民法院按照审判情况独立作出判决,案件上诉到二审以后,二审法院也通过判决的方式来表明自己的立场,从而形成对下级法院具有事实上的拘束力的判例。这里之所以说是事实上的拘束力,是因为我国法律并未确立判例制度,因而判例本身是没有法律约束力的。即使是最高人民法院审判委员会讨论通过的案例,也自称只是对各级法院具有指导或者参考价值。但在事实上,一审法院的法官只要不希望自己的判决被二审推翻,总是遵从二审法院对同类案件的判决的。正是通过判例制度,各级法院对法律的理解统一到更高级别的法院判决上来,从而形成全国统一的法制。我以往虽然也在呼吁

建立中国的判例制度,但这一设想一直得不到切实的落实,主要是因为存在着各种类似于案件请示报告制度的做法,在消解判例制度建立的必要性和紧迫性。

取消案件请示报告制度以后,要求各级人民法院对于有争议的案件在自己的管辖权限内作出判决,可以提高各级法院解决疑难法律问题的审判能力,因而是切实可行的。当然,取消案件请示报告制度,也并不是减弱上级人民法院对下级人民法院的业务指导力度,只是这种业务指导的方式应当加以改变:由行政化的上命下从式的指导,改为通过审判方式的指导。确切地说,就是利用提审的方式,通过判决,使上级法院对下级法院的业务指导判例化、程序化与公开化。这样,既可以化解下级人民法院在审判上的难题,又能维护被告人的合法权益。

我国刑事诉讼法中,提审是指上级人民法院依法将下级人民法院受理的或作了错误裁判的案件提归自己审判。根据刑事诉讼法的规定,提审有以下三种情形:一是改变级别管辖的提审;二是死刑复核程序的提审;三是审判监督程序的提审。作为案件请示报告制度的替代措施的是第一种提审,即改变级别管辖的提审。我国《刑事诉讼法》第23条规定:"上级人民法院在必要的时候,可以审判下级人民法院管辖的第一审刑事案件;下级人民法院认为案情重大、复杂需要由上级人民法院审判的第一审刑事案件,可以请求移送上一级人民法院审判。"由此可见,改变级别管辖的提审可以分为上提下送两种情形:上提是上级人民法院主动提归自己审判,下送是下级人民法院主动请求移送上一级人民法院审判。这种提审的案件案情重大、复杂。我认为,这里的复杂本身就包含了疑难的情形在内。因此,在禁止案件请示报告的情况下,下级人民法院在审判中认为案件属于疑难,在适用法律上难以把握的,以往向上级人民法院请示报告,现在则应改变为请求移送上级人民法院审判。如果上级人民法院认为本院有能力审判的,应当作为一审作出判决,被告人不服的还可以上诉到更高级别的人民法院。如果上级人民法院也没有把握的,则可以再向上移送,直至移送到最高人民法院。人民法院以判决的方式对法律加以解释,因而以判例代替目前通行的个案司法解释。当然,除下级人民法院的请求移送以外,上级人民法院还可以直接提审下级人民法院管辖的第一审刑事案件。这种改变级别管辖的提审方式,以判例代替案件请示

报告，从而有望改变目前的司法解释形式。

三

以下我们可以正式讨论奸淫幼女构成犯罪是否以主观上的明知为条件这个纯正的刑法问题。这个问题出自对一个刑法条款规定的理解。1997年《刑法》第236条第2款规定："奸淫不满十四周岁的幼女的，以强奸论，从重处罚。"这一规定与1979年《刑法》第139条第2款的规定是完全相同的。因此，对于这一规定在理解上的分歧并非始于今天，早在20世纪80年代初期就已经存在。例如，在高铭暄教授主编的《新中国刑法学研究综述（1949—1985）》一书中，就综述在这一问题上有以下四种观点：第一种观点认为，按照主客观相统一的原则，构成奸淫幼女罪除了行为人对幼女的奸淫行为外①，行为人还必须明知被害人是不满14周岁的幼女，否则就不构成奸淫幼女罪。第二种观点认为，不论行为人是否知道被害人是幼女，只要在客观上与不满14周岁的幼女发生了性行为，就应以奸淫幼女定罪。第三种观点认为，构成奸淫幼女罪，应当要求行为人明知对方是幼女。但是，并不要求行为人确知对方是幼女，而是只要他知道可能是幼女，就可以认定行为人是明知对方是幼女而故意奸淫，从而构成奸淫幼女罪。第四种观点认为，对这个问题不能一概而论，需作具体分析：幼女身体发育早熟，且谎报年龄，致使行为人显然无法知道其为幼女，同时性行为出于双方自愿的，一般不构成犯罪；幼女谎报年龄，但其身体发育并不早熟，行为人完全可以认识到她可能是幼女的，即使性交已征得幼女同意，仍然构成奸淫幼女罪。值得注意的是，1984年4月26日最高人民法院、最高人民检察院、公安部《关于当前办理强奸案件中具体应用法律的若干问题的解答》对这个问题只字未提，只是含糊地指出："在办理奸淫幼女案件中出现的特殊问题，要具体分析，并总结经验，

---

① 当时奸淫幼女是一个独立罪名，直至2002年3月15日公布的最高人民法院、最高人民检察院《关于执行〈中华人民共和国刑法〉确定罪名的补充规定》撤销奸淫幼女罪，并入强奸罪。

求得正确处理。"显然，司法解释对这个问题采取了明显的回避态度。由于刑法规定的疏漏与司法解释的回避，加上在刑法理论上对这一问题也各执一词，导致司法实践中对于奸淫幼女构成犯罪是否以明知为要件问题上各行其是。据我了解，在司法实践中，既有因不明知而不定罪的案例，也有不明知照样定罪的案例。但从历来的情况看，在确实不明知的情况下，不以奸淫幼女定罪是倾向性的做法。例如在最高人民法院有关人员编写的著作中，在论及前列司法解释中提到的特殊问题的处理时指出：根据刑法和参照上述"解答"的规定，结合司法实践，对于奸淫幼女案件中的以下情况，可以分别作出不同的处理：（1）已满14周岁不满16周岁的未成年人，与不满14周岁的幼女交往密切，双方自愿发生性行为的；或者因受某些不良影响，与幼女发生性行为，情节显著轻微，危害不大的，依照《刑法》第13条的规定，可不认定为奸淫幼女罪，责成家长和学校严加管教。早在1957年4月30日，最高人民法院审判委员会通过的《1955年以来奸淫幼女案件检查总结》就曾经指出：对奸淫幼女的未成年犯，"情节轻微的可以免予刑事处分；对年幼无知的男童，不应追究刑事责任，但应责令他的家长或者监护人加以管教"。对与多名幼女发生性行为，情节严重的，则可以奸淫幼女罪论处。（2）男青少年与染有淫乱习性（指主动地与多名男性发生两性关系）的幼女发生性行为，情节显著轻微，危害不大的，可不以犯罪论处，建议公安机关作其他处理。（3）未婚男青少年与发育较早、貌似成人、虚报年龄的不满14岁的幼女，在谈恋爱和交往过程中，或者在确实不知道幼女真实年龄的情况下，双方自愿发生性行为的，可不以奸淫幼女罪论处，但应严格掌握。最高人民法院《1955年以来奸淫幼女案件检查总结》也曾明确指出："至于个别幼女虽未满14周岁，但身心发育早熟，确系自愿与人发生性行为的，法院对被告人酌情从轻或减轻处理。如果男方年龄也很轻，双方确系在恋爱中自愿发生性行为的，则不追究刑事责任。"因为行为人主观上不具有奸淫幼女罪的故意，与青少年在恋爱过程中的越轨行为很相似。

以上是我所见到的关于奸淫幼女行为定罪问题最为详尽的论述，并且由于作者的身份而具有一定的权威性。应当看到，上述论述虽然对主体年龄作了某些限

制，主体限于男青少年或者未婚男青少年，但还是倾向于在确实不知道幼女真实年龄的情况下，不以奸淫幼女罪论处的基本精神。当然，由于没有法律的明文规定，奸淫幼女构成犯罪是否以明知为条件的问题并没有在司法实践中真正得到解决。

那么，奸淫幼女构成犯罪是否以明知为条件呢？这个问题，涉及刑法理论的罪过责任原则，也就是故意的界定。我国《刑法》第14条第1款规定："明知自己的行为会发生危害社会的结果，并且希望或者放任这种结果发生，因而构成犯罪的，是故意犯罪。"对于奸淫幼女是故意犯罪这一点，在刑法理论上并无分歧。既然奸淫幼女是故意犯罪，那么其故意的内容是什么呢？根据我国刑法关于故意犯罪的定义性规定，犯罪故意中首先包含的是"明知自己的行为会发生危害社会的结果"，即刑法理论上所称的认识因素。关于认识内容，我认为包含事实性认识与违法性认识这两个层面。就事实性认识而言，是指对于犯罪构成客观要件内容的认识，具体包括以下要素的认识：（1）行为的性质。对于行为性质的认识，是指对于行为的自然性质或者社会性质的认识。（2）行为的客体。对于行为客体的认识，是指对行为客体的自然或者社会属性的认识。例如杀人，须认识到被杀的是人。（3）行为的结果。对于行为结果的认识，是指对于行为的自然结果的认识，这种认识在很大程度上表现为一种预见，即其结果是行为的可期待的后果。（4）行为与结果之间的因果关系。对于因果关系的认识是指行为人意识到某种结果是本人行为引起的，或者行为人是采取某种手段以达到预期的结果。在这种情况下，行为人都对行为与结果之间的因果关系具有事实上的认识。（5）其他法定事实。例如时间、地点等，如果作为犯罪构成特殊要件的，亦应属于认识内容。此外，某种行为的前提条件，亦在认识限度之内。可见，事实性认识的内容是极为宽泛的，几乎涉及各种罪体要素。犯罪故意的认识因素，除事实性认识以外，还包括违法性认识。这里的违法性认识是指对于行为的违法性的判断，属于对于认识的规范评价因素。可以说，事实性认识是犯罪故意构成的前提，缺乏事实性认识，也就不会有对于某一特定事实的犯罪故意。在奸淫幼女构成犯罪是否以明知为要件这一问题上，关键问题在于对被奸淫幼女年龄的明知是否为奸淫幼女犯

罪故意的事实性认识的内容。应该说，对于幼女年龄的认识属于事实性认识中对行为客体的认识。我认为，对于行为客体的认识，是与刑法关于行为客体的规定密切相关的。在奸淫幼女的情况下，行为人只有明知是不满14周岁的幼女而奸淫的，才具有奸淫幼女的故意。否则，只有奸淫的故意而无奸淫幼女的故意。从刑法理论上来说，明知是不满14周岁的幼女是奸淫幼女故意的不可或缺的内容。

四

刑法理论是以法律规定为前提的。规范刑法学理论归根到底是对法律规定的一种诠释，因而还要考虑法律规定本身是否具有解释的余地。这里涉及对刑法规定的文本分析，包括与外国刑法规定的比较和与本国刑法其他规定的比较。

奸淫幼女在绝大多数国家的刑法中都被规定为犯罪，只是在犯罪构成要件的设置上稍微有所差异而已。就是否以明知对方是幼女这一要件而言，考诸各国立法例，我国学者认为存在以下三种情形：（1）美国、英国、加拿大、意大利等明确否定明知；（2）瑞士原则上主张明知，但还规定了限制条件；（3）德国、法国、日本、奥地利、韩国、泰国、印度、阿尔巴尼亚、罗马尼亚、西班牙、巴西、俄罗斯、中国等，未作明文规定。在上述列举中，第一种情形中除意大利以外，其他国家都属于英美法系国家。由于英美法系国家采用严格责任，因而在奸淫幼女形成犯罪的问题上否认以明知为条件，是可以理解的。但意大利作为大陆法系国家，其否认奸淫幼女构成犯罪以明知为要件表明意大利刑法实行罪过责任的不彻底性。1996年以前的《意大利刑法典》第519条（强奸罪）"奸淫未满14岁人构成犯罪"的规定中，并未明确否认明知，也未明确规定明知。但1996年2月15日第66号法律对强奸等性犯罪作了调整，将其从侵犯公共道德和善良风俗罪纳入到侵犯人身罪，并在第609条—6规定犯罪人不得以不知晓被害人的年龄作为开脱罪责的理由。这一规定是对罪过责任的反动，在一定程度上采用了客观责任。对此，意大利学者也持批评态度，指出：按罪过原则的要求，只有故意和过失才应该是将行为归罪于行为人的形式。然而，在我们的刑法典中，至今仍残

存有不少有关"客观责任"的规定。仅仅根据行为与结果间的因果关系，或者某种客观存在的事实来确定行为人的刑事责任，是客观责任的典型特征。总而言之，由于客观责任的成立既不要求故意，也不要求过失，在现代刑法制度中只具有负面的意义。从各国立法例的比较来看，除《瑞士刑法典》有条件地承认明知以外，英美法系国家大多采严格责任，不要求以明知为条件；大陆法系国家大多在刑法条文中对明知未作规定，但在刑法理论上采罪过责任，因而要求以明知为条件。

我国刑法关于奸淫幼女的规定，也未明示其构成犯罪以明知为条件，但在其他一些刑法条文中则有特定客体之明知的规定，正是因为这一点而使人产生"既然没有规定就不需要明知"的结论。其中，较为典型的是以下规定：(1)《刑法》第259条（破坏军婚罪）规定："明知是现役军人的配偶而与之同居或者结婚的，处三年以下有期徒刑或者拘役。"(2)《刑法》第312条（窝藏、转移、收购、销售赃物罪）规定："明知是犯罪所得的赃物而予以窝藏、转移、收购或者代为销售的，处三年以下有期徒刑、拘役或者管制，并处或者单处罚金。"(3)《刑法》第360条（传播性病罪）规定："明知自己患有梅毒、淋病等严重性病而卖淫、嫖娼的，处五年以下有期徒刑、拘役或者管制，并处罚金。"在上述刑法条文的规定中，一是对人的身份的明知，二是对物的性质的明知，三是对自己的某种状态的明知。在这种刑法有明文规定的情况下，是否具有对于一定之人或者一定之物的明知，就成为区罪与非罪的界限。那么，是否可以由此得出结论，只要刑法没有规定明知的，就不以明知为构成犯罪的条件呢？我的回答是否定的。事实上，在刑法中对特定客体有明知规定的只是极少数，而大多数都没有明知的规定，但这并不意味着在这种刑法没有规定的情况下就不需要明知。例如《刑法》第348条规定的非法持有毒品罪，法律也没有规定必须是明知是毒品而持有，但在刑法理论上均认为构成本罪应以主观上的明知为条件。例如我国学者根据《刑法》第348条的规定将非法持有毒品罪定义为明知是鸦片、海洛因或者甲基苯丙胺或者其他毒品，而非法持有且数量较大的行为。非法持有毒品罪的主观方面由故意构成，即明知是毒品而非法持有。过失不构成本罪。更为明显的是嫖宿幼女

罪,《刑法》第 360 条第 2 款规定:"嫖宿不满十四周岁的幼女的,处五年以上有期徒刑,并处罚金。"在此,对于嫖宿对象的年龄同样没有规定明知。因此,全国人大常委会法制工作委员会参与立法的同志指出:根据本款的规定,行为人只要实施了嫖宿幼女的行为,无论嫖客是否明知嫖宿对象是幼女,均构成本罪。尽管上述解释是有相当权威性的,但它与我国主客观相统一的定罪原则不相符合,因此刑法学界的通说仍然认为嫖宿幼女构成犯罪应以明知为条件。例如我国学者指出:"嫖宿幼女罪的主观方面表现为故意,即明知嫖宿的对象是不满 14 周岁的幼女,而去嫖宿。那种认为嫖宿幼女罪不以明知为条件的观点之所以不妥,是因为犯罪故意的认识内容应当包括该罪构成要件的说明犯罪客体与犯罪客观方面的事实。对于嫖宿幼女罪来说,行为人的犯罪故意的认识内容应当包括对嫖宿对象即不满 14 周岁的幼女的明知。"更为重要的是,2001 年 6 月 4 日最高人民检察院颁布了《关于构成嫖宿幼女罪主观上是否需要具备明知要件的解释》,这一司法解释指出:"行为人知道被害人是或者可能是不满十四周岁幼女而嫖宿的,适用《刑法》第三百六十条第二款的规定,以嫖宿幼女罪追究刑事责任。"该解释中所说的"知道被害人是或者可能是",也就是刑法理论上的明知。由于嫖宿幼女行为本身就有奸淫幼女的性质,因而上述司法解释确认嫖宿幼女构成犯罪以明知为条件,实际上就是间接地认可奸淫幼女构成犯罪以明知为条件。因此,最高人民法院关于奸淫幼女构成犯罪以明知为条件的司法解释可以说是最高人民检察院关于嫖宿幼女构成犯罪以明知为条件的司法解释的承续与发展。

五

通过上述比较,可以看出大陆法系与英美法系在责任问题上存在重大的差异:大陆法系国家实行罪过责任原则,而英美法系国家则实行严格责任原则,这里的严格责任也就是一种无罪过责任。正是这一差别,在奸淫幼女的主观罪过是否要求明知上反映得最为明显。在此,不能不论及严格责任。

在英美刑法中,严格责任是指在某些特殊情况下,某种行为构成犯罪并对其

追究刑事责任不以本人具有罪过为必要条件，只要具备一定的危害行为并造成一定的危害结果，就要负刑事责任。严格责任是近代英美刑法的刑事责任的归责方式之一。传统的英美刑法，恪守"非具本人罪过的行为不使人有罪"的古老原则，因此，普通法中大多没有严格责任。从19世纪初开始，尤其是19世纪中叶，立法者常常对行为人赋予严格责任，而不要求证明行为人犯罪过错的存在与否。在某些法规中，可能只规定"无论任何人，只要实施了这样的行为，或者没有实施这样的行为，或者引起了某种特定的结果，就是犯罪，就要赋予刑事惩罚"。当然，一般地说，这种只要求证明犯罪过错的严格责任犯罪只承担相对较轻的处罚，一般也能视为适用各种各样轻罪的刑罚。19世纪以后，英美刑法之所以出现严格责任，我认为与其工业化社会条件下的犯罪变化有着重要的相关性。随着近代工业的高度社会化，经济活动异常频繁和复杂，高度危险行业迅速增长，各种业务性犯罪激增，严格责任应运而生，它主要是由制定法规定的。当然，也不排除在普通法中有个别严格责任犯罪的规定。

关于普通法中的严格责任犯罪，英国学者指出：一般认为，在普通法中，要求犯罪的规则只存在两个例外，这就是公共妨害和刑事诽谤。在前一种犯罪中，一个雇主即使不知道所发生的事情也可能被要求对其雇员的行为负责任；在后一种犯罪中，一个报纸所有人对未经其授权或同意，而由雇员发表的诽谤文章负有责任。然而，公共妨害是一种特殊的犯罪，它在许多方面更像是民事行为而不是可起诉之罪。至于刑事诽谤罪，《1843年诽谤法》已将有关规则予以修改。按照修改后的规则，对被告来说，如果能证明所发表的东西未经其授权、同意或毫不知情，且非被告本人疏于适当注意或预防所致，则可以作为辩护。除此之外，还应该指出，这两种犯罪也是代理责任的例子。在上述两种犯罪以外，我们需要补充第三种犯罪——蔑视法庭罪。该罪是在案件审判过程中发表有关证据的不准确的文字，以至于可能影响陪审员的决定，即使发表者诚实且合理地相信所发表的内容是准确的。在《1987年蔑视法庭法》中，国会已经明确承认了此罪中的严格责任。正如该法所称，"严格责任规则"仍然是一个普通法规则，虽然该法在某种程度上对它有所限制。有一种观点认为，渎圣罪构成了普通法中的严格责任

的第四个例证,在莱蒙和格新闻有限公司案中,上院的少数派认为多数派的裁决的结果就是如此,但多数派否认这一点。当某些文字趋向于激怒和冒犯基督教徒感情时,该文字即被认为是渎圣的。莱蒙和格新闻有限公司案的裁决表明,不必证明被告已经意识到这种趋向,只要他故意使用事实上可能激怒和冒犯语言就足以构成犯罪。人们认为,少数派关于这种裁决属于严格责任处罚的观点是正确的。即使被告完全没有意识到其行为所产生的犯罪性质,他仍然可以被定罪。由此可见,普通法上的严格责任的犯罪是极个别的,并且不无争议。

至于制定法上的严格责任,则是被普遍认同的。一般地说,制定法中的严格责任犯罪是指由成文法或者有关条例等直接规定的犯罪,主要包括以下几类:(1)有关公共安全方面的犯罪,如非法持有枪支弹药、爆炸物品或者向正在值勤的警察出售酒精类饮料等。(2)有关侵害儿童人身权利以及妨害婚姻、家庭方面的犯罪,如拐骗不满14岁的儿童、奸淫幼女以及重婚等犯罪。(3)有关公共卫生方面的犯罪,如使用虚假广告进行虚假说明或者破产欺诈,等等。由此可见,制定法中的严格责任犯罪涉及范围是较为广泛的,主要与公共利益相关。除少数罪名以外,大多数是违反工商管理和交通管理法规的犯罪。

英美法系之所以实行严格责任,主要是基于以下两个理由:一是社会需要。工商企业活动同公众福利的关系日益密切,为保护公共利益就有必要严格企业的法律责任。二是诉讼考虑。对于那些同企业的合法活动连在一起的暗中进行的犯罪活动,检察官很难证明被告人的心理状态,因而实践中这些犯罪很难被检举控告,除非免去公诉人证明被告人"有犯罪心理状态"的责任。立法者可能认为不惜一切代价把这些活动规定为犯罪是必要的,甚至包括对"没有犯罪心态的人"定罪这样的代价。可见,在英美刑法中,严格责任是为有效地保护公众利益、增强刑法的威慑力、减轻控方的举证负担而采取的一种应对措施。在英美国家刑法实行严格责任的犯罪中,往往包括奸淫幼女,即所谓法定强奸(statutory rape)。例如我国学者一般都引述美国模范刑法典的规定:在任何情况下,当某一行为是否犯罪取决于被害人的年龄是否未满10岁时,不知被害人年龄或有理由相信被害人已超过10岁,均不得作为无罪依据。但必须注意,美国模范刑法典还规定,

如果针对已满 10 岁不满 16 岁的儿童实施性行为构成犯罪的,若以优越的证据证明有相当理由足以相信儿童已经达到其年龄的,得以之作为抗辩。由此可见,在奸淫幼女问题上年龄错误是否免罪,与被害人年龄规定高低是有关的,即使在美国也不能一概而论。

大陆法系刑法没有实行严格责任,而是实行罪过责任。在罪过责任的情况下,罪过是构成犯罪的必不可少的主观构成要件,没有罪过则无所谓犯罪。因此,严格责任在大陆法系刑法中是没有存在的余地的。大陆法系刑法之所以不采用严格责任,除了大陆法系刑法对于罪过要件的强调以外,还与法系的特点有关。英美法系刑法中实行严格责任的犯罪,在大陆法系刑法中大多都不是犯罪,只是可受行政处罚的违反工商行政管理或者治安交通管理的行政违法行为或者民事违法行为。而在行政责任与民事责任中,往往存在无过失责任。这里的无过失责任,实际上相当于严格责任。此外,大陆法系刑法注重实体问题,而英美法系刑法更加关注程序问题与证据问题。因此,在大陆法系国家,是否存在罪过是一个问题,这种罪过是否能够证明又是另外一个问题,不能因为罪过难以证明而否认罪过本身的存在。而在英美法系国家,罪过要以能够证明为前提,不能证明或者证明的成本太高则宁愿承认其无罪过而实行严格责任。因此,从本意来说,严格责任并非真的要处罚那些无罪过行为,只是因为罪过难以证明而不要求控方证明。在这种情况下,大部分因严格责任而被追究刑事责任的犯罪人,主观上还是有罪过的。当然,也不否认确实有些人主观上无罪过也因严格责任被追究了刑事责任。但这在英美学者看来,是一种必要的代价。正如罗斯科·庞德指出:"法院的良知为个人带来了某些法律犯罪的危险,这种危险表达了社会的需要。这样的法律的目的并不是处罚邪恶,而仅仅是对那些粗心者和无效率者施加压力,以使他们全力履行维护公共健康、安全或道德利益的义务。"

我国刑法实行的是大陆法系的罪过责任原则,因而通说是否认严格责任的。但近年来随着英美法系刑法理论的引入,对严格责任也有大量介绍。在这种情况下,有些学者主张在我国刑法中采用严格责任。例如我国学者指出:英美国家立法者虽然没有在制定严格责任犯罪的法规中明文规定要求证明犯罪过错,但其立

法意图是指向那些反复实施违禁行为、至少存在着某种犯罪过错而又难以证实的人,以及那些严重危害社会环境、公民的卫生、身体健康和社会福利方面的行为。由于这些行为纷繁复杂,立法者们留给法官们和控诉方以很大的余地去运用自由心证、自由裁量权加以认定,因此,严格责任理论和实践并不存在客观归罪或者违背主客观相统一原则的弊端。所以对严格责任的理论和实践持赞成态度,并认为我国刑法应该借鉴和吸收英美刑法中严格责任犯罪的理论和实践。我认为,我国刑法不应实行严格责任。从理论上来说,严格责任与罪过责任是相冲突的。我国之所以实行罪过责任,是因为罪过乃是承担刑事责任的前提与根据。正如我国学者指出,国家认定行为人的行为构成犯罪并追究刑事责任,首先是合乎情理的,同时也是必要的和有效的;对其犯罪追究刑事责任和判处刑罚,不仅是一种惩罚,而且也可以促使他今后正确地进行意志选择,不要再选择实施危害社会的行为,这样就通过追究刑事责任和适用刑罚达到了预防犯罪的目的。相反,如果一个人所实施的行为虽然在客观上危害了社会,但从主观上看,行为不是由其故意或者过失心理活动支配的,而是由于其意志以外的原因导致的,这就不能说他主观上对社会有任何故意或者过失危害的心理态度,这样认定他的行为构成犯罪和追究其刑事责任就失去了合理性,定罪量刑也达不到预防犯罪的目的。因此可以说,行为人主观方面于相对自由意志基础上产生的危害社会的故意或过失的心理态度,是追究其刑事责任的主观根据。因此,基于主观与客观相统一的原则,我国刑法排斥严格责任乃势所必然。

  值得注意的是,对于我国刑法是否实行严格责任,有些学者不仅应然上予以肯定,而且实然上予以承认。这些学者明确地指出,从我国刑事立法与司法实践看,实际上存在着追究严格责任的情况。在这些实际上追究严格责任的情况下,不约而同地提及奸淫幼女罪。我国学者指出:由于刑事案件的复杂性,并不排除在某些情况下行为人确实不知对方是幼女或确信对方不是幼女,在这种情况下,行为人显然缺乏奸淫幼女的故意。依照我国刑法的规定,对这些与幼女发生性行为者追究相应的刑事责任,也是一种严格刑事责任。对此,另有学者予以否定:奸淫幼女罪以幼女为构成要件之一,在该罪的主观规定中,理所当然应该包括明

知对方是幼女的内容，只有明知被奸淫者是幼女的才能构成奸淫幼女罪。如果行为人根本不知道对方是幼女，便不能构成该罪。当然，要求明知是幼女，并不是要求行为人确切知道幼女的年龄，或者知道肯定是幼女，而是只要其具有奸淫幼女的目的，或者明知可能是幼女。因此，用严格责任理论来解释我国刑法中奸淫幼女罪的年龄错误问题也是不妥的。

我认为，我国刑法是否在实然上实行严格责任，尤其是奸淫幼女构成犯罪是否源于严格责任，不能简单地从对法条的语言分析得出结论，而是要对刑法规定进行系统解释。实际上，我国《刑法》第16条关于意外事件和不可抗力的规定就已经排除了我国刑法实行严格责任的可能性。《刑法》第16条规定："行为在客观上虽然造成了损害结果，但是不是出于故意或者过失，而是由于不能抗拒或者不能预见的原因所引起的，不是犯罪。"在刑法理论上，一般把由于没有预见的原因引起危害结果的情形称为意外事件，而把由于不能抗拒的原因引起危害结果的情形称为不可抗力。在上述两种情形下，行为人主观上缺乏罪过，因而不能追究其刑事责任。在严格责任里，由于不问罪过，因而不排除意外事件也被定罪的可能，而我国《刑法》第16条明文规定意外事件不构成犯罪。因此正如我国学者所言，我国刑法关于意外事件的规定否定了严格责任。由于我国刑法在奸淫幼女构成犯罪问题上并非实行严格责任，因而关于奸淫幼女构成犯罪应以明知为条件的司法解释不能认为是一个越权的司法解释。在此，需要进一步讨论的是司法解释及其形式问题。

六

我国的司法解释制度，包括刑事司法解释，在世界上都是十分独特的。在某种意义上来说，我国最高司法机关的司法解释权实际上是一种立法权。因此，司法解释就是一种法律，准确地说是一种准法律或者亚法律，它可以成为定罪量刑的法律根据。

我国的司法解释之所以发达，我认为与以下三个因素相关：第一，法律规定

之粗疏。在法律规定十分明确具体的情况下，法官只要依照法律规定就可以解决各种纠纷，无须再对法律进行解释。而我国立法之粗疏是有目共睹的，立法粗疏既缘于立法指导思想上的"宁疏勿细"的观念，又是立法能力的局限所致。在这种情况下，立法机关的立法只能是框架立法，尚需规定实施细则方能付诸操作。因此，如果说立法机关的立法是一次立法，那么司法解释就是二次立法。法律规定之粗疏与司法解释之细密形成鲜明对照。第二，法官能力之不足。将粗疏的法律规定适用于个别案件，对法官提出了较高的业务素质上的要求。在法官能力达不到的情况下，滥用司法裁量权的现象在所难免。而司法解释提供了细则化的规定，便于法官适用，对于法官的自由裁量权也是一种限制。当然，大量的司法解释也使法官产生依赖心理，反过来又成为法官能力提高的一个障碍。第三，判例制度之缺位。在英美法系国家由于实行判例法，当然无司法解释之存在。即使在大陆法系国家，在成文法之外存在着作为成文法之补充的判例制度。上级法院通过制定判例指导下级法院，因而同样也没有我国这样发达的司法解释。我国由于不存在判例制度，最高司法机关主要通过司法解释对各级司法机关进行业务指导，并起到统一法制之功效。当然，反过来说，我国判例制度之所以缺失，和我国存在强势的司法解释权具有很大关系。由上述三个原因所决定，司法解释在我国的存在具有一定的合理性。当然，司法解释制度如何顺应法治建设的发展进一步加以完善，仍然是一个值得研究的问题。

按照全国人大常委会关于法律解释的规定，最高人民法院享有司法解释权，因而在我国司法解释的主体是最高司法机关，而不包括其他级别的司法机关，更遑论法官个人。最高人民法院曾经下文明令禁止高级人民法院颁布具有司法解释性质的规范性文件，意在使最高人民法院垄断司法解释权。例如1987年3月31日最高人民法院《关于地方各级人民法院不应制定司法解释性文件的批复》，禁止地方各级人民法院制定具有司法解释性质的文件。应该说，这一规定是有充分的法律根据的。当然，事实上高级人民法院还是以各种形式在下发具有司法解释性质的文件。在刑法理论上，学者们对于最高司法机关垄断司法解释权的司法解释体制也颇有微词，尤其是大量的规范性解释，实际上具有立法的性质。学者不

仅提出各级法院都具有司法解释权的主张，而且在司法解释形式上更赞同个案性的法官适用解释，以避免司法解释的立法化倾向。例如，我国学者提出用法官解释体制替代目前的司法解释体制，主张允许法官适用一般性条款与不确定刑法概念，通过法官技术上的法律解释，通过其自由裁量权的发挥，软化法典的刚性，尽最大可能地在满足普遍正义的同时满足个案正义。当然，这一观点实际上是在一定程度上取消现行的司法解释。我对于扩大法官在刑法解释适用中的自由裁量权是赞同的。至于最高人民法院的司法解释权，目前尚不应完全取消，但应当尽量避免规范性的司法解释，代之以个案性的司法解释。从我们所讨论的奸淫幼女的司法解释来看，就是一个个案性司法解释，并且以批复的形式出现。相对于规范性司法解释而言，它更多是解释而非立法。当然，这个司法解释是以辽宁省高级人民法院向最高人民法院案件请示报告为前提的，由逐级请示的程序所决定，我相信这个案件肯定是经过了从基层人民法院到中级人民法院，再到辽宁省高级人民法院这样一个请示的轨迹。因此，若完全取消案件请示报告制度，疑难案件将无法层报最高人民法院，使个案性司法解释丧失存在的基础。对于这个问题，我的观点是采用提审的方式直接作出判决，以判例的方式向各级人民法院传达对法律的正确理解。就本案而言，如果最高人民法院认为有必要，可以将本案直接提审，对本案作出判决，在判决理由中表明对于奸淫幼女构成犯罪是否以明知为主观要件的立场，使之成为一个判例。

关于奸淫幼女构成犯罪以明知为条件的司法解释，在解释方法上是运用了限制解释的方法，我认为是可取的。在法律解释方法上，存在限制解释与扩张解释之分。限制解释是指对刑法条文的含义作限制范围的解释，即解释的内容较之刑法条文的词义范围小。扩张解释是根据立法精神，结合社会的现实需要，对刑法条文的含义作扩大范围的解释。在上述两种解释方法中，限制解释主要是基于合理性的考虑，同时它又没有超出法律条文的字面含义，因而不存在违反罪刑法定原则的问题。而在扩张解释的情况下，解释的内容已经超出了刑法条文的字面含义，因而在一般情况下，应当限于对被告有利的情形。就本文涉及的奸淫幼女的司法解释而言，被解释的法律文本是"奸淫不满十四周岁的幼女的，以强奸论，

从重处罚"。在这一法律条文中,并没有明知是不满14周岁的幼女的内容。因此,仅从法律条文的字面规定来看,理解为不需要明知是不满14周岁的幼女而发生性行为的即可构成本罪,在文理上并无不可。而司法解释将此理解为行为人明知是不满14周岁的幼女而与其发生关系才构成强奸罪,这就排除了不明知而构成该罪的情形,因而在一定程度上缩小了法律条文所指称的内容。尽管这种解释从字面上来看,缩小了该罪的范围,但这一解释是与刑法的整个立法精神相吻合的。如果将不明知是不满14周岁的幼女而与之发生性关系的行为也解释为构成强奸罪,就直接与刑法总则第16条关于意外事件的规定相矛盾。意外事件的规定实际上是排除了严格责任,确认了罪过责任。而奸淫幼女在不明知是不满14周岁的幼女的情况下构成犯罪,正如我国学者所主张的那样是采用了严格责任,而严格责任是违背我国刑法精神的。

  这里应当指出,法律解释是一门技术,基于不同的立场或者不同的价值选择,对同一法律规定会作出不同解释,这是十分正常的。但刑法解释关系到生杀予夺,必须慎之又慎。正因为如此,《法国刑法典》第1114条明文规定:"刑法应严格解释之。"这就是刑法的严格解释原则(poenalia surt restringenda)。法国学者在论及这一原则时指出:"刑法应严格解释"这一规则是受自由思想的影响而产生的,是为"个人"的利益而确定的,因此,这一规则不可能反过来针对个人,所以,它并不自然而然地适用于所有的刑法规定:我们应当区分"不利于被告的规定"与"有利于被告的规定"。法官有义务严格解释"不利于被告的规定",是指有义务严格解释那些确定什么是犯罪与相应刑罚的规定,但是,并没有任何障碍阻止法官对那些"有利于被告的规定"作出宽松的与扩张的解释。

  作出有利于被告人的解释,必然不利于被害人。在奸淫幼女的司法解释中,规定只有明知是不满14周岁的幼女而与之发生性关系的构成强奸罪。这就意味着,虽与不满14周岁的幼女发生性关系但并不明知其为不满14周岁的幼女的人不能以强奸罪追究刑事责任。并且,也不排除个别实际上是明知的,仅仅由于不能证明其明知因而逃避刑事追究的情形。正是在这个意义上,奸淫幼女的司法解释受到恶评,其中原因之一,是担心这一司法解释将导致任何一个犯罪分子都可

以以"不明知"为理由而达到不构成犯罪的结果,因而不能有效遏制奸淫幼女的犯罪行为。① 其实,这种担心是完全多余的。实际上,在司法实践中绝大多数奸淫幼女的案件定罪并不困难。因为奸淫幼女一般发生在熟人之间,大多是老师奸淫学生,它不同于那些发生在陌生人之间的犯罪。因此,在一般情况下,对于幼女的年龄都是明知的,无须专门证明。只有极少数发生在陌生人之间的奸淫幼女案件,且幼女发育成熟,貌似14周岁以上少女,而且又谎称年龄,才存在需要证明行为人是否明知幼女年龄的问题。而这种案件,在整个奸淫幼女案件中,我相信比例极低。因此,那种认为司法解释规定奸淫幼女构成犯罪以明知为要件就会放纵奸淫幼女的犯罪分子的观点,如果不是出于对司法实践的无知,就是一种危言耸听。

更有甚者,《南方都市报》还发表了蒯威的文章:《"自愿年龄线"岂容缺失?》。该文指出:这一司法解释令笔者震惊。在世界各国对奸淫幼女罪的规定中,一个重要的因素是关于"自愿年龄线"的规定,即儿童被法律认为有决定自己行为的能力的年龄。低于这个年龄,即使儿童自己承认是自愿的行为,法律也不认为它是出于儿童的意愿。因为低于这一年龄线的儿童被法律认定为尚无决定自己行为的能力。② 根据这一论点,似乎司法解释规定奸淫幼女以明知为构成犯罪的条件,就等于否定了自愿年龄线。我认为,这纯粹是一个误解。误解的原因在于论者将构成犯罪的主观要素与客观要素相混淆了。一个行为构成犯罪,应当是主观罪过与客观行为相统一的,而主观罪过是建立在对客观要素认识的基础之上的。例如,甲将乙误认为是兽加以杀害,且根据当时情形这种误认是无可避免的。在这种情况下,根据我国刑法关于意外事件的规定,行为人尽管在客观上发生了杀人结果,但主观上既无杀人的故意,又无杀人的过失,不应以杀人罪论处。那么,能否说在这种情况下法律根本不保护人的生命呢?显然不能。同样,

---

① 这是我在人民网上所见到的网友的文章,也是一种很有代表性的观点。参见文志传:《是保护幼女,还是纵容犯罪?》,人民网,2003-02-02。

② 参见蒯威:《"自愿年龄线"岂能缺失?》,这篇文章原始发表于《南方都市报》,我也是在网上见到的,http://cul.sina.com.cn/1/d/2003-02-04/27680.htm。

在不明知是不满14周岁的幼女的情况下与之发生性行为,客观上是一种危害幼女身心健康的行为,但主观上由于不明知是幼女,因而缺乏奸淫幼女的故意。根据司法解释的规定不以强奸罪论处,并不能由此得出法律不保护幼女身心健康的结论。而且,幼女是否年满14周岁与行为人是否认识到年满14周岁,这是两个不同的问题。不能否认主观认识错误的存在。所谓自愿年龄线,是指低于这一年龄的,即使自愿也在法律上视为无效,因为行为人缺乏行为能力。表现在奸淫幼女中,不满14周岁的幼女没有性承诺能力,即使自愿与他人发生性关系,他人只要明知其年龄也构成强奸罪。而如果是已满14周岁的女子,法律视为其有性承诺能力,如果自愿与他人发生性关系的,他人不构成强奸罪。只有在他人使用暴力、胁迫或者其他方法,违背其意志的情况下发生性行为的,才构成强奸罪。因此,奸淫幼女构成犯罪不因幼女自愿而免责,正是体现了对幼女的特殊保护,体现了对自愿年龄线的确认。无论如何也不能从这一司法解释中得出否认自愿年龄线的结论。

我并不否认,在奸淫幼女构成犯罪的问题上实行严格责任,更有利于对幼女的保护。因为严格责任使人远离幼女,因而具有明显的一般预防的效果。但是,在无罪过的情况下追究行为人的刑事责任,对于被追究的人是一种不公正。因此,在奸淫幼女构成犯罪的问题上同样应当坚持罪过原则。正如意大利学者指出,如果不强调主观罪过,刑法制度就将盲目而严厉,人们的自由也因此被限制到最低的限度。因此,强调罪过原则实际上反映了一种需要对刑罚的(一般和特殊)预防作用进行限制的要求。它代表的是一种与刑罚的预防功能相反,但在现代的自由民主制度中却居于不可侵犯地位的基本价值:对人的尊重。因此,这里存在一个价值选择问题。价值选择就意味着此得彼失,而不可能两全。就刑法而言,尤其是在大陆法系刑法中,罪过原则是一条底线,是不可突破的。在奸淫幼女构成犯罪的问题上,同样也应当坚持罪过原则这条底线。实际上,奸淫幼女的司法解释对于这个问题已经有所让步,我认为这恰恰是一个漏洞。司法解释指出:"行为人确实不知对方是不满十四周岁的幼女,双方自愿发生性关系,未造成严重后果,情节显著轻微的,不认为是犯罪。"根据这一规定,如果行为人虽

然确实不知是不满 14 周岁的幼女,双方自愿发生性关系,已经造成严重后果,情节不属于显著轻微的,就应以犯罪论处。而这一结论又与前段奸淫幼女构成犯罪以明知为条件的规定相矛盾,实际上承认了在后果严重、情节严重的情况下,无罪过也是可以构成犯罪的。我认为,这一暧昧的观点是不足取的,何况在司法实践中后果是否严重、情节是否显著轻微,都存在极大的自由裁量的空间。

七

在司法活动中正确地贯彻关于奸淫幼女的司法解释,既保护被告人的合法权益,又使幼女的身心健康得到法律的有效保障,我认为关键在于正确地理解与认定司法解释中所说的明知。

明知的反面是确实不知。因此,这里涉及行为人主观上的一种认识状态:知与不知。在解释明知时,最高人民法院研究室负责人指出,批复中的明知是"知道或应当知道"[①]。这里的知道,是指确知,即有证据证明的知道。而这里的应当知道尤其需要加以研究。应当知道往往使人产生这样一种认识,即在应当知道的情况下,行为人的主观心理状态是过失,即行为人主观上对于被害人是否为幼女存在疏忽大意的过失。[②] 在立法例上,也存在类似的规定。例如《瑞士刑法》规定:"行为人因未充分注意而误认该儿童为 16 岁以上而为前述行为,若加以注意即可避免错误者,处轻惩役。"因此,我国学者认为,《瑞士刑法》把对幼女年龄的认识分为三种情况:不知、明知与误认,不知者不为罪,误认者与明知同罪,但在处罚上可予以从轻。实际上,就幼女年龄来说,误认也是不知。就此而言,不知与误认是认识上的相同状态。只不过进一步追问不知的缘由,误认是加以注意即可避免不知,而不知是加以注意也不可避免不知。只有在这个意义上,

---

[①] 对于这一司法解释以及最高人民法院研究室有关人员表态的报道很多,可参见《注解司法解释》,新华社北京 2003 年 1 月 23 日电讯。

[②] 我国刑法学界就存在着奸淫幼女罪可以由过失构成的观点。参见赵秉志主编:《刑法争议问题研究》(下卷·刑法各论),288 页,郑州,河南人民出版社,1996。

不知与误认才存在区别。因此，误认实际上是不知的一种情形，只不过对不知作出限制，把它从不知中分离出来，使之成为不知与明知的一种中间状态。在立法上作出这种规定，当然是可以成立的。我国也有个别学者提出类似的立法例，认为对此罪条文可作如下完善："奸淫不满十四周岁的幼女的，以强奸论，从重处罚。但本人确实不知道也不可能知道对方是幼女的，免责。不知道但可能知道对方是幼女的，减刑。"[①] 我认为，之所以得出奸淫幼女可以由过失构成的结论，主要在于明知中的应当知道的提法。在我国刑法中，疏忽大意的过失的心理状态就是指应当预见而没有预见。因此，应当预见是以没有预见为前提的。正是在这个意义上，疏忽大意的过失是一种无认识的过失。而应当知道也是以不知为前提的，基于应当知道而没有知道的推论，将过失也视为奸淫幼女的罪过形式。但是，只要明知是幼女而予以奸淫，其主观上就具有奸淫幼女的故意，又怎么能说是过失呢？关键问题在于：应当知道是否属于明知的范畴。我认为，不能将应当知道解释为明知的表现形式，应当知道就是不知，不知岂能是明知。实际上，在应当知道这一用语中，人们想要描述的是一种不同于确切地知道的认识状态，这种认识状态我认为应当定义为推定知道。

  罪过是行为人的主观心理状态，这种主观心理虽然是看不见、摸不着的思想活动，但并不是说它是不可知的东西。在一般情况下，行为人的主观心理活动是通过客观行为反映出来的，因此，可以通过客观行为确认其主观心理状态。但在某些特殊情况下，主观心理状态与客观行为具有一定的分离性。在这种情况下，正确认定行为人的主观心理状态就变得十分复杂。为此，人们往往采用推定的方法。在逻辑学上，推定是指通过证明某一已知事实的存在而推断另一事实的存在。推定作为一种司法证明方法，就形成了司法推定，司法推定在刑事司法活动中尤其是用来证明某种主观罪过的存在。例如，英国学者指出：根据对某个事实的证明，陪审团可以或者必须认定另外某个事实（通常称"推定事实"）的存在，

[①] 刘仁文：《严格责任论》，104页，北京，中国政法大学出版社，2000。当然，作者认为这是相对严格责任。

这就叫做推定。其中,推定又可以分为法律的推定与事实的推定。"必须"和"可以"是区分法律的推定和事实的推定的依据。在陪审团必须认定事实的存在时,推定是法律的推定。如果陪审团根据对某一其他事实的证明而可以认定推定事实的存在,推定是事实的推定。英国学者认为,事实的推定往往是能够证明被告人心理状态的唯一手段,因而在刑事司法中起着非常重要的作用。法官应该对陪审团作出这样的指示,即它有权从被告人已经实施的违禁行为的事实中,推定出被告人是自觉犯罪或具有犯罪意图,如果被告未作任何辩解,推断通常成立。对奸淫幼女犯罪的主观罪过的认识也是如此。以奸淫幼女的明知为例,有些是确切地知道的,例如教师奸淫女学生,根据学生就读的年级能够确知幼女的年龄;或者奸淫邻居幼女,长期接触也是能够确知幼女的年龄的。而在其他一些情况下,尤其是在陌生人之间发生的性关系,对于幼女的年龄不一定是确知的,但不能说没有这种确知就不明知。如果根据当时的特定情况可以推定行为人是知道幼女不满14周岁的,同样也应视为明知,构成犯罪。我国学者对奸淫幼女的明知的推定作了论述,指出:在现实生活中,行为人推测对方可能是幼女有很多方式,但无论哪种方式,只要是一个具有正常思维能力的人在通常情况下可以得出对方是幼女的结论,就可推定出行为人明知对方是幼女。一般讲可从以下几个方面进行推定:一是身体发育状况,例如身材、体形、容貌、性器官发育状况等;二是言谈举止方面,尽管有的幼女发育较早,身材高大,但其思想及文化知识水平与普通幼女并无多大差别;三是衣着等其他外部特征。根据以上几个方面的情况,如果能够推定行为人对幼女的年龄是明知的,就应构成犯罪。

  总之,我认为应当摈弃应当知道的提法,而把奸淫幼女的明知分为两种:一是确切知道,二是推定知道。推定知道也是明知的一种,它虽然不像确切知道那样有事实直接证明并且行为人也承认,而是没有直接证据证明并且行为人加以抵赖。在这种情况下,通过推定方法能够证明行为人主观上对幼女不满14周岁是明知的,同样也应以犯罪论处。

(本文原载《法律科学》,2003(6))

婚内强奸犯罪化：能与不能
——一种法解释学的分析

婚内强奸问题是近些年来刑法学界讨论的热点问题，也是社会关注的热点问题。刑法学界对婚内强奸问题展开了广泛的讨论乃至于争论。从现有的讨论来看，大多将关于婚内强奸是否应当犯罪化的观点归结为两种：肯定说与否定说。[1] 肯定说主张婚内强奸构成强奸罪，而否定说否认婚内强奸构成强奸罪。在笔者看来，正是这种简单的分类将婚内强奸犯罪化的讨论引入了歧路。关于婚内强奸犯罪化的讨论进路应当区分为以下三种层次。

第一个层次，在现实生活中是否存在所谓婚内强奸即丈夫强制与妻子发生性交这种现象？这是一个婚内强奸现象在实然层面上有与没有的问题。对于这个问题，社会学家曾经进行过法律社会学的分析，肯定了婚内强奸现象的客观存在。[2] 实际上，对婚内强奸犯罪化无论是采肯定说还是否定说，对于客观上存在婚内强奸的现象所持的认识都是相同的，即并不否认其存在。因此，婚内强奸犯

---

[1] 关于婚内强奸诸说的评述，详见冀祥德：《婚内强奸问题研究》，54页以下，北京，人民法院出版社，2005。
[2] 参见李盾：《个体权利与整体利益关系——婚内强奸在中国的法律社会学分析》，载陈兴良主编：《刑事法判解》（第1卷），395页以下，北京，法律出版社，1999。

罪化的否定说，并不是指否认婚内强奸这种现象，而只是对婚内强奸是否构成强奸罪持否定的态度。

第二个层次，婚内强奸在司法上是否可能犯罪化，即根据现行刑法规定，对于婚内强奸行为能否认定为强奸罪追究刑事责任。这是一个婚内强奸犯罪化的能与不能的问题。在这个问题上，肯定说与否定说分别持能与不能的观点：肯定说认为对于婚内强奸能认定为强奸罪，否定说则认为对于婚内强奸不能认定为强奸罪。

第三个层次，婚内强奸在立法上是否应当犯罪化，即对于婚内强奸行为应否规定为犯罪追究刑事责任。这是一个婚内强奸犯罪化的应与不应的问题。对于认为婚内强奸能按照现行刑法规定认定为强奸罪的观点来说，当然也就不存在婚内强奸是否应当在立法上予以犯罪化的问题。因为在他（她）们看来，婚内强奸已经实现了立法上的犯罪化。只有对于那种认为婚内强奸不可能根据现行刑法认定为强奸罪的观点持有者来说，才存在一个是否应当将婚内强奸在立法上予以犯罪化的问题。正是在这个意义上，又存在着对于婚内强奸犯罪化应与不应的肯定说与否定说：肯定说尽管主张婚内强奸不能根据现行刑法认定为强奸罪，但并不否认婚内强奸应当实现立法上的犯罪化。否定说则主张，婚内强奸不应在司法上犯罪化，而且在立法上也不应予以犯罪化。

根据以上分析，婚内强奸及其犯罪化存在有没有、能不能和应不应这三个层次的问题，只有严格地将其区分，才能将这一问题的讨论引向深入。而目前的情形是：婚内强奸犯罪化的能不能与应不应这两个问题混淆不清，尤其是将婚内强奸犯罪化的不能与不应相混淆。[①] 其实，婚内强奸犯罪化之不能的主张者完全可以同时是婚内强奸应犯罪化的主张者。笔者即持这样的立场：婚内强奸不能按照现行刑法认定为强奸罪，而应当在立法上予以犯罪化。在本文中，笔者且不讨论

[①] 最为典型的是《法学家茶座》上的两篇文章，李侠的《婚内强奸，合法吗？》（第五辑）一文是讲述婚内强奸在立法上不应予以犯罪化的观点，而肖登辉的《婚内强奸可以构成犯罪》（第八辑）一文则对婚内强奸能按照现行刑法构成强奸罪加以批驳，两文语境不同。

婚内强奸犯罪化之应与不应的问题，而是讨论婚内强奸犯罪化的能与不能的问题。在这个问题上，笔者的一个基本观点是：婚内无奸。这完全是一个法解释学的问题，而不是一个法价值论的问题。

婚内有奸还是无奸，关键问题在于对"奸"字的理解。何者为"奸"？这是一个首先需要从语义学上澄清的问题。"奸"字，是现实生活中的一个常用字，根据《新华字典》这一汉语最初级的字典的解释，"奸"的含义有三：一是虚伪，狡诈，典型的用词是奸诈。二是叛国的人，典型的用词是汉奸。三是男女发生不正当的性行为，典型的用词是通奸。① 本文关注的是"奸"字的上述第三层含义。从中可以看出："奸"字虽与性有关，但它特指不正当的性行为，何谓不正当？婚外性行为是谓不正当。因此，"奸"作为性行为的代用字是在贬义上作为婚外性关系的特称。这也正是"奸"字在刑法中的含义，在这个意义上说："奸"是中国古代刑法的一个特定用语，其被作为日常生活用语数千年来其初始的法律含义始终未变。为此，有必要追溯"奸"字作为中国古代刑法用语的演变过程。

"奸"与"淫"两字经常并用，故有"奸淫"一词。就"奸"与"淫"而言，在法律上最早出现的是淫罪。《小雅·广义》曰："男女不以义交谓之淫，上淫曰蒸下淫曰报。旁淫曰通。"《尚书·大传》亦云："男女不以义交者，其刑宫。"在此，"不以义交"是与"以义交"相对应的。那么，何谓"以义交"？《周礼·司刑》疏云："以义交，谓依六礼而婚者。"因此。以义交是指婚内性交，不以义交则是指婚外性交，即指男女之间违背性伦理的性交，因而是一种非法性交。在中国古籍中被指控有淫乱之罪的第一人是有巢化时的季子："实有季子，其性喜淫，昼淫于市。帝怒，放之于西南。"这被认为是我国最古老的有记载的妨害风化犯罪即淫乱罪。② 这里的"淫"字根据《新华字典》的解释有四种含义：一是过多，过甚，例如淫雨。二是在男女关系上态度或行为不正当，例如淫乱。三是放纵。

---

① 参见《新华字典》（1998年修订本），222~223页，北京，商务印书馆，1999。
② 参见王文生：《强奸罪判解研究》，15页，北京，人民法院出版社，2005。

例如骄奢淫逸。四是迷惑，例如富贵不能淫。① 在上述"淫"字的四种含义中，第二种含义与"奸"相同。当然，"奸"字的含义偏重于不义，而"淫"字的含义侧重于过滥、包括数量与范围。总之，无论是"奸"还是"淫"，都是指违反性伦理的性行为。在上述古代典籍的引文中，虽然只见"淫"未见"奸"，但正如沈家本指出：《尚书·大传》中"男女不以义交者，其刑宫"即后世之所谓奸也。② 因此，男女不以义者，即淫亦即奸。在我国古代刑法中，较早出现"奸"字的是在秦律中。《睡虎地秦墓竹简》封诊式中就有关于"奸"的记载：爰书：某里士五（伍）甲诣男子乙、女子丙，告曰："乙、丙相与奸，自昼见某所，捕校上来诣之。"这段古文字译成现代汉语是指：奚书：某里士伍甲送来男子乙、女子丙报告说："乙、丙通奸，昨日白昼在某处被发现，将两人捕获并加木械，送到。"③ 自秦以后，奸罪历来受到统治者的重视，被作为重点整治的犯罪。尤其是从《北齐律》开始到《隋律》。随着十恶之罪的形成，亲属相奸被纳入十恶的范畴、谓之内乱。内乱，根据《唐律疏议》的解释，是指"奸小功以上亲，父祖妾，及与和者"。因此，在唐代已经形成了完整的奸罪（也称奸非罪）的罪名体系。根据《唐律》的规定，"诸奸者，徒一年半；有夫者，徒二年"。这是关于奸罪的一般规定，然后根据奸之对象不同，又规定了各种具体奸罪。根据《疏议》的解释，《唐律》中的奸，都是指和奸。而和奸，谓彼此和同者。在《唐律》中，强奸并非一个独立罪名，而已是奸罪的一种加重处罚事由。例如《唐律》规定："奸他人部曲妻，杂户、官户妇女者，杖一百。强者，各加一等。"这里的"强"不同于"和"，根据张斐注律，"不和谓之强"。在《唐律》中，奸罪之设，主要在于维护性伦理，尤其是建立在性伦理基础之上的婚姻家庭制度。例如，

---

① 参见《新华字典》（1998年修订本），583页，北京，商务印书馆，1999。
② 参见沈家本：《历代刑法考》（四），1886页，北京，中华书局，1985。
③ 《睡虎地秦墓竹简》，278页，北京，文物出版社，1978。在睡虎地秦墓竹简中，还有多处关于奸罪的记载，例如："原强与主奸，可何（论）？比殴主"（第183页）。这是关于强奸的记载。又如："同母异父相与奸，可（何）论？弃市"（第225页）。这是关于亲属相奸的记载。由此可见，在秦律中，奸罪已经是一种常见多发罪。

《唐律》在阐述内乱罪设立的理由时指出："女有家，男有室，无相凑，易此则乱。若有禽兽其行，明淫于家，素乱礼经，故曰内乱。"亲属相奸，就是破坏性伦理同时危害婚姻家庭制度最为严重者，因而将其纳入十恶予以严惩乃理（礼）所当然。但强奸，主要是侵犯妇女性权利和人身权利的犯罪，在中国古代夫权至上的宗法伦理制度中，妇女的性权利受法律保护程度极其有限，只是在维护封建性伦理秩序的同时附带地加以保护。这也许是在《唐律》中，强奸依附于奸罪而没有独立成罪的原因。《宋刑统》对奸罪的规定与《唐律》同，及至《明律》将奸罪改称犯奸，在犯奸杀下分别规定和奸与强奸，尤其是规定奸幼女十二岁以下者，虽和，同奸论。对于强奸，明代律学家进行了较为详细的注疏。例如雷梦麟曾对强奸作出如下界定："强奸者，非妇人之得已也，因其强暴，力不能敌，致被奸污，所当矜悯，故妇女不坐，凡问强奸，须观强暴之状，或用刀斧恐赫，或用绳索捆缚，果有不可挣脱之情，方坐绞罪。若彼以强来，此以和应，始以强合，终以和成，犹非强也。"[①] 由于雷梦麟在明代嘉靖时期曾经担任刑部郎中，其对强奸的解释反映了当时强奸罪认定的司法经验，自有其相当的可信度。上述解释主要围绕自《唐律》以来的"强奸者，妇女不坐"规定的立法理由展开。其前提是：和奸，男女同坐，在强奸的情况下，性伦理秩序之遭受破坏的结果是与和奸相同的，只不过考虑到非妇人之得已，出于"矜悯"之心，才对被强奸妇女"不问"而已。由此可见，中国古代刑法虽从奸罪中区分出强奸，但立法用意并不在于保护妇女的性权利。在《清律》中，奸罪进一步细分为和奸、强奸、奸幼、刁奸、轮奸等。从我国古代刑法关于奸罪的立法沿革来看，以维护性伦理秩序为宗旨的奸罪数千年相沿未改，保持了与封建伦理制度的高度一致性。在这样一个特定的法律语境中，婚内强奸问题根本无从谈起。正如我国学者指出：婚内强奸作为一种社会的、法律的与伦理的问题显现出来，其背景是工业社会的形成和女权主义的出现。在中国，很长一个时期内不具备这种条件。因此，发生在夫妻间的性行为中即使有暴力存在，但婚内强奸却并不能作为一个法

---

① 雷梦麟：《读律琐言》，怀效锋、李俊点校，447页，北京，法律出版社，1999。

律事实被人们认知。① 诚哉斯言。

通过以上对中国古代刑法中奸罪的沿革分析,可以看出,从法解释学的观点而言,"奸"字并非指一般的性行为,而是特指婚外性行为。在这种情况下,我国刑法中的强奸罪当然难以容纳婚内强奸。甚至"婚内强奸"这一说法本身就是一种借喻。因此,在现行刑法中,婚内强奸能否予以犯罪化这完全是一个司法适用问题,应当回到法解释学上来解决这个问题上的争议。就此而言,关于婚内强奸犯罪化的能与不能问题,可以从以下三个方面加以辨析。

第一是"奸"的含义。笔者在上文已经对"奸"字进行了词源学的追溯,由此确认奸的原始含义是指婚外性行为。对此,我国学者也曾经指出:"奸"的本质特征为夫妻以外的男女关系。婚内强奸也构成强奸罪的观点,超出了"奸"的文字含义,违背了罪刑法定原则。② 而那种主张婚内强奸应当认定为强奸罪的观点,则将"奸"字泛化为指"性交",认为不能通过"奸"的含义,当然将丈夫对妻子的性行为排除在强奸罪之外。③ 其实,从语言学上来说,字义或者词义的特定化或者泛化,都是十分正常的语言现象。例如"小姐"一词,其原始含义特指大户人家未出嫁的少女,后来泛化为指一般未出嫁的女子,现在则又特指从事卖淫活动的女子。由此可见,"小姐"一词经历了从特指到泛指再到特指这样一个复杂的语言演变过程。但"奸"字则不存在这种字义的演变。在汉语环境中,"奸"总是与婚外性关系相联系的。论者指出:我国台湾地区1999年3月30日通过的"妨害性自主罪章"第229条之一规定,对配偶也可以犯强奸罪,但告诉乃论。④ 其实,此言不确。我国台湾地区"刑法"经过修订以后,已经不再存在强奸罪,而改称为强制性交罪。将"奸淫"改为"性交",是这次修法的一项重

---

① 参见李盾:《个体权利与整体利益关系——婚内强奸在中国的法律社会学分析》,载陈兴良主编:《刑事法判解》(第1卷),396页,北京,法律出版社,1999。
② 参见刘宪权:《婚内定"强奸"不妥》,载《法学》,2000(3)。
③ 参见苏彩霞:《我国关于婚内强奸的刑法理论现状之检讨》,载陈兴良主编:《刑事法判解》(第4卷),406页,北京,法律出版社,2001。
④ 参见苏彩霞:《我国关于婚内强奸的刑法理论现状之检讨》,载陈兴良主编:《刑事法判解》(第4卷),400页,北京,法律出版社,2001。

要内容。这一修订的立法理由指出：原条文中"奸淫"一词其意为男女私合，或男女不正当之性交行为，不无放荡淫逸之意涵，对于被害人诚属难堪，故予修正为"性交"①。正是强奸罪名的取消，为婚内强奸犯罪化排除了语言学上的障碍。在此以前，我国台湾地区刑法学界对于丈夫违反妻子之意愿而强制为性交行为可否构成强奸罪存在肯定说与否定说两种不同见解。然而通说认为，夫妻互负同居义务，夫纵或反于妻之自由意思而为性交行为，究非不法奸淫可比。②尽管根据其立法理由，在旧法时并不排除婚姻关系中强制性交行为之有责性，但正如林山田教授所言，今强奸罪已遭删除，而由本罪取代，只要对于配偶使用强制行为，而违反配偶之意愿而为性交者，自亦属本罪之构成该当行为，而能构成本罪。③因此，我国台湾地区"刑法"以取消"奸淫"一词代之以"性交"，使得婚内强奸得以入罪，其立法经验可为借鉴。

第二是"妇女"的含义。在主张婚内强奸应当认定为强奸罪的理由中，另一个法律学的根据是刑法并未将妻子排除在强奸客体之外。我国《刑法》第236条第1款明确规定："以暴力、胁迫或者其他手段强奸妇女的，处3年以上10年以下有期徒刑。"从字面上解释，刑法并没有规定妻子不能成为强奸罪的客体。因为刑法只是把行为对象限制为妇女。妇女，当然包括婚姻内的妇女和婚姻外的妇女。因此，将婚姻内的妇女解释在强奸罪的对象之内，并未超出法条的字面含义。④在对"奸"字作泛化解释的基础上，以刑法未将妇女限于婚外，以此作为婚内强奸应当认定为强奸罪的补充论证尚有其合理性。但如果仅以此为由论证婚内强奸应当认定为强奸罪则颇为不妥。这里涉及法解释学中的一个基本原理，就是体系解释。体系解释是指将个别的法条或者词句置于整个法律体系之中，采用系统的观点进行解释，从而避免就词论词的缺陷。体系解释强调的是法条或者词

---

① 韩忠谟著、吴景芳增补：《刑法各论》，511页，台北，三民书局，2000。
② 参见韩忠谟著、吴景芳增补：《刑法各论》，257页，台北，三民书局，2000。
③ 参见林山田：《刑法各罪论》（上册），199页，台北，三民书局，1999。
④ 参见苏彩霞：《我国关于婚内强奸的刑法理论现状之检讨》，载陈兴良主编：《刑事法判解》（第4卷），406～407页，北京，法律出版社，2001。

句的关联性。正如我国学者指出：以法律条文在法律体系上之关联，探求其规范意义，这是体系解释的基本功能。① 因此，基于这种体系解释的立场，在对"妇女"一词作解释的时候，联系到强奸之"奸"字是指婚外性行为，因而势必推导出应对"妇女"进行限制解释的结论，使之与强奸的含义相符。这种体系性的解释方法在法解释中是极为常见的，在对婚内强奸进行法解释学分析的时候，也是不可回避的。

第三是外国立法例的借鉴问题。婚内强奸是否犯罪化，这在外国刑法中也是一个莫衷一是的问题，既有明确持否定态度的立法例，也有明确持肯定态度的立法例。笔者并不否认，当今西方国家出现了将婚内强奸在立法上予以犯罪化的趋势，但我们必须注意，这种变化大多是通过立法形式完成的。例如英美刑法中的"rape"，我国通常译为"强奸罪"，可以分为普通法强奸罪与制定法强奸罪。普通法强奸罪是指男子违背非其妻之女子的意志，强行与之实行性交的犯罪。而制定法强奸罪通常指违背妇女意志，以暴力方式在违背其意志的情况下实行性交的犯罪。现代制定法对该罪的犯罪构成予以扩展，婚姻身份以及被害人的性别现已与犯罪构成无关。② 又如，原《德国刑法典》第177条关于强奸罪的规定是明确排除婚内强奸的，该条规定："以强暴或对身体、生命立即之危险，胁迫妇女与自己或第三人为婚外之性交者，处2年以上自由刑。"但1998年《德国刑法典》第177条对强奸罪的规定作了删改，主要是删除了原条文中的"婚外"限定语，从而为婚内强奸犯罪化排除了障碍。在这种刑法作出明确规定的情况下，按照刑法规定将婚内强奸认定为强奸罪当然没有问题。那么，在法律没有修改的情况下，能否通过法律解释将其犯罪化，是存在困难的。以日本刑法为例，由于日本刑法并未明文规定婚内强奸，因此婚内强奸能否构成强奸罪始终是存在争议的。日本学者大谷实在强奸罪的排除违法性事由中讨论了这一问题，指出：丈夫对妻子以暴力、胁迫为手段实施猥亵、奸淫行为的场合，是否违法，成为问题。在这

---

① 参见梁慧星：《民法解释学》，217页，北京，中国政法大学出版社，1995。
② 参见薛波主编：《元照英美法词典》，1145页，北京，北京大学出版社，2003。

一问题上，有见解认为由于夫妻之间在法律上有互相满足性要求的义务，所以，丈夫对妻子实施强奸等行为，既不成立暴行罪、胁迫罪，也不成立强奸罪，近年来的判例似乎也采用了这一立场。但是，虽然说是夫妻，他们之间是否具有用暴力、胁迫手段来满足性要求的法律上的义务，值得怀疑。问题在于，夫妻间的性行为是不是在社会相当性的范围之内实施的，在被害人同意该种性行为的时候，只要不符合《刑法》第178条的规定，其原因、动机中即便具有瑕疵，也不成立本罪。① 即使外国刑法中通过法律解释方法使婚内强奸犯罪化，也不能直接作为支持我国刑法也可以通过法律解释方法使婚内强奸犯罪化的根据。这里涉及法律文本的语言之本土性问题。各国刑法使用的语言是有所不同的，甚至相同的法律问题在不同的国家由于受到其所采语言本身的影响也会采用不同的方式加以解决。实际上将英美刑法中的"rape"译为强奸，已经是在语言上"强奸"了"rape"一词。"rape"，就其本意而言，是指强制性交，译成汉语时称为"强奸"。尽管普通法中的"rape"是指强行与妻子以外的女子发生性交因而与强奸之意相符，但由于"rape"之婚外性交含义是通过"非法"一词获得的，因此在英国《1956年性犯罪法》第2条和第3条（通过威胁或诈欺与妇女性交）中，"非法"一词已被删去。这样，这些规定就可以适用于一个男子侵犯其妻子的情形。② 因此，"rape"自然可以容纳婚内强奸。而汉语中的强奸由于"奸"字的特指性，作为一个法律术语包含婚内强奸是存在语言障碍的。由此可见，在借鉴外国刑法的时候，应当将语言之间的这种差别考虑进去。

最后，笔者还想指出，最高人民法院在白俊峰案与王卫明案③中确立了在婚内强奸问题上的以下规则："在婚姻关系正常存续期间，丈夫不能成为强奸罪的主体；在婚姻关系非正常存续期间，丈夫可以成为强奸罪的主体。"对此，笔者基本上是赞同的，只是认为婚姻关系非正常存续期间应作适当的扩大解释，包括

---

① 参见[日]大谷实：《刑法各论》，黎宏译，法律出版社2003年版，第89页。
② 参见[英]J.C.史密斯、B.霍根：《英国刑法》，马清升等译，法律出版社2000年版，第513页
③ 白俊峰案载《刑事审判案例》，359～361页，北京，法律出版社，2002；王卫明案载《刑事审判案例》，362～364页。

以下两种情形：(1) 因感情不和而分居期间；(2) 提起离婚诉讼以后。① 当然，最高人民法院在白俊峰案中关于丈夫强制与妻子发生性交不构成强奸罪的理由，更多的是从同居义务等实质内容上论证的，没有从婚内无奸的法解释学视角寻求根据，这是十分遗憾的。因此，最高人民法院的裁判理由更像是对婚内强奸不应构成强奸罪的立法理由而不是不能构成强奸罪的司法理由。

婚内强奸在法律上未必是一个十分重要的问题，但在其讨论中往往产生方法论上的歧误。特撰本文，作为法解释学分析的一个学术案例。

（本文原载《法学》，2006（2））

---

① 参见陈兴良：《婚内强奸行为之定性研究——现行法视域内的考察》，载陈兴良主编：《公法》（第5卷），301页，北京，法律出版社，2004。

婚内强奸行为之定性研究
——现行法视域内的考察

婚内强奸是指丈夫违背妻子的意志,使用暴力、胁迫等手段,强行与其发生性关系的行为。关于婚内强奸行为是否构成强奸罪的问题,我国刑法理论上是存在争议的。本文拟根据最高人民法院公布的两个婚内强奸案例,对婚内强奸行为之定性问题进行研究。

一、婚内无奸的法理分析

婚内强奸问题,在1979年刑法颁行之初并未成为一个问题,当时的刑法教科书大多未涉及这一问题。按照我的理解,未涉及这一问题即意味着丈夫不可能成为强奸罪的主体,因此,婚内强奸是不为罪(指强奸罪,有可能构成他罪)的。有关专著中偶有涉及,例如我国学者讨论了在男女合法婚姻关系存续期间,丈夫能否成为本罪的主体问题,作者的观点是:一般说,丈夫不能成为本罪的主体。其行为如又涉及侵犯妇女的其他人身权利或妨害婚姻家庭等方面的犯罪的,

可以按其触犯的罪名处罚。① 当然，由于当时未见婚内强奸的案例，这种讨论显得空泛。此后司法实践中出现了婚内强奸的案例，由此引起刑法学界的关注。在我记忆中，首起受到刑法学界重视的是下面这则"丈夫强奸妻子案"：

河南××县明港镇大胡村青年农民靖志平，为了在重新调整土地时多分一份地，于1987年7月与相识仅一个月的确山县双沙乡姑娘刘某匆匆结婚。婚后，刘某发现两人性情不和，6天后便回娘家去了，并于1988年8月向镇法院提出离婚。明港镇法院认为应当准予离婚，并先后四次开庭调解，但未最后达成调解协议。1989年3月2日，法院再次开庭审理。在中午休庭时，靖家七、八个人一哄而上，把刘姑娘挟持回大胡村。当夜，靖志平的哥哥和弟弟强按住拼命挣扎反抗的刘某，让靖志平在众目睽睽之下强行与刘发生了性关系。第四天，法院工作人员才将奄奄一息的刘某解救出来送医院。县人民法院经反复讨论研究，确定靖志平构成强奸罪，判处有期徒刑6年。靖的哥哥和弟弟也分别被判处有期徒刑4年和2年。

该案在报刊披露以后，婚内强奸问题引起讨论。应该说，大多数学者都认为婚内强奸不构成强奸罪。例如周振想教授在高铭暄、王作富主编的《新中国刑法的理论与实践》一书第二十七章"强奸罪"中，明确指出强奸罪具有两个本质特征：一是性交的非法性，二是性交的违意性。其中性交的非法性就排除了婚内强奸构成强奸罪的可能性。因此，周振想指出：丈夫在任何情况下与妻子发生性行为，均不能构成强奸罪。② 在我主编的《刑事疑案研究》一书中，设专题讨论了涉及婚姻关系的强奸罪之定性。在分析有关案例时，作者指出：性行为的非法性是强奸罪成立的前提，也是强奸罪本质特征的一个方面。性行为在法律上分为合法与非法两种，合法的性行为是受法律保护的。在我国，合法的性行为应当指为我国婚姻法所认可的，建立在婚姻基础上的夫妻之间的性行为。除此以外的性行

---

① 参见金子桐、郑大群、顾肖荣：《罪与罚——侵犯公民人身权利、民主权利罪的理论与实践》，109页，上海，上海社会科学院出版社，1986。

② 参见高铭暄、王作富主编：《新中国刑法的理论与实践》，534～535页，石家庄，河北人民出版社，1988。

为都应当认为是非法的。在非法性行为中，有强奸、通奸、男女流氓群奸等，其中强奸是非法性行为最极端的表现。性行为的非法性首先将强奸与合法的性行为相区分，合法的性行为在任何情况下都不可能构成强奸罪。从这个意义上说，丈夫在妻子不同意的情况下强行与妻子发生性行为的，不能构成强奸罪。[①]

应该说，我是赞同丈夫不能成为强奸罪主体的观点的，我将之概括为四个字：婚内无奸。

这里涉及对"奸"的理解。在此之前，我们可以先考察一下外国关于婚内强奸的规定。我国学者认为，各国刑法对这一问题的立场，大体可分为三种类型[②]：(1) 未予表态，即在刑法条文中不涉及丈夫能否强奸妻子的问题，如法国、巴西、日本、韩国、苏联、罗马尼亚、阿尔巴尼亚、蒙古、中国等。(2) 间接否定，即从条文措辞中，可推断出该国刑法对这一问题持否定立场，如西班牙、意大利等。其中西班牙刑法的"性犯罪通则"一章，有一条规定是，"本条第一项所提之犯罪（指强奸罪等），如果被害者年满23岁，明显或推定之原谅，则刑之处罚，或已判之刑，或正在执行之刑均归消灭。如果由被害者之配偶向犯罪者所表达，并不成立推定之原谅"，内中"由被害者之配偶向犯罪者"一语，显然已将"配偶"排除出"犯罪者"的行列；意大利刑法的"性犯罪通则"一章，有一条规定是，"犯本章第一节（指强奸罪等）及第530条之罪证犯，与被害人结婚时，其罪消灭"。既然在实施强奸行为后与被害人结婚尚可"其罪消灭"，那么行为时即具有丈夫身份者，就更不在话下了。(3) 明确否定，即在强奸定义中，将不具有婚姻关系作为犯罪构成的先决条件，或称"非妻"，或称"婚姻外性交"，如美国、英国、加拿大、原联邦德国、瑞士、奥地利、印度、泰国等。其中美、英、印度三国，并作了甚为详尽的说明。美国刑法规定，"本章关于配偶间行为不以犯罪论的规定，亦适用于以丈夫和妻子身份共同生活而在法律上并无婚姻关系者。但不适用于已经依照法院裁决而分居的配偶"。这一条文

[①] 参见陈兴良主编：《刑事疑案研究》，349页，北京，中国检察出版社，1992。
[②] 参见郑伟：《刑法个罪比较研究》，287～288页，郑州，河南人民出版社，1990。

表明美国的否定立场是最为坚决的,不但法律婚姻可排除强奸的可能性,连法律上未予承认的事实婚姻,也同样如此。另外,还否定了分居与强奸之间的联系,除非依法院裁决而分居的,才属例外。英国制定法上对此无明文规定,一般认为这是适用普通法原则的领域。1954年的米勒一案(R. v. Miller, 1954)提出,丈夫不可能强奸妻子,因为配偶间的自愿性生活已作为婚姻契约中的一个当然组成部分而受到法律认可。只要婚姻契约不解除,性生活的自愿性就不容置疑。印度刑法规定,"一个男子和他自己的妻子性交,如他的妻子并非不满15岁的人,不是强奸"。这一条文似乎更宜归入妨害婚姻家庭罪,因为它的言下之意是不得与15岁以下的女子结婚,否则就要按强奸论处。

以上是20世纪90年代以前的资料,从上述资料可以看出,各国刑法对婚内强奸大多是持否定立场的。当然,在90年代以后情况有所变化,越来越多的国家将婚内强奸规定或者解释为强奸罪[①]:早在20世纪70年代,美国新泽西州刑法典规定,"任何人都不得因年老或者无性能力或者同被害人有婚姻关系而推定为不能犯强奸罪",率先打破了普通法传统。到1993年,北卡罗来纳州成为美国最后一个废除丈夫豁免的州。英国在1991年R案的判例中,认定:没有规则规定丈夫不能被判定强奸其妻子;1976年法案第1条中的"非法"一词是多余的。德国1998年刑法典第177条对强奸罪下了新的定义,规定"恐吓他人忍受行为人或者第三者对其进行的性行为或者对行为人或者第三者实施性行为的"为强奸罪,明确承认了婚内强奸。法国1994年新刑法典第222~223条规定:"以暴力、强制、威胁或趁人无备,对他人施以任何性进入行为,无论其为何种性质,均为强奸罪。"也明确排除了"丈夫豁免"。1996年修订的《瑞士联邦刑法典》第190条之(2)规定,行为人是被害人的丈夫的,且两人共同生活的,也构成强奸罪,只不过告诉乃论。1996年12月15日颁布的意大利66号法律对性犯罪条文作了重要改革,其现行刑法"609条—2性暴力"规定,"采用暴力或威胁手段或者通

[①] 参见苏彩霞:《我国关于婚内强奸的刑法理论现状之检讨——以域外关于婚内强奸的立法发展为视角》,载陈兴良主编:《刑事法判解》(第4卷),399~400页,北京,法律出版社,2001。

过滥用权力,强迫他人实施或者接受性行为的,处以 5 年至 10 年有期徒刑",这里强奸罪的主体和对象可以是任何男性和女性。从其最近的判例看,配偶一方对另一方强迫实施的性交行为,也可以构成强奸罪;在分居期间的强迫性交,更不言而喻。此外,瑞典、丹麦、挪威、澳大利亚南部等国家和地区也分别承认丈夫对妻子可构成强奸罪,实现了历史性的转换。我国台湾地区于 1999 年 3 月 30 日通过的"妨害性自主罪章"第 229 条之一规定,对配偶也可犯强奸罪,但告诉乃论。正是在这样一种背景下,我国对婚内强奸犯罪化的呼声日益高涨。

对于婚内强奸应当予以犯罪化,对此我是赞同的,但在现行法的视域内婚内强奸不构成强奸罪。因此,我之所谓"婚内无奸"之说,也只能限于现行法之内。之所以说"婚内无奸",主要与"奸"的意蕴有关,因此涉及对"奸"字的理解。我国学者指出:这里的"奸",指"性交"。通奸的非法性在于,与配偶之外的人性交。诱奸的非法性在于,采取欺骗手段与他人性交。强奸的非法性,则在于违背妇女意志,采取欺骗手段与他人性交。可见,不能通过"奸"的含义,当然将丈夫对妻子的性行为排除在强奸罪之外。[1] 这种观点认为,可以通过解释将婚内强奸包括在强奸罪之并,这并不违反罪刑法定原则。但我认为,"奸"是指婚外的非法性行为,难以将婚内强奸包括在内。例如《唐律》有奸罪之设,奸罪统指非法性交之行为。《唐律》之奸罪可分为四种类型:其一为破坏社会管理秩序之奸罪,特点是良人相奸,包括良人与良人通奸(即和奸)及良人强奸良人;其二为破坏社会等级秩序之奸罪,特点是良贱相奸,包括良人与贱人(官私贱)通奸、良人强奸贱人及贱人强奸良人;其三为破坏人伦道德之奸罪,特点是亲属相奸,包括亲属与亲属通奸及亲属强奸亲属;其四为破坏行政纪律之奸罪,特点是监临主守于监守内奸,包括监临官人与部民通奸及监临官人强奸部民。[2]

---

[1] 参见苏彩霞:《我国关于婚内强奸的刑法理论现状的检讨——以域外关于婚内强奸的立法发展为视角》,载陈兴良主编:《刑事法判解》(第 4 卷),406 页,北京,法律出版社,2001。
[2] 参见刘俊文:《唐律疏议笺解》(下),1838 页,北京,中华书局,1996。

因此，在中国古代刑法中，奸是婚外性行为的总称，一切婚外性行为均为非法，都构成犯罪。然后，根据手段不同，分为和奸与强奸：和者同也，不和谓之强。由此可见，强奸只是使用暴力实施的婚外性行为。正是由于这种语境上的限制，婚内强奸实际上本身已不合乎"奸"之本意：既言婚内，又何奸有之？在这种婚内无奸的语言背景下，将来刑法即使要将这种行为犯罪化，我认为也不宜归入强奸罪，除非强奸罪变更罪名。这一点，在我国台湾地区"刑法"中表现得尤为明显。我国台湾地区旧"刑法"有强奸罪之设，1999 年修改后，取消了强奸罪，代之以强制性交罪。强奸罪改为强制性交罪以后，包括了配偶之间的强制性行为。对此，我国台湾地区学者林山田指出："至于旧法时代，丈夫违反妻子之意愿而强制为性交之行为，可否构成强奸罪，则有肯定说与否定说两种不同见解：肯定说认为丈夫之行为既该当强奸罪之构成要件，故可成罪；否定说则认为就民法而言，夫妇互负同居之义务，在原则上妻不但无拒绝夫性交之自由，且有容许夫为性交之义务，故夫违反妻之意愿而强行为性交之行为，自非与婚姻关系之男性对于妇女之强奸行为等价。因此，不构成强奸罪。今强奸罪已遭删除，而由本罪（指强制性交罪——引者注）取代，只要对于配偶使用强制行为，而违反配偶之意愿而为性交者，自亦属本罪之构成要件该当行为，而能构成本罪。况且，新法并透过对配偶犯本罪须告诉乃论之规定，明确表示对此旧法时代之争论问题采肯定说之立场。"① 对于条文中的奸淫改为性交，由此导致罪名变更的理由，"官方"的说法是：原条文中"奸淫"一词其意为男女私合，或男女不正当之性交行为，不无放荡淫逸之意涵，对于被害人诚属难堪，故予修正为"性交"②。我认为，强奸罪名之改，与婚内无奸的观念不无关系。

综上所述，在现行刑法没有修改的情况下，我认为应当坚持婚内无奸的立场。

---

① 林山田：《刑法各罪论》（上册），增订 2 版，199 页，台北，2000。
② 韩忠谟：《刑法各论》，吴景芳增补，511 页，台北，三民书局，2000。

二、白俊峰案[①]：婚内无奸之判例

被告人白俊峰，男，27岁，农民。因涉嫌犯强奸罪，于1995年7月27日被逮捕。

辽宁省义县人民检察院以被告人白俊峰犯强奸罪，向义县人民法院提起公诉。

义县人民法院经不公开审理查明：

被告人白俊峰与被害人姚××于1994年10月1日结婚，婚后夫妻感情不好，多次发生口角。姚××于1995年2月27日回娘家居住，并向白俊峰提出离婚要求。经村委会调解，双方因退还彩礼数额发生争执，未达成协议。1995年5月2日晚8时许，被告人白俊峰到姚家找姚××索要彩礼，双方约定，次日找中人解决，后白俊峰回家。晚9时许，白俊峰再次到姚家。姚××对白俊峰说："不是已经说好了吗，明天我找中人解决吗？"并边说边脱衣服上炕睡觉。白俊峰见状，亦脱衣服要住姚家。姚父说："小白，你回老白家去。"白俊峰说："不行，现在晚了。"此时，姚××从被窝里坐起来，想穿衣服。白俊峰将姚按倒，欲与其发生性关系。姚××不允，与白厮打。白俊峰骑在姚身上，扒姚的衬裤，姚抓白俊峰的头发。白俊峰拿起剪刀，将姚的内裤剪断。姚××拿起剪刀想扎白俊峰，被白俊峰抢下扔掉，后强行与姚发生了性关系。姚××与白继续厮打，薅住白的头发，将白的背心撕破。白俊峰将姚××捺倒，用裤带将姚的手绑住。

村治保主任陈××接到姚父报案后，来到姚家，在窗外看见白俊峰正趴在姚××身上，咳嗽一声。白俊峰在屋内听见便喊："我们两口子正办事呢！谁愿意看就进屋来看！"陈××进屋说："你们两口子办事快点，完了到村上去。"陈给姚××松绑后，回到村委会用广播喊白俊峰和姚××二人上村委会。此间，白俊峰又第二次强行与姚××发生了性关系。白俊峰对姚××蹂躏达5个多小时，致

[①] 参见《刑事审判案例》，359～361页，北京，法律出版社，2002。

姚××因抽搐昏迷，经医生抢救苏醒。姚家共支付医疗费 301.8 元。

义县人民法院认为：被告人白俊峰在与姚××的婚姻关系存续期间，以强制的手段，强行与姚××发生性关系的行为，不构成强奸罪。依照《中华人民共和国刑事诉讼法》第 162 条第 2 项的规定，于 1997 年 10 月 13 日判决如下：

被告人白俊峰无罪。

一审宣判后，在法定期限内被告人白俊峰没有上诉，检察机关也没有提出抗诉。

本案涉及的问题是丈夫违背妻子的意志，在婚姻关系存续期间，采用暴力手段，强行与妻子发生性行为，是否构成强奸罪？

丈夫强奸妻子能否构成强奸罪，在刑法理论上和司法实践中都有争议。无论是现行刑法，还是 1979 年刑法，对于丈夫能否成为强奸罪的主体都没有排除或者规定。在国外，某些国家的刑事立法明确规定，丈夫强奸妻子的不构成强奸罪。例如德国、瑞士的刑法典就把强奸罪的对象限制为无夫妻关系的女性。在美国某些州，强奸罪仅仅是指男方未经不是他妻子的女方同意，使用暴力与其发生性关系的行为。我国地域广阔，民族众多，不同地区、不同民族的风俗习惯不同，此类案件情况又往往比较复杂，不能简单地确定行为构成罪或者不构成罪，否则有悖于国情，有害于我国的法制建设。对于丈夫强奸妻子案件的审理，应该依据刑法和婚姻法等有关法律规定，区分不同的婚姻状况以及行为人的暴力方式、方法，造成的危害后果等具体事实、情节，分别依法处理。其中，有的行为可以构成强奸罪；有的不构成强奸罪，但可能构成其他相关的犯罪。

本案被告人白俊峰的行为不构成强奸罪，主要理由是：

（一）婚姻状况是否确定构成强奸罪中违背妇女意志的法律依据

强奸罪是指以暴力、胁迫或者其他手段，违背妇女的意志，强行与其发生性交的行为。是否违背妇女意志是构成强奸罪的必备法律要件。虽然婚内夫妻两人性行为未必都是妻子同意，但这与构成强奸罪的违背妇女意志强行性交却有本质的不同。根据婚姻法的规定，合法的婚姻，产生夫妻之间特定的人身和财产关系。同居和性生活是夫妻之间对等人身权利和义务的基本内容，双方自愿登记结

婚,就是对同居和性生活的法律承诺。因此,从法律上讲,合法的夫妻之间不存在丈夫对妻子性权利自由的侵犯。相反,如果妻子同意与丈夫以外的男子发生性关系却构成对合法婚姻的侵犯。所以,如果在合法婚姻关系存续期间,丈夫不顾妻子反对,甚至采用暴力与妻子强行发生性关系的行为,不属于刑法意义上的违背妇女意志与妇女进行性行为,不能构成强奸罪。同理,如果是非法婚姻关系或者已经进入离婚诉讼程序,婚姻关系实际已处于不确定中,丈夫违背妻子的意志,采用暴力手段,强行与其发生性关系,从刑法理论上讲是可以构成强奸罪的。但是,实践中认定此类强奸罪,与普通强奸案件有很大不同,应当特别慎重。

(二)被告人白俊峰与姚××的婚姻关系合法、有效

白俊峰与姚××之间的婚姻关系是合法有效的,在案发前,虽然女方提出离婚,并经过村里调解,但并没有向人民法院或婚姻登记机关提出离婚,没有进入离婚诉讼程序。夫妻之间相互对性生活的法律承诺仍然有效。因此,白俊峰的行为不构成强奸罪。

白俊峰案中,被告人对其妻实施了强制性交行为,并且蹂躏达5个多小时,情节是恶劣的,但法院对此作出不构成强奸罪的判决。从裁判理由来看,主要是因为本案被告人与被害人之间存在合法婚姻关系。合法婚姻之所以能够阻却强奸罪之成立,裁判理由认为,"根据婚姻法的规定,合法的婚姻,产生夫妻之间特定的人身和财产关系。同居和性生活是夫妻之间对等人身权利和义务的基本内容,双方自愿登记结婚,就是对同居和性生活的法律承诺。因此,从法律上讲,合法的夫妻之间不存在丈夫对妻子性权利自由的侵犯"。这个理由,在法理上归纳为同居义务说。如果这个理由成立,那么婚内强奸不仅在现行法中不构成犯罪,而且在将来的立法上也不应将其犯罪化。对此,我是不同意的。我认为,婚内强奸的问题,一定要绝对地区分应然与实然两个视角,两者结论不同,理由与根据也是不同的。在当前关于婚内强奸的讨论中,往往将两者混为一谈。其结果是:用婚内强奸应当犯罪化的根据作为婚内强奸在现行法中构成犯罪的理由,或者相反。从婚内强奸应当犯罪化的角度来说,上述以同居义务来否认婚内强奸之

构成犯罪，显然是难以服人的。在同居义务中包括性义务，因而互相之间不存在对性权利的侵犯问题，这是同居义务说的主旨。按照这种观点，一旦结婚，配偶之间不得再主张性权利，性权利只是对婚外而言的。因此，婚内不存在侵犯性权利的强奸罪。对于这个问题，主张婚内强奸犯罪化的学者认为：夫妻性权利可以分为两类——夫妻双方对抗第三人的性权利和夫妻双方相互对抗的性权利。前者是绝对权利，要求社会不特定的个体承担不作为义务，即不得与婚姻的任何一方发生性关系；后者是相对权利，夫妻双方一方之权利即为另一方之义务。这种夫妻双方相互对抗的权利具有对等性，是一种弱权利，即双方的性应答义务不是每次都必须同意，性应答义务中配合性交的义务是有条件的，应基于义务人的自愿。① 这种观点实际上主张夫妻之间仍然存在性权利，只不过是一种相对权利、弱权利而已。因此，侵犯了这种性权利仍可构成强奸罪。这个问题涉及男女平等、婚姻性质等重大理论问题。

夫妻关系实际上是男女关系的一种反映，在男权主义主导下的男女不平等，必然反映到夫妻关系上。在这种情况下，婚姻关系中，夫权至上，妻子只能无条件地服从，妻子当然是没有性权利的。随着男权主义的衰落，男女平等导致夫妻平等。在这种情况下，妻子在婚姻关系中不再是处于绝对的服从地位，而是具有一定权利，包括性自主的权利的主体。在这种情况下，婚内强奸应当予以犯罪化。但这种犯罪化，并非从"婚内无奸"转变为"婚内有奸"，而是将婚内强制性交行为犯罪化。换言之，"无奸"与"有奸"解决的是性交的合法性问题，而婚内强制性交行为犯罪化解决的是实现性交手段的正当化问题。显然，这是两个不同层面的问题。而我们现在关于婚内强奸的讨论存在着的逻辑上的混乱，在于：主张婚内强奸不构成犯罪的观点，以婚内性关系是合法的为由将婚内强制性交也合法化了；而主张婚内强奸构成犯罪的观点，则以婚内强制性交这种手段的非法以奸论，潜存着否定婚内性关系合法的危险，这也正是主张婚内无奸者所顾虑的。

---

① 参见周永坤：《婚内强奸之法理学分析》，载《法学》，2000（10），16页。

在我看来，在现行法视域中，婚内强制性交行为也能构成强奸罪，唯一的理由是法无明文规定。换言之，婚内强制性交行为不是"奸"，因而无法解释为强奸罪。这种婚内强制性交行为的犯罪化，有待于法律的明文规定。基于这样一种立场评判白俊峰案，我认为裁判理由是错误的，正是这种裁判理由受到婚内有奸论者的抨击。

三、王卫明案①：婚内无奸之例外

被告人王卫明，男，1970年5月20日出生，工人。因涉嫌犯强奸罪，于1997年10月14日被刑事拘留，同月27日被释放，同年12月11日被取保候审。

上海市青浦县人民检察院以被告人王卫明犯强奸罪，向青浦县人民法院提起公诉。

被告人王卫明辩称，发生性关系是对方自愿，不是犯罪。其辩护人提出，离婚判决尚未生效，夫妻关系尚未解除；指控王卫明采用暴力的证据不足，王卫明的行为不构成强奸罪。

青浦县人民法院经不公开审理查明：

1992年11月，被告人王卫明经人介绍与被害人钱某相识，于1993年1月登记结婚，于1994年4月生育一子。1996年6月，王卫明与钱某分居，同时向上海市青浦县人民法院起诉离婚。同年10月8日，青浦县人民法院认为双方感情尚未破裂，判决不准离婚。此后双方未曾同居。1997年3月25日，王卫明再次提起离婚诉讼。同年10月8日，青浦县人民法院判决准予离婚，并将判决书送达双方当事人。双方当事人对判决离婚无争议。虽然王卫明表示对判决涉及的子女抚养、液化气处理有意见，保留上诉权利，但后来一直未上诉。同月13日晚7时许（离婚判决尚未生效），王卫明到原居住的桂花园公寓3号楼206室，见钱某在房内整理衣物，即从背后抱住钱某，欲与之发生性关系，遭钱拒绝。被告人

---

① 参见《刑事审判案例》，362～364页，北京，法律出版社，2002。

王卫明说:"住在这里,就不让你太平。"钱挣脱欲离去。王卫明将钱的双手反扭住并将钱按倒在床上,不顾钱的反抗,采用抓、咬等暴力手段,强行与钱发生了性行为,致钱多处软组织挫伤,胸部被抓伤、咬伤。当晚,被害人向公安机关报案。

青浦县人民法院认为:被告人王卫明主动起诉,请求法院判决解除与钱某的婚姻,法院一审判决准予离婚后,双方对此均无异议。虽然该判决尚未发生法律效力,但被告人王卫明与被害人已不具备正常的夫妻关系。在此情况下,被告人王卫明违背妇女意志,采用暴力手段,强行与钱某发生性关系,其行为已构成强奸罪,应依法惩处。公诉机关指控被告人王卫明的犯罪罪名成立。被告人关于发生性行为系对方自愿及辩护人认为认定被告人采用暴力证据不足的辩解、辩护意见,与庭审质证的证据不符,不予采纳。依据《中华人民共和国刑法》第236条第1款、第72条第1款的规定,于1999年12月21日判决如下:

被告人王卫明犯强奸罪,判处有期徒刑3年,缓刑3年。

一审宣判后,被告人王卫明服判,未上诉;检察机关亦未抗诉。判决发生法律效力。

丈夫能否成为强奸罪的主体?在夫妻关系存续期间,丈夫以暴力、胁迫或者其他方法,违背妻子意志,强行与妻子发生性关系的行为,在理论上被称为"婚内强奸"。对于"婚内强奸"能否构成强奸罪,理论界认识不一致,在本案起诉、审判过程中也一直存在三种意见:

第一种意见认为,丈夫不能成为强奸罪的主体。理由是:夫妻之间有同居的权利和义务,这是夫妻关系的重要内容。夫妻双方自愿登记结婚就是对同居义务所作的肯定性承诺,而且这种肯定性承诺如同夫妻关系的确立一样,只要有一次概括性表示即在婚姻关系存续期间始终有效,非经合法程序不会自动消失。因此,在结婚后,不论是合意同居,还是强行同居,均谈不上对妻子性权利的侵犯。

第二种意见认为,丈夫在任何情况下都能够成为强奸罪的主体。理由是:我国婚姻法明确规定,夫妻在家庭中地位平等,这一平等关系应当包括夫妻之间性

权利的平等性，即夫妻双方在过性生活时，一方无权支配和强迫对方，即使一方从不接受对方的性要求，也不产生任何法律后果。而我国《刑法》第236条规定的强奸罪，是指违背妇女意志，以暴力、胁迫或者其他手段，强行与妇女发生性关系的行为，并未排除以妻子作为强奸对象，因而强奸罪的主体自然包括丈夫。

第三种意见认为，在婚姻关系正常存续期间，丈夫不能成为强奸罪的主体，而在婚姻关系非正常存续期间，丈夫可以成为强奸罪的主体。

我认为，夫妻之间既已结婚，即相互承诺共同生活，有同居的义务。这虽未见诸法律明确规定或者法律的强制性规定，但已深深植根于人们的伦理观念之中，不需要法律明文规定。只要夫妻正常婚姻关系存续，即足以阻却婚内强奸行为成立犯罪，这也是司法实践中一般不能将婚内强奸行为作为强奸罪处理的原因。因此，在一般情况下，丈夫不能成为强奸罪的主体。但是，夫妻同居义务是从自愿结婚行为推定出来的伦理义务，不是法律规定的强制性义务。因此，不区别具体情况，对于所有的婚内强奸行为一概不以犯罪论处也是不科学的。在婚姻关系非正常存续期间，如离婚诉讼期间，婚姻关系已进入法定的解除程序，虽然婚姻关系仍然存在，但已不能再推定女方对性行为是一种同意的承诺，也就没有理由从婚姻关系出发否定强奸罪的成立。就本案而言，被告人王卫明两次主动向法院诉请离婚，希望解除婚姻关系，一审法院已判决准予被告人王卫明与钱某离婚，且双方当事人对离婚均无争议，只是离婚判决书尚未生效。此期间，被告人王卫明与钱某之间的婚姻关系在王卫明主观意识中实质已经消失。因为是被告人主动提出离婚，法院判决离婚后其也未反悔而提出上诉，其与钱某已属非正常的婚姻关系。也就是说，因被告人王卫明的行为，双方已不再承诺履行夫妻间同居的义务。在这种情况下，被告人王卫明在这一特殊时期内，违背钱某的意志，采用扭、抓、咬等暴力手段，强行与钱某发生性行为，严重侵犯了钱某的人身权利和性权利，其行为符合强奸罪的主观和客观特征，构成强奸罪。上海市青浦县人民法院认定被告人王卫明犯强奸罪，并处以刑罚是正确的。

王卫明案发生在白俊峰案两年以后，对于两案的关系，我国刑法学界有的学者认为两案存在冲突，指出：在现行的有关强奸罪的刑事立法框架内，各地法院

的司法裁判结果迥然有异——上海市青浦县人民法院王卫明案以强奸罪判处有期徒刑3年、缓刑3年,而辽宁省义县相似的案例法院却判决无罪,由此提出了怎样协调其间的冲突问题。① 我认为,这种对两案关系的解读是不能成立的。其实,两案并不存在矛盾。在王卫明案中,谈到在本案起诉、审判过程中存在三种意见,其中第三种意见是:在婚姻关系正常存续期间,丈夫不能成为强奸罪的主体,而在婚姻关系非正常存续期间,丈夫可以成为强罪的主体。王卫明案采纳的正是上述第三种观点,因而两案并不存在矛盾:白俊峰案判决表明——在婚姻关系正常存续期间,丈夫不能成为强奸罪的主体。而王卫明案判决表明——在婚姻关系非正常存续期间,丈夫可以成为强奸罪的主体。因此,白俊峰案和王卫明案确立了在婚内强奸问题上的以下规则:

在婚姻关系正常存续期间,丈夫不能成为强奸罪的主体;在婚姻关系非正常存续期间,丈夫可以成为强奸罪的主体。

王卫明案的判决结论虽然我是赞同的,因为提起离婚诉讼以后,婚姻进入解除程序。而婚姻解除需要一个过程。这个过程是婚姻的非正常存续期间,有婚姻之名而已无婚姻之实,在这种情况下,形式上的丈夫对形式上的妻子实行强制性交,我认为已不是婚内强奸,而是婚外强奸,以强奸论是正确的。但是,王卫明案的判决理由同样是值得推敲的。在裁判理由中论及"夫妻同居义务是从自愿结婚行为推定出来的伦理义务,不是法律规定的强制性义务"。这里涉及以下问题值得探讨:(1)同居义务是伦理义务还是法律义务? 我国婚姻法对同居义务确实没有明确规定,但我国婚姻法学界一般认为,由《婚姻法》第3条第2款"禁止有配偶者与他人同居"、第4条"夫妻应当互相忠实"以及第32、46条的有关规定,可推论出夫妻有同居的义务。② 因此,同居应当是一种法律义务而非伦理义务。(2)同居义务在一定条件下可以停止或者免除。同居义务要求夫妻双方共同

---

① 参见付立庆:《婚内强奸犯罪化应该缓行——在应然与实然的较量之间》,载陈兴良主编:《刑事法判解》(第4卷),430页,北京,法律出版社,2001。相同的观点参见冀祥德:《婚内强奸犯罪化研究》,载北京大学法学院:《法学的诱惑——法律硕士论文写作优秀范例》,199页,北京,法律出版社,2003。
② 参见杨大文主编:《婚姻家庭法学》,163~164页,上海,复旦大学出版社,2002。

生活，包括性生活。但同居义务又不是绝对的，即使在婚姻存续期间具备一定条件也是可以停止或者免除的。我国婚姻法学界一般认为，下列情形构成停止或免除同居义务的充分理由：第一，有正当理由暂时中止同居。如因公务或私务需要，在较长时间内合理离家在外；因健康原因住院治疗或其他情形无法全部履行同居义务或只能履行部分同居义务的等。这类情形对夫妻关系不产生负面的或实质性的影响，当中止同居的原因消失后，夫妻双方自然恢复同居。导致同居中断一方不需要为此承担法律责任，法律对这类情形通常不作规定。第二，具有法定事由而停止同居。法律对此有专门规定，如夫妻一方违背互负忠实义务时，有不堪同居的事实导致婚姻关系破裂、在离婚诉讼期间等情形下，免除同居义务；因夫妻感情破裂而协议分居也是停止同居的充分理由。[1] 由此可见，同居义务之不履行有两种情形：一是客观上无法履行，在此情形下，同居义务暂时中止。二是有法定事由而停止履行同居义务。（3）同居义务是否具有强制性？应该说，同居本身不能强制，但这并不意味着同居就不具有强制效力。正如我国学者提出：同居义务的履行虽不能强制，但是无故断绝履行同居义务的行为人，应承担相应的法律责任，以此体现同居作为一项法律义务的强制效力。[2] 从以上三点观察，同居是婚姻的实质内容，同居义务是从结婚这一法律行为中推导出的法律义务。在婚姻存续期间，同居义务必须得到履行，除非由于客观原因无法履行，或者在婚姻受到破坏将解体时，同居义务基于一定的法定理由而终止履行。

根据以上对同居义务的理解，我认为王卫明案的裁判理由是存在可商榷之处的。裁判理由肯定同居义务足以阻却婚内强奸成立犯罪，但又说同居义务不是强制性的法律义务。因此，"不区别具体情况，对于所有的婚内强奸行为一概不以犯罪论处也是不科学的"。这一结论的得出与前面关于同居义务性质的论述之间到底存在一种什么样的逻辑关系，我以为是不明确的。按照我的观点，王卫明案之所以应以强奸论处，正是因为由于进入离婚诉讼，同居义务处于停止履行期

---

[1] 参见杨大文主编：《婚姻家庭法学》，164页，上海，复旦大学出版社，2002。
[2] 参见杨大文主编：《婚姻家庭法学》，164页，上海，复旦大学出版社，2002。

间。既然没有同居义务,王卫明强行与其妻发生性行为,就构成了强奸罪。由此推论,白俊峰案中,婚后夫妻感情不好,其妻姚某回娘家居住,并向白俊峰提出离婚要求。在这种情况下,虽未达成离婚协议,但同居义务已经停止履行。为此,白俊峰强行与之发生性行为,应当构成强奸罪。

我认为,婚姻关系是否正常存续,应以同居义务是否因法定事由而停止为标准确认。在下述情形下,应当视为同居义务停止履行,婚姻关系处于非正常存续期间:

(一) 因感情不和而分居期间

结婚以后,夫妻之间有同居义务。但在婚姻存续期间,因感情不和也可能因而分居。根据《婚姻法》第32条的规定,因感情不和而分居满两年,调解无效的,应准予离婚。在分居期间,婚姻关系虽然形式上还存在,但已经处于非正常存续状态。尽管分居并不必然离婚,但往往是离婚的前奏。因此,因感情不和而分居期间,应视为婚姻关系非正常存续期间。在此期间,丈夫对妻子强制性交的,应以强奸罪论处。

(二) 提起离婚诉讼以后

离婚有两种方式:一是协议离婚,二是诉讼离婚。诉讼离婚是由婚姻一方当事人向法院提起诉讼,要求解除婚姻关系。离婚诉讼提起以后,就进入婚姻解除程序。但婚姻的正式解除还须经过一审、二审等有关法定程序。在离婚诉讼提起以后,婚姻就进入非正常存续期间。在此期间,丈夫对妻子强行性交的,应以强奸罪论处。

(本文原载陈兴良主编:《公法》,第 5 卷,北京,法律出版社,2004)

轮奸妇女之未完成形态研究

轮奸是强奸罪的一种加重事由。《刑法》第236条第2款第4项规定：二人以上轮奸的，处10年以上有期徒刑、无期徒刑或者死刑。在司法实践中，二人以上轮奸过程中，往往出现其中一人奸淫未成或者放弃奸淫的情形。在这种情况下，对于未成者或者放弃者是否应以未遂或者中止论处，是在司法实践中和刑法理论上都存在争议的问题。

一、姜涛案[①]：未成者成立未遂

被告人姜涛，男，19岁，辽宁省台安县人，原系辽河石油勘探局物探公司地震队工人。于1993年3月8日被逮捕。

1990年3月的一天下午，被告人姜涛与杨卓夫（已判刑）一起，窜至辽河

---

① 参见最高人民法院中国应用法学研究所编：《人民法院案例选》（刑事卷），360~364页，北京，人民法院出版社，1997。

油田沈阳采油二大队女工龚××的宿舍，以要龚陪他们出去吃饭为名，强行将龚拉出房外。龚××说要去上班，杨卓夫即用双手掐住龚的脖子，威胁说"不走就掐死你"。姜涛劝杨卓夫不要掐她的脖子。随后，杨、姜二人把龚××挟持到张玉忠（已判刑）家。当杨、张、姜三人预谋强奸时，张富海（已判刑）赶到。杨卓夫、张玉忠相继将龚××强奸，接着姜涛不顾龚哭泣，趴到她身上欲行强奸，因饮酒过多而未能得逞。张富海又过去将龚强奸。轮奸后，张富海、姜涛先后离去，杨未让龚走，当晚张玉忠再次将龚强奸，次日早晨才将龚放走。龚××回到宿舍后，姜涛主动找龚××要同她谈恋爱，并劝她不要去告发。姜、龚二人谈恋爱一个多月后，龚发现姜已有对象，便与姜断绝往来。案发后，姜涛的认罪态度较好。

辽宁省人民检察院辽河油田分院以被告人姜涛犯强奸罪向辽宁省辽河油田中级人民法院提起公诉。被告人姜涛辩护说，他是被诱骗参与犯罪，因怜悯被害人而强奸未遂，且认罪态度好，要求从轻处罚。其辩护人辩解说，姜涛的行为属于犯罪中止，依法可减轻处罚。

辽宁省辽河油田中级人民法院经过不公开开庭审理后认为，被告人姜涛参与挟持和轮奸妇女，其行为已构成强奸罪，应予惩处。姜涛不顾被害妇女哭泣，趴在她的身上实施强奸，其犯罪行为已经着手，只因饮酒过多这一主观意志以外的原因而未能得逞，其行为既非被诱骗犯罪，又非犯罪中止，显系犯罪未遂，姜涛及其辩护人的辩护意见不能采纳。鉴于姜涛系本案从犯，又系犯罪未遂，案发后认罪态度较好，可予从轻处罚。据此，该院依照《中华人民共和国刑法》第139条第1款和第4款、第20条、第22条第1款、第24条的规定，于1993年3月25日判决如下：被告人姜涛犯强奸妇女罪，判处有期徒刑4年。

宣判后，被告人姜涛不服，以原判决量刑重为理由提出上诉。姜涛的辩护人以姜的行为是犯罪中止，在犯罪过程中曾经劝说杨卓夫不要掐被害人的脖子，事后与被害人谈过恋爱等理由，提出辩护。

辽宁省高级人民法院经过二审审理认为，原审判决认定被告人姜涛的犯罪事实清楚，证据确实、充分，定罪准确，审判程序合法。辩护人提出姜涛的行为属

于犯罪中止,经查,被害人的证词和姜涛本人的供词均证实,姜涛已经着手实施强奸,只因饮酒过多而强奸未遂,并非自动中止犯罪,其辩护理由不能成立。至于辩护人所提姜涛在犯罪过程中有劝阻行为,事后与被害人谈过恋爱的情节属实,可以采纳。根据姜涛在本案中的具体犯罪情节,对姜涛可以在原审判决的基础上再予从轻处罚。该院依照《中华人民共和国刑事诉讼法》第 136 条第 2 项的规定,于 1993 年 5 月 6 日判决如下:上诉人姜涛犯强奸罪,判处有期徒刑 3 年,缓刑 4 年。

在本案审理过程中,对于被告人姜涛的行为构成强奸罪没有异议,但对其犯罪行为是既遂还是未遂有不同意见。

一种意见认为,被告人姜涛与他人一起轮奸妇女,属于共同实行犯。共同实行犯是共同实施犯罪的人,他们在共同犯罪中既有共同犯罪的故意,又有共同犯罪的行为,彼此联系,互相配合,形成一个整体。其中任何一个人的犯罪行为所造成的结果,都是他们共同希望发生的,只要共同实行犯中有一人犯罪既遂,全体实行犯的犯罪目的都已实现,因此,他们都应当负犯罪既遂的刑事责任。不能因为其中有的实行犯的行为未能得逞,有的实行犯的行为已经得逞,就分别认定为未遂和既遂。在本案中,虽然姜涛的强奸行为未能得逞,但其他同案犯的强奸行为已经既遂,姜涛也应承担强奸既遂的罪责。

另一种意见则认为,共同实行犯的犯罪既遂与未遂问题,是一个比较复杂的理论问题,不可一概而论。对于绝大多数犯罪来说,共同实行犯中有人的行为虽然未能得逞,如果其他实行犯的行为得逞,全体共同实行犯均应以犯罪既遂论处,不能对行为未能得逞的实行犯论以未遂。例如,甲乙二人预谋共同杀丙,甲开枪未能击中丙,乙举刀将丙杀死,甲乙二人均应负故意杀人既遂的罪责,不能认为甲是杀人未遂、乙是杀人既遂。但是,对有些犯罪来说,情况并非如此。例如在强奸、脱逃、偷越国(边)境的共同犯罪中,由于其犯罪构成的特点不同,每个人的行为有其不可替代的性质,各个实行犯的既遂或未遂就表现出各自的独立性。一个共同实行犯的未遂或既遂并不标志着其他共同实行犯的未遂或既遂,每个共同实行犯只有在完成了犯罪构成要件的行为以后才能构成犯罪既遂。在这

种情况下，就出现了共同实行犯中有的既遂而有的未遂这种既遂与未遂并存的现象。就强奸罪而言，其犯罪目的是强行与妇女发生性行为，这种犯罪目的决定了每个共同实行犯的行为具有不可替代的性质，只有本人的强奸行为达到既遂才算既遂，如果已经着手实施强奸，因本人意志以外的原因而未得逞，即使其他共同实行犯的强奸行为已经得逞，对强奸未得逞的实行犯来说，仍是犯罪未遂。本案被告人姜涛与他人一起轮奸妇女，在着手实施强奸后因饮酒过多而未能得逞，虽然其他共同实行犯已经强奸既遂，对他也只能以强奸未遂论处。

本案一、二审法院根据上述第二种意见，认定被告人姜涛的行为为强奸未遂，是正确的。

在姜涛一案中，律师辩护是犯罪中止，法官认定为犯罪未遂，显然存在中止与未遂之争。但在本案审理过程中，法院内部的争论并不在于是犯罪中止还是犯罪未遂，而恰恰在于是犯罪未遂还是犯罪既遂。轮奸中到底是否存在未遂，这是司法实践中经常发生的疑难问题之一。我到各地司法机关讲课，都会被问及这个问题。令我记忆深刻的是某基层法院法官给我寄来一个类似案例，因为该院与上级法院对此看法不一，基层法院认定为未遂，上级法院认为既遂，让我从刑法理论上给个说法。就此，我还专门写了一个专家意见寄给他们以供参考。因此，在刑法理论上讨论这个问题实在是必要的。

本案的案情十分简单，姜涛在杨、张二人对龚某行奸后，不顾龚哭泣，趴到她身上欲行强奸，因饮酒过多而未得逞。根据这一犯罪事实的认定，姜涛之行奸未成"非不为，不能也"，当然不构成犯罪中止。至于是否构成未遂，关键在于在强奸中是否采用"一人既遂，即为全体既遂"的原则。

"一人既遂，即为全体既遂"，本是刑法理论上的通说，它主要适用于共同正犯。"一人既遂，即为全体既遂"原则的理论根据是共同正犯中实行的"部分行为之全体责任"的共犯观念。共同犯罪并非单独犯罪的简单相加，因此，在共同正犯的情况下，各共同犯罪人无须实施全部正犯行为，只要实施其中一部分即可，这就是共同正犯中实行行为的分担。对此，韩忠谟指出："共同正犯既以共同实施为其客观要件，则其实施仅以数人共同即为已足，无论其为犯罪事实之实

行，或为犯罪事实一部之分担，皆为实施之共同。"① 尽管在共同正犯中，共同犯罪人只实施了共同犯罪行为的一部分，但都要对全部行为承担责任。这是共犯责任原则之不同于单独犯之所在。在单独犯罪的情况下，犯罪人应对自己的行为承担刑事责任，对他人的行为是不承担责任的，这是罪责自负原则的体现。因此，在所谓同时犯的场合，各人应对各人的行为负责。这里所谓同时犯，是指二人以上的行为者没有共同实行犯罪的意思联络，同时或在近乎同时的前后对同一目标实行同一犯罪的情况。例如，甲乙二人都拟杀害丙，两人没有意思联络，一日各自埋伏丙经过的路旁，甲开枪向丙射击未中，接着乙开枪将丙击毙。甲、乙二人的行为就是同时犯。在刑法理论上一般认为，同时犯是同时实行犯罪的两个以上的单独犯，因而应各对自己的行为承担刑事责任。共同正犯则与之不同，在共同正犯的情况下，各共同犯罪人之间主观上存在意思联络。意思联络是指共同犯罪人以明示或者暗示的方法表明愿意共同实施某种犯罪。正是通过意思联络，各共同犯罪人的犯罪故意结成一体，转化为共同犯罪故意。在共同犯罪故意的范围之内，各共同犯罪人不仅对自己的行为负责，而且对他人的行为亦应负责。只有在超出共同犯罪故意情况下的实行过限行为，其他共同犯罪人对此才不负刑事责任。在这种情况下，"一人既遂，即为全体既遂"的原则是能够成立的。姜涛案中的第一种观点，就以"只要共同实行犯中有一人犯罪既遂，全体实行犯的犯罪目的都已实现，因此他们都应当负犯罪既遂的刑事责任。不能因为其中有的实行犯的行为未能得逞，有的实行犯的行为已经得逞，就分别认定为未遂和既遂"为由，否认姜涛的行为构成犯罪未遂。

那么，在轮奸犯罪中是否也贯彻"一人既遂，即为全体既遂"原则呢？第二种观点是否认的。这种观点提出某种共同正犯，其行为有其不可替代的性质，各个实行犯的既遂或未遂就表现出各自的独立性。在这种观点中，涉及一个重要概念：实行行为的不可替代性。这一概念是赵秉志教授在其关于犯罪未遂的硕士论文中首次提出的，记得当时赵秉志教授在硕士论文写作过程中专门与我探讨过这

---

① 韩忠谟：《刑法原理》，197 页，北京，中国政法大学出版社，2002。

个问题，对于这个概念我是深表赞同的。赵秉志教授认为，共同正犯是否可以有既遂未遂并存，应当分为两类犯罪分析："在第一类犯罪里，整个犯罪既遂所要求的就是一种犯罪结果或危险状态的出现，无论是数人的实行行为，还是其中一个人的实行行为，都可以直接造成这种犯罪结果或危险状态。因此，只要属于整个犯罪的行为有机整体中任何一个实行犯的行为直接造成了这种犯罪结果或危险状态，整个犯罪便告完成和达到既遂，全体共同实行犯都须负犯罪既遂之责。而在第二类犯罪里，整个犯罪既遂所要求的是每个共同实行犯均完成其实行行为，各个实行犯又都只能完成自己的犯罪行为而不能代替他人完成犯罪，犯罪过程中所可能发生的意志以外的原因，又往往阻止某些实行犯使其不能完成犯罪，这样就会出现有人既遂有人未遂既遂未遂并存一案的情况。"[1] 上述引文中提到的"各个实行犯又都只能完成自己的犯罪行为而不能代替他人完成犯罪"，就是犯罪实行行为具有不可替代性的最初表述。此后，在我执笔的《中国刑法适用》一书的第十二章"共同犯罪"中，当论及共同实行犯的未遂时我指出："强奸、脱逃等犯罪以实施一定的犯罪行为为其犯罪构成的充足要件。在这种情况下，犯罪行为是否完成便成为认定犯罪是否得逞的标准。在这类犯罪中，每个人的行为都具有不可替代的性质，因此，共同实行犯中各共犯的未遂或既遂表现出各自的独立性。例如，甲、乙、丙三人对某女实行轮奸。甲、乙先后对该女实施了强奸行为，轮到丙时，该女见有行人路过，大声呼救，惊动路人，当场将三人抓获，丙强奸没有得逞。在这种情况下，甲、乙是强奸既遂，而丙则只能是强奸未遂。"[2] 此后，在我的博士论文《共同犯罪论》中也对这一问题作了专门研究。[3] 应该说，我们的这些观点在司法实践中发生了一定的影响。一二审法院都采纳了这一观点。

当然，我们在论述这个问题时，是根据实行行为是否具有可替代性，将共同

---

[1] 赵秉志：《犯罪未遂的理论与实践》，211页，北京，中国人民大学出版社，1987。
[2] 王作富主编：《中国刑法适用》，191～192页，北京，中国人民公安大学出版社，1987。
[3] 参见陈兴良：《共同犯罪论》，398～400页，北京，中国社会科学出版社，1992。

正犯区分为结果犯与行为犯,在此基础上讨论共同正犯中既遂与未遂是否可以并存问题的。值得注意的是,我国学者提出亲手犯不宜按"一人既遂,即为全体既遂"原则处理,指出:"亲手犯只有具有一定身份或特殊情况的人亲身实行犯罪行为,才能完成犯罪。对亲手犯的共同实行犯来说,如果有人未完成犯罪,有人完成了犯罪,就应分别情况,对完成犯罪者论以犯罪既遂,对未完成犯罪者论以犯罪未遂,这才与亲手犯的原理相符合。例如,在押犯甲、乙共谋将牢房墙壁挖穿脱逃,共同在山墙上挖了个洞,甲穿洞逃走后,乙正着手穿洞逃跑时因被发觉而未得逞。甲构成脱逃罪既遂,乙构成脱逃罪未遂。"①

这里提及的亲手犯,又称为自手犯,是大陆法系刑法理论中的一个概念,我国刑法鲜有论及。日本学者指出:所谓自手犯,是指必须由正犯亲手实行的犯罪。行为本身的违法性内容具有法益侵害的危险性的场合,作为例外行为与法益侵害的危险性密切相连的时候,或者与行为本身的违法性内容不相连接的义务违反性和特别的主观的违法要素也包括在内的场合,也承认为自手犯。由于自手犯要求必须是正犯亲手实行,因此利用他人的行为实行犯罪的间接正犯以及利用他人的行为实行自己的犯罪的教唆均不能成立。②日本学者不是在犯罪的类型中讨论亲手犯的,而更多的是在间接正犯中论及亲手犯。

根据我的观点,间接正犯的存在是有一定限制的。在刑法理论上,为了将间接正犯限制在一定范围内,而把不能构成间接正犯的各种犯罪涵括在一定的概念之内加以理解,亲手犯就是适应这一需要而出现的一个概念。因此,亲手犯是以限制间接正犯为己任的。我直截了当地将亲手犯定义为以间接正犯的形式不可能犯的犯罪。换言之,为了它的实现,以由行为人亲自实行为必要,利用他人不可能实现的犯罪。③现在看来,我对亲手犯的理解过于狭窄,对亲手犯的功能认识不足。如果将亲手犯理解为实行行为不可替代的犯罪,那么就可以提出亲手犯的

---

① 马克昌主编:《犯罪通论》,3版,594页,武汉,武汉大学出版社,1999。
② 参见[日]野村稔:《刑法总论》,全理其、何力译,115页,北京,法律出版社,2001。
③ 参见陈兴良:《共同犯罪论》,499~500页,北京,中国社会科学出版社,1992。

共同正犯与非亲手犯的共同正犯这样一对范畴。在非亲手犯的共同正犯中，行为人不必亲自实行，可由他人替代，因而通行"一人既遂，即为全体既遂"原则。在亲手犯的共同正犯中，行为须亲自实行，他人不可替代，因而是"一人既遂，即为全体既遂"原则的例外，既遂与未遂可以并存。轮奸，作为一种必要的共同正犯，且属于亲手犯的共同正犯，既遂与未遂可以并存。因此，从姜涛案可以引申出以下规则：

在非亲手犯的共同正犯中，通行"一人既遂，即为全体即遂"原则。

在亲手犯的共同正犯中，存在"一人既遂，即为全体既遂"原则的例外。

二、施嘉卫案[①]：放弃者不成立中止

被告人张烨，男，1981年12月10日出生，汉族，无业。因涉嫌犯强奸、强制猥亵妇女罪，于2000年6月26日被逮捕。

被告人施嘉卫，男，1979年10月25日出生，汉族，无业。因涉嫌犯强奸、强制猥亵妇女罪，于2000年6月26日被逮捕。

上海市长宁区人民检察院以被告人张烨、施嘉卫犯强奸罪、强制猥亵妇女罪，向上海市长宁区人民法院提起公诉。

上海市长宁区人民法院经公开审理查明：

2000年5月16日下午，冯某（在逃）纠集张烨、施嘉卫及"新新"（绰号，在逃）等人强行将被害人曹某（女，21岁）带至某宾馆，进入以施嘉卫名义租用的客房。冯某、张烨、施嘉卫等人使用暴力、威胁等手段，强迫曹某脱光衣服站在床铺上，并令其当众小便和洗澡。嗣后，被告人张烨对曹某实施了奸淫行为，在发现曹某有月经后停止奸淫；被告人施嘉卫见曹某有月经在身，未实施奸淫，而强迫曹某采用其他方式使其发泄性欲。之后，冯某接到一电话即带被告人施嘉卫及"新新"外出，由张烨继续看管曹某。约一小时后，冯某及施嘉卫返回

---

① 参见《刑事审判案例》，30～35页，北京，法律出版社，2002。

客房，张烨和施嘉卫等人又对曹某进行猥亵，直至发泄完性欲。2000年5月24日，施嘉卫在父母的规劝下到公安机关投案。

上海市长宁区人民法院认为：被告人张烨、施嘉卫伙同他人，违背妇女意志，以暴力、胁迫的手段，强行与被害人发生性关系，其行为均已构成强奸罪；被告人张烨、施嘉卫又伙同他人，以暴力、威胁等方法强制猥亵妇女，其行为均已构成强制猥亵妇女罪，依法应予两罪并罚。被告人张烨在强奸共同犯罪中起主要作用，系主犯。被告人施嘉卫在被告人张烨实施强奸的过程中，先用语言威逼，后站在一旁，对被害人有精神上的强制作用，系强奸共同犯罪中的从犯；其本人主观上具有奸淫的故意，后自动放弃奸淫意图而未实施奸淫行为，是强奸犯罪中止；其经父母规劝后向公安机关投案，如实供述自己的罪行，应当认定为自首。依照《中华人民共和国刑法》第236条第1款、第237条第2款、第24条、第56条、第55条第1款、第25条第1款、第26条第1款和第4款、第27条、第67条第1款、第69条和最高人民法院《关于处理自首和立功具体应用法律若干问题的解释》第1条的规定，于2000年12月21日判决如下：

（1）被告人张烨犯强奸罪，判处有期徒刑9年，剥夺政治权利2年；犯强制猥亵妇女罪，判处有期徒刑6年6个月。决定执行有期徒刑15年，剥夺政治权利2年。

（2）被告人施嘉卫犯强奸罪，判处有期徒刑1年6个月；犯强制猥亵妇女罪，判处有期徒刑6年。决定执行有期徒刑7年。

一审宣判后，被告人张烨和施嘉卫均不服，向上海市第一中级人民法院提出上诉。张烨上诉提出，在强奸过程中必然会有猥亵行为，故其行为不构成强制猥亵妇女罪。施嘉卫则提出，猥亵行为已包含在强奸犯罪的过程中，因而，一审认定其犯强制猥亵妇女罪不当。检察机关亦提起抗诉，理由是被告人张烨和施嘉卫主观上都具有奸淫被害人的故意。在共同强奸犯罪过程中，被告人张烨对被害人实施了奸淫，被告人施嘉卫实施了暴力、威胁等帮助张烨奸淫的行为。被告人施嘉卫虽未实施奸淫行为，但并没有自动放弃奸淫意图。原判认定被告人施嘉卫属强奸犯罪中止，违背了法律有关犯罪中止的规定，适用法律不当，影响了对被告

人的量刑。

上海市第一中级人民法院经审理查明：2000年5月16日下午，上诉人张烨、施嘉卫伙同冯某等人，将被害人曹某强行带至某宾馆客房，其中张烨对曹实施了奸淫和猥亵行为，施嘉卫帮助张烨实施强奸并且实施了猥亵曹某的行为。

上海市第一中级人民法院认为：上诉人张烨和施嘉卫伙同他人，违背妇女意志，以暴力、胁迫等手段强行与被害人发生性关系并强制猥亵被害人，其行为均分别构成强奸罪和强制猥亵妇女罪，依法均应予两罪并罚。上诉人张烨在强奸共同犯罪过程中起主要作用，系主犯。上诉人施嘉卫在强奸共同犯罪中起次要作用，系从犯；上诉人施嘉卫有自首情节，依法可以从轻处罚。施嘉卫的行为不能认定为犯罪中止，其行为具有严重的社会危害性，原判对施嘉卫适用减轻处罚不当，依法应予以改判。检察机关抗诉意见正确，上诉人张烨和施嘉卫的上诉理由均不能成立。依照《中华人民共和国刑事诉讼法》第189条第2项、《中华人民共和国刑法》第236条第1款、第237条第2款、第56条、第55条第1款、第25条第1款、第26条第1款及第4款、第27条、第67条第1款、第69条和最高人民法院《关于处理自首和立功具体应用法律若干问题的解释》第1条的规定，于2001年3月26日判决如下：

（1）驳回上诉人（原审被告人）张烨、施嘉卫之上诉。

（2）维持上海市长宁区人民法院（2000）长刑初字第559号刑事判决的第一项，即被告人张烨犯强奸罪判处有期徒刑9年，剥夺政治权利2年；犯强制猥亵妇女罪判处有期徒刑6年6个月。决定执行有期徒刑15年，剥夺政治权利2年。

（3）撤销上海市长宁区人民法院（2000）长刑初字第559号刑事判决第二项，即被告人施嘉卫犯强奸罪判处有期徒刑1年6个月；犯强制猥亵妇女罪判处有期徒刑6年。决定执行有期徒刑7年。

（4）上诉人（原审被告人）施嘉卫犯强奸罪，判处有期徒刑4年；犯强制猥亵妇女罪，判处有期徒刑6年。决定执行有期徒刑9年。

本案涉及两个法律问题：一是二上诉人的行为是触犯一个罪名，还是触犯两个罪名？二是上诉人施嘉卫的行为是否成立强奸罪的犯罪中止？本文主要讨论第

二个问题：公诉机关主张，两名被告人主观上均具有奸淫目的，客观上张烨实行并完成了强奸行为，施嘉卫在强奸共同犯罪中起到了帮助作用，在其帮助行为实施以后施嘉卫仍未放弃奸淫的犯罪故意，故不属强奸犯罪中止。一审判决对犯罪中止的认定有误，建议二审法院予以纠正。

裁判理由认为，本案中，施嘉卫的行为不构成共同强奸犯罪中止：

《刑法》第24条规定，"在犯罪过程中，自动放弃犯罪或者自动有效地防止犯罪结果发生的，是犯罪中止"。据此，犯罪中止的构成要件是：一是中止的及时性，即犯罪中止必须发生在犯罪过程中，如果预定的犯罪已经完成，则不存在犯罪中止的问题。如犯罪既遂后自动返还原物、赔偿损害等行为，就不是犯罪中止，而只能作为对行为人从宽的一个量刑情节考虑。二是中止的自动性，即行为人在犯罪过程中放弃犯罪或有效防止犯罪结果的发生，必须是出于本人主观上的自由、自愿，如果是因为行为人意志以外的原因被迫放弃犯罪或因为行为人意志以外的原因阻却犯罪结果的发生，则是犯罪未遂。三是中止的彻底性，即行为人主观上必须是彻底放弃原来的某种犯罪意图，如果行为人仅是基于某种外在原因客观上暂时放弃实施具体的犯罪行为，而主观上仍保留该犯罪意图，只是等待时机适当时再实行犯罪，那么，其实质是行为人实行犯罪的时机选择问题，不是犯罪中止。换句话说，成立犯罪中止，不仅要求行为人客观上放弃了犯罪行为，而且还要求行为人主观上必须自动、彻底地放弃该犯罪意图。四是中止的有效性，即在犯罪行为实行终了而犯罪结果尚未发生的情况下，要成立犯罪中止，仅消极地停止犯罪行为还不够，行为人还必须采取积极措施有效地防止犯罪结果的发生，倘未能有效地防止犯罪结果发生，则行为人仍不能成立犯罪中止。总之，犯罪中止必须是主客观的统一，主观上行为人必须自动、彻底地放弃了犯罪意图，客观上行为人必须放弃了犯罪行为或有效地防止了结果的发生。司法实践中，根据上述规则认定个人单独犯罪的中止问题，一般而言是较容易的。但是共同犯罪不同于单独犯罪，共同犯罪的中止较单独犯罪的中止又复杂些。由于共同犯罪的各个行为之间相互联结，相互补充、利用，形成有机整体，与犯罪结果之间存在着整体上的因果关系，因此，各犯罪人不仅要对本人的行为负责，还要对其他共

同犯罪人的行为负责。故一般情况下，共同犯罪的中止要求在放弃本人的犯罪行为时，还必须有效地制止其他共同犯罪人的犯罪行为，防止犯罪结果的发生。易言之，在共同犯罪的场合，犯罪一经着手，单个的共同犯罪人，仅是消极地自动放弃个人的实行行为，但没有积极阻止其他共同犯罪人的犯罪行为，并有效地防止共同犯罪结果的发生，对共同犯罪结果并不断绝因果关系，就不能构成中止犯，也不能免除其对共同犯罪结果的责任。就本案而言，从客观方面看：被告人施嘉卫先前与其他被告人实施了强迫被害人脱衣服等行为，这表明其参与了张烨共同强奸被害人的犯罪活动。在张烨完成强奸行为后，施嘉卫见曹某身体不适才放弃了继续对曹某实施奸淫的行为。这时，张烨实行强奸、施嘉卫帮助强奸的共同犯罪行为已然完成，共同犯罪结果已经产生，因而也就不存在共同犯罪的中止。从主观方面看：被告人施嘉卫具有明确的强奸故意，且正是在这一主观故意的支配下，帮助张烨实施并完成了强奸行为。施嘉卫虽放弃了实施奸淫行为，但并没有放弃犯罪的意图，而是基于被害人曹某身体的特殊情况，将奸淫的意图转变为猥亵的意图。因此，无论是客观还是主观方面，均不符合犯罪中止的要求。虽然在共同强奸犯罪过程中，施嘉卫所起的作用较小，可以认定为从犯，但不能因此而否定其构成强奸罪。这也就是说，在共同强奸犯罪过程中，随着主犯张烨完成强奸行为，已经成立犯罪既遂，作为从犯的施嘉卫也随之承担既遂犯的责任。

从施嘉卫案来看，一审认定被告人主观上具有奸淫的故意，后自动放弃奸淫意图而未实施奸淫行为，是强奸犯罪中止。公诉机关虽然承认被告人未实施奸淫行为，但又认为没有自动放弃奸淫意图，因而不应认定为犯罪中止。二审采纳了公诉机关的观点，并且在裁判理由中强调施嘉卫在张烨实行强奸时有帮助行为。由此可见，本案中涉及一些重大的法理上的分歧。

在共同正犯中如何认定犯罪中止，始终是一个值得关注的理论问题。一般来说，在以下两种情况下，共同正犯成立犯罪中止，在刑法理论上并无分歧：一是各共同犯罪人共同中止，当然成立共同正犯的犯罪中止。二是共同犯罪人中的一部分人基于中止之意而制止其他共同犯罪人，使犯罪结果未发生的，对于制止者

来说应成立犯罪中止，而对被制止者来说则成立犯罪未遂。但在共同正犯中，个别共同犯罪人仅本人中止，未阻止他人是否可能成立犯罪中止，则存在两种不同观点：

第一种观点认为，在这种情况下，仍应贯彻"一人既遂，即为全体既遂"的原则，个别人中止不构成犯罪中止。换言之，共同正犯中个别人的中止应以制止他人犯罪为前提。例如张明楷教授指出：如果共同正犯中的一部分正犯中止自己的行为，但其他正犯的行为导致结果发生时，均不成立中止犯，而应成立既遂犯。因为共同正犯者之间具有相互利用、相互补充的关系，形成一个有机整体，即使中止了自己的"行为"，也不能认为中止了"犯罪"。例如，甲、乙、丙三人共谋对丁女实施轮奸，共同对丁女实施暴力后，甲、乙实施了奸淫行为，但丙自动地没有实施奸淫行为。对此，不得认定丙成立强奸罪的中止。因为对共同正犯采用部分实行全部责任的原则，丙不仅要对自己的行为及结果负责，还要对甲、乙的行为及结果负责。既然甲、乙的行为已经造成了侵害结果或者说已经既遂，丙理当对甲、乙的犯罪既遂承担刑事责任。所以，丙只放弃了自己的行为，并没有中止犯罪。当然，丙放弃奸淫行为的情节，对丙而言是一个十分重要的酌定量刑情节。①

第二种观点则认为，在共同正犯中，虽然在一般情况下个别共同犯罪人的中止应以制止他人中止为条件，但在犯罪的实行行为具有不可替代性的情况下，个别共同犯罪人放弃实行犯罪的，应以犯罪中止论处。例如，我国学者指出：在司法实践中，对于强奸、脱逃等行为犯的情况，由该种犯罪的特征所决定，其中止犯的成立也具有独立性，即只要共同实行犯中的一人消极中止自己的犯罪，即可成立中止犯，而不以是否采取积极措施阻止了他人实行犯罪为必要。②

应当指出，这种观点虽然承认个别共同犯罪人可以单独成立犯罪中止，但对于成立中止的理由并未阐述。对于这个问题，我在《共同犯罪论》一书中将共同

---

① 参见张明楷：《刑法学》，2版，358~359页，北京，法律出版社，2003。
② 参见赵廷光主编：《中国刑法学》（总论卷），469页，武汉，武汉大学出版社，1992。

正犯与犯罪中止分为以下两种情形：一是以制止其他共同实行犯为条件的犯罪中止，二是不以制止其他共同实行犯为条件的犯罪中止。关于第二种犯罪中止成立的理由，我作了以下分析：

那么，是不是说在一切共同实行犯中毫无例外地都是以制止其他共同犯罪人的犯罪行为作为成立中止的条件呢？回答是否定的。这个结论在大多数情况下适用，但不能绝对化。在本章第二节第一部分"共同实行犯与犯罪未遂"中，我们曾经谈到在大多数情况下，共同实行犯中一人既遂全体均为既遂。而在个别行为犯情况下，犯罪行为具有不可替代的性质，例如强奸、脱逃等，只有每个人完成了本人的行为才能视为既遂。如果没有完成本人的行为，即使其他共同犯罪人既遂，也不能认为他是既遂。这样，就出现了在共同实行犯中既遂与未遂并存的现象。一般来说，在上述一人既遂全体均为既遂的犯罪中，某一共同犯罪人想要中止犯罪，必须以制止其他共同犯罪人的犯罪为条件。而在犯罪行为具有不可替代性质的个别犯罪中，例如强奸、脱逃等，共同犯罪人想要中止犯罪，只要放弃本人的犯罪行为即可，不以制止其他共同犯罪人的犯罪为必要。例如，甲、乙、丙三人共同强奸妇女，甲、乙强奸后，丙因畏惧没有实施强奸行为，虽然丙没有制止甲、乙二人的强奸犯罪，仍可成立犯罪中止。脱逃也是如此。在上述犯罪中成立中止的条件之所以不同于其他犯罪，是由其犯罪构成的特殊性所决定的：在其他犯罪，例如杀人罪中，共同犯罪目的是要杀害某一个人，不论谁杀，都能实现这一杀人的意图。因此，如果共同实行犯中的某一个共同犯罪人只是消极地放弃犯罪，没有制止其他共同犯罪人的行为，那么，被害人死亡的结果仍会发生，就谈不上中止犯罪或有效地防止犯罪结果发生。而在强奸、脱逃犯罪中，虽然是共同实行犯罪，每个人的行为又有其相对的独立性和不可替代性，法律惩罚的是其犯罪行为。在这种情况下，只要自动中止了本人的犯罪行为，即使没有制止他人实行犯罪，也应以犯罪中止论处。[①]

我在这里论证不以制止其他共同实行犯为条件的犯罪中止的理由，就是在这

---

① 参见陈兴良：《共同犯罪论》，410～411页，北京，中国社会科学出版社，1992。

种情况下，犯罪的实行行为具有不可替代性。显然，一审法院是采用上述第二种观点，认定被告人施嘉卫的行为是强奸犯罪中止。当然，于具体裁判理由没有载明。而二审则采用上述第一种观点，认为施嘉卫的行为不能认定为犯罪中止。在裁判理由中根据"部分行为之全体责任"的共犯原理，认为在共同犯罪中个别共同犯罪人仅消极地自动放弃个人的实行行为，不构成犯罪中止。这一理由对于非亲手犯的共同正犯是适用的，但对于亲手犯的共同正犯是否适用，裁判理由没有论及，给人的感觉是没有对这种亲手犯的共同正犯的中止问题予以格外关注。

值得注意的是在裁判理由中涉及以下两个认定被告人施嘉卫的行为不构成犯罪中止的特殊理由：

第一个理由：被告人施嘉卫没有放弃犯罪意图。于这一理由，公诉机关在抗诉理由中表述为："被告人施嘉卫虽未实施奸淫行为，但并没有自动放弃奸淫意图。"而裁判理由则表述为："施嘉卫虽放弃了实施奸淫行为，但并没有放弃犯罪的意图，而是基于被害人曹某身体的特殊情况，将奸淫的意图转变为猥亵的意图。"这一理由的事实基础是被告人施嘉卫见曹某有月经在身，未实施奸淫，而强迫曹某采用其他方式使其发泄性欲。那么，这一理由是否成立呢？这里涉及刑法理论中的一系列基本原理。首先，奸淫意图和强奸故意之间到底是什么关系？奸淫意图实际上是指与妇女发生性关系的主观意图。而这种奸淫意图的实现方式是各种各样的，包括通奸和强奸。当然，通过猥亵实现的已经不是一般意义上的奸淫意图，而是发泄性欲而已。强奸故意当中包含奸淫意图，这是没有疑问的。但在强奸行为放弃以后，通过强奸实现其奸淫意图的故意也就放弃了。至于通过猥亵发泄其性欲，是否可称为没有放弃奸淫意图，本身就是值得推敲的。我想，裁判理由之所以以此作为否定施嘉卫的行为是自动中止，就是认为施嘉卫不具有中止的彻底性。在裁判理由中，是这样论述中止的自动性的："行为人主观上必须是彻底放弃原来的某种犯罪意图，如果行为人仅是基于某种外在的原因客观上暂时放弃实施具体的犯罪行为，而主观上仍保留着该犯罪意图，只是等待时机适当再实行犯罪，那么，其实质是行为人实行犯罪的时机选择问题，不是犯罪中止。"显然，二审认为被告人施嘉卫放弃强奸行为，但后又对曹某进行猥亵以实

现其犯罪意图，不具备中止的彻底性。显然，这种对中止的彻底性的理解是不能成立的。实际上，中止的彻底性是指行为人彻底放弃了原来的犯罪。例如我国学者指出：中止的彻底性这一特征意味着，行为人在主观上彻底打消了原来的犯罪意图，在客观上彻底放弃了自认为本可能继续进行的犯罪行为，而且从主客观的统一上行为人也不打算以后再继续实施此项犯罪。① 因此，只要放弃了原来的犯罪，而不是等待时机再次实施同一犯罪，就应认为具备了中止的彻底性。在本案中，被告人施嘉卫放弃了强奸行为，也不可能等待时机再次实施强奸行为，就应当认为放弃了强奸的犯罪意图。至于此后对被害人曹某进行猥亵，其行为已经构成强制猥亵妇女罪，不应成为否认其先行的强奸行为中止的理由。

第二个理由：被告人施嘉卫帮助张烨强奸的行为已然完成，因此，在张烨的强奸罪既遂的情况下，施嘉卫也应负犯罪既遂的刑事责任。这里涉及共同正犯与帮助犯在犯罪未完成形态上的区别。在这种轮奸的场合，如果另有一人在现场帮助，他本人并无强奸意图，属于事中帮助而非共同正犯。因此，应以被帮助人的犯罪既遂为其既遂，对此并无异议。当然，在刑法理论上关于这种事中帮助是实行行为还是帮助行为，是存在争议的。有些学者认为，这种现场帮助实际上是构成要件行为，例如强奸中的暴力、胁迫等，尽管本人不欲发生性行为，也应视为实行而非帮助。即使是妇女，也可以与男子共同构成强奸罪的共同正犯。例如张明楷教授指出：在强奸罪中，妇女本人虽然不能直接实施与妇女性交的行为，但是妇女为了让男子的强奸得逞，能实施暴力、胁迫手段，这一行为正是强奸罪的实行行为的一部分。这就表明，妇女可以直接实施属于强奸犯罪构成客观要件的某种行为。因此，妇女也可以成为强奸罪的实行犯。所以，当妇女为男子实行强奸而实施暴力、胁迫等行为时，妇女与该男子构成共同实行犯。② 我是不赞同这种观点的。从形式上来说，妇女的行为确实是构成要件行为，但从规范的意义上

---

① 参见高铭暄、马克昌主编：《刑法学》，162页，北京，北京大学出版社、高等教育出版社，2000。
② 参见张明楷：《浅论强奸罪的主体》，载《法学评论》，1988（5），58页。新近的结论性观点，参见张明楷：《刑法学》，2版，692页，北京，法律出版社，2003。这种观点，在日本是通说。参见［日］大塚仁：《刑法概说（总论）》，冯军译，284页，北京，中国人民大学出版社，2003。

来说，我认为它仍是一种帮助行为。在这种情况下，就出现了以下情形：同一行为，由有身份者实施的是实行行为，由无身份者实施的就是帮助行为。例如，国家工作人员的家属明知是贿赂而予以收受的，是受贿罪的帮助行为而非实行行为。只有国家工作人员亲手收受的，才是受贿罪的实行行为。与此同理，对被害妇女使用暴力、胁迫使其屈从于被奸境地，对于强奸者来说是实行行为的一部分，对于主观上没有奸淫意图的人或者不可能实施奸淫的妇女来说是帮助行为。强奸罪的共同正犯的唯一形式就是轮奸，即两名或者两名以上男子在同一时间内，轮流强奸同一妇女。更何况，我国司法解释明确规定妇女只能成为强奸罪的教唆犯与帮助犯，实际上否定了妇女可以成为强奸罪的实行犯的可能性。阐明了在轮奸中，各共同犯罪人是在互相利用中遂行本人奸淫的意图，我们就可以得出结论：尽管在轮奸中，各共同犯罪人互相之间存在利用、协助的一面，但这只是本人实行行为的一部分。共同正犯的存在就否认了其中单独成立帮助行为的可能性。因此，在本案中，不能以被告人施嘉卫存在对另一被告人张烨的强奸帮助行为而张烨强奸犯罪已经达到既遂为由，否定施嘉卫的行为构成犯罪中止。

三、两案法理比较：判例的一致性问题

以上我对姜涛案与施嘉卫案分别作了论述，我的观点是：姜涛成立犯罪未遂的裁判理由是可以成立的，施嘉卫不成立犯罪中止的裁判理由是不能成立的。这里引起我思考的一个问题是：上述两个判决之间存在矛盾吗？我的回答是肯定的。尽管两案涉及共同正犯中是否成立未遂与是否成立中止这样两个不同的问题，但这两个问题又是存在联系的。因为按照"部分行为之全体责任"的共犯观念，在共同正犯中，个别共同犯罪人的未遂与中止都是不能成立的。只有将强奸罪、脱逃罪的共同正犯视为亲手犯，由于其实行行为不具有可替代性，才能视为是"部分行为之全体责任"的一种例外，单独成立未遂与中止。当然，在刑法理论上，"部分行为之全体责任"的共同正犯承担刑事责任原则是否存在例外以及例外的根据能否成立，这些问题在刑法理论上都是值得讨论的，并且可能存在不

同观点。

诚然，上述两案处理时间有所不同，姜涛案判决时间是1993年5月6日，而施嘉卫案判决时间是2001年3月26日，两案相距7年。从判决级别上来说，姜涛案的终审判决是辽宁省高级人民法院作出的，施嘉卫案的终审判决是上海市第一中级人民法院作出的。从案例发表的刊物来看，姜涛案是最高人民法院中国应用法学研究所搜集编辑的，发表在《人民法院案例选》中。施嘉卫案是最高人民法院刑一庭搜集编辑的，发表在《刑事审判参考》。应当说，两案判决都有一定的权威性。但是，两案的裁判理由是不同的，如果以后案否定前案是没有根据的，两案都有效分别参照，又会出现法理上的矛盾。在这种情况下，就出现了一个判例的一致性问题。建立起中国的判例制度，这已经成为我国法学界与司法界的共识。

在判例制度的建构过程中，判例的一致性是值得研究的。判例的一致性是法制统一的必然要求，判例不一致，就会以例破律，显然是不可取的。为做到判例的一致性，我认为在制作判例的时候应当统筹考虑，在涉及对以往判例的裁判理由的修改时，应当有所交代。只有这样，才能保证判例的合法性与有效性。

四、附论：轮奸之未完成形态的定性

在确认轮奸犯罪中，个别共同犯罪人可以成立犯罪未遂与犯罪中止的情况下，对其行为如何定性，也是一个存在争议的问题。例如我国学者指出：成立轮奸各行为人均需亲自实施奸淫既遂，如果一个人实施强奸既遂，另一行为人未既遂，则不能认定为轮奸。[①] 按照这种观点，轮奸本身存在既遂与未遂问题。按照上述观点：一人既遂一人未遂或者一人中止的，不构成轮奸。那么，二人既遂一人未遂或者一人中止的，对于既遂者构成轮奸，未遂或中止者是否也不构成轮奸？我认为，这种观点实际上是把轮奸视为一个罪名了。我国刑法著作都一再强

---

① 参见王作富主编：《刑法分则实务研究》（上），907页，北京，中国方正出版社，2001。

调，轮奸不是独立的罪名，而只是一个加重处罚的事由。在这种情况下，只要具有轮奸情节，即成立轮奸，未遂者或者中止者的行为也属于轮奸。对此，我曾经指出："轮奸是强奸罪的共同正犯，二男以上必须都具有奸淫的目的，即使其中一人因意志以外的原因未得逞的，其性质仍属轮奸，但对未得逞者应以强奸未遂论处。"[1] 因此，在轮奸中存在未遂或者中止的，共同行为定性为轮奸，应当引用轮奸条款作为量刑幅度，对于未遂者或者中止者再引用未遂条款或者中止条款作为从轻处理的情节。

（本文原载陈兴良主编：《刑事法判解》，第 7 卷，北京，法律出版社，2004）

---

[1] 陈兴良：《规范刑法学》，469 页，北京，中国政法大学出版社，2003。

强奸罪与强制猥亵妇女罪的区分

(一) 案情

被告人岳某,男,农民。某日晚9时许,被告人岳某来到一个卖馅饼的小店买馅饼。店内女服务员李某在剁白菜馅,说没有馅饼了。岳某趁隙进入店内,对李某进行调戏。在无人之际,岳某上前抱住李某,一边抱一边亲她的嘴,连拉带拽地把李某拽进里屋。到里屋后,岳某把李某仰面按倒在双人床上,用左手按住她的胳膊,右手伸进李某的衣服里摸她的乳房。李某一边挣扎一边叫:"我要喊人了,你赶紧走吧。"岳某趴在李某身上,一边亲她,一边又把手伸进她裤裆里摸她的阴部。李某急了,连踢带推地说:"你再不走,我就喊人了。"李某使劲把岳某推开,从床上起来跑到外屋。岳某仍不罢休,跟着跑到外屋并把外屋的灯拉灭,抱着李某就往里屋推,趴在李某身上,左手搂着她的胳膊,右手在她身上乱摸,并要解她的裤腰带,因她的腰带是绳子做的,没能解开。岳某就把右手伸进她的裤裆里,摸她的阴部并进行猥亵。李某一边推一边喊,抓住岳的手往外拽。岳某对李某说:"你就让我玩一次吧,我憋得难受。"李某一边喊一边挣扎,这时床板塌了。李某站了起来,说:"你再不走,我就喊人了。"岳某怕她真的喊人,就走了。

（二）分析

本案在处理中，存在两种观点：第一种观点认为本案应定强制猥亵妇女罪，第二种观点认为，本案应定强奸（未遂）罪。因此，本案的关键在于如何正确地区分强制猥亵妇女罪与强奸（未遂）罪。

根据修订后的刑法第二百三十七条第一款之规定，强制猥亵妇女罪是指以暴力、胁迫或者其他方法强制猥亵妇女的行为。本罪具有以下特征：(1) 具有强制手段。这里的强制是指采取暴力、胁迫或者诸如药物催眠、用酒灌醉等方法，致使对方不能抗拒。如果没有采用上述强制手段，在没有违背妇女意志的情况下对妇女猥亵，是一般猥亵而非强制猥亵，不能构成本罪。(2) 具有猥亵行为。这里的猥亵，是指奸淫行为以外的一切刺激、兴奋、满足自己的性欲，或者能刺激、兴奋、满足他人性欲的行为，通常表现为：抠摸、舌舐、吸吮、亲吻、搂抱、鸡奸、手淫等。(3) 猥亵对象是妇女。猥亵可以发生在男女之间以及同性之间。从本罪来看，只有对妇女实行强制猥亵才可以构成犯罪，妇女对男性猥亵或者男性对男性进行猥亵均不能构成无罪。(4) 猥亵主体既可以是男性，也可以是女性。妇女对妇女进行猥亵能否构成本罪呢？换言之，本罪的主体是只限于男性，还是也包括女性？对此，在刑法中没有明文规定。在一般情况下，本罪的主体是男性，女性可以成为本罪的共犯。但在个别情况下，女性对其他妇女实行强制猥亵，似乎不能从本罪中排除出去。在这一点上，猥亵妇女与强奸妇女有所不同。强奸妇女，即强行与妇女发生性交的行为女性无法实施，因而妇女不能成为强奸罪的主体（指不能单独构成强奸罪），但在共同犯罪的情况下，妇女可以成为强奸罪的共犯（教唆犯或帮助犯）。而猥亵妇女，由于采取的是性交以外的行为，例如抠摸、舌舐之类，女性同样也可以实施。因此，在个别情况下，女性也可以成为强制猥亵妇女罪的主体。

根据修订后的刑法第二百三十六条第一款之规定，强奸罪是指以暴力、胁迫或者其他方法，违背妇女意志，强行与之性交的行为。由此可见，本罪在客观上具有以下特征：(1) 具有强制手段。这里的强制是指暴力、胁迫或者其他手段。暴力是指对妇女的身体实行打击或强制，使妇女不敢反抗或不能反抗的手段。例

如捆绑、强拉硬按、撕拉衣服、堵嘴巴、按脖子等。胁迫是指采用威胁、恫吓的精神强制方法，使妇女产生恐惧而不得不忍辱被奸，例如以当场杀害、伤害恫吓，以事后揭发妇女隐私或毁坏其财产相威胁，或者以其他加害行为相威胁。其他手段是指暴力、胁迫以外足以制止或排除妇女反抗，并且在违背妇女意志情况下实行奸淫的手段。例如用酒或药物使妇女麻醉，或者利用妇女昏睡之际而乘机强奸；深夜冒充妇女的丈夫进行奸淫等。如果没有采用上述强制手段，在没有违背妇女意志的情况下与妇女发生性交的，是通奸而非强奸。（2）具有强奸行为。强奸行为是指强行性交行为。性交是指男女生殖器的交接，并以男性生殖器进入女性生殖器排泄精液为主要生理特征。（3）强奸对象是妇女。强奸是强奸妇女的犯罪，强奸对象只能是妇女。在现实过程中，虽然存在个别妇女强制男性与之发生性行为的情况，但由于此类行为不具有普遍性，且男性受到的身心伤害不如女性那么严重，因而刑法没有将这种行为规定为犯罪。（4）强奸主体只能是男性。这里所说的强奸主体只能是男性，是指只有男性才能成为强奸罪的实行犯，妇女不能单独构成强奸罪，但可以成为强奸罪的共犯（教唆犯与帮助犯）。这是由女性的生理特征所决定的。女性强制其他妇女实行同性恋，应视为一种强制猥亵妇女的行为，而非强奸行为。

从以上强制猥亵妇女罪与强奸罪的特征来看，两罪颇多相同之处，例如强制手段与犯罪对象都是相同的。根本区别在于行为不同。猥亵与性交都与性相关，由此构成的犯罪同属于性犯罪。但两罪又有所不同：猥亵是性交以外的满足性欲方式，而性交是以男女双方性器官交接满足性欲的方式。因此，从生理学的观点来看，猥亵行为与性交行为的区分是明显的，因而强制猥亵罪与强奸罪的界限也是明确的。但问题的复杂性在于：猥亵与性交往往是交织在一起的，猥亵是挑起性欲的一种方法，因而经常作为性交的前奏。在司法实践中，犯罪分子往往先对妇女实行猥亵，继而发生性行为。此后发生的性行为有两种情况：一是经过猥亵挑起了妇女性欲，因而在不违背妇女意志的情况下发生性行为。在这种情况下，虽然此后的性行为是不违背妇女意志的，但先前的强制猥亵妇女行为依然存在。由于以后行为的性质发生了变化，因而一般不存在追究其强制猥亵妇女罪的刑事

责任的问题。二是经过猥亵，妇女仍然不从，因而发展到采用暴力、胁迫的手段违背妇女意志强行与之发生性行为。在这种情况下，从法理上分析，存在强制猥亵与强奸两个行为，应当同时构成强制猥亵妇女罪与强奸罪。但实际上，强制猥亵妇女的行为被强奸罪所吸收，至于是牵连犯还是吸收犯，笔者认为定吸收犯似乎更妥当。因为猥亵行为是低度行为，强奸行为是高度行为，以高度行为吸收低度行为，只定强奸一罪。

从本案的情况来看，被告人岳某具有搂抱、抠摸等猥亵行为，并且是在违背李某意志的情况下实施的。如果岳某继续其行为，采用暴力、胁迫手段强行与李某发生性行为，那么构成强奸罪无疑。现在的问题是：岳某虽然主观上是有与李某发生性行为的目的，但性行为没有发生，因而就存在一个是否构成强奸未遂的问题。强奸未遂的特征是：行为人基于主观上的奸淫目的，在客观上已经着手实施违背妇女意志强行与妇女发生性交的行为。由于暴力、胁迫等强制手段本身就是强奸罪构成要件的一部分，即其手段行为，因此，虽未实施性交，但已经开始对妇女采用暴力、胁迫等强制行为，就应当视为已经着手实施强奸罪。在本案中，岳某客观上有推搡、按压等强制行为，并且有搂抱、抠摸等猥亵行为。那么，这种强制行为是强奸罪的构成要件还是强制猥亵妇女罪的构成要件？笔者认为，主要应看这种强制行为是作为猥亵的手段还是作为奸淫的手段。如果作为猥亵的手段，应定强制猥亵妇女罪；如果作为奸淫的手段，应定强奸罪。从本案情况来看，强制行为是作为猥亵手段而存在的。对于发生性行为来说，没有实行强制，而只有求奸行为。

求奸，是指行为人以淫乱言词或以纠缠猥亵的方法要求与妇女发生性关系的行为。求奸与强奸（未遂）的区别在于：强奸（未遂）的特征在于"强"，反映在客观上就是行为人实施暴力、暴力胁迫或其他使妇女不能反抗、不敢反抗或不知反抗的行为。而求奸的行为方式在于"求"，以言词或行为挑逗或哀求对方以达到奸淫的目的。因为求奸缺乏强制性的特点，不是强奸罪构成要件之行为，故求奸与强奸性质大相径庭。在一般情况下，求奸与强奸（未遂）是容易区分的，但如果在求奸过程中具有强制猥亵行为，则极易发生混淆。在本案中，求奸的特

征也是明显的,但由于此前存在强制猥亵行为,因而容易将这种强制行为看作是强行奸淫的手段。但笔者认为,从本案来看,行为人虽有奸淫目的,但尚未采用暴力、胁迫或者其他手段违背妇女意志发生性行为的故意。因而在求奸不成的情况下,只得罢休。

(三)结论

强制猥亵妇女罪与强奸(未遂)罪的区分主要在于有无违背妇女意志与之发生性行为的故意,而不是有无奸淫的故意。在同时具有强制猥亵妇女行为与求奸行为的情况下,由于强制行为是猥亵的手段而不是强奸的手段,因此应以强制猥亵妇女罪论处,故对本案被告人应定强制猥亵妇女罪。

(本文原载《人民司法》,1997(10))

拘禁他人并向他人勒索财物行为之定性研究
——杨宝营案的分析

在司法实践中，犯罪现象是十分复杂的，似此罪而非此罪的情况时有发生，因此应当正确地区分此罪与彼罪。抢劫罪与绑架罪之间就存在着这种似是而非的联系，关键是要在把握两罪的本质特征的基础上加以正确地区分。本文以杨保营案为例①，对拘禁他人并迫使其交出现金行为的定性问题进行研究。

一、案情及诉讼过程

被告人杨保营，男，1979年8月3日出生，汉族，初中文化，农民。因犯盗窃罪于1999年2月9日被判处有期徒刑1年6个月，2000年4月18日刑满释放。因涉嫌犯抢劫、绑架罪，于2002年3月13日被逮捕。

被告人吴润鹏，男，1979年7月14日出生，汉族，初中文化，无业。因涉嫌犯抢劫、绑架罪，于2002年3月13日被逮捕。

---

① 本案刊载于最高人民法院刑一庭、刑二庭编：《刑事审判参考》，第6集，43~48页，北京，法律出版社，2004。

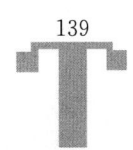

被告人李波，男，1976年7月28日出生，汉族，高中文化，个体经营者。因涉嫌犯抢劫、绑架罪，于2002年3月13日被逮捕。

山东省某市人民检察院以被告人杨保营、吴润鹏、李波犯抢劫罪、绑架罪、寻衅滋事罪向某市中级人民法院提起公诉。

某市中级人民法院经公开审理查明：

1. 抢劫部分

2002年1月8日18时许，被告人杨保营、吴润鹏、李波三人以租车为名，从淄博市周村区骗乘杨延寿驾驶的红色三厢夏利出租车。行至邹平县长山镇附近时，三被告人对杨延寿拳打脚踢后，将出租车抢走，该车价值17 500元。

2002年1月16日19时许，被告人杨保营、吴润鹏、李波三人以租车为名，从德州市华联商厦附近骗乘陈培友驾驶的红色三厢夏利出租车。行至商河县玉皇镇附近时，三被告人用绳子将陈培友捆住，并对其殴打后，劫走现金四十余元及出租车，该车价值27 500元。

2002年1月27日17时许，被告人杨保营、吴润鹏以租车为名，从河北省黄骅市骗乘张绪义驾驶的红色三厢夏利车。行至山东省庆云县河堤附近时，被告人吴润鹏从后面搂住张绪义的脖子进行抢劫，张绪义脱身逃走，二被告人将其车劫走，该车价值15 225元。

2. 绑架部分

2002年1月11日23时许，被告人杨保营、吴润鹏、李波驾车窜至张店海燕歌舞厅门前，将田某劫持至车上，用宽胶带将田某的眼睛、双手缠住，挟持于惠民县一旅馆内非法拘禁，向其索要钱物，持续至13日将田某挟持回其住处从其存折中支取现金5 000元后，将其释放。

某市中级人民法院认为：被告人杨保营、吴润鹏、李波，以非法占有为目的，采用暴力手段多次劫取他人财物，数额巨大；以勒索财物为目的，采用暴力手段绑架他人，均构成抢劫罪、绑架罪。被告人杨保营系累犯，应从重处罚。被告人杨保营系自首，可对其从轻处罚。依照《中华人民共和国刑法》第263条、第239条第1款、第69条、第57条、第27条、第25条、《最高人民法院关于

处理自首和立功具体应用法律若干问题的解释》第 2 条之规定，判决如下：

（1）被告人杨保营犯抢劫罪，判处无期徒刑，剥夺政治权利终身，并处罚金 2 万元；犯绑架罪，判处有期徒刑 12 年，并处罚金 1 万元。决定执行无期徒刑，剥夺政治权利终身，并处罚金 3 万元。

（2）被告人吴润鹏犯抢劫罪，判处有期徒刑 13 年，并处罚金 1 万元；犯绑架罪，判处有期徒刑 11 年，并处罚金 3 000 元。决定执行有期徒刑 20 年，并处罚金 13 000 元。

（3）被告人李波犯抢劫罪，判处有期徒刑 11 年，并处罚金 1 万元；犯绑架罪，判处有期徒刑 10 年，并处罚金 3 000 元。决定执行有期徒刑 20 年，并处罚金 13 000 元。

宣判后，被告人杨保营、吴润鹏分别以属于从犯、量刑过重等为由，向山东省高级人民法院提出上诉。

山东省高级人民法院经审理认为：被告人杨保营、吴润鹏、李波，以非法占有为目的，采用暴力手段多次劫取他人财物，数额巨大，均已构成抢劫罪，依法应予处罚。被告人杨保营关于"属于从犯"的上诉意见与事实不符，不予采纳；被告人杨保营系累犯，依法应从重惩处，原审判决在法定幅度之内对其量刑，并无不妥。被告人杨保营、吴润鹏、李波在抢劫犯罪中共同预谋、分工合作、密切配合、不分主从，被告人吴润鹏及其辩护人关于"属于从犯"的上诉理由及辩护意见，不予采纳。被告人杨保营、吴润鹏、李波对被害人田某实施捆绑及较长时间的非法拘禁行为，主观目的系劫取财物，而非勒索财物，该行为应定性为抢劫，而非绑架。依照《中华人民共和国刑事诉讼法》第 189 条第 1 项、第 2 项、《中华人民共和国刑法》第 263 条第 4 项、第 65 条、第 69 条、第 57 条第 1 款、第 25 条第 1 款之规定，判决如下：

（1）撤销某市中级人民法院（2002）刑二初字第 25 号刑事判决对上诉人杨保营、吴润鹏、被告人李波犯绑架罪的定罪量刑，即被告人杨保营犯绑架罪，判处有期徒刑 12 年，并处罚金 1 万元；被告人吴润鹏犯绑架罪，判处有期徒刑 11 年，并处罚金 3 000 元；被告人李波犯绑架罪，判处有期徒刑 10 年，并处罚金

3 000 元。

（2）被告人杨保营犯抢劫罪，判处无期徒刑，剥夺政治权利终身，并处罚金1万元。

（3）被告人吴润鹏犯抢劫罪，判处有期徒刑13年，并处罚金1万元。

（4）被告人李波犯抢劫罪，判处有期徒刑11年，并处罚金1万元。

二、争议及裁判理由

在本案中，对于被告人杨保营等人2002年1月8日、1月16日、1月27日三次抢劫出租车的行为应定抢劫罪并无争议。关键是2002年1月11日将被害人田某予以劫持并非法拘禁，向其索要财物，这一行为到底应定抢劫罪还是定绑架罪，一审与二审之间判决结论有所不同：一审认为构成绑架罪，二审则改判为抢劫罪。

本案二审之所以改判为抢劫罪，其裁判理由如下：

1. 被告人杨保营、吴润鹏、李波以索要财物为目的，实施暴力手段劫持被害人田某并对其非法拘禁的行为，不具备以被绑架人为人质，向绑架人以外的第三方勒索财物这一绑架罪的基本特征，不应认定为绑架罪。

根据《刑法》第239条规定，绑架罪在行为方式上表现为勒索绑架与人质绑架两种。同时，根据《刑法》第239条第2款的规定，以勒索财物为目的偷盗婴幼儿的行为，应视为勒索绑架，以绑架罪定罪处罚。其中，人质绑架指的是为达到政治性目的或者其他目的（不含索取财物），劫持他人作为人质的行为。本案中杨保营等三被告人以非法取得他人财物为目的，对他人实行非法拘禁的行为，不属于人质绑架自不待言，那么能否将之认定为勒索绑架呢？在回答该问题之前，首先有必要对勒索绑架的内涵及特征作一分析。勒索绑架，亦即通常所说的绑人勒索，是指采用暴力、胁迫或者其他方法，强行将他人劫持，以杀害、伤害或者不归还人质等要挟，勒令人质的亲属或者其他相关第三人，在一定期限内交出一定财物的行为。由此可见，勒索绑架的基本特征在于，使用暴力等手段劫持

他人作为人质（在这一点上，勒索绑架与人质绑架是相同的），并以此要挟、迫使相关的第三人交付财物。在该特征的具体理解及认定方面，应注意把握以下几点：第一，人质是相对于第三人而言的一个概念，绑架中的勒索财物，只能向被绑架人以外的第三人提出，否则便无从谈起以被绑架人为人质的问题；第二，所勒索财物与人质存在直接的交换对应关系，即通常所谓的拿钱赎人；第三，勒索绑架具有行为复合性和时空间隔性特征，完整的勒索绑架行为，需由劫持绑架人质和向第三人勒索财物两个行为复合构成，且两个行为之间通常呈现出时间上的递延和空间上的转换。

在本案中，杨保营等三被告人的行为虽然具备了勒索绑架的一些外在特征，比如，采用暴力手段将被害人劫持至外地，实行较长时间的非法拘禁，先劫持后索财、劫持与索财之间存在一定的时空间隔等，但是，本案三被告人实施这些行为的目的是向被绑架人本人索要财物，未曾向被绑架人以外的第三人索要财物，不具有以被绑架人为人质，向被绑架人以外的第三方索要财物的勒索绑架的基本特征，故不应将该行为认定为绑架罪。

2. 杨保营等三被告人暴力挟持他人、非法索取财物的行为，具备抢劫罪的两个"当场"要件，构成抢劫罪，期间所实施的非法拘禁行为因与抢劫行为存在牵连关系，依照牵连犯的一般处理原则，不再单独定罪。

构成抢劫罪需具备两个基本要件：一是当场使用暴力或者以当场使用暴力相胁迫等手段，二是当场取得财物，即通常所称的两个"当场"。如何理解这里的"当场"，明显是认定本案的一个关键。对此，我们认为，"当场"不是一个纯粹的时空概念，必须结合行为人的暴力或者胁迫等手段，该手段对被害人的身体和精神强制方式、程度，以及与取得财物之间的内在联系来加以具体分析认定。这就要求我们在对"当场"的理解中，要有一个基本的度的权衡和把握。一方面，"当场"不仅仅限于一时一地、此时此地，在暴力、胁迫等手段的持续强制过程中，即使时间延续较长，空间也发生了一定转换，同样可以视为是"当场"，而不必拘泥于某一特定时间、地点；另一方面，"当场"又应以暴力、胁迫等手段行为的自然延伸及取得他人财物所必要为限，避免"当场"解释的任意化。据

此，我们认为，杨保营等三被告人通过暴力威胁，迫使被害人拿出存折并支取现金，从而非法取得被害人的财物的行为，符合抢劫罪的两个"当场"特征，构成抢劫罪。具体理由简单说明如下：首先，被害人回到住处取出存折、提取现金直至将现金交付给三被告人的整个过程，始终处于杨保营等三被告人的持续暴力胁迫之下，符合当场使用暴力、胁迫等抢劫罪的手段要件。其次，被害人自取出存折、提取现金直至将现金交付给三被告人，的确存在一定的时间和空间跨度，但三被告人是在被害人身上、身边没有可供劫取的财物的情况下，实施这一系列行为的，目的在于劫取被害人的财物，故将该系列行为视做一个整体，从而认定取得被害人财物系当场取得，是妥当的。最后，暴力、胁迫手段与取得他人财物之间存在客观因果关系。因果关系存在与否的判断，应以暴力、胁迫手段是否对被害人形成了足够的强制、被害人交出财物是否基于该强制为基准。需要注意的是，对于强制，不应仅仅理解为身体上的强制，还应包括精神上的强制，而且，是否形成了强制，应从被害人的个人感受来判断，而不能从一般人的立场来判断。虽然在一般人看来，即使处于三被告人的挟持之下，被害人在银行提取现金时仍然有足够的反抗机会，但不能以此否定被害人受到强制的客观事实。

三、绑架罪的沿革及特征

根据我国《刑法》第 239 条的规定，绑架罪是指以勒索财物为目的绑架他人，或者出于政治性和其他目的绑架他人作为人质，或者以勒索财物为目的偷盗婴幼儿的行为。由此可见，我国刑法中的绑架罪可以分为三种情形：一是以勒索财物为目的绑架他人，即所谓掳人勒赎。当然，从犯罪构成要件的设置上来说，我国刑法规定的以勒索财物为目的绑架他人的犯罪与外国刑法中规定的掳人勒赎罪还是有所不同的，对此将在下文分析。二是出于政治性和其他目的绑架他人。三是以勒索财物为目的偷盗婴幼儿。在司法实践中，较为常见的是第一种掳人勒赎的情形，我在此也主要讨论这种情形。

在我国 1979 年刑法中并无绑架罪之规定，但在刑法颁行以后，我国社会上

屡有绑架人质并向他人勒赎的案件发生。在这种情况下，对于绑架勒赎行为在刑法中如何定罪，存在以下观点：有的主张定抢劫罪；有的主张定敲诈勒索罪和非法拘禁罪，实行二罪并罚；有的主张比照 1979 年《刑法》第 150 条类推为"绑架罪"；有的主张视为非法拘禁罪与敲诈勒索罪的牵连犯，从一重罪处断；还有的主张在刑法中增设掳人勒赎罪或绑架罪。[①] 由此可见，当时在司法实践中对于此类案件定性的观点存在严重分歧，这不利于严厉地惩治绑架勒赎的犯罪行为。为此，1990 年 4 月 27 日最高人民检察院颁布了《关于以人质勒索他人财物案件如何定罪问题的批复》，该批复指出：经征求最高人民法院和有关部门的意见，以人质勒索他人财物的犯罪案件，依照《刑法》第 150 条的规定以抢劫罪批捕起诉。这一司法解释对于统一对以人质勒索他人财物案件的定性是具有积极意义的，但将绑架勒赎行为直接等同于抢劫罪，则存在理论上的可质疑之处。实际上，绑架勒赎行为具有不同于抢劫的性质。及至 1991 年 9 月 4 日，全国人大常委会《关于严惩拐卖、绑架妇女、儿童的犯罪分子的决定》第 2 条第 3 款规定，"以勒索财物为目的绑架他人的，依照本条第 1 款的规定处罚"。这一规定被认为是首次在我国刑法中设立了绑架勒索罪。但在 1997 年刑法修订中，《刑法》第 239 条将以勒索财物为目的绑架他人与绑架他人作为人质、以勒索财物为目的偷盗婴幼儿的行为一并加以规定，司法解释将其罪名确定为绑架罪。

就以勒索财物为目的绑架他人构成的绑架罪而言，其法律特征是明确的：客观上须具有绑架他人的行为，主观上须具有勒索财物的目的。在刑法理论上，即使是法律明文规定的这两个特征，在理解上也并非十分准确。下面分别加以论述：

一是绑架他人的行为。这里的绑架究竟如何界定？一般认为，绑架是指使用暴力、胁迫或者其他方法，劫持他人，使其离开住所，置于自己的控制之下，限制或剥夺其人身自由。这里的暴力，是指直接对被害人进行捆绑等人身强制或者

[①] 参见高铭暄主编：《新中国刑法学研究综述（1949—1985）》，750 页，郑州，河南人民出版社，1986。

对被害人进行殴打、伤害等人身攻击。胁迫是指对被害人及其家属以实施暴力相威胁或者实行其他精神强制。其他方法，是指暴力、胁迫以外的方法，例如使用药物、醉酒等方法使被害人昏迷或者昏睡。通过上述三种方法，使被害人处于不能反抗或者不敢反抗的境地，从而将被害人非法劫持，置于行为人的直接控制之下，使其丧失人身自由。由此可见，绑架行为往往涉及非法拘禁。当然，在刑法理论上，如何区分绑架罪与非法拘禁罪，始终是一个较为复杂的问题。日本刑法学家大谷实曾经论及绑架与监禁的区别，指出：绑架，只要将被绑架者置于自己或第三人的实力支配之下就够了，将他人限制在一定场所的场合，不是绑架，而是监禁。[①] 这里的监禁罪，是指日本刑法中的剥夺他人身体活动的自由即行动自由的犯罪。[②] 因此，日本刑法中的监禁罪相当于我国刑法中的非法拘禁罪。我所理解的大谷实所述绑架与监禁的关系是：绑架是原因行为，监禁是结果状态。循着这一思路，对于我国刑法中的绑架罪与非法拘禁罪的关系值得进一步考察。我国学者指出：从犯罪构成来说，绑架罪的客观要件包含非法控制人质自由的要素，因而在某种意义上可以说与非法拘禁罪存在特别法与普通法的竞合关系。[③] 这里的特别关系之特别，一般认为是目的特别，因此在司法实践中，行为人的主观故意内容往往成为区分绑架罪和非法拘禁罪的关键。[④] 但按照这种分析思路，绑架罪与非法拘禁罪在客观上并无区别，其区别仅在于主观目的，即单纯的出于非法剥夺他人的人身自由的目的，非法拘禁或以其他方法非法剥夺他人人身自由的构成非法拘禁罪，而出于勒索财物目的的则构成绑架罪。这种观点尽管有一定道理，但仅仅从主观上区分绑架罪与非法拘禁罪总使人感到难以解释何以两罪在法律评价上存在如此大的差别。

二是以勒索财物为目的。我国《刑法》第239条关于绑架罪的规定中，涉及

---

① 参见［日］大谷实：《刑法各论》，黎宏译，71页，北京，法律出版社，2003。
② 日本刑法中设有逮捕、监禁罪，逮捕是直接羁押他人身体，监禁是间接限制他人身体。参见［日］大谷实：《刑法各论》，黎宏译，60页，北京，法律出版社，2003。
③ 参见刘树德：《绑架罪案解》，202页，北京，法律出版社，2003。
④ 参见刘树德：《绑架罪案解》，202页，北京，法律出版社，2003。

以勒索财物为目的绑架他人的情形,在刑法理论上称之为目的犯。目的犯之目的,是一种所谓超过的主观要素,因而并不要求与之对应的客观行为,在以勒索财物为目的的绑架犯罪中亦是如此,如果没有这种勒索财物的目的(当然也没有将他人作为人质的目的),则单纯的绑架行为只能构成非法拘禁罪。只有在具有法律规定的特定目的的情况下,其行为才构成绑架罪。

四、绑架罪与抢劫罪之区分

如前所述,在我国刑法中曾经将以勒索财物为目的的绑架行为以抢劫罪论处,只是在 1991 年《关于严惩拐卖、绑架妇女、儿童的犯罪分子的决定》颁布以后才独立成罪。因此,以勒索财物为目的的绑架罪与抢劫罪的区分,就成为一个值得研究的问题。

应该说,在一般情况下绑架罪与抢劫罪不难区分,但在劫持并非法拘禁他人并向其本人勒索财物的情况下,到底是定抢劫罪还是定绑架罪,是容易出现分歧的。例如,被告人孙浩,男,22 岁,北京人,无业。被告人孙浩因不满被害人吴某纠缠其女友王某,于 1999 年 8 月的一天 22 时许,伙同杨某、史某(均在逃)等四人,让王某约吴某到本市海淀区肖家河粮店附近后,使用语言威胁手段强行将吴某带上自己开的夏利车,其他人对吴某进行殴打。随后孙浩等人把吴某带到香山一个餐厅的包间内,孙浩持橡胶棍、杨某持木棍殴打吴某。次日凌晨 5 时许孙浩又以打断吴某的腿相威胁,向吴某索要人民币 1 万元。经吴打电话联系其所在公司,以自己在外打架打伤他人急需赔偿为由借钱,被告人孙浩于次日 10 时许冒充吴某同学到该公司取走人民币 4 600 元,同时以假名打下一个收条。后将吴某释放。吴所受外伤经鉴定为轻伤。该案经北京市海淀区人民检察院以绑架罪起诉,北京市海淀区人民法院以抢劫罪判处被告人孙浩有期徒刑 8 年。[①] 关于本案定性,明显存在意见分歧。其中,认为被告人孙浩的行为构成绑架罪的理

[①] 参见陈兴良主编:《刑法疑案研究》,233 页,北京,法律出版社,2002。

由是：孙浩以暴力威胁取得财物的行为是发生在将他人非法挟持到自己控制的场所后，虽然被告人在挟持之初并无勒索财物的目的，但对被害人实施殴打行为之后，利用被害人孤立无援的地位和害怕进一步受到伤害的心理，以"打断一条腿"相威胁，强行逼迫被害人交出1万元现金。这符合"以勒索财物为目的绑架他人"的绑架罪的构成要件。而认为被告人孙浩的行为构成抢劫罪的理由是：孙浩使用暴力殴打在先，以"打断一条腿"相威胁在后，强行逼迫被害人交出1万元现金。在被害人打电话向单位借钱后孙浩又亲自去取，得钱后才将事主释放，属于当场取得财物，符合抢劫罪的构成要件。在上述两种意见中，对于使用暴力或者以暴力相威胁并无歧见，关键在于：索要1万元现金并当场获取是属于绑架罪之勒索财物行为还是抢劫罪之劫取财物行为？一般来说，抢劫罪劫取财物是劫取被害人当时所有的财物。因此，本案不是典型的抢劫罪，但能否认定为绑架罪，还要看其行为是否为绑架罪的勒索财物行为。

关于绑架罪的勒索财物，到底是向被害人本人勒索财物还是必须向第三人勒索财物，在法律规定上并不明确。立法者对此解释为："以勒索财物为目的绑架他人的"，也称为掳人勒赎或者"绑票"，即以暴力、胁迫或者麻醉方法强行掳走他人，以此向被害人亲友索取钱物的行为。[①] 在司法实践中一般也作此理解："以勒索财物为目的绑架他人"，是指采用暴力、胁迫或者麻醉的方法，强行将他人劫持，以杀害、杀伤或者不归还人质相要挟，勒令与人质有关的亲友，在一定期限内交出一定财物，"以钱赎人"[②]。正因为绑架罪的勒索财物是向第三人勒索，因而绑架罪具有侵犯第三人自决权的性质，而这一点对于区分抢劫罪与绑架罪来说具有重要意义。对此，我国学者作过精辟的论述：从社会危害性看，是否向第三人勒索，危害性差别较大。绑架他人之后是仅仅直接向被害人勒索财物还是以被害人作为人质向第三人勒索财物，表面上看，仅仅是索取财物的对象不同，其实质涉及是否侵犯第三人的自决权。这种第三人，不仅包括人质的亲友，

---

① 参见胡康生、李福成主编：《中华人民共和国刑法释义》，337页，北京，法律出版社，1997。
② 周道鸾、张军主编：《刑法罪名精释》，2版，376页，北京，人民法院出版社，2003。

而且还包括单位、组织和政府。当罪犯以虐待人质的方式甚至以杀害、伤害人质的方式向第三人勒索时，对第三人的影响是巨大的。第三人必须在满足犯罪人的非法要求与解救人质之间作出艰难的选择，这不仅是救人还是破财的两难选择，而且涉及更为深远的道德、法律问题。行为人在绑架他人之后，仅仅向被绑架人索取财产，没有侵犯第三人的自决权，其危害影响的范围受到了限制。此外，从犯罪的实际情况看，行为人在绑架他人之后仅仅想以不惊动第三人的方式索取财产，其索取财产的方式、数量将受到很多的限制，只能以被绑架人能够控制、支配的财产为限。被绑架人的命运也基本掌握在自己的手中，因为，绑架者只是与被绑架者进行谈判、较量，决定是否让步，满足绑架者的条件，其危害性更接近于抢劫罪。① 在外国刑法中，也同样将利用近亲属和其他对被绑架的人的安危表示担心的人的担忧，作为以勒索赎金为目的的绑架罪的构成要件。由此可见，是否向第三人勒索财物以作为释放被绑架人的赎金，是绑架罪与抢劫罪的根本区别。

从立法完善的角度来说，刑法采用以勒索财物为目的这样一种用语确实是容易使人误解的。而日本刑法第225条之二表述为"利用近亲或者其他人对被略取者或者被诱拐者安危的忧虑，以使之交付财物为目的"，以及我国台湾地区"刑法"第347条第1款径直表述为"意图勒赎"，则更为明确，不会发生误解。尤其是勒赎一词，指勒令被掳者之亲友提供金钱或其他财物，以赎取被掳者之生命或身体自由，更是言简意赅，而且约定俗成，值得我国立法机关借鉴。

五、杨保营案裁判理由的评判

关于杨保营等三人劫持田某并向其索要财物这一行为如何定性，一审法院侧重于其客观上采用暴力手段绑架他人，对于主观方面则只是一般性地描述为以勒索财物为目的。而二审法院则侧重于其主观上的目的系劫取财物，而非勒索财

---

① 参见阮齐林：《绑架罪的法定刑对绑架罪认定的制约》，载《法学研究》，2002 (2)，39页。

物。但劫取财物与勒索财物到底如何区分，则仍然是一个不甚了然的问题。

我注意到，本案的裁判理由对于抢劫罪与绑架罪的区分作了正确的界定，即以勒索财物为目的的绑架罪之勒索财物，是向人质的亲属或者其他相关第三人勒索财物，即所谓掳人勒赎，由此区分抢劫罪与绑架罪，这就为杨保营等人的行为应定抢劫罪而非绑架罪提供了理论根据，这是完全正确的。但是，裁判理由对于以勒索财物为目的的绑架罪的客观行为的论述则是错误的。裁判理由认为勒索绑架具有行为复合性和时空间隔性特征，完整的勒索绑架行为，需由劫持绑架人质和向第三人勒索财物两个行为复合构成，且两个行为之间通常呈现出时间上的递延和空间上的转换。这就涉及一个问题：如何理解《刑法》第239条规定的"以勒索财物为目的"这一要件？

对于"以勒索财物为目的"这一要件，我国刑法学界都将其理解为主观要件，并且是该罪所要求的目的，因而刑法理论上称之为目的犯。目的犯的特点是该目的并非构成要件本身的主观要素，而是一种超过的主观要素，即只要具有这一特定的目的即可构成犯罪，而并不要求这一目的的实现。换言之，这一目的的实现行为并非构成要件的行为。在以勒索财物为目的的绑架罪中，只要在这一勒索财物的目的的支配下实施了绑架行为，即充足了该罪的构成要件，并不要求行为人实施勒索财物的行为。对此，我国学者指出：勒索财物或满足其他不法要求为目的，不需要现实化。换言之，只要行为人具有这种目的，即使客观上没有对被绑架人的近亲属或其他人勒索财物或提出其他不法要求，也成立绑架罪；如果行为人客观上向被绑架人的近亲属或其他人勒索财物或提出了其他不法要求，也不另成立其他犯罪。[①] 这里的不另成立其他犯罪，是指该种情况下属于不可罚的事后行为。当然，在目的犯的情况下，目的的实现行为也可能构成其他犯罪，从而使之与手段行为的犯罪形成牵连关系，构成牵连犯。

以勒索财物为目的的绑架罪，其客观行为只能是绑架他人，而不包括向他人勒索财物。因此，以勒索财物为目的的绑架罪属于单行为犯而非复行为犯，即不

---

① 参见张明楷：《刑法学》，2版，704页，北京，法律出版社，2003。

存在行为的复合性。在刑法理论上，单行为犯指由单一行为构成的犯罪，而复行为犯是指由复合行为构成的犯罪。例如我国学者指出：复行为犯，是指在一个独立的基本犯罪构成中包含数个不独立成罪的实行行为的犯罪。[①] 由此可见，在复行为犯的情况下，其实行行为具有复合性。如果把以勒索财物为目的的绑架罪视为复行为犯，则勒索财物行为是犯罪实行行为不可分割的组成部分，因而如果只实施了绑架行为而未实施勒索财物行为，或者虽然实施了勒索财物行为但并未实际获得财物，就是构成要件不齐备，因而会被认为是犯罪未遂，而又与绑架罪的既遂标准不相符合。在我国司法实践中，一般认为，绑架罪的既遂，应以行为人是否将被害人劫持并实际控制为标准，即行为人只要实施了绑架他人的行为，就构成绑架罪的既遂，而不是以勒索的财物是否到手或者其他目的是否达到为标准。如果由于被害人的反抗或者他人及时进行解救等客观方面的原因，绑架没有得逞，因而未能实际控制被害人的，则构成绑架罪的未遂。[②] 由此可见，以勒索财物为目的的绑架罪，勒索财物只是行为人的主观目的，而不能理解为构成要件的行为，因而该罪是单行为犯。

  我在意的并不是裁判理由关于以勒索财物为目的的绑架罪是复合行为的命题为什么是错误的，而是在意为什么会发生这种错误理解？我认为，这里主要涉及一个对法律规定的正确理解问题，立法上关于以勒索财物为目的的绑架罪的罪名设置问题。我国刑法是在一个笼统的绑架罪之内包含这种掳人勒赎行为的，因而刑法规定略显简单。而外国刑法对该罪的规定则较为复杂。例如日本刑法第225条之二规定：（第1款）利用近亲者或者其他人对被略取者或者被诱拐者安危的忧虑，以使之交付财物为目的，略取或者诱拐他人的，处无期或者3年以上惩役。（第2款）略取或者诱拐了他人的人，利用近亲者或者其他人对被略取或者被诱拐者安危的忧虑，使之交付财物或者要求交付财物的，与前项同。上述两款

---

  ① 参见王明辉：《复行为犯研究》，载陈兴良主编：《刑事法评论》，第4卷，321页，北京，中国政法大学出版社，1999。
  ② 参见周道鸾、张军主编：《刑法罪名精释》，2版，378页，北京，人民法院出版社，2003。

规定中，第 1 款规定的是以勒索赎金为目的的绑架、诱拐罪，该罪是目的犯，并且是单行为犯，只要实施了绑架、诱拐行为即构成本罪；第 2 款规定的是要求被绑架、被诱拐者交付赎金罪，该罪的行为是勒索财物。并且上述两罪之间存在牵连关系，日本判例认为构成牵连犯。但是，由于这两种犯罪是连续实施的，因此，在日本刑法理论上认为只是概括地成立刑法第 225 条之二第 2 款所规定的一罪。① 由此可见，对于绑架以后的勒索财物行为，在日本刑法中是有专门规定的，在这种情况下，由于规定较为细致，因而在司法认定上不致发生误解。而我国刑法对绑架罪的规定过于粗疏，而囿于传统的掳人勒赎这一概念的影响，就容易发生误解，以为掳人与勒赎是本罪的复合行为。其实，在专门设立掳人勒赎罪的我国台湾地区"刑法"中，勒赎也是目的而并不要求实施勒赎行为。因为根据我国台湾地区"刑法"第 347 条第 1 款之规定，意图勒赎而掳人者，构成掳人勒赎罪。对此，我国台湾地区学者指出：行为人只要是为了勒索金钱或财物之犯罪目的而掳人，即足以构成本罪。② 由此可见，对某一罪名的理解必须严格地依据刑法的具体规定。在某些情况下，各国刑法中罪名相同或相近之罪，但刑法对其构成要件的规定却有可能不同，对此必须予以足够的注意。

(本文原载《河北法学》，2005（3）)

---

① 参见［日］大谷实：《刑法各论》，黎宏译，77 页，北京，法律出版社，2003。
② 参见林山田：《刑法各罪论》（上册），增订 2 版，464 页，台北，2000。

非家庭成员间遗弃行为之定性研究
——王益民等遗弃案分析

我国《刑法》第261条规定了遗弃罪，在1979年刑法中，遗弃罪属于妨害婚姻、家庭罪，因而这里的遗弃是指家庭成员间的遗弃，对此并无异议。但在1997年刑法修订以后，刑法取消了妨害婚姻、家庭罪的章名，将其所辖之罪归并入侵犯公民人身权利、民主权利罪。在这种情况下，遗弃罪是否可以扩大至包括非家庭成员间因职务、业务关系而具有扶助义务者的遗弃行为？这是一个值得研究的问题。本文拟从王益民等遗弃案[①]入手对非家庭成员间遗弃行为之定性问题进行法理上的分析。

一、案情及裁判结论

被告人：王益民，男，1943年10月8日出生，山东省运城市人，汉族，大学文化，乌鲁木齐市精神病福利院院长。2000年11月16日因本案被拘留，同年

[①] 本案载于国家法官学院、中国人民大学法学院编：《中国审判案例要览》（2003年刑事审判案例卷），218~224页，北京，人民法院出版社、中国人民大学出版社，2004。

12月11日被逮捕，2001年1月20日取保候审。

被告人：刘晋新，男，1956年9月14日出生，新疆乌鲁木齐市人，汉族，大专文化，乌鲁木齐市精神病福利院四病区科主任。2000年11月12日因本案被拘留，同年12月11日被逮捕，2001年4月30日取保候审。

被告人：田玉莲，女，1971年2月9日出生，新疆乌鲁木齐市人，汉族，大专文化，乌鲁木齐市精神病福利院四病区护士长。2000年11月12日因本案被拘留，同年12月11日被逮捕，2001年4月30日取保候审。

被告人：沙依丹·胡加基，女，1958年10月20日出生，新疆伊宁市人，维吾尔族，大专文化，乌鲁木齐市精神病福利院五病区科主任，住乌鲁木齐市延安路民族小区12栋2单元6楼。2001年1月19日因本案被取保候审。

被告人：于永枝，女，1962年8月8日出生，新疆乌鲁木齐市人，汉族，中专文化，乌鲁木齐市精神病福利院五病区护士长。2001年1月19日因本案被取保候审。

乌鲁木齐市新市区人民法院经公开审理查明：1996年至1999年8月间，被告人刘晋新、田玉莲、沙依丹·胡加基、于永枝，在乌鲁木齐精神病福利院院长王益民的指派下，安排该院工作人员将精神病福利院的28名"三无"公费病人遗弃在甘肃省及新疆昌吉附近。经四病区科主任被告人刘晋新的认可和护士长田玉莲的参与，送走"三无"公费病人4次、病人19名。其中，1996年6月由该院工作人员王新、王子茂乘火车将病人王伟鹏、周宁、荣站、沙天山遗弃在甘肃省境内；1999年5月由被告人刘晋新、田玉莲将张桂堂、努尔别克、里提甫遗弃在新疆昌吉附近；1999年7月由王新乘火车将病人刘海生、单培义、郑世忠、王春、杜建新、无名遗弃在甘肃境内。经五病区科主任被告人沙依丹·胡加基的认可和护士长于永枝的参与，送走"三无"公费病人4次、病人9名。其中，1999年4月被告人沙依丹·胡加基与张凤玲大夫将病人罗诗珍遗弃在乌鲁木齐市红山附近；1999年5月被告人于永枝与张凤玲大夫将病人沙痴女遗弃在新疆昌吉附近；1999年8月被告人沙依丹·胡加基将磕头、库力帕汗、马文清、吴碧珍、吴站遗弃在新疆昌吉附近；1999年11月被告人沙依丹·胡加基、于永枝

将病人曹伟、哑女遗弃在新疆昌吉附近。以上被遗弃的"三无"公费病人中，只有杜建新已安全回到家中，其他27名被遗弃的病人均下落不明。

乌鲁木齐新市区人民法院根据上述事实和证据认为：被告人王益民、刘晋新、田玉莲、沙依丹·胡加基、于永枝身为福利院的工作人员，对依赖于福利院生存、救助的"无家可归、无依可靠、无生活来源"的公费病人，负有特定扶养义务，应当依据其各自的职责，积极履行监管、扶养义务，而不应将被扶养的28名病人遗弃，拒绝监管和扶养。被告人王益民、刘晋新、田玉莲、沙依丹·胡加基、于永枝的行为均已触犯我国刑法中关于对于年幼、患病或者其他没有独立生活能力的人，负有扶养义务而拒绝扶养，情节恶劣的处5年以下有期徒刑的规定，构成了遗弃罪，应予惩处。公诉机关的指控事实及指控的罪名成立，予以采纳。被告人王益民及辩护人陈肃的辩护认为指控遗弃病人是在王益民的"同意和安排下"一节事实不清，证据不足。现有被告人刘晋新、沙依丹·胡加基的供述以及证人的证言，证实被告人王益民安排四病区、五病区对尚无自理能力的病人进行遗弃，并在事前、事后积极作为，有证据予以印证，应予采信。而被告人王益民及辩护人主张的意见，缺乏证据印证，且与查证属实的事实不符，本院不予采纳。辩护人陈肃、宋冰、杨林英、艾尼瓦尔、张泗认为被告人王益民、刘晋新、田玉莲、沙依丹·胡加基、于永枝不具有犯罪主体资格，其行为不构成犯罪的辩护意见，与事实不符。遗弃罪的主体是指法律上对被遗弃者有扶养义务的人。本案中的被告人依据国家法律、行政法规，担负着对精神病福利院公费病人的监护、扶养的义务，与病人之间已形成了监护、扶养与被监护、扶养的关系，具备特定的扶养义务主体资格。同时，被告人的遗弃行为，在社会上造成了恶劣的影响，具有严重的社会危害性和刑事违法性，理应受到刑事处罚，因此，对于辩护人的辩护意见，不予采纳。被告人王益民、刘晋新、田玉莲、沙依丹·胡国基、于永枝对病人的遗弃，符合共同犯罪的特征，系共同犯罪。被告人王益民起主要作用，系主犯；被告人刘晋新、田玉莲、沙依丹·胡加基、于永枝起次要辅助作用，系从犯，应当从轻、减轻处罚。

乌鲁木齐新市区人民法院依照《中华人民共和国刑法》第261条，第72条

第1款，第73条第2款、第3款，第25条，第26条第1款，第27条的规定，作出如下判决：

(1) 王益民犯遗弃罪，判处有期徒刑2年，缓刑3年；

(2) 刘晋新犯遗弃罪，判处有期徒刑1年，缓刑2年；

(3) 沙依丹·胡加基犯遗弃罪，判处有期徒刑1年，缓刑2年；

(4) 于永枝犯遗弃罪，判处有期徒刑1年，缓刑2年。

一审法院判决后，被告人于永枝不服，提出上诉。于永枝上诉称：原审判决认定事实不清。认为自己是一般医务人员，其行为不构成犯罪，不符合遗弃罪的犯罪主体，原审对其定罪处刑不正确。请求二审法院撤销原审对其定罪处刑的判决。

乌鲁木齐市中级人民法院经审理认为：上诉人于永枝及原审被告人王益民、刘晋新、田玉莲、沙依丹·胡加基身为福利院的工作人员，将依赖于福利院生存救助的"三无"公费病人28人遗弃，其行为均构成了遗弃罪。上诉人于永枝的上诉要求和理由与事实不符，也无法律依据，故不予采纳。原判认定事实清楚，证据确实、充分，定罪准确，量刑适当，审判程序合法，应予维持。

乌鲁木齐市中级人民法院依照《中华人民共和国刑事诉讼法》第189条第1款之规定，作出如下裁定：驳回上诉，维持原判。

二、争议及裁判理由

在本案审理过程中，存在较大的争议，尤其是控辩之间分歧明显。控方认为，被告人王益民等人遗弃病人的行为已触犯《刑法》第261条的规定，构成遗弃罪。而辩方则认为，被告人王益民等人不具有遗弃罪的主体资格，其行为不构成犯罪。法院认为本案被告人王益民等人的行为已经构成遗弃罪，指出：

认定5名行为人对于被遗弃的28名"三无"病人有无扶养义务，是认定他们是否符合遗弃罪特殊主体的关键，当然也是人民法院对他们应否以遗弃罪定罪处罚的关键。

扶养义务，主要来自法律的规定，有时有的也来自道德、职责和业务上的要求。这里的"扶养义务"应从广义上理解，它不仅包括平辈即夫妻间和兄姐对弟妹间的扶养义务，也包括长辈即父母、祖父母、外祖父母对子女、孙子女、外孙子女的抚养义务，还包括晚辈即子女、孙子女、外孙子女对父母、祖父母、外祖父母的赡养义务。这些人的扶养、抚养、赡养义务是我国婚姻法所明确规定的，因此这些义务来自法律的规定，如果他们拒不履行扶养义务，遗弃被扶养人，情节恶劣的，无疑就要成为遗弃罪的主体，被追究遗弃罪刑事责任。除此之外，有的扶养义务还因道德、职责而产生。比如，实行全托制的幼儿园、精神病医院，以及人民政府为给社会上那些年老、年幼或身有残疾的"三无"人员提供生活、治疗等救助而专门设立的诸如福利院等机构，他们虽然在法律上对这些对象没有扶养义务，但特定的职业道德和职责要求他们必须履行救助职责；如果他们有条件和能力履行这种救助职责而拒绝履行，应认为是遗弃行为，情节恶劣的，其负责人或其直接责任人就构成了遗弃罪主体，应被依法追究遗弃罪的刑事责任。

实际上，从我国《刑法》第261条规定的精神来看，该条中所指的"扶养义务"是广义的，不仅包括亲属间的法定扶养义务，也包括职业道德、职责所要求必须履行的扶养义务。因为刑法在这里只是明确了对于年老、年幼、患病或者没有其他独立生活能力的人有扶养义务而拒绝扶养，情节恶劣的，即构成遗弃罪，而并没有明确必须是有法律上扶养义务的人实施遗弃行为才构成本罪。因此，从《刑法》第261条的立法精神来看，依特定的职业道德和职责应当对特定的对象履行救助职责而拒不履行的行为人，也可以构成遗弃罪的特殊主体。

本案5名行为人所在的精神病福利院，是当地人民政府为给"三无"病人提供救助所设立的专门机构，其开支费用由国家负担。5名行为人作为该精神病福利院的领导和部门负责人，对于收留在该精神病福利院的所有"三无"病人，无论是在职业道德上还是职责上，都直接负有给他们提供食宿和治疗疾病等救助的义务。但他们在有能力和条件的情况下，拒不履行这种救助义务，将28名"三无"病人送到异地予以遗弃，情节甚为恶劣，人民法院认为他们分别构成了遗弃罪主体并以遗弃罪追究他们的刑事责任，符合上述刑法的规定。

本案审理中之所以遇到犯罪主体争议的问题，是因为我国刑法对遗弃罪主体范围的规定不够明确、具体，以致司法人员在理论上一般认为只是具有法定扶养义务的亲属遗弃被扶养人的，才能成为遗弃罪的特殊主体，将遗弃罪主体范围仅限于具有法定扶养义务的亲属间。从外国立法例看，遗弃罪主体的范围比较宽。如法国、德国、日本、奥地利等一些国家根据行为人对他人是否负有法律上、职责上、业务上或契约关系引起的扶助义务，而将本罪分为无义务遗弃罪、有义务遗弃罪。本案中5名行为人与被遗弃的28名"三无"病人无亲属关系，对他们没有法定的扶养义务，他们遗弃这28人的行为，如果按外国刑法的规定，他们无疑构成了无义务遗弃犯罪的主体，同样要受到审判，被处以刑罚。这类无义务遗弃犯罪绝非仅此一例，在其他地区可能也曾发生过，只是因为刑法对此规定不明确、不具体，往往被认为无明文规定不认为是犯罪而放纵过去了。应该承认，这种无义务的遗弃犯罪的社会危害性，往往要比有义务的遗弃犯罪的社会危害性更严重，同样应当予以打击。因此，立法机关在修订刑法时，应当就无义务遗弃罪作出明确、具体的规定。

三、立法沿革及解释

《刑法》第261条规定："对于年老、年幼、患病或者其他没有独立生活能力的人，负有扶养义务而拒绝扶养，情节恶劣的，处五年以下有期徒刑、拘役或者管制。"这就是我国刑法中的遗弃罪。从立法沿革来看，我国刑法关于遗弃罪的规定存在一个演变过程[①]：

在1950年7月25日的《中华人民共和国刑法大纲草案》中，第134条对遗弃罪作了如下规定："（第一款）对于有养育或特别照顾义务而无自救力之人，有履行义务之可能而遗弃之者，处三年以下监禁。（第二款）犯前项之罪致人于死

---

① 以下立法沿革资料，参见高铭暄、赵秉志主编：《新中国刑法立法文献资料总览》（上），北京，中国人民公安大学出版社，1998。

者，处四年以上十五年以下监禁。"在上述《刑法大纲草案》，遗弃罪被规定在第十章"侵害生命健康与自由人格罪"中，而不是规定在第十二章"妨害婚姻与家庭罪"中，而且遗弃罪的义务包括特别照顾义务，因而并不限于家庭成员间之遗弃。

在1954年9月30日的《中华人民共和国刑法指导原则草案》中，妨害婚姻家庭罪并入侵犯人身权利的犯罪，遗弃罪被取消。

在1956年11月12日的《中华人民共和国刑法草案》(第13次稿)中，又在侵犯公民人身权利罪之外另设妨害婚姻、家庭罪专章，在第260条对遗弃罪作出以下规定："(第一款)对于年老、年幼、疾病或者其他没有自救能力的人，负有扶养义务而遗弃的，处三年以下有期徒刑、拘役或者管制。(第二款)犯前款罪，因而致被害人死亡的，处三年以上十年以下有期徒刑。"显然，这一遗弃罪是指家庭成员间的遗弃。

在1957年6月27日的《中华人民共和国刑法草案》(第21次稿)中，第182条对遗弃罪作了以下规定："(第一款)对于年老、年幼、疾病或者其他没有独立生活能力的人，负有抚养义务而拒付赡养费、扶养费的，处三年以下有期徒刑或者拘役。(第二款)犯前款罪，致被害人死亡的，处三年以上十年以下有期徒刑。"这一规定，与第13次稿的规定大体上相同，只是在法条表述上作了个别改动，尤其是把遗弃行为描述为"拒付赡养费、扶养费"，更表明这是一种家庭成员间的遗弃。

1957年6月28日的第22次稿第181条对遗弃罪的规定未作改动。

1962年12月的第27次稿第167条将遗弃罪修改为："(第一款)对于年老、年幼、疾病或者其他没有独立生活能力的人，负有扶养义务而拒绝扶养的人，处三年以下有期徒刑或者拘役。(第二款)犯前款罪，致被害人死亡的，处三年以上十年以下有期徒刑。"在此，又把"拒付赡养费、扶养费"修改为"拒绝扶养"，但该罪仍然属于妨害婚姻、家庭罪，其家庭成员间遗弃的性质并未改变。

1963年2月27日的第30次稿第170条对遗弃罪的法定刑作了修改，一般遗弃改为处7年以下有期徒刑或者拘役。致被害人死亡的，改为处5年以上有期

徒刑。

1963年10月9日的第33次稿第171条对遗弃罪的规定未作改动。

1978年12月的第34次稿第198条对遗弃罪的法定刑作了修改,一般遗弃改为处3年以下有期徒刑或者拘役。致被害人死亡的,改为处3年以上10年以下有期徒刑。

1979年2月的第35次稿第197条对遗弃罪未作改动。

1979年3月31日的第36次稿第190条将遗弃罪修改为:"对于年老、年幼、疾病或者其他没有独立生活能力的人,负有扶养义务而拒绝扶养,致被害人重伤、死亡的,处七年以下有期徒刑。"这一规定,将历次刑法草案对遗弃罪的二款规定改为一款,且以致被害人重伤、死亡作为构成犯罪的条件,法定最高刑也有所降低。

1979年5月12日的第37次稿第181条又将遗弃罪修改为:"对于年老、年幼、患病或者其他没有独立生活能力的人,负有扶养义务而拒绝扶养,情节恶劣的,处五年以下有期徒刑或者拘役。"这一规定,将历次草案中的"疾病"改为"患病",表述更为准确;并将构成犯罪的条件改为"情节恶劣"。这里的"情节恶劣"包含了因遗弃引起严重后果(如被害人走投无路被迫自杀,因生活无着落流离失所),遗弃的动机十分卑劣,在遗弃的同时夹杂打骂、虐待行为,以及屡教不改,激起公愤等。①

1979年6月30日的第38次稿第183条对遗弃罪未作改动。

1979年7月1日通过、1980年1月1日生效的《中华人民共和国刑法》第183条对遗弃罪的规定最终定稿为:"对于年老、年幼、患病或者其他没有独立生活能力的人,负有扶养义务而拒绝扶养,情节恶劣的,处五年以下有期徒刑、拘役或者管制。"

1979年刑法颁行以后,在刑法理论上都认为我国刑法中的遗弃罪是家庭成员间的遗弃,即遗弃罪的主体是负有扶养义务的家庭成员,遗弃罪的对象是缺乏

---

① 参见高铭暄:《中华人民共和国刑法的孕育与诞生》,246~247页,北京,法律出版社,1981。

独立生活能力、在家庭经济中处于从属地位的人。例如高铭暄教授对条文中所规定的"扶养"一词作了界定,认为实际上包括婚姻法所规定的"扶养"(夫妻之间)、"抚养"(父母对子女)、"赡养"(子女对父母)三个含义在内。扶养不仅指经济上的供养,也包括生活上必要的照料和帮助。对于没有独立生活能力的家庭成员,负有扶养义务而拒绝扶养,情节恶劣的,就构成该条的遗弃罪。[①] 由此可见,我国刑法中的遗弃罪是指家庭成员间的遗弃,这是一种妨害婚姻、家庭的犯罪。

  在司法实践中,也是把遗弃限于家庭间,其犯罪主体是负有扶养义务的家庭成员。例如刘东华遗弃案[②],就是如此。福建省武平县人民法院经公开审理查明:1995年5月12日,被告人刘东华之妻刘桂香生下第二胎女孩,根据国家计划生育政策,应做结扎手术。由于被告人刘东华封建残余思想作怪,欲再生一男孩以传宗接代,便想把刚出生的第二胎女孩送人抚养,但一时又找不到抚养人,于是,5月18日晚请其兄刘子梅帮忙,于次日凌晨2时许,将出生仅6天的亲生女儿用旅行袋装好,由刘子梅骑自行车载被告人及其女到武平县城。被告人将婴儿丢弃在平川镇西厢村寨角路9号石某家门口后逃走。案发后,被告人于1995年5月12日到武平县公安局自首。福建省武平县人民法院认为:被告人刘东华将出生仅6天的亲生女儿丢弃路旁,拒不履行抚养义务,且动机卑鄙,情节恶劣,其行为已构成遗弃罪。公诉机关指控被告人犯罪的事实清楚,证据充分,定性正确,应予认定。鉴于被告人刘东华案后发能自首,归案后认罪态度较好,且未造成严重后果,依法可以从轻处罚,对此,公诉机关及辩护人提出的从轻处罚意见均予以采纳。福建省武平县人民法院根据《中华人民共和国刑法》第183条、第63条,作出如下判决:刘东华犯遗弃罪,判处有期徒刑1年。宣判后,被告人刘东华表示服判,没有提出上诉。在对本案裁判理由进行解说时,作者指

---

 ① 参见高铭暄:《中华人民共和国刑法的孕育和诞生》,246页,北京,法律出版社,1981。
 ② 本案载于中国高级法官培训中心、中国人民大学法学院编:《中国审判案例要览》(1996年刑事审判案例卷),452~454页,北京,中国人民大学出版社,1997。

出：遗弃罪是指负有扶养义务的人，对年老、年幼、患病或其他没有独立生活能力的人拒绝扶养、情节恶劣的行为。我国婚姻法明确规定："父母对子女有抚养教育的义务"，"禁止家庭成员间的虐待和遗弃行为"。遗弃行为往往给被害人的生命、健康造成威胁，为舆论所不齿。我国刑法把家庭成员在家庭中享有的平等权利列入保护范围，大力宣传社会主义法制和社会主义道德，保障妇女、子女和老人的合法权益，保障公民的生命和健康权，造就一个"少有所养、老有所依、残有所扶"的良好的社会环境，维护社会的安定团结，促进社会主义婚姻家庭的巩固和发展，促进社会主义物质文明和精神文明建设。本案的行为人重男轻女，为了达到生子传宗接代、逃避计划生育政策的目的，竟遗弃刚出生不久的女婴，不履行应尽的抚养义务，动机卑鄙，情节恶劣，其行为已触犯了我国刑法，构成遗弃罪，理所当然应受到刑事追究。显然，这样一种对遗弃罪的理解，是符合立法精神的。

1997 年刑法修订中，涉及刑法分则章节的重新安排，其中对于妨害婚姻、家庭的犯罪究竟是继续单设一章规定还是归并到侵犯公民人身权利、民主权利罪一章中，争议较大，主要存在以下两种观点：第一种观点认为，家庭是社会的细胞，婚姻、家庭是否正常和稳定，直接影响到社会的安定。同时，在刑法中设立的妨害婚姻、家庭的犯罪与侵犯公民人身权利、民主权利罪相比，有它的特殊性和单独设章规定的必要。此外，从 1979 年制定的刑法生效以来，这一章罪的规定是基本上适当的，故无须将其归并到其他章节中去。第二种观点认为，从实质上讲，妨害婚姻家庭的行为也是一种侵犯公民人身权利、民主权利的行为，二者之间应当是包容的关系。同时，在 1979 年制定的刑法所规定的八章罪中，唯有妨害婚姻、家庭罪只有 6 个条文，显得十分单薄，与其他章的犯罪相比极不协调。因此，主张将 1979 年制定的刑法单设一章的妨害婚姻、家庭罪归并到刑法第四章即侵犯公民人身权利、民主权利罪中。立法部门采纳了第二种意见，将修订前刑法原第七章的内容归并到第四章中。[①] 由于妨害婚姻、家庭的行为本身具

---

① 参见周道鸾等主编：《刑法的修订与适用》，522 页，北京，人民法院出版社，1997。

有侵犯人身权利的性质,更何况在以往刑法草案中曾经将妨害婚姻、家庭罪包含在侵犯人身权利罪中,因而这一归并本身我认为并无不妥。当然,1997年刑法将妨害婚姻、家庭罪并入侵犯公民人身权利、民主权利罪一章,使本章罪名十分庞杂。若能章下设侵犯公民人身权利罪、侵犯公民民主权利罪、妨害婚姻家庭罪三节,则条理更加清楚。①

应该说,在1997年刑法修订以后,妨害婚姻、家庭罪一章虽然归并入侵犯公民人身权利、民主权利罪,但由于刑法关于遗弃罪的规定未作任何修改,因而在我国刑法学界一般认为遗弃罪的含义并无变化。例如我国学者指出:遗弃罪的客观方面表现为对于没有独立生活能力或者不能独立生活的家庭成员,有扶养义务而拒绝扶养的行为。②但也有学者认为新刑法将旧刑法中的妨害婚姻、家庭罪全部转移至侵犯公民人身权利、民主权利罪,将遗弃罪的法益解释为生命、身体的安全,并不存在太大的障碍。如果这一观点得以成立,那么,对遗弃罪的构成要件就必须重新解释。这种重新解释包括对遗弃罪的主体要件与对象的解释,即遗弃罪的主体与对象不需要是同一家庭成员。抚养义务不能仅根据婚姻法确定,而应根据不作为义务来源的理论与实践(如法律规定的义务、职务或业务要求履行的义务、法律行为导致的义务、先前行为导致的义务等)确定。基于同样的理由,遗弃罪的对象也不限于家庭成员。③赞同这一观点的学者还认为,以往的中国刑法理论将其限定为被害人在家庭中的平等权利或者家庭成员之间互相扶养的权利义务关系。这种解释在1979年刑法将遗弃罪列入侵犯婚姻、家庭罪一章时还有合理之处。但在修订后的刑法将该罪纳入侵犯公民人身权利罪、民主权利罪一章之后,仍然坚持原来的说法,显然并未得其要领,因为遗弃行为将使被害人的生命、身体陷于危险状态,有时还会造成被害人死亡的结果,所以其是危及生命、身体法益的危险行为,而不是单纯地侵犯扶养权利义务关系。如果只将本罪

---

① 参见陈兴良:《刑法疏议》,395页,北京,中国人民公安大学出版社,1997。
② 参见周道鸾等主编:《刑法罪名精释》,2版,426页,北京,人民法院出版社,2003。
③ 参见张明楷:《刑法学》,2版,73页,北京,法律出版社,2003。

的保护法益确定为扶养权利义务关系,那么,行为对象就可能被人为地缩小解释为家庭成员中的下列人员:因年老、伤残、疾病而丧失劳动能力,因而没有生活来源的人;虽有退休金等生活来源,但因年老、伤残、疾病而生活不能自理的人;因年幼尚无独立生活能力的人。但是,在实践中被遗弃的对象并不只是这些人。将遗弃罪的成立限于亲属之间乃是古代宗法社会以来的传统,立法者一直认为亲属之间不履行扶养义务,就对伦理规则有所违反。近代以来,生产力发达,事故频发,个人陷于危难境地、无法自救的可能性增强,因此,遗弃罪的适用范围往往不再局限于具有扶养义务的亲属者之间,遗弃罪的本质也不仅仅是对义务之违反,而且也是对于生命法益构成威胁的危险犯。这样,本罪的行为对象就应当扩大解释,例如在长期雇佣的保姆发生严重疾病时,行为人拒不将其送到医院治疗,导致其错过救治的最佳时期而死亡的,就可能构成遗弃罪。这里的关键就是要对《刑法》第261条中其他没有独立生活能力的人给予合理说明,将其外延拓展为家庭成员以外无生命自救能力的人,换言之,遗弃对象除年老、年幼、患病者外还包括以下之人:负伤、精神陷入恍惚状态者、烂醉如泥者等。[①] 尽管主张这一观点的只是个别学者,但由于目前社会生活中存在较多类似王益民案的情形,它是一种非家庭成员间的遗弃。如果将我国刑法中的遗弃罪理解为是家庭成员间的遗弃,此类案件就不能定遗弃罪;而如果将我国刑法中的遗弃罪解释为包括非家庭成员间的遗弃,则此类案件就可以定遗弃罪。显然,王益民案就是按照这种对遗弃罪的重新解释而定罪的。

四、理论分析

那么,到底如何理解我国刑法中的遗弃罪呢?我主张我国刑法中的遗弃罪是家庭成员间的遗弃而不包括非家庭成员间的遗弃。这里,存在以下三个问题值得研究:

---

① 参见周光权:《刑法各论讲义》,81页,北京,清华大学出版社,2003。

(一)扶养义务的界定

遗弃罪作为不作为的犯罪,是以具有扶养义务为前提的。那么,如何界定这里的扶养义务?在刑法理论上,对扶养义务都是从婚姻法上理解的。换言之,扶养义务是婚姻法所确认的一种法律义务。在亲属法上,扶养(Unterstuetzung, aliments, support),谓一定亲属间有经济能力者,本于身份关系,对于无力生活者,应予以扶助维持。有扶养之义务者,称为扶养义务人;有受扶养之权利者,称为扶养权利人。因此,亲属法上的扶养是一种私法上的义务,它不同于公法上的扶助及社会的扶助。[①]我国学者在解释扶养的含义时指出:在社会生活中所说的扶养通常概指各种社会关系中针对"弱者"所发生的经济供养和生活扶助,一般涵盖四个方面:(1)以国家为主体,在特定情形下体现社会福利的公力扶养,包括各种灾害救济、贫困救济、民政抚恤等。(2)以一定的社会组织、机构、单位为主体并逐步走向社会化、一体化的社会保障性扶养。(3)在自然人之间基于道义、感情、慈善等非法定权利义务而发生的自然的、事实上的扶养。(4)法律意义上的扶养。法律意义上的扶养又有广义和狭义之分。广义上的扶养泛指特定亲属之间根据法律的明确规定而存在的经济上相互供养、生活上相互扶助照顾的权利义务关系,它囊括了长辈亲属对晚辈亲属的"抚养"、平辈亲属之间的"扶养"和晚辈亲属对长辈亲属的"赡养"三种具体形态。狭义上的扶养则专指平辈亲属之间尤其是夫妻之间依法发生的经济供养和生活扶助权利义务关系,具有主体界定的特定性。[②]显然,我国刑法关于遗弃罪规定中的扶养,是指法律上的扶养,这种扶养义务是从扶养关系引申出来,因而是一种身份关系。只有具备一定亲属身份的人,才有可能存在这种扶养关系。亲属身份是扶养的前提,也是发生扶养的法律事实,扶养关系则是亲属身份的法律后果或法律效力,亲属身份之外的人不产生法定的扶养义务。不仅扶养关系只能发生在家庭成员之间,而且扶养的内容也是与家庭生活紧密联系的。在大陆法系国家,以瑞士民

[①] 参见史尚宽:《亲属法论》,4版,676、677页,台北,1980。
[②] 参见杨大文主编:《婚姻家庭法学》,258~259页,上海,复旦大学出版社,2002。

法为代表，根据亲属类型之不同，将扶养关系区分为夫妻间、亲子间之生活保持义务与其他亲属间之扶养义务。前者扶养为具身份关系之本质上不可缺之要素，维持对方生活，即系保持自己生活，父母以其子女之生活为自己生活之一部而维持，夫养其妻即系保持夫自己之生活，其程度与自己之生活程度相等，虽牺牲自己地位相当之生活，亦不得不予以维持，故又可称为共生义务。反之，其他亲属间之扶养，乃为偶然的例外的现象，唯于一方无力生活，他方有扶养余力时，始有扶养之义务，即偶然地由外部受领生活上之扶助。扶养义务人唯于不牺牲与自己地位相当的生活之限度，给予必要的生活费。[1] 根据我国婚姻法以及其他法律的规定，我国法律上的扶养包括以下四种情形：(1) 夫妻间的扶养。我国《婚姻法》第20条规定："夫妻有互相扶养的义务。"(2) 父母子女间的扶养。我国《婚姻法》第21条规定："父母对子女有抚养教育的义务；子女对父母有赡养扶助的义务。"(3) 祖孙间的扶养。我国《婚姻法》第28条规定："有负担能力的祖父母、外祖父母，对于父母已经死亡或父母无力抚养的未成年的孙子女、外孙子女，有扶养的义务。有负担能力的孙子女、外孙子女，对于子女已经死亡或子女无力赡养的祖父母、外祖父母，有赡养的义务。"(4) 兄弟姐妹间的扶养。我国《婚姻法》第29条规定："有负担能力的兄、姐，对于父母已经死亡或父母无力抚养的未成年的弟、妹，有扶养的义务。由兄、姐扶养长大的有负担能力的弟、妹，对于缺乏劳动能力又缺乏生活来源的兄、姐，有扶养的义务。"上述婚姻法确定的家庭成员间的扶养义务，就成为认定我国刑法中的遗弃罪的扶养义务的法律根据。

应当指出，随着社会的发展，扶养也呈现出社会化的趋势。例如各种养老院和福利院就成为专门的社会扶养机构。当然，这种社会扶养分为两种情形：一是有偿的，二是无偿的。有偿扶养是指由扶养义务人出资而由营利性的社会扶养机构具体承担扶养工作。无偿扶养是指由国家出资或社会赞助、集资而由非营利性的社会扶养机构具体承担扶养工作。在这种情况下，社会扶养机构就负有某种扶

---

[1] 参见史尚宽：《亲属法论》，4版，677~678页，台北，1980。

养义务，尽管这种扶养义务不同于家庭成员间的扶养义务。我国法律对这类社会扶养机构缺乏必要的法律规范，因而不履行这种扶养义务的遗弃行为在法律上如何处理属于法无明文规定的情形。

  在这里，还应当把扶养义务与救助义务加以区分。不履行救助义务同样也存在一个遗弃问题，但它在性质上是不同于不履行扶养义务的遗弃行为的，两者不可混淆。这里的救助，是指于他人处于生命危难的状态之际，进行抢救或者扶助，使其脱离危险。这种救助义务是由职务、业务或者先行行为产生的，不能将之解释为扶养义务。我国学者认为，根据举重以明轻的解释方法，将他人生命、身体置于危险境地，或者不救助他人生命、身体的行为，也应属于"拒绝扶养"的遗弃行为。例如，甲驾车过失撞倒他人后，在旁人的要求下，拦一辆出租车，请求出租车司机乙协助将被害人送往医院抢救。去医院途中，甲谎称买烟送给医生而乘机逃走。乙见甲逃走，在行驶的途中将被害人拖下出租车，没有送往医院，被害人因失血过多而死亡。认定乙的行为构成故意杀人罪是非常牵强的，那么，其行为是否成立遗弃罪呢？论者倾向于得出肯定结论。首先，乙的先前行为使其负有将被害人送往医院的作为义务，即具有救助被害人生命的义务。特别是在甲逃走后，被害人的生命安全完全依赖于乙的救助行为，导致乙的救助义务程度更高。其次，乙能够救助而拒不救助，并且将被害人弃置路边，从而使被害人的生命从一种危险状态转变为更加危险的状态，进而造成了死亡的结果。最后，行为人主观上对自己的行为与结果具有不救助的故意心理状态。因此，乙的行为成立遗弃罪。① 我是不赞同这种观点的。这种不救助行为固然是一种遗弃行为，但不能由此得出结论，认为救助义务就属于扶养义务，拒绝救助就是拒绝扶养。对于这个问题，我国学者也曾经作过探讨，认为救助义务与扶养义务是两回事。② 由此可见，正确地界定扶养义务对于认定遗弃罪具有重要意义。

---

 ① 参见张明楷：《刑法分则的解释原理》，156～157页，北京，中国人民大学出版社，2004。
 ② 参见金子桐、郑大群、顾肖荣：《罪与罚——侵犯财产罪和妨害婚姻、家庭罪的理论与实践》，245页，上海，上海社会科学出版社，1987。

（二）解释方法的选择

对于扶养义务，存在一个如何解释的问题。根据语义解释，如前所言，扶养包括家庭成员间的扶养和社会扶养机构的扶养。就此而言，由于我国《刑法》第261条并没有将扶养义务明文规定为家庭成员间的扶养义务，因而将非家庭成员间的扶养义务，这里主要是指社会扶养机构的扶养义务解释为遗弃罪的扶养义务似乎并无不妥。但从立法沿革上来说，我国刑法中的遗弃罪从来都是家庭成员间的遗弃，而并不包括非家庭成员间的遗弃。这里存在一个问题，就是罪名归类的变化能否引起其实质内容的变动。对此，我国学者认为，新刑法将旧刑法中的妨害婚姻、家庭罪全部转移至侵犯公民人身权利、民主权利罪。在此不想探讨起草者进行这种转移的主观动机，而是想得出结论：既然遗弃罪已经归属于侵犯公民人身权利、民主权利罪，那么，就不能像旧刑法时代那样，认为其法益是家庭成员间的权利义务关系等，而应认为其法益是生命、身体的安全。一方面，犯罪类别的改变导致了法益的改变；另一方面，刑法关于本罪构成要件的表述并不能说明其是对婚姻、家庭关系的犯罪。或许起草者以及立法者并没有这样的想法，继续认为遗弃罪的法益是婚姻、家庭关系。但是，刑法是成文法，它通过文字（包括语词、体例、标点等）表达立法意图，因此，解释者应当通过立法者所使用的文字的客观含义来发现立法意图。文字是传递信息的工具。从一般意义上说，除文字外，还有其他许多传递信息的方法，但罪刑法定原则的成文法主义所要求的是用文字将罪刑固定下来。所以，立法者表达立法意图的唯一工具是文字，文字中渗透着立法意图。文字又是具有客观含义的，故解释者必须从法文的客观含义中发现立法意图，而不是随意从法文以外的现象中想象立法意图。根据这种客观解释论的观点，再考虑遗弃罪的规定在刑法体系中的地位，得出"遗弃罪是对生命、身体的犯罪，其法益是生命、身体的安全"的结论，应当没有大疑问。[①] 对于客观解释论，我是赞同的，但客观解释论并非完全不考虑立法意图，而只是在立法意图不明且又未超出可能语义的情况下可以根据客观需要加以解释。问题在

---

① 参见张明楷：《刑法分则的解释原理》，155页，北京，中国人民大学出版社，2004。

于：1997年刑法将遗弃罪归并入侵犯公民人身权利、民主权利罪，是否引起了论者所说的法益变更，因而需要根据变更后的法益进行重新解释？我的回答是否定的，因为罪名归类变化的原因是技术性的，即刑法修订以后增加了大量罪名，旧刑法中的妨害婚姻、家庭罪只有6条、6个罪名，单设一章显得单薄，而且与其他章罪不协调。这种一个纯技术性原因导致的罪名归类变动，不能成为对遗弃罪进行重新解释的理由。而且，遗弃罪本身具有侵犯人身权利的性质，但这是指对于具有扶养义务的人之人身权利的侵害，而不能宽泛地解释为对社会一般人的人身权利侵犯。一个法律规定含义的变动，直接修改当然是主要原因，间接修改也同样是原因之一。在间接修改的情况下，某一法律规定本身虽未修改，但与之相关的其他法律规定被修改，从而导致该法律规定含义的变化。罪名归类的变动，既非直接修改也非间接修改，因而对法律规定的含义不能进行重新解释。

至于语义解释与沿革解释之间存在矛盾，到底是选择语义解释还是选择沿革解释，这是一个值得研究的问题。自从萨维尼以来，法律解释方法，一般都分为四种：语义解释、逻辑解释、历史解释和目的解释。关于这四种解释方法之间是否存在位阶关系，在理论上并无定论。一般认为，虽然不能说各种解释方法之间存在着固定不变的位阶关系，但也不应认为各种解释方法杂然无序，可由解释者随意选择使用。① 我赞同这种观点，尤其是在两种解释方法存在冲突的情况下，应当根据一定的规则进行选择，以便确保解释结论的合理性。在一般情况下，语义解释当然是应当优先考虑的，在语义是单一的、确定的情况下，不能进行超出语义可能范围的解释。但在语义是非单一的、不明确的情况下，则应根据立法沿革进行历史解释以符合立法精神。在这种情况下，沿革解释具有优于语义解释的效力。对于扶养的解释也是如此。根据语义解释，扶养包括家庭成员间的扶养和非家庭成员间的扶养。那么，非家庭成员间的扶养是否包括在遗弃罪的扶养概念中呢？根据沿革解释，遗弃罪属于妨害婚姻、家庭罪，自不应包括非家庭成员间的扶养。如此解释，才是合乎法律规定的。

---

① 参见梁慧星：《民法解释学》，244页，北京，中国政法大学出版社，1995。

（三）外国立法的借鉴

在关于遗弃罪的讨论中，都涉及外国法律规定的借鉴问题。例如王益民案的裁判理由指出：如果按外国刑法的规定，王益民等人无疑构成无义务遗弃犯罪的主体，同样要受到审判，被处以刑罚。[1] 但根据外国刑法构成遗弃罪并不意味着根据我国刑法也一定能构成遗弃罪，关键在于：外国刑法与我国刑法关于遗弃罪的规定是有所不同的。例如，日本刑法中遗弃的犯罪，是指将需要扶助的人置于不受保护的状态，由此使其生命、身体遭受危险的犯罪。它基本上是针对被遗弃者的生命、身体的危险犯，但是，另一方面也一并具有遗弃者对被遗弃者的保护义务懈怠罪的性质。[2] 因此，日本刑法中的遗弃犯罪分为单纯遗弃罪、保护责任者遗弃罪、不保护罪和遗弃等致死伤罪。由此可见，日本刑法中的遗弃罪是十分宽泛的，既包括不履行扶养义务的遗弃，又包括不履行救助义务的遗弃。确实，日本刑法关于遗弃罪的规定是值得我国立法借鉴的，但在刑法没有修改的情况下，不能根据日本刑法对遗弃罪的规定来解释我国刑法中的遗弃罪。

应当指出，我国目前非家庭成员间的遗弃以及不履行救助义务的遗弃行为是客观存在的，且有多发之趋势。例如医院遗弃生命垂危而又无钱治疗的病人的情形就时有发生，甚至造成病人死亡。根据《华西都市报》2004年11月19日报道，四川省南江县中医院院长林近安、副院长何文良、总务科科长兼驾驶员贾正勇等人在接治一无名氏妇女后，认为该妇女身无分文又无人照料，是乞丐的可能性较大，遂将该妇女拉出去丢弃，致该无名氏妇女死亡。南江县人民法院以过失致人死亡罪判决上述三被告人有期徒刑并适用缓刑，由此引起社会广泛关注。[3] 林近安等人的行为是一种不履行救助义务的遗弃行为，在致人死亡的情况下，按照过失致人死亡罪论处并无不可。但从立法完善角度考虑，对于类似这种不履行救助义务的遗弃行为应当单独设立罪名。本文论及的王益民等人遗弃病人案，由

---

[1] 参见国家法官学院、中国人民大学法学院编：《中国审判案例要览》（2003年刑事审判案例卷），224页，北京，人民法院出版社、中国人民大学出版社，2004。

[2] 参见［日］大塚仁：《刑法概说（各论）》，冯军译，69页，北京，中国人民大学出版社，2003。

[3] 见 http://news.sina.com.cn/s/2004-11-19/04464280524s.shtml。

于精神病福利院具有社会扶养机构性质，因而其遗弃病人是一种不履行扶养义务的遗弃行为，若致被遗弃者死亡，定过失致人死亡罪也是可以的，但在没有致人死亡的情况下，以遗弃罪论处，则大可商榷。因此，借鉴外国立法只是对立法者而言。对于司法者来说，只能根据我国刑法定罪而不能根据外国刑法的规定解释我国刑法的规定。毕竟，罪刑法定是具有国别性的。

（本文原载《法学评论》，2005（4））

五、侵犯财产犯罪

论财产犯罪的司法认定

财产犯罪的司法认定这一题目看似平淡,但是财产犯罪在所有的犯罪中具有常见、多发、复杂、疑难的特点,实际上并不容易掌握。大家都了解刑法分则关于财产犯罪的规定,但是财产犯罪本身尚有大量的理论问题需要从法理上加以探讨。希望今天的讲解能在解决财产犯罪的疑难问题上给大家个提示,在掌握财产犯罪的个罪特征的基础上,对财产犯罪之间的法律界限以及如何在司法实践中正确认定财产犯罪提供某种理论思路。

在财产犯罪中,盗窃犯罪占所有刑事犯罪发案率的30%至40%,可见其多发性。盗窃犯罪,大家认为法律已经规定得十分明确了,应该不难认定。但是在司法实践中遇到一些具体案件时,认定起来还是比较困难的,甚至会引起广泛的争议。当然,有些案件在法律上定罪是没有问题的,之所以引起争议,主要还是源于未能真正理解刑法关于盗窃犯罪的法律规定。

【案例一】前段时间网络热议的"银行ATM发生故障,许霆恶意取款"的案件:许霆到广州市商业银行的自动取款机取款。取出1 000元后,发现银行卡账户里只被扣了1元。见此,许霆先后取款171笔,合计17.5万元。广州市中级人民法院经审理后认为,被告许霆以非法占有为目的,盗窃金融机构,数额特

别巨大，行为已构成盗窃罪，遂判处许霆无期徒刑，剥夺政治权利终身，并处没收个人全部财产（后经上级法院发回重审后，减轻处罚判处有期徒刑五年，并获得二审维持——编者注）。此判决一出，立即引起网民广泛议论。议论主要围绕许霆的行为是否构成盗窃罪以及量刑是否过重展开——盗窃 17 万元，判处无期徒刑，这一判决结果出乎人们的意料。许霆的辩护律师表示：ATM 机出错就是银行出错，因此，可以将这 17.5 万元视为"遗忘物"，许霆的行为仅构成侵占罪。

那么，许霆的行为是否构成盗窃罪呢？对于许霆的行为能否认定为盗窃罪，存在不同的意见。一种观点认为，该行为构成盗窃罪，因为现金放在取款机里，利用取款机的故障取款，实际上是一种非法占有的行为，构成盗窃罪。另一种观点认为，不构成盗窃罪，因为许霆是实名在取款机上取款，谈不上秘密窃取。而且，取款机本身出了故障，利用这种故障取款和窃取财物是有所不同的。利用机器故障取款，是银行没有管理好自己的财物，使其财物处于一种丧失控制的状态。所以许霆的行为不属于窃取。即使定罪，最多也只能定侵占罪，而不构成盗窃罪。对于本案，网络和媒体上的讨论铺天盖地，绝大多数是普通公民的议论，也有少数法律人的意见，百分之九十五的人都认为许霆的行为不构成盗窃罪。但是，我发现没有一个刑法学者站出来发表意见，因为从刑法理论上来说，许霆的行为构成盗窃罪是没有疑问的。至于量刑过重，公众的感觉是有道理的，但这也主要是立法的问题。当然，关于本案的处理，如果报经最高人民法院核准予以特殊减轻，也许是更为合理的。

许霆的行为是否属于窃取，是否属于盗窃罪？这里涉及对盗窃罪的犯罪构成要件的界定。盗窃在刑法理论上被定义为秘密窃取：窃，秘密；取，取得。窃取是对各种各样的盗窃行为特征的抽象概括。至于窃取的具体方式，根据财产所有人、保管人对财产的不同控制状态而在表现的形式上有所不同。

在一般典型的盗窃案件中，财产所有人、保管人对财产进行了较为严密的控制，甚至是物理的控制。比如把财产放在家里，关门并上锁。在这种情况下，要想窃取财物就需要破坏财产所有人、保管人对财产的控制状态，比如砸锁撬门，这是较为典型的盗窃。但并不是说，在任何情况下，盗窃都一定需要采取这种破

坏性的行为。当财产所有人、保管人对财产未进行物理性的严密控制时，只要直接取得即可，这也就是顺手牵羊的盗窃。财产所有人、保管人有时对自己的财产疏于看管，比如旅客在机场把旅行包放在身边，没有注意，被小偷偷走。在这种情况下，财产所有人、保管人对财物没有物理性的控制；相应地，盗窃犯罪分子也就不需要采用物理的破坏性行为来使财产所有人、保管人丧失对财产的控制。再比如说，财产放在家里，但是所有人忘了关门上锁，大门洞开着，小偷大摇大摆地进屋偷走财物。在这种情况下，我们不能说因为财产所有人没有对自己的财产进行严密控制，小偷拿走财物的行为就不算盗窃。从法律上来说，财产放在家里，不是没有控制，而是管理上存在瑕疵。小偷利用了财产所有人、保管人对财产控制上的疏忽，而取得财物。这种行为相对于破门撬锁入室盗窃来说是一种性质较轻的犯罪，但不能因为被害人的过错而否定其行为的盗窃性质。

在本案中，许霆的第一笔取款，999元属于民事上的不当得利，不是盗窃。但当许霆知道取款机发生了故障，相当于发现金融机构没有看管好自己的财物，取款的大门洞开，之后的16次取款行为，也就不能否认其盗窃性质。许霆利用取款机的故障取款和犯罪分子利用财产所有人没有把门关好而盗窃财物，在法律性质上是一样的。

许霆的行为是否属于盗窃金融机构？我国刑法规定，盗窃金融机构数额特别巨大的，处无期徒刑或者死刑。那么，盗窃取款机里的现金，是否构成对金融机构的盗窃？一种观点认为，取款机本身不是金融机构，因而盗窃取款机里的现金不属于盗窃金融机构。另一种观点认为，取款机内的现金来源于金融机构，其财产的所有权属于金融机构，可以看作是金融机构财产的延伸。同时，取款机为金融机构所有和管理，是金融机构不可分割的一部分。因此，窃取取款机里的现金属于盗窃金融机构。最高人民法院对盗窃金融机构做了某些限制性的解释——盗窃金融机构不是指盗窃金融机构的一般性办公用品或一般性财物，例如汽车、电脑等；而是指盗窃金融机构金库的现金或者经营资金、证券等财物。按照这一司法理解，难以否定取款机里的现金是金融机构的财物。因此，许霆这个案件，定性为盗窃并属于盗窃金融机构，且涉案数额巨大，按照法律规定判处无期徒刑，

从法律规范的角度看，这个判决结果本身是合法的。

现在，很多人认为该案判重了，事实上，我个人认为也确实判重了。但是问题不是出在司法上，而是出在立法上。但也不能说问题完全出在立法上，数额特别巨大即 10 万元的标准是司法解释规定的。而且该案属于被害人有严重过错的情形，对此在量刑上没有任何考量余地。多数网民也提及面对取款机故障，可以随意取款，取还是不取，这是对公民道德的考验问题。大家认为，多数人面临这种考验，都很难抵抗这种获取巨额财产的诱惑。抵抗不了而下手取财，就构成犯罪，而且判刑如此之重，实在出乎意料。判决结果与公民对这种犯罪现象的认知之间存在一定的差距，尤其在老百姓看来，贪官动辄贪污上百万元也不过判处十几年，所以对本案的判决结果难以接受。我认为，这是可以理解的。但从犯罪构成要件的角度分析，本案的判决结果本身是合法的，问题更多是出在立法上。

在我看来，许霆盗窃案并不是一个复杂的案件，虽然在媒体上炒作得厉害。在司法实践中，更多的疑难复杂的案件并没有出现在普通媒体上，而是出现在专业报刊上，在法律业内人士间进行讨论。例如，前不久，最高人民法院的《中国审判》杂志提供了一个案例，让我进行点评。

【案例二】 2006 年 6 月 29 日，被告人马某纠集多人，分别乘坐两辆汽车窜至某村，将该村村支书沈某的头蒙住，强行带到山上偏僻无人处，持砍刀、手枪等作案工具威胁要将沈某活埋，向沈某强行索要 10 万元，并声称是借款，以后要归还。后经沈某求饶，双方谈至 3 万元。马某当场给沈某打了张"今借到沈某叁万元整，三个月内归还"的欠条。随后，马某将沈某送下山，找了辆出租车，让司机和沈某一起去取钱，并威胁其不得报警。沈某借机脱身后报警，马某在等候取款时被警方抓获。我想围绕本案对财产犯罪的有关问题展开分析，这也算是以案释法的一种尝试。

本案的案情虽然并不复杂，但在法律上如何定性上却存在不同观点。本案主要涉及以下罪名：绑架罪（行为人采用挟持的方法，使用砍刀、枪支威胁，蒙住沈某的头把其从家里强行带到无人处）、抢劫罪（使用暴力取得财物）、敲诈勒索罪（如果不给钱，就把其活埋，并威胁不得报警，并伴有勒索行为）。那么，该

案到底应当如何定性？这里涉及财产犯罪定性的一些疑难复杂问题。当然，在本案中，不仅涉及财产犯罪，还涉及人身犯罪，因此涉及绑架罪，绑架罪具有侵犯财产和人身的双重性质。

马某的行为是否构成犯罪？在本案中，首先需要解决的是罪与非罪的问题。这里主要涉及财产犯罪与强制性借款行为之间的区分与界定。该案中，被告人马某强迫被害人沈某写下欠条的行为是否属于强制性借款？如果属于强制性借款，则不构成财产犯罪。如果不构成强制性借款，让被害人写借条的行为只是掩盖犯罪的手段，即以借款之名行非法占有他人财产之实，只有在这种情况下，才能构成财产犯罪。在此，涉及财产犯罪定罪中的一个重大问题，也就是我今天要讲的财产犯罪认定中的一个重要问题，也就是财产犯罪的有因与无因的问题。

财产犯罪的有因与无因的问题，即我们通常所说的有无纠纷。如果客观上采取了属于财产犯罪的手段，但之前存在经济纠纷，或其他特殊的原因，在这种情况下，行为人即使实施了刑法所规定的某些财产犯罪手段取得了财物，也不能构成财产犯罪。这在认定财产犯罪上是一个重要的因素，也是财产犯罪与某些民事纠纷相区分的标志。

这个问题实质上是要把财产犯罪与行使权利的行为区分开来。从法律上来讲，行使权利的行为是不构成犯罪的，即当行使权利获得某种财产利益时，不构成财产罪。如果行为人不当地行使权利，其手段行为触犯了刑法其他罪名，应该按照手段行为定罪，而不能按财产犯罪定罪，这是一个基本原则。例如，张三把面包车借给李四，李四一直不归还，张三用暴力手段把车抢回来。从表面上看张三是抢劫财物，实际上属于实现债权的行为，不构成抢劫罪。如果张三把车偷回来，事后告诉了李四，也是实现债权的行为，不构成盗窃罪。在这种情况下，甚至标的物也可以不是原来债权债务关系中的财物，如张三把李四其他价值相当的财物拿回来，并告知其这些财物用于抵债，张三的行为也不构成盗窃罪。

取回自己财物所采取的手段行为与原债权债务关系消灭与否具有密切相关。在行为人采取暴力公开取得的情况下，一般来说，原来的债权债务被消灭，其行为不构成财产犯罪。如果在财物所有人、保管人不知情的情况下秘密取得，事后

亦隐瞒未告知，并且还向财物所有人、保管人索要原财物，在这种情况下，虽然行为人取得的是自己的财物，但仍构成盗窃罪。因为这种取得财物行为与消灭债务之间没有直接关系。在公然夺取的情况下，如果指使他人抢取，但被抢的人不知道实情，此时债权债务在法律上没有消灭，在一定情况下，可能构成财产犯罪。在司法实践中，将被交通管理部门扣押的违章车辆抢回的行为时有发生，在这种情况下，如果说明了来意，则不构成财产犯罪。如果找人去抢或偷走，扣押车辆的证明还在手里，还可以向车辆管理部门主张权利，即债权债务关系没有消灭。在这种情况下，行为人可能构成财产犯罪。

在有因的前提下，还要看原因是否正当。例如关于敲诈勒索的成立，经常遇到的案例是：到饭馆去吃饭的时候，自带苍蝇放进盘子里，要求高额精神赔偿，并以暴力相威胁——不赔，就砸店。此时，该行为就构成敲诈勒索。因为虽然看似有因，但这个原因是人为制造出来的。当然，如果确实有苍蝇，同样的情况下，就不构成敲诈勒索罪。但是存在民间所说"敲竹杠"，即有因，精神也确实受到了损害，可以主张索赔权利。但是，索赔数额太大，索赔手段和受到的损害之间不平衡，即不正当地行使了索赔权，存在一定的违法之处。但行为人毕竟是在行使权利，是有因行为，这就排除了成立财产犯罪的可能性。

【案例三】哈尔滨某一食品店，某顾客发现在该店所买蛋糕上有包装绳，遂退货。店主于是打电话给生产商说明情况，并要求10万元赔偿；否则，威胁在媒体上曝光，制造对生产商不利的舆论，使其商誉造成损害。食品厂假意同意付钱，然后向公安局报案。在店主到约定的地址取钱时，将其抓获。对于本案，一审法院以敲诈勒索罪判处店主有期徒刑10年，二审法院改判无罪。

该案是否有罪，关键在于店主的索赔行为是否有因。我们看到，在商品上的确存在瑕疵，以威胁的方法索要10万元赔偿，手段不正当，但属于事出有因，可以主张索赔权，所以排除了财产犯罪的成立。由此可见，如果有正当原因，即使行使权利超过必要范围，也不构成财产犯罪。如果超出行使权利的限度，手段构成其他犯罪，比如毁坏商誉等，则以其他犯罪论处，也不构成财产犯罪。许多案件犯罪的认定，都涉及是否有因，这一点在敲诈勒索罪的认定上是最容易混

淆的。

【案例四】石家庄某公司一业务员李某被公司解聘,有十多万元各种费用未结清,于是写信给单位领导索要这些费用,并扬言如不给,就公布其所掌握的该公司商业秘密。公司报案,公安局将李某抓获。经过审理,石家庄某基层法院一审判决以敲诈勒索罪判处李某3年有期徒刑。

本案能否定罪的关键在于:单位是否欠李某钱?欠多少没有关系,只要欠钱就说明这里有纠纷。如果公司确实欠钱,则李某为了实现自己的权利,即使采取了威胁的手段,其行为也不构成财产犯罪。如果不排除前因,直接以结果认定其构成敲诈勒索罪,是不妥的。

【案例五】被告人陈某在黄河边开了一个旅游公司,因为镇长王某不支持其发展,在经营中倒闭,于是不停地到北京上访,认为企业倒闭是镇长的责任,并且编造了镇长的违法乱纪行为。恰巧当时正处于一个特殊时期——如果某一领导管辖范围内有人到北京上访,该领导就可能被撤销职务。地方领导压力很大,镇长王某来北京劝其回去,陈某就说,如果镇长王某赔其10万元,就停止上访。镇长王某无奈写下了书面协议:镇政府赔偿其10万元。但陈某坚持镇长王某个人赔付,镇长王某无奈分三次支付陈某10万元。后来,陈某以敲诈勒索罪被起诉到法院。

本案能否定敲诈勒索罪,关键问题是,该协议本身是否是有因行为。因为从客观上说,不给10万元就上访,就让你丢官,使你受到追究,属于采用威胁的手段获得财物,符合敲诈勒索罪的特征。但关键是被告人陈某与镇长或者镇政府之间有没有这10万元纠纷。如果有纠纷,即使采取了威胁手段,仍然属于主张权利的行为,不构成财产犯罪;如果没有纠纷,是陈某编造的,以此来威胁王某要钱,陈某的行为就可以认定为敲诈勒索罪。

在财产犯罪认定中,首先要排除这个"因",一般财产犯罪——盗窃、抢劫、抢夺都是无因的行为。即使形式上看有"因",但这些"因"是虚假的,则应当不予认定。如果确实有"因",则不能构成财产犯罪。

因此,在【案例二】中,如果是强制性借款行为,那么只是借款手段不当而

已，不构成财产犯罪。如果以借款之名侵犯他人财产所有权，就构成财产罪。所以，应该把借款行为是形式上的还是事实上的搞清楚，然后予以排除。在该案中，不能说写下借条就一定是存在借贷关系。比如说小偷盗窃后留下字条——"今日借你，日后有钱必还"，难道就不构成犯罪了？在【案例二】中，根据案情来看，并不是强制性借款行为，不构成借贷关系。实际上，被告人马某是以借款之名非法侵犯他人财物。前因可以排除，因此以其手段行为构成犯罪来考虑，那么涉及——绑架罪、敲诈勒索罪、抢劫罪等罪名。在此，我来对这些犯罪逐个加以分析。

在【案例二】中被告人马某的行为是否构成绑架罪？

关于马某的行为是否构成绑架罪，从手段来看，被告人马某的行为确实是绑架行为。在刑法上，某些概念在法律上表述的语言是不一样的，比如抢劫、绑架、非法拘禁，都用不同的词语表示，但是不同的词语所指称的那些行为之间，其实并没有这些词语本身这么大的区分。事实上，虽然在法律上采用不同的词语表述，但是客观上是实施同一种行为。例如，非法拘禁罪和绑架罪之间，非法拘禁罪限制他人自由，被认为是侵犯人身的犯罪；绑架罪既是人身犯罪又是财产犯罪。一般认为，两罪之间有很大差别。但实际上，两罪在客观要件上一般是相同的，都是通过使用暴力、胁迫或者其他手段将处于自由状态的他人予以挟持，使其处于被限制的不自由状态，绑架行为和非法拘禁行为都是如此。两罪的主要区分仅仅是主观要件上的不同。绑架罪以勒索财物等为目的，非法拘禁罪仅仅是限制人身自由。所以，根据我国刑法的规定，为索要债务绑架他人的，按照非法拘禁罪处罚——即在这种情况下，两罪的客观行为是一致的。只是绑架罪是无因的，所以不仅构成侵犯人身的犯罪，而且构成侵犯财产的犯罪。如果是为索要债务，其行为就是有因的，则不构成财产犯罪，根据手段只能构成侵犯人身权利的非法拘禁罪。在法律用语上，绑架和非法拘禁似乎完全不一样，但实际上又有相同之处。所以，以下表述是可以成立的：以勒索财物为目的的非法拘禁就是绑架；不以勒索财物为目的或者以索要债务为目的的绑架就是非法拘禁。

在老百姓的观念中，只有绑架的概念，没有非法拘禁的概念。实际上，两者

差别也仅仅表现在主观方面。目前,我国刑法绑架罪的最低刑10年,绑架并杀害被绑架人的处死刑,这是一种绝对确定刑的立法例。而杀人、强奸、抢劫这样的犯罪最低刑只有3年,非法拘禁罪更是可判到最低刑。但在客观上非法拘禁与绑架是一样的,所以刑法关于绑架罪的法定刑设置太重,是有问题的。

在本案中,确实存在绑架行为,但是能否构成绑架罪?我国刑法第239条规定,以勒索财物为目的绑架他人的构成绑架罪,表明我国规定的绑架罪是法定的目的犯,目的犯这种立法例在我国刑法里是很多的。对于目的犯来说,不仅要看是否有客观行为,还要看主观上是否有某种法定目的。

在目的犯的情况下,目的就成为区分罪与非罪的标准,目的在这种情况下被称为主观的违法要素。古典的刑法理论认为:违法是客观的,责任是主观的。即违法与否要根据客观行为来判断,主观是判断有无责任的问题,违法和主观没有关系,而是和客观相联系。后来人们发现了主观的违法要素,也就是说,一般情况下,是否违法取决于行为人客观方面,但在特定条件下,违法与否并不取决于客观行为,而取决于主观目的。客观行为一样,仅仅因为主观目的不同,而区分出违法与合法,如刑法理论上的主观的正当化事由。某种行为在客观上看似违法,但是由于主观上具有某种正当的目的,而使这种行为的违法性消失。最典型的例子:医生触摸女性生殖器的行为,出于治疗的目的,所以是正当业务行为;但如果出于猥亵的目的,则是违法行为,即主观目的决定一个行为是否违法。

在另外一种情况下,主观目的决定违法性程度。在刑法中,把有无目的作为是否构成犯罪的标准比如走私淫秽物品罪,不论出于什么目的,走私淫秽物品本身都是违法的,但只有当行为人为牟利、传播的目的时才构成走私淫秽物品罪。如果虽然有走私淫秽物品的行为,但没有牟利、传播的目的,只构成一般的海关违法行为,根据相关的海关法来处罚。此时,主观目的性的有无就决定了走私淫秽物品这种行为的违法性的高低,是否构成犯罪。

主观目的区分此罪与彼罪——行为一样,不同的目的区分使相同的行为区分为不同的犯罪。最典型的例子是偷盗婴幼儿:以勒索财物为目的偷盗婴幼儿的定

绑架罪；以出卖为目的偷盗婴幼儿的，定拐卖儿童罪；以自己抚养为目的偷盗婴幼儿的，定拐骗儿童罪。在这种情况下，主观目的决定了违法的性质。

目的犯的目的具有犯罪构成要件上的功能，目的犯的目的在刑法理论上被称为主观上的超过要素。在刑法中，一般情况下，主客观需要统一，但在目的犯的情况下，构成犯罪只需要某种目的即可，目的的实现行为却不是本罪所要求的构成要件行为。比如绑架罪，只要是在勒索财物目的的支配下实施了绑架行为，就构成该罪，并不要求实施勒索财物的行为，勒索行为并不是构成本罪所要求的构成要件，即使没有该行为，该罪仍为既遂。因此，目的是主观的超过要素。绑架的目的、绑架的故意与绑架行为构成主客观统一；以勒索财物为目的，但勒索财物的行为不构成绑架罪的构成要件行为。在这个意义上，以勒索财物为目的是一种主观的超过因素，超过客观方面，与其对应的客观行为不是该罪的构成要件所要求的。

目的犯的构成要件是否齐备，对于区分目的犯的既遂与未遂具有重大意义。对于目的犯来说，目的是该罪的构成要件，有目的构成该罪；没有目的就不构成该罪。但目的的实现行为在法律上并没有要求，因此在绑架罪中，只要基于勒索财物的目的绑架他人，该罪就成立既遂。至于是否实施了勒索行为，或者是否实际取得了所勒索的财物，只是量刑情节，并不影响定罪。

我国刑法规定绑架罪以勒索财物为目的，但法律并未指明勒索财物的对象，这里的勒索财物是否包括向被绑架人本人勒索财物，是值得注意的问题。一般来说，在绑架中是向他人（亲属，其他人）勒索财物，把被绑架人当作人质，要求他人支付财物，作为解除绑架的对价、条件，即掳人勒赎。勒索的不是一般的财物，而是释放人质的赎金。这是典型的绑架罪。

但向被绑架人本人勒索财物，是否构成绑架罪？在一定意义上，这也是赎金，可称为自赎。但我认为这种情形不是绑架。德、日刑法关于绑架罪的构成要件明确规定为：利用被绑架人亲属或者其他人对被绑架人的生命安危表示担忧而勒索财物。这就排除了向被绑架人本人勒索财物的行为，我国刑法虽然没有这样的明确规定，但是在我国也应当对绑架罪中的勒索财物做这种理解。

绑架罪所侵害的客体，不仅仅是被绑架人本人的生命安全，而且包括被绑架人的亲属或其他人的自决权——被勒索人（亲属等）的自决权受到侵犯，而且精神上受到侵害。也就是说，绑架罪更主要侵犯的是被绑架人的亲属的人身权利。

因此，绑架罪的勒索财物应当理解为向他人勒索，而且必须是利用他人对被绑架人的生命安危的担忧而勒索财物。向被绑架人勒索财物，被绑架人又在他人，包括亲属或者他人并不知道其被绑架的情况下，以各种借口让其送钱。在这种情况下，因为他人并没有产生对被绑架人的生命安危的担忧，自决权没有受到侵犯，因此，这种行为不能定绑架罪。

【案例六】2007年司法考试试题的案例分析题，案情如下：陈某见熟人赵某做生意赚了不少钱便产生歹意，勾结高某，谎称赵某欠自己10万元货款未还，请高某协助索要，并承诺要回款项后给高某1万元作为酬谢。高某同意，某日，陈某和高某以谈生意为名把赵某诱骗到稻香楼宾馆某房间，共同将赵扣押，并由高某对赵某进行看管。次日，陈某和高某对赵某拳打脚踢，强迫赵某拿钱。赵某迫于无奈给其公司出纳李某打电话，以谈成一笔生意急需10万元现金为由，让李某将现金送到宾馆附近一公园交给陈某。陈某指派高某到公园取钱。李某来到约定地点，见来人不认识，就不肯把钱交给高某。高某威胁李某说："赵某已被我们扣押，不把钱给我，我们就把赵某给杀了。"李某不得已将10万元现金交给高某。高某回到宾馆房间，发现陈某不在，赵某倒在窗前已经断气。见此情形，高某到公安机关投案，并协助司法机关将陈某抓获归案。事后查明，赵某因爬窗逃跑被陈某用木棒猛击脑部，致赵某身亡。

该案主要涉及绑架罪与抢劫罪的区分。在本案中高某不知道实情，即赵某不欠陈某货款，他以为有债务债权关系，属于主观上认识错误，因此高某不构成绑架罪，只构成非法拘禁罪。李某不知道赵某被绑架，以为是做生意需要钱，自决权没有被侵犯。所以陈某的勒索是向被绑架人本人勒索，不是向他人勒索，不构成绑架罪，构成抢劫罪。对于陈某行为如何定性，绑架、敲诈勒索还是抢劫？刑法上对这些犯罪规定得比较简单，需要从法理上进行分析，并参考借鉴外国刑法规定。综上：在【案例二】中，马某向本人索要财物，因此排除绑架罪。那么，

【案例二】是否构成抢劫罪？在此，需要对抢劫罪进行分析。

在【案例二】中被告人马某的行为是否构成抢劫罪，是一个需要论证的问题。在此，首先涉及抢劫罪中的两个当场问题。

从抢劫罪的客观行为上来看，行为人使用了暴力劫取财物。但在传统刑法理论上，对抢劫罪的认定上强调两个当场——当场使用暴力或当场使用暴力相威胁并当场取得财物，并以此作为与敲诈勒索的区分。在一般情况下，这两个当场是能够成立的：第一个当场一般没问题，第二个当场在取得被害人身上所有的财物的情况下，也没有问题。但是第二个当场是不是抢劫罪必不可少的要件？法律上没有规定，只是刑法理论上的一种解释，但这种解释是不是一定正确？我们发现，在很多罪中，某些特征，法律上并没有规定，都是刑法理论上的分析。有时，刑法理论上所说的这些特征，是这个犯罪成立必不可少的特征，如果缺少了这些特征就不构成这个犯罪，如绑架罪中的以勒索财物为目的。法律并没有规定必须向其亲属勒索，也没有规定必须是利用其他人对被绑架人的生命安危表示担忧而勒索，但我们一定要把这些特征解释进去，否则，就不构成绑架罪。但是在有些情况下，刑法理论所加进去的这些特征，只是一般情况下某罪必须具备的特征，但并不是在任何情况下都必须具备的特征。对于这样的特征，我们就不能认为是必不可少的。最典型的是抢夺罪中的趁人不备，抢夺在9%的情况下都是趁人不备发生的。但在他人有备的情况下抢夺他人财物的案例在司法实践中也是时有发生的，很多抢夺的被害人事先都有防备，最终还是被夺走财物，但是被告人并未使用暴力，不构成抢劫罪，只能定抢夺罪。

那么，当场取得财物是不是抢劫罪的必备条件呢？我的回答是否定的。大多数抢劫案件都是当场取得财物，但现在非当场取得财物的情况越来越多。比如：暴力抢得他人银行卡，并逼其说出密码，然后押着被害人去取款机取钱。那么这种情况是不是当场取得财物呢？取得财物与使用暴力不是在同一场所，而是押到取款机前取钱，这种情况也可以勉强理解为当场，即当场的延伸，当然要定抢劫罪。可以这样解释：对当场的理解不能局限于一个物理性的时空概念，在不间断的情况下，离开使用暴力的场所，仍然属于当场。但又会出现更加复杂的案件。

【案例七】 被告人张某强行从林某身上取得钥匙，并使用暴力强制性地获悉林某家中银行卡藏放的位置及密码。张某然后把林某给杀了，用钥匙打开林某的家门取得银行卡，再到银行取钱。检察院以故意杀人和盗窃两个罪提起公诉，认为不是当场所以不构成抢劫罪。因为钥匙虽然是当场取得，但是钥匙不等于钱，拿着钥匙去其家里取卡再到银行取钱，不具备两个当场，所以不构成抢劫罪。法院审理后定性为抢劫罪，法院认为后面的行为是当场的延伸。

对于本案，我个人认为法院的定性是正确的，这里涉及的问题就是对第二个当场如何界定，我们受"当场"的束缚太严重了，完全是没有必要的。检察院认为本案不具备当场的要件，并认为钥匙本身不是财物，因此只有抢劫钥匙的行为，然后利用钥匙去盗窃，应该定盗窃罪。我认为，在这种情况下，暴力和取财还是有因果关系的。因此，不能拘泥于是不是在同一个现场，本案应定性为抢劫罪。

在这种情况下，当场可以通过扩大解释包含进去。但在很多情况下，第二个当场是无论如何也包含不进去的，也就是说，不具备当场的特征。取财的行为不是现场地劫取，而是勒索财物。（案例二）就是一个典型例子：以借款为名使用暴力向被害人勒索财物，不是押着被害人去其他地方取钱，而是把其放了再给钱。因此，像这种行为如何定性？该行为的特点为：手段行为是抢劫（使用暴力），目的行为是勒索，我们需要对抢劫罪的构成要件与敲诈勒索罪的构成要件做个比较分析。抢劫罪是复行为犯，由双重行为构成，首先是手段行为使用暴力或者其他暴力威胁方法；目的行为——取得财物（当然是不是当场取得财物是值得讨论的）。抢劫由手段行为与目的行为构成，而且手段行为与目的行为之间存在因果关系。

敲诈勒索也是由两个行为构成的：手段行为——敲诈，敲诈和抢劫的当场使用暴力，以暴力相威胁是不同的，是以将来使用暴力，或者揭发隐私等其他对被威胁人不利的事由相威胁，所以手段是敲诈；目的行为——勒索，勒索与当场取财也不同。

这里涉及的问题是值得研究的。财产犯罪根据取得财物的方式，可以分为交

付型的财产罪和取得型的财产罪。交付型的财产犯罪是以交付为特征，称为交付型的财产犯罪，它又分为两种犯罪类型：一种是诈骗——被害人因为受骗而基于处分财物的故意支配下实施了一种处分财物的行为，即把自己的财物给他人仅仅是因为受被告人的蒙骗实施的，这种处分行为是有重大瑕疵的，在民事上是无效的。但从刑事上看，行为人主观上有处分财物的故意，客观上处分了财物，是典型的交付，是自愿交付的，且是基于处分的意思对自己财产进行的处分。

没有处分能力的人不能对财产进行处分，否则，这种处分行为是无效的，不能根据处分行为来定性。如甲潜入一户人家盗窃，结果这家有个5岁的小孩在家，甲骗小孩说自己是其父亲的朋友，来拿东西，经过小孩的同意后，拿走了金银首饰等贵重物品。甲的这种行为是盗窃还是诈骗？从形式上看，有欺骗的行为，欺骗了在场的小孩。而且盗窃罪要求秘密窃取，当着小孩的面拿走财物怎么能称为秘密窃取呢？且还经过了小孩的同意才取走财物。那么，甲的行为是否可以认定为诈骗罪呢？我认为，认定为诈骗罪显然是错误的。因为小孩是无权利能力的人，在法律上没有对财产的处分能力，因此这种处分根本是无效的，没有法律意义。因此，该案不是诈骗而是盗窃。当着一个5岁的小孩取财，可以类比为当着条狗或者一个其他的生物取财，仍然是盗窃。

处分的意思意味着把自己的财物的占有转移给他人，是一种转移占有的犯罪。因此，能否认定为诈骗，就要看占有关系是否转移。在某些情况下，虽然财物移交给他人，但占有关系并未转移，从表面来看似乎是诈骗，但是不能认定为诈骗罪。例如在麦当劳餐厅，甲故意在乙面前打手机，然后声称手机没有电了，向乙借用手机，乙看甲着急联系，就将自己的手机借给甲用。然后甲趁电话主人乙没有看紧，悄悄溜走，从而将乙的手机据为己有。该案如何定性？是定诈骗罪还是盗窃罪或者抢夺罪？在本案中，因为甲是悄悄溜走的，所以不构成抢夺罪。有人认为手机是以非法占有为目的骗来的，即故意欺骗他人说需要使用手机而使他人将手机借给他，所以构成诈骗罪。但这种观点是不正确的。虽然从客观上看似是诈骗，但乙把手机借给甲使用并不是对手机的处分，而是一种临时性的借用，且是在主人当场监视下的借用。在这种情况下，乙将手机借给甲并不意味着

丧失了对手机的控制，手机尚在主人的控制下。利用主人不备溜走使手机脱离主人控制，是秘密窃取而非诈骗，所以本案甲的行为构成盗窃罪。这种交付不是基于处分的意思而处分财物，只是临时借用，而且没有转移占有权，主人在当场监视，占有关系没有转移。

占有关系是否转移以及如何转移，对于认定财产犯罪具有重要意义。在某些时候，占有关系是否转移是较难认定的，占有关系是否转移关系到是一般的财产罪还是侵占罪。在财产犯罪中，唯有侵占罪不转移占有，抢劫、盗窃、抢夺都是转移占有的犯罪。也就是说，一般的财产犯罪，犯罪手段都是使得占有关系发生转移。一般来说，在实施财产罪之前，财产都是处于财产所有人或保管人的合法控制之下，通过某种犯罪的手段，使得这种财产处于被告人的非法控制之下，使财产发生占有的转移。而侵占不发生占有的转移，在侵占罪中，在侵占之前，该财产已经处于被告人的占有状态下，然后变合法持有为非法占有。因此，在区分侵占罪与其他财产犯罪时，首先要看，在实施犯罪之前，财产是否置于被告人控制之下，如果已经置于被告人控制之下，可能构成侵占。如果没有置于被告人控制之下，根据犯罪的手段定其他类型的财产犯罪。

【案例八】 甲路过某自行车修理店，见有一辆名牌电动自行车（价值1万元）停在门口，欲据为己有。甲见店内货架上无自行车锁便谎称要购买，催促店主去50米之外的库房拿货。店主临走时对甲说："我去拿锁，你帮我看一下店。"店主离店后，甲骑走电动自行车。甲的行为如何定罪？是构成诈骗罪、盗窃罪还是侵占罪？

首先，侵占还是非侵占？主要是看自行车在甲实施犯罪之前，是否置于甲控制、占有之下。很多人认为：店主说："你帮我看一下店"，保管关系转移给了甲，甲由此取得了财产的保管权，然后利用看管的机会取走财产，所以构成侵占罪。但从法理上说，在这种情况下保管关系没有成立，也就是说，占有的状态没有转移。民法理论认为，在这种情况下，实际的占有人仍是店主，尽管店主到50米之外去取货，甲仅仅是占有辅助人，辅助他人占有，而不是独立占有人。因此，不能认为店主让甲看管店面，甲就成了商店财物的实际占有者。所以，甲

的行为不能构成侵占罪。那种认为甲的行为构成侵占罪的观点,对占有状态发生了错误理解。店主的意思是让甲帮忙看店,不是让其占有商店财物。也就是说,如果在这期间店里的东西丢失,店主也是不可能让甲负责的。所以,店主并没有把控制状态转移给甲,甲的行为不能定侵占罪。

其次,本案是盗窃还是诈骗?很多人认为是诈骗,理由在于:甲本来就有占有自行车的目的,看见没有锁,故意说要买锁,支走店主,利用这个机会拿走东西。事实上,虽然有欺骗因素,但这种欺骗只是犯罪的一种手段,不构成诈骗罪,根本原因在于店主没有基于处分的意思将财物处分给甲,因此甲的行为构成盗窃罪。

【案例九】甲受朋友委托去银行兑现9万元支票,取出后,甲顿起贪心想占为己有。于是甲找来乙编造了一个假案,假装被抢劫,让乙将甲打得头破血流。然后到派出所报案。派出所一查,发现这是个假案,目的是要占有这9万元钱。

该案定性为诈骗罪还是侵占罪?有人认为是诈骗,理由:利用欺骗的方法把他人财物据为己有。但是这样的观点不能成立,有两个地方不符合诈骗罪的特点:其一,甲在犯罪实施前,财物已经置于其合法占有的状态下,不需要通过诈骗来取得财产;其二,虽然有欺骗,但被害人并没有基于处分财物的意思把财物处分给被告人。该行为属于侵占,后来的欺骗行为是犯罪的掩盖行为。

财产犯罪的司法认定,应当根据其取得财物的手段来确定,而不能根据后来的犯罪掩盖行为来确定。掩盖行为是欺骗手段,但在定性时我们不能被欺骗手段欺骗了。例如,甲去首饰店假装购买项链,在挑选中,趁营业员不注意,藏起一条,后以假换真调包。这种行为到底是诈骗还是盗窃?应该是盗窃,后面的以假换真的行为是盗窃后的掩盖行为,财物的取得是通过盗窃的手段取得的。有人认为:甲以买项链为由让营业员把首饰给其看,就骗取了对项链的占有,行为人不是要买项链,而是要非法占有项链,故意说要买,营业员因此把项链给他,所以构成诈骗。这种说法是不正确的,虽然营业员给甲看项链,但不是基于处分的意思将项链处分给甲,项链虽然在甲手里,但是不在甲的控制之下,而是在营业员的控制下,营业员在监视着甲。甲趁人不备取得,是秘密窃取,其行为构成盗窃

罪。后面的行为是掩盖行为，想使盗窃行为推迟被发现，得以脱身。

换一种情况：甲挑选后买了一条项链，刚走几步，又编造理由退货，然后调包，将假项链充当真项链还给营业员，营业员遂退还其款项这种情况就属于诈骗，但诈骗的是钱款而不是项链。营业员基于处分的意思将钱款处分给甲，营业员在退款时陷入了主观上的认识错误，以为是真的退货，基于这认识错误，处分了财产。

所以，在财产犯罪认定时，一定要看财物是如何取得的。但在司法实践中，对这种情况往往判断错误。最高人民法院出版的《刑事审判参考》里有个案例，就把犯罪的掩盖行为当成了犯罪行为本身来认定。

【案例十】甲乙两人想非法占有丙的摩托车，于是把丙骗到加油站，甲在加油站等，乙和丙一起骑车来到加油站。正当丙下车要锁车的时候，乙抢了车就骑走。丙正要追的时候，甲出来说，乙是和你开玩笑，马上就回来，咱们等吧。后来，甲借故走开。后，甲乙两人把车卖掉分钱。这个案子一审法院定性为抢夺罪，二审改判为诈骗罪。

最高法院刑庭的裁判理由认为二审的判决是正确的。事实上，一审的判决是对的，甲乙获得摩托车是通过抢夺取得的。最高法院为什么认为应定性为诈骗罪呢？理由在于：如果没有甲的假意劝阻，丙当时去追乙的话，是可能将摩托车追回来的，正是甲的欺骗才使丙最终丧失了摩托车的控制。但事实上，后面的行为完全是一个犯罪掩盖行为，先把摩托车抢下来，然后让丙不去追，使犯罪得逞。即便丙去追并抢回来，甲乙也构成抢夺未遂，犯罪性质也不能改变。也就是说，不能根据事后的行为改变先前的犯罪性质。因此，财产罪关键要以取得财物的行为定性，而不能根据后面的掩盖行为来定性。

根据对财物的占有是否转移，财产犯罪可以分为不转移占有的犯罪，例如侵占罪和转移占有的犯罪，转移占有的犯罪又可分为交付型犯罪和取得型犯罪。

交付型是被害人主动地把财物交给被告人，取得型是被告人主动地从被害人那里取得。交付性犯罪包括诈骗和敲诈勒索。两者的交付是不一样的，前者的交付是行为人基于错误认识而在处分意思支配下实施了处分行为，是一种自愿的处

分。这种处分，我国的刑法教科书上的一句话可以概括——仿佛自愿的交付财物，即表面上的自愿，实际上是不自愿，如果知道真相，不可能交付。这种财产交付不是真实的意思表示，而是上当受骗处分自己财物，这种交付属于蒙受欺骗的交付。敲诈勒索是因为精神强制而交付，实际上，可以不交付，需要其在交付与否中选择，所以在交付上的自决权受到侵犯。这种被敲诈情况下的交付依然是一种交付，而不是被告人的取得，取得是无条件的，交付却还是基于一定的意思自由的。所以，敲诈情况下的这种交付是在丧失了部分意思自由的情况下的交付，因此也是一种交付行为，是自我损失的交付。是否具有交付的特征，对财产犯罪的认定也是很重要的。

取得型犯罪包括秘密取得（盗窃）和夺取取得。秘密取得情况下完全是被告人主动，在他人不知觉的情况下取走，财产所有人完全是被动的。夺取型的犯罪，包括抢夺、抢劫，是使被害人丧失意志自由而取得财物——在抢夺中，夺取；抢劫中，劫取。夺取分为两种表现方式：一种是被告人自己去拿，如拿着刀（亲自去拿）；另一种是拿着刀威胁，不给就威胁伤害，被害人交出来，这种情况不是交付，是在生命威胁下交出来，形式上是交，实际上仍是夺取。财产如何取得，在不同的财产罪中取得方式是不一样的，手段行为、目的行为、取得行为都不一样，这也是抢劫罪与敲诈勒索罪的主要区别。

因此，在【案例二】中，手段行为是抢劫（暴力），目的行为是勒索。这种行为就是所谓抢劫性勒索，是抢劫罪与敲诈勒索罪的一个变种，这种抢劫性勒索在德国刑法第255条中有规定，我国学者也有的译为暴力敲诈："以对他人人身实施暴力或者立即危害其身体或生命为胁迫，进行敲诈勒索的，按抢劫罪论处。"对于这一规定，我国留德学者樊文认为：这是一个独立罪名，只是处罚上按照抢劫罪的法定刑处罚。而译成"按抢劫罪论处"，容易让人误解为构成抢劫罪。

在我国刑法没有类似规定的情况下，如何处理？我个人认为，对这种所谓抢劫性勒索应当按照抢劫罪处理。这种抢劫性勒索和普通抢劫在手段行为上是一样的，在目的行为上不完全相同。一方面，普通抢劫之夺取型行为，通常为当场取得，但在抢劫性勒索中，取得不是当场的，而是让被害人在精神受到胁迫的情况

下交付财物。另一方面，勒索不是取得型的犯罪，而是交付型的犯罪，财物的取得是被害人交付给被告人，这正是抢劫性勒索与典型抢劫罪不完全相同的地方。但是我认为，抢劫性勒索在我国刑法上应当按照抢劫罪来定性，它不是典型的抢劫，但属于一种较为特殊的抢劫。将来可以在司法解释中对这种抢劫性勒索进行明确的规定，从而为这种行为的定性提供更加明确的法律根据。在没有相关司法解释规定的情况下，仍可以通过理论解释的方法把其归入抢劫罪中。

当场取得财物是不是抢劫罪的必要特征，在刑法理论上值得考虑——可以对这一特征加以宽泛解释或者不把其当作必要特征，由此而把抢劫性勒索归入抢劫罪中。如果坚持抢劫罪的两个当场，这种抢劫性勒索则是不能包含到抢劫罪中去的。因为这种取得不是当场，而是勒索。同时，我们还要看到，这种抢劫性勒索在性质上比抢劫罪要轻一些。而且在司法实践中，这种抢劫性勒索未遂的可能性很大。

结论：【案例二】被告人的行为性质为抢劫性勒索，应当定性为抢劫罪，属于犯罪未遂。

通过以上案例分析，穿插讲解财产犯罪的疑难复杂问题，能够使大家对财产犯罪的司法认定有更清晰的了解，以便解决财产犯罪认定中的疑难复杂问题。在司法实践中，只有对财产犯罪的构成要件严格掌握，才能对其准确定性。

(本文原载《东方法学》，2008（3）)

财产犯罪以及相关犯罪案例研析

一、抢劫性勒索行为的性质如何认定

（一）案情

2006年6月29日16时许，被告人马某纠集多人，分别乘坐两辆汽车窜至某村，将该村村支书沈某的头蒙住，强行带到山上偏僻无人处，持砍刀、手枪等作案工具威胁要将沈某活埋，向沈某强行索要10万元，并声称是借款，以后要归还。后经沈某求饶，双方谈至3万元。马某当场给沈某打了张"今借到沈某叁万元整，三个月内归还的欠条"。随后，马某将沈某送下山，找了辆出租车，让司机和沈某一起去取钱，并威胁其不得报警。沈某借机脱身后报警，马某在等候取款时被警方抓获。

（二）分析

1. 马某的行为是否构成犯罪？

本案被告人马某的行为，首先存在一个是否构成犯罪的问题，然后才是构成何罪的问题。就是否构成犯罪而言，主要涉及被告人马某的行为是否属于强制性

借款。因为在本案中，被告人马某声称是借款，并且也确实打了一张 3 万元的欠条。如果仅仅是在借款当中使用暴力或者以暴力相威胁，行为人主观上并没有非法占有他人财物的故意，则不构成犯罪。只有以借款为名，实际上是以暴力或者以暴力相威胁为手段而非法占有他人财物，马某的行为才构成犯罪。当然，在本案中判断被告人马某的行为是否借款，不能仅仅凭其口头声称，也不能光看欠条，而是要看是否存在其他证据，例如事先和他人是如何商量的、是否存在急需用款的事由以及归还的可能性等，根据以上情况加以综合判断。

如果本案被告人马某确实是以非法占有为目的，借款只是一种借口而已，那么，就需要进一步分析马某的行为构成何种犯罪。这里主要涉及绑架罪、敲诈勒索罪和抢劫罪这 3 个罪名，我采用排除法，逐个加以论证。

2. 马某的行为是否构成绑架罪？

根据刑法第二百三十九条的规定，绑架罪存在 3 种情形：一是以勒索财物为目的绑架他人；二是绑架他人作为人质；三是以勒索财物为目的偷盗婴儿。本案涉及的是绑架罪的第一种情形，也就是通常所说的绑架勒赎。在刑法理论上，以勒索财物为目的的绑架罪，其绑架手段是指使用暴力、胁迫或者其他方法将他人予以劫持或者以暴力控制，对此并无争议。但勒索财物的对象是谁，由于法律规定未予明确，实践中容易发生误解。应该说，绑架罪的勒索财物并非向绑架人本人勒索财物，而是利用被绑架人的亲属或者他人对被绑架人安危的忧虑而向被绑架人以外的其他人勒索财物，这也正是绑架勒赎的含义所在。在本案中，马某对被害人沈某使用暴力将其劫持，这一行为在外观上与绑架罪是相同的。但马某并没有扣押沈某为人质并向其亲属勒索财物，而是向被害人沈某本人勒索财物，因而马某的行为不符合绑架罪的构成要件，不能以此定罪。

3. 马某的行为是否构成敲诈勒索罪？

根据刑法第二百七十四条的规定，敲诈勒索罪是指以非法占有为目的，对被害人实施威胁或者要挟的方法，强行索取数额较大的公私财物的行为。由此可见，敲诈勒索罪的手段是威胁或者要挟，尽管威胁内容可能包括暴力，但这种暴力不可能是当场使用的暴力，而只能是将来可能实施的暴力。如果说在以胁迫为

手段的抢劫罪的情况下,还会发生抢劫罪与敲诈勒索罪不太容易区分的问题。那么,在当场使用暴力的情况下,其索要财物的行为不可能构成敲诈勒索罪,是毫无疑问的。而在本案中,被告人马某已经实施暴力将被害人沈某劫持,因此,尽管马某具有对沈某强行勒索财物的行为,但其行为已经不属于敲诈勒索,而是一种使用暴力的勒索,因而马某的行为不构成敲诈勒索罪。

4. 马某的行为是否必然构成抢劫罪?

既然被告人马某的行为不构成绑架罪和敲诈勒索罪,那么,是否必然构成抢劫罪呢?马某的行为是否构成抢劫罪,这还是一个需要论证的问题。根据刑法第二百六十三条的规定,抢劫罪是指以非法占有为目的,以暴力、胁迫或者其他方法,强行夺取公私财物的行为。在我国传统刑法理论上,对抢劫罪的认定上强调两个当场,并以此作为与敲诈勒索罪的区分。这两个当场就是:当场使用暴力与当场取得财物。笼统地说,这两个当场似乎能够成立:抢劫罪是当场使用暴力,敲诈勒索罪是将来使用暴力;抢劫罪是当场取得财物,敲诈勒索罪是将来取得财物。但仔细分析,上述两个当场的观点存在明显的漏洞。在不具备两个当场的情况下是否就一定构成敲诈勒索罪呢?例如,当场使用暴力而将来取得财产,或者将来使用暴力而当场取得财产。为叙述方便,我们先讨论将来使用暴力而当场取得财物,这里的将来使用暴力是指以将来使用暴力相威胁。抢劫罪的胁迫应当是以当场使用暴力相威胁,因此,若以将来使用暴力相威胁而当场取得财物,显然不构成抢劫罪。在这种情形下,可以成立敲诈勒索罪。因此,敲诈勒索罪也可以是当场取财。关于当场使用暴力而将来取得财物,其行为不构成敲诈勒索罪,我在前面已经论及。在这种情形下,如果强调两个当场,也不能构成抢劫罪。因此,我们就对当场取得财物是否为抢劫罪成立的必要条件产生质疑。

在绝大多数抢劫罪中,都是当场取得财物的,但也并不排除在个别情况下不是当场取得财物也可以构成抢劫罪,这就是所谓抢劫性勒索。德国刑法典第255条有关抢劫性勒索(也译为暴力敲诈)的规定:以对他人人身实施暴力或立即危害其身体或生命为胁迫,进行敲诈勒索的,按抢劫罪论处。对于这一规定,我国留德学者樊文认为,这是一个独立罪名,处罚上以抢劫罪的刑罚幅度处罚。而

译成"以抢劫罪论处",容易让人误解为构成抢劫罪。樊文认为,本罪与抢劫的关系取决于:勒索的犯罪构成要件是否受处分财产要求的限制。如果以自我损失的财产处分为前提,那么,勒索与抢劫的犯罪构成要件就是一种排他性关系。因为劫取和交付(财产处分)原则上是相互排斥的。如果是劫取就是抢劫,如果是自我损失的交付就是勒索。按照这个观点,劫取与勒索是有区别的:劫取是犯罪人在财物所有人或者保管人完全丧失意志自由情况下占有财物,而勒索是犯罪人在所有人或者保管人产生恐惧心理而交付财物的情况下占有财物,两者存在程度上的差别。基于这一区分,应将抢劫性勒索视为勒索罪的加重情形,仅仅因为其性质严重而准用抢劫罪的法定刑而已。这一分析也许是有道理的,但在我国刑法中不能完全照搬。因为我国刑法未对所谓抢劫性勒索罪作明文规定,如果将其理解为敲诈勒索罪,则明显是轻纵犯罪人。因为抢劫性勒索其手段具有暴力性,在性质上与抢劫相当。在这种情况下,我认为在我国刑法中抢劫性勒索应以抢劫罪论处。因此,抢劫罪的当场取得财物并非适用于任何案件。从本案的情况来看,被告人马某采用暴力手段劫持沈某,又以借款为名强行勒索3万元,其行为构成抢劫罪。只是沈某在取钱时借机脱身报警,公安机关将马某抓获。因此,被告人马某属于抢劫未遂。

(本文原载《中国审判》,2008(1))

二、盗窃罪与诈骗罪的界分

(一)案情

案情一:朱某遥控磅秤非法获利案

犯罪嫌疑人朱某从事废旧钢材收购业务,为获取非法利益,朱某伙同徐某等人预谋采用在地磅秤上安装控制器遥控减少称重的方法非法获取利益。2007年8月的一天,朱某来到南通金润钢管制造有限公司,达成收购废旧钢材的协议。当夜,徐某偷偷潜入该公司,在地磅秤上安装了遥控信号接收器。2007年8月至9

月间，朱某伙同徐某等人先后四次至该公司收购废钢管头，在收购过程中通过遥控器控制地磅称重数据，使地磅秤仪表显示值减少，以非法占有该公司废钢材，共计非法占有该公司废钢材 15.50 吨，合计价值人民币 40 300 元。同年 10 月 30 日，朱某等人再次作案时，案发被抓获。

案情二：王某窃取欠条收取欠款案

王某与李某是邻居，一日，王某趁李某不在家时潜入其家中行窃，只偷得李某一张应收 2 万元装修款的欠条，该欠条载明的欠款人为赵某。因王某也认识赵某，便到赵某处谎称李某重病住院急需钱治疗，李某委托他到赵某处收取装修款治病，赵某信以为真，当即将 2 万元交给王某。王某拿到货款后挥霍一空，之后事情败露被抓获。

(二) 分析

盗窃罪与诈骗罪是常见的两种犯罪，在一般情况下这两种犯罪不会发生混淆，但在某些复杂的案件中，既有诈骗因素又有盗窃成分，这两种犯罪之间的界限就难以区分。

那么，盗窃罪与诈骗罪的本质区别是什么呢？在刑法理论上，盗窃罪与诈骗罪都属于占有转移的犯罪，即盗窃与诈骗是使财物占有关系发生转移的原因。但盗窃罪是违反对方意思的取得罪，而诈骗罪是基于对方意思的交付罪。也就是说，盗窃是在违反财物所有人意思的情况下使占有发生转移，而诈骗是因财物所有人受骗发生认识上的错误并主动交付财物，这里的交付必须是在处分意思支配下的占有转移。根据上述盗窃罪与诈骗罪的本质区分，我们就可以较为容易地将这两种犯罪加以区分。

在朱某遥控磅秤非法获利案中，被告人朱某在地磅秤上安装遥控信号接收器，以此控制地磅称重数据，这是一种动作诈骗，它区别于通常所见的言辞诈骗。无论是动作诈骗还是言辞诈骗，行为人都是采用虚构事实或者隐瞒真相的方法，使财物所有人发生认识上的错误，基于这种错误认识而处分财物。在本案中，被告人朱某的非法获利是通过控制地磅称重数据，使对方多付废钢材而获得的，这是一种典型的基于财物所有人的错误认识实施处分行为而发生的占有转

移。在本案中，被告人朱某采取秘密手段在地磅上安装遥控器的行为并不是一种盗窃行为，而是一种动作诈骗行为。被告人朱某是通过欺骗方法获得对方多付的废钢材，因而构成诈骗罪。

在王某窃取欠条收取欠款案中，情况稍微复杂一些。被告人王某实施了两个行为：一是窃取欠条，二是利用欠条结算货款。在这种情况下，对王某到底是按照其窃取欠条行为认定为盗窃罪，还是根据其利用欠条结算货款行为认定为诈骗罪？在此，没有过于高深的理论，其实我们只要问一个问题，王某定罪的难题就迎刃而解了：在本案中财产损失人是谁？是本案中的债权公司还是债务公司？换言之，在王某向欠款公司结算货款以后，债权公司还能向债务公司主张债权吗？回答是否定的。也就是说，在本案中，财产损失是债权公司，由于王某窃取欠条并收取货款，使债权公司遭受了经济损失。这一经济损失当然是王某窃取欠条的行为造成的，因此构成盗窃罪。在本案中，王某向债务公司实现债权的时候，确实存在一定的诈欺行为，但债务公司的财产并没有因此受到损失，它不是诈骗犯罪的被害人，当然就不能把王某的行为认定为诈骗罪。如果王某窃取欠条之后，并没有去收取欠款，而是将其销毁了，王某则不构成犯罪。因为债权公司还可以通过和债务公司的业务往来、订单等间接证据证明两者之间的债权债务关系，从而实现债权。从这个意义上说，债权公司和债务公司都没有受到损失。因此，在这种情况下，王某不构成犯罪。

由此可见，盗窃欠条构成盗窃罪，除了客观上的盗窃行为与主观上的盗窃故意以外，还必须具有通过或者意图通过实现债权而表现出来的非法占有的目的。如果不具有这种目的，就不构成盗窃罪。

（本文原载《中国审判》，2008（10））

三、挂失并取走自己账户下他人款项构成盗窃罪

（一）案情

被害人苏某与被告人晏某系朋友关系。2005年5月，苏某借用晏某的身份

证到某工商银行开设个人存款账户,并存入 10 余万元。苏某自己持有银行卡及密码,以支取账户内的钱款。不久,晏某产生非法占有上述钱款的目的,遂独自用自己的身份证向银行申请挂失、重新补办存折并设置密码,然后分两次取走账户内的全部钱款。

(二)分析

晏某非法占有苏某存款案,在审理过程中存在侵占罪、诈骗罪、盗窃罪和不构成犯罪这四种意见,涉及罪与非罪、此罪与彼罪的界限,因而是一个较为疑难的案件。最终法院以盗窃罪对晏某定罪,这一处理结果我认为是正确的。对于本案,作者的分析思路是值得我们注意的。作者对于盗窃罪的结论从以下四个方面作了论证:一是本案晏某的行为具有严重的社会危害性,已构成犯罪;二是对晏某不应定侵占罪;三是晏某的行为不构成诈骗罪;四是晏某的行为应按盗窃罪处理。在以上四个方面:第一点是解决罪与非罪的问题,后三者是解决此罪与彼罪的问题,其逻辑关系似乎是清楚的。但从表述上来说,第一点从晏某的行为具有严重社会危害性以论证其行为构成犯罪,反映了一种实质判断先于形式判断的方法,这是值得质疑的。

其实,社会危害性并不是自外于构成要件的另一个判断,社会危害性更不应该在犯罪构成要件之前进行判断。社会危害性与构成要件的关系是:没有构成要件,一定没有犯罪所必需的社会危害性,这是罪刑法定原则所决定的。但在某些特殊情况下,具备构成要件但不一定具有社会危害性,因而不一定构成犯罪。这就是三阶层的犯罪论体系所提供的判断思路:构成要件该当性、违法性、有责性。在构成要件该当性中解决行为是否符合刑法分则所规定的某一犯罪成立的客观要件问题。在此基础上,再进行违法性判断,这里的违法性是指法益侵害性,和我们所讲的社会危害性是极为相似的。在违法性中,主要是将那些具有构成要件该当性但存在正当防卫、紧急避险等违法阻却事由,因而不具有违法性的情形从犯罪中予以排除。然后才是有责性的判断,即对行为进行主观上的归责。根据这样一种逻辑关系,本案的核心问题:晏某非法占有苏某存款的行为符合哪一个犯罪的构成要件。

在此，首先需要解决的是苏某借用晏某的身份证存款的法律性质问题。苏某的行为明显违反实名制规定。在民法上，根据存款实名制，存在谁的名下的款项应当归谁所有。但这一规则并不适用于刑法，刑法更强调的是实质上的所有关系而不是形式上的所有关系。在苏某有证据表明他是借用晏某的身份证而存款的情况下，该存款实质上仍然是苏某所有。至于第四种意见所说的保管合同关系并不存在，因为苏某虽然以晏某的名义存款，但并没有将存折交付给晏某保管。

晏某的行为属于非法占有苏某财物的性质，那么，这一行为构成何种财产犯罪呢？在本案中，作者采用的是排除法：晏某不构成侵占罪、不构成诈骗罪，而构成盗窃罪。虽然其结论是正确的，但对这三个罪名之间的关系并没有加以厘清，因而其结论得出尚不是建立在充分的法理基础之上。在刑法理论上，占有型的财产犯罪可以作如下分类（见下表）。

占有型财产犯罪	转移占有型财产犯罪	取得型财产犯罪	公然取得——抢夺罪、抢劫罪
			秘密取得——盗窃罪
		交付型财产犯罪	受欺骗而交付——诈骗罪
			被勒索而交付——敲诈勒索罪
	非转移占有型财产犯罪——侵占罪、职务侵占罪		

根据以上分类，我们可以逐一进行考察。

首先，属于转移占有型财产犯罪还是非转移占有型财产犯罪，其区分标志在于犯罪之前财物是处于行为人本人占有状态还是处于他人（财产所有人或者财产保管人）占有状态。在本案中，存款显然是以晏某名字存的，但苏某并没有将存折交给晏某保管，因而存款并不处于晏某的占有状态。换言之，存款的名义与存款的实际占有是完全不同的。据此，可以排除侵占罪。

其次，再看是属于交付型财产犯罪还是取得型财产犯罪。这个问题稍微复杂一些，因为在本案中，晏某对银行似乎存在欺骗行为，并由此而从银行取走了存款。那么，能否认定为诈骗罪呢？进一步地说，能否认定为三角诈骗，即被骗人是银行，财产损失人是苏某呢？我的答案是否定的。在本案中，严格地说，银行

并没有被骗。因为存款人是晏某,按照存款实名制,晏某的挂失及其后的取款行为都是合法的交易行为。问题在于:实质上存款并不是晏某而是苏某的,晏某是利用苏某以其名义存款而非法占有苏某的存款,这是一种盗窃行为。那么,晏某向银行挂失并取款,其行为既然是合法的交易行为,为什么这一行为在刑法上被评价为盗窃的犯罪行为呢?如何排除这一矛盾,是区分诈骗罪与盗窃罪的关键之所在。我认为,对于这一问题的解决可以采用刑法理论上的间接正犯概念,即晏某利用不知情的银行窃取苏某以其名义所存的款项。对此的论证,由于篇幅所限不再展开,读者可以自行思考。

(本文原载《中国审判》,2010(5))

四、敲诈勒索罪问题解析

(一) 案情

2008年6月11日20时许,被告人梅世山、何文、唐广发、陈明启、龙亚军、虞列凯、余俊、余华、吴维等人密谋假装从摩托车上摔下受伤,进而向车主索取财物的方式作案。被告人何文和吴维在广州市荔湾区汾水小区搭乘被害人吴汉杰驾驶的摩托车至增村南牌坊附近时,吴维假装从摩托车上摔下倒地,何文将被害人吴汉杰连同摩托车一起掀翻落地。埋伏在附近的被告人梅世山、唐广发、陈明启、龙亚军、虞列凯、余俊、余华等人上前勒索被害人吴汉杰,而被害人吴汉杰趁乱逃离现场报警,并将摩托车遗留在现场。被告人龙亚军指使梅世山、唐广发、陈明启将被害人吴汉杰所有的飞肯牌摩托车(经鉴定,价值3 000元,车头箱内有现金261元及驾驶证等物品)开走,三人骑至广东省佛山市南海区时被公安人员抓获。后在被告人梅世山的协助下,6月12日,公安人员在广州市荔湾区增东出租屋内将被告人何文、龙亚军、虞列凯、余俊、余华、吴维抓获。上述涉案的财物已由公安机关发还给被害人吴汉杰。

(二) 分析

本案的疑难,主要表现在被告人事先对犯罪的预谋与实际实施的犯罪行为之

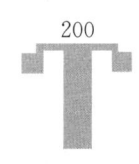

间的差异上。从被告人事先预谋来看，意图在搭乘被害人的摩托车过程中，假装摔伤，以此向被害人勒索财物。这种情形，通常称为碰瓷，应当认定为敲诈勒索罪。在本案中，事态没有完全按照被告人设想的进程发展，在被告人假装摔倒正欲向被害人勒索财物之际，被害人趁乱逃离现场，并将摩托车遗留在现场，被告人遂将摩托车非法占有，从而以一种出乎意料的结局结束了这起案件。

被告人假装从摩托车上摔下倒地时，将被害人连同摩托车一起掀翻落地这一行为如何定性？对此，第一种意见认为该行为具有暴力性，之后其他被告人的出现形成暴力胁迫并致被害人弃车而逃，故应认定为抢劫罪。从掀翻摩托车这一举动来说，确实具有暴力性。如果被害人意图掀翻摩托车从而将摩托车非法占有，该行为认定为抢劫罪，应该没有问题。问题在于，抢劫罪是暴力取财，不仅在客观上暴力行为与取财行为之间具有因果关系，而且被告人主观上具有将暴力作为取财手段的抢劫故意。只有这样，才完全符合抢劫罪的特征。在本案中，被告人掀翻摩托车倒地，其主观目的不是占有摩托车，而是制造摔伤的假象，因而该掀翻摩托车的行为不能认定为抢劫罪之暴力手段。至于其他被告人的出现形成暴力威胁，从客观上来说确实如此，但其他被告人主观上亦没有抢劫的故意，即使对被害人造成恐惧，也同样也不能认定为抢劫罪。总之，以抢劫罪而论，客观上形似，而主观上缺乏抢劫故意，因而难以成立。

掀翻摩托车倒地的行为是否属于敲诈勒索行为的着手呢？第二种意见认为，敲诈勒索行为尚未实行，而第三种和第四种意见都认为敲诈勒索行为已经着手。对敲诈勒索行为之着手的判断，关键在于如何正确地理解敲诈勒索的实行行为。在刑法理论上，敲诈勒索罪是指以非法占有为目的，对被害人实施威胁或者要挟的方法，强行索取数额较大的公私财物的行为。由此可见，敲诈勒索行为属于复行为犯：手段行为是威胁或者要挟，目的行为是强行索取财物。

勒索罪通常存在两种情形：一是当面语言威胁，二是寄恐吓信威胁。无论上述何种情形，只要被告人实施了敲诈勒索的手段行为，就应视为敲诈勒索行为的着手。以此为标准衡量本案，敲诈勒索行为是否着手实行，取决于掀翻摩托车倒地的行为是否属于敲诈勒索罪的实行行为的一部分。如果答案是肯定的，那么即

使被告人没有来得及向被害人勒索财物，被害人就趁乱逃离了现场，也应视为已经着手实行。反之则不然。

那么，如何认定被告人掀翻摩托车倒地这一行为的性质呢？在此涉及一个问题，即敲诈勒索罪是否可以由暴力构成？对此，我国刑法理论上可谓语焉不详。我个人还是赞同暴力可以成为敲诈勒索罪的手段，它与抢劫罪的区分就在于这种暴力是否达到使被害人不敢抗拒的程度。如果达到这种程度而取财的，就是抢劫罪；如果没有达到这种程度而取财的，即利用轻微暴力造成被害人恐惧而当场交付财物的，就是敲诈勒索罪。抢劫罪是取得型的财产犯罪，被告人通过使用暴力或者胁迫或者其他手段，使被害人丧失意志自由，由此而取得财物。在敲诈勒索罪中，被告人是通过暴力或者胁迫，使被害人产生恐惧，因而交付财物。在本案中，被告人掀翻摩托车是为了给被害人造成恐惧，这一行为是敲诈勒索罪的手段行为。就此而言，被告人的敲诈勒索行为已经着手实行。但被告人虽然取得了摩托车，该摩托车并不是被告人勒索而被害人基于恐惧所交付的结果。在此，不具备敲诈勒索罪所要求的被告人勒索这一目的行为，也不存在被害人的交付行为。申言之，敲诈勒索罪的构成要件不齐备，属于敲诈勒索罪的未遂。

既然，敲诈勒索罪未遂，摩托车就不能认定为是敲诈勒索之犯罪所得。那么，能否如同第二种意见所认为的那样，将被告人非法占有被害人遗留在现场的摩托车的行为认定为盗窃罪呢？这里涉及对盗窃罪之秘密窃取行为的界定。盗窃罪是一种占有转移的财产犯罪，正如日本学者指出：所谓窃取，是指违反占有人的意思，将他人所占有的财物转移至自己占有的行为。因此，只有对处在他人占有之下的财物，才存在窃取的问题。与占有转移的财产犯罪相对应的是非占有转移的财产犯罪，例如侵占罪。对于侵占罪来说，在实施侵占之前，他人财物已经处于本人的占有之中，因而对此不可能实施盗窃。根据以上对盗窃罪和侵占罪的界分，当被害人弃车逃离现场以后，该摩托车成为脱离占有物，对其的占有不可能是盗窃而只能是侵占。因此，本案应当以敲诈勒索罪的未遂与侵占罪论处。尽管这个结论有些出乎意料，但从相关刑法理论进行分析，应当得出这样的结论。

这里还有必要对侵占脱离占有物行为的定性略加说明。在日本刑法中，侵占

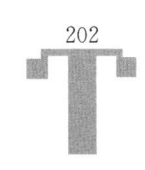

罪可以分为三个罪名：单纯侵占罪、业务侵占罪和占有脱离物侵占罪（遗失物等侵占罪）。日本刑法第 254 条规定，侵占遗失物、漂流物或其他脱离占有的、他人之物的，是占有脱离物侵占罪。但在我国刑法中，除职务侵占罪对应于日本刑法中的业务侵占罪以外，刑法第二百七十条第一款规定了侵占代为保管的他人财物的犯罪、第二款规定了侵占他人的遗忘物或者埋藏物的犯罪。因此，在我国刑法中，除遗忘物或者埋藏物之外，其他脱离占有物并不包含在刑法第二百七十条第二款的规定之中。在这种情况下，我认为可以把不当得利或者无因管理等其他脱离占有物纳入刑法第二百七十条第一款的代为保管的他人财物，以此认定为侵占罪。因此，这里的代为保管，既包括基于合法原因，例如因委托关系、租赁关系、借用关系等而形成的保管关系，也包括基于其他非合法但又未构成犯罪的原因，例如不当得利、无因管理等而形成的保管关系。外国刑法将侵占罪，实际上是单纯侵占罪称为合法持有、非法占有，是因为非合法持有的情形并不包括在单纯侵占罪之中，而是涵括在侵占脱离占有物罪之中。而我国刑法只规定了一个侵占罪，既包括单纯侵占，又包括侵占脱离占有物。在这种情况下，侵占罪就不能再表述为合法持有、非法占有，我将其修改为已然持有、继而占有。

（本文原载《中国审判》，2010（8））

五、在 ATM 机上存假币取真币的行为构成盗窃罪

（一）案情

2004 年夏天，被告人邱某、喻某、苏某在重庆市沙坪坝区石桥铺一带办假证牟利。同年 6、7 月间，邱某、喻某、苏某承接了"四川人"（另案处理）提出办理 500 张银行卡的"业务"，双方约定"制卡费"为人民币 10 万元，三人先后收取了对方给付的"制卡费" 2 万余元。随后，喻某、苏某、邱某到网吧找人拍摄登记照，再找他人制作假居民身份证，并持假居民身份证到交通银行重庆分行的营业网点办理了一批太平洋借记卡。2004 年 7 月 14 日晚，喻某、苏某、邱某

与"四川人"见面并将所办理的交通银行太平洋借记卡交给对方,但对方未支付"制卡费"余款,而是将用太平洋借记卡在交通银行 ATM 自动存取款机上"存假币、取真币"的作案方法告诉了三被告人,并给了数十万元假币、一顶假发,退回部分太平洋借记卡。

2004 年 7 月 15 日凌晨,被告人喻某、苏某先携带部分假币到重庆市南岸区南坪交通银行的一个自助银行,通过 ATM 机成功存入假币取出真币后,喻某打电话叫邱某将其余假币和太平洋借记卡带到作案现场。当日凌晨 3 时至 5 时许,苏某连续将大量假币存入 ATM 机,并将存入假币的太平洋借记卡交给喻某,喻某到交通银行南坪支行营业部等地的 ATM 机取款,邱某在附近等候。当日凌晨 6 时许,邱某、喻某、苏某乘出租车到石桥铺,三人下车又到转盘附近的交通银行 ATM 机取款。当日,喻某、苏某、邱某在交通银行共存入假币 122 300 元,取走 86 200 元,后各分得赃款 25 000 元,其余赃款共同挥霍殆尽。随后,三人将剩余的假币和太平洋借记卡等烧毁。

2008 年 3 月 17 日,被告人邱某被公安机关抓捕归案,喻某、苏某也相继归案。

(二)分析

在现实生活中,在自动柜员机存假币取真币的行为时有发生,对于这种行为如何定性是一个值得研究的问题。有意见认为其构成诈骗罪,有意见认为应实行盗窃罪和使用假币罪数罪并罚。我认为该行为既不构成诈骗罪,也不构成使用假币罪,而只构成盗窃罪。

1. 为什么不定诈骗罪

因为在通过自动柜员机存假币取真币的情况下,缺乏诈骗罪所要求的处分行为。诈骗罪的一般流程是:欺骗—认识错误—处分行为—取得财物。其中,欺骗与取得财物是被告人的行为,基于认识错误而处分财物,则是被害人的行为。这里的处分是指因被告人的欺骗而产生认识错误,并基于这种认识作出带有瑕疵的意思表示,进而将本人的财物交付给他人。在刑法理论上,对于处分行为到底是有意识处分还是无意识处分,是存在争议的。但若缺乏处分行为,则其尽管存在

欺诈行为，也不构成诈骗罪，对此不存在争议。在以往我国的刑法理论上，关于诈骗罪的构成，对被告人基于认识错误而处分财物这一内容强调得不够，因而在司法实践中容易扩大诈骗罪的范围，尤其是会将诈骗罪与民事欺诈相混淆。近年来，我国刑法学界开始引入机器不能被骗的法理，并在司法实践中产生了一定影响。机器之所以不能被骗，就是因为机器没有人的意识与意志，因而不会因欺骗而发生认识错误，并基于这种认识错误而处分财物。概言之，处分行为这一要件决定了只有人才能成为诈骗罪的对象，机器则不能成为诈骗的对象。即使是所谓智能化的柜员机，具有人机对话功能，仍然不具有意识和意志，不能成为诈骗罪的对象。

也许有人认为，法律并没有规定机器不能被骗，为什么一定要恪守这一戒律呢？我认为，犯罪的构成要件并不一定都是在法律上有明文规定的，存在一种在法律上没有明文规定的构成要件，这可以说是一种不成文的法律。例如，刑法也没有规定不动产不能成为抢劫罪的对象，为什么在刑法理论上一般都认为只有动产才能成为抢劫罪的对象，而不动产则不能成为抢劫罪的对象呢？这是因为由于以暴力、胁迫或者其他方法取得财物这一行为特征决定了抢劫罪的对象只能是动产而不可能是不动产。就此而言，不动产不能成为抢劫罪的对象就是一种不成文的法律。机器不能被骗，对于诈骗罪来说，也是一种不成文的法律，它对于诈骗罪的认定具有重要意义。如果承认机器可以被骗，就会扩张诈骗罪的边界，而与盗窃罪相混淆。例如，在把类似于货币的金属片投入自动售货机而不正当地取得商品的场合，也就是自动售货机将该金属片误认为是硬币，由于自动售货机不具有意识与意志，其误认属于机器识别功能在设计上的缺陷，与人的认识错误在性质上并不相同。同样，自动柜员机虽然在智能上高于自动售货机，其仍然属于机器的范围，自动柜员机不能识别假币，并非机器被骗，而是自动柜员机没有设置假币识别功能，或者假币识别功能不够灵敏。

有时，由于假币十分逼真，验钞机也验不出来。在这种情况下，我们能说验钞机被骗吗？不能，我们只会说验钞机不灵。只有人未能识破假币而收下，我们才会说被骗。由此可见，不灵与被骗是完全不同的。不灵是一种客观评价，而被

骗则是以存在一定的过错为前提的，因而蕴含着一种道义上的贬低。那么，能不能因为机器是人设计的，因而把机器功能上的缺陷，说成是人被骗呢？回答是否定的。当一台验钞机不灵而收下假币的时候，我们只会责怪验钞机的设计者无能，而不会说他被骗。当一个假币持有者到银行用假币存款，银行工作人员因自己认识能力有限，利用验钞机来识别，结果验钞机也未能识别，因而收下假币。在这种情况下，对于假币持有者来说，应当定诈骗罪而非盗窃罪：被骗的不是机器而是人。那么，为什么在这种情况下不定盗窃罪呢？因为这时不具备盗窃罪所要求的秘密窃取的特征。而在自动柜员机上存假币取真币，这是一种财物所有人不在现场的犯罪，因而具有盗窃罪的秘密性特征。

2. 为什么不构成使用假币罪

在自动柜员机上存假币取真币，存在前后两个行为：一是存假币，二是取真币。对此，我国学者张明楷教授认为：行为人通过自动取款机将假币存入银行，然后从自动取款机中取出真币的，应以使用假币罪和盗窃罪实行数罪并罚。① 对于这一观点，我并不赞成。这里的问题是：存假币是否构成使用假币罪？在刑法理论上，一般把使用假币罪的"使用"界定为以假币当真币使用，履行货币职能的任何行为。② 在把假币当真币使用的意义上理解使用，往往把用假币到银行存款定性为使用假币。③ 那么，存假币是使用假币吗？我认为不是。使用假币罪的"使用"，并不是一般意义上的将假币当作真币使用。因为如果泛泛地将其定义为将假币当作真币使用，存款要求是真币，你把假币拿到银行里去存款，确实就是将假币当作真币使用。但使用假币罪的"使用"是指将假币当作真币用于流通。例如，日本学者西田典之教授在界定日本刑法中的行使伪造的通货罪（相当于我国刑法中的使用假币罪）的"行使"一词时指出：所谓行使，是指将假币作为真正的通货置于流通。除了用于支付买卖价款与偿还债务之外，还包括赠与。由于

---

① 参见张明楷：《刑法学》，3 版，580~581 页，北京，法律出版社，2007。
② 参见周道鸾、张军主编：《刑法罪名精释》，3 版，249 页，北京，人民法院出版社，2007。
③ 参见张明楷：《刑法学》，3 版，579 页，北京，法律出版社，2007；周道鸾、张军主编：《刑法罪名精释》，3 版，249 页，北京，人民法院出版社，2007。

在自动售货机上使用的行为最终也会使假币进入流通，因而构成本罪。① 如果是用假币在自动售货机上购物，当然是一种使用。但将假币拿到银行存款，该存款行为类似于委托保管行为。西田典之教授明确指出：委托保管的行为，因为其款项并未进入流通，因而并不构成本罪。② 用假币到银行存款，实际上是用假币换真币，这种行为与出售假币行为并不相同。因为出售假币是指将伪造的货币以低于票面额的价格卖出，而用假币换真币是指同等票面额真假货币交换。并且，出售假币以购买者明知是假币为前提，而以假币换真币，则对方并不知道是假币。我国刑法第一百七十一条第二款规定了金融工作人员以假币换取货币罪，所谓换取货币，是指以假货币换取同种、同数量的真货币。金融工作人员实施以假币换真币的行为，应以上述犯罪论处。那么，非金融工作人员以假币换真币的行为又如何定性呢？如果非金融工作人员以高额假币购买商品，以便找回部分真币，这种行为尽管也具有以购物为名以假币换取真币的含义，但我们认为这仍然是一种使用假币的行为，应以使用假币罪论处。然而，如果非金融工作人员在他人不知情的情况下，以假币换取同等数量的真币，则不能认为是使用假币，而应根据其手段分别定罪：例如采用调包方法以假币换取真币的行为，涉嫌诈骗罪；而在他人不知觉的情况下，抽取真币，并以假币顶替以掩盖罪行的，则构成盗窃罪。

3. 在自动柜员机上存假币取真币的行为构成盗窃罪

根据以上分析，用假币到银行存款的，应当区分为两种情况：一是用假币到银行柜台存款，银行工作人员误以为真币而存入被告人的账户，其行为可构成诈骗罪。关于此后取出真币的行为，是实现对犯罪所得赃物的实际占有，属于不可罚的事后行为。因为在银行工作人员收下假币，在被告人的账户上记载存款之际，其诈骗罪已经既遂，取真币的行为不能另外定罪。二是用假币到自动柜员机存款，其存入行为不是使用假币，而是利用假币而使被告人账户内记载存款，这

---

① 参见［日］西田典之：《日本刑法各论》，3版，刘明祥、王昭武译，254页，北京，中国人民大学出版社，2007。
② 参见［日］西田典之：《日本刑法各论》，3版，刘明祥、王昭武译，255页，北京，中国人民大学出版社，2007。

是一种秘密窃取。只要在账户上记载了存款，盗窃罪即告既遂。此后的取真币行为，也是一种不可罚的事后行为。而那种认为存假币是使用假币，取真币是盗窃真币的见解，并没有注意到取真币是从本人的账户内取款，这一取款行为是具有依据的，对此不该评价为盗窃罪。这种取款的依据本身是存假币的结果，存入假币就完成了以假变真的行为，因而已经构成盗窃罪的既遂。否则，就会出现对行为的重复评价。例如，采用计算机操作的方法将他人银行账户上的 50 万元存款转入本人的账户，然后，再将 50 万元存款到柜台上取出。在这种情况下，能否认为存在两个行为，一个是盗窃行为，一个是诈骗行为，非法占有了两笔钱，共计 100 万元呢？显然不能。在上述情况下，转款行为是盗窃，50 万元存款转入本人账户，就已经构成盗窃罪既遂。此后的取款行为，只不过将盗窃的财物予以实际占有而已，不另外构成其他犯罪。

（本文原载《中国审判》，2009（6））

六、侵占、损毁公司技术资料行为之定性

（一）案情

被告人黄某，系某电器有限公司技术开发部部长。其参与开发生产的一种新型电子产品，技术先进，质量稳定，受到用户的欢迎。同时生产该种电子产品的另一电器公司为了提高竞争力，千方百计拉拢黄某，许诺黄某如能带着技术去其公司工作，可安排担任部门副经理职务，提供一套住房和给予按销售比例提成的好处。被告人黄某为谋取私利，趁公司总经理不在时，借总经理的名义调出不归本人保管的全套图纸和计算机软件资料 70 多张，带入对方公司。同时，黄某还将存储在计算机硬件上的测试资料全部洗掉，给企业造成巨大损失。对于本案，存在以下值得研究的问题：（1）被告人黄某将本人参与研制的技术资料非法带入另一公司的行为是技术成果纠纷还是犯罪？（2）如果构成犯罪，是受贿罪、贪污罪还是诈骗罪或者盗窃罪？（3）将储存在计算机硬件上的技术资料洗掉使本公司

遭受重大经济损失的行为是否构成破坏集体生产罪？

（二）分析

黄某一案涉及两个行为：一是侵占公司技术资料；二是损毁公司技术资料。从参加讨论的文章来看，对这两种行为的定性都存在分歧意见。分歧的关键在于对各种犯罪的构成要件的理解上，主要涉及犯罪之间的界限区分问题。在此，我们通过对本案所涉及的各个犯罪构成要件进行解析，以解决本案的定性问题。关于黄某侵占公司技术资料的行为，在罪与非罪的问题上并无分歧。讨论中大家一致认为，黄某侵占公司技术资料的行为已不仅仅是技术成果纠纷或者一般侵权行为，而是已具有了相当严重的社会危害性，应以犯罪论处。同时，大家对技术成果可以成为财产犯罪的对象也取得了共识。现在的问题是，到底应该定什么罪？讨论中涉及的有盗窃罪、诈骗罪、贪污罪和侵占罪。这些犯罪都属于财产性犯罪，对黄某侵占公司技术资料行为正确定性，关键在于科学地区分这些犯罪之间的界限。这里首先涉及的是盗窃罪与诈骗罪的区分。主张定盗窃罪的同志认为，黄某调出资料，将资料带入对方公司构成一个完整的行为。造成某电器公司技术资料所有权损害结果的关键是黄某将技术资料秘密带入对方公司的行为。因此，从整体上看，黄某的行为具有秘密窃取的特征。而主张定诈骗罪的同志则认为，黄某趁公司总经理不在，假借总经理名义，将不归自己保管的全套技术资料调出，这是一种欺骗行为，完全符合诈骗罪的行为特征。应该说，盗窃罪与诈骗罪这两种犯罪，在一般情况下不难区分。但不可否认，在某些情况下，由于行为人采取非法占有财物的犯罪行为的复杂性，窃取与骗取往往交织在一起，骗中有窃，窃中有骗，因而容易混淆。例如在购物中的调包案件，从调包来看带有一定的欺骗性；但从取得财物来看，又主要是利用他人不注意而秘密窃取的，因而应以盗窃罪论处，因为调包欺骗只不过是掩饰其盗窃的一种手法而已。但调包案件也不可一概以盗窃罪论处，在某些调包案件中，如果财物是以欺骗方法取得的，应以诈骗论处。例如在非法外汇交易中，切汇（即乘人不备从他人的外币中抽出若干）是盗窃。而在交易完成以后，以再点一遍为名将外币要回，乘人不备调包，则应当定诈骗罪。由此可见，无论犯罪如何复杂，定罪的时候，主要看是以

盗的方法取得财物还是以骗的方法取得财物。在一起犯罪案件中，尽管会发生盗与骗的交织，但取得财物的方法只能是盗与骗二者居其一，其他只能是掩盖犯罪的手段。只要抓住这一点，盗窃与诈骗的界限就会迎刃而解。那么，本案黄某到底是窃取还是骗取呢？我们认为是骗取，即借总经理的名义调出不归本人保管的全套图纸和计算机软盘资料。那种认为是盗窃的意见，理由是值得商榷的。例如，有的同志将黄某把技术资料"秘密"带入对方公司的行为视为盗窃。其实，这只是处分赃物的事后行为，不能将它与盗窃行为混为一谈。黄某将技术资料据为己有，犯罪行为已经完成。又如，有的同志认为，本案虽有骗的成分，实际只是黄某秘密窃取技术资料的一个手段而已。黄某假借总经理的名义调阅技术资料，而后调出计算机软件上的资料。由于计算机本身的特点，使这种调出行为极难被发现。可见，黄某占有技术资料的行为是秘密窃取，不应认定为诈骗。应该说，这种观点本身是准确的。如果黄某骗取技术资料的软件，暗中复制带入对方公司，则这一行为属于盗窃。但本案的事实并非如此，黄某是采用欺骗的方法取得图纸和计算机软件资料，然后再将这些资料带入对方公司。就黄某取得这些技术资料而言，是欺骗而非窃取。由此可见，分析案例必须密切结合案情。案情稍有变化，有时甚至动作先后顺序不同，都会影响案件的性质。

如上所述，黄某的技术资料是骗取的。那么是否就定诈骗罪呢？不，还要进一步分析有无可能构成贪污罪。黄某是公司技术开发部部长，具备贪污罪的主体资格。是否构成贪污罪，关键在于是否具备利用职务上的便利这一要件。那种认为黄某的行为不构成贪污罪的同志指出：技术资料不属于黄某保管的范围，即黄某非法带走的技术资料不是黄某经手、管理的财物，由此得出结论：黄某缺少构成贪污罪的必要要件"利用职务上的便利"，因而不构成贪污罪。在这里，有必要对贪污罪的利用职务上的便利加以界定。贪污罪中的利用职务上的便利是指行为人利用主管、管理、经手公共财物的职权所形成的便利条件。我国学者一般认为，贪污罪中的利用职务上的便利具有以下几种类型：（1）利用"主管"公共财物的职务之便。主管公共财物指虽然并不具体管理、经手公共财物，但对于公共财物的调拨、安排、使用等有决定权。（2）利用"管理"公共财物的职务之便。

管理公共财物指直接对公共财物进行保管、处理、使用。(3)利用"经手"公共财物的职务之便。经手公共财物指本身并不负责对公共财物的管理、处置,只是由于工作需要而经手公共财物。这三种类型,行为人与公共财物的关系有所不同:管理是行为人直接保管公共财物。在这种情况下,贪污手段通常是利用职务上的便利盗窃公共财物,这就是所谓监守自盗。应该说,这种监守自盗与盗窃在行为方式上是不同的:盗窃罪之盗窃是将他人保管的财物据为己有;而监守自盗是将本人保管的财物据为己有,这实际上是一种侵占行为。侵占的本质特征是合法持有,非法占有。监守自盗只是在保管公共财物的所有人将财物秘密据为己有这一点上,具有一定意义上的"盗窃"性质。"主管"是行为人不直接保管公共财物,但对于公共财物具有支配权。在这种情况下,贪污手段通常是侵吞,即将本人主管的公共财物非法地据为己有。"经手"也是行为人不直接保管公共财物,但由于职务上的关系,有可能接触到公共财物。在这种情况下,贪污手段通常是诈骗,即利用欺骗手段从他人那里非法占有公共财物。通过以上分析可知:主管公共财物、保管公共财物和经手公共财物这三种贪污罪的利用职务上的便利的类型,表明了行为人与公共财物之间三种不同的关系,由此决定了行为人对公共财物的不同的支配权力。行为人正是利用了与公共财物的关系,通过采用盗窃、侵吞和诈骗的方法将公共财物非法占有。

  从本案分析,黄某虽然不直接保管这些技术资料,但这不能排除其构成贪污罪的可能性。因为诈骗构成的贪污罪,并不要求行为人直接保管公共财物。如前所述,黄某是通过诈骗手段取得技术资料的,那么,这种诈骗是否利用了职务上的便利呢?我们认为,黄某对这些技术资料不是直接保管,因而不可能盗窃取得这些技术资料,黄某对这些技术资料也不是直接主管,因为主管人是总经理,因而他也不可能侵吞这些技术资料。但黄某身为公司技术部部长,他有借职务之便经手这些技术资料的条件。黄某借总经理的名义骗取这些技术资料,应该认为是利用了其技术部部长的职务上的便利。由此可见,黄某的行为应以贪污罪论处。本案分析到此,是否就结束了呢?还没有。问题在于,全国人大常委会于1995年2月28日颁布了《关于惩治违反公司法的犯罪的决定》(以下称《决定》),设

立了公司、企业人员侵占罪,这样就产生了黄某的行为是否构成公司、企业人员侵占罪的问题。根据《决定》的有关规定,公司、企业人员侵占罪是指有限责任公司、股份有限公司的董事、监事或者职工以及有限责任公司、股份公司以外的企业职工,利用职务或者工作上的便利,侵占本公司或本企业的财物的行为。这一新罪的设立,在一定程度上限制了贪污罪的范围,因而有必要对这两种犯罪之间的关系加以界定。我国刑法学界有人认为,《决定》第十条设立了侵占罪。我们认为,不应称为侵占罪,因为《决定》并未设立一般意义上的侵占罪。因此,该罪称为公司、企业人员侵占罪较为确切,因其是一种特殊的侵占罪。它与侵占罪既具有一定联系,又有明显区别。为此,我们有必要来分析一般意义上的侵占罪。

各国刑法中,大多有侵占罪的规定,并与盗窃罪、诈骗罪相并列。因此,侵占罪之侵占显然是排除了盗窃、诈骗的内容,指将业已持有的他人财物予以非法占有的行为。侵占与盗窃、诈骗的根本区别就在于犯罪之前行为人与财物的关系不同,侵占是将本人合法持有的他人财物据为己有,而盗窃、诈骗都是通过秘密窃取或者骗取的方法将他人持有的财物非法占有。

那么,《决定》设立的公司、企业人员侵占罪之所谓侵占是否也应作以上理解呢?我们认为,从《决定》的立法精神来看,不应如此理解。公司、企业人员侵占罪,实际上应当理解为公司、企业人员贪污罪。因此,这里的侵占与贪污同义,而与外国刑法中的侵占罪已经大不相同。根据这一分析,公司、企业人员侵占罪的侵占行为,包含利用职务或者工作上的便利,侵吞、盗窃、诈骗本公司财物等内容。公司、企业人员侵占罪与贪污罪的主要区分,就在于犯罪主体与犯罪客体的不同:前罪的主体是公司、企业人员中的非国家工作人员;而后罪的主体是国家工作人员;前罪的客体是公司、企业的财产所有权,后罪的客体是国家机关的正常工作秩序和公共财物所有权。根据以上对公司、企业人员侵占罪与贪污罪之间关系的界定,再来分析本案,可以看出:在《决定》颁布以前,黄某的行为应以贪污罪论处;而在《决定》颁布以后,黄某的行为应以公司、企业人员侵占罪论处。顺便提到,即使按照有些同志的观点,黄某行为是盗窃或者诈骗,在

《决定》颁布以后，也应以公司、企业人员侵占罪论处。因为即使主张黄某行为是盗窃或者诈骗的观点，也不否认黄某的这一行为是利用工作上的便利实施的。而根据《决定》第十条的规定，公司、企业人员利用工作上的便利侵占公司、企业财物的，也应以公司、企业人员侵占罪论处。

关于黄某损毁公司技术资料的行为，在讨论中也存在两种观点：一种观点认为应定破坏集体生产罪，另一种观点认为应定故意毁坏公私财物罪。仔细分析，黄某的行为确实同时具有破坏集体生产与毁坏公私财物这两种性质。根据我国刑法第一百二十五条之规定，破坏集体生产罪是指由于泄愤报复或者其他个人目的，毁坏机器设备、残害耕畜或者以其他方法破坏集体生产的行为。法条中列举的破坏机器设备、残害耕畜是常见的破坏工业和农业生产的两种行为。黄某故意毁坏测试资料的行为应当包含在其他方法之中，因而符合破坏集体生产罪的构成要件。根据我国刑法一百五十六条之规定，故意毁坏公私财物罪是指故意非法毁灭或者损坏公私财物的行为。刑法教科书在谈到这两种犯罪的区别时通常指出，区别的关键，是看破坏的结果是否足以使生产无法正常进行或者使已经进行的生产归于失败。具体些说，破坏已经或正要投入生产的机器设备，必然使生产停顿；残害使役期间的耕畜，会直接影响耕作。如果破坏与集体生产没有直接联系的设备，如闲置的生产设备或者生活用品，不会直接影响生产的进行，则应以故意毁坏公私财物论处。应该说，这一论述本身并不错，但仍然没有上升到理论的层面。关于破坏集体生产罪与故意毁坏公私财物罪的关系，可以概括为这样一句话：凡破坏集体生产的，必然毁坏公私财物（构成放火罪、爆炸罪、投毒罪的除外）；而毁坏公私财物的，则不必然破坏集体生产。这说明在这两种犯罪之间存在着一定的关联，这种关联就是法条竞合中的普通法与特殊法的关系。规定故意毁坏公私财物罪的刑法第一百五十六条是普通法，其犯罪客体是公私财物所有权；而规定破坏集体生产罪的刑法第一百二十五条是特殊法，其犯罪客体不仅包括集体财物所有权，而且包括集体生产。根据特别法优于普通法的法条竞合适用原则，对黄某的行为应以破坏集体生产罪论处。值得指出的是，在讨论中有人指出，从客观上看，黄某的行为使某公司遭受了巨大经济损失，主张其构成破坏集

体生产罪并无不妥。但是，黄某采取的是用"破坏"方法阻碍某公司生产，其方法行为已触犯了故意毁坏公私财物罪。因此，黄某的行为属于牵连犯的情况。依照处理牵连犯从一重罪处断的原则，主张对黄某以故意毁坏公私财物罪处罚。这一观点是值得商榷的，主要涉及对牵连犯的理解问题。在我国刑法理论中，牵连犯是指以实施某一犯罪为目的，而其犯罪的方法行为或者结果行为又触犯了其他罪名的情况。因此，具有两个以上的犯罪行为，是构成牵连犯的前提条件。如果只实施了一个行为，就无法形成行为之间的牵连关系。那么，本案中黄某损毁公司技术资料，到底是一个行为还是两个行为？显然是一个行为。论者把故意毁坏财物作为方法行为，又把生产遭受破坏这一结果形态视为另一行为，这显然是错误的。应该指出，结果不等于结果行为，方法也不等于方法行为。结果与方法是包含在同一构成要件之内的。例如故意伤害致人死亡罪，故意伤害是方法行为，过失致人死亡是结果，但不是结果行为，不能认为是故意伤害罪与过失杀人罪的牵连犯，而只能是结果加重犯。总之，在分析案件的时候，一定要正确理解所涉及的理论概念，否则，理论上理解错误，分析结论也就很可能偏颇。

（本文原载《人民检察》，1995（12））

虚拟财产的刑法属性及其保护路径

引言

虚拟财产是指具有财产性价值、以电磁数据形式存在于网络空间的财物。由此可见，虚拟财产作为一种特殊的财物具有三个特征：其一，以电磁数据为载体；其二，以财产价值为内容；其三，以互联网为空间。我国学者将虚拟财产分为三类：第一类是账号类的虚拟财产，包括网络游戏账号和 QQ 账号。第二类是物品类的虚拟财产，包括网络游戏装备、网络游戏角色/化身的装饰品。第三类是货币类的虚拟财产，包括 Q 币、金币。[①] 虚拟财产具有形态的虚拟性和价值的真实性的统一特征。虚拟财产这个用语表明它具有一定的虚拟性，这种虚拟性是相对于现实财产的真实性而言。笔者认为，这里的虚拟性和真实性的对应并不是无和有，即虚无和存在之间的对应。因此，虚拟财产和现实财产之间虽然各自的存在方式明显不同，但就财产属性而言仍然具有同一性。

[①] 参见江波：《虚拟财产司法保护研究》，31～33 页，北京，北京大学出版社，2015。

虚拟财产之所以是一种财产，主要是因为虚拟财产本身具有真实的财产价值性。也就是说，虚拟财产的虚拟性主要表现为财产存在方式的非实体性。而就虚拟财产的价值而言，则具有真实性。这种财产存在方式的虚拟性与财产价值的真实性的并存，是虚拟财产区别于现实财产的根本特征。而且，在虚拟财产与现实财产之间存在着一定的换算途径和交易机制，也就是说，虚拟财产可以通过一定方式转变成为现实财产。因此，虚拟财产只不过是财产的一种特殊存在形态而已。随着网络游戏以及其他网络活动越来越普及，侵犯虚拟财产的现象在现实生活中时有发生。这就带来一个法律需要面对的问题，即法律如何保护虚拟财产。这里的核心问题是，对于虚拟财产能否按照传统财产的法律方式予以保护？如果能够按照传统财产的法律方式予以保护，就可以直接把虚拟财产视同为财物，非法占有虚拟财产的行为在刑法上就可以分别被认定为盗窃罪、诈骗罪或者其他财产犯罪。这里的关键还是在于虚拟财产的法律性质的确认问题，即虚拟财产是否具有财物的本质特征，能不能被视同财物？关于这个问题，在我国刑法学界是存在争议的。目前的主流观点认为，尽管虚拟财产具有不同于传统财物的存在形态，但就其本质特征而言，它具有价值性，并且可以通过一定方式转换为传统意义上的财产。因此，虚拟财产可以成为财产犯罪的客体。然而，这一见解不仅在刑法理论上存在争议，而且在司法实践中也存在反复。本文在对民法和刑法中的财物概念的演变过程进行梳理和评述的基础上，通过三个具有代表性的案例，对虚拟财产在我国司法实践中的命运加以描述，并在案例考察的过程中，进一步探讨虚拟财产的刑法属性以及保护路径。

一、中外对比与刑民交错：虚拟财产的前史

（一）财物的有体性说与无体性说之争

在刑法中，财产犯罪的客体一般称为财物，这里的财物是指具有财产性价值的物品。在民法中，则将物权的客体称为物。从逻辑上说，物可以分为具有财产性价值的物和不具有财产性价值的物，而财物是指具有财产性价值的物。作为物

权客体的物以具有财产性价值为前提，因为物权是调整财产关系的法律，不具有财产性价值的物不可能进入物权法的视野。因此，本文在此所讨论的刑法中的财物与民法中的物都是指具有财产性价值的物品，这是一个需要明确的逻辑基点。

  财物本身是随着人类社会的发展而不断变化的，从最初的有体物到后来的无体物再到现在的虚拟财产，可以明显地勾勒出从农业社会到工业社会再到信息社会的演变过程。财物从有体物到无体物的变化，经历了一个法律争议的过程。虚拟财产的诞生形成对财物概念的重大挑战，从现实财物到虚拟财产的变化再次重演了从有体物到无体物的法律争议。可以预见，这个法律争议还将在一个相当长的时间内持续，由此而对司法实践带来不可忽视的影响。

  我们可以回顾19世纪初，随着电的出现，对于传统民法及刑法中的财物概念带来的重大影响。关于无体物是否属于法律上之物，自罗马法以来就有不同的立法例。法国民法典承认无体物，德国民法典则排斥无体物，日本民法典仿效德国民法典。[①] 因为受到日本民法典的影响，日本刑法学界对财物采取的也是有体性说。应该说，在电出现以前，财物的有体性说与无体性说之争并无特别重要的意义。在电出现以后，对于法律上的财物究竟是采取有体性说还是采取无体性说就成为一个对于司法活动具有重要关系的问题。在日本刑法学界，由于受到日本民法典关于有体性说的影响，将电界定为与财物并列的客体。例如在20世纪初，日本著名刑法学家牧野英一对刑法中的财物是否限于有体物的问题作了以下论述：本来"物"之观念者，非物理上之观念，法律上之观念也。故由法律而物理学上所不可称为物质者，即如权利（力）等，尚包含于为无体物之"物"之观念之内也。然立法例一般之趋势，有使物理上之观念与法律上之观念日以一致者。我民法既以有体物（民法85条），于新刑法之财物之语，亦以限于有体物为当。夫刑法上以"物"当限于有体物与否，特关于电气而有所论争。判例于现行法之解释上，以"物"之语，为不必限于有体物。苟业为管理之可能者，刑法上视之为物也。因以所谓电气窃盗，为犯窃盗之罪（明治三十六年五月二十一日判决）。

[①] 参见［日］我妻荣：《新订民法总则》，于敏译，188页，北京，中国法制出版社，2008。

然新刑法于电气特设明文，而定为与财物等视（245条），则其所谓财物之语，苟无特别之规定，解为有体物者，宁当然也。[①]

在以上这段论述中，牧野英一对刑法中的财物概念的演变过程作了较为深入的阐述。因为在日本民法典中，对财物规定为是有体物，因此刑法中的财物在传统上也被解释为有体物。在电出现以后，有关判例突破了物必有体的有体性说，提出了管理可能性说，将电解释为也是刑法中的财物。应当说，该判例是从司法逻辑出发的，对刑法中的财物按照管理可能性说进行了重新的界定，并且使刑法中财物的概念与民法中财物的概念分道扬镳，在刑法上突破了有体性的财物概念，因而具有重要意义。该判例引发了极大的争议，此后颁布的1907年《日本刑法典》第245条作了"电气也视为财物"的规定，为惩治窃电的行为提供了明确的法律根据，却也为在刑法理论上到底如何解释财物的争议留下了伏笔。

在日本民法中，财物只是物权的客体，刑法中的财产犯罪也是以保护物权为使命的，因此就要严格区分财物和财产性利益。即使在刑法中，如果没有特别规定，财物都不包含财产性利益；只有在刑法有特别规定的情况下，利益才能成为某些财产犯罪的客体。例如，《日本刑法典》第246条第2项明确地将财产性不法利益规定为诈骗罪的客体，这就是所谓利益诈骗罪。这里的财产性利益是指财物以外的其他一切财产性利益，除了取得债权或担保权、使人提供劳务、服务等这些积极性利益之外，还包括得到诸如免除债务或暂缓支付等消极性利益。[②] 基于日本民法典对财物的严格解释的历史，在所谓虚拟财产出现以后，当然不可能将其解释为刑法中的财物。对此，将在下文探讨。

（二）我国立法与司法语境中的财物

我国的情况完全不同于日本。首先，我国刑法中的财物一词具有较大的容量。这里的财物是指具有财产性价值的物，其核心词是物。物这个词在我国古代

[①] 参见［日］牧野英一：《日本刑法通义》，陈承泽译，李克非点校，214～215页，北京，中国政法大学出版社，2003。

[②] 参见［日］西田典之：《日本刑法各论》，3版，刘明祥、王昭武译，148页，北京，中国人民大学出版社，2007。

就已进入刑法成为一个法律术语。晋代著名法学家张斐注《晋律》，就有"取非其物谓之盗"的说法。因此，汉语中的物是一个高度抽象的名词，它摆脱了货物、物品的具体形态和外在特征。在这一点上，汉语中的物一词与法语中的物一词具有相同的容量，而与德语中的物一词具有不同的容量。例如1810年《法国刑法典》在规定对盗窃罪进行惩处时，并未就在电表上作假进行偷电的行为作出规定，也未对直接与电力公司的输电网进行搭接连线偷电的行为作出规定，但是，法国判例并没有因此而对采取这些方法窃电的人不适用《刑法典》第179条的规定，并且法国法院认为"电是一种可以占有的动产物品"[1]。同样是对窃电的理解，德国刑法却经历了一个复杂的过程。德国帝国法院对于窃取电能是否构成盗窃罪表示了否定的见解，理由是电能并非《德国刑法》第242条盗窃罪构成要件中的"物（Sache）"，此举引起相当的争议，并导致1900年4月9日颁布《窃取电能处罚法》，并于1953年纳入德国刑法典。对于这个过程，德国学者Baumann表示，对于《德国刑法》第242条中"物"的概念，不可以作一个宽泛到可以包含电能的解释。换言之，以大众对于德文语词"Sache"的日常使用来说，如果要说"Sache"包括电，会是一个相当罕见的用法。因此，Baumann指出：尽管从现今自然科学的认识来说，电可以被视为物，但是帝国法院的这个判决仍可说是法政策的重大成就。因为，如果当初帝国法院将电视为一种物质标的，那么现在物的概念将会模糊到漫无边际的地步。[2] 在这种情况下，对财物的解释就不能简单地在各国之间进行类比，而是要充分考虑各国的法律传统和语言特征。

我国民法对财物的界定也与日本民法典不同，我国《物权法》第2条第2款规定："本法所称物，包括不动产和动产。法律规定权利作为物权客体的，依照其规定。"在此，虽然没有明确涉及有体物和无体物的分类，但这一物的概念显

---

[1] ［法］卡斯东·斯特法尼等：《法国刑法总论精义》，罗结珍译，143页，北京，中国政法大学出版社，1998。

[2] 参见徐玉安：《刑法上类推之生与死》，122页，台北，1998。

然是能够容纳无体物的。① 例如我国著名民法学家王利明教授指出：《物权法》主要调整因有体物产生的财产归属和利用关系，因无体物产生的归属和利用关系主要由知识产权法等法律调整，在法律明确规定的情况下，物权客体可以是无体物。例如，《物权法》规定了权利质押，这就是属于法律有特别规定的以无形财产为客体的情况。当然，在特殊情况下，有形和无形财产可以相互转化，如计算机软件因为储存于数据载体中而获得可把握的形式时，可以成为有体物。② 因此，我国民法对于财物并没有恪守物必有体的立场，而是包容了无体物。王利明教授论及的计算机软件其实就是电磁数据，而虚拟财产正是以电磁数据的方式存在的，可以涵盖在物的范畴之中。民法的这一立场同样也对我国刑法关于财物的理解产生了重要影响，我国刑法中的财产犯罪虽然将客体规定为财物，但这里的财物是广义上的财物而不是狭义上的财物。

在我国刑法中，作为财产犯罪客体的财物在一般情况下是有体物，但在个别情况下也包括无体物。对此，司法解释作了明确的规定。例如1997年11月4日最高人民法院《关于审理盗窃刑事案件具体适用法律若干问题的解释》（以下简称《解释》）第1条规定："盗窃的公私财物，包括电力、煤气、天然气等。"在此，《解释》明确将电力、燃气（包括煤气和天然气）解释为财物。其中，电力属于无体物，这都是没有争议的。存在争议的是燃气到底是有体物还是无体物，对此我国刑法学界传统的观点认为是无体物，同时又认为只是相对无形。因为燃气可以储存，如果把燃气装在容器中，这些无形财物更加接近于有形动产。③ 我国另有学者认为，燃气在民法学上属于液体，是有体物存在的形式之一。④ 对于将电气解释为财产犯罪的财物是否具有正当性，则在我国刑法学界存在争议。例如我国有学者认为将电力解释为财物的司法解释与其说是一种司法解释，不如说

---

① 关于在《物权法》制定过程中，对于物权客体——物的争论，参见林旭霞：《虚拟财产权研究》，72～73页，北京，法律出版社，2010。
② 参见王利明：《物权法》，16页，北京，中国人民大学出版社，2015。
③ 参见董玉庭：《盗窃罪研究》，58～59页，北京，中国检察出版社，2002。
④ 参见童伟华：《财产罪基础理论研究》，78页，北京，法律出版社，2012。

是变相立法。这种欠缺正当论证和说明的立法化司法解释，是对罪刑法定原则的违背和依法治国理念的抵触。[①] 当然，我国目前的通说还是认为电力等无形财产属于财物，窃电行为构成盗窃罪。

除了有体物和无体物以外，我国刑法中的财物还包括利益，即财产性利益。在日本刑法中，财物和财产性利益是存在明确区分的，如果对财产性利益的侵害行为构成犯罪，有刑法的明文规定。日本刑法规定，诈骗罪包括利益诈骗，财产性利益可以成为诈骗罪的客体。但因为对盗窃财产性利益行为没有明文规定，因此，财产性利益不能成为盗窃罪的客体。而我国刑法则不然，我国《刑法》第265条规定："以牟利为目的，盗接他人通信线路、复制他人电信码号或者明知是盗接、复制的电信设备、设施而使用的，依照本法第二百六十四条的规定定罪处罚"，即以盗窃罪定罪处罚。上述盗窃行为针对的客体不是有形财物，至于如何理解这些客体的性质，在我国刑法学界存在争议。张明楷教授认为，上述刑法条文通过列举的方式将与通信线路、电信码号、电信设备、设施的不当利用等同或类似的无形财产作为盗窃罪的行为客体。[②] 以上客体中，将电信码号认定为无形财产具有一定道理，但将通讯线路及电信设备、设施理解为无形财产则并不妥当。这种通讯线路及电信设备、设施的盗用当然侵犯了他人的财产权益，但这种侵犯不是通过财物的占有实现的，而是通过财物的使用产生一定资费，并将资费转嫁给他人而实现的。这是一种财产性利益的盗窃。因此，毋宁说《刑法》第265条是将财产性利益规定为盗窃罪的客体。

除了刑法对盗窃财产性利益的规定以外，司法解释还对诈骗财产性利益的行为作了规定，例如2002年4月10日最高人民法院《关于审理非法生产、买卖武装部队车辆号牌等刑事案件具体应用法律若干问题的解释》第3条第2款的规定："使用伪造、变造、盗窃的武装部队车辆号牌，骗免养路费、通行费等各种规费，数额较大的，依照刑法第二百六十六条的规定定罪处罚。"这一司法解释

---

① 参见高巍：《盗窃罪基本问题研究》，34~35页，北京，中国人民公安大学出版社，2011。
② 参见张明楷：《诈骗罪与金融诈骗罪研究》，15~16页，北京，清华大学出版社，2006。

实际上肯定了骗逃规费行为具有诈骗罪的性质。在这种情况下,骗逃规费的行为在我国刑法中应以诈骗罪论处。这种骗逃规费实际上是使用欺骗方法,使他人免除自己的债务,债务的免除意味着行为人取得了财产性利益。[①]

不仅是对骗取财产性利益的个别性规定,而且在我国某些地方性司法意见中,还明确地将债权凭证规定为财产犯罪的客体。例如2002年1月9日浙江省高级人民法院、浙江省人民检察院、浙江省公安厅发布的《关于抢劫、盗窃、诈骗、抢夺借据、欠条等借款凭证是否构成犯罪的意见》规定:"债务人以消灭债务为目的,抢劫、盗窃、诈骗、抢夺合法、有效的借据、欠条等借款凭证,并且该借款凭证是确认债权债务关系存在的唯一证明的,可以抢劫罪、盗窃罪、诈骗罪、抢夺罪论处。"值得注意的是,在司法实践中存在较多的此类案例。例如在张文光抢劫案中,裁判理由指出:"借条虽然不是现金、物品或者其他有价证券,但它却是一种证明债权的凭证,失去这一凭证,在没有其他相关证据予以证明的情况下,债权人就将丧失债权。所以,应当把借条这一财产权益性凭证纳入抢劫罪所侵犯公私财产的范围。"[②] 在我国刑法理论上,通说认为财产性利益属于财物,可以成为财产犯罪的客体。因此,我国刑法学界对于财物采用的是管理可能性说,并且是物理性管理可能性说。

在我国刑法中存在较大争议的是财产凭证的法律属性。财产凭证包括物权凭证和债权凭证,前者例如提货单,后者例如银行存单。财产凭证的法律属性的争议集中体现在它是财物还是财产性利益的问题上。如果认定为是财物,则取得财产凭证即视为占有了财产;如果认定为是财产性利益,则财产凭证本身还不属于财物,而只是请求权的根据,因此,占有财产凭证还不能等同于占有财物。我国司法解释对此区分不同类型作了规定。例如2013年4月2日最高人民法院、最高人民检察院《关于办理盗窃刑事案件适用法律若干问题的解释》(以下简称

---

① 参见张明楷:《诈骗罪与金融诈骗罪研究》,22~23页,北京,清华大学出版社,2006。
② 陈兴良、张军、胡云腾主编:《人民法院刑事指导案例裁判要旨通纂》(下卷),569页,北京,北京大学出版社,2013。

《解释（二）》第5条规定：盗窃有价支付凭证、有价证券、有价票证的，按照下列方法认定盗窃数额：（1）盗窃不记名、不挂失的有价支付凭证、有价证券、有价票证的，应当按票面数额和盗窃时应得的孳息、奖金或者奖品等可得收益一并计算盗窃数额；（2）盗窃记名的有价支付凭证、有价证券、有价票证，已经兑现的，按照兑现部分的财物价值计算盗窃数额；没有兑现，但失主无法通过挂失、补领、补办手续等方式避免损失的，按照给失主造成的实际损失计算盗窃数额。

《解释（二）》将财产凭证区分为记名与不记名两种，如果是前者，直接认定为盗窃数额；如果是后者，兑现部分认定为盗窃数额，其他部分只在造成失主损失的情况下才认定为盗窃数额。在不记名的情况下，财产凭证虽然是一种财产性利益，但具有与财物相同的属性，可以直接认定为盗窃数额。在记名的情况下，需要通过支取行为才能占有财物，失主可以通过挂失等方法避免财产损失。因此，是否具有与财物相同的属性就存在争议。从《解释（二）》的规定来看，更接近于将其视同财物，因此将取得行为认定为盗窃罪；只是在没有支取而未对失主造成财产损失的情况下不计算盗窃数额。对此，张明楷教授认为，这是一种窃取债权的行为，对此应当将支取行为评价为诈骗罪而不能将窃取行为评价为盗窃罪。① 在我国刑法中，包括债权在内的财产性利益并不是与财物相并列的客体，而是直接解释为财物，即属于广义上的财物。因此，窃取债权的行为直接认定为盗窃财物，此后的支取行为只是取得财物以后的不可罚行为。我国《刑法》第196条第3款关于盗窃信用卡并使用的，以盗窃罪论处的规定，表明了这样一种立法逻辑。对此，我国有学者指出："对窃取记名财产凭证的行为可以定盗窃罪，其后的冒领行为虽然具有欺骗性质，但不属于独立的诈骗罪，而是为了使盗窃的财产凭证转化为实际财物的行为。因此，视为事后不可罚的行为相对妥当。"② 对此观点，笔者是完全赞同的，它符合我国立法和司法的逻辑。

---

① 参见张明楷：《刑法学》，5版，1012页，北京，法律出版社，2016。
② 郑泽善：《刑法争议问题探索》，315页，北京，人民出版社，2009。

通过以上对财物概念的分析可以看出，我国刑法中的财物是一个包容量较大的概念，可以包括：(1) 狭义的财物概念，仅指有体物；(2) 广义的财物概念，包含有体物和无体物；(3) 最广义的财物概念，包含有体物、无体物和财产性利益。因此，本文也在这三个不同内涵的意义上使用财物一词。在讨论虚拟财产在我国刑法中的法律性质的时候，这样一种法律背景和法律语境的强调是极为重要的。

二、民刑分离还是民刑一致：虚拟财产的性质

（一）虚拟财产的法律应对

不同国家刑法中的财物概念不同，因此，面对虚拟财产的时候，如何进行法律上的定性，各国刑法的立场也有所不同。一般来说，在对财物作狭义理解的国家刑法中，虚拟财产不可能被解释为财物；而在对财物概念作广义理解的国家刑法中才具有将虚拟财产解释为财物的可能性；在对财物作最广义理解的国家刑法中具有将虚拟财产解释为财物的最大空间。在日本刑法典中，即使是无体物都不能解释为财物，虚拟财产当然也就不可能被解释为财物。日本刑法典采用了电子计算机的一个专业术语，这就是电磁记录。根据《日本刑法典》第7条之二的规定，电磁记录是指用电子方式、磁气方式以及其他不能为人的知觉所认识的方式制作的、供电子计算机处理信息之用的记录。电磁记录具有信息记录功能和财产性利益价值，因此，日本刑法典对电磁记录犯罪的规定分为两个类型：其一是非法制作电磁记录罪、提供非法制作的电磁记录罪，该罪的保护法益是电磁记录的信息记录功能。其二是使用电子计算机诈骗罪。该罪的保护法益是电磁记录的财产性利益功能。根据《日本刑法典》第246条之二的规定，使用电子计算机诈骗罪是指通过向他人用于处理事务的电子计算机输入虚假的信息或者不正当的指令，从而制作出有关财产权的得失或者变更的不真实的电磁记录，或者通过将有关财产权得失或变更的虚假电磁记录提供给他人，使之用于处理事务，由此而取得了非法的财产性利益，或者使他人取得非法的财产性利益的行为。在以上规定

中，电磁记录都不能等同于财物。非法制作电磁记录罪、提供非法制作的电磁记录罪规定在针对交易安全的犯罪之中，并且排列在使用伪造的私文书等罪之后，因此电磁记录可以类比为文书。例如，日本著名刑法学家山口厚教授在论及该罪的保护法益时指出："非法制作电磁记录罪、提供非法制作的电磁记录罪的保护法益，是电磁记录作为证明手段的机能。"[1] 至于使用电子计算机诈骗罪，虽然规定在财产犯罪之中，但这里的电磁记录同样不是诈骗罪的客体，而只是诈骗手段中的要素。因为利用电子计算机诈骗的行为表现为制作、提供使用有关财产权的得失或者变更的电磁记录，由此非法获利。可以说，使用电子计算机诈骗罪只是以计算机为手段的诈骗罪，而不属于严格意义上的网络犯罪。

在司法实践中，虚拟财产的民事纠纷和刑事犯罪也往往纠缠在一起。相对于我国刑法学界主要关注虚拟财产个案如何处理的讨论而言，我国民法学界对于虚拟财产从财物的属性和权利的属性这两个角度进行了较为深入的学理探讨。我国民法学者指出：虚拟财产有别于现实的物资财富，它不存在于现实的物理空间，不可用现实世界的度、量、衡来表示，因而不属于有体、有形的物。但是，虚拟财产具有财物的特定性和独立性，因而虚拟财产应当界定为无体物。[2] 在我国民法学界，将虚拟财产界定为属于财物，这是不存在争议的，存在争议的只是虚拟财产的法律属性。而在刑法学界，对于虚拟财产的法律属性同样存在较大的争议，这种争议反映在司法实践对案件的处理之中。

案例1：曾智峰等侵犯通信自由案[3]

曾智峰于2004年受聘于腾讯公司，后被安排到公司安全中心负责系统监控工作。2005年3月初，曾智峰通过购买QQ号在淘宝网上与被告人杨医男认识，二人遂合谋通过窃取他人QQ号出售获利。2005年3月至7月间，由杨医男将随机选定的他人的QQ号通过互联网发给曾智峰。曾智峰私下破解了腾讯公司离职

---

[1] [日] 山口厚：《日本刑法各论》，2版，王昭武译，554页，北京，中国人民大学出版社，2011。
[2] 参见林旭霞：《虚拟财产权研究》，79、80页，北京，法律出版社，2010。
[3] 参见陈兴良、张军、胡云腾主编：《人民法院刑事指导案例裁判要旨通纂》（下卷），730～731页，北京，北京大学出版社，2013。

员工柳某使用过但尚未注销的账号密码（该账号拥有查看 QQ 用户原始注册信息，包括证件号码、邮箱等信息的权限）。曾智峰利用该账号进入本公司的计算机后台系统，根据杨医男提供的 QQ 号查询该号码的密码保护资料，由杨医男将 QQ 号密码保护问题答案破解，并将 QQ 号的原密码更改后将 QQ 号出售给他人，造成 QQ 用户无法使用原注册的 QQ 号。经查，二被告人共计修改密码并卖出 QQ 号约 130 个，获利 61 650 元。对于本案，南沙区检察院以盗窃罪对曾智峰、杨医男提起公诉。法院判决被告人的行为构成侵犯通信自由罪，被告人曾智峰和杨医男分别被判处拘役 6 个月，并没收违法所得。

此案件被称为虚拟财产第一案，但它最终以法院判决否定虚拟财产具有财产属性而结案。为此，本案的裁判理由做了以下论述：本案定罪的关键在于，QQ 号码是不是刑法意义上的财物。对此，有两种截然不同的观点：肯定说的理由认为：(1) QQ 号码符合财物的一般特征，那么 QQ 号码应当也是刑法意义上的财物；(2) 对同一财物作出民法意义或者刑法意义的区分，既没有意义，也没有依据。即便存在所谓的民法意义或者刑法意义的区分，那么根据刑法与民法的关系，这种财物的区分只有量的差异，没有本质区别。以盗窃罪为例，如果数额达到刑法的标准，那么就是盗窃行为，否则可能构成民法的不当得利。(3) 刑法体系是相对封闭的，但是不能理解为只有明确列举出来才是明确规定。以财物为例，不可能无穷列举，对财物的理解不能局限于列举规定，所以，根据《刑法》第 92 条第（四）项规定"依法归个人所有的股份、股票、债券和其他财产"，QQ 号码属于其他财产。

否定说的理由认为：(1) QQ 号码是否有价值争议很大，如何用一般等价物计量换算标准不一。(2) 对财物作出民法意义或者刑法意义的区分，符合法律原则和立法精神。特别是成文法体系，因为法律的天然滞后，以调整平等主体之间人身关系和财产关系为己任的民法，必然以开放的姿态面对急剧变化的社会现实；而奉行罪刑法定的刑法则必须始终保持谦抑消极的面孔。因此，对财物作出民法意义或者刑法意义的区分不仅在法理上顺理成章，在司法实践中也应当一以贯之。(3) 刑法体系是相对封闭的，刑法的解释不能等同类推。QQ 号码是否是

刑法意义上的财物只能根据现行《刑法》及其有关司法解释作出是否相符的判断。《刑法》第 92 条第（四）项规定的"其他财产"，根据文义解释，应理解为与股份等并列而未罗列的其他财产权利凭证。QQ 号码显然不是与股票相并列的财产权利凭证。现行最相关的盗窃罪的规定是最高人民法院《关于审理盗窃案件具体应用法律若干问题的解释》中的关于盗接他人通讯线路、复制他人电信号码的规定，显然本案被告的行为不符合上述规定。反复权衡两种观点，笔者倾向于第二种观点，即在现行法律体系内，QQ 号码是民法意义上的物，但不是刑法意义上的财物，被告不能定为盗窃犯。

　　在现实生活中，互联网正日益成为许多人重要的通信联络工具。从腾讯 QQ 软件的功能来看，主要是对外联络和交流。因此，以 QQ 号码作为代码所提供的网络通信服务才是其核心内容。本案中，无论从腾讯 QQ 软件的主要功能还是本案被害人所感受到的被损害的内容来看，QQ 号码应被认为主要是一种通信工具的代码。随着科技的进步和互联网的普及，书信在通信方式上的统治地位逐渐削弱，而以互联网为媒介的电子邮件和其他文字、语音、视频日益成为重要的通信联络方式。根据我国《刑法》第 252 条的规定："隐匿、毁弃或者非法开拆他人信件，侵犯公民通信自由权利，情节严重的，处一年以下有期徒刑或者拘役。"由此可见，该罪的行为特征表现为隐匿、毁弃或者非法开拆，客体是他人信件，而公民通讯自由则是该罪的保护法益。不可否认，在前互联网时代，这里的信件是指纸质信件。而纸质信件是当时公民之间通讯的主要介质。因此，这里的隐匿、毁弃或者开拆都是针对纸质信件所实施的，其效果在于阻断公民之间的通讯联系，由此而侵害了公民的通讯自由。在互联网时代，电子邮件是最类似于纸质信件的，电子邮件和纸质信件的根本不同在于它是以电磁数据的形式出现的，但仍然具有信件的特征。可以说，针对纸质信件的三种行为，同样也可以针对电子邮件实施：隐匿是将电子邮件删除；毁弃是使电子邮件丧失功能而无法开启；开拆是非法进入他人电子邮箱偷看他人的电子邮件的内容。当然，这种案件并不多见，正如针对纸质信件的妨害通信自由的案件也不多见。尽管如此，全国人民代表大会常务委员会于 2000 年 12 月 28 日通过

的《关于维护互联网安全的决定》(以下简称《决定》)第 4 条第(二)项对于这种行为还是作了明文规定:"非法截获、篡改、删除他人电子邮件或者其他数据资料,侵犯公民通信自由和通信秘密的,依照刑法有关规定追究刑事责任。"显然,上述《决定》是针对电子邮件作出的规定,而且对行为也相应地调整为非法截获、篡改、删除。

在曾智峰等侵犯通信自由案中,判决的定罪逻辑是这样的:QQ 号作为代表的数据是网络通讯工具,被告人曾智峰的行为被认定为篡改他人电子数据资料,侵犯公民通信自由,情节严重,因而构成侵犯通信自由罪。在此,笔者认为判决存在双重错误:一是将被告人曾智峰等人通过修改密码窃取他人 QQ 号的行为认定为《决定》中所规定的篡改,二是将 QQ 号认定为《决定》中所规定的电子邮件或者其他数据资料。就本案的行为特征而言,曾智峰等人修改他人 QQ 号密码而将他人的 QQ 号占有并予以出卖牟利,这是十分清楚的,判决为了套用《决定》,而将该行为认定为篡改。其实,在本案中并不存在篡改行为,而是破解密码,将 QQ 号占为己有的行为。因此,本案被告人的行为与《决定》规定的篡改并不符合。更为重要的是,本案判决将 QQ 号等同于电子邮件,这是难以成立的。实际上 QQ 与电子邮件虽然都与通讯有关,但两者绝非可以等同。腾讯 QQ 是由深圳市腾讯计算机系统有限公司开发的一款基于 Internet 的即时通信(IM)软件,使用 QQ 可以与好友进行交流、发信息和自定义图片或进行相片即时发送和接收,语音视频及面对面聊天。这里的即时通讯与电子邮件的延时通讯是有所不同的,延时通讯需要借助于一定的介质储存信息,只有通过介质的传递才能完成通讯,而书信就是在过去相当长的时间内才使用的通讯介质。电子邮件发明以后,书信逐渐被电子邮件所取代,但无论是信件、电报还是电子邮件,都是一种延时通讯,并且离不开一定的介质。因此,QQ 号只是公民使用 QQ 进行即时通讯时的一种代码。而《决定》所规定的与电子邮件并列的"其他数据资料"也是指和电子邮件在性质上相同的通讯内容。根据以上分析,笔者认为,窃取 QQ 号的行为,虽然会影响他人的通讯,但并不符合侵犯通信自由罪的构成要件。因为侵犯通信自由罪的实质是阻断公民之间的通讯或者偷窥信件内容,但在盗窃 QQ

号的情况下，就如同将他人的电话机予以盗窃，当然会在一定程度上妨碍通讯，但他人可以使用其他通讯工具或者通讯方式，其已经发出的信件并没有被阻断或者偷窥。正如我国学者在评论该案时指出："盗窃 QQ 号的行为，还原到现实生活中来，类似于盗窃一种能够发送或者存储信件的自动设备，例如，传真机和邮箱。不管是盗窃现实中的邮箱或者传真机，还是盗窃虚拟的 QQ 号，均是对于某种实体或者虚拟的信件传送和存储设备的盗窃，而不能推定为对其中存储、发送乃至存储的某种收信人的联系方式的盗窃。"① 因此，将窃取 QQ 号的行为认定为侵犯通信自由罪，既不符合被告人主观上所具有的非法占有的目的，又不符合被害人客观上受到财产损失的实际状态。对此，梁根林教授给出了"形似而实非"的评价，指出："其妨碍电子邮件通信的行为只是使 QQ 用户无法通过 QQ 邮箱进行电子邮件通信，与刑法第二百五十二条侵犯通信自由罪要求的隐匿、毁弃或者非法开拆他人信件的方式侵犯他人通信自由、情节严重的行为比较，形似而神非。"②

综上所述，笔者认为曾智峰等侵犯通信自由案在定罪上存在明显误差。当然，即使该案存在定罪误差，也并不能就此而直接得出虚拟财产属于刑法中的财物的结论。至此，虚拟财产的刑法性质仍然是一个有待论证的概念。

（二）虚拟财产的理论定位

在曾智峰等侵犯通信自由案的裁判理由中，对于虚拟财产性质的论证，包含了这样一个基本观点，即虚拟财产属于民法上的财物但并不是刑法上的财物。因此，只要论证了在虚拟财产的性质上应当坚持刑法与民法的一致性原则，就可以肯定刑法中的虚拟财产具有财物的属性。因为在民法中虚拟财产是财物，只有在坚持刑法与民法的分离性的情况下，才会得出虚拟财产在民法上属于财物，但在刑法上则不属于财物的民刑分离的结论。如果坚持刑法与民法的一致性原则，则

---

① 于志刚主编：《网络空间中虚拟财产的刑法保护》，450 页，北京，中国人民公安大学出版社，2009。

② 梁根林：《虚拟财产的刑法保护——以首例盗卖 QQ 号案的刑法适用为视角》，载《人民检察》，2014（1）上。

虚拟财产在民法上是财物，则在刑法上也必然得出是财物的结论。

关于刑法的解释是应当与民法保持独立还是与民法保持一致，这个问题涉及刑法与民法的关系，同时也涉及刑法在整个国家法律体系中的地位问题。对此，在刑法理论上存在刑法独立性说与刑法从属性说的争论。[①] 刑法独立性说认为，刑法是独立于民法以及其他部门法的法律，具有自身独立的制裁手段和制裁对象。而刑法从属性说则认为刑法是从属于民法以及其他部门法的法律，刑法没有自己独立的禁止性规范，刑法只有制裁这一部分才真正属于刑法的内容。如果按照刑法独立性说，对于刑法用语的理解完全可以与民法不同。而按照刑法从属性说，则刑法用语的理解完全应当与民法相同。目前的通说当然还是刑法独立性说，但在对刑法用语的理解上还是应当参照民法以及其他部门法的规定。尤其是在某些空白规定的场合，更是应当直接以其他法律、法规为根据。刑法中的绝大多数用语，如果在民法以及其他部门法中有规定的，两者的理解应当保持一致；如果民法以及其他部门法中有对某一用语的法定解释的，就应当直接采用该解释作为刑法中相同用语的含义。事实上，民法以及其他部门法作为刑法的前置法，其法律用语的理解对于刑法具有制约性。如果刑法用语的含义与其他法律不相一致的，反而是刑法对此应当有明文规定。例如我国刑法中的信用卡一词，其含义与金融法中的信用卡并不相同。在金融法中，信用卡与借记卡之间是存在明确区分的：前者具有透支功能，而后者没有透支功能。但刑法中的信用卡一词实际上既包括具有透支功能的狭义上的信用卡，同时又包括不具有透支功能的借记卡。为此，2004年12月29日全国人民代表大会常务委员会作了《关于〈中华人民共和国刑法〉有关信用卡规定的解释》，该立法解释明确规定："刑法规定的'信用卡'，是指由商业银行或者其他金融机构发行的具有消费支付、信用贷款、转账结算、存取现金等全部功能或者部分功能的电子支付卡。"由此解决了对于信用卡金融法与刑法的内容不一致的问题。因此，笔者认为，对于虚拟财产的性质应

---

① 参见［意］杜里奥·帕多瓦尼：《意大利刑法学原理》（注评版），陈忠林译评，4页，北京，中国人民大学出版社，2004。

当坚持民刑一致的原则。①

在坚持民刑分离原则的曾智峰案裁判理由中，涉及对罪刑法定原则的理解，认为虚拟财产在民法中可以解释为财物，因为《物权法》中物的概念具有开放性。但刑法受到罪刑法定原则的限制，在没有明文规定的情况下，不能将其解释为财物。即使在我国刑法学界也有学者认为将虚拟财产解释为财物是类推解释，有悖于罪刑法定原则。例如，我国学者曲新久教授认为，将盗窃虚拟财产行为以盗窃罪论处明显属于类推适用盗窃罪的法条。虚拟财产与作为财产犯罪之对象的财物（财产）属于完全不同的法律事项，将虚拟财产作为财物对待，不仅完全打乱了物权、债权、知识产权的位阶关系，解构了财产犯罪的行为要件，而且彻底地突破了财物的语言边界。②曲新久教授还以"画饼充饥"这一成语为例进行说明：画中的"饼"永远不是真正的大饼。笔者认为，在此涉及对虚拟财产的多元法律属性的定位。虚拟财产就其物理属性而言，是指电磁数据，在日本称为电磁记录，而德国学者称其为信息。③事实上，电磁数据属于多种法律关系的客体，既可以是物权法的客体，又可以是债权法的客体，还可以是知识产权法的客体。而虚拟财产只是电磁数据中的一部分，即具有财产性价值和排他性支配的电磁数据。

在上述判决的裁判理由中，论及罪刑法定原则。裁判理由的观点是：民法不受罪刑法定原则限制，因此可以将虚拟财产解释为财物，而刑法则受罪刑法定原则的限制，所以不能将虚拟财产解释为财物。这一观点是在与民法的比较中考察将虚拟财产解释为财物是否违反罪刑法定原则的，似乎具有一定的道理。但首先需要确定的是，民法将虚拟财产解释为财物是否属于类推，只有在民法将虚拟财产解释为财物属于类推的语境之下，才能得出结论说刑法不能以类推解释的方式

---

① 关于在虚拟财产的性质上坚持民刑一致原则的论述，参见江波：《虚拟财产司法保护研究》，179页以下，北京，北京大学出版社，2015。

② 参见曲新久：《中德比较视角下的扩张解释与类推适用的区分》，载梁根林、［德］埃里克·希尔根多夫主编：《罪刑法定与刑法解释》，198页，北京，北京大学出版社，2013。

③ 参见［德］乌尔里希·齐白：《全球风险社会与信息社会中的刑法：二十一世纪刑法模式的转换》，周遵友、江溯等译，284页以下，北京，中国法制出版社，2012。

将虚拟财产解释为财物，否则就是违反罪刑法定原则。就民法将虚拟财产解释为财物是否属于类推问题，在日本民法典明确地将物规定为有体物的情况下，将无体物解释为物确实是一种类推。因此，在日本刑法典中就虚拟财产解释为财物具有类推性质，存在违反罪刑法定原则之虞。但在我国物权法中，法律并没有将作为物权客体的物限制在无体物的范畴内，而是指所有动产与不动产。因此，在我国民法中将无体物解释为物并没有法律障碍，根本就不属于类推解释。只要坚持民刑一致原则，虚拟财产在刑法中解释为财物完全是顺理成章的。更何况在我国法律中，物本身就是一个较为抽象的法律观念，将虚拟财产解释为财物并没有突破财物的可能语义的边界。尤其是不能简单地以外国刑法规定为例，作为判断我国刑法中虚拟财产解释为财物是属于扩张解释还是类推解释的根据。正如张明楷教授指出的：某种解释是扩大解释还是类推解释，应当根据本国刑法及其用语进行判断，而不能根据外国刑法用语得出结论。德日等国刑法典明确区分了财物与财产性利益，并且特别规定"电也视为财物"。在这种立法例之下，财物的外延必然变窄，确实难以将无体物、虚拟财产解释为财物。但我国刑法没有区分财物与财产性利益，只有一个财物的概念。概念越抽象，外延越宽泛，况且，财物这一概念并不是狭义的有体物与财产性利益的简单相加，而可以包括一切值得刑法保护的财产。所以，将虚拟财产解释为财物，在德日等国可能是类推解释，在中国则未必是类推解释。[①] 对此，笔者是赞成的。

三、法益的位阶性：虚拟财产刑法保护的路径选择

（一）法益位阶性原理之倡导

刑法保护的法益具有不同的类型，权利（人身权利和财产权利）、安全（国家安全和公共安全）和秩序（经济秩序和社会秩序）是其中最为重要的三种法益形态。权利大体上属于个人法益，而安全和秩序则属于超个人法益，其中秩序属

---

① 参见张明楷：《非法获取虚拟财产的行为性质》，载《法学》，2015（3）。

于社会法益，而国家安全属于国家法益，公共安全属于社会法益。然而，这三种法益并不是互相分割，而是密切相连的，由此我们可以得出法益的位阶性的命题。所谓法益的位阶性是指权利、安全和秩序这三种法益互相关联，形成一种价值梯度关系，其中权利是基础，处于优先保护的地位。秩序和安全是权利行使的社会环境，对于权利实现具有保障性的作用。这三种法益又不是截然可分的，侵犯权利的犯罪行为会对安全和秩序造成破坏；反之，破坏安全和秩序的犯罪行为也同样会对权利造成侵犯。因此，这些法益在内容上具有一定的重合性。

对于犯罪来说，侵犯权利的人身犯罪和财产犯罪是最为常见的犯罪，刑法的主要使命就是保护权利。危害安全的犯罪和扰乱秩序的犯罪具有重大的破坏性，同样是刑法惩治的重点。在罪名设置的时候，应当优先考虑以权利为中心，侵犯公民的人身权利和财产权利的行为要首先设置罪名；只有单纯地破坏安全和秩序的行为才另外设置罪名，并且尽可能地避免与侵犯权利的犯罪在内容上重合。例如放火行为主要是一种破坏公共安全的行为，但放火会把财产烧毁，甚至把人烧死。在这种情况下，是否把放火中的侵犯人身权利和侵犯财产权利的内容包含在内？由于放火与毁坏财物具有不可分离性，因此放火罪中不得已而要把毁坏财物的内容包含进去。但放火与侵犯人身权利的联系具有或然性。在这种情况下，应当尽量将侵犯人身权利的内容从放火罪中予以排除。例如，如果放火而故意杀人的，应当以故意杀人罪论处。如果过失致人死亡的，则可以设置结果加重犯，以放火罪论处。对于破坏秩序的行为也是如此，应当在排除侵犯人身权利和财产权利以后设置罪名，而不是将侵犯人身权利和财产权利的行为纳入破坏秩序的犯罪之中。在这方面我国现在的刑法规定还是存在一些问题的。

法益的位阶性的思路不仅对于设置罪名的立法论具有指导意义，而且对于刑法教义学的解释论也同样具有参考性。以虚拟财产而言，它确实是以电磁数据的形式存在的，但它只是具有财产价值的电磁数据。除此以外，还存在不具有财产价值的电磁数据。为了维护网络秩序，当然需要将电磁数据纳入刑法调整的范围，但刑法首先需要对电磁数据的财产价值予以保护，在此基础上才谈得上对网络秩序的保护。

我国学者提出了对虚拟财产的财产化保护和网络化保护两种不同的司法路径，指出了财产化保护存在的不足，认为财产化保护是传统刑法思维的延伸。如果采取这种财产化保护，则虚拟财产的价值认定成为一个司法难点。[1]确实，我国刑法中的财产犯罪都是数额犯，所以以一定的财产价值作为定罪量刑的根据。而虚拟财产具有不同于普通财产的属性，如何认定犯罪数额将会是妨碍对侵犯虚拟财产行为以财产犯罪论处的一个主要司法技术性的障碍。对于有体性的财物，我国司法解释规定了数额计算的具体方法。那么，对于虚拟财产又如何进行数额计算呢？这是一个需要实际面对的问题。在虚拟财产刑事司法处理中具有重大影响的孟动等盗窃案，较好地解决了虚拟财产的数额计算问题。由此可见，这个障碍也并不是不可克服。事实上，司法机关已经探索出了虚拟财产数额认定的方法，为对侵犯虚拟财产行为以财产犯罪论处提供了可能性。

案例2：孟动等盗窃案[2]

上海市黄浦区人民法院经审理查明：被害单位茂立公司通过与腾讯科技（北京）有限公司（以下简称腾讯公司）、广州网易计算机系统有限公司（以下简称网易公司）签订合同，成为腾讯在线Q币以及网易一卡通在上海地区网上销售的代理商。2005年6—7月间，被告人孟动通过互联网，在广州市利用黑客程序窃得茂立公司登录腾讯、网易在线充值系统使用的账号和密码。同年7月22日下午，孟动通过网上聊天方式与被告人何立康取得联系，向何立康提供了上述所窃账号和密码，二人预谋入侵茂立公司的在线充值系统，窃取Q币和游戏点卡后在网上低价抛售。

2005年7月22日18时许，被告人孟动先让被告人何立康为自己的QQ号试充1只Q币。确认试充成功后，孟动即在找到买家并谈妥价格后，通知何立康为买家的QQ号充入Q币，要求买家向其中国工商银行牡丹灵通卡内划款。2005

---

[1] 参见孙道萃：《网络财产性利益的刑法保护：司法动向与理论协同》，载《政治与法律》，2016（6）。

[2] 本案载《最高人民法院公报》，2006（11）。

年 7 月 22 日，何立康陆续从茂立公司的账户内窃取价值人民币 24 869.46 元的 Q 币 32 298 只，除按照孟动的指令为买家充入 Q 币外，还先后为自己及朋友的 QQ 号充入数量不等的 Q 币。2005 年 7 月 23 日，何立康还陆续从茂立公司的账户内窃取价值人民币 1 079.5 元的游戏点卡 50 点 134 张、100 点 60 张。以上二被告人盗窃的 Q 币、游戏点卡，共计价值人民币 25 948.96 元。被害单位茂立公司发现被盗后，立即通过腾讯公司在网上追回被盗的 Q 币 15 019 个。茂立公司实际损失 Q 币 17 279 个，价值人民币 13 304.83 元。连同被盗的游戏点卡，茂立公司合计损失价值人民币 14 384.33 元。

  对于本案，上海市黄浦区人民法院认为：Q 币和游戏点卡是腾讯公司、网易公司在网上发行的虚拟货币和票证，是网络环境中的虚拟财产。用户以支付真实货币的方式购买 Q 币和游戏点卡后，就能得到发行 Q 币和游戏点卡的网络公司提供的等值网上服务，因此 Q 币和游戏点卡体现着网络公司提供网络服务的劳动价值。被害单位茂立公司是 Q 币和游戏点卡的代理销售商，按照合同约定的折扣，通过支付真实货币，从腾讯公司、网易公司得到 Q 币和游戏点卡。茂立公司付出对价后得到的 Q 币和游戏点卡，不仅是网络环境中的虚拟财产，也代表着茂立公司在现实生活中实际享有的财产，应当受刑法保护。

  数额是盗窃罪定罪量刑的关键情节。如何计算网上秘密窃取 Q 币和游戏点卡的盗窃数额，目前没有明确规定。网络用户取得 Q 币和游戏点卡的方式，除了支付现实货币购买外，还可以通过网络游戏中的不断"修炼"而获得。这后一取得方式使 Q 币和游戏点卡的价格变得模糊。前已述及，网络公司在网上发行 Q 币和游戏点卡，目的是回收网络用户对其提供的网上服务支付的报酬，Q 币和游戏点卡体现着网络公司提供网络服务的劳动价值。因此，Q 币和游戏点卡在现实生活中对应的财产数额可以通过其在现实生活中的实际交易价格来确定。至于网络用户在网络游戏中通过不断"修炼"而获得的 Q 币和游戏点卡，只是网络公司吸引客户使用的一种手段。这部分 Q 币和游戏点卡由于不参加网络公司与网络用户之间的交换，因此不影响 Q 币和游戏点卡的交易价格。具体到本案来说，笔者认为应当以网络公司与代理商之间的实际交易价格来确定被盗 Q 币和

游戏点卡在现实生活中对应的财产数额。因为行为人实施盗窃行为，被害人的财产一般就会受到相应的损失，盗窃数额与被害人受到的财产损失密切相关。毕竟只有现实生活中受犯罪行为侵害的公私财产才是刑法要保护的客体。本案中，用被害单位茂立公司与腾讯公司、网易公司在合同中约定的交换价格来计算被盗 Q 币和游戏点卡在现实生活中代表的财产数额，能准确地反映茂立公司遭受的财产损失。在目前司法解释对 Q 币和游戏点卡的盗窃数额如何计算没有明确规定的情形下，起诉书没有按网上公认的 Q 币和游戏点卡销价计算，而是按照茂立公司购进时实际支付的价格认定盗窃数额，不仅有其合理性，而且有充分的证据，应予认定。

孟动等盗窃案对于此后处理此类案件具有指导意义，该案所确定的对侵犯虚拟财产的行为按照财产犯罪处罚的规则，成为各地法院遵循的司法规则。除了盗窃虚拟财产以盗窃罪论处以外，还有抢劫虚拟财产以抢劫罪论处、抢夺虚拟财产以抢夺罪论处、诈骗虚拟财产以诈骗罪论处的各种类型案件。对于以财产犯罪论处的侵犯虚拟财产案件，一般来说被告人主观上都存在对他人财物的占有目的，因此具有获利性。在曾智峰案中，虽然被告人通过销赃非法获利 61 650 元，这就是本案的犯罪数额。但由于该案未定盗窃罪，而是以妨碍通讯自由罪定罪处罚，因此该数额不是定罪量刑的直接根据，而只是一种犯罪情节。在孟动案件中，被告人窃取的 Q 币和游戏卡点都是存在价格的，最终认定的数额是 25 948.96 元。由此可见，虚拟财产的价值具有多种计算方法。孟动案件的裁判理由就列举了以下方法：（1）根据网络公司在网上标出的销售价格计算的方法；（2）根据网络用户在网外互相交易形成的价格计算的方法；（3）根据网络公司与代理商之间交易的价格计算的方法。加上曾智峰案件中的根据销赃数额计算的方法，就有四种计算方法之多，足以应对各种侵犯虚拟财产的犯罪案件。在孟动案件以后，我国司法机关对于侵犯虚拟财产案件的定性基本上达成了共识，即以财产犯罪论处，由此在一定程度上完成了对虚拟财产性质的界定。

（二）虚拟财产之财产属性与电磁数据属性的竞合

值得注意的是，2009 年 2 月 28 日，全国人大常委会颁布了《刑法修正案

（七）》，增加了第 285 条第 2 款，设立了非法获取计算机信息系统数据罪。该罪是指违反国家规定，侵入前款规定以外的计算机信息系统或者采用其他技术手段，获取该计算机信息系统中存储、处理或者传输的数据，情节严重的行为。该罪的行为是获取，而客体是计算机信息系统中的数据。立法机关对这里的获取明确解释为盗窃和诈骗，指出：获取包括从他人计算机信息系统中窃取，如直接侵入他人计算机信息系统，秘密复制他人存储的信息；也包括骗取，如设立假冒网站，在受骗用户登录时，要求用户输入账号、密码等信息。① 在非法获取计算机信息系统数据罪设立以后就涉及一个问题，即该数据是否包括以电磁数据形式为载体的虚拟财产？对于虚拟财产的刑法保护采取财产化保护的路径还是电磁数据保护的路径？这就成为一个值得深思的问题。

  这里首先涉及的是对盗窃罪以及其他财产犯罪与非法获取计算机信息系统数据罪之间的关系问题。在《刑法修正案（七）》设立了非法获取计算机信息系统数据罪以后，对于窃取虚拟财产的行为如何定罪，我国学者刘明祥教授归纳了以下四种不同观点：第一种观点是以非法获取计算机信息系统数据罪论处，认为《刑法修正案（七）》生效后，凡是侵入计算机信息系统，非法获取其中储存、处理或者传输的数据且情节严重的，无论该电子数据是否具有财产属性，是否属于值得刑法保护的虚拟财产，都不应再以盗窃罪论处。第二种观点是以盗窃罪论处，认为《刑法修正案（七）》增设非法获取计算机信息系统数据罪，主要针对的是网络安全秩序。所以，非法获取虚拟财产以外的其他计算机信息系统数据的行为应按此罪处罚。但是，以盗窃方式获取虚拟财产这种类型的电子数据，主要针对的是虚拟财产所有者的财产权益，因此应认定为盗窃罪。第三种观点认为，盗窃网络游戏虚拟财产构成犯罪的，同时触犯盗窃罪与非法获取计算机信息系统数据罪两个罪名，属于想象竞合，可择一重罪处断。第四种观点认为，行为人实施盗窃虚拟财产的行为，必然要利用计算机网络系统，将不可避免地发生牵连犯

---

① 参见郎胜主编：《中华人民共和国刑法释义》（第六版·根据刑法修正案九最新修订），490 页，北京，法律出版社，2015。

罪的情况，同时触犯盗窃罪、非法侵入计算机信息系统罪、非法获取计算机信息系统数据罪等罪，一般应从一重罪处罚。而刘明祥教授则提出了第五种观点，认为在盗窃罪与非法获取计算机信息系统数据罪之间确实存在竞合关系，但不是想象竞合而是法条竞合。即使假设窃取网络游戏虚拟财产触犯的非法获取计算机信息系统数据罪还与盗窃罪之间存在竞合关系，那也只可能是法条竞合即特别法条与普通法条相竞合的关系。根据特别法优于普通法的原则，适用特别法条，即适用非法获取计算机信息系统数据罪（第285条第2款）定罪处罚。① 在以上五种观点中，对于窃取虚拟财产只能定盗窃罪或者不能定盗窃罪这两种观点，是源于对虚拟财产性质的不同理解，即只有财产性或者只有数据性，因而得出了非此即彼的结论。实际上，虚拟财产同时具有财产性与数据性，因此，应当承认在盗窃罪与非法获取计算机信息系统数据罪之间存在竞合关系。

那么，这种竞合是想象竞合还是法条竞合？笔者赞同这是一种想象竞合的观点。因为想象竞合与法条竞合都具有竞合性，只是竞合的根据不同而已：想象竞合是犯罪的竞合，具有事实竞合的属性；而法条竞合是构成要件的竞合，具有规范竞合的属性。在盗窃虚拟财产的情况下，由于该行为同时符合盗窃罪的构成要件（虚拟财产具有财物属性）和非法获取计算机信息系统数据罪的构成要件（虚拟财产以电磁数据为载体）。因此，它们具有竞合关系，这是不言而喻的。至于究竟是想象竞合还是法条竞合，主要取决于盗窃罪的构成要件与非法获取计算机信息系统数据罪的构成要件是否存在逻辑上的重合或者交叉关系。应该说，盗窃罪与非法获取计算机信息系统数据罪之间的竞合，主要还是基于特定的行为事实而产生的。因此，认定为想象竞合更为合适。根据想象竞合理论，对此应当采用从一重处断的原则。在盗窃罪和非法获取计算机信息系统数据罪这两个犯罪中，盗窃罪是重罪，因此应以盗窃罪论处。应当指出，对于想象竞合采取从一重罪处断而不是采取从一轻罪处断，这似乎是对被告人不利的一种处断原则。确实，以轻罪与重罪而论，论以重罪对于被告人是不利的。但在一行为符合数个构成要件

---

① 参见刘明祥：《窃取网络虚拟财产行为定性探究》，载《法学》，2016（1）。

的情况下，以一罪论处而不以数罪论处，这又是有利被告人的处断原则。

至于牵连犯的观点，关键在于如何看待侵入行为，如果侵入计算机信息系统是一种独立的构成要件行为，构成独立犯罪，则侵入计算机信息系统罪与盗窃罪之间具有两个犯罪行为，确实存在牵连关系。但从法条表述来看，侵入只是与其他技术手段相并列的获取该计算机信息系统数据行为的一种方法，而不是与获取该计算机信息系统数据行为相并列的一种构成要件行为。因此，不能认为在盗窃罪与获取计算机信息系统数据罪之间存在牵连关系，属于牵连犯。

尽管对于虚拟财产是作为财产予以保护还是以电磁数据予以保护，在刑法理论上存在争议，但此后最高人民法院研究室出台的《关于利用计算机窃取他人游戏币非法销售获利如何定性问题的研究意见》（以下简称《意见》）确定了作为电磁数据予以保护的司法路径，在一定程度上阻断了这些年来我国司法机关对虚拟财产作为财物保护的进路。该《意见》来自周某盗窃游戏币案，对本案的定罪存在两种意见：多数意见认为被告人周某的行为构成盗窃罪；少数意见认为被告人周某的行为构成非法获取计算机信息系统罪。2010年10月，有关部门就利用计算机窃取他人游戏币非法销售获利如何定罪问题征求最高人民法院研究室意见。研究室经研究认为：利用计算机窃取他人游戏币非法销售获利行为目前宜以非法获取计算机信息系统数据罪定罪处罚。

在解读该《意见》时，最高人民法院研究室有关人士指出：以被告人周某盗窃网络虚拟财产案为例，最高人民法院研究室认为，利用计算机窃取他人游戏币非法销售获利行为目前宜以非法获取计算机信息系统数据罪定罪处罚。[1] 这个《意见》尽管不是严格意义上的司法解释，但它确实代表了准官方的立场。在《意见》出台以后，各地司法机关对盗窃虚拟财产的案件不再按照盗窃罪定罪处罚，而是认定为非法获取计算机信息系统数据罪。在此，岳曾伟案就是一个典型的案例。

---

[1] 参见喻海松：《最高人民法院研究室关于利用计算机窃取他人游戏币非法销售获利如何定性问题的研究意见》，载张军主编：《司法研究与指导》，2012年第2辑（总第2辑）。

案例 3：岳曾伟等非法获取计算机信息系统数据案①

2012 年 10 月至 2013 年 4 月，被告人岳曾伟伙同王梁（在逃），在泗洪县开设的游戏工作室内，雇佣了被告人张高榕、陈奕达、谢云龙等十余人。岳曾伟伙同王梁先后多次按一个游戏账号及密码以 5.5 元至 7 元不等的价格从张翊（在逃）处购得 8.2 万余个游戏账号及密码，然后指使张高榕、谢云龙、陈奕达等人使用购得的账号及密码进入游戏操作系统，窃得账号内的游戏金币 7.9 亿余个，再通过"5173"网络游戏交易平台等方式以一万个游戏金币 9 元至 16 元不等的价格进行销售。根据已查获的"5173"网络游戏交易平台记录，被告人岳曾伟等人得款 72 万余元。其中张高榕、谢云龙负责从账号内盗取游戏金币，张高榕亦负责对岳曾伟所雇人员进行考勤，二人分别从岳曾伟处得报酬 11 000 元和 6 000 元；陈奕达负责在"5173"网络游戏交易平台上出售游戏金币，从岳曾伟处得到报酬 13 000 元。被告人岳曾伟、张高榕、谢云龙、陈奕达到案后如实供述上述犯罪事实，并分别退还违法所得 2 万元、11 000 元、6 000 元和 13 000 元。

江苏省泗洪县人民检察院以盗窃罪提起公诉。江苏省泗洪县人民法院经审理认为：被告人岳曾伟、张高榕、谢云龙、陈奕达明知是非法获取计算机信息系统数据犯罪所获取的数据而予以收购，后利用该数据非法获利 72 万余元，情节严重，其行为已构成掩饰、隐瞒犯罪所得罪。一审判决后，江苏省泗洪县人民检察院提出抗诉，江苏省宿迁市人民检察院支持抗诉。泗洪县人民检察院抗诉认为：原审被告人岳曾伟等人通过购买他人非法取得的计算机信息系统数据，然后登录他人游戏空间窃取游戏金币，其收购他人非法取得的计算机信息系统数据的行为系手段行为，其窃取他人游戏空间内金币的行为系目的行为，应以其目的行为论罪。此外，由于网络游戏中的金币既属于计算机信息系统数据，又具有财物的性质，可以成为盗窃罪的犯罪对象，故原审被告人岳曾伟等人的行为同时构成盗窃罪和非法获取计算机信息系统数据罪，应择一重罪处罚。原审被告人岳曾伟等人盗窃财物 72 万余元，数额特别巨大，以盗窃罪论处较非法获取计算机信息系统

---

① 见 http://pkulaw.cn/case_es/pfnl_1970324840973416.html? match=Exact。

数据罪重，因此本案应以盗窃罪对原审被告人岳曾伟等人定罪处罚。

江苏省宿迁市人民检察院认为：原审被告人岳曾伟等人主观目的是窃取游戏金币，主要犯罪行为是登录其他玩家游戏账号并窃取大量游戏金币，因游戏金币属于虚拟财产，其法律属性为计算机信息系统数据，故对原审被告人岳曾伟等人的行为应当以非法获取计算机信息系统数据罪追究其刑事责任。

江苏省宿迁市中级人民法院经审理认为，原审被告人岳曾伟、张高榕、陈奕达、谢云龙等人利用购得的账号、密码侵入他人计算机信息系统获取数据，其行为均已构成非法获取计算机信息系统数据罪，且属情节特别严重。原审被告人岳曾伟等人窃取他人游戏账号内的游戏金币属网络游戏中的虚拟财产，其法律属性是计算机信息系统数据，将游戏金币解释为盗窃罪的犯罪对象———公私财物缺乏法律依据，故泗洪县人民检察院提出的该抗诉意见不能成立，江苏省宿迁市人民检察院提出的抗诉意见成立。原审被告人岳曾伟等人的犯罪目的是盗售他人游戏金币牟利，其实施的主要犯罪行为亦是肆意侵入他人计算机信息系统，窃取游戏金币并出售，并非仅是收购游戏账号、密码的行为，根据主客观相一致原则，原审被告人岳曾伟等人的行为应构成非法获取计算机信息系统数据罪。原审法院认定原审被告人岳曾伟等人行为构成掩饰、隐瞒犯罪所得罪，未能全面评价原审被告人岳曾伟等人所实施的犯罪行为，亦与原审被告人岳曾伟等人犯罪意图不符，鉴于本案中非法获取计算机信息系统数据罪和掩饰、隐瞒犯罪所得罪的法定刑幅度相同，原审法院所处刑罚与各原审被告人的犯罪事实、情节以及对于社会的危害程度能够相符，各原审被告人亦无异议，对原审法院的量刑可不予调整。据此判决：撤销泗洪县人民法院（2013）洪刑初字第0698号刑事判决；以非法获取计算机信息系统数据罪判处原审被告人岳曾伟有期徒刑5年，并处罚金5万元；以非法获取计算机信息系统数据罪判处原审被告人张高榕有期徒刑2年，缓刑3年，并处罚金2万元；以非法获取计算机信息系统数据罪判处原审被告人陈奕达有期徒刑2年，缓刑3年，并处罚金2万元；以非法获取计算机信息系统数据罪判处原审被告人谢云龙有期徒刑1年6个月，缓刑2年，并处罚金1万元；退出的违法所得予以没收。

本案的裁判理由认为，从物理属性上分析，虚拟财产在物质形态上是电磁信息。虚拟财产系一定虚拟环境的产物，而虚拟环境为计算机环境，因此，虚拟财产是一种包含特定信息的电磁记录。而（服务商）客户端技术对虚拟财产分为三个层次：物理层、数据层、应用层。物理层即网络财产只是存储在游戏服务器上的电磁记录；数据层即装备对应的数据代码所处的层面，通过解释物理层来获得数据意义；应用层即虚拟财产图像的可感知和应用形式层面。所以虚拟财产其本身不过是一组数据、电磁信息，这些数据本质是光电物质媒介所支撑的数据，从而形成一定的图像或者应用形式，满足玩家的特定需要、精神上的娱乐或者物质上的追求。

本案的裁判理由指出，盗窃虚拟财产的行为不应认定为盗窃罪，主要基于以下理由：(1) 虚拟财产不具有法律意义上的财产属性。首先，虚拟财产不具有法律财产中管理、自由交易的可能性，也不能独立性地存在。网络财产的虚拟性表现为虚拟财产依赖于网络而生，依附于网络环境，行为人盗窃的是代码，脱离网络环境并不存在。其次，虚拟财产存在的期限性是网络运营商决定的，期限的长短完全取决于游戏服务经营状况，并非像现实财产那样存在一个自然消亡的过程。(2) 从盗窃罪认定上也存在法律障碍。虚拟财产保护的第一重困境即虚拟财产的价值和价格难以确定。财产的本质属性在于它的价值性，价值通过使用价值来体现，交换价值来衡量。虚拟财产的价值不仅难以被普遍接受，而且难以流通。(3) 适用非法获取计算机信息系统数据罪更有利于保护网络环境。因盗窃罪仅仅将造成的损害后果局限于财产损失，而盗窃虚拟财产更多地影响个人计算机信息系统的正常运转，即使财产损失有限或者行为人并没有获利，只要侵害了计算机信息系统功能的安全，仍然可以定罪处理。

岳曾伟案的裁判理由对于虚拟财产所进行的否定性论证具有典型意义。在本案中，检察机关认为被告人的行为是盗窃罪和非法获取计算机信息系统数据罪的想象竞合，应当以一重罪从重处罚，因此，应当认定为盗窃罪。而法院认为虚拟财产只是一种电磁数据，对于盗窃虚拟财产行为应当认定为非法获取计算机信息系统数据罪。显然，法院判决在很大程度上受到前述最高人民法院研究室《意

见》的影响,尽管该《意见》不是一种正式的司法解释。

(三) 虚拟财产法律属性的论证

岳曾伟案明确将盗窃虚拟财产的行为认定为非法获取计算机信息系统数据罪,应该说,在物理上,虚拟财产属于计算机信息系统数据,这是没有问题的。关键在于,虚拟财产是否具有财产属性以及这种财产价值是否应当予以优先保护。事实上,刑法对某种法益的保护是存在多种路径的。因为法益本身就具有多种属性,而且如上所述,保护法益存在某种交集与重合。在这种情况下,基于法益位阶性的原则,对法益保护的优先性进行顺序排列。这一原理,对刑法对于虚拟财产是按照财产加以保护还是按照电子数据进行保护的问题具有重要参考价值。确实,在虚拟财产具有财物性与数据性的双重属性的情况下,同时符合财产犯罪与非法获取计算机信息系统数据罪的构成要件。换言之,在这种情况下,即使是认定为非法获取计算机信息系统数据罪也能够对虚拟财产予以周延的刑法保护,为什么还要以财产犯罪论处?笔者认为,这个问题并不难回答。因为电磁数据是虚拟财产的载体,因此窃取或者以其他方式非法占有虚拟财产的行为必然同时具有非法获取计算机信息系统数据的性质。在这种想象竞合的情况下,以其中的重罪处断是符合法理的,同时也符合最大限度的法益保护原则。为了确定虚拟财产的法律属性,从而论证虚拟财产属于财产犯罪的保护法益,笔者认为需要对以下三个问题加以阐述。

1. 虚拟财产的财物属性:依附性与独立性

虚拟财产具有对于网络的依附性,这也是在讨论虚拟财产是否可以成为财产犯罪保护法益的时候否定论者经常提到的一个理由。例如,在前述《意见》中就认为:"网络财产的虚拟性表现为虚拟财产依赖于网络而生,依附于网络环境,行为人盗窃的是代码,脱离网络环境并不存在"。笔者认为,虚拟财产的网络依附性涉及的是如何理解其物的属性问题,包括物的独立性以及存在方式问题。无疑,最初的有体物是独立存在的,在有体物的情况下,物的载体与价值是完全同一的。例如,一把菜刀,其物理存在与使用价值高度合一。而无体物则有所不同,以电为例,电能本身是无体的,电的存在需要一定的容器或者载体。当线路

通电的时候，电是依附于线路而存在的，在这种情况下，电能的价值与电线并不同一。此外，一本书的价值并不表现在这本书的纸张上，而是体现在这本书的内容上。对于这本书就不能按照纸张的财产价值进行保护，而是应当按照该书内容的价值加以保护。在这种情况下，我们不能认为电能具有对电线的依附性或者知识具有对于纸张的依附性而否定其具有财产属性。对于虚拟财产也应当作如是观。虚拟财产作为一种财物，是以电磁数据形式存在的，并且存在于网络空间，具有对于网络的依附性。但这种依附性并不能否定虚拟财产所具有的独立性，否则虚拟财产就不是真实的存在，而只是网络的虚拟。

虚拟财产对于网络空间的依附性表明虚拟财产不能脱离网络空间而存在，其价值只有在网络空间才具有意义。正如我国学者指出的：网络空间是数字化的社会空间，而存在于特定网络空间的虚拟财产是特定的信息载体，它是客观存在的，而不是虚幻、假象的。虽然虚拟财产是感观无法确定的数据，但在网络用户可以通过对自己的账号设置密码来防止他人对自己的资料进行修改、增删，也可以通过一定的程序对虚拟财产进行买卖、使用、消费，并根据市场供求状况确定其价值；运营商也可以依据协议对其进行保管，在有效的运营期间具有同一性，说明虚拟财产具有一般社会观念或经济观念中的特定性。[①]

其实，任何财物都是具有一定的时间与空间限制的，并不存在超越时空的财物。虚拟财产是网络的衍生物，只能在网络环境内存在，其价值也主要体现在网络空间中。尤其是某些虚拟财产是网络公司基于一定运营目的而出品或者发行的，而且用户只有使用权并没有所有权。例如，腾讯公司出品的QQ号就是如此，腾讯公司明确规定："QQ账号的所有权归腾讯，用户完成注册申请手续后，获得QQ账号的使用权。"如果用户长期不使用QQ号，腾讯公司还有权收回。但这些对QQ号的限制性条件都不足以成为否定QQ号具有财物属性的理由。在所有权与使用权分离的情况下，使用人与QQ号之间存在占有关系，并且基于这种占有关系而享有其权益。而窃取QQ号的行为明显侵犯了占有人对QQ号的权

---

① 参见林旭霞：《虚拟财产权研究》，79页，北京，法律出版社，2010。

益，具有侵犯财产犯罪的性质，这是没有问题的。至于腾讯公司发行的 Q 币等所谓虚拟货币，并不能在现实社会中使用，只能在网络空间流通，但这不妨碍 Q 币在网络空间所具有的财物价值。而且，即使腾讯公司具有无限量发行 Q 币的权利，也具有宣布 Q 币作废的权利，这些因素也不影响 Q 币在其流通期间所具有的财物价值。即使是真实货币，央行也还不是有宣布作废的权力？任何事物的存在都是在一定时间与空间内的相对存在而不是永恒存在，虚拟财产对于网络的依附性正是其相对性的表现之所在。我国学者在论及虚拟财产的物的属性时指出："物的独立性并非仅指物理意义上的独立，更重要的是是否有独立的价值或者交换价值，能否成为独立的交易对象以及能否把交易部分标示出来。这点在虚拟财产的现实交易中已经不被怀疑。而自身存续时间的长短并非某一客体能否成为物的判断标准。因此，网络虚拟财产本身所特有的期限性只能说明物权内容及物权客体的多样化，而不足以否认其物的属性。"① 因此，我们不能以虚拟财产具有对网络的依附性而否定其独立性，由此否定虚拟财产的财物属性。

2. 虚拟财产的价值属性：财物性与利益性

虚拟财产是否具有财产价值，这也是在虚拟财产是否能够成为财产犯罪保护法益的争议中受到关注的一个问题。那些否定虚拟财产是财产犯罪保护法益的观点，除了一部分人以外，大部分人都对虚拟财产的价值持一种否定态度。例如，岳曾伟案的裁判理由认为："财产的本质属性在于它的价值性，价值通过使用价值来体现、交换价值来衡量。虚拟财产的价值不仅难以被普遍接受，而且难以流通"，由此认为虚拟财产不能作为财产进行保护。其实，在这段话中，裁判理由是语带保留的。裁判理由在此使用了两个"难以"：难以被普通接受和难以流通。笔者认为，难不难是一回事，有没有又是另外一回事。难以接受和难以流通的前提还是肯定虚拟财产具有使用价值和交换价值。如果完全否定虚拟财产的使用价值和交换价值，那就是对客观现实全然不顾，不是一种实事求是的态度。那么，两个"难以"是否就可以否定虚拟财产具有财产价值呢？笔者的回答是"不能"。

---

① 林旭霞：《虚拟财产权研究》，80 页，北京，法律出版社，2010。

这里首先存在一个事实问题，即虚拟财产的接受程度和流通程度到底是一种什么状况，是否如同裁判理由所描述的存在两个"难以"？笔者认为，两个难以在事实层面上就不存在。互联网在我国已经相当程度地普及，而且其发展趋势是我们所难以估量的。年轻一代完全是在网络社会成长起来的，其对虚拟财产的接受程度不是我们所能想象的。至于虚拟财产的流通程度，只要我们不是视而不见，它是客观存在的。法律面对虚拟财产的客观事实，只能面对它不能无视它；只能规范它不能否定它。

虚拟财产的价值属性主要涉及虚拟财产到底是一般财物还是财产性利益的问题。而这个问题又与民法中虚拟财产的权属问题紧密联系。对于虚拟财产的权属问题，我国民法学界存在以下五种观点[①]：（1）物权说，其中又可以分为所有权说和使用权说两种。所有权说认为，虚拟财产本质上是一种电磁记录数据，它是网络用户付出时间、金钱等对价而取得，虚拟财产具有有用性、稀缺性、流通性。用户可以依其意愿对虚拟财产实施处分。因此，虚拟财产权可以成为所有权。使用权说则认为用户对于虚拟财产并不享有完全的处分权。例如，当运营商发现用户采用外挂、非法复制、盗窃等手段获取虚拟财产时，有权无条件收回，毋需征得用户的同意。因此，虚拟财产所有权属于运营商，而用户则享有使用权。（2）知识产权说，认为虚拟财产是智慧与劳动的结晶，属于有创造性的智力成果，属于知识产权。（3）债权说，认为游戏运营商和玩家之间是一种服务合同关系，因此虚拟财产本质上是一种债权性权利。（4）无形财产权说，尽管虚拟财产是存在于运营商服务器中的电磁数据，但虚拟财产和现实中的货币可以互相联系，从某种程度上具备了商品的一般属性。因此，虚拟财产是以数字形态存在的一种无形财产。（5）新型财产权说，其中具有代表性的观点认为，虚拟财产作为一种新型财产，体现了物权和债权的融合，其权利性质具有债权属性和物权属性的特征。尽管在民法学界对虚拟财产的权属存在以上争论，但这些争论都是在承

[①] 关于这五种观点的归纳与梳理，参见林旭霞：《虚拟财产权研究》，84页以下，北京，法律出版社，2010。

认虚拟财产是物的基础上展开的,它对于对虚拟财产采取何种民事保护方式具有意义。在刑法中,虚拟财产的权属问题对于虚拟财产属于财物还是财产性利益具有重要的决定意义。如前所述,在德日刑法典中,财物与财产性利益是决然相分的,两者不能混为一谈。但在我国刑法中,财物的概念包含了财产性利益。那么,虚拟财产究竟属于何种类型的财物呢?笔者认为,这要根据虚拟财产的不同类型进行分析。

如前所述,虚拟财产分为三类:第一类是账号类的虚拟财产,包括网络游戏账号和QQ账号。第二类是物品类的虚拟财产,包括网络游戏装备、网络游戏角色/化身的装饰品。第三类是货币类的虚拟财产,包括Q币、"金币"。

第一,对于类似QQ号等虚拟财产来说,在性质上归属于无形财产即无体物较为合适。例如,我国有学者指出:"盗窃QQ号的行为,有些类似于通过盗窃等方式非法占有他人的电话号码的行为,使他人丧失长期使用的手机还有固定电话的号码。"[1] 而电话号码以及车牌号等物品均属于具有一定价值的无形财产,将其归之于无体物完全没有问题。

第二,对于物品类虚拟财产来说同样也应当认定为无体物。网络游戏中的装备等物品,模拟的是现实世界中的有体物,例如宝刀等。但它又不能直接当做现实世界中的有体物看待,因为网络游戏中的物品只是一种电磁数据。但不可否认的是,这些虚拟物品本身具有财产价值,并可以通过一定的方式进行价值交换。因此,将其视为无形财产,也就是无体物。例如,在颜亿凡盗窃案中,裁判理由指出:"本案中,涉案的财物虽是网络游戏中的虚拟财产,但该虚拟财产具有价值和使用价值,并根据现实社会的供求关系于交易过程中体现其经济价值。本案被害人被盗的是游戏装备,该装备是游戏者(即玩家)通过向游戏运营商支付一定的费用后,获取游戏使用权,再通过在游戏环境中完成一定的任务、自己进行打造或练级后获得相应的游戏装备。该装备虽然仅是存在于电脑网络和游戏程序

---

[1] 于志刚主编:《网络空间中虚拟财产的刑法保护》,460~461页,北京,中国人民公安大学出版社,2009。

之中的电磁记录，但却是游戏者投入了时间、精力和金钱后获取的劳动成果。该劳动成果可通过售卖的形式来换取现实生活中的货币，因此虚拟财产和现实生活中的货币是紧密相连的，具备了商品的一般属性，既有价值又有使用价值，理应得到与现实生活中的财产同等的保护，属于刑法的调整范围。此外，虚拟财产也属于私人财产，能为人们控制和占有。虚拟财产不是游戏系统本身就存在的，它是游戏者通过脑力劳动并伴随着金钱和时间的投入而取得，是游戏者通过脑力劳动触发游戏程序创造出来的，因此，游戏者理应对其创造出来的虚拟财富享有所有权。由于游戏者可以通过售卖、赠予等方式享有对虚拟财产的占有、使用、收益和处分等权利，虚拟的财产可以在游戏者之间进行自由流转，为每个游戏者独立控制和占有，因此虚拟财产属于游戏者的私人财产。"[1] 该裁判理由实际上就是把网络游戏中的虚拟物品视为无形财产，对窃取行为以盗窃罪论处。

第三，货币类虚拟财产，这是一种较为特殊的类型。应该指出，网络虚拟货币与央行发行的真实货币还是存在实质性区别的，两者不能混淆。在赖某盗窃案中，被告人盗窃游戏金币，法院对被告人的行为以盗窃罪论处。该案判决的裁判理由指出：虚拟财产的实质是电磁化的有价证券。游戏金币作为网络空间的虚拟财产，实际上是一种存在于网络的具有财产属性的电磁信息，其记录的内容是由游戏供应商确定并有偿提供给游戏消费者用于换取游戏娱乐消费的权利，凭此信息的内容，持有者可以换取以金钱为代价的游戏娱乐产品，就像观众凭有效电影票可以进入电影院观看电影一样。因此，这种虚拟财产与一般的有价凭证具有相同的属性，两者的差异仅在于存在的形式：前者是记载权利的电磁信息，后者是记载权利的实物凭证。据此，可以认为虚拟财产是一种电磁化的有价凭证。[2] 对于这种观点，笔者是赞同的。当然，只有货币类虚拟财产才具有有价凭证的属性。

---

[1] 广东省广州市中级人民法院（2006）穗中法刑二终字第 68 号刑事裁定书。
[2] 参见卢方主编：《经济、财产犯罪案例精选》，340～341 页，上海，上海人民出版社，2008。

3. 虚拟财产的数据属性：可复制性与不可复制性

在否定虚拟财产可以是财物财产犯罪的客体的观点中，其中一个重要理由是电磁数据的可复制性。作为财产犯罪客体的财物，应当是不具有可复制性的，这也就是财物的排他的支配性。在这种情况下，财物被他人占有，被害人就丧失了对财物的控制，由此造成财产损失。如果某种物品具有可复制性，那就不能成为财产犯罪的客体，但可以成为侵犯知识产权犯罪的客体。例如，非法复制就是侵犯著作权犯罪的常见行为方式。在论及虚拟财产同样也涉及可复制性的问题，由此而成为否定虚拟财产可以成为财产犯罪客体的重要根据之一。例如，德国学者论及信息，亦即电磁数据的易被复制性特征时指出："在刑法上，由于存在这种易被复制性，在盗窃数据或信息的行为中缺少占有要素。信息相对于传统法律对象（即物质）的这些特征也解释了为什么商业秘密的保护在许多法律制度中都被单独规定，而不是归类在盗窃行为名下。"① 根据这种观点，以电磁数据为载体的虚拟财产就难以成为财产犯罪的客体。

此外，台湾地区学者林山田教授的解释也论及电磁数据的可复制性问题。台湾地区"司法机关"对于如何处理盗窃电磁记录的案件存在一个前后变化的过程。这里应当指出，台湾地区刑法学界对于物的理解局限于有体物，如果是无体物，只有在刑法有规定时，才能成为盗窃罪的保护法益。② 因此，台湾地区在对财物的解释上，就如同德国和日本一样，是极为严格的，没有太大的解释空间，而需要刑法的规定。为此其1997年的"刑法"部分条文修正，以动产论的准动产规定，将电磁数据增列为准动产，由此而把虚拟财产认定为财产犯罪客体。例如，该法律修改以后，台湾地区司法界对于线上游戏中之虚拟物品是否为财产法益所保护之法益作出以下回答："查线上游戏之虚拟物品系以电磁记录之方式存储于游戏伺服器，游戏账号所有人对于该虚拟物品拥有持有关系。又所谓虚拟物

---

① ［德］乌尔里希·齐白：《全球风险社会与信息社会中的刑法：二十一世纪刑法模式的转换》，周遵友、江溯等译，285页，北京，中国法制出版社，2012。

② 参见林山田：《刑法各罪论》（上册），211~212页，北京，北京大学出版社，2012。

品系对新兴事物所自创之名词,其于现实世界中仍有其一定之存储价值,与现实世界之财物并无不同,不因其名为虚拟物品即谓该物不存在,仅其呈现方式与实物不同。是以,认定虚拟物品为窃盗罪、侵占罪、诈欺罪及毁损罪所保护之客体,应无不当,至其他财产法益之犯罪,因目前法条尚无准用之规定,尚不能相提并论。"①

该修法以后,台湾地区刑法学界对于窃取电磁记录行为以盗窃罪论处存在争议,例如林山田教授认为,以盗拷或者拷贝他人计算机中或磁(光)盘中的电磁记录的行为以盗窃罪论处的立法构想,并非单纯将属于无体物的电磁记录通过条文化而成为盗窃罪的窃取客体即可达成,因为这里涉及窃取行为的想法概念问题。林山田教授指出:窃取行为系破坏他人对物的持有支配关系,再建立一个新的持有支配关系。行为人盗拷他人的电磁记录,而他人原所有的电磁记录并不因盗拷行为而完全消失或减少。易言之,行为人毋需破坏他人对物的持有支配关系,而能对于他人仍在持有支配中的电磁记录建立新的持有支配关系,故显然不符合刑法窃取之概念。因此,行为人拷贝或盗拷他人电磁记录的行为并无法该当盗窃罪的窃取行为,而未能构成盗窃罪。② 林教授在此所说的其实就是电磁记录的可复制性,由此成为窃取电磁记录不能构成盗窃罪的重要理由。为此,我国台湾地区"立法机关"在2003年又将准动产中的电磁记录删去,并专门设立妨害电脑使用罪。在妨害电脑使用罪中就包含了破坏电磁记录罪,是指无故取得、删除或变更他人电脑或其相关设备之电磁记录,致生损害于公众或他人的行为。该罪设立以后,在台湾地区司法界,电磁记录不再作为盗窃罪的保护法益。③

以上以电磁数据具有可复制性为由而否定虚拟财产可以成为财产犯罪保护法益的观点,是以所有电磁数据都具有可复制性为前提的。其实,电磁数据可以分为具有可复制性与不具有可复制性这两种情形。笔者认为,只有具有财产性价值

---

① 陈子平:《刑法各论》(上),413页,台北,2015。
② 参见林山田:《刑法各罪论》(上册),212页,北京,北京大学出版社,2012。
③ 参见陈子平:《刑法各论》(上),721页,台北,2015。

的电磁数据或者排他性支配的电磁数据才是物权法的客体,同时也可以成为刑法中财产犯罪的保护法益。至于不具有排他性支配的电磁数据,不能成为财产犯罪的客体,但可以成为知识产权的载体。例如对于窃取以电磁数据为载体的商业秘密的行为以侵犯商业秘密罪论处,而不是以盗窃罪论处。此外,电磁数据还可能成为国家机密的载体,对于窃取以电磁数据为载体的国家秘密的行为以非法获取国家秘密罪论处,而不是以盗窃罪论处。但这并不能否定在某些情况下电磁数据是财物的载体,窃取以电磁数据为载体的财物,也就是虚拟财产的行为,完全可以盗窃罪论处。这样一种法律制度的安排并不会破坏物权、债权和知识产权之间的位阶关系,而且更能够体现对电磁数据的全面法律保护。

  在我国所见到的侵犯虚拟财产的案件中,绝大多数案件中的虚拟财产都不具有可复制性,对此以财产犯罪论处并无不当。在本文所引用的三个案件中,涉及的虚拟财产都是不可复制的。例如,在曾智峰等侵犯通信自由案中,被告人将他人 QQ 号的原密码破解并更改以后,将 QQ 号非法出售牟利。在这起案件事实中,QQ 号是盗窃客体,被害人原先是通过密码实现对 QQ 号的占有,但在被告人更改密码以后,被害人就丧失了对 QQ 号的占有,并被被告人所占有并得以出售。在此,盗窃罪所要求的占有转移过程呈现得十分清晰。在孟动等人盗窃案中,被告人利用黑客程序窃得被害公司登录腾讯、网易在线充值系统使用的账号和密码,并入侵被害公司的在线充值系统,窃取 Q 币和游戏点卡以后在网上低价抛售。在这起案件事实中,存在窃取账号和密码与窃取 Q 币和游戏点卡这两个行为,利用密码完成对被害公司的 Q 币和游戏点卡的占有转移,完全符合盗窃罪的构成要件。在岳曾伟等人非法获取计算机信息系统数据案中,被告人使用购得的账号及密码进入游戏操作系统,窃得账号内的游戏金币 7.9 亿余个,这也是典型的盗窃行为。至于游戏金币,网络游戏公司可以不断复制,但每一个金币都具有独立的交换价值,仍然可以成为财产犯罪的客体。正如不能说母鸡可以源源不断地下蛋,因此窃取他人鸡蛋也不构成盗窃罪。只有窃取某些不具有排他性使用价值的电磁数据,才能认为这种电磁数据具有可复制性,不能成为财产犯罪的客体。例如,2011 年 8 月 1 日最高人民法院、最高人民检察院《关于办理危害

计算机信息系统安全刑事案件应用法律若干问题的解释》第 1 条规定的支付结算、证券交易、期货交易等网络金融服务的身份认证信息，即用于确认用户在计算机信息系统上操作权限的数据，包括账号、口令、密码、数字证书等。这些电磁数据具有可复制性，他人非法获取以后，并不影响被害人继续使用这些身份认证信息。因此，非法窃取这种身份认证信息的行为，不能认定为盗窃罪，而应当以非法获取计算机信息系统数据罪论处。

结语

从历史演变过程来看，法律上的物这个概念的发展变化是巨大的。从最开始的有形物到后来出现的无形物，物的外在形态经历了重大变化。随着电、燃气等财产形态的出现，物的内容也发生了巨大改观。我们可以想象，在电、燃气等财物形态出现的时候，对于物的传统观念带来何等的冲击。最终，法律上物的概念还是接纳了这些前所未有的工业社会的产品。随着虚拟财产的出现，再次带来对法律上物的观念的重大冲击。那么，法律上物的概念还会接纳虚拟财产这些信息社会的产品吗？笔者坚信：道路是曲折的，前途是光明的。

（本文原载《中国法学》，2017（2））

故意杀人后取财行为之定性研究
——计永欣案分析

谋财害命是常见的犯罪，因而财产犯罪与人身犯罪往往交织在一起。在这种情况下，如何正确定罪就成为一个较为复杂的问题。在计永欣案定罪过程中，曾经出现过曲折，表明司法机关内部对本案在定性上存在意见分歧。本案经最高人民法院复核后最终定案，其中涉及的法理问题值得探究。[①]

一、案情及诉讼过程

被告人计永欣，男，1971年4月1日出生，汉族，无业。因涉嫌犯故意杀人罪，于2000年4月5日被逮捕。

黑龙江省大庆市人民检察院以被告人计永欣犯故意杀人罪，向大庆市中级人民法院提起诉讼。

大庆市中级人民法院经公开审理查明：

---

① 本案例载于最高人民法院刑一庭、刑二庭编：《刑事审判参考》，第4卷·上，36～40页，北京，法律出版社，2004。

2000年3月1日上午9时许,被告人计永欣到肇州县肇州镇被害人林向荣(系计父朋友)家,以其开车时将他人的猪撞死、需要赔偿为借口,向林向荣借钱。林向荣知道计在说谎并对其予以指责。双方为此发生争执、厮打。在厮打过程中,计永欣用林向荣家的烟灰缸击打林的头部,又用斧子、菜刀砍林的头、颈部,致林向荣当场死亡。之后,计永欣进入林的卧室,搜得人民币5100元及部分衣物后逃离现场。2000年3月16日,计永欣逃至汤原县其舅家,告知其舅情形。其舅劝计永欣投案自首,计表示同意。其舅担心计永欣反悔,于当晚让计的舅妈向公安机关报案。公安机关遂将计永欣抓获归案。计永欣归案后如实供述了其杀人事实。

大庆市中级人民法院认为,被告人计永欣因借钱不成,与被害人林向荣发生争吵、厮打,在厮打中将被害人林向荣杀死,其行为已构成故意杀人罪,依法应予严惩。鉴于被告人计永欣作案后能在亲属的规劝下投案自首,依法可从轻处罚。依照《中华人民共和国刑法》第232条、第57条第1款、第67条第1款的规定,于2000年8月9日判决:

被告人计永欣犯故意杀人罪,判处死刑,缓期2年执行,剥夺政治权利终身。

一审宣判后,大庆市人民检察院以被告人计永欣系何丽华(计永欣的舅妈)向公安机关举报被抓获,被告人本人并未主动投案,且计永欣在公安机关抓捕时报的是假姓名、假住址,不具有投案的真实意思表示,不能认定自首;计永欣杀人手段残忍,社会危害极大,原判量刑畸轻为由,向黑龙江省高级人民法院提出抗诉。

黑龙江省高级人民法院经审理认为:原审被告人计永欣以谋财为目的,进入被害人林向荣家谎言借钱,遭拒绝后竟持械行凶,先后用烟灰缸、刀、斧砸、砍林的头、颈等要害部位三十余下,将林杀死后搜走现金及衣物,其行为已构成抢劫罪。原判认定的事实清楚,证据确实、充分,但定罪不当。原审被告人计永欣在亲属规劝下,虽同意自首,但并无自动投案行为,且其在被捕时报假名、假地址,旨在逃避法律制裁,不能认定其自首。原审被告人计永欣的舅母向公安机关

举报计永欣杀人罪,是大义灭亲。检察机关的抗诉理由成立。依照《中华人民共和国刑事诉讼法》第 189 条第 2 项和《中华人民共和国刑法》第 263 条第 5 款、第 57 条第 1 款的规定,于 2001 年 6 月 5 日判决如下:

(1) 撤销大庆市中级人民法院(2000)庆刑一初字第 52 号刑事附带民事判决的第一项,即被告人计永欣犯故意杀人罪,判处死刑,缓期 2 年执行,剥夺政治权利终身;

(2) 被告人计永欣犯抢劫罪,判处死刑,剥夺政治权利终身;并处罚金人民币 3 000 元。

黑龙江省高级人民法院依法将此案报请最高人民法院核准。

最高人民法院经复核认为,被告人计永欣的杀人行为已构成故意杀人罪,且犯罪后果严重,应依法惩处。一、二审判决认定的事实清楚,证据确实、充分。审判程序合法。但二审以抢劫罪定罪不当,应予纠正。鉴于计永欣的亲属在计永欣作案后积极规劝其投案自首,并主动到公安机关报案,计永欣归案后亦能坦白其犯罪事实,故对被告人计永欣判处死刑,可不立即执行。依照《中华人民共和国刑事诉讼法》第 199 条、《最高人民法院关于执行〈中华人民共和国刑事诉讼法〉若干问题的解释》第 285 条第 3 项和《中华人民共和国刑法》第 232 条、第 57 条第 1 款的规定,于 2002 年 1 月 2 日判决如下:

(1) 撤销黑龙江省高级人民法院(2000)黑刑一终字第 365 号刑事判决中对被告人计永欣的定罪量刑部分;

(2) 被告人计永欣犯故意杀人罪,判处死刑,缓期 2 年执行,剥夺政治权利终身。

二、争议及裁判理由

在本案处理过程中,对两个问题存在争议:一是故意杀人后又窃取被害人财物的行为应如何定性?二是本案被告人仅有自首意思能否成立自首?本文只讨论第一个问题,即故意杀人后取财行为应如何定性。对于这个问题,在审理过程中

存在三种意见：

第一种意见认为，计永欣的行为分别构成故意杀人罪和盗窃罪；第二种意见认为，计永欣杀人后拿走被害人财物的行为系以杀人暴力手段为前提，是故意杀人行为的后续行为，应按重行为吸收轻行为的原则处理，只定故意杀人罪；第三种意见认为，计永欣到被害人家是图谋钱财，将人杀死后劫取财物的行为构成抢劫罪。

对于故意杀人后窃取被害人财物的行为，最高人民法院最终采纳了第一种意见，即认为应分别构成故意杀人罪和盗窃罪。只是由于控方未指控盗窃罪而对该罪未予认定。本案的裁判理由如下：

《最高人民法院关于抢劫过程中故意杀人案件如何定罪问题的批复》中规定："行为人为劫取财物而预谋故意杀人，或者在劫取财物过程中，为制服被害人的反抗而故意杀人的，以抢劫罪定罪处罚。"此一规定表明，抢劫罪的手段可以是故意杀人行为，但此限制条件必须是"为劫取财物而预谋故意杀人，或者在劫取财物过程中，为制服被害人的反抗而故意杀人"。易言之，从时间上看，行为人劫取财物的目的在先，故意杀人的手段在后；从手段与目的关系来分析，故意杀人的手段服务于抢劫财物的目的，抢劫财物和故意杀人之间存在着明显的目的与手段的关系。如果行为人先因他故，实施了杀人行为，尔后又临时起意取走被害人财物的，因为先前的杀人行为与事后的取财行为之间并无手段与目的的关系，不能认定为抢劫罪，而只能分别认定为构成故意杀人罪和盗窃罪。本案中，被告人计永欣到被害人家是为了借钱，现有证据并不能证明其具有抢劫财物的故意和目的。当其遭到被害人的拒绝和责骂时，双方为此发生争吵、厮打。在厮打过程中，被告人恼羞成怒，不择手段将被害人砍死，既非预谋杀人，更非为劫取财物而预谋杀人，其杀人不是劫财的手段，劫财也不是杀人的动机和目的。计永欣是在杀人后取走被害人财物的，其非法占有被害人财物的故意也是产生在其杀人行为完成之后，其先前编造借口借钱的行为，不能说明其从一开始就有非法劫财的故意和目的。同样，被告人的杀人行为显然也不是为了排除被害人的反抗，从而达到劫取被害人财物目的的手段。故计永欣杀人后的取财行为不构成抢劫罪。二

审法院依据现有的证据和事实，认定被告人计永欣构成抢劫罪是不当的。

被告人计永欣杀人后又取财的行为，是在先后两种不同的犯罪故意支配下实施的两个独立的行为，所侵犯的是两种不同的客体，应分别定罪，数罪并罚。杀人后的取财行为不是杀人行为的一部分，不能为杀人行为所包容或吸收，因此，本案只定故意杀人罪有失准确、全面，应另定盗窃罪。但是，应当指出的是，由于本案公诉机关虽指控了计永欣杀人后，又搜走了被害人数额巨大的财物的事实，但未指控其行为另构成盗窃罪。根据不告不理的原则，一、二审、复核审法院在审理中也不宜直接增加此罪名的认定，所以本案最终维持了公诉机关以故意杀人罪罪名的指控。

三、理论分析

在计永欣案中，被告人存在两个行为：一是杀人行为，二是取财行为，对于这一点并无异议。关键在于：这两个行为到底是一种什么关系，以及对劫财行为如何定性？计永欣案处理中的三种意见，反映了对这两个问题的不同理解，其中涉及一些刑法理论问题，因而值得研究。

主张对本案定抢劫罪的观点，虽然也承认存在故意杀人和取财两个行为，但认为取财行为只不过是抢劫中的劫取财物行为。这种观点为黑龙江省高级人民法院所主张。在二审判决中，黑龙江省高级人民法院认定被告人计永欣在主观上谋财目的的支配下，客观上实施了杀人劫财行为，因而属于抢劫的性质。对于这一观点，可以从主观与客观两个方面加以分析：从主观上来说，谋财目的与抢劫故意能否等同？这里的谋财，是指图谋钱财，这当然是一种民间的用语，在法律上可以概括为牟利。从本案的具体案情来看，计永欣谎称开车将他人的猪撞死，需要赔偿，向林向荣借钱。这是一种讹人钱财的行为，被告人计永欣在主观上确有谋财的意图，这也是不容否定的。如果计永欣实现其借钱的意图，也许就不会有后来事态的进一步发展。正是在借钱之举遭到严词拒绝以后，被告人计永欣与林向荣发生争执，并进而将林向荣杀死。在这种情况下，杀人是另起犯意，取财也

是杀人以后的临时起意。这里涉及对抢劫罪故意的理解。我国学者指出：抢劫罪在主观方面是故意，行为人必须有劫取他人财物的意思，并对财物必须通过暴力、胁迫等违反被害人意志方法才能取得有所认识。基于抢劫的意思，在实施暴力、胁迫压制对方反抗之后，夺取财物的，或者基于抢劫的意思先夺取财物，立即对被害人实施暴力、胁迫，以确保自己对财物的占有的，以及出于盗窃的意思，在夺取财物后立即主动实施足以压制被害人的暴力、胁迫行为的（突变的抢劫），都属于有实施暴力、胁迫的意思和强取财物的意思。① 由此可见，抢劫故意的内容是复杂的，它不是单一的故意而是复合的故意，这与抢劫行为的复合性是紧密相连的。在抢劫故意的认识因素中，包括对使用暴力、胁迫或者其他方法的认识，对取财行为的认识以及对暴力、胁迫或者其他方法与取财行为之间的因果关系的认识。因此，笼统地把谋财作为抢劫故意的内容，显然是不合适的。从客观上来说，尽管既有故意杀人行为，又有取财行为，但能否认定为抢劫罪的客观方面行为，还要看在故意杀人行为与取财行为之间是否存在手段与目的的关系。对于这一点，裁判理由作了正确的论述。从本案来看，这种手段与目的的关系是不存在的。被告人计永欣只是在实施故意杀人行为以后，临时起意非法占有被害人林向荣的财物。综上所述，本案被告人计永欣的故意杀人行为与取财行为应当分别评价，而不能一并论以抢劫罪。

主张对本案只定故意杀人罪，其取财行为是故意杀人行为的后续行为的观点，同样认为本案中存在故意杀人与取财这两个行为，但只将故意杀人行为评价为故意杀人罪，对取财行为则予以吸收。这种观点大体上是大庆市中级人民法院的观点，尽管在判决中未作详细说明。这种观点涉及重行为吸收轻行为的原则，因而需要从法理上加以阐明。故意杀人罪与盗窃罪相比，前者是重行为而后者是轻行为，对于这一判断大概不会提出异议。问题在于：重行为与轻行为之间在什么条件下存在吸收关系？这里涉及对吸收关系的理解。德国刑法理论认为，吸收关系是指，如果一个构成要件该当行为的不法内容和罪责内容包含了另一行为或

---

① 参见周光权：《刑法各论讲义》，98页，北京，清华大学出版社，2003。

另一构成要件，以至于在一个法律观点下的判决已经完全表明了整体行为的非价（Unwert）："吸收法优于被吸收法"。德国学者指出，吸收关系存在以下两种情形：一是紧接着第一次犯罪行为实施的确保、使用和利用其违法所得利益的构成要件该当行为，如果未侵害新的法益，且损失在数量上没有超出已经产生的程度（不受处罚的或更确切地讲共受处罚的犯罪后行为），即成立吸收关系。二是典型的伴随犯（typische Begleitaet）。如果立法者在制定加重的刑法规定时已经考虑到，行为通常情况下会与另一具有明显较轻不法内容的行为存在联系，后者相对于正犯行为而言是微不足道的，那么，就可认为构成伴随犯。① 在上述存在吸收关系的情形中，轻重行为之间或者存在牵连关系，或者是不可罚的事前行为或者事后行为。这些情形，都排除了数罪之成立。显然，在本案中，故意杀人罪与盗窃罪是基于不同犯意而实施的两个不同的犯罪行为。尽管两个犯罪行为在客观上具有接续关系，但并不存在前行为吸收后行为的根据。

  主张对本案的故意杀人行为与取财行为分别定罪的观点是正确的。对于前行为应定故意杀人罪当然并无分歧，但对于后行为应定什么罪，在刑法理论上是存在争议的，主要存在以下三种观点：第一种观点认为应定抢劫罪。例如我国学者指出：行为人杀人后才起意抢走财物的，即行为人事先只有非法剥夺他人生命的目的，而无抢劫他人财物的目的，抢劫财物是在杀人之后对其亲属实施的，或者杀人以后，见财起意，又将其财物拿走的，对此应以故意杀人罪和抢劫罪实行数罪并罚，因为行为人基于杀人的故意，实施杀人的行为，构成故意杀人罪，后又基于非法占有被害人财物的故意，实施了抢劫的行为，构成抢劫罪，且这两个罪之间没有内在的牵连关系。② 第二种观点认为应定侵占罪。例如我国学者指出：在杀人后临时起意拿取被害人财物的情况下，死后之物符合脱离持有物的属性。如果杀人者杀人后临时起意取财的，即为该财物之持有人；不取财的，则该物不

---

① 参见［德］汉斯·海因里希·耶赛克、托马斯·魏根特：《德国刑法教科书（总论）》，徐久生译，897～898页，北京，中国法制出版社，2001。
② 参见赵秉志主编：《侵犯财产罪研究》，99页，北京，中国法制出版社，1998。

属于任何人持有。上述情形下取财的杀人者若经继承人索要死者之物,且该财物数额较大,拒不交出的,按杀人罪和侵占罪两罪并罚论处。① 第三种观点认为应定盗窃罪。例如我国学者指出:对于在侵害他人人身权利过程中又窃取财物的,应定盗窃罪。因为行为人在实施故意杀人、伤害、强奸等犯罪过程中,临时起意窃取被害人财物,主观上具有以秘密手段窃取他人财物的故意和目的,而不具有以暴力(或以暴力相威胁)非法占有他人财物的故意和目的,客观上也是采取秘密手段,乘被害人不备或不知而窃取财物,根据主客观一致的原则,这种窃取财物的行为完全符合盗窃罪的特征。② 这种观点对故意杀人后取财与伤害、强奸后取财未加区分,这是不妥的。因为在伤害、强奸以后,财物所有人仍然在场,其对财物的控制依然存在。因而把秘密取财行为视为盗窃是没有疑义的。但在故意杀人以后的取财行为,能否直接定为盗窃罪,则在理论上是有争议的,论者对定盗窃罪的理由未能深入阐述。

上述三种观点,涉及一些重大理论问题需要讨论。例如,在本案中,先前的故意杀人行为对于取财行为的定性来说是否存在影响?主张定抢劫罪的观点,并没有对理由作出更为详尽的论述。例如,为什么杀人后的取财行为可以评价为抢劫行为?我想,这种观点可能还是将先行的故意杀人行为作为对取财行为定性的重要因素加以考虑的。在刑法理论上,在回答实行暴力、胁迫之后,才产生夺取财物的意思,而又夺取财物者,能否认为有抢劫的故意,是否构成抢劫罪时,存在一种观点,称为"利用余势说"。此说认为,这是行为人利用前面实施的暴力、胁迫所产生的不能抵抗的状态,即利用那种余势夺取财物的。③ 但这种观点对于被害人未死的案件来说是合适的。在被害人不能反抗的情况下,将财物公开夺取,视为抢劫行为有一定道理。但在被害人已死的情况下,也就谈不上夺取财物的问题。在这种情况下,把故意杀人的取财行为评价为抢劫罪,就可能对故意杀

---

① 参见于世忠:《侵占罪研究》,196 页,长春,吉林人民出版社,2002。
② 参见王礼仁:《盗窃罪的定重与量刑》,111 页,北京,人民法院出版社,1999。
③ 参见刘明祥:《财产罪比较研究》,125~126 页,北京,中国政法大学出版社,2001。

人行为作了重复评价，这在法理上是难以成立的。

至于这一取财行为到底是定侵占罪还是定盗窃罪，关键问题在于被害人死亡之后，财物所有权的归属问题。对于这个问题，在刑法理论上存在以下观点：有观点认为，死人在法律或事实上均已丧失支配能力，故死人生前持有之物，在有人取得事实上的新支配以前，原则上应视为脱离持有物。也有观点认为，被害人生前持有之财物，被杀之后即时转移于继承人之持有，故非脱离持有物。还有观点认为，死后死者持有继续存在。另有观点认为，在杀人之瞬间，持有转移给行为人。① 上述各种观点可谓五花八门，不一而足。在此，我可以作一个简单的分析：首先，被害人死亡以后，肯定丧失了对财物的控制，这是没有问题的，因此，死后死者持有继续存在的观点不足取。其次，被害人死亡以后，并非意味着财物变成了无主物，其财产所有权转移给其他继承人；没有继承人的，则转归国家所有。但所有权的转移并不等于控制关系的转移。在这种情况下，财物所有权因继承关系而发生了转移，但继承人并未获得对财物的实际控制，这是一个不争的事实。最后，在被害人死亡以后，财物到底是脱离持有物还是成为加害人的持有物？我认为两种说法虽然表述不同，但含义大体相同，都是认为在被害人死后财物转而处于加害人的持有之中。因而，加害人可能构成侵占罪。总之，上述各种观点都排除了构成盗窃罪的可能性。正如我国学者指出：只要死者的财物还没有建立起新的有效的控制支配关系，均不能成立盗窃罪，因为不论死者死亡原因如何，一个事实是不争的，就是死者的死导致了财物与死者生前的控制关系消失。虽然从民法意义上讲，当事人一死亡，继承法律关系就发生，但是从刑法意义上讲，这并不等于继承人已经控制、支配死者财物，而行为人非法取财的故意是在财物控制、支配关系消失后才产生的，这与盗窃罪的主客观特征均不符合，不能认定盗窃罪的成立。② 那么，是否就此可以得出结论，本案被告人计永欣故意杀人后的取财行为应以侵占罪论处呢？事情并非如此简单，这里尚需考虑到本

---

① 参见于世忠：《侵占罪研究》，196 页，长春，吉林人民出版社，2002。
② 参见董玉庭：《盗窃罪研究》，101 页，北京，中国检察出版社，2002。

案特殊的死亡场所。如果是在一般场所将被害人杀死，然后劫取死者身上的财物，我认为可以定侵占罪。但本案的故意杀人发生在被害人家中，根据法院认定的犯罪事实，杀死以后，计永欣进入林的卧室，搜得人民币5 100元及部分衣物后逃离现场。家是一个特殊的场所，家不仅是一个精神的概念而且也是一个物质的概念。这是家人共同所有的。在法律上可以说，家就是对本人财物的一种庇护场所，是家人的领地。因此，家中的财物都属于在家人特殊控制下的财物。例如，我有一件物品忘记置放在家中何处找不着了，在这种情况下被来家中的一个人发现并窃走。在这种情况下，能否说这是一种侵占遗忘物的行为而非盗窃行为呢？显然不能。因为尽管遗忘在家中，但并不能认为本人对财物丧失了控制。同样，在本案中，被告人计永欣在林向荣家将林杀死后，劫取林家财物，应当认为是一种盗窃行为而非侵占行为。盗窃与侵占的区别就在于：在取财之际财物是置于他人控制之下还是置于本人控制之下？因此，本案故意杀人后的取财行为之定性，需要研究的是被害人林向荣死后，其家中财物是否丧失了控制。遗憾的是，在本案的裁判理由中，我们完全没有看到关于这个问题的讨论，似乎只要杀人后的取财行为不是杀人行为的一部分，不能为杀人行为所包容或吸收，其取财行为就应当定盗窃罪，而对于为什么应定盗窃罪而不定其他罪的理由却完全没有涉及。我认为，这是将复杂问题简单化了。要害在于：这并非发现复杂问题以后的简单化处理，而是根本没有发现问题的复杂性。

四、补论

本案被告人计永欣实施了故意杀人和盗窃两个行为，应当实行数罪并罚，但为什么检察机关以一罪起诉，大庆市中级人民法院和黑龙江省高级人民法院以一罪判处？这是一个值得研究的问题。这里涉及的是一罪与数罪的区分以及数罪并罚的观念问题。

在现实生活中，经常出现一人犯数罪的情形。基于一罪一罚、数罪并罚的原则，刑法规定了数罪并罚制度。通过数罪并罚，使犯有数罪的犯罪人受到比犯有

一罪的犯罪人更为严厉的处罚，这是符合罪刑均衡原则的。更为重要的是，通过数罪并罚，可以充分发挥法定刑的并合效应。因为刑法分则对具体犯罪的规定，一般是以一人犯一罪为标本的，刑法分则的法定刑是犯一罪的法定刑，如果犯有同种数罪，可以通过数罪并罚使犯有同种数罪的人受到高于法定刑的刑罚。在犯有异种数罪的情况下，也是如此。各罪的法定刑较轻，但通过数罪并罚却可以使犯有异种数罪的犯罪人受到与其所犯罪行相适应的刑罚处罚。只是为了司法便利，才在刑法理论上形成各种不典型的罪数形态，将其归入一罪，以此作为数罪并罚的例外。但在我国刑法中，同种数罪是不并罚的，因而在法定刑设置上不仅要考虑犯一罪的情形，而且要考虑到犯数罪的情形。在这种情况下，法定刑偏重是必然的。因此，在数罪并罚原则的适用范围受到严格限制的现行刑法制度下，就会制定一部重刑法典。在司法实践中，有关司法机关也缺乏数罪并罚的意识，这反映了量刑的粗疏，因而应当引起我们的关注。

　　本案被告人计永欣在不同故意的支配下实施了故意杀人行为和取财行为，尽管在刑法理论上对于杀人后的取财行为究竟如何定罪存在争议，但犯有两罪是明白无误的。在这种情况下，应实行数罪并罚。这就是本文的结论。

（本文原载《法学杂志》，2004（5））

盗窃罪研究

盗窃罪是指以非法占有为目的，秘密窃取公私财物数额较大或者多次盗窃公私财物的行为。盗窃罪是司法实践中常见多发的犯罪之一，我国刑法对盗窃罪作了明确规定，司法解释对审理盗窃案件具体应用法律中的疑难问题也作了具体解释。本文拟立足于修订后的刑法关于盗窃罪的规定和最高人民法院1997年11月4日通过、1998年3月17日起施行的《关于审理盗窃案件具体应用法律若干问题的解释》，对盗窃罪的司法实务问题进行初步研究。

一、盗窃罪概述

盗窃罪的立法规定和司法解释是在实践中逐渐发展的。尤其是1997年刑法对盗窃罪的立法规定作了较大的修订，使之更为明确。在刑法修订以后，最高人民法院又根据修订后的刑法，重新颁布了关于盗窃罪的司法解释。这些立法规定和司法解释成为我们研究盗窃罪的主要法律根据。因此，在研究盗窃罪的时候，有必要首先对盗窃罪的立法规定与司法解释的沿革进行叙述。

我国1979年《刑法》第151条、第152条对盗窃罪作了规定，当时是与抢

夺罪、诈骗罪共用两个刑法条文。1979年《刑法》关于盗窃罪的规定具有以下几个特征：（1）以盗窃数额的大小作为盗窃罪构成的必备条件，因此，盗窃罪是数额犯。这里的数额犯是指以一定的犯罪数额作为犯罪构成的必备要件的犯罪。根据1979年《刑法》第151条之规定，必须是盗窃数额较大的行为才能构成盗窃罪，否则不认为是犯罪。因此，盗窃数额是否达到较大程度，就成为区分盗窃罪与非罪界限的唯一标准。（2）盗窃数额巨大是盗窃犯罪达到严重程度的标志，因此，盗窃罪是数额加重犯。这里的数额加重犯是指以一定的犯罪数额作为犯罪加重构成的必备要件的犯罪。根据1979年《刑法》第152条的规定，盗窃数额达到巨大以上的，被认为是重大盗窃行为，其法定量刑幅度比数额较大的盗窃提高一格。（3）盗窃惯犯独立成罪。在1979年《刑法》中，惯窃是一个独立罪名，属于盗窃案件中情节严重的犯罪情形。这里的惯窃罪是指盗窃已成习性，并以盗窃所得为其挥霍或者生活的主要来源的行为。惯窃犯，一般都具有盗窃恶习深、连续作案时间长、犯罪次数多、盗窃数额大等基本特征，往往还有屡教不改、流窜作案、结伙盗窃、手段狡猾等情节。（4）对盗窃罪未规定死刑，这与当时的治安形势和立法指导思想是一致的。总的来说，1979年《刑法》是一部较为轻缓的刑法典。但在1979年《刑法》实施以后，鉴于当时盗窃公共财物等犯罪活动猖獗，1982年3月8日全国人大常委会通过了《关于严惩严重破坏经济的罪犯的决定》，对盗窃罪作了补充与修改，规定盗窃罪情节特别严重的，可以判处死刑，并处没收财产。

在1979年《刑法》颁行以后，由于盗窃案件处理上的复杂疑难性，最高司法机关先后多次颁发了关于盗窃罪的司法解释。举其要者，主要有以下这些：最高人民法院、最高人民检察院1984年《关于当前办理盗窃案件中具体应用法律的若干问题的解答》、1986年《关于当前办理盗窃案件中适用法律问题的补充通知》、1988年《关于当前办理盗掘墓葬案件具体应用法律问题的通知》、1991年《关于修改盗窃犯罪数额标准的通知》、1992年《关于办理盗窃案件具体应用法律若干问题的解释》。此外还有：最高人民法院、最高人民检察院、国务院侨务办公室、公安部、民政部1984年联合发布的《关于制止和惩处盗掘华侨祖墓的

违法犯罪活动的联合通知》、最高人民法院1995年《关于对非法复制移动电话码号案件如何定性问题的批复》、最高人民检察院1993年《关于如何计算被盗手持式移动电话机价值的批复》、最高人民检察院1996年《关于单位盗窃行为如何处理问题的批复》，等等。上述司法解释对于正确处理盗窃案件起到了重要作用。尤其是在刑法规定简单、概括的情况下，针对司法实践中提出的复杂疑难问题，司法解释作出了明确的规定，从而弥补了立法规定之不足，为盗窃案件的审理提供了法律依据。

刑法修订前关于盗窃罪的司法解释，主要在以下几个方面对盗窃罪作出了具体规定：（1）关于盗窃数额的规定。我国刑法对盗窃罪数额未作具体规定，只是规定了"数额较大"、"数额巨大"等不同档次。实际上，具体数额由立法机关赋予司法机关加以规定。司法解释根据实际情况，分别明确了盗窃的数额标准，并进行了若干次调整。盗窃数额的具体化，为划分盗窃罪与非罪的界限以及重罪与轻罪的界限提供了法律标准。（2）关于盗窃对象的解释。我国刑法对盗窃对象未作具体规定，由于盗窃罪是一种侵犯财产罪，因而从理论上将盗窃罪的对象确定为财物大致是不会错的。那么，财物的外延如何确定呢？在司法实践中主要提出了财物是否包括无形财物的问题。对此，1992年两高关于盗窃罪的司法解释明确规定：盗窃公私财物，既指有形财物，也包括电力、煤气、天然气、重要技术成果等无形财物，以及盗用他人长途电话账号、码号造成损失、数额较大的等。这一规定使盗窃无形财物的行为依照盗窃罪定罪量刑具有了明确的法律根据。（3）关于盗窃主体的解释。盗窃罪的犯罪主体是一般主体，这是没有问题的。但在刑事责任年龄上，1979年《刑法》第14条规定：已满14岁不满16岁的人，犯杀人、重伤、抢劫、放火、惯窃罪或者其他严重破坏社会秩序罪，应当负刑事责任。在此，刑法并未明确将盗窃罪包括在已满14岁不满16岁的人应当负刑事责任的范围之内。但最高人民法院1985年8月21日《关于人民法院审判严重刑事犯罪案件中具体应用法律的若干问题的答复（三）》，明确将重大盗窃罪包括在"其他严重破坏社会秩序罪"之内。这里的重大盗窃，一般是指盗窃数额巨大以上的财物的行为，以区别于一般盗窃行为，即盗窃数额巨大以下的财物的行为。

除刑事责任年龄以外，在盗窃罪主体问题上，还存在一个单位盗窃问题。单位盗窃是指单位进行的盗窃行为，通常是在单位的领导指使，甚至组织下实施的。按照刑法规定，单位不能成为盗窃罪的主体，但对于这种盗窃财物归单位所有的行为能否定罪，在司法实践中存在争论。为此，最高人民检察院1996年《关于单位盗窃行为如何处理问题的批复》，明确规定：单位组织实施盗窃，获取财物归单位所有，数额巨大、影响恶劣的，对其直接负责的主管人员和其他主要的直接责任人员应以盗窃罪论处。（4）关于亲属间盗窃的解释。亲属间盗窃是一种较轻的盗窃行为，司法解释对此也作了规定。1992年两高《关于办理盗窃案件具体应用法律若干问题的解释》规定：盗窃自己家里的财物或者近亲属的财物，一般可不按犯罪处理；对确有追究刑事责任必要的，在处理时也应同在社会上作案有所区别。此外，司法解释还对盗窃数额的计算、盗窃情节的认定、盗窃罪与其他犯罪的界限等都作了具体规定，其内容之细致，在一定程度上可以视为一部盗窃罪法。

刑法修订以后，最高人民法院根据修订后的刑法关于盗窃罪的规定，并总结以往关于盗窃罪的司法解释的经验，于1997年11月4日颁布了《关于审理盗窃案件具体应用法律若干问题的解释》。我们相信，这一司法解释必将在惩治盗窃这一常见、多发的犯罪中起到重要作用。

二、盗窃对象的界定

盗窃对象是盗窃罪认定中的一个重要问题，这个问题与盗窃罪侵犯的客体具有密切联系，同时也涉及盗窃罪与其他犯罪的区分问题。

盗窃罪是一种财产犯罪，因而在刑法理论上一般把盗窃对象界定为公私财物，这无疑是正确的。因为公私财物是一定的财产所有权的物质载体，盗窃罪正是通过秘密窃取财物而侵犯财产所有权。

在刑法理论上，关于盗窃罪的对象存在以下诸观点：一是有效说，认为只要具有经济价值，具有用途和效能的物品，都是财物，都可以成为盗窃罪的对象；

二是有形说,认为刑法上的财物指有具体形状的物体,而煤气、电力等无形物不能成为盗窃罪的对象;三是动产说,认为盗窃罪的对象只限于动产,不动产不能成为盗窃罪的对象;四是持有说,认为只有事实上可以支配、控制的财物才是盗窃罪的对象;五是管理说,认为只有那些具有管理可能的财物,才可成为盗窃罪的对象。这些观点都是从某一方面界定盗窃罪的对象,因而不无偏颇。我们认为,盗窃罪对象的本质特征是体现财产所有权的物质形态。因此,只有从财产所有权这一盗窃罪的客体特征入手,才能科学地揭示盗窃罪对象的性质。此外,对盗窃罪的对象还应从立法上观察。基于立法技术上的考虑,在盗窃罪之外,还设立了其他盗窃特定物品的犯罪,例如盗窃枪支、弹药、爆炸物等,由此形成法条竞合关系,并在一定程度上限制了盗窃罪对象的范围。对此,在司法实践中亦应予以格外注意。关于法条竞合,将在本文中专门加以研究。在此,仅就立法与司法涉及的特定财物及其表现形态加以研究。

(一)金融机构

《刑法》第264条对"盗窃金融机构"的行为作了专门规定。根据这一规定,盗窃金融机构,数额特别巨大的,处无期徒刑或者死刑,并处没收财产。因而,如何理解这里的金融机构,直接关系到盗窃罪死刑的适用。从立法规定来看,这里的金融机构是作为盗窃对象出现的。但金融机构作为一个单位,其本身并不能成为盗窃对象,可以成为盗窃对象的只能是金融机构的财物。严格来说,盗窃金融机构这一表述本身存在语法错误。既然可以成为盗窃对象的是金融机构的财物,那么,如何理解金融机构财物的范围呢?我们认为,这里的金融机构的财物,并非指金融机构的所有财物,而应当是指金融机构的特定财物,即金库中的现金或者有价证券等财物。这里涉及对金融机构的财物加以限制解释的问题。根据法律解释的一般原理,在一般情况下,应对法律用语进行平义解释。但在某些特殊情况下,需要进行限制解释或者扩张解释。这种特殊情况,是指基于对立法原意的推断。如果对盗窃金融机构作平义解释,则举凡金融机构的一切财物,包括汽车、办公用品、金库中的现金等都应包括在内。但这一理解有悖于立法者对盗窃金融机构作出特别规定的立法原意。在修订后的刑法中,之所以对盗窃金融

机构作出专门规定，主要是为了解决对盗窃罪的死刑适用问题。确切地说，是为了限制盗窃罪的死刑适用。在立法过程中，考虑到盗窃犯罪属于财产犯罪，一般情况下这类犯罪除造成财产损失外尚不会发生人身或者其他方面的严重损害。另一方面鉴于原有的刑法已对盗窃罪规定了死刑，且实践中也确有罪大恶极需要判处死刑的情况。从罪刑相当的原则出发，这次修订刑法保留了盗窃罪的死刑，但对可判处死刑的情形作了严格的限制，明确规定盗窃金融机构，数额特别巨大的；盗窃珍贵文物，情节严重的，处无期徒刑或者死刑。[1] 由此可见，立法机关之所以对盗窃金融机构作出专门规定，主要是因为金融机构是资金集中的场所，对其进行盗窃，具有较大的社会危害性，这种危害性主要体现在对金融机构资金的盗窃上。因此，对盗窃金融机构作出限制解释是适宜的。司法解释第8条规定：《刑法》第264条规定的"盗窃金融机构"，是指盗窃金融机构的经营资金、有价证券和客户的资金等，如储户的存款、债券、其他款物，企业的结算资金、股票，不包括盗窃金融机构的办公用品、交通工具等财物的行为。我认为，这一司法解释是符合立法原意的，值得赞许。

(二) 珍贵文物

《刑法》第264条对盗窃珍贵文物作了特别规定。根据这一规定，盗窃珍贵文物，情节严重的，处无期徒刑或者死刑，并处没收财产。这里的珍贵文物，根据《文物保护法》和《文物藏品定级标准》的规定，凡属一、二级的文物属珍贵文物，部分三级文物也属于珍贵文物。三级文物中需要定为珍贵文物的，应经国家文物鉴定委员会确认。立法机关之所以对盗窃珍贵文物作出规定，主要是因为珍贵文物是稀世珍宝，具有独特性与不可复原性。有些珍贵文物是无价之宝。因而，盗窃珍贵文物具有比盗窃一般财物更为严重的社会危害性。根据《刑法》第264条之规定，盗窃珍贵文物，情节严重，可以适用死刑。根据1998年最高人民法院《关于审理盗窃案件具体应用法律若干问题的解释》的规定，这里的情节严重，主要是指盗窃国家一级文物后造成损坏、流失，无法追回；盗窃国家二级

---

[1] 参见胡康生、李福成主编：《中华人民共和国刑法释义》，78页，北京，法律出版社，1997。

文物三件以上或者盗窃国家一级文物一件以上,并具有本解释第 6 条第 3 项第 1、3、4、8 目规定情形之一的行为。这里的第 6 条第 3 项第 1、3、4、8 目,是指:犯罪集团的首要分子或者共同犯罪中情节严重的主犯;流窜作案危害严重的;累犯;造成其他重大损失的。这里还应当指出,文物虽然是一种财物,具有某种价值,但它又有别于一般的财物。因而,刑法中对某些以文物为对象的犯罪作了专门规定。例如《刑法》第 151 条第 2 款规定了走私文物罪,第六章第四节还专门规定了妨害文物管理罪。考虑到盗窃文物在定罪量刑上具有不同于盗窃一般财物的特点,我们认为在刑法中专门规定盗窃文物罪是必要的。在刑法没有对此作出专门规定的情况下,司法解释对盗窃文物的处罚问题作了规定,除前引盗窃珍贵文物,情节严重的解释以外,最高人民法院《关于审理盗窃案件具体应用法律若干问题的解释》第 9 条还规定:盗窃国家三级文物的,处 3 年以下有期徒刑、拘役或者管制,并处或者单处罚金;盗窃国家二级文物的,处 3 年以上 10 年以下有期徒刑,并处罚金;盗窃国家一级文物的,处 10 年以上有期徒刑或者无期徒刑,并处罚金或者没收财产。一案中盗窃三级以上不同等级文物的,按照所盗文物中高级别文物的量刑幅度处罚;一案中盗窃同级文物三件以上的,按照盗窃高一级文物的量刑幅度处罚。这一规定对盗窃不同等级的文物的量刑问题作了明文规定,为盗窃文物犯罪的处罚提供了明确的法律根据。

(三)信用卡

《刑法》第 196 条第 3 款规定,盗窃信用卡并使用的,以盗窃罪定罪处罚。信用卡是银行或者信用卡公司发给用户(包括单位和个人)用于购买商品、取得服务或者提取现金的信用凭证。随着信用卡的问世,尤其是信用卡在经济生活中作用的日益提高,信用卡犯罪随之而出现。在信用卡犯罪中,信用卡诈骗是基本的犯罪形式。对此,我国《刑法》第 196 条专门作了规定,其中包括以下 4 种行为:(1)使用伪造的信用卡的;(2)使用作废的信用卡的;(3)冒用他人信用卡的;(4)恶意透支的。除信用卡诈骗以外,盗窃信用卡也是常见多发的一种信用卡犯罪。由于信用卡只是一种信用凭证,它本身不是货币。为了通过信用卡获利,行为人在盗窃信用卡以后,往往还要冒名使用。那么,对于这种盗窃信用

并使用的行为应当如何定罪呢？在法律对此作出专门规定之前，我国刑法学界对此主要存在以下三种观点[1]：第一种观点认为应当定盗窃罪。理由是：信用卡是有价值意义的支付凭证，凭卡可以取得财物，盗窃信用卡就构成盗窃罪。行为人则需假冒原持卡人的签名才能最终非法取得财物，但这只是盗窃犯罪行为的继续与延伸，是实现盗窃犯罪目的所采取的手段。因此，只能以盗窃一罪定性。第二种观点认为定诈骗罪，认为盗窃信用卡并不意味着就非法占有了公私财物，公私财物所有权的转移，主要是通过行为人用假冒方式非法占有公私财物，因而应定诈骗罪。第三种观点认为是牵连犯。盗窃信用卡的行为是本罪行为，而非法使用行为是为盗窃目的服务的，是结果行为。因此是盗窃罪与诈骗罪的牵连犯，按照从一重罪处断的原则，一般应以盗窃罪论处。在以上三种观点中，我赞同第三种观点。因为信用卡作为商品交易和服务的支付凭证，它代表着一定的象征意义的财产权利，而且这种权利具有不确定性。占有它并不等于直接占有财产所有权，必须通过使用才能在直接消费中使象征性财产权利转化为财产所有权，并根据使用次数和数额来最终确定非法占有财产数额的大小。因此，盗窃信用卡骗取财物的行为与盗窃印鉴齐全的银行空白支票骗取财物的行为相类似。而对盗窃有效银行空白支票骗取财物的行为定性问题，司法解释早已明确规定，只构成盗窃罪，其持所窃的银行空白支票用假冒身份等方式骗取财物的行为，不构成单独的诈骗罪。尽管信用卡不同于银行支票，但从盗窃行为的构成看，两种盗窃行为的性质并无原则性差别，都应认定构成盗窃罪。最高人民法院于1986年11月3日对上海市高级人民法院就王平盗窃信用卡骗取物品如何定性问题请示的答复中指出：被告人盗窃信用卡后又仿冒卡主签名进行购物、消费行为，是将信用卡本身所含有的不确定价值转化为具体财物的过程，是盗窃犯罪的继续，因此不另定诈骗罪，应以盗窃一罪定性。此后，1995年6月30日全国人大常委会《关于惩治破坏金融秩序犯罪的决定》第14条第2款作出明确规定："盗窃信用卡并使用的，依照刑法关于盗窃罪的规定处罚。"现在，修订后

---

[1] 参见陈兴良主编：《刑法新罪评释全书》，531页，北京，中国民主法制出版社，1995。

的刑法又确认了这一规定,为处理盗窃信用卡并使用的案件的处理,提供了法律根据。

(四)增值税专用发票或者可以用于骗取出口退税、抵扣税款的其他发票

《刑法》第210条第1款规定:"盗窃增值税专用发票或者可以用于骗取出口退税、抵扣税款的其他发票的,依照本法第二百六十四条的规定定罪处罚。"因此,增值税专用发票或者可以用于骗取出口退税、抵扣税款的其他发票,也是一种特定盗窃对象。这里所说的增值税专用发票,是指国家税务部门根据增值税征收管理需要,兼记货物或劳务所负担的增值税额而设定的一种专用发票。这里所说的其他发票,是指具有可以用于出口退税、抵扣税款功能的发票。目前,在我国的税收征管制度中,除增值税专用发票以外,还包括农林牧水产品收购发票、废旧物品收购发票、运输发票、征课消费税的产品出口发票等具有抵扣税款、出口退税功能的凭证。随着增值税专用发票和可以用于骗取出口退税、抵扣税款的其他发票的广泛使用,也就随之而出现了盗窃这些发票的犯罪。1995年10月30日全国人大常委会《关于惩治虚开、伪造和非法出售增值税专用发票犯罪的决定》第7条第1款明确规定:盗窃增值税专用发票或者其他发票的,依照刑法关于盗窃罪的规定处罚。现在,修订后的刑法吸纳了这一内容,也对盗窃增值税专用发票或者可以用于骗取出口退税、抵扣税款的其他发票问题作了专门规定。这主要是由于这些发票具有不同于一般财物的特点,它本身不具有经济价值,只是一种可以用来获取某种非法利益的工具。考虑到增值税专用发票或者可以用于骗取出口退税、抵扣税款的其他发票的特殊性,我认为在刑法中单设一个罪名是较为妥当的。但刑法未单设罪名,只是作了指引性规定。由于这种盗窃罪的特殊性,司法解释对其数额问题作了专门规定,指出:盗窃上述发票数量在25份以上的为"数额较大";数量在250份以上的,为"数额巨大";数量在2 500份以上的,为"数额特别巨大"。

(五)电力、煤气、天然气

电力、煤气、天然气都是一种无形物。当然,这里的有形与无形,都是以固体物为标准确定的。气体作为物质的一种存在方式,它本身具有物质的属性,这

是不言而喻的。传统观点认为,作为盗窃罪侵害对象的公私财物,一般是有形的物,即可以看得见、摸得着、具有某种特体形态的物。但是,随着现代科学技术的进步和发展,某些无形的能源,例如电力、煤气、天然气等逐渐进入人们的日常生活。这些能源具有一定的经济价值,并且具有可省能源可管理的特性。① 在这种情况下,人们逐渐突破了作为盗窃犯罪对象的有形物的桎梏,而将电力等无形物包括到盗窃罪对象当中。以电力为例,在外国刑法典中,对窃电行为的处罚有两种立法方式② :一是增设新罪,例如《德国刑法典》第 248 条 C 项、《奥地利刑法典》第 132 条以及《俄罗斯联邦刑法典》中都有关于窃电罪的规定。二是进行扩大解释,把电规定在财物的范围之内,视窃电为盗窃财物。例如《日本刑法》第 245 条明确规定"电亦视为财物。"我国刑法对于窃电是否构成盗窃罪未作明文规定,但从有关法规的规定来看,电力显然应当包括在财物之内。早在 1952 年 9 月 1 日,政务院审核批准、燃料工业部公布的《电力事业处理窃电暂行规定》中,就对盗窃电力的行为作了具体的处理决定。1983 年 8 月 25 日国家经委批准水电部《全国供电规则》第 80 条明文规定,窃电系属盗窃国家财产的行为。1990 年 1 月 31 日能源部、公安部《关于严禁窃电的通告》第 2 条规定:任何单位或个人有下列行为之一的,即为窃电:(1)在供电企业的供电设施上,擅自接线用电;(2)绕越供电企业计费计量装置用电;(3)伪造或启封供电企业加封的表计封印;(4)故意损坏供电企业计费计量装置;(5)包灯用电户私自增加用电容量;(6)致使供电企业计费计量不准或失效的其他行为。该通告还规定:窃电数额较大,情节严重,构成犯罪的,依法追究刑事责任。值得注意的是,1995 年 12 月 28 日通过的《电力法》第 71 条规定:"盗窃电能的,由电力管理部门责令停止违法行为,追缴电费并处应交电费五倍以下的罚款;构成犯罪的,依照《刑法》(指 1979 年《刑法》——引者注)第一百五十一条或者第一百五十二

---

① 是否具有可管理性,也是确定财产犯罪之财物的一个重要因素。某些不可管理的物品,例如空气等,不能成为财产犯罪的对象。随着人们管理能力的提高,过去不可管理的物品现在或将来逐渐成为可以管理的物品,因而财产犯罪的对象将有逐渐扩大的趋势。

② 参见赵永林:《我国刑法中盗窃罪的理论与实践》,13 页,北京,群众出版社,1989。

条的规定追究刑事责任。"此外，1989 年 3 月 12 日国务院颁布的《石油、天然气管道保护条例》第 25 条规定："窃取管道输送的天然气的，由公安机关依照《中华人民共和国治安管理处罚条例》给予处罚；构成犯罪的，由司法机关依法追究刑事责任"。这些规定，都将电力，天然气等能源解释为财物，使之成为盗窃罪的对象。在这种情况下，最高人民法院《关于审理盗窃案件具体应用法律若干问题的解释》第 1 条第 3 项作出规定：盗窃的公私财物，包括电力、煤气、天然气等。

（六）违禁品

违禁品一般是指法律禁止持有、携带、流通的物品，例如枪支、弹药、管制刀具等。某人持有违禁品是非法的。那么，这种违禁品能否成为盗窃罪的对象呢？由于刑法对盗窃枪支、弹药、爆炸物罪作了专门规定，这里的枪支、弹药、爆炸物不仅是指合法所有的，而且也包括非法持有的。就其他违禁品而言，我认为都可以成为盗窃罪的对象。例如，在司法实践中时有发生的盗窃毒品的行为。对于这种盗窃毒品的行为能否构成盗窃罪，就涉及违禁品能否成为盗窃罪的对象问题。我认为，在我国刑法中，并没有专门的盗窃毒品罪。对于盗窃毒品的行为，只能定为盗窃罪。毒品虽然是一种违禁品，国家不允许个人持有，更不允许流通。那么能否就此否认毒品可以成为盗窃对象呢？我们的回答是否定的。因为毒品是违禁品，不受国家法律的保护，但不能认为谁都可以任意占有，更不能以盗窃等犯罪手段占有。根据法律规定，违禁品应当没收，归国家所有。因而盗窃毒品的行为侵犯的不是毒品持有人的所有权，而是侵犯国家对毒品的所有权，因而可以构成盗窃罪。但由于违禁品禁止流通，非法流通虽有一定的价额，但从法律上说并不承认这种价额。在这种情况下，如何对盗窃违禁品的行为进行量刑呢？对此，最高人民法院《关于审理盗窃案件具体应用法律若干问题的解释》第 5 条第 8 项规定：盗窃违禁品，按盗窃罪处理的，不计数额，根据情节轻重量刑。

（七）财产凭证

财产凭证是指有价支付凭证、有价证券和有价票证。这里的有价支付凭证，

又称为支付证券,指以请求支付金钱为债权内容的金钱证券。这里的有价证券,是指表明一定的财产性权利,只有持该证券才能行使该权利的证券。作为有价证券,具备以下三个方面的特征:(1)有价证券是财产性权利的表现,是一定的财产价值的转化物。例如,它可以代表债权,也可以代表物权或者股权。(2)有价证券是权利与证券的结合,而不是单纯的权利的表现或者权利的证明,它是二者的统一物,对于有价证券来说,权利就是证券,而证券也就是权利。(3)有价证券是权利运行的载体,证券上的权利的发生、转移和行使,其全部或者一部分必须依证券才能进行,有证券就发生其效力,没有证券就不发生效力。[①] 这里的有价票证,是指车票、船票、邮票、税票、凭票等表示一定的货币数额的票证。上述有价支付凭证、有价证券、有价票证的基本特征在于:它们都是一种财产凭证,表示一定财产性利益,但又不同于货币。这些财产凭证作为盗窃罪对象,具有其特殊性。我国司法解释将财产凭证分为两类:一是不记名、不挂失的财产凭证,二是记名、可挂失的财产凭证。记名的财产凭证是在凭证上记载特定人为权利人的财产凭证,不记名财产凭证则是在凭证上不指定特定人为权利人,而以正当持票人或来人为权利人的财产凭证。通常来说,记名的是可挂失的,不记名的是不可挂失的。上述两种财产凭证的性质不同,因而对于构成盗窃罪的意义也有所不同。对于不记名、不挂失的财产凭证来说,窃取这种财产凭证,即意味着非法占有了该财产凭证所记载的一定数额的财产。因此,不记名、不挂失的财产凭证,可以视同货币。而记名的财产凭证,行为人在获得这种财产凭证以后要非法占有该财产凭证所记载的一定数额的财产,还需以记名人的身份支取其财物。在这种情况下,行为人最终占有财产还需实施一定的支取行为,这一支取的行为具有一定的诈骗性质。在刑法理论上存在一种观点,认为盗窃记名财产凭证后而去冒领的,犯罪人直接侵害财产关系的行为是冒领,冒领多少对他人财产权利的损害就是多大,可谓诈骗为主。但是,从实质上分析,犯罪人冒领财物的实际损失由失主承担,被诈骗的单位不遭受任何经济损

---

① 参见赵新华:《票据法》,6 页,长春,吉林人民出版社,1996。

失,因此,应以盗窃罪论处。① 我认为,对于这种行为宜定盗窃罪,其后的冒领行为虽然具有欺骗的性质,但并非独立的盗窃罪,而是为使盗窃的财产凭证转化为实际财物的行为,视为事后不可罚之行为较妥。

(八) 本人财物

根据法律规定,盗窃的对象是公私财物,并且是他人的公私财物。因此,在一般情况下,本人财物不可能成为盗窃对象,因为在这种情况下,不存在侵犯财产所有权的问题。但在个别情况下,本人财物也可能成为盗窃对象。例如,被告人李某,男,40岁,无业。1996年12月6日,李某花3 500元人民币购买一辆三轮摩托车。同年12月26日,其友孙某提出借用李的三轮摩托车,当天晚上8时许,李把车开到孙家楼下,锁好车后把车钥匙交给孙某。当晚12时许,李又到孙家楼下,用备用钥匙打开车锁,将车骑走。次日,孙把丢车的情况告诉李,并表示要用3 500元予以赔偿。李故意隐瞒真实情况说:"你要赔就赔吧。"孙于1997年2、3月两次给付李赔车款共1 300元。后孙发现李还在使用该车,遂故意问李是否又买了一辆车。李谎称是向邻居借的,并在孙报案时将该车销赃,得款2 000元。对此案如何定性有三种不同意见。第一种意见认为,此案分为两个阶段。前一阶段是李某趁夜晚无人之机,用备用钥匙打开车锁把车骑走,此行为表现为犯罪嫌疑人以非法占有为目的,采用秘密手段窃取数额较大的财物,应认定为盗窃;后一阶段中孙某告知李车丢失后,李隐瞒真实情况,事后获得部分赔车款,此行为表现为犯罪嫌疑人隐瞒真相,使财物保管人产生错觉,信以为真,自愿将财物交出,此行为应认定为诈骗。犯罪嫌疑人李某的盗窃行为是手段,目的是要骗取财物,其行为符合我国刑法牵连犯的法理解释,应适用处理牵连犯的原则,量刑时应"从一重罪处罚"。由于骗得数额仅1 300元,不够数额较大的标准,故应以盗窃罪论处。第二种意见认为,李某的行为情节轻微,不构成犯罪。理由是李盗窃自己的财物,侵犯的所有权是自己的。李某盗窃自己的财物,

---

① 参见高铭暄、王作富主编:《新中国刑法的理论与实践》,591页,石家庄,河北人民出版社,1988。

没有侵犯到法律保护的客体，所以不能以盗窃罪论处。其讹诈事主的行为，是诈骗行为，但诈骗数额较小，情节轻微，故不构成诈骗罪。第三种观点认为此案应认定为诈骗罪。理由是犯罪嫌疑人李某的犯罪动机是要讹诈事主孙某，实际采取的行为也是诈骗的行为，诈骗数额应以其三轮摩托车价值 3 500 元与从事主获得的赔车款 1 300 元之和，共 4 800 元计算。李借车、偷车都是为诈骗做的准备工作，可以作为诈骗的情节考虑。我认为，本案行为人的秘密窃取行为是十分明显的，其后的欺骗行为只是为了掩盖其窃取行为，从而实现非法占有的意图。本案李某将财物借与他人后自己又秘密窃取并索取赔偿金的行为认定为盗窃罪，关键在于本人财物是否能够成为盗窃对象。我认为，在本人控制下的本人财物当然不能成为盗窃对象，但在他人控制下的本人财物则可以成为盗窃对象。因为无论基于何种原因（或本案中是借与）本人财物处在他人控制下，他人就产生了对该财物的保管责任，在保管期间财物丢损，属于保管不当，应负赔偿的责任。在这种情况下，他人虽然不是财物的所有人，却是财物的占有人。因而，如果财物所有人采取秘密窃取手段盗窃他人保管之下的本人财物然后又进行索赔，实际上侵犯了他人财产所有权，符合盗窃罪的本质特征，应以盗窃罪论处。不仅窃回他人保管下的本人财物构成盗窃罪，而且窃回本人的借条，以此消灭债权债务关系，也应视为盗窃。例如，王某向陈某借款 3 万元，并写下借条一张。某日王某在陈家玩，偶见抽屉里的借条，顿生歹念，将借条盗走销毁。当陈某向王某索债时，王某以无借条为由予以否认。在本案中，王某虽然窃取的是一张借条，但它是一种债权凭证，丧失债权，必然会侵害他人的财产所有权，对此应以盗窃罪论处。

（九）不能成为盗窃罪对象的物品

在刑法理论上，并非一切物品都可以成为盗窃罪的对象，某些物品由于立法上的原因，或者由于物品自身的性质，不能成为盗窃罪的对象。在此，拟对不能成为盗窃罪对象的物品作一分析。

1. 刑法特别规定的物品

某些物品，由于刑法对盗窃这些物品的行为作出了特别规定，因而不能成为盗窃罪的对象，这里涉及法条竞合问题，我将在下文专作论述，在此仅予以列

举：(1)《刑法》第127条规定了盗窃枪支、弹药、爆炸物罪，因而上述三种物品不能成为盗窃罪的对象。(2)《刑法》第302条规定了盗窃尸体罪，因而尸体不能成为盗窃罪的对象。(3)《刑法》第438条规定了盗窃武器装备、军用物资罪，因而上述两种物品不能成为盗窃罪的对象。

2. 不具有财产价值的物品

某些物品，虽然是盗窃对象，但由于这些物品并不反映财产所有权关系，因而刑法未将其规定为盗窃罪，而是规定为其他犯罪。(1)《刑法》第111条规定的为境外窃取国家秘密、情报罪中的国家秘密、情报。(2)《刑法》第280条第1款规定的盗窃国家机关公文、证件、印章罪中的公文、证件、印章。(3)《刑法》第329条第1款规定的窃取国有档案罪中的国有档案。(4)《刑法》第375条规定的盗窃武警部队公文、证件、印章罪的公文、证件、印章。(5)《刑法》第431条第2款规定的为境外窃取军事秘密罪中的军事秘密。

3. 其他物品

这里的其他物品是指不动产、遗弃物、遗忘物和埋藏物。下面分别加以论述：

(1) 不动产

在物权法上，根据财产是否可以移动，将财产分为动产与不动产。动产与不动产的概念，据说渊源于古罗马法。在古罗马法中，不动产包括具有不动的意味的所有的物，这就是具有永业权的地产、地产上的利益，如在土地上的树木（直到它们被砍去为止），和永远附着在土地上的物，如房屋。动产包括——一切其他形式的财产，总称能动的财产。动产与不动产的划分引入到刑法中来，就成为一个界定盗窃罪的对象问题。在大陆法系各国立法例中，大多将盗窃罪的对象限于动产。例如《瑞士刑法典》第137条规定："为自己或第三人不法利益而窃取他人之动产者，处5年以下重惩役或轻惩役。"德国、奥地利等国刑法也有类似规定。英美法系也将盗窃罪的对象限于动产。根据普通法，偷盗罪（larceny）侵犯的对象是动产。因此，不动产（如土地、房产）不能作为被偷对象。现代制定法虽然承认不动产不能作为被偷对象，但是承认不动产的附属部分可以作为被偷

对象，因不动产的附属部分实际可被视为不动产分离出来的部分，因而具有动产性质。[①] 在刑法理论上，对于不动产是否可以作为盗窃罪的对象，存在争议。现在主要有三种观点：一是肯定说，认为不动产和动产一样，其所有权也应受法律的保护，也应把不动产直接规定在盗窃罪对象中。二是否定说，认为盗窃罪的对象只限于动产。三是犹豫说，即对不动产是否属于盗窃罪的对象，不明确表态，而是概括地规定为财物。[②] 在我国刑法中，未涉及作为盗窃罪对象的财物是否包括不动产的问题。但在刑法修改之前，在刑法理论上存在两种不同的观点：第一种观点是肯定说，认为将公私财物限于动产的理解过于狭窄。这种观点指出以下案例，作为不动产也可以成为盗窃罪对象的例证。一位华侨在我国内留有私房8间，委托其侄子代为管理。其侄子为了获得非法利益，伪造了"受赠"的证书，以"证明"华侨已将房屋产权"赠"给他，然后又以"房屋产权人"的身份将房屋出卖给某社队企业，得款数万元。案发后，当地法院以诈骗罪对其定罪判刑。这种观点认为，此案在定性上是否恰当，值得斟酌。在此案中，虽然社队企业受骗，但却实际购买并占有了8间房屋，其经济利益没有受到任何损害，而真正受到损害的却是作为房屋产权人的那位华侨。行为人在华侨不知情的情况下，将华侨在国内的房屋非法盗卖，并将盗卖所得归自己非法占有，显然侵犯了房屋所有人的财产所有权，应当以盗窃罪论处。所以，不宜将盗窃罪侵害的对象限于动产。对于非法盗卖不动产，侵害他人合法财产关系的行为，也可以定盗窃罪。[③] 第二种观点是否定说，认为盗窃罪的对象只能是动产，不动产不能作为盗窃罪的对象。这是根据立法机关对盗窃罪客观方面的规定所得出的必然结果。窃取行为制约着盗窃对象的范围，"窃取"是指违反财物持有人的本意而秘密窃取其财物的行为。因此，它以财物确实能够被移动为必要条件。如果该物不能移动，即使行为人想占有它也不可能发生位移现象。而不能发生位移的财物，就无所谓窃取

---

① 参见储槐植：《美国刑法》，2版，228页，北京，北京大学出版社，1996。
② 参见《刑事法专论》，下卷，1281页，北京，中国方正出版社，1998。
③ 参见赵永林：《我国刑法中盗窃罪的理论与实践》，10页，北京，群众出版社，1989。

行为，应按侵占行为论处。如私自改变地界标志、在他人土地上建筑房屋等，虽然行为人的行为也是对他人财物所有权的侵犯，但不是采用秘密窃取的方式，而是通过改变持有关系达到非法占有之目的，所以不能按盗窃罪定罪。对于其中情节严重的可定侵占罪。由于当时未在刑法中设立侵占罪，因此这种观点主张根据1979年《刑法》第151条盗窃罪的量刑幅度，按《刑法》第79条的类推原则，以"侵占他人不动产罪"对其类推判刑。① 以上两种观点中，我赞成第二种观点。由于当时刑法中尚未设立侵占罪，因而侵占不动产的行为以盗窃罪论处似乎还有一定道理。但从盗窃罪，尤其是盗窃行为的性质上来说，由于不动产不可能被"窃取"，因而将不动产作为盗窃罪的对象是不合适的。在刑法修订以后，由于刑法设立了侵占罪，对于那些以各种手段非法占有本人持有的他人财物（包括动产与不动产）的行为，就可以侵占罪论处，因而从根本上解决了这个问题。综上所述，我认为不动产不能成为盗窃罪的对象。

（2）遗弃物

遗弃物是指财物所有人丢弃的物品，这种物品尽管在客观上可能尚有一定的价值，但所有人认为已无保存价值，因而予以遗弃。遗弃物由于先前的所有人放弃了对该物品的所有权，因而就成为无主物。所谓无主物，是指所有人、占有人不明，或所有人自动放弃了所有关系的财物。例如，工厂抛弃的废旧物品，无人继承的遗产，等等。无主物的特点在于：任何人对其都不享有所有权，或者所有人已经自动放弃了所有权。② 由此可见，遗弃物是无主物，反之则不然。无主物的外延要比遗弃物大，遗弃物是由于先前的所有人明确地放弃对财物的所有权而形成的无主物。而其他无主物是由于暂时没有找到主人或者依法应当转归他人所有。在这种情况下，处于一种无主的暂时缺失状态。应当指出，遗弃物之不能成为盗窃罪对象，是以行为人主观上明知为前提的。如果某种物品虽然在客观上为遗弃物，但行为人并不知其为遗弃物，从而实施了"窃取"行为，仍应以盗窃罪

---

① 参见《刑事法专论》，下卷，1281页，北京，中国方正出版社，1998。
② 参见赵永林：《我国刑法中盗窃罪的理论与实践》，18页，北京，群众出版社，1989。

论处。如果某种物品客观上乃非遗弃物,但行为人误以为是遗弃物而实施了"拾取"行为,不应以盗窃罪论处。如何判断某一物品是否为遗弃物,除应考虑先前所有人的主观心理状态以外,还要考虑某一物品客观上放置的状态。一般来说,作为遗弃物,由于先前所有人认为其不再具有价值,因而在放弃所有权的同时也必将放弃控制权,因而他人取得这种物品往往不必再行"秘密窃取"。如果虽然所有人认为某种物品已经丧失价值,但尚未丧失这种控制,即未予以遗弃,且行为人不知其为遗弃物,从而秘密窃取的,仍属于盗窃。至于某种物品虽然丧失了其原始功能,但仍有其他效益。例如一台机床已经报废,但当作废旧金属仍有其价值。如果所有人未予遗弃,而只是遗置在某处,则不应视为遗弃物。

(3) 遗忘物

遗忘物,顾名思义,乃所有人遗忘之物。在刑法理论上,遗忘物是指非出于占有人或所有人之本意,偶然丧失其占有之动产。由此可见,遗忘物具有以下特征:第一,行为人丧失了对物品的控制,这是遗忘物与正常占有之物品的根本区别。当然,如何理解这里的控制,涉及侵占罪与盗窃罪的区分,将在下文探讨。第二,丧失对物品的控制,并非出于对行为人的本意。这是遗忘物与遗弃物的根本区别。遗弃物与遗忘物的共同之处在于:行为人都丧失了对财物的控制,但遗弃物之丧失控制仍出于行为人本意,而遗忘物之丧失控制则非出于行为人本意。在论及遗忘物的时候,有必要提及另外一个概念,即所谓遗失物。我国刑法学界的通说认为:遗忘物与遗失物是有区别的。因此,在刑法颁行以前,我国学者一般认为遗忘物可以成为盗窃罪对象,遗失物则不能成为盗窃罪对象。例如,我国学者指出:所谓遗忘物,是由于物主主观上的疏忽,而将财物遗忘在某一特定的地方。它的特点是,物主先是自愿将财物放在某处,后因主观上的疏忽大意,一时忘却了该物,但在较短的时间内又记起了该物并有可能立即返回原处寻找。因而,物主与物之间的特有关系只是一定程度的松弛或减弱,但并未因此而消失。遗忘物仍在遗忘者所能控制、支配的范围内。因此,一般来说,利用物主与物之间特有支配关系松弛之机,拎走他人财物,造成物主无法恢复对该物的实际控制、支配状态,就是直接故意侵犯他人持有权的行为。对其情节严重的,应按盗

窃罪论处。所谓遗失物是指不基于所有人或占有人的意思而偶然失去的占有的动产。因其一般不知物之所在，故称为遗失物。如：携带的物品遗落在途中，车上失落的物品等。它的特点在于，一般情况下，失主不知物在何处丢失，遗失的时空跨度过大，虽然财物的所有权并未丧失，但事实上已不在所有人、持有人的控制、支配之下，遗落本身就意味着所有权的丧失，故不能作为盗窃罪的对象。①这种观点以是否丧失对财物的控制，作为遗忘物与遗失物的区别点，由此得出结论：遗忘物可以成为盗窃罪的对象，而遗失物不能作为盗窃罪的对象。但这种观点的不妥之处显而易见，按照这种观点，非法占有遗忘物具有盗窃的性质，以盗窃罪论处理所当然。但现在我国刑法学界一般都认为非法占有遗忘物与盗窃是有区别的，即使承认遗忘物与遗失物是两个不同概念的学者亦持这种观点。尤其是在修订后的《刑法》第270条第2款将侵占遗忘物规定为侵占罪的情况下更是如此，在刑法修订以后，由于《刑法》第270条采用了遗忘物一词，而不同于民法中的遗失物一词，因此大多数学者认为遗忘物与遗失物是有所不同的。但其对遗忘物的界定已完全不同于刑法修订以前的观点。甚至可以说，刑法修订以后刑法理论上所称的遗忘物恰恰等同于刑法修订以前之遗失物。例如，刑法修订以前强调遗失物与遗忘物的根本区分在于所有人是否丧失了对财物的控制：丧失控制的是遗失物，尚未丧失控制的是遗忘物。但刑法修订以后，刑法理论上认为，《刑法》第270条第2款所称之"遗忘物"，是指由于财产的所有人、占有人的疏忽，或者遗忘而失去占有、控制的物品。② 显然，在这一概念中，强调的是遗忘者对财物丧失了某种控制，这岂不是与刑法修订以前学者所称之遗失物相同，而与刑法修订以前刑法理论上所称之遗忘物则名同实异。在刑法修订以后，我国刑法学界的通说仍然对遗忘物与遗失物加以区分，但区分点已经不再是对财物是否丧失控制，而是遗忘财物的时间、地点等的差别。例如，我国学者指出：所谓遗忘物，是指本应携带因遗忘而没有带走的财物。遗忘物不同于遗失物。前者一般是

---

① 参见《刑事法专论》，下卷，1287页，北京，中国方正出版社，1998。
② 参见胡康生、李福成主编：《中华人民共和国刑法释义》，384页，北京，法律出版社，1997。

刚刚遗忘，随即想起的财物，遗忘者还记得财物被遗忘的具体地点、时间，拾得者一般也知道失主是谁。而遗失物一般为失主大意丢失的财物。一般失主不知道财物丢的具体时间与地点，且失去财物的时间相对较长，拾得者一般也不知道失主具体是谁，虽然遗忘物的所有权可能是国家或者单位的，但遗忘者的遗忘行为却属于个人行为，遗忘者应当承担赔偿遗忘物的责任。所以，从法律关系上讲，侵占遗忘物实际侵犯的是遗忘者的个人财产利益。[1] 如果说，在刑法修订以前，遗忘物与遗失物存在是否丧失控制之分（至于这种区分是否正确，则另当别论。我认为，这种区分是不科学的），因而这种区分尚具有实质意义。那么，在刑法修订以后，遗忘物与遗失物都是丧失了对财物的控制，只不过是遗忘的时间长短不同，是否记得遗忘地点等，这是一种量的差别，而不是质的区别。在这种情况下，遗忘物与遗失物是否还有区分的必要就成为一个问题。因此，我主张遗忘物即遗失物，两者之间不存在根本区分，可以视为一体。主要理由如下：第一，从语言学上说，遗忘与遗失只是对同一种现象的不同表述而已。我国法律中，民法中称"遗失物"，而刑法中称"遗忘物"，易使人以为两者非指一物。但其他国家或者地区的法律则没有这种区分。例如日本刑法中有侵占脱离占有物罪，这里的脱离占有物是指遗失物、漂流物等不是出于占有者的意思而脱离占有，并且至今尚不属于任何人占有的他人之物。[2] 在我国台湾地区，"民法"与"刑法"使用同一术语"遗失物"，因而，在"刑法"中没有侵占遗失物罪。[3] 第二，从现在遗忘与遗失的区分来看，主要根据财物所有人（即所谓失主）的主观心理状态来进行区分，即丢失的时间长短、是否知道丢失的地点等。而这一切对于侵占者来说并不知晓。呈现在侵占者面前的只是一个无人控制的物品，同样实施了占有行为：如果失主丢失的时间较短并且知道丢失地点，其物为遗忘物，因而行为人构成侵占罪，应当受到刑事处罚。如果失主丢失的时间较长并且不知道丢失地点，

---

[1] 参见周道鸾等主编：《刑法的修改与适用》，580页，北京，人民法院出版社，1997。
[2] 参见［日］木村龟二主编：《刑法学词典》，724页，上海，上海翻译出版公司，1992。
[3] 参见蔡墩铭：《中国刑法精义》，495页，台北，汉林出版社，1978。

其物为遗失物，因而行为人属于不当得利，应当受到民事处分。在这种情况下，罪与非罪的界限不取决于行为人的主观与客观因素，而取决于失主的某种心理状态，显然不妥。因此，我认为遗忘物与遗失物之间不必区分，并且两者都不是盗窃罪的对象，而是侵占罪的对象。

（4）埋藏物

埋藏物是指所有权不明的、埋藏于地下或包藏在他物中的财物。根据我国民法规定，所有人不明的埋藏物，归国家所有。换言之，国家对埋藏物享有所有权。因此，我国《刑法》第270条第2款将侵占埋藏物的行为规定为侵占罪，因为该种行为侵犯了国家对埋藏物的所有权。但由于埋藏物具有所有人不明的特征，即当时并不在他人控制之下，因而占有这种埋藏物的行为，不属于秘密窃取的行为。因此，埋藏物不能成为盗窃罪的对象。

三、盗窃行为

盗窃罪的行为在刑法理论上表述为秘密窃取。古代刑法有"取非其物谓之盗"的界定，在此，强调的是"盗"这种犯罪对财产所有权的侵犯。但中国古代又有"强盗"与"窃盗"之分。强盗是指使用暴力手段非法占有他人财物。因为"取与不和谓之强"。因此，强盗罪即现在刑法中的抢劫罪。窃盗是指采取秘密手段非法占有他人财物。即俗语之所谓"偷"。因此，窃盗罪即现在刑法中的盗窃罪。由此可见，盗窃行为之秘密窃取是一种具有悠久历史的定型化了犯罪行为。

盗窃行为具有以下特征：

（一）秘密

盗窃罪在客观上是以秘密方式实施的，因而属于秘行犯。在刑法理论上，存在着秘行犯与公然犯之分。公然犯是指按照刑法特定犯罪构成要件及其刑罚规范的预设，某种犯罪行为必须或者必然地表现为，故意在不特定的人或者多数人能

够认识其犯罪行为的场合实施犯罪的罪态方式。① 公然犯有狭义与广义之分，狭义上的公然犯是指刑法条文中明确规定以"公然"实施为特征的犯罪，例如公然猥亵罪等。而广义上的公然犯除此以外还包括其他不以"秘密"实施为要件的犯罪。与公然犯相对应的是秘行犯，指以秘密实施某一行为为特征的犯罪。俗语曰："暗偷明抢"。这里的"暗偷"，即指盗窃，其中一个"暗"字使盗窃罪作为一种秘行犯的特征昭然若揭。这里的"明抢"，包括抢劫与抢夺，都属于广义上的公然犯。

那么，如何理解这里的秘密呢？我们认为，秘密应当从以下三个方面加以理解：

1. 特定性

秘密意味着使人不知，是在暗中背着他人进行的。作为盗窃罪的秘密，其内涵是特定的，是指财物的所有人或占有人不在场，或虽然在场，但未注意、察觉或防备的情况下实施的盗窃行为。因此，盗窃罪之所谓秘密，是相对于财物的所有人或占有人来说，是一种隐藏性的行为。

2. 主观性

盗窃罪之所谓秘密，是指行为人自以为采取了一种背着财物的所有人或占有人的行为。这种秘密具有主观性。在某些情况下，行为人在众目睽睽之下扒窃，他以为别人没有发现，是在秘密窃取，但实际上已在他人注视之下。这时，行为人仍然可以视为是在秘密窃取。

3. 相对性

秘密与公然之间的区别是相对的，秘密窃取之秘密，仅仅意味着行为人意图在财物所有人未觉察的情况下将财物据为己有。但这并不排除盗窃罪也可能是在光天化日之下而实施。例如，犯罪分子大摇大摆地开车进入某工地，将建筑材料运载而去，这就是利用了人们误以为其是合法运输而未觉察的情况下进行盗窃。

---

① 参见屈学武：《公然犯罪研究》，29页，北京，中国政法大学出版社，1998。

(二) 窃取

如果说秘密是盗窃行为实施时的一种状态,那么,窃取就是盗窃的具体行为方式。窃取就是非法地获取。非法获取的本质在于对公私财物所有权的侵犯。换言之,窃取的性质是使他人丧失对其财物的合法控制。由于盗窃的行为是形形色色的,但归纳起来说,窃取具有以下几种情形:

1. 单纯窃取型

单纯窃取型的盗窃是指单纯地通过财物的转移,使财物所有人或占有人丧失对财物的控制,并将财物置于本人控制之下,例如,一般的顺手牵羊式盗窃,都属于单纯窃取型。在单纯窃取型的盗窃犯罪中,财物是在所有人或占有人控制之下,但未加屏障(例如加锁)或未予固定,因而只要秘密使财物发生位移即构成盗窃罪。因此,单纯窃取型从盗窃的手段上来说是最简单和纯粹的。对于这种犯罪来说,其行为的社会危害性主要表现在盗窃数额上。

2. 入室窃取型

入室窃取型的盗窃是指行为人采取溜门撬锁的手段潜入他人住宅或者办公场所等,秘密窃取他人的财物。这种入室窃取与单纯窃取具有以下区别:第一,入室窃取除单纯窃取行为以外,还有溜门撬锁、翻箱倒柜等排除障碍性动作,这些动作可以视为盗窃的辅助行为,属于盗窃行为不可分割的一个组成部分。由于这些排除障碍性动作是单纯窃取所没有的,因而从行为方式上来说,其行为的社会危害性程度要大于单纯窃取。第二,入室窃取与单纯窃取的实施盗窃的场所不同,由于"室"是一个封闭性场所,室内财物不同于室外财物,财物所有人或占有人对室内财物采取了门锁等一系列保护性措施。行为人通过破坏这些保护性措施,在室内进行盗窃,因而从行为地点上来说,其行为的社会危害性程度要大于单纯窃取。第三,入室窃取还涉及侵入他人住宅的问题。在入室窃取中,其中入户盗窃构成对他人住宅的侵犯。户,一般是指私人的起居场所,要求具有隐蔽性,绝对排斥他人非法侵入。因此,在各国刑法中,都设有非法侵入他人住宅罪,我国刑法亦不例外。在英美刑法中,专门设立了夜盗罪,分为普通法夜盗罪

(common-law burglary) 和制定法夜盗罪（statutory burglary）。① 普通法夜盗罪是指怀着犯重罪意图在夜里打开并且进入他人住宅的行为。这里的意图犯重罪 (intent to commit a felony) 中的重罪，是指法律上的一切重罪，如杀人、放火、伤害、强奸、抢劫、偷盗等等。不过实践中以偷盗居多，所以这一罪名译成汉语为"夜盗"。当然，这里只是"意图"犯重罪，如果入户实施了盗窃行为，应构成两个罪：夜盗罪和偷盗罪，实行数罪并罚。制定法夜盗罪，根据其内容理解为"破门入户"或"闯入民宅"比较接近实际，其构成要件与普通法上的夜盗罪大同小异。由此可见，英美刑法中的夜盗罪与大陆法系刑法中的侵入他人住宅罪是非常接近的，但又有所不同。在大陆法系刑法中，侵入他人住宅罪属于侵犯人身权利的犯罪。例如日本《刑法》第 130 条规定了侵入居住罪，指无故侵入他人住所或有人看守的宅邸、建筑物、船舰的行为。② 我国《刑法》第 245 条亦规定了非法侵入他人住宅罪，指未经住宅主人同意，非法强行闯入他人住宅，或者经住宅主人要求其退出仍拒不退出的行为。③ 对于这种侵入住宅而盗窃的，在刑法理论上通常视为牵连犯。认为在侵入住宅盗窃一案中，侵入住宅是从行为，表现为手段行为；盗窃是主行为，表现为目的行为。这是两种犯罪行为因相互依存、关系紧密而形成的牵连。也就是说，他罪行为不是本罪的预备行为，而是为本罪的实行创造必要条件的行为。当这种行为作为本罪的手段时，便是前提行为的牵连。④ 但也有人认为这是吸收犯，属于实行行为吸收预备行为。例如，某乙入室行窃，于某夜潜入他人住宅，隐藏起来，待夜深人静时，即进行盗窃。某乙非法侵入他人住宅是实行盗窃犯罪行为的预备行为。某乙实施盗窃行为的犯罪已经既遂，则非法侵入他人住宅行为就被其实施的盗窃行为所吸收，只以盗窃论罪，就不再追究其非法侵入住宅的盗窃预备行为。⑤ 我认为，这两种观点没有实质区

---

① 参见储槐植：《美国刑法》，2 版，241 页以下，北京，北京大学出版社，1996。
② 参见[日]木村龟二主编：《刑法学词典》，655 页，上海，上海翻译出版公司，1991。
③ 参见胡康生、李福成主编：《中华人民共和国刑法释义》，349 页，北京，法律出版社，1997。
④ 参见姜伟：《犯罪形态通论》，457 页，北京，法律出版社，1994。
⑤ 参见高铭暄主编：《中国刑法学》，224 页，北京，中国人民大学出版社，1989。

别，因为牵连犯与吸收犯本身就存在交叉，因而将侵入他人住宅盗窃视为牵连犯或吸收犯，均无不可，当然如果把入室盗窃作为盗窃罪的加重构成规定则更为科学。例如，我国台湾地区"刑法"规定的加重盗窃罪，加重条件之一，就是于夜间侵入住宅或有人居住之建筑物、船舰，或隐匿其内而犯之者。由此可见，入室窃取，尤其是夜间入室窃取，是一种危害性较大的盗窃犯罪。

3. 破坏窃取型

破坏窃取型是指为实现非法占有的目的，在财物处于某种附属状态或者固定状态的情况下，行为人采取破坏性手段，非法占有公私财物。破坏性盗窃是盗窃犯罪中情节较为严重的一种，它往往涉及与其他犯罪的牵连，因而应当深入研究。在破坏窃取型的犯罪中，该破坏行为一般来说是故意的，但也不能排除在盗窃过程中因过失造成某种危害后果的情形。因此，破坏窃取型盗窃可以分为故意破坏窃取型与过失破坏窃取型。无论是故意还是过失，其危害后果都可以在量刑时予以考虑。例如，某行为人见贮油罐中有油，起意盗窃；遂拎一塑料桶前往。行为人拔下木塞，油料喷泻而出，行为人仓促逃窜，致使满罐油料流失，损失达数万元。在这种情况下，行为人只想窃取少量油料，未曾预料到油料喷泻难以堵塞，因而造成财物损失。因此，行为人盗窃在主观上是故意的，对于破坏性后果则是过失的。当然，在司法实践中，更为大量的是故意破坏性盗窃，例如偷割电缆、以破坏性方式盗窃电力设备等。在这些情况下，涉及一罪与数罪的问题，将在下文专门研究。

4. 杀生窃取型

杀生窃取型是指为窃取活物，先将其杀死，然后将其窃取。在司法实践中，较为常见的是为盗鱼而先将鱼炸死或者毒死、为盗牛先将牛毒死等。也有个别较为特殊的，例如为倒卖兽皮毒死动物园老虎案。[①] 被告人韩某，男，31岁，农民，长期不务正业，流窜在外，曾进行过倒卖药材等活动。他一直想搞到貂皮、虎皮等贵重兽皮进行倒卖牟利。1981年3月韩某流窜到某市，见公园里有两只

---

① 参见董鑫主编：《盗窃罪个案研究》，174页，成都，四川大学出版社，1994。

老虎，遂起毒虎剥皮歹意。他仔细观察了动物园周围的环境，摸清了虎笼和老虎进食情况，便上街买回剧毒药物和猪肉块。3月16日深夜，韩翻墙潜入动物园，撬开虎圈观察室，把事先准备好的夹有剧毒药物的猪肉块塞进两只虎笼。两只老虎当即把猪肉吃掉。片刻，药性发作，老虎倒地。韩即撬开虎笼，将毒死的华南虎拖到四十余米外的树林里剥皮，刚剥一半时，被人惊动，弃虎逃窜，另一只东北虎也于次日上午10时死亡。后经公安机关侦查，将韩某捉获归案。本案的特点是盗虎皮而非盗虎，为盗窃虎皮而将活虎杀死，是一种危害性较大的杀生窃取型。

5. 信息窃取型

信息窃取型是指采取某种秘密手段窃取某种信息，然后利用这种信息获取某种非法利益。应该说，这是一种比较复杂的盗窃犯罪。这种犯罪的特点是，行为人窃取某种信息，但这种信息既非货币也非财物，只是一种可以获取某种利益的工具或者载体。然后，利用窃取的信息将其转化为货币或者财物的活动，最终获利。例如，被告人王某，男，26岁，某高校研究生。1997年10月初，王某利用在A营业部N大户室进行科研工作之便，违反有关密级规定，人为中断计算机自检程序，调出根目录下的文件目录，进而调出秘密文件，查看具体股的账号、资金、拥有股票的种类及数量等股票交易内部信息，并查出了股民的交易密码。王某利用自己的专业知识对交易密码的加密进行破译成功，从而可以通过任何一台与A营业部中心数据联网的电脑，调取在该营业部开户的任何一位股民的全部交易信息。1997年10月底，王某在A营业部N大户室利用计算机查阅了在该营业部开户的孙某的自营股票账户，窃取了其账号、资金、股票种类、股票数量、交易密码等私人秘密信息。10月29日，王某在一公司电话亭利用A营业部的电话委托系统，以孙某的名义，电话委托5.5元/股的价格买进10万股X股票，紧接着又以其母李某名义抛售其户头上X股票1 800股，企图利用股票买卖撮合系统中"高价买入在先，低价卖出在后，则提价买入成交"的规定，使孙某高价买入，自己则能卖得高价，谋取非法利益。X股票在前一日的收盘价为3.59元/股，以此计算，孙某损失了13.1万余元。由于交易中的时间差，王某未能如

愿高价抛售 X 股票 1 800 股,因而未能赚取其预期应得的 2 万余元利润。1997 年 11 月 5 日,王某利用同样的方法窃取了在 A 经营部开户的股民常某的私人交易秘密信息。于 11 月 6 日,王某以常某的名义通过电话委托系统以 0.41 元/股价格低价卖出 Y 股票 40 万股,又在自己用假名李某名义开立的股民户头,以 0.45 元/股价格电话委托买进 12 万股。而 5 日 Y 股票的收盘价为 1.41 元/股,6 日 Y 股票收盘价为 1.42 元/股。据此计算,造成常某损失 40 余万元。由于操作中的时间差,王某再次未能如愿低价买入 Y 股票 13 万股,因而未能赚取预期的 13 万余元的巨额利润。1998 年 1 月 10 日,王某再次窃取 A 营业部股民余某的私人交易秘密信息。当日用股票电话委托交易系统,以余某的名义,卖出 Z 股票 50 万股,每股 0.38 元。然后,马上用自己的户头,以 0.40 元/股买进该股票 15 万股,用其李某的户头,以 2.2 元/股买进 5 000 股,实际以 0.40 元/股买进 10 万股。而 Z 股票前一日的收盘价为 2.43 元/股,当日开盘价为 2.43 元/股,收盘价为 2.45 元/股。据此计算,王某造成余某损失 100 余万元,而王某从中获取 20 余万元不法收益。此笔交易被深交所有关监察人员发现交易异常,及时冻结,此案案情大白后,宣布此次交易无效,避免了被害人余某的巨大经济损失。案发后,被告人王某自感罪责难逃,自动到公安机关投案自首。[①] 这起盗卖他人股票为自己谋取暴利的案件,在定性上存在六种分歧意见,但主要是诈骗罪与盗窃罪之争。诈骗罪的理由在于:被告人王某利用窃取的内幕信息,冒充其他股民的身份,用电话委托交易系统进行交易,使证券公司信以为真,误将被告人王某的电话委托当作合法股民交易的真实意思表示而加以执行,造成合法股民的巨大经济损失。可见,行为人是为了获取不法利益,其获利途径是采用欺诈手段,即虚构事实、隐瞒真相,使证券公司信以为真,而自愿交出他人财物;其盗窃内幕信息的行为只是手段,是为诈骗犯罪创造条件。因此,被告人王某的行为应当构成诈骗罪。盗窃罪的理由在于:被告人王某通过计算机系统秘密窃取了他人股票交易的秘密。通过利用该秘密,王某可以将他人的股票完全置于他的掌握之中。在他

---

① 参见陈兴良主编:《刑法疑难案例评释》,302 页以下,北京,中国人民公安大学出版社,1998。

人未察觉的情况下，任意进行交易，低价卖出或高价买进，而自己则可以用其账户以貌似合法的形式低价买进或高价卖出，从而达到秘密窃取财物的目的。上述两种观点，定诈骗罪的观点侧重后一段行为。认为这一行为具有诈骗的性质；而定盗窃罪的观点则侧重前一段行为，认为这一行为具有盗窃的性质。两种观点各执一端，相持不下。我们认为股票作为一种财产凭证不同于一般的财物，也不同于货币。股票存放在交易所的计算机系统之中，所有人对其控制的方法是交易密码。一旦交易密码泄露，他人就可以凭借交易密码而获得对股票的控制权。因此，王某窃取证券信息及其交易密码，并利用这种交易密码转移股票，实际上取得了对股票的控制权。对此，应以盗窃罪论处。由此可见，这种信息窃取型的盗窃犯是一种高科技的犯罪。较之单纯窃取型盗窃，这种信息窃取型盗窃更具有复杂性。

6. 电信窃取型

电信窃取型是指以牟利为目的，盗接他人通信密码、复制他人电信码号或者明知是盗接、复制的电信设备、设施而使用的行为。这是在我国电信业发展以后出现的一种犯罪行为。这种犯罪行为的特点是：盗接、复制或者使用盗接、复制的电信设备、设施。单纯地从外在行为上看，它与传统的盗窃罪存在重大区别，但从本质上看，仍然符合秘密窃取的本质。因为电信码号虽然只是一组数字，但一旦掌握就可以使用。通信线路也是如此，盗接以后可以任意使用。而这种使用并非是无偿的，必然会给他人造成重大经济损失。因此，最高人民法院在1995年9月13日颁布的《关于对非法复制移动电话码号案件如何定性问题的批复》中明确指出：对非法复制窃取的移动电话码号的行为，应当以盗窃罪从重处罚。对明知是非法复制的移动电话而使用，给他人造成损失的，应当以盗窃罪追究刑事责任。在刑法修订中，又专门对此种行为作了规定。因此，在司法实践中，对于这种电信窃取型的盗窃犯罪的认定应当格外加以重视。

7. 电脑窃取型

电脑窃取型是指利用计算机实施的盗窃犯罪。这种犯罪与计算机有关，但并非严格意义上的计算机犯罪。在这种犯罪中，计算机是实施盗窃罪的犯罪工具，

其所实施的犯罪仍然是盗窃罪。对此,我国《刑法》第287条明文规定对于这种利用计算机实施的盗窃罪,应当依照刑法有关规定定罪处罚。随着计算机的普及,利用计算机实施的盗窃罪日益增多,这是一种更为智能化的高科技犯罪,其对社会危害之大,远非传统的盗窃罪可比。例如,1998年8月,我国扬州发生了全国第一例使用遥控发射装置侵入银行电脑盗取巨款的盗窃案。现年35岁的郝景龙原系中国工商银行江苏镇江市分行中山路办事处花山湾分理处职员。年仅30岁的郝景文曾是一家个体火锅店的小老板。这两人均为镇江市人,系亲兄弟。1998年8月下旬,郝景文在扬州市郊区租借装有电话的住房一间,安置了一台电脑。9月7日,郝景文以假名在工行邗江县支行的一个储蓄所开设了16个活期存折。9月22日凌晨,郝景文潜入这个储蓄所,将郝景龙制作的部分侵入装置接入该所计算机系统线路上。随后,他到所租借的住房内,将电脑和另一部分侵入装置与电话线路连接。这天中午12时,郝景文前往该储蓄所,见该所计算机进入网络处于待输入状态,遂开启侵入装置,并通知郝景龙。郝景龙便操作电脑,迅速向吕俊昌、王君等16个账户各转入人民币4.5万元,合计72万元。随后,两人到中国工商银行扬州市分行的瘦西湖储蓄所等八家储蓄网点支取人民币26万元,郝景龙分得赃款12.5万元,郝景文得赃款13.5万元。当日下午4时许,储蓄网点例行轧账,发现了这一重大案情,迅速向公安机关报案。公安机关经过周密的侦查,于10月14日在镇江将两人捉拿归案,追回赃款23万余元,价值人民币1.3万余元的物品发还了被窃单位。从这个案件的情况来看,犯罪分子利用其所掌握的计算机技术,采用遥控发射装置手段侵入银行电脑系统调取现金并予以支取。虽然在犯罪手段上不同于传统的盗窃罪,但完全符合盗窃罪的本质特征,对此应以盗窃罪论处。

8. 扒窃窃取型

扒窃,又称绺窃,是指采用掏包、割包、拎包的方式窃取他人随身携带的财物的犯罪,是盗窃的一种特殊方式。扒窃犯罪的特点是:(1)盗窃手段通常是掏包、割包、拎包等。某些职业扒手具有十分高超的扒窃技巧,由于其手段隐蔽,难以破获。(2)盗窃的对象通常是随身携带的他人的物品,以现金为主,包括金

银饰品、手机、证件等其他重要物品。（3）犯罪具有流动性，扒窃地点一般发生在人多拥挤的商店、市场、车站、码头、影剧院以及公共汽车、电车、火车等公共交通场所。由上述特点决定，扒窃是一种较为严重的盗窃类型。现行关于盗窃罪的司法解释中，明确规定多次扒窃作案的，个人盗窃公私财物属未达到数额较大的起点标准，也可追究其刑事责任。因而，在司法实践中，对于扒窃这种盗窃类型应当予以重视。

四、盗窃主体

在盗窃主体的认定中，存在一个值得研究的问题，就是单位是否可以成为盗窃罪的主体。换言之，为单位实施盗窃行为的，是否应以盗窃罪论处。

在我国刑法中，单位犯罪是指公司、企业、事业单位、机关、团体经单位集体研究决定或由负责人员决定实施的危害社会的行为，法律规定为单位犯罪的情形。由此可见，单位犯罪的构成，除必须具备事实上的特征以外，还必须具备法律特征，即只有在法律规定为单位犯罪的情况下，才能以单位犯罪论处。这一法律特征是罪刑法定原则的体现，也是为了严格限制单位犯罪的范围。由于我国刑法分则并没有明文规定单位可以成为盗窃罪的主体，因此，单位犯罪中不包括盗窃罪。换言之，单位不能成为盗窃罪的主体。

既然单位不能成为盗窃罪的主体，那么，在为单位实施盗窃、获取财物归单位所有的情况下，对于单位中的直接负责的主管人员和其他直接责任人员能否以盗窃罪论处呢？对此，在刑法理论上存在争论，主要存在以下两种观点：第一种观点认为，为单位实施的盗窃行为，只要符合盗窃罪的构成要件，尽管依照单位实施危害社会的行为，法律规定为单位犯罪的才负刑事责任的规定，对于单位不能以盗窃罪论处，但在这种情况下，对于单位的直接负责的主管人员和其他直接责任人员仍然应以盗窃罪论处。第二种观点认为，追究单位中的直接负责的主管人员和其他直接责任人员的刑事责任，是以单位构成犯罪为前提的。如果单位不构成盗窃罪，对单位中的直接负责的主管人员和其他直接责任人员也不能以盗窃

罪论处，否则，就是违反了罪刑法定原则。以上两种观点的争论焦点在于，如何理解"单位实施的危害社会行为，法律规定为单位犯罪的，应当负刑事责任"这一规定。详言之，这里的"应当负刑事责任"的主体是谁：仅是指单位呢还是也包括单位中的直接负责的主管人员和其他直接责任人员？对此，上述两种观点作了不同的理解：第一种观点认为这里的"应当负刑事责任"的主体仅指单位，在单位负刑事责任的前提下，单位中的直接负责的主管人员和其他直接责任人员应当同时负刑事责任。但在单位不负刑事责任的情况下，单位中的直接负责的主管人员和其他直接责任人员仍应单独承担刑事责任。而第二种观点则认为这里的"应当负刑事责任"同时指单位和单位中的直接负责的主管人员和其他直接责任人员。上述两种主体的刑事责任是一个不可分割的有机整体。在应当负刑事责任的情况下，单位和单位中的直接负责的主管人员和其他直接责任人员应当同时承担刑事责任。在单位不负刑事责任的情况下，则单位中的直接负责的主管人员和其他直接责任人员也不应当负刑事责任。上述两种观点的分歧，直接关系到对单位实施的盗窃行为的处理。从司法实践的情况来看，在刑法修订以前，有关的司法解释中都明确规定了在单位不能成为盗窃罪主体的情况下，可以直接追究单位中的直接负责的主管人员和其他直接责任人员的刑事责任。例如最高人民检察院在 1996 年 1 月 23 日《关于单位盗窃行为如何处理问题的批复》中指出：单位组织实施盗窃，获取财物归单位所有，数额巨大、影响恶劣的，应对其直接负责的主管人员和其他主要的直接责任人员按盗窃罪依法批捕、起诉。但在刑法修订以后，尤其是在刑法规定了罪刑法定原则的情况下，刑法修订以前的司法解释还是否有效？换言之，这一司法解释与修订后的刑法是否存在冲突，这确乎是一个值得研究的问题。我们认为，单位盗窃与个人盗窃，在性质上是有所不同的。在单位盗窃的情况下，说盗窃行为是单位行为，而不是个人行为，而且单位盗窃的财物是归单位所有而非归个人所有。因而，对于这种单位盗窃行为，应以单位犯罪论处。但在刑法没有规定单位可以成为盗窃罪主体的情况下，对于单位中的直接负责的主管人员和其他直接责任人员以盗窃罪追究刑事责任，确有违反罪刑法定原则之嫌。但对于这种单位盗窃行为不依法追究刑事责任，又有放纵犯罪之嫌。

因此，在此存在着实质合理性与形式合理性的矛盾与冲突。我认为，在我国刑法确定了罪刑法定原则的情况下，形式合理性应当成为刑法的主要价值追求。因此，我倾向于对于这个问题通过修改刑法来解决，在刑法中规定单位可以成为盗窃罪的主体。在刑法没有修改以前，从严格地执行罪刑法定原则出发，对于单位实施的盗窃行为，不宜直接追究单位中的直接负责的主管人员和其他直接负责人员的刑事责任。

五、盗窃意图

在盗窃罪以及其他财产的犯罪中，都有一个共同的主观要件，这就是"以非法占有为目的"。换言之，如果行为人主观上没有非法占有的目的，就不构成盗窃罪。主观上的非法占有目的，对于盗窃罪的性质具有决定意义。首先，以非法占有为目的，表明了盗窃罪具有侵犯公私财产所有权的性质。其次，以非法占有为目的，对于认定转移财物的行为是一种秘密窃取的行为也具有重要意义。总之，在盗窃罪的构成要件中，主观上的非法占有目的制约着其他构成要件。

在刑法理论上，盗窃罪的主观要件如何表述存在观点上的分歧，主要存在以下三种表述[①]：一是非法占有为目的，二是非法所有为目的，三是非法获利为目的。在上述三种表述中，非法占有为目的是通说。我国学者认为，以非法占有为目的，包含下述几层基本含义：(1) 行为人意图使公私财物占为己有。行为人以非法占有为目的，就是指行为人意图通过盗窃行为，排除他人对财物的所有或占有，而使财物转移为自己不法占有，以满足自己在物质追求上的某种贪欲，亦即行为人的意图在于使自己取得对所窃取财物具有类似所有人或占有人的地位，能够将窃取的财物充当归自己的财物，并能利用该物所具有的经济价值。(2) 行为人意图使公私财物归自己或第三人占有。行为人以非法占有为目的，并不以行为人意图使公私财物占为己有为限，即使是意图使公私财物为第三人所占有，也应

---

① 参见董鑫主编：《盗窃罪个案研究》，75 页，成都，四川大学出版社，1994。

当认为具有此种犯罪目的。(3) 行为人意图不法占有。行为人对公私财物的占有必须出于不法，也就是说，无论行为人在主观认识上，还是对财物的客观占有上，均属于违法占有。① 应该说，上述对盗窃罪的以非法占有为目的的内涵的论述是极为精辟的，对于我们科学地认识盗窃意图具有重要意义。但有些学者对于以非法占有为目的的传统观点提出了挑战，认为非法占有只意味着侵犯公私财物的占有权，而不包括财产所有权之全部，因而提出以非法所有为目的的观点。这种观点认为：所有包括对财产占有、使用、处分的权利，而占有不一定包括取得使用权、处分的权利，占有不一定包括取得使用权、处分权的目的。用"以非法占有为目的"表达行为人的主观愿望，不能说明行为人意图在经济上获得财产所有权的全部三项权能，以及在经济上取得同财产所有者的同等权利。② 我认为，虽然"占有"与"所有"在民法上存在区别，但在刑法上约定俗成为"以非法占有为目的"，其含义与"以非法所有为目的"相同，这种改动没有必要。在外国刑法中，也有规定"不法所有"的，例如《德国刑法典》第242条规定："意图自己不法所有窃取他人动产者，处5年以下自由刑或科罚金。"但这里的所有，除翻译上的原因以外，与占有到底有什么区别呢？从民法上来说，所有权可以分为4项权能，即占有、使用、收益和处分。这4项权能的统一称为"所有"。由此可见，在民法上，占有和所有是存在区别的，不可混为一谈。那么，在刑法上是否存在根本区别呢？我国学者指出：刑法调整和规制的是犯罪行为，刑法思维的基点是犯罪行为对社会的危害，而不是行为人从犯罪行为中获得的利益。评价一个行为是否构成犯罪，不是看行为人本人从中获得的收益，而是看行为给权利人造成了什么危害。有的行为即便没有给行为人本人带来任何好处，甚至可能对行为人本人造成损害，但只要该行为损害了他人的合法权利，对社会造成了危害，因而符合刑法的明文规定的，即构成犯罪，犯罪的实质就是危害社会的行为。从刑法思维这一基点出发，在侵犯财产犯罪中，尽管非法占有他人财物、将

---

① 参见赵永林：《我国刑法中盗窃罪的理论与实践》，25页以下，北京，群众出版社，1989。
② 参见雷鹰：《如何认定贪污罪和盗窃罪》，载《法学研究》，1981 (4)。

他人财物非法占为己有或将他人财物非法所有三种行为样态于犯罪行为人具有不同的意义和内涵，但三者都以行为人对他人财物的事实上的非法控制为前提。就权利人而言，一旦自己的财物被他人非法控制，即意味着其对物的所有权受到了侵害，亦即丧失了对该财物进行占有、使用、效益和处分的权利。因此"非法占有"、"非法所有"或者"非法占为己有"在刑法上的实际结果（危害结果）是完全相同的，都表现为排除权利人对财产的合法控制，并以此为前提排除权利人对财产进行使用、收益和处分的权利，从而实际剥夺权利人对财产的所有权。[1] 我赞同上述观点，对非法占有与非法所有在刑法上作不同的理解是没有必要的。至于非法获利说，主张行为非法为自己或第三人获取物质利益，以此描述行为的图利性心理追求。在一般情况下，盗窃的意图在于图利。在盗窃犯罪中，被害人之所失与犯罪人之所得应当是一致的。在这个意义上说，非法获利说似乎并无不妥，但由于非法获利说强调盗窃罪的获利性，如果通过秘密窃取手段，使他人丧失对财物的控制，而本人又没有获利。在这种情况下，行为人是否构成盗窃罪呢？根据非法获利说，答案是否定的。但这种观点在理论上能够成立吗？值得借鉴的是，在英美刑法中，盗窃罪的主观意图称为偷盗意图（with intent to steal），指永久剥夺他人对财产占有的意图。例如，A遇雨，在城内拿走他人一把伞，走出城后雨停了，便把伞扔掉。A虽没有明显的偷盗目的，但是明知该行为永久剥夺原物主的财物而仍然这样做了，因此仍算具有偷窃意图。[2] 在此，强调的是他人财产占有的丧失，而不是行为人对他人财产的占有，更不是行为人是否从中获利。我认为，这种理论具有一定的参考价值。在以往的刑法理论中，我们对非法占有的目的限制较严，过分强调行为人是否从盗窃中获利，因而影响了对某些案件的处理。例如，偷开汽车的问题，在刑法理论上存在两种观点[3]：第一种观点认为，对偷开汽车案件的行为人应当以盗窃罪论处。理由是：行为人以秘密窃取

---

[1] 参见储槐植、梁根林：《贪污罪论要》，载《中国法学》，1998（4），82～83页。
[2] 参见储槐植：《美国刑法》，2版，231～232页，北京，北京大学出版社，1996。
[3] 参见赵永林：《我国刑法中盗窃罪的理论与实践》，131页以下，北京，群众出版社，1989。

方法将属于他人的汽车开走,就非法占有了公私财物,而且被盗的财物数额巨大,具备盗窃罪成立的全部构成要件。至于行为人后来又将所盗汽车遗弃,则属于盗窃行为实施完毕以后对被盗财物的处置问题,不应当影响盗窃罪的成立。持这种观点的学者还认为,如果行为人偷开汽车以后的行为又触犯了刑法中规定的其他罪名,应当对行为人适用数罪并罚。第二种观点认为,对偷开汽车的案件一律以盗窃罪论处,有所不妥。主要理由是:(1)我国刑法中盗窃罪的成立,要求行为人不仅在客观上有盗窃公私财物的行为,而且在主观上必须具有非法占有公私财物的目的。这种目的的基本含义是行为人意图使被盗财物永久地脱离所有人或合法占有人,而转归行为人控制和支配。如果行为人只是暂时地对公私财物加以利用,而并非具有非法占有之目的,就不具备盗窃罪成立所要求的主观要件,显然也不能以盗窃罪论处。(2)主张对偷车案件的行为人一律按盗窃罪处理,那么,由于汽车的价值"数额巨大",就必然要对行为人适用(1979年)《刑法》第152条处罚。然而,如果行为人只是驾车兜风,然后将汽车遗弃路边,甚至停放原处,其行为并没有给公私财物造成较大的损失,就要判处5年以上有期徒刑,又怎么能体现出罚当其罪,罪刑相适应呢?所以,对偷开汽车的案件是不能一概以盗窃罪论处的,必须根据我国刑法中之主客观相统一的定罪原则,具体案件具体分析。在上述两种观点中,第一种观点是强调偷开汽车就是非法占有他人财物,第二种观点则强调非法占有须使财物永久地脱离所有人或合法占有人,并且认为在汽车未受损失的情况下以盗窃罪论处,从罪刑均衡原则上看似有不妥。但第二种观点没有进一步界定永久地脱离所有人或合法占有人,亦即行为人永久地占有他人财物的内涵,长久占有与暂时占有如何区分?第二种观点也没有进一步说明如果偷开汽车遗弃、丢失了,车主受到了实际损失是否构成盗窃罪。从司法解释的规定来看,存在一个演变过程。1984年、1992年的司法解释规定:对偷开汽车的,以非法占有为目的,变卖或者留用的,应定为盗窃罪;为进行其他犯罪活动,偷开汽车当犯罪工具使用的,可以按其实施的犯罪从重处罚;在偷开汽车中因过失撞死、撞伤他人或者撞坏了车辆,又构成其他罪的,应按交通肇事罪与他罪并罚;为游乐,多次偷开汽车,并将汽车遗弃、严重扰乱工作、生产秩

序，造成严重损失的，可以按扰乱社会秩序罪论处；为游乐，偶尔偷开汽车，情节轻微，可以不认为是犯罪，应当责令赔偿损失。而1998年最高人民法院《关于审理盗窃案件具体应用法律若干问题的解释》规定：为练习开车、游乐等目的，多次偷开机动车辆，并将机动车辆丢失的，以盗窃罪定罪处罚；在偷开机动车辆过程中发生交通肇事罪和又构成其他罪的，应当以交通肇事罪和其他罪实行数罪并罚；偷开机动车辆造成车辆损坏的，按照《刑法》第275条的规定定罪处罚；偶尔偷开机动车辆，情节轻微的，可以不认为是犯罪。我认为，司法解释前后存在重大变化，主要变化在于：过去的司法解释将非法占有限制较严，为游乐偷开汽车的，不以盗窃罪论处。而现行司法解释对非法占有限制较宽，为练习开车、游乐等目的，偷开汽车的，也可以构成盗窃罪，但强调多次偷开和将机动车辆丢失。偶尔偷开机动车辆，情节轻微的，可以不认为是犯罪。这里的情节轻微，我认为是指将车辆归还、没有丢失。我认为，现行司法解释对于偷开汽车行为的定性处理意见是较为合理的。对于盗窃罪主观上的非法占有目的，不能限制过于狭窄。

论及盗窃罪的主观占有目的，还存在一个问题，即这种目的是只能产生在行为前还是也可以产生在行为后，这就是是否存在盗窃的事后故意问题。在司法实践中，经常存在这种情形，即行为人因过失将他人财物误以为是自己的财物取走或者由于其他原因获取一定的财物，事后产生了占有的故意而不返还，意图占有该财物。对于这种行为如何定性，关系到在刑法理论上是否存在事后故意。对此，我国刑法学界存在两种观点：第一种观点认为，上述行为应认定构成盗窃罪。这是因为：（1）行为人在明确知道财物为他人所有或占有时，开始产生了非法占有的故意，这符合盗窃罪故意内容的第一个含义，即明知道他人财物而占有的。（2）行为人明知其占有的行为会造成公私财物损失的结果，而置这种结果的出现于不顾，即其主观上具有使公私财物遭受损失的犯罪故意，这符合盗窃罪故意内容的第二个含义，即希望非法占有他人财物的结果发生。（3）行为人取得财物的方式虽然不是"秘密窃取"，但毕竟是在财物所有人或占有人没有察觉的情况下取得的，而且其取得财物后的占有行为是在其主观心理活动（非法占有他人

财物的犯罪故意）的支配下进行的。因此，从主客观的统一上应当认为符合盗窃罪的构成要件。[①] 第二种观点则认为，盗窃罪的故意内容，不仅表现在行为人具有非法占有他人财物的犯罪目的上，而且还体现在行为人有意识地选择了"秘密窃取"的手段以实现这种犯罪目的。这种观点进而指出，作为刑事责任主观基础的故意，只能是事前故意和事中故意，而不可能是事后故意。人们的行为受思想支配并不是任意的，一定的认识和意志只能支配在其以后发生的行为，而不可能影响在其产生前已经存在的行为，因而在考察犯罪人的罪过形式时，必须坚持"人的思想没有溯及既往的效力"，即后发生的思想不能支配以往的行为的观点，决不能以一定行为事实出现之后才形成的某种思想或意念，去说明产生在它以前并支配着该种行为的主观心理状态。事后故意是对前一行为的追认，并非前一行为的故意。从客观上看是对因果关系的颠倒，结果发生在原因之前，不符合犯罪构成的理论和因果关系的规律，为我国刑法所不许可，故不能以事后故意追认事前行为而成立犯罪，而只能根据事后故意的内容另行论处。[②] 在上述两种观点中，我赞成第二种观点，理由在于：（1）第一种观点认为在不具备秘密窃取行为的情况下亦可成立盗窃罪，其观点不能成立是显而易见的。秘密窃取是盗窃罪与其他侵犯财产罪的根本区别之所在。某一侵犯财产案件，没有秘密窃取行为，可以成立其他犯罪，但绝对不能构成盗窃罪。（2）第一种观点对盗窃故意的阐述不充分。在盗窃故意中，应当包含对秘密窃取这一行为方式的认识。否则，即不能成立盗窃故意。（3）在大多数侵犯财产罪中，都存在非法占有的目的，在获取（不论以何种方式）财物以后，也可能产生非法占有的目的。但这种非法占有的目的绝非盗窃故意的内容。（4）事后故意是不存在的，关于这一点，我在《刑法哲学》一书中已经作过阐述[③]，在此不赘。（5）事后占有他人财物的行为，在一般情况下，即如果先前占有的行为不构成其他犯罪，而是一种非恶意地占有，则

---

① 参见赵永林：《我国刑法盗窃罪的理论与实践》，24页，北京，群众出版社，1989。
② 参见董鑫主编：《盗窃罪个案研究》，80~81页，成都，四川大学出版社，1994。
③ 参见陈兴良：《刑法哲学》（修订版），178页，北京，中国政法大学出版社，1997。

可以视情况构成侵占罪。在刑法修订以前，由于我国刑法中没有设立侵占罪，因而事后占有行为以盗窃罪论处的情形时有发生，这在理论上是难以成立的。在修订后的刑法中，明文规定了侵占罪，对于这种行为应以侵占罪论处，将其与盗窃罪严格加以区分。

六、盗窃数额

我国刑法明确规定，盗窃数额较大的才构成犯罪。不仅如此，我国刑法还以一定的数额作为区分不同量刑档次的标准。由此可见，数额在盗窃罪的定罪量刑中具有重要意义。

盗窃数额是指犯罪人通过盗窃行为实际占有的货币及财物折算而成的货币数量。在一般情况下，数额都是以人民币为单位计量的，因而在盗窃的是财物的情况下，往往应当通过法定估价机构，把财物折算成为人民币的数量。在刑法中，数额与数量是两个不同的概念，对此，我国学者作了明确区分，认为数额是据表现为货币或财物的犯罪对象的经济价值的货币金额。刑法上的数额或者直接表现为货币金额，或者可以换算为货币金额。在涉及货币、财产的犯罪中，刑法使用的概念是数额。它强调的是犯罪对象的经济价值之大小。例如盗窃罪、诈骗罪所规定的数额较大，是指行为人非法占有的财产的价值，而不是指财产的数目；数量是指表现为一定物品的犯罪对象的多少大小的单位数目。[①] 在盗窃罪中，主要是以数额作为定罪量刑标准的，但在某些特殊对象的盗窃犯罪中，也存在以数量为根据的情形。但一定的数量要转换为一定的数额。例如，1998 年最高人民法院《关于审理盗窃案件具体应用法律若干问题的解释》规定：根据《刑法》第210 条第 1 款的规定，盗窃增值税专用发票或者可以用于骗取出口退税、抵扣税款的其他发票的，以盗窃罪定罪处罚。盗窃上述发票数量在 25 份以上的，为

---

① 参见刘华：《论我国刑法上的数额及数量》，载陈兴良主编：《刑事法评论》，第 2 卷，574 页，北京，中国政法大学出版社，1998。

"数额较大";数量在 250 份以上的为"数额巨大";数量在 2 500 份以上的,为"数额特别巨大"。这里的 25 份、250 份与 2 500 份,都是指数量。但由于刑法关于盗窃罪的规定,只涉及数额未涉及数量,因而需把一定的数量转换为一定的数额。

在我国刑法中,盗窃数额一般是指行为人非法占有数额,但在某些案件中,还存在损失数额。非法占有的数额,又称为所得数额,是指行为人通过实施盗窃犯罪行为而实际获得的财产价值的货币金额。损失数额,是指行为人在实施盗窃犯罪时给社会造成的经济损失数额。我国刑法中盗窃罪的数额,一般是指非法占有的数额,但在某些案件中,主要是指破坏性盗窃案件中,不仅存在非法占有数额,还存在损失数额。根据司法解释规定:(1)盗窃行为给失主造成的损失大于盗窃数额的,损失数额可作为量刑的情节。(2)盗窃数额接近"数额较大"的起点,以破坏性手段盗窃造成公私财产损失的,可以追究刑事责任。(3)盗窃公私财物未构成盗窃罪,但因采用破坏性手段造成公私财物损毁数额较大的,以故意毁坏财物罪定罪处罚。

在我国刑法中,盗窃数额还有票面数额与实际占有数额之分。这主要是指在盗窃财产凭证的案件中,有时存在实际占有数额小于票面数额的情形,有时甚至只有票面数额,行为人并未实际占有,而是销毁。在这种情况下,如果是无记名的财产凭证,一经销毁,犯罪人未实际占有,被害人则受到实际损失。如果是记名的财产凭证,销毁以后,被害人没有实际损失。对此,应当如何计算盗窃数额呢?司法解释规定:(1)如果票面价值未定,但已经兑现的,按实际兑现的财物价值计算;尚未兑现的,可以作为定罪量刑的情节。(2)不能即时兑现的记名有价支付凭证、有价证券、有价票证或者能即时兑现的有价支付凭证、有价证券、有价票证,已被销毁、丢弃,而失主可以通过挂失、补领、补办手续等方式避免实际损失的,票面数额不作为定罪量刑的标准,但可作为定罪量刑的情节。(3)盗窃信用卡并使用的,其盗窃数额应当根据行为人盗窃信用卡后使用的数额认定。对于上述规定,存在一个问题值得研究:尚未兑现或者被销毁的财产凭证,票面数额不作为盗窃罪定罪量刑的标准,而作为定罪量刑的情节予以考虑。这在存在实际

占有数额或者实际占有数额已经达到较大的情况下是可以的。但如果没有实际占有数额，它就不存在构成盗窃罪的问题，又如何作为情节考虑呢？由此可见，这一规定的可操作性值得考虑。不仅如此，这一规定的合理性也值得推敲。正如我国学者指出：盗窃国库券随即销毁的，不计入盗窃数额似乎说不通。因为盗窃罪的事实不在盗窃分子获利的多少，而在于被害人的财产所有权损失大小。[①] 在盗窃数额乃至于盗窃罪的认定上，是以被害人损失大小作为标准的，还是以犯罪人非法占有的财物多少作为根据的，始终是一个没有得到很好解决的问题。我认为，在一般情况下，两者是统一的，被害人之所失恰好是犯罪人之所得。但也存在不一致的情况，例如所失大于所得，通常是指在破坏性盗窃中，所失除被非法占有的财物数额以外，还包括遭受破坏财物的损失，对此，遭受破坏财物的损失不能计算在盗窃数额内，只能作为量刑情节考虑。又如，所失小于所得，就像上面论及的某些不记名财产凭证被窃以后销毁，而又不能挽回这种损失。在这种情况下，出现了已失而未得（指实物未得而并非凭证未得）的矛盾。对这种所失，是计算在盗窃数额内还是不计算在盗窃数额内呢？我认为，从情理上考虑，似应计算在盗窃数额内，但在量刑上可以考虑从轻。

对于盗窃数额的认定来说，数额的计算是一个重要的问题。因为盗窃数额一般是用人民币来表示的，因而除直接盗窃货币以外，其他财物都需要通过估价转换为一定的货币单位。由于在盗窃犯罪中，赃物的种类是多种多样的，既有生产资料，也有生活资料；既有正品，也有残品、次品；既有外销品，也有内销品；既有金银珠宝、文物古董，也有各种票证。所以，不可能提出一个适用于一切赃物的计算方法，而是要具体情况具体对待，分别根据赃物的性质，作出合理计算。下面，根据我国司法解释的规定，对盗窃数额的计算问题论述如下：

（一）一般物品的数额计算

根据司法解释的规定，一般被盗物品的价格，应当以被盗物品价格的有效证

[①] 参见高铭暄、王作富主编：《新中国刑法的理论与实践》，591 页，石家庄，河北人民出版社，1998。

明确定。对于不能确定的,应当区别情况,根据作案当时、当地的同类物品的价格,并按照下列核价方法以人民币分别计算。

1. 流通领域的商品,按市场零售价的中等价格计算;属于国家定价的,按国家定价计算;属于国家指导价的,按指导价的最高限价计算。由于流通领域的商品的价格,除少数是国家定价、指导价的以外,其他商品价格均放开,由市场调节。在这种情况下,同一种商品,在不同时期、不同地区,甚至不同商场,价格由于供需关系决定,可能上下浮动,各不相同,没有统一价格。对此,根据司法解释的规定,应按照作案当时、当地同类物品市场零售价的中等价格计算。这里的零售价是相对于进货价而言。销售厂家从生产厂家进货的价格,是进货价,这对于销售厂家来说是成本价。为了通过商品销售活动获取商业利润,销售厂家必然会在进货价的基础上加上一定比例的商业利润,由此产生零售价。对于处在流通中的商品,按照零售价确定是合适的。在此还需明确一个概念,这就是批发价。批发价在一定意义上也是相对于零售价而言的,零售价是个别、少量销售的价格,批发价则是成批、大量销售的价格。有些销售厂家专门从事批发销售业务,由于批发价小于零售价,因而其被盗物品是按照零售价计算呢,还是按批发价计算?我认为,就批发厂家来说,实际损失的是按照批发价销售的财物,因而应以批发价计算被盗物品数额。

2. 生产领域的产品、成品按本项之1规定的方法计算;半成品比照成品价格计算。生产领域的产品不同于销售领域的商品,由于它尚未进入流通。根据司法解释的规定,对于生产领域的产品,亦按照流通领域的商品计算数额。亦即按市场零售价的中等价格计算;属于国家定价的,按国家定价计算;属于国家指导价的,按指导价的最高限价计算。我认为,这一规定不尽妥当。盗窃数额应当是指被盗物品的实际价值,只有这种实际价值才能够真正表明犯罪分子的行为直接造成的损失。在生产领域中的产品,如果是成品,我认为不应当按照市场零售价计算,而是应当按照出厂价计算。因为出厂价中已经包含了生产厂家的成本和利润,也就是生产厂家的实际损失。如果按照市场零售价计算,则包含了销售厂家的利润,这显然是不合适的。至于半成品,应当根据实际情况,比照成品计算。

在现实生活中，成品除正品之外，还有次品、残品、废品等不同情形，对此亦应区别对待。

3. 单位和公民的生产资料、生活资料等物品，原则上按购进价计算，但作案当时市场价高于原购进价的，按当时市场价的中等价格计算。单位和公民作为生产资料、生活资料的使用者，在计算被盗数额的时候，对于生产资料、生活资料按照购进价计算是合适的，因为购进价是单位和公民的实际损失数额。但由于现在市场行情波动，生产资料、生活资料等物品在购进以后涨价，甚至涨价幅度较大，表明其物品升值了。在这种情况下，市场价高于购进价，根据司法解释的规定，按当时市场价的中等价格计算是合理的。

4. 农副产品，按农贸市场同类产品的中等价格计算。大牲畜，按交易市场同类同等大牲畜的中等价格计算。农副产品和大牲畜，其价格受市场影响更大，因而应当根据农贸市场和交易市场的中等价格计算其被盗数额。

5. 进出口货物、物品，按本项之1规定的方法计算。进出口货物、物品，属于外销品或者内销品，这些物品应当根据市场零售价的中等价格计算。我认为，如果被盗物品是从国外进口，且准备在国内销售的，按国内零售价的中等价格计算；如果被盗物品是出口在国外销售的，则按国外零售价的中等价格计算。如果国外零售价无法弄清，由有关部门估定。

6. 金、银、珠宝等制作的工艺品，按国有商店零售价格计算；国有商店没有出售的，按国家主管部门核定的价格计算。黄金、白银按国家定价计算。金、银、珠宝等物品，不同于一般物品。金、银等由于受国家管制而不得私下买卖。因此，金、银、珠宝等制作的工艺品的价格应当按照国有商店零售价格计算；国有商店没有出售的，按国家主管部门核定的价格计算。黄金、白银则应当按照国家定价计算。

7. 外币，按被盗当日国家外汇管理局公布的外汇卖出价计算。外币的数额只有换算成人民币的数额以后，才能成为盗窃罪定罪量刑的标准。而兑换的标准，按照被盗当日国家外汇管理局公布的外汇卖出价计算。

8. 不属于馆藏三级以上的一般文物，包括古玩、古书画等，按国有文物商

店的一般零售价计算,或者按国家文物主管部门核定的价格计算。文物具有重要的历史文化价值,受国家法律严格保护。贵重文物,尤其是珍贵文物,是禁止流通的,属于无价之宝。一般文物,则可以进入流通领域。一般文物的数额按照国有文物商店的一般零售价计算,或者按照国家文物主管部门核定的价格计算。

9. 以牟利为目的,盗接他人通信线路、复制他人电信码号的,盗窃数额按当地邮电部门规定的电话初装费、移动电话入网费计算;销赃数额高于电话初装费、移动电话入网费的,盗窃数额按销赃数额计算。移动电话的销赃数额,按减去裸机成本价格计算。由于电信窃取型盗窃犯罪是一种新型犯罪,具有不同于传统盗窃犯罪的特点,因而其犯罪数额的计算也不同于一般被盗物品。这里的以牟利为目的,盗接他人通信线路,是指非法与他人电话线路相连接,从而使某一电话具备通话条件。如果盗接以后销赃的,使邮电部门规定的电话初装费受到损失,因而以电话初装费作为其盗窃数额。这里的以牟利为目的,复制他人电信码号,是指盗用他人移动电话的码号,进行非法并机。如果并机以后销赃的,使电信部门的移动电话入网费受到损失,因而以移动电话入网费作为其盗窃数额。

10. 明知是盗接他人通信线路、复制他人电信码号的电信设备、设施而使用的,盗窃数额按合法用户为其支付的电话费计算。盗窃数额无法直接确认的,应当以合法用户的电信设备、设施被盗接、复制后的月缴费额减去被复制前6个月的平均电话费推算;合法用户使用电信设备、设施不足6个月的,按实际使用的月平均电话费推算。这种情况是盗打电话(包括移动电话),其数额应当是合法用户为其支付的电话费。但由于合法用户本人的电话费与非法使用的电话费难以区分,在这种情况下只能进行推算,即以被复制前6个月的平均电话费作为合法用户的电话费,被盗接、复制后的月缴费额减去该电话费,即被盗打的电话费。在司法实践中,一部移动电话被多部电话复制,只抓获其中一人,在这种情况下,盗打的数额不能完全计算到这一个人身上,而应进行合理分摊。

11. 盗接他人通信线路后自己使用的,盗窃数额按本项之10的规定计算;复制他人电信码号后自己使用的,盗窃数额按本项之9、10规定的盗窃数额累计计算。这是指本人盗接、复制而又本人使用的情形。对于普通电话,只计算盗打

费用，不计算电话初装费，对于移动电信则除计算盗打费用以外，还应计算入网费。

(二) 财产凭证的数额计算

1. 不记名、不挂失的有价支付凭证、有价证券，不论能否即时兑现，均按票面数额和案发时应得的利息、奖金或者奖品等可得收益一并计算。股票按被盗当日证券交易所公布的该种股票成交的平均价格计算。由于不记名、不挂失的财产凭证直接代表某种物质利益，因而应以票面数额或可得收益作为其盗窃数额。关于财产凭证的数额计算问题，最高人民法院、最高人民检察院曾在1984年11月2日发布的《关于当前办理盗窃案件中具体应用法律的若干问题的解答》中作了规定，其原则是：能够随即兑现的，一般应按票面数额计算；不能随即兑现的，不应按票面数额计算，可以作为情节予以考虑。但在1986年12月1日最高人民检察院《关于盗窃中国工商银行发行的金融债券是否应按票面数额计算的批复》中指出：中国工商银行发行的金融债券是一种有价证券，此种金融债券还本付息的期限为一年。虽然一年期满以前不能提前兑现，但此种债券不记名、不挂失。盗窃金融债券分子未被捉获前，就无法阻止其获得债券的本金和利息。因此，该批复认为，盗窃工商银行发行的金融债券，应按票面数额计算盗窃数额。未兑现的，可作为量刑时予以考虑的情节。这一批复突破了以前计算盗窃财产凭证数额以是否能够随即兑现为标准确定是否以票面数额计算，而提出了以是否"不记名、不挂失"为标准确定是否以票面数额来计算盗窃数额。现在，新的司法解释吸收了这一精神，我认为是合理的。因为在财产凭证不记名、不挂失的情况下，其原持有人的财产权益已经受到侵害，如果犯罪分子未被抓获，他完全有可能获得债券的本金和利息。即使犯罪分子没有将财产凭证兑现，其本身也是有价值的，而且由于其不记名、不挂失，所以这种有价值的东西已经完全为犯罪分子非法占有，就如同非法占有他人的货币、物品一样。

2. 记名的有价支付凭证、有价证券、有价票证，如果票面价值已定并能即时兑现的，如活期存折、已到期的定期存折和已填上金额的支票，以及不需证明手续即可提取货物的提货单等，按票面数额和案发时应得的利息或者可提货物的

价值计算。如果票面价值未定，但已经兑现的，按实际兑现的财物价值计算；尚未兑现的，可作为定罪量刑的情节。不能即时兑现的记名有价支付凭证、有价证券、有价票证或者能即时兑现的有价支付凭证、有价证券、有价票证已被销毁、丢弃，而失主可以通过挂失、补领、补办手续等方式避免实际损失的，票面数额不作为定罪量刑的标准，但可作为定罪量刑的情节。由于记名的财产凭证具有不同于不记名的财产凭证的特点，因而其数额计算问题不同于后者。根据司法解释的规定，记名的财产凭证分为两种情况处理：一种是可即时兑现或已经兑现的，按照票面数额和案发时应得的利息或者可提货物的价值计算，或者按照实际兑现的财物价值计算。对于不能即时兑现的记名财产凭证或者能即时兑现但已被销毁、丢弃，而失主可以挽回损失的，票面数额不作为定罪量刑的标准。

（三）收藏品、纪念品的数额计算

收藏品、纪念品，例如邮票、纪念币等，由于具有收藏价值和纪念价值，其数额不能按照邮票、纪念币的票面数额计算。根据司法解释的规定，邮票、纪念币等收藏品、纪念品，按国家有关部门核定价格计算。

（四）大宗物品的数额计算

大宗物品由于数量大，可能是不同时期以不同价格进货的，因而大宗物品的数额计算具有不同于个别物品的特点。根据司法解释的规定，同种类的大宗被盗物品，失主以多种价格购进，能够分清的，分别计算；难以分清的，应当按此类物品的中等价格计算。

（五）无实物与实物毁坏的数额计算

在某些情况下，被盗物品已被销赃、挥霍、丢弃、毁坏，因而实物已经不复存在。对此，如何计算被盗物品的数额呢？此外，在某些情况下，虽然仍有实物但几经转手，实数的最初形态已被破坏。根据司法解释的规定，在上述两种情况下，应当根据失主、证人的陈述、证言和提供的有效凭证以及被告人的供述，按本条第1项规定的核价方法计算。

（六）购进价低于零售价物品的数额计算

在某些情况下，失主以明显低于被盗当时、当地市场零售价购进的，对于这

种购进价低于零售价的物品如何计算数额呢？根据司法解释的规定，应当按本条第 1 项规定的核价方法计算。我认为，按照这一规定，对于购进价低于零售价的物品，其数额不能根据购进价计算，而应当按照零售价的中间价格计算。

（七）销赃数额高于物品价值的物品的数额计算

在绝大多数情况下，销赃数额都低于、甚至大大低于被盗物品的实际价值。但也不排除在个别情况下，销赃数额高于被盗物品的实际价值。在这种情况下，根据司法解释的规定，应当以销赃数额计算盗窃数额。

（八）违禁品的数额计算

违禁品按照法律规定是不能流通的，但有些违禁品非法流通也有一定的价格，但不能按照这种价格计算其数额。根据司法解释的规定，盗窃违禁品，按盗窃罪处理的，不计数额，根据情节轻重量刑。这里的情节轻重，包含违禁品的数量因素。

（九）价格不明物品的数额计算

有些被盗物品价格不明或者价格难以确定的，根据司法解释的规定，在这种情况下，应当按国家计划委员会、最高人民法院、最高人民检察院、公安部《扣押、追缴、没收物品估价管理办法》的规定，委托指定的估价机构估价。

（十）陈旧、残损或者使用过物品的数额计算

如果被盗物品已陈旧、残损或者使用过的，根据司法解释的规定，应当结合作案当时、当地同类物品的价格和被盗时的残旧程度，按本条第 9 项的规定办理，即委托指定的估价机构估价。

（十一）残次品、废品的数额计算

被盗物品有正品与残次品之分，有时甚至还可能是废品或者伪劣产品。对此，根据司法解释的规定，残次品，按主管部门核定的价格计算；废品，按物资回收利用部门的收购价格计算；假、劣物品，有价值的，按本条第 9 项的规定办理，以实际价值计算。

（十二）盗窃数额的累计计算

盗窃是一种连续性的犯罪，虽然每次盗窃数额可能未达到较大的程度，但在

累计以后,盗窃数额达到较大程度的,仍然应当依法追究刑事责任。司法解释规定,多次盗窃构成犯罪,依法应当追诉的,或者最后一次盗窃构成犯罪,前次盗窃行为在一年以内的,应当累计其盗窃数额。在此,之所以限于一年以内,是因为如果两次盗窃之间间隔的时间过长,两者之间缺乏连续性,因而对于发生在一年以前的盗窃行为以不累计为宜。

(十三)损失数额问题

盗窃罪的数额,一般是指非法所得的财物数额。但在某些破坏性盗窃的案件中,除所得数额以外,还存在损失数额。在一般情况下,损失数额不能计算在盗窃数额之内。但根据司法解释的规定,盗窃行为给失主造成的损失大于盗窃数额的,损失数额可作为量刑的情节。

数额对于盗窃罪的定罪量刑具有十分重要的意义。我国《刑法》第264条分别规定了盗窃罪的数额犯、数额加重犯和特别数额加重犯。司法解释对各种数额标准作了具体规定,其中个人盗窃公私财物价值人民币500元至2 000元以上的,为"数额较大",由此构成盗窃罪的数额犯。个人盗窃公私财物价值人民币5 000元至2万元以上的,为"数额巨大",由此构成盗窃罪的数额加重犯。个人盗窃公私财物价值人民币3万元至10万元以上的,为"数额特别巨大",由此构成盗窃罪的数额特别加重犯。值得注意的是,1979年《刑法》第152条及1982年全国人大常委会《关于严惩严重破坏经济的罪犯的决定》中都没有关于数额特别巨大的规定,而只有情节特别严重的规定。因此,1984年11月2日司法解释规定:"情节特别严重",是指既盗窃财物数额特别巨大,同时,又有其他特别严重的情节。后者,例如,重大盗窃集团的首要分子;盗窃银行金库、国家珍贵文物、救灾救济款物的;盗窃急需的生产资料,严重妨害生产建设或者造成其他严重损失的,盗窃生活、医疗急需款物,造成严重后果的;盗窃外国人、华侨、港澳同胞财物,引起外事交涉或者造成恶劣政治影响的,等等。对于这一规定,当时我国刑法界存在不同的理解:有一种观点认为,"情节特别严重"是一个综合性用语,它包括两个方面的内容:一是"盗窃财物数额特别巨大",二是"又有其他特别严重的情节",这两个方面的内容必须同时存在,作为"情节特别严重"

的必备条件,缺少其中之一,则不构成"情节特别严重"。另一种观点则认为,虽然司法解释中已经明确规定了"情节特别严重"确是包括两个方面的内容,但不应当要求两个方面的内容同时具备,才认为"情节特别严重"①。我认为,从司法解释的用语上来说,"指既……同时,又有……"数额特别巨大与其他特别严重情节似应是两者同时具备,缺一不可的关系;而不是并列,二者居其一的关系。但从司法解释的内容上分析,尤其是曾经存在的个人盗窃公私财物 3 万元即可判处无期徒刑或者死刑的规定来看,主张只要数额特别巨大即可视为情节特别严重的观点又似乎有理。总之,在这个问题上,由于司法解释表述上存在毛病,造成理论上的歧见。现在,《刑法》第 264 条明确将数额特别巨大与其他特别严重情节并列,就较好地解决了这个问题。

应当指出,我国刑法关于盗窃罪的定罪量刑,十分重视数额大小,但又不是唯数额论。尤其是在刑法修订以后,数额与情节得到了有机的结合。因此,在司法实践中,应当坚持"以数额为根据,不唯数额论,坚持全面分析"的原则。在对盗窃罪定罪量刑的时候,除着重考虑数额以外,还应当对盗窃的原因、地点、目标、手段、次数、后果及认罪态度等因素加以综合考虑。唯有如此,才能科学地解决盗窃罪的刑事责任问题。

七、盗窃情节

在盗窃罪的定罪量刑中,破除唯数额论,由此引入盗窃情节的概念。在刑法修订之前,由于 1979 年《刑法》第 151 条单纯地以"数额较大"作为定罪标准,因而在刑法理论上,对于盗窃数额存在构成要件说与处罚条件说之争。② 构成要件说认为,法律只规定了数额对定罪的意义。所以,数额是认定盗窃罪的唯一条

---

① 赵永林:《我国刑法中盗窃罪的理论与实践》,61 页,北京,群众出版社,1989。
② 参见高铭暄、王作富主编:《新中国刑法的理论与实践》,593 页,石家庄,河北人民出版社,1988。

件，其他情节只对量刑有影响。处罚条件说认为，情节是说明社会危害程度的重要部分，虽然法律有明文规定，但认定盗窃罪无法脱离其他情节，我认为，从法律条文的规定来看，构成要件说是符合立法原意的。但问题在于：法律的这种规定本身是否正确？在盗窃犯罪，乃至于在整个经济犯罪中，数额并不是决定社会危害性大小的唯一因素，其他情节也对定罪量刑具有不可忽视的重要意义。关于这一点，宋人曾布指出："盗，情有轻重，赃有多少，今以赃论罪，则劫贫家，情虽重，而以赃少，减免。劫富室，情虽轻，而以赃重，论死。是盗之生死，系于主之贫富也。"① 曾布的这段话值得我们深思，对于我们正确认识盗窃数额的意义也不无启发。我国关于盗窃罪的司法解释明显采用了处罚条件说，例如1984年两高司法解释明确规定，盗窃公私财物数额较大，是构成盗窃罪的重要条件，盗窃活动的具体情节，也是定罪的根据之一，对于有些小偷小摸行为，或者本人因受灾生活困难，偶尔偷窃财物的，或者被胁迫参加盗窃活动，没有分赃或获赃甚微的，可以不作为盗窃罪处理，必要时，由主管机关予以适当处罚。在此，只涉及虽然盗窃数额较大，但具有其他较轻情节，不应定罪的问题。及至1992年两高司法解释，则对虽未达数额较大的起点标准但具有其他严重情节的，也可追究刑事责任，和虽已达数额较大的起点标准，但具有其他较轻情节的，也可不作为犯罪处理的问题作了明文列举式规定，其内容如下：

个人盗窃公私财物虽未达到"数额较大"的起点标准，但具有下列情节之一的，也可追究刑事责任：（1）多次扒窃作案的；（2）以破坏性手段盗窃并造成公私财产损失严重的；（3）入户盗窃多次的；（4）教唆未成年人盗窃的；（5）劳改、劳教人员在劳改、劳教期间盗窃的；（6）在缓刑、假释考验期限内或者管制、监外执行期间盗窃的；（7）曾因盗窃被治安处罚3次以上，或者被劳动教养2次以上，解除教养后2年内又进行盗窃的；（8）曾因盗窃被免诉、免刑后2年内，或者因盗窃受过刑罚处罚后3年内又进行盗窃的；（9）盗窃盲聋、哑等残疾人、孤老或者丧失劳动能力的人的财物的；（10）因盗窃造成严重后果或者具有

---

① 《宋史刑法志注释》，138~139页，北京，群众出版社，1962。

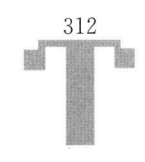

其他恶劣情节的。

个人盗窃公私财物虽已达到"数额较大"的起点标准,但具有下列情节之一的,可不作为犯罪处理:(1)初犯、偶犯、已满16岁不满18岁的未成年人作案情节轻微的;(2)情节轻微并主动坦白或者积极退赔的;(3)自首或者有立功表现的;(4)被胁迫参加盗窃活动,没有分赃或者获赃甚微的;(5)盗窃未遂,情节轻微;(6)其他情节显著轻微,危害不大的。

应该说,上述司法解释的规定是较为合理的,但严格地说,在法律根据上是不充分的。因此,在刑法修改中,我国学者都建议应在数额较大后面增写"情节严重"一词,将两者并列。这样的条文表述,既强调了数额对于定罪量刑的重要意义,同时又兼顾了其他犯罪情节,因而比较科学。[①] 但在修订后的刑法中,只是部分采纳了这一建议。在盗窃罪的规定中,数额较大一格,只有"多次盗窃"与之并列,未规定情节,但"数额巨大"与"其他严重情节"并列,"数额特别巨大"与"其他特别严重情节"并列。相对于1979年《刑法》第151、152条而言,修订后的《刑法》第264条较好地解决了数额与情节的关系问题。现行司法解释,根据《刑法》第264条的规定,并吸收以往的司法解释,对盗窃情节作了较为具体的规定。

(一)多次盗窃的认定

根据我国《刑法》第264条规定:多次盗窃公私财物,即使未达到数额较大的起点,也构成盗窃罪。那么,如何理解这里的多次盗窃呢?司法解释第4条规定:对于一年内入户盗窃或者在公共场所扒窃三次以上的,应当认定为"多次盗窃",以盗窃罪定罪处罚。由此可见,司法解释对多次盗窃作出了限制性解释,并非一般盗窃行为在三次以上都可以构成多次盗窃,而是入室盗窃或者在公共场所扒窃三次以上,而且有时间限制,即必须是一年以内。之所以司法解释将多次盗窃限于入户盗窃和扒窃这两种犯罪行为,主要是这两种盗窃具有较为严重的危害性。因此,在一年内三次入户盗窃,或者在公共场所扒窃三次的,即使未达到

[①] 参见陈兴良主编:《经济刑法学(总论)》,299页,北京,中国社会科学出版社,1990。

数额较大的起点,也应以盗窃罪论处。

(二)盗窃公私财物接近"数额较大"的起点,具有下列情形之一的,可以追究刑事责任

1. 以破坏性手段盗窃造成公私财产损失的。关于破坏性盗窃,在上文已作论述。但在司法实践中,对于以破坏性手段盗窃在破坏程度上如何掌握,尚存在一些值得研究的问题。例如,破坏达到何种程度属于破坏性手段的盗窃?某行为人打碎玻璃入户盗窃,打碎玻璃是否属于破坏性盗窃?再如,行为人打碎汽车玻璃盗窃车内财物,是否属于破坏性盗窃?这里主要涉及破坏性损失的数额认定问题。这个问题不解决,司法解释的可操作性仍然缺乏。根据司法解释规定,以破坏性手段盗窃造成公私财产损失,虽然盗窃数额未达较大的起点,仍可追究刑事责任。

2. 盗窃残疾人、孤寡老人或者丧失劳动能力人的财物的。残疾人、孤寡老人或者丧失劳动能力人,属于社会的弱者,盗窃其财物的,行为的社会危害性大于盗窃其他人的财物。因此,根据司法解释规定,盗窃残疾人、孤寡老人或者丧失劳动能力人的财物,虽然盗窃数额未达较大的起点,仍可追究刑事责任。

3. 造成严重后果或者具有其他恶劣情节的。这里的造成严重后果,是指由于财物被盗影响治病,甚至引起他人自杀等后果。这里的具有其他恶劣情节,是指在盗窃手段上、盗窃动机上具有恶劣情节的情形。在上述两种情况下,根据司法解释规定,虽然盗窃数额未达较大的起点,仍可追究刑事责任。

(三)盗窃公私财物虽已达到"数额较大"的起点,但情节轻微,并具有下列情形之一的,可不作为犯罪处理

1. 已满16周岁不满18周岁的未成年人作案的。我国刑法对未成年人采取"教育、感化、挽救"的方针,因此,未成年人犯罪的,受到宽大处理。根据司法解释规定,已满16周岁不满18周岁的未成年人盗窃的,虽然已达到"数额较大"的起点,但情节轻微,也可以不作为犯罪处理。这里的情节轻微,主要是指初犯、偶犯,在他人唆使或者胁迫下作案,或者其进行娱乐性的盗窃,例如盗窃自行车玩耍等。

2. 全部退赃、退赔的。退赃是指在盗窃案发以后，主动将赃物退还给失主或者司法机关。退赔是指在盗窃案发以后，被盗赃物已经无从寻找，将其折价退给失主或者司法机关。退赃、退赔表明挽回了被害人的损失，也是行为人真诚悔过的表现，因此，根据司法解释规定，行为人在案发以后全部退赃、退赔的，虽然已达到"数额较大"的起点，也可以不作为犯罪处理。

3. 主动投案的。主动投案是指行为人在盗窃以后具有投案自首的情节。自首一般是指犯罪后的投案自首，因而可以依法从轻或者减轻处罚。但如果投案所因之违法行为较轻，则可能影响到罪与非罪的界限。根据司法解释规定，主动投案的，虽然已达到"数额较大"的起点，也可以不作为犯罪处理。

4. 被胁迫参加盗窃活动，没有分赃或者获赃较少的。被胁迫参加犯罪的，在刑法中属于共同犯罪中的胁从犯，是较轻的一种共同犯罪人。但如果被胁迫参加盗窃活动，虽然数额已达到较大的起点，但没有分赃或者获赃较少者，根据司法解释的规定，可以不作为犯罪处理。

5. 其他情节轻微、危害不大的。

（四）盗窃数额达到"数额较大"或者"数额巨大"的起点，并具有下列情形之一的，可以分别认定为"其他严重情节"或者"其他特别严重情节"

1. 犯罪集团的首要分子或者共同犯罪中情节严重的主犯。共同犯罪是一种性质严重的犯罪，尤其是犯罪集团的首要分子或者共同犯罪中情节严重的主犯，依照我国刑法规定，均属于从严惩处的对象，是刑法打击的重点。根据司法解释的规定，盗窃数额达到"数额较大"的共同盗窃犯罪案件中的犯罪集团的首要分子或者情节严重的主犯，应视为有其他严重情节，处 3 年以上 10 年以下有期徒刑，并处罚金。这里的数额较大，应是指共同盗窃或者集团盗窃的数额较大。盗窃数额达到"数额巨大"的共同盗窃案件中的犯罪集团的首要分子或者情节严重的主犯，应视为有其他特别严重情节，处 10 年以上有期徒刑或者无期徒刑，并处罚金或者没收财产。这里的数额巨大，应是指共同盗窃或者集团盗窃的数额巨大。

2. 盗窃金融机构的。盗窃金融机构是一种极为严重的犯罪，根据《刑法》

第 264 条之规定，盗窃金融机构，数额特别巨大的，处无期徒刑或者死刑，并处没收财产。如果盗窃金融机构，数额较大的，根据司法解释的规定，视为有其他严重情节，处 3 年以上 10 年以下有期徒刑，并处罚金。如果盗窃金融机构，数额巨大的，根据司法解释的规定，视为有其他特别严重情节，处 10 年以上有期徒刑或者无期徒刑，并处罚金或者没收财产。

3. 流窜作案危害严重的。流窜作案是指跨地区异地作案，这是一种具有较强的流动性、机动性，因而较难破获的犯罪形式。流窜作案危害严重，是指次数多、流窜地区多等。根据司法解释的规定，流窜作案危害严重，数额大的，视为有其他严重情节，处 3 年以上 10 年以下有期徒刑，并处罚金。流窜作案危害严重，数额巨大的，视为有其他特别严重情节，处 10 年以上有期徒刑或者无期徒刑，并处罚金或者没收财产。

4. 累犯。根据我国《刑法》第 65 条的规定，被判处有期徒刑以上刑罚的犯罪分子，刑罚执行完毕或者赦免以后，在 5 年以内再犯应当判处有期徒刑以上刑罚之罪的，是累犯。由此可见，在我国刑法中，累犯的标准是明确的。根据司法解释的规定，盗窃数额达到"数额较大"的起点，而又是累犯的，视为有其他严重情节，处 3 年以上 10 年以下有期徒刑，并处罚金。盗窃数额达到"数额巨大"的起点，而又是累犯的，视为有其他特别严重情节，处 10 年以上有期徒刑或者无期徒刑，并处罚金或者没收财产。那么，对于累犯按照上述司法解释规定处理与刑法规定于累犯从重处罚的规定是否矛盾，以及是否违反刑法中禁止重复评价的原则呢？这是一个值得研究的问题。《刑法》第 65 条规定，对于累犯应当从重处罚。而从重处罚，根据《刑法》第 62 条规定，应当在法定刑的限度以内判处刑罚。这里的法定刑的限度在具有数个幅度的情况下是指某一法定刑幅度。如果累犯而盗窃数额较大，本来应当在 3 年以下从重判处刑罚。但由于不仅数额巨大适用 3 年以上 10 年以下的量刑幅度，而且有其他严重情节也可适用这一幅度。这种情况下，根据司法解释的规定，适用 3 年以上 10 年以下有期徒刑的量刑幅度，并不意味着是对累犯加重处罚。但如果在适用 3 年以上 10 年以下有期徒刑的量刑幅度以后，又对累犯从重处罚，则有违反刑法中禁止重复评价原则之嫌。

5. 导致被害人死亡、精神失常或者其他严重后果的。盗窃的社会危害性程度不仅表现在盗窃数额上，而且反映在盗窃所造成的其他后果上。根据司法解释的规定，盗窃数额较大，导致被害人死亡、精神失常或者其他严重后果的，视为有其他严重情节，处3年以上10年以下有期徒刑，并处罚金。盗窃数额巨大，导致被害人死亡、精神失常或者其他严重后果的，视为有其他特别严重情节，处10年以上有期徒刑或者无期徒刑，并处罚金或者没收财产。

6. 盗窃救灾、抢险、防汛、优抚、扶贫、移民、救济、医疗款物，造成严重后果的。上述特定款物由于其用途的特殊性，因而盗窃这些款物的社会危害性大于盗窃其他款物。根据司法解释的规定，盗窃救灾、抢险、防汛、优抚、扶贫、移民、救济、医疗款物数额较大，造成严重后果的，视为有其他严重情节，处3年以上10年以下有期徒刑并处罚金。盗窃救灾、抢险、防汛、优抚、扶贫、移民、救济、医疗款物数额巨大，造成严重后果的，视为有其他特别严重情节，处10年以上有期徒刑或者无期徒刑，并处罚金或者没收财产。

7. 盗窃生产资料，严重影响生产的。生产资料不同于生活资料，是用于生产的原材料，与生产活动的正常进行密切相关。盗窃生产资料，有可能严重影响生产，例如延误生产造成重大经济损失，严重影响产品质量等。根据司法解释的规定，盗窃生产资料数额较大，严重影响生产的，视为有其他严重情节，处3年以上10年以下有期徒刑，并处罚金。盗窃生产资料数额巨大，严重影响生产的，视为有其他特别严重情节，处10年以上有期徒刑或者无期徒刑，并处罚金或者没有财产。

8. 造成其他重大损失的。这是一个空白规定，以防止其他情节遗漏。

（五）近亲盗窃

近亲盗窃因行为人与失主之间的特殊关系而在处理上有别于普通盗窃。同居亲属的财物虽然并不等同于本人财物，但又不完全等同于一般外人的财物。因此，对于这种盗窃同居亲属财物的行为应当采取特殊的处理原则。

关于盗窃同居亲属财物行为的处理，我国刑法没有特殊规定，但有关司法解释对此作出了特殊规定。1984年12月2日，两高司法解释指出："要把盗窃自己

家里或近亲属的,同在社会上作案加以区别。"1992年12月11日,两高司法解释规定:"盗窃自己家里的财物,一般可不按犯罪处理;对确有追究刑事责任必要的,在处理时也应同在社会上作案有所区别。"现行司法解释进一步确认了这一原则,为处理盗窃同居亲属财物行为提供了法律根据。

在处理盗窃同居亲属财物的行为时,首先要正确认定同居亲属的范围。这里的同居亲属,根据有关司法解释,包括近亲属与共同生活的非近亲属。按照《刑事诉讼法》第82条第6项的规定,近亲属是指夫、妻、父、母、子、女、同胞兄弟姊妹。盗窃近亲属的财物,应包括盗窃已分居生活的近亲属的财物;盗窃自己家里的财物,既包括盗窃共同生活的近亲属的财物,也包括盗窃共同生活的其他非近亲属的财物,我认为,对于盗窃同居亲属财物的行为,可以分别以下两种情况处理:

1. 一般不按犯罪处理。对于盗窃同居亲属财物的行为,之所以一般不按犯罪处理,主要是基于以下两点理由:(1)按照我国目前的家庭状况,在一般的家庭中,家庭财产基本上是共同共有,很少按份共有。共有财产在分割前很难确定哪些是其他成员所有,哪些是行为人所有。因此,如果追究行为人的刑事责任,盗窃数额就很难确定。盗窃数额无法确定,自然也就不能依法追究刑事责任。(2)在我国目前的社会中,家庭是社会的细胞,家庭成员之间有着特殊的关系。一般的家庭成员都不希望自己的亲属受到刑事追究。在司法实践中经常出现这样的情况,家庭发现失窃后报案了,破案后却发现行为人是自己家庭的成员,于是家庭的其他成员主动要求不追究行为人的刑事责任,或者原想对行为人略施惩戒,但看到行为人真要受到刑罚处罚时,却又千方百计地要求司法机关免除其刑事责任。这种情况的出现,是因为家庭成员间利益相关,荣辱与共,一人成为罪犯,全家面上无光,何况只是自己家里的东西。因此,家庭成员间除非发展到确定不能容忍的程度时,一般不会要求法律制裁。由于以上两点理由,对盗窃同居亲属财物的行为,一般可不按犯罪处理。

2. 需要追究刑事责任的情况。盗窃同居亲属财物的行为,一般可不按犯罪处理,但这并不排除在少数或者个别情况下应追究刑事责任。我认为,在以下三

种情况下,对盗窃同居亲属财物的行为,应当追究刑事责任,但在处罚上可以从轻,以示与社会上作案的区别:(1)家庭成员勾结外人盗窃家庭财产的案件。这种盗窃犯罪属于共同犯罪,其社会危害性大于单纯的家庭成员间盗窃。对于这种案件应该按照一般的共同盗窃案件追究刑事责任。但在处理时,如无其他恶劣情节的,对家庭成员可以酌情考虑从轻处罚。(2)行为人既盗窃公私财物,又盗窃自己家庭内或近亲属财物的案件。这类盗窃案件亦应按一般盗窃犯罪案件追究刑事责任。但在计算盗窃数额时,对家庭内盗这一部分,如果被害人不愿追诉的,也可以不计入盗窃总数额,但处理时应将这一部分数额作为情节予以考虑。(3)盗窃数额巨大且其他家庭成员坚持要求追究刑事责任的,也应按犯罪处理。

八、盗窃罪与其他犯罪的区分

盗窃罪与其他犯罪往往存在密切关系,如何加以正确区分,是一个法律研究的问题。在此,我们从相似罪的区分上对盗窃罪加以正确界定。

(一)盗窃罪与侵占罪的区分

侵占罪,是修订后的刑法新设立的一个罪名。在刑法修订以前,由于我国刑法中未设立侵占罪,因而在某些情况下,对侵占行为按照盗窃罪类推处罚;在其他情况下,甚至直接比照盗窃罪处罚。因而,盗窃罪与侵占罪的界限较为含混,需要认真区分。

根据我国《刑法》第270条的规定:侵占罪是指以非法占有为目的,将为他人保管的财物或者他人的遗忘物、埋藏物占为己有,数额较大且拒不交还的行为。由此可见,侵占罪实际上可以分为三种情况:一是侵占保管物,二是侵占遗忘物,三是侵占埋藏物。在这三种行为中,较难区分的是盗窃罪与侵占(遗忘物)罪之间的关系。

我认为,盗窃罪与侵占(遗忘物)罪的根本区分在于:某一财物是否处于所有人控制之下,侵占的特点是某一财物不在他人控制之下而非法据为己有,而盗窃的特点是采取秘密窃取的手段将处于他人控制之下的财物据为己有。这里的控

制，是指事实上的持有，即对财物排他性的支配。控制方式根据财物的性质、形态、大小、处所等的不同而多样化，不可一概而论。我国学者提出失控有真失控与假失控之分：真失控是财物无法挽回，物主彻底丧失了所有权。假失控是在某种情况下，造成对财物控制力的减弱或暂时丧失，一旦这种暂时状态过去，物主马上能恢复对该物的控制。[1] 我认为，这种提法是有一定道理的。我国学者还指出，考察某一财物是否失控，应从以下几个方面考虑：（1）遗失物品的时间长短。物品遗失的时间越短，失控的可能性越小。一般地讲，物品遗失以后，在短暂时间内发觉并返回寻找的，不应视为失去控制。（2）遗失物品的地点是否特定。物品遗失的地点越特定，失控的可能性就越小。物主把某物置于某一特定地方，离开时因疏忽而遗失，物主会清楚地回忆起物品遗失的地点，一般不应视为失去控制。（3）遗失物品是否容易识别。遗失物品越易识别，失控的可能性就越小。而不易识别的物品，物主一旦把物品遗失，就不易辨认找回。而易识别之物，只要处于物主可视范围内，就能马上识别出来，因而容易恢复控制。所以，容易识别的特定物的遗失，一般不应视为失去控制。（4）失主的主观因素。失主对物品遗失的地方、时间、品种、数量等记忆越清楚，失控的可能性就越小。相反，记忆越模糊，失控的可能性就越大。记忆不起的，则彻底失去了控制。所以对能够明确记忆起物品遗失的地点、时间、数量等情况的，一般不能视为失去控制。[2] 以上观点对于我们确定某一物品是否丧失控制具有一定的参考价值。但这里也存在一个值得研究的问题，即这种对财物的控制本身到底是主观的还是客观的？以是否记忆得清楚作为是否失控的标准，似有将控制理解为主观能力之嫌。我认为，对财物的控制是一种客观的作用力或者支配力，不能理解为主观的能力。因此，某一财物是否失控主要还是应当从是否脱离了物主的支配范围来加以确定。对于这种控制的考察，应当注意物品在一定社会生活环境所处状态、性质以及一般人的认识，而不能持一种简单的、机械的观点。例如，控制绝不仅仅意

---

[1] 参见董鑫主编：《盗窃罪个案研究》，15页，成都，四川大学出版社，1994。
[2] 参见董鑫主编：《盗窃罪个案研究》，15~16页，成都，四川大学出版社，1994。

味着拿在手里或者通过某种手段将财物予以固定或者守住。在某些情况下,虽然没有机械的力量控制,但只要处于特定的环境,例如,正在吃饭的顾客把手提包放在餐桌上去上洗手间,如果有人乘此机会据为己有,应当视为秘密窃取。只不过这种盗窃是利用了他人对财物疏于保管的漏洞,是一种顺手牵羊的盗窃。总之,对于财物是否处于某种控制之下,应当加以科学的理解。

对于那些遗忘在特定场所的财物,能否视为失控,可能是一个更为复杂的问题。例如,被告人于某,男,23岁,职员。某日中午1时许,于某来到某储蓄所存款。此时,被害人王某也正在办理存款业务。在小桌上填完存款凭证后转身到3米外的窗口交款,王某将一个装有1万元国库券的信封遗忘在桌子上。于某进入储蓄所,也坐在小桌上填存款凭证,见手边有个信封,翻开一看里面有一叠国库券,遂按在手下,趁他人不备揣入裤袋。这一动作被储蓄所的保安看见,但以为是于某本人的物品,因此没有过问。王某办完存款手续,发现装有国库券的信封不在手头,马上到小桌上找,未见。于是,王某问保安、储蓄所柜台工作人员及被告人于某是否发现一个装有国库券的信封,众人均说未见。王某怀疑自己有误,可能忘在公司办公室里,就回办公室去找,不见,又返回储蓄所寻找。当被告人于某走出储蓄所大门时,保安员还拦住于某问刚才装进裤袋的物品是否是自己的,于某答是本人物品。久寻不到,保安员带王某看监控录像带,发现是于某获取信封并装入裤袋,遂报警将于某抓获。本案到底是认定为盗窃罪还是侵占罪,关键在于如何确定其财物是否失控。关于对财物的控制,我国著名刑法学家王作富教授提出了双重控制说:(1)财物所有人的控制;(2)有关人员的控制。王作富教授指出:犯罪嫌疑人刘某在乘坐出租汽车时,发现座位上有一钱包,自知是其他乘客失落的,就偷偷装入自己的口袋,下车后打开钱包,发现其中有1 000美金和500元外汇券,据为己有,后被查获。王作富教授认为,此案不应视为侵占拾得物。所谓遗失物,应当是指由于持有者一时疏忽而脱离了自己和有关人员控制范围的财物。例如,甲将钱包掉在公路上,未被发现,就是遗失物。但是,在上例中,乘客钱包掉在汽车里,虽然物主失去了控制,但尚处在司机控制范围之内,司机有权也有责任保护车内的一切财物。因此,刘某背着司机将钱

包拿走,实属盗窃。同样的道理,某甲不慎将钱包掉在自家的院子里,某乙来串门发现地上有钱包,悄悄地塞入自己的口袋,也不能视为侵占拾得物,而应当视为盗窃。① 我认为,上述观点是可取的。在确定某一财物是否遗忘物的时候,不仅要看这一财物是否丧失了持有人本人的控制,而且要看是否丧失了有关人员的控制,遗失在特定场所的情况下更是如此。

(二)盗窃罪与诈骗罪的区分

盗窃罪与诈骗罪虽然都是侵犯财产的犯罪,但两者之间在客观行为上的区分应当说也是明显的:盗窃罪是采取秘密窃取的手段将公私财物据为己有,而诈骗罪则是采取虚构事实、隐瞒事实真相的手段,使他人仿佛自愿地将财物交给犯罪人。因此,在一般案件中,区分盗窃罪与诈骗罪并非难事。但在某些复杂案件中,窃与骗互为手段,交织在一起,为两罪的区分带来一定的难度。最典型的是常见的掉包案件,其行为性质是盗窃还是诈骗往往令人难以确认。例如,被告人陈某,女,30岁,小学教师。被告人陈某在广州买得假金项链一条,于1998年3月15日来到上海,当天她在上海商场金店,见柜台里放有一条重14.09克,价值人民币1 600.30元的金项链,与她买的假金项链式样相同,遂产生以假换真的邪念。她随即到黄浦商业大厦买得金坠一个,签字笔一支,并将金坠的重量标签涂改为14.09克系在假金项链上。然后又返回上海商场金店,以挑选金项链为名,乘售货员不备之机,用自己的假金项链换了上述真金项链。次日,陈将金项链卖掉,获赃款1 000元。尔后,陈又前往广州买得假金项链11条、假金戒指9枚及涂改液等物品,于同年3月26日返沪。3月28日陈再次来到上海商场金店,采用上述手段,以假换真换得一条重11.09克、价值1 218.30元的金项链。当天,陈又以同样手段换一条重19.78克、价值2 213.90元的金项链时,被售货员发觉,当场将其抓获。案发后,陈某认罪态度尚好,能积极退还赃款。关于本案陈某行为的定罪,存在以下三种意见:第一种意见认为,陈某用假金项链换取真金项链,是以虚构事实、隐瞒真相的方法骗取公共财物,其行为构成诈骗罪。

---

① 参见王作富:《中国刑法研究》,607页,北京,中国人民大学出版社,1988。

第二种意见认为，被告人陈某以非法占有为目的，伪装购买金项链，在挑选时乘售货员不备，以假换真，连续三次秘密窃取金项链，数额巨大，其行为已构成盗窃罪。第三种意见认为，陈某为非法占有金项链，既采取了欺骗行为，又采取了窃取行为，两种行为分别构成了诈骗罪和盗窃罪。其中诈骗是手段，盗窃是目的，两者具有牵连关系，按照处理牵连犯从一罪处断的原则，应以其中法定刑较重的盗窃罪定罪处罚。在以上三种意见中，第三种意见的不妥显而易见。牵连犯是以构成两个罪为前提的，而在本案中，针对同一财物，非骗即偷，不存在又骗又偷的问题。本案定罪的关键在于，陈某到底是以什么手段获得财物的——是骗还是偷？换言之，在本案中，陈某获取财物时起决定性作用的是骗还是偷？从本案的实际情况来看，陈某在偷换金项链过程中，虽然实施了欺骗行为，把金坠的重量标签加以涂改，系在假金项链上，以假乱真。但其欺骗行为只是为秘密窃取金项链打掩护，在非法占有金项链的过程中并不起关键作用。陈某之所以非法占有金项链，主要是她以挑选金项链为名，乘售货员不备自行窃取的。所以，暗中掉换这一窃取行为才是陈某犯罪目的得逞的关键。由此可见，盗窃罪与诈骗罪的区分在于取得财物的方式。如果取得财物是秘密窃取的，即使在盗窃前后采取了一些欺骗手段掩饰其盗窃犯罪，也不影响其盗窃罪的成立。如有的行为人使用欺骗手段进入现场后盗窃财物，有的将财物所有人或持有人骗离现场后乘机窃取财物，有的围绕窃取财物而施展了某些欺骗伎俩，但都属于秘密窃取。

（三）盗窃罪与赃物犯罪

赃物犯罪是指《刑法》第312条规定的明知是犯罪所得的赃物而予以窝藏、转移、收购或者代为销售的犯罪。赃物犯罪属于刑法理论上的连累犯，是一种妨害司法活动的犯罪，因而它与盗窃罪是有所不同的。但是，如果行为人与盗窃犯罪分子事前通谋，事后对赃物予以窝藏、转移、收购或者代为销售的，就应以盗窃共犯论处。对此，司法解释有明确规定。因此，是否存在事前通谋，就成为盗窃罪与赃物犯罪区分的关键。那么，如何理解这里的事前通谋呢？1986年1月15日最高人民法院曾经就窝藏、包庇罪中"事前通谋的，以共同犯罪论处"如何理解的问题作出司法解释，可供参考。该司法解释指出：我国《刑法》（指

1979年《刑法》——引者注）第162条第3款所说的"事前通谋"，是指窝藏、包庇犯与被窝藏、包庇的犯罪分子在犯罪活动之前，就谋划或合谋，答应犯罪分子作案后给以窝藏或者包庇的，这和刑法总则规定共犯的主客观要件是一致的。如，反革命分子或其他刑事犯罪分子，在犯罪之前，与行为人进行策划，行为人分工承担窝藏或答应在追究刑事责任时提供虚假证明来掩盖罪犯等等。因此，如果只是知道作案人员要去实施犯罪，事后予以窝藏、包庇或者事先知道作案人员要去实施犯罪，未去报案，犯罪发生后又窝藏、包庇犯罪分子的，都不应以共同犯罪论处，而单独构成窝藏、包庇罪。根据上述司法解释的规定精神，我认为在认定事先通谋的时候，不能简单地看行为人是否在他人盗窃之前知道其要去盗窃，而是指在盗窃之前与他人就盗窃活动进行谋划或者合谋，并且约定在他人盗窃以后予以窝藏、转移、收购或者代为销售赃物。在这种情况下，窝藏、转移、收购或者代为销售赃物的行为是共同犯罪中的帮助行为，属于共同犯罪中的分工，因而其行为应以盗窃罪的共犯论处。如果只是事先知道他人要去盗窃，盗窃以后窝藏、转移、收购或者代为销售赃物的，不能定盗窃罪，而应以窝藏、转移、收购或者代为销售赃物罪论处。

九、盗窃未遂

盗窃未遂属于盗窃罪的未完成形态。在司法实践中，盗窃预备形态作为犯罪处理的情形十分罕见。只有个别以极其重大的对象为盗窃对象的预备行为，例如故宫盗宝，作为犯罪处理，其他一般都不作为犯罪处理。至于盗窃中止形态，在司法实践中偶然也有发生，但如果未得财物，一般也很少作为犯罪处理。只有盗窃未遂，由于在司法解释中作了规定，因而作为犯罪处理的情况较多。但对于盗窃未遂，在理论与实践中都存在一些值得研究的问题。

从刑法理论上来说，由于盗窃罪是数额犯，即以盗窃数额达到较大才构成的犯罪，而在盗窃未遂的情况下，不存在盗窃数额。那么，对盗窃未遂的处罚是否符合犯罪的构成要件理论呢？我认为，刑法分则规定的盗窃罪作为数额犯的构成

要件，是以犯罪既遂为标志的，并非意味着任何盗窃行为都只有在数额较大的情况下才能处罚，如果是盗窃未遂，由于刑法总则存在未遂犯处罚的一般原则，因而即使不具备数额较大这一要件也应当予以处罚。

在盗窃未遂的认定上，一个疑难的问题是如何区分盗窃未遂与既遂的界限。这不仅是在盗窃罪的认定上的复杂问题，也是犯罪未遂理论的一个复杂问题。在中外刑法理论上，关于盗窃罪的未遂与既遂的区分存在以下观点的聚讼：（1）接触说，该说以行为人是否接触被盗对象为标准，判断盗窃罪的既遂或未遂。凡是已经实际接触到目的物的是盗窃既遂，没有实际接触到目的物的是盗窃未遂。因此，按照接触说，只要行为人着手盗窃，触及了目的物，尽管没有把财物盗窃到手，也是盗窃既遂，而不能以未遂论处。（2）隐匿说，该说认为应以行为人是否将目的物隐匿起来作为判断盗窃既遂还是未遂的标志。凡是已将财物隐匿起来的就是盗窃既遂，未将财物隐匿起来的就是盗窃未遂。（3）转移说，该说认为应以行为人是否将财物移离现场作为判断盗窃既遂与未遂的标志。凡财物被移离原来场所的是盗窃既遂，没有移离原来场所的则是盗窃未遂。（4）取得说，该说认为应以行为人是否将他人财物置于自己掌握之下作为判断盗窃既遂或未遂的标准。只要财物到手，不论是否离开现场，都认为是盗窃既遂，财物没有掌握的则为盗窃未遂。（5）控制说，该说认为应以行为人是否已实际控制所盗窃财物为标准，判断盗窃既遂与未遂。凡行为人已经实际控制盗窃所得财物的是盗窃既遂，没有实际控制所得财物的是盗窃未遂。（6）失控说，该说认为以失主是否已丧失了对财物的控制为标准来认定盗窃既遂与未遂。凡失主已丧失了对财物的实际控制的是盗窃既遂，未丧失实际控制的是盗窃未遂。（7）失控加控制说，该说认为应以被盗财物是否脱离所有人或占有人的控制和行为人实际控制财物为标准，判断盗窃既遂与未遂。凡失主已对财物失去控制并且已被行为人实际所控制的情况下，就是盗窃既遂，否则就是盗窃未遂。上述认定盗窃未遂的标准不同，可能会导致对具体案件处理上的不同意见。例如，被告人李某，男，24岁，某铝锭厂工人。1986年6月6日，被告人李某盗窃本厂铝锭11块（价值数千元），偷偷沉入铝锭厂附近的河水中，打算日后方便时运走，由于7、8月份连降几场大雨，河水暴

涨，李某一直没有机会将赃物取走。直到洪水过后，被告人李某才有机会来取赃物。但是，由于洪水将铝锭冲离了原来的位置，被告人李某没能捞到原来隐藏在河水中的铝锭。对于本案，在审理过程中存在两种不同意见：第一种意见认为，被告人李某的行为构成盗窃罪未遂。理由是：被告人李某已经着手实施了盗窃公共财物的行为，将所盗铝锭藏匿在河水中，但是由于其意志以外的原因即发生洪水，而没有非法占有公私财物。第二种意见认为，被告人李某的行为构成盗窃罪既遂。理由是：被告人李某将公共财物铝锭盗出工厂，已经具备了盗窃罪的全部犯罪构成要件，因而构成既遂。至于被告人李某实际上并没有占有公共财物，并不影响其盗窃既遂的成立。在以上两种观点中，第一种观点是控制说，第二种观点是失控说。此外，根据接触说、转移说、取得说，本案均已既遂，而根据隐匿说、失控加控制说则均为未遂。

我认为，在以上关于盗窃罪的未遂与既遂的区分标准中，除控制说以外，其他各说均有所不妥。接触说过于严厉，只要一接触就认为盗窃既遂，基本上是将盗窃罪视为举动犯而否定了盗窃未遂的存在，因而为我们所不取。转移说以被盗物是否转移作为区分盗窃未遂与既遂的标准也不是科学的。在某些情况下，财物虽然转移了，但也未必就是既遂。隐匿说也是一样，不能完全决定盗窃罪的既遂与未遂。取得说也有其偏颇之处，因为取得并不意味着控制，也不见得一旦取得都是盗窃既遂。至于失控说，从失主方面来考虑，固然有一定的道理，但失主丧失对财物的控制，并不必然表明被告人控制了财物，因而也不能作为区分盗窃既遂与未遂的标准。失控加控制说貌似全面，既考虑了失主的情况又考虑了被告人的情况，但它忽视了失主失控，被告人并未控制的情况，因而也不够确切与全面。

那么，为什么主张在区分盗窃罪的既遂与未遂的时候以控制说为标准呢？主要理由如下：这是构成要件说的必然结论。区分盗窃罪的未遂与既遂主要是考察盗窃行为是否得逞的问题。因此，必须与犯罪是否得逞的认定标准相一致。根据我国刑法理论，在认定犯罪是否得逞的时候应坚持构成要件说，即以犯罪构成要件是否全部具备作为犯罪是否得逞的标准。犯罪未遂就是不具备犯罪构成的全部

要件，犯罪既遂就是具备了犯罪构成的全部要件。因此，在盗窃未遂与既遂的区分中，也坚持盗窃罪的构成要件是否齐备为标准。唯此，才能正确认定盗窃罪的未遂。那么，盗窃罪的构成要件是否齐备以什么为标准呢？我认为，只有客观上行为人完成了盗窃行为并占有了公私财物，主观上达到了非法占有的目的，才能认为是盗窃罪构成要件的齐备。否则，就是盗窃罪的未遂。总之，应从主观与客观的统一上论证这一点。盗窃罪犯罪构成要件齐备的客观标志，就是秘密窃取的犯罪行为造成了行为人非法占有所盗公私财物的实际结果，而盗窃罪犯罪构成要件齐备的主观标志，就是达到了非法占有公私财物目的。而只有控制说，才能满足主观与客观这两个方面的案件。总之，我主张在盗窃罪的未遂与既遂的区分标准上采控制说。根据控制说来分析，本案中被告人盗窃本厂铝锭已经窃离现场，厂里失去了对铝锭的控制，但由于洪水将铝锭冲走，李某并没有实际控制并占有铝锭。因此，我认为，李某的盗窃只是处于未遂状态。至于造成铝锭的损失，可以作为量刑时应该考虑的从重处罚情节。

　　值得注意的是，1992年两高司法解释对盗窃罪的未遂作出了如下规定："已经着手实行盗窃行为，只是由于行为人意志以外的原因而未造成公私财物损失的，是盗窃未遂。"这里的未造成公私财物损失，一般认为是指作为盗窃罪构成要件的盗窃行为未直接造成公私财物损失，即盗窃行为没有造成公私财物数额较大、数额巨大或者数额特别巨大的直接损失。也就是说，行为人以数额较大的公私财物为盗窃目标，但未给公私财物造成数额较大的损失；或者行为人以数额巨大的财物为盗窃目标，但未给公私财物造成数额巨大的损失；或者行为人以数额特别巨大的公私财物为盗窃目标，但未给公私财产造成数额特别巨大的损失，均属于盗窃未遂。我认为，这一司法解释以是否造成公私财物的损失作为区分盗窃未遂与既遂的标准，实际上是主张失控说。因为失控，就意味着公私财物受到了损失，而不以行为人是否非法占有该财物为必要。但是，正如我们在前面所论述的那样，失控说只考虑失主方面的情况，强调对公私财产所有权的保护，而未顾及盗窃罪本身的特点，有所不妥。

　　关于盗窃未遂的定罪标准，1984年司法解释规定："对于潜入银行金库、博

物馆等处作案，以盗窃巨额现款、金银或珍宝、文物为目标，即使未遂，也应定罪并适当处罚。"1992年司法解释规定："盗窃未遂，情节严重的，如明确以巨额现款、国家珍贵文物或者贵重物品等为盗窃目标的，也应定罪并依法处罚。"现行司法解释基本上吸纳了1992年司法解释的内容。从这些司法解释中可以看出，并非所有盗窃未遂都应予处罚，只有那些情节严重的盗窃未遂才应当追究刑事责任。那么，盗窃数额较大而未遂的是否构成犯罪，换言之，是否只有盗窃数额巨大而未遂才追究刑事责任呢？我认为，司法解释所说的情节严重，是指盗窃未遂的犯罪情节较为严重，而没有将盗窃数额较大而未遂的情形排除在犯罪之外，至于司法解释列举明确以巨额现款、国家珍贵文物或者贵重物品等为盗窃目标的，只是为了明确这种行为，而不是仅仅限于这几种行为。如果我们从狭义的角度理解，就会放纵盗窃犯罪。① 因此，我认为，无论是盗窃数额较大还是数额巨大，只要情节严重都应以犯罪未遂定罪处罚。

十、盗窃共犯

在盗窃犯罪中，经常出现共同犯罪，甚至盗窃集团也不乏其例。因此，盗窃罪的共同犯罪如何定罪处罚是一个值得研究的问题。

盗窃共同犯罪的定罪处罚中其数额的确定较为复杂。

盗窃罪是一种数额犯，主要实行以赃计罪的原则。因此，盗窃数额在盗窃罪的定罪量刑中具有重要意义。在单独盗窃的情况下，行为人应对本人所盗数额承担刑事责任，这是毋庸置疑的。那么，在共同犯罪的情况下，行为人如何对盗窃数额承担刑事责任呢？对此，司法解释有一个演变过程。1984年两高司法解释规定："对于共同盗窃犯，应依照个人参与盗窃和分赃数额，及其在犯罪中的地位与作用，依法分别处罚。对主犯依法从重处罚。对盗窃集团的首要分子，应依

---

① 参见卢泰山主编：《最高人民检察院司法解释评析（1979—1989）》，415页，北京，中国民主法制出版社，1991。

照集团共同故意盗窃总额依法处罚。"在此，提到参与数额、分赃数额和盗窃总额三个概念，并分别作了规定。1991年4月12日最高人民法院颁布了《关于办理共同盗窃犯罪案件如何适用法律问题的意见》，该意见对共同盗窃案件的处理，尤其是如何确定盗窃数额的问题作了较为详细的规定，其总的原则是：在共同盗窃犯罪中，各共犯基于共同的犯罪故意，实施共同的犯罪行为，应对共同盗窃犯罪行为所造成的危害后果负责。基于这一原则，司法解释对各种共犯适用法律问题作了具体规定：(1)对盗窃集团的首要分子，应按照集团盗窃的总数额依法处罚。(2)对其他共同盗窃犯罪中的主犯，应按照参与共同盗窃的总数额依法处罚。(3)对共同盗窃犯罪中的从犯，应依照参与共同盗窃的总数额，适用《刑法》（指1979年《刑法》，下同）第151条或者第152条；具体量刑时，应根据犯罪分子在共同盗窃中的地位、作用和非法所得数额等情节，根据《刑法》第24条第2款的规定，比照主犯从轻、减轻处罚或者免除处罚。应该说，上述司法解释为共同盗窃犯罪案件的处理提供了法律根据。尤其是它所确立的在共同盗窃犯罪中，各共同犯罪人均应对共同盗窃的总数额承担刑事责任的原则，为此后的司法解释所继承。例如，1992年两高司法解释对共同盗窃犯罪的规定，基本上与1991年的规定相同。现行司法解释，基本上沿袭了此前的规定，只是在表述上根据修订后的刑法关于共同犯罪的规定作了适当调整，指出：审理共同盗窃犯罪案件，应当根据案件的具体情形对各被告人分别作出处理：(1)对犯罪集团的首要分子，应当按照集团盗窃的总数额处罚。(2)对共同犯罪中的其他主犯，应当按照其所参与或者组织、指挥的共同盗窃的数额处罚。(3)对共同犯罪中的从犯，应当按照其所参与的共同盗窃的数额确定量刑幅度并依照《刑法》第27条第2款的规定，从轻、减轻处罚或者免除处罚。由此可见，根据司法解释的规定，在共同盗窃案件中，各共同犯罪人应当对盗窃总数额承担刑事责任，这是一个基本原则。

在刑法理论中，对于共同盗窃如何确定承担刑事责任的数额，曾经存在争论。有一种观点认为，共同盗窃犯罪人，在主观上具有共同盗窃犯罪的故意，在客观上实施了共同盗窃犯罪的行为，正是这种共同的故意和共同的行为共同给公

私财物造成了损失结果，亦即各共同盗窃犯罪人的行为与公私财物损失的结果之间都有因果关系，因而主张每个共同盗窃犯罪人都应当对他们共同造成的危害结果，即共同盗窃犯行为给公私财物造成的全部损失数额负责。另有一种观点认为，盗窃犯罪以最终非法占有公私财物为目的，行为人最终非法占有的财物数额的多少，反映了其罪行及其对社会危害程度的大小，构成了其承担何种刑事责任的依据，因而主张每个共同盗窃犯罪人只对其非法占有的数额负责，而不承担公私财物全部损失数额的责任，因为在共同盗窃犯罪中，共同盗窃的全部公私财物是不可能为单个人完全占有的。① 如果说上述第一种观点是盗窃总额说，那么第二种观点就是分赃数额说，两者之间的对立是显而易见的。另外还有第三种观点可以称为分担数额说，认为各共同犯罪人应对本人"应当分担"的数量负担。至于如何确定各共同犯罪人"应当分担"的数额，其方法是：综观被告人在共同盗窃犯罪中参与的数额、个人所得数额以及其地位与作用和整个案情，先确定各被告人应承担百分之多少的责任，根据这个责任的百分比再换算或作为对共犯中每个行为者是否定罪和怎样处刑依据的"数额"（不等于个人分赃的真实数额）。例如，某甲伙同他人共同盗窃1万元，根据整个案情确定某甲应承担百分之六十的责任，那么，某甲就应承担6 000元的盗窃"数额"，这种所谓分担数额说主张各共同犯罪人不对盗窃总额负责，而应当对总数额进行分担。在这一点上，它不同于总额说。但在分担方法上，又不同于分赃数额说，因而有其特点。

在以上各种观点中，我赞同盗窃总额说，即各共同犯罪人都应当对其所参与实施的共同盗窃的总数额承担刑事责任。这里存在以下几个问题值得研究：

第一，定罪与量刑的关系。我们在这里讨论在共同盗窃案件中，各共同犯罪人应当对什么数额（是犯罪总额还是分赃数额）承担刑事责任，主要是解决其定罪问题，确切地说，是为解决适用哪一个量刑幅度的问题。例如，我国《刑法》第264条对于盗窃数额较大、巨大、特别巨大规定了三个量刑幅度。在共同盗窃中，和单独盗窃一样，需要根据盗窃数额大小确定量刑幅度。换言之，在共同盗

---

① 参见赵永林：《我国刑法中盗窃罪的理论与实践》，101页，北京，群众出版社，1989。

窃案件处理时，数额较大、巨大、特别巨大是指盗窃的总额还是指分赃数额，这是首先要解决的问题。在此基础上，再根据共同犯罪人在共同盗窃中的地位与作用，分别予以轻重不同的处罚。因此，那种认为不管是主犯还是从犯，都对犯罪总数额承担刑事责任的观点，违背了罪刑均衡原则，在理论上是难以成立的，主要是把共同犯罪的定罪与量刑混为一谈了。

第二，总数额与参与数额的关系。犯罪总数额与分赃数额之间存在明显的差别，这是毫无疑问的。那么，盗窃总数额与参与数额是否也存在区别呢？司法解释规定，犯罪集团的首要分子是按照盗窃的总数额处罚，而其他主犯与从犯是按照参与的共同盗窃数额处罚，因而两者似乎不同。但通过对总数额与参与数额的界定，我们认为两者并无不同，只是表述上的区别而已。所谓盗窃集团的首要分子应当对集团盗窃的总数额承担刑事责任，是指首要分子应当对在其组织、指挥、策划下实施的盗窃犯罪的总数额承担刑事责任。因为盗窃集团中的首要分子，既是该集团的组织者，也是该集团实施具体盗窃犯罪活动的策划者和指挥者。他们不仅自己进行盗窃犯罪活动，而且组织起专门从事盗窃犯罪活动的盗窃集团，积极策划盗窃犯罪，纠集、指挥其他人进行盗窃犯罪活动，这就充分表明了首要分子的社会危害性远远大于一般盗窃犯罪分子和盗窃集团的其他成员，应当给予狠狠打击。因此，对于盗窃集团的首要分子，无论是否在犯罪现场指挥，或者是否亲自参加实施具体的盗窃犯罪活动，只要该项盗窃活动是包括在他参与领导制定的犯罪活动计划之内的，他就要承担刑事责任。如果具体实施盗窃犯罪的人实施了超出其犯罪预谋的行为，首要分子对此仍然不免刑事责任。而对于其他主犯或者从犯来说，其所参与的盗窃数额，实际上也是一种盗窃总数额。只要行为人主观上对于这种盗窃犯罪具有故意，在客观上积极参与了盗窃犯罪，就应当对参与的盗窃共同犯罪的总数额承担刑事责任。在这一点上，即从主观与客观相统一上来说，总数额与参与数额的确定方法相同，两者没有根本差别。

第三，正犯与共犯。在确定共同盗窃数额的时候，不仅要解决正犯，即实行犯的盗窃数额问题，而且还要解决共犯，即帮助犯与教唆等非实行犯的盗窃数额问题。对于正犯来说，参与数额是指直接参加实施盗窃的犯罪总数额，它不限于

个人直接盗窃的数额，而且也包括他人共同盗窃的数额。例如，甲乙共谋盗窃，某日来到一户人家，入室以后甲乙分头进行盗窃，甲窃得现金5 000元，乙窃得价值人民币5 000元的金项链一条。甲乙不仅要对本人所窃得的财物承担刑事责任，还要对他人所窃得的财物承担刑事责任。在共犯的情况下，帮助犯和教唆犯都没有直接实施盗窃行为，如何确定其盗窃数额呢？有人认为，参与说不能解决教唆犯、帮助犯等特殊情况下的刑事责任问题，而只能适用于共同实行犯罪的情况，理由是没有直接参与。[1] 我认为，对这里的参与应当作扩大解释，它不仅是指直接参与盗窃犯罪的实行，而且是指对于盗窃犯罪活动的间接参与，包括对实行犯进行帮助和教唆。对于帮助犯与教唆犯来说，他们没有个人直接盗窃的数额，但实行犯是在其帮助、教唆下完成盗窃犯罪之实施的，因此，帮助犯和教唆犯应当对实行犯盗窃的总数额承担刑事责任。

如上所述，各共同犯罪人都应对其所参与（实行、帮助、教唆、组织）的盗窃犯罪总数额承担刑事责任，这是从共同犯罪一般原理中得出的必然结论。但在司法实践中，也还存在某些特殊问题需要研究。例如，犯罪分子对盗窃同伙隐瞒所盗款额，他人是否应对隐瞒款额承担刑事责任？现举例加以分析：1991年4月14日上午，李某（21岁）邀约张某（17岁）盗窃。当天中午12时许，李张两人在某市长途汽车客运站附近一餐馆窥见一旅客正在吃饭，由张掩护。李某将该旅客放在脚旁的提包提走，送给张某转移。张逃离现场后，未打开提包即又交给随后赶来的李某，李将提包拿回家中，清点包内有现金11 000元及衣物等，事后，李对张隐瞒了包内所装巨款的具体数额，谎称包内只有现金1 000元，并分给张500元。如何确定李、张两人的刑事责任，司法机关有两种意见：第一种意见认为，李、张两人相互配合，共同作案，均应对所盗的11 000元承担罪责，至于得赃的多少，只是量刑情节。因此，应认定李、张两犯盗窃数额特别巨大，按照1979年《刑法》第152条项定刑事责任。第二种意见认为，张某并不知晓包内装有巨款，事后仅分得赃款500元，对李某隐瞒侵吞的大部分赃款不应承担

---

[1] 参见董鑫主编：《盗窃罪个案研究》，120页，成都，四川大学出版社，1994。

罪责，而只对李某告诉他的 1 000 元盗窃数额负刑事责任。所以，对李某应按照 1979 年《刑法》第 152 条盗窃数额较大确定刑事责任。[①] 我认为，盗窃犯罪数额是盗窃行为的结果，属于盗窃罪的客观因素，但这种客观因素不能脱离行为人的主观故意而存在。在盗窃罪的主观与客观统一上，我们不可能要求绝对的、确定的统一。在一般情况下，犯罪分子具有秘密窃取他人财物的意图，无论窃取的是何种财物，都认为是包含在盗窃故意范围之内。在个别情况下，盗窃的对象比较明确，例如就是要盗窃某一特定物品。但在取得以后，发现并非是其所意图窃取的那个特定财物，而是其他财物。在这种情况下，行为人仍然予以占有。对此，就不能认为在盗窃的主观故意与客观结果上不相吻合。换言之，在这种情况下，并不影响盗窃罪的成立。但是，如果是像上述案件所出现的这种情况，虽然客观上窃取的是 11 000 元，但同案犯谎称只有现金 1 000 元，并分给其赃款 500 元，在这种情况下，行为人以为只是盗窃了 1 000 元，只对这 1 000 元具有盗窃故意，因而只能对 1 000 元承担盗窃罪的刑事责任。

十一、盗窃罪的想象竞合

关于盗窃罪的认定，在盗窃罪与其他犯罪的区分中，往往涉及想象竞合犯，因而需要加以专门研究。在刑法理论上，想象竞合犯是指行为人以一个故意或者过失，实施一个犯罪行为，同时侵犯了数个客体，触犯了数个罪名的情形。想象竞合犯是一种犯罪形态，在这种犯罪形态中，行为人虽然只是实施了一个犯罪行为，但却触犯了两个罪名，从而出现了应当以此罪论处还是以彼罪论处问题。因此，想象竞合犯虽然是一个罪数形态的问题，但实际上又涉及此罪与彼罪的区分问题。在盗窃案件的审理中，也存在各种想象竞合犯的情形。下面，我们根据司法解释等规定，对下述盗窃罪与其他犯罪的想象竞合犯问题加以研究。

[①] 参见董鑫主编：《盗窃罪个案研究》，111 页，成都，四川大学出版社，1994。

（一）盗窃罪与破坏广播电视设施、公用电信设施罪的想象竞合

根据我国《刑法》第 124 条的规定，破坏广播电视设施、公用电信设施罪，是指故意破坏广播电视、电视台、公用电报、电话设备或者其他通讯设备，危害公共安全的行为。本罪在客观方面表现为各种破坏广播电视设施、公用电信设施，危害公共安全的行为。这里的破坏，是指损坏或者变更广播电台、电视台、电报、电话或者其他通讯设备的部件或者附件，使通讯设备不能发挥原有的功能。破坏的方法是多种多样的，实践中常见的偷割电线、截断电缆、挖走电线杆，还有拆毁机件、炸毁设备、割断线路等。当行为人采取偷割电线的方法进行破坏的时候，就涉及破坏广播电视设施、公用电信设施罪与盗窃罪的区分问题。在司法实践中，对于如何正确地划清上述两罪的界限，是一个重要问题。根据 1984 年 11 月 2 日最高人民法院、最高人民检察院《关于办理盗窃案件应用法律的若干问题的解答》中规定：如果偷割明知是使用中的线路上的电线，应定为破坏通讯设备罪（根据 1979 年《刑法》第 111 条确定的罪名）。如果盗窃库存的或者废置的线路上的电线的，应定为盗窃罪。这一司法解释提出了以不同的盗窃对象作为区分破坏通讯设备罪与盗窃罪的标准。由于在上述情况下，盗窃的是库存或者废置的线路上的电线，因而还未与破坏通讯罪发生想象竞合关系。因此，这个司法解释还未涉及盗窃罪与破坏通讯设备罪的想象竞合问题。在司法实践中，盗窃正在使用的通讯线路的情形屡有发生。由于破坏通讯设备罪的法定最高刑（15 年有期徒刑）明显低于重大盗窃罪，致使盗窃数额巨大的通讯设备的犯罪，在适用刑罚上反比盗窃同样数额的库存的、废置的电线的犯罪要轻，这显然是不合理的。为了使盗窃数额巨大的通讯设备的犯罪在适用 1979 年《刑法》第 152 条与《刑法》第 111 条时能相互协调，最高人民法院、最高人民检察院于 1990 年 7 月 10 日进一步作出了《关于依法严惩盗窃通讯设备犯罪的规定》，该规定指出："（1）盗窃通讯设备价值额不大，但危害公共安全已构成破坏通讯设备罪的，或者盗窃通讯设备价值数额较大，并构成破坏通讯设备罪的，依照《刑法》（指 1979 年《刑法》，下同）第 111 条的规定定罪处刑。（2）盗窃通讯设备价值数额巨大，或者情节特别严重的，依照《刑法》第 152 条或者全国人民代表大会常务

委员会《关于严惩严重破坏经济的罪犯的决定》第1条第1项的规定,以盗窃罪从重判处。"1992年的司法解释吸收了这一规定,指出:"盗窃通讯设备价值数额不大,但危害公共安全已构成破坏通讯设备罪的,或者盗窃通讯设备造成严重后果的,依照《刑法》(指1979年《刑法》,下同)第111条的规定定罪处罚。盗窃通讯设备情节特别严重,罪该判处无期徒刑或者死刑的,依照《刑法》第152条或者全国人民代表大会常务委员会《关于严惩严重破坏经济的罪犯的规定》第1条第1项的规定,以盗窃罪处罚。"在刑法修订中,1979年《刑法》第111条规定的破坏通讯设备罪被修改为破坏广播电视设施、公用电信设施罪。在现行的司法解释中,又对此作了规定:"盗窃广播电视设施、公用电信设施价值数额不大,但是构成危害公共安全犯罪的,依照《刑法》第124条的规定定罪处罚;盗窃广播电视设施、公用电信设施同时构成盗窃罪和破坏广播电视设施、公用电信设施罪的,择一重罪处罚。"对于这一规定,我国学者指出:盗窃广播电视设施、公用电信设施同时构成盗窃罪和破坏广播电视设施、公用电信设施罪的,可以按照处理牵连犯的原则,择一重罪处罚。[①]但我认为,这不是牵连犯而是想象竞合犯。在此,需要对牵连犯与想象竞合犯作出界定。在我国刑法理论中,牵连犯是指出于一个犯罪目的,而犯罪的方法(手段)行为或者结果行为又牵连地触犯了其他罪名的犯罪,在牵连犯的情况下,存在两个犯罪行为,即方法(手段)行为与本罪行为、本罪行为与结果行为,并且两者之间存在牵连关系。由此可见,牵连犯与想象竞合犯的根本区别在于:牵连犯中存在两个犯罪行为,因而它属于实质上的数罪,而想象竞合犯中只存在一个犯罪行为,因而它属于想象中的数罪。由此可见,在盗窃广播电视设施、公用电信设施的情况下,行为人实行的到底是一个犯罪行为还是两个犯罪行为,就成为是想象竞合犯还是牵连犯的根本区别之所在。盗窃广播电视设施、公用电信设施,行为人往往先把电信通讯线路上的电线剪断,然后非法据为己有。因此,在此似乎存在偷割电线和将电线据为己有两个行为。但我认为,这并不是两个独立的犯罪行为,不能把偷割电

---

① 参见祝铭山主编:《中国刑法教程》,298页,北京,中国政法大学出版社,1998。

线视为破坏电信设施的行为，而把将电线据为己有视为盗窃行为。我认为，这只是两个动作，共同形成的是一个犯罪行为。对于盗窃罪来说，秘密窃取包括使财物丧失所有人的控制，并将其非法占有。例如，溜门撬锁入室窃取财物，不能把溜门撬锁视为独立于盗窃之外的行为，它仅仅是盗窃罪的不可分割的组成部分。在盗窃电信设施的情况下也是如此，偷割电线并非法占有是一个完整的盗窃行为。正是这一盗窃行为同时又触犯了破坏广播电视设施、公用电信设施罪。尤其是司法解释采用了"同时构成"这一表述，似应理解为想象竞合犯。对于这种想象竞合犯，司法解释规定采用择一重罪处罚的原则，是具有理论根据的。至于如何择一重罪处罚，可以参照以往司法解释的具体规定。

（二）盗窃罪与破坏电力设备罪的想象竞合

根据我国《刑法》第118条的规定，破坏电力设备罪是指故意破坏电力设备，造成或者足以造成严重后果，危害公共安全的行为。本罪的破坏手段是多种多样的，如炸毁电力设备；拆卸或者毁坏重要部件；向电力设备投放障碍物或者故意违反操作规程使机器设备遭受损坏；偷割电源线，盗走电线杆，毁坏高压塔，等等。当犯罪分子采用盗窃手段破坏电力设备的时候，就发生了盗窃罪与破坏电力设备罪的想象竞合。1984年两高司法解释规定：如果偷割明知是使用中的线路上的电线的，应定为破坏电力设备罪。如果盗窃库存的或者废置的线路上的电线，则应定为盗窃罪。这一司法解释根据盗窃对象的不同，将盗窃罪与破坏电力设备罪加以区分，对于正确认定盗窃罪具有一定意义。但这一司法解释并没有涉及在盗窃电力设备的情况下，同时构成盗窃罪与破坏电力设备罪的想象竞合的情形。1992年司法解释对此也未涉及。现行司法解释第12条第2项明确规定："盗窃使用中的电力设备，同时构成盗窃罪和破坏电力设备罪的，择一重罪处罚。"我认为，这是对盗窃罪与破坏电力设备罪的想象竞合的规定。

（三）盗窃罪与故意毁坏财物罪的想象竞合

在盗窃过程中，往往造成财物损坏，尤其是在破坏性盗窃的情况下，财物损坏更是不可避免。现行司法解释对此作出以下规定："实施盗窃犯罪，造成公私

财物损毁的,以盗窃罪从重处罚;又构成其他犯罪的,择一重罪从重处罚;盗窃公私财物未构成盗窃罪,但因采用破坏性手段造成公私财物损毁数额较大的,以故意毁坏财物罪定罪处罚。盗窃后,为掩盖盗窃罪行或者报复等,故意破坏公私财物构成犯罪的,应当以盗窃罪和其他罪实行并罚。"在这一规定中,主要涉及以下几种情形:(1)采用破坏性手段进行盗窃,但破坏行为尚不构成故意损坏财物罪的,应以盗窃罪从重处罚。(2)采用破坏性手段进行盗窃,其盗窃行为同时构成故意毁坏财物罪的,属于想象竞合犯,应当择一重罪处断。(3)采用破坏性手段进行盗窃,其盗窃行为因数额较小未构成犯罪,而破坏性手段造成公私财物损毁数额较大的,应以故意毁坏财物罪定罪处罚。(4)盗窃后,出于其他目的故意破坏公私财物构成犯罪的,应以盗窃罪和其他罪实行并罚。对于盗窃罪与故意毁坏财物罪,在一般情况下不难区分,但在个别案件中如何定罪值得研究。例如刘某与赵某是同楼邻居,曾因琐事引起两家关系不和。一日,赵某买回一台录像机,被刘某看见。过了两天,刘某为了泄愤报复,乘赵某家中无人之机,撬锁进入赵家(盗窃犯罪常见的行为手段),将录像机毁坏。为了防止被查处,刘某同时制造了被盗假象:将赵某家中桌子抽屉撬开,把抽屉里放置的 200 余元人民币、200 余斤粮票以及其他一些物品取出并毁坏,全部扔进楼道中的垃圾通道。我国学者认为,此案中,刘某虽然采取了盗窃犯罪中常见的行为手段,但主观上并无非法占有他人财物的目的,其行为不过是在毁坏他人财物犯罪故意的支配下实施的,而且客观危害结果是他人财物的毁坏和遗弃,因此,只能构成故意毁坏公私财物罪,而不能以盗窃罪论处。① 我认为,在这种情况下,到底是构成盗窃罪还是故意毁坏财物罪,值得进一步分析,根据我国《刑法》第 275 条的规定,故意毁坏财物罪是指故意非法毁灭或者损坏公私财物,数额较大或者情节严重的行为。在一般情况下,故意毁坏财物罪是公然实施的,因而与盗窃罪无关。但也并不排除个别是暗中偷偷实施的,在这种情况下容易与盗窃罪相混淆。我认为,如果是暗中潜入家中或者其他场所在现场直接毁坏财物的,似应以故意毁坏财物

---

① 参见赵永林:《我国刑法中盗窃罪的理论与实践》,27 页,北京,群众出版社,1989。

罪论处。换言之，在上述案例中如果是在赵家将录像机毁坏，应定故意毁坏财物罪。但如果将财物转移以后予以毁坏，在这种情况下，行为人有一个完整的盗窃行为，是否可以把盗窃以后的毁坏财物行为视为对赃物的处置？如果回答是肯定的话，似应以盗窃罪论处。至于司法解释中所说盗窃后，为掩盖盗窃罪行或者报复等，故意破坏公私财物构成犯罪的，应当以盗窃罪和其他罪实行并罚。我认为，这里的财物不应是被盗财物，而应是其他财物。

（四）盗窃罪与破坏永久性测量标志罪的想象竞合

在我国刑法中，破坏永久性测量标志罪是指故意破坏国家设立的永久性测量标志的行为。在一般情况下，盗窃罪与破坏永久性测量标志罪是容易区分的，但在采用盗窃手段破坏永久性测量标志的情况下，两罪发生想象竞合，因而不易区分。例如，被告人卢某，男，28 岁，农民。1986 年 2 月 23 日，卢某在林场附近发现省煤田地质勘探队 4—14 号钻孔定位作永久测量标志的钢管露出地面一尺多，遂起意窃为己有，想拿回家去做炉膛，由于钢管用水泥凝固很结实，卢空手无法将其拔出，于是便串通本村另外两个农民，在当天下午携带锄头、铁铲、钢钎、大锤、雷管、炸药等前去挖掘、爆炸，他们将标孔口炸成长 4.5 米、宽 1.1 米、深 2.61 米的大坑，使钢管露出泥土近 2 米。然后，卢将钢管锯断，分成五节带回，遂使国家用去勘探费 15 000 元建立的永久性测量标志遭到破坏。后经鉴定，有关部门认为，要恢复该标志，需要 6 000 多元方能复原。对于本案被告人卢某的行为应定何罪，存在以下四种意见：第一种意义认为，在本案中，被告人卢某以非法占有为目的，采取秘密手段窃取国家的钢管，且数额巨大，符合盗窃罪的主客观特征，应定为盗窃罪。第二种意见认为，在本案中，被告人卢某为窃取国家永久测量标志的钢管做炉膛，竟然无视公共安全，采取爆炸的危险方法挖掘钢管，符合爆炸罪的构成要件，应定爆炸罪。第三种意见认为，在本案中，被告人卢某采取爆炸、挖掘的方法，毁坏国家用作永久性测量标志的钢管，符合故意毁坏公共财物罪的特征，应定故意毁坏公共财物罪。第四种意见认为，在本案中，被告人卢某破坏的对象是特定的永久性测量标志，而不是一般的国家财

产，因此只能定为破坏永久性测量标志罪。① 在上述四种意见中，以爆炸罪论处的意见不妥之处显而易见，因为在本案中虽然使用了爆炸手段，但并未危害公共安全，因而不应定爆炸罪。在本案中，行为人毁坏永久性测量标志的行为，同时也符合故意毁坏财物罪的构成，因为在这两罪之间存在特别法与普通法的法条竞合关系，由于破坏永久性测量标志罪是特别规定，因而应以其定罪，那么，如何认识盗窃罪与破坏永久性测量标志罪之间的关系呢？我认为，盗窃罪与破坏永久性测量标志罪系想象竞合关系。在这种情况下，对行为人应择一重罪处断。

十二、盗窃罪的法条竞合

在刑法理论上，法条竞合是指同一犯罪行为，因法条的错综规定，出现数个法条所规定的构成要件在其内容上具有从属或者交叉关系的情形。法条竞合所要解决的是在一个犯罪行为该当数个法条的情况下，适用哪个法条的问题，是关于法条之间的理论。在盗窃罪中，存在的是普通法与特别法的法条竞合，对此，应当按照特别法优于普通法的原则，以特别法规定的犯罪论处。

（一）盗窃罪与盗窃枪支、弹药、爆炸物罪的法条竞合

根据我国《刑法》第127条之规定，盗窃枪支、弹药、爆炸物罪是指以非法占有为目的，秘密窃取枪支、弹药、爆炸物的行为。这里的枪支，是指以火药或者压缩气体等为动力，利用管状器具发射金属弹丸或者其他物质，是以致人伤亡或者丧失知觉的各种枪支，包括军用枪、射击运动枪、猎枪、麻醉注射枪、气枪、钢珠枪、电击枪、催泪枪以及其他各种枪支。这里的弹药，指枪支使用的子弹、火药。这里的爆炸物，指具有爆炸性，并对人体造成杀伤性的物品，如手榴弹、炸药、雷管、地雷、爆破筒等。上述物品具有价值，并可管理，因而是一种特殊的物品，同样可以成为盗窃罪的对象。在盗窃罪的对象——物品与盗窃枪支、弹药、爆炸物罪的对象——枪支、弹药、爆炸物之间存在着普通与特别的关

---

① 参见董鑫主编：《盗窃罪个案研究》，138～139页，成都，四川大学出版社，1994。

系,两罪分别是普通法规定的犯罪与特别法规定的犯罪,具有法条竞合关系。在这种法条竞合的情况下,应以盗窃枪支、弹药、爆炸物罪论处。

(二)盗窃罪与侵犯商业秘密罪的法条竞合

根据我国《刑法》第219条之规定,侵犯商业秘密罪是指违反商业秘密保护法规,侵犯商业秘密,给商业秘密的权利人造成重大损失的行为。这里所说的商业秘密,根据刑法规定,是指不为公众所知悉,能为权利人带来经济利益,具有实用性并经权利人采取保密措施的技术信息和经营信息。商业秘密具有以下特征:(1) 商业秘密存在于特定的商品生产和流通领域。这点使其区别于军事秘密、外交秘密等国家安全秘密,区别于政府行政管理活动中的保密范围的工作秘密,也区别于公民的私人生活秘密。(2) 商业秘密专指特定的技术信息和经营信息。(3) 商业秘密以能给权利人带来经济利益为前提,他人非法获取也是为了经济利益。(4) 商业秘密带有封闭的保密性质。体现在两个方面:一是权利人采取了一定的保密措施;二是尚不为公众、社会所知晓。[1] 在侵犯商业秘密罪中,包含盗窃商业秘密的行为。侵犯商业秘密罪是刑法中增订的罪名之一,在刑法修订以前,在我国刑法中曾经讨论过关于技术秘密能否成为盗窃罪的对象问题,较为一致的观点是:技术秘密是一种具有经济价值的商品,具备一切财物所具有的属性,是公私财物的组成部分。因而给技术秘密的所有人造成损害结果的,应当以盗窃罪论处。[2] 在刑法修订中,考虑到包括技术秘密在内的商品秘密具有知识产权的属性。盗窃商业秘密的行为与盗窃财物的行为在性质上毕竟还是有所区别的,因此将其纳入侵犯商业秘密罪,规定在侵犯知识产权罪中,从而与盗窃罪形成法条竞合关系。对此,应以特别法优于普通法的原则,以侵犯商业秘密罪论处。

(三)盗窃罪与盗窃尸体罪的法条竞合

根据我国《刑法》第302条之规定,盗窃尸体罪包括秘密窃取他人尸体的行

---

[1] 参见祝铭山主编:《中国刑法教程》,432页,北京,中国政法大学出版社,1998。
[2] 参见赵永林:《我国刑法中盗窃罪的理论与实践》,432页,北京,群众出版社,1989。

为。这里的尸体，是指自然人死亡后所遗留的躯体。本罪中的尸体还可以扩大解释：既包括整具遗体，也包括尸体的尸分、遗骨、遗发，还可以包括遗灰、殓物。① 在1979年刑法中，并无盗窃尸体罪的规定。在刑法理论上，关于尸体能否成为盗窃罪的对象，台湾刑法学者林山田指出，尸体是否应当作"人格之遗留体"（Ruckstand der persoenlichkeit），或单纯可当作物，学说上有不同之见解，通说上认为尸体若非作为火葬或埋藏之用者，则可视之为"物"，故如木乃伊，求医学解剖用之尸体，自可成为本罪之行为客体。② 在我国司法实践中，也有盗窃尸体的行为发生，因为尸体可用作解剖等，具有一定的经济价值，因此有些犯罪分子盗窃以后出卖。由于当时法律对此并无明文规定，因而在定性上往往发生分歧。但通说认为，尸体在一定情况下可解释为物，包括在盗窃罪的对象之中。例如，被告人徐某（男，38岁，农民），一贯好逸恶劳，不务正业，家境较为贫困。1982年，徐到某市医学院等单位做临时工期间，了解到医学教学方面需要尸骨做教具，另外还了解到尸骨也可以做磷骨粉。于是，回到乡下，便邀请其内弟王某（20岁，农民）和王某某（17岁，农民）在1983年2月至1984年3月这一段时期内，夜晚携带铁棍、手锤、钻子、箩筐等工具，去墓地开棺盗取尸骨，计捣开有主坟墓50余座，无主坟墓20多座，盗取尸骨70余具，然后以卖"磷骨粉"为名，骗取村里开具了证明，以15元到300元一具尸骨的不同价格，分别卖给了医学院、卫生学校等单位做教具，共获赃款4 315元，徐得3 300余元，王家兄弟二人得1 000元。尽管对本案定性存在类推适用盗窃罪，定扰乱社会秩序罪等观点分歧，人民法院经过反复研究，最后，以盗窃罪分别判处被告人徐某等人有期徒刑。③ 在刑法修订中，考虑到盗窃尸体的行为主要是伤风败俗，妨害社会管理，因而将其单独设罪。在这种情况下，盗窃罪与盗窃尸体罪之间就形成了法条竞合。根据特别法优于普通法的原则，对于这种行为应以盗窃尸体罪

---

① 参见祝铭山主编：《中国刑法教程》，594页，北京，中国政法大学出版社，1998。
② 参见林山田：《刑法特论》，上册，205页，台北，三民书局，1978。
③ 参见董鑫主编：《盗窃罪个案研究》，27~28页，成都，四川大学出版社，1994。

论处。

（四）盗窃罪与盗掘古文化遗址、古墓葬罪、盗掘古人类化石、古脊椎动物化石罪的法条竞合

根据我国《刑法》第 328 条之规定，盗掘古文化遗址、古墓葬罪是指盗掘具有历史、艺术、科学价值的古文化遗址、古墓葬的行为。盗掘古人类化石、古脊椎动物化石罪是指盗掘国家保护的具有科学价值的古人类化石和古脊椎动物化石的行为。这里所说的盗掘，是指未经国家文化行政管理部门的批准，私自挖掘的行为，是一种较为特殊的盗窃行为。在 1979 年刑法中，并无上述两罪之设立，但 1982 年《文物保护法》第 31 条规定，私自挖掘古墓葬、古文化遗址的，以盗窃罪论处。对此，1987 年 11 月 27 日，两高《关于办理盗窃、盗掘、非法经营和走私文物的案件具体应用法律的若干问题的解释》对此也作了明文规定，并明确指出：处理这类案件，不能以被盗掘的古墓葬、古遗址是否已确定为重点文物保护单位为限，但对于盗掘已被确定为重点文物保护单位的古墓葬、古遗址（包括国家级、省级和县级）的，应从重处罚。及至 1991 年 6 月 29 日全国人大常委会颁布了《关于惩治盗掘古文化遗址、古墓葬犯罪的补充规定》，将盗掘古文化遗址、古墓葬行为单独设立罪名。在刑法修订中，吸收了上述单行刑法的规定，并增设了盗掘古人类化石、古脊椎动物化石罪。由此可见，在上述两罪与盗窃罪之间存在特别法与普通法的竞合关系，应以特别法规定的犯罪论处。

（五）盗窃罪与盗伐林木罪的法条竞合

根据我国《刑法》第 345 条第 1 款之规定，盗伐林木罪是指以非法占有为目的，盗伐森林或者其他林木，数量较大的行为。这里的盗伐，是指以非法占有为目的，未经国家林木行政管理部门批准，擅自采伐国家、集体所有的森林或者其他林木，以及擅自砍伐他人所有的林木的行为，因而是一种特殊的盗窃行为。由于 1979 年《刑法》第 128 条规定的盗伐林木罪的法定刑过轻，1984 年 9 月 20 日通过的《森林法》第 34 条第 3 款规定："盗伐林木据为己有，数额巨大的，依照《刑法》（指 1979 年《刑法》——引者注）第一百五十二条的规定追究刑事责

任。"这是在法条竞合中重法优于轻法的规定。修订后的《刑法》第 345 条第 1 款设立了盗伐林木罪的法定刑,因而不能再适用《森林法》的重法优于轻法的原则。但盗窃罪与盗伐林木罪的法条竞合关系是客观存在的,对此,应按照特别法优于普通法的原则,以盗伐林木罪论处。

(本文原载陈兴良主编:《刑事法判解》,第 1 卷,北京,法律出版社,1999)

利用柜员机故障恶意取款行为之定性研究

许霆案本来只是一起普通的刑事案件,但其被媒体披露后,在社会上引发广泛的关注,学者间对该案的定性也存在严重分歧。去除对待许霆案的一些非理性因素,从刑法专业与规范分析的视角正确地评判许霆案的定罪量刑,对于以后处理同类型的案件具有重要参考价值。

一、许霆案的裁判理由

2006年4月21日(周五)晚,在广州打工的许霆以自己余额为176.97元的银行卡到某商业银行自动柜员机(ATM)取款,因ATM系统升级出现异常,许霆在当晚10时至次日凌晨约3小时内三次持续以该银行卡取款170次,取款174 000元;许还将ATM机异常的情况告知同事郭安山,郭以同样手段取款19 000元。4月24日(周一),许霆辞职携款离开广州。该商行员工周一上班后发现涉案ATM机的异常,核查确定取款人后,去许霆单位找许,许已离开,用手机联络要求许退款未果,因而报案。一年多后,2007年5月22日,许霆在陕西省宝鸡市被抓获,其所取的钱款已被挥霍花光。

许霆案可谓一波三折。该案于 2007 年 9 月 27 日由广州市人民检察院以盗窃罪向广州市中级人民法院起诉,2007 年 12 月 17 日广州市中级人民法院以许霆犯盗窃罪判处无期徒刑。本案上诉以后,2008 年 1 月 9 日广东省高级人民法院以事实不清、证据不足为由发回重审。2008 年 3 月 31 日广州市中级人民法院重审以后以许霆犯盗窃罪,判处有期徒刑 5 年,并处罚金 2 万元。本案上诉以后,2008 年 5 月 23 日广东省高级人民法院二审裁定驳回上诉,维持原判,并将裁定依法报请最高人民法院核准。2008 年 8 月 20 日,最高人民法院核准许霆案的判决。在上述有关司法文书中,广州市中级人民法院原一审判决对许霆案的定性只有简单说明,广州市中级人民法院重审一审判决则对许霆案的定性作了较为充分的论证,尤其是对被告人许霆及其辩护人的辩解、辩护意见作了评判。不仅如此,广州市中级人民法院刑二庭庭长甘正培还对许霆案为何前后量刑相差悬殊进行了判后答疑,进一步阐述了裁判理由。同样,广东省高级人民法院重审二审裁定书也对许霆行为应当按照盗窃罪予以处罚的理由从三个方面作了详细阐述。在判决以后,本案二审的审判长刘锦平法官也就恶意取款符合秘密窃取特征作了二审判后答疑。所有这些资讯,都为我们从法理上分析许霆案提供了较为丰富的司法素材。现将本案的裁判理由引述如下。

(一)一审(重审)的裁判理由

关于辩护人提出被告人许霆的行为不构成盗窃罪,是民法上的不当得利,应对其作出无罪判决以及许霆提出其是保护银行财产而取款的意见,经查,许霆是在正常取款时,发现自动柜员机出现异常,能够超出余额取款且不能如实扣账之后,在三个时间段内 170 次指令取款,时间前后长达 3 个小时,直至其账户余额仅剩 1.97 元为止,然后携款逃匿。其取款的方式、次数、持续的时间以及许霆关于其明知取款时"银行应该不知道"、"机器知道,人不知道"的当庭供述,均表明许霆系利用自动柜员机系统异常之机,自以为银行工作人员不会及时发现,非法获取银行资金,与储户正常、合法的取款行为有本质区别,且至今未退还赃款,表明其主观上具有非法占有银行资金的故意,客观上实施了秘密窃取的行为。许霆的行为符合盗窃罪的主客观特征,构成盗窃罪。许霆关于是为保护银行

财产而取款,并准备把款项交给单位领导的辩解,缺乏事实根据,不能成立。辩护人关于许霆的行为不构成盗窃罪、属于民法上的不当得利、应对许霆作出无罪判决的辩护意见亦不能成立。

(二) 二审 (重审) 的裁判理由

1. 许霆恶意侵犯公共财产所有权的行为具有严重的社会危害性

许霆第一次在柜员机取款并多占有银行 999 元的利益属于民法上的不当得利,不是盗窃行为。因为许霆第一次取款时系无意中误输入 1 000 元的取款金额而导致多占有银行 999 元,许霆既不是故意要超余额取款,也不可能预见到银行柜员机出错会出现取 1 000 元只从账上扣款 1 元的情况,故其主观上既没有非法占有银行财产的故意,也没有过失,其行为性质不是侵权行为更不是犯罪行为。但许霆多占有银行 999 元的利益没有法律上的依据,属于民法上的不当得利,应当由民事法律来调整。

但是,许霆通过第一次无意的多取款并查询余额后,明知柜员机出现了异常并能够多占有银行资金,连续取款 170 次,取款金额达 174 000 元,非法占有银行财产 173 826 元,尔后又携款潜逃,至今都未能退赃。许霆的上述行为已经属于一种严重侵权行为,不仅严重侵犯了公共财产的所有权,给国家财产造成了巨大损失,还危害了国家金融机构正常的金融秩序,损害了金融安全,具有严重的社会危害性。

2. 上诉人许霆恶意取款的行为具有刑事违法性,符合盗窃罪的犯罪构成要件

首先,许霆主观上具有非法占有银行财产的故意。许霆在明知柜员机出现上述异常后,竟然在 3 个多小时内连续 170 次恶意取款,其行为相对第一次无意多取款的行为发生了本质的变化,从没有犯罪意图到临时产生了非法占有银行资金的故意。第一,许霆在第一次取款并通过查询银行卡余额后,已经明知柜员机出现了异常,能够超出余额取款且不能如实扣账,每次取款都能非法占有银行资金;第二,许霆利用柜员机的异常,主动多次实施取款行为,具有积极追求非法占有银行财产的目的;第三,许霆在取款后为逃避法律责任,又携款潜逃,最终

实现非法占有银行财产的目的。上述事实充分说明了许霆主观上具有侵犯公共财产所有权的故意、其取款行为的目的就是非法占有银行财产。

其次,许霆客观上实施的非法取款的手段符合"秘密窃取"的特征。盗窃罪中规定的"秘密窃取"指的是行为人采取自认为不被财物所有人或保管人当场发觉的方法,违背财物所有人、保管人的意志,利用非暴力的手段取得财物的行为。即"秘密"具有主观性、相对性的特点,主观性指的是行为人主观上自认为其行为未被发觉,至于实际是否被发觉并不影响秘密性的成立;相对性指的是行为的秘密性只是相对于财物所有人或保管人而言,即只要行为人自认为不会被财物所有人或保管人发觉即可,至于是否会被其他第三人或财物所有人、保管人设置的工具发觉不受影响。秘密性还只相对于行为实行的当时而言,至于行为事后是否会被发觉亦不影响秘密性的成立。而"窃取"指的是行为人的行为具有违背财物所有人、保管人的意志性和手段的非暴力性。本案中,柜员机只是银行用于经营、保管资金的智能工具,当柜员机出现故障时,已不能正确执行和代表银行的意志。许霆利用银行柜员机出现的故障,并趁银行工作人员尚未及时发觉柜员机的故障并对该柜员机采取有效保护措施之机,连续170次恶意取款。许霆取款时不仅明知柜员机出现了故障,而且通过第一次取款的成功,知道银行工作人员不会当场察觉到其恶意取款行为,且事实上银行也是直到许霆作案后第三天才发觉。上述事实足以说明许霆主观上产生了其非法占有银行财产的行为不会被银行工作人员当场发觉的侥幸心理,虽然许霆持有的是其本人的银行卡,柜员机旁亦有监控录像,这些都只是使银行事后能够查明许霆的身份,但不足以使银行能够当场发觉并制止许霆的恶意取款行为,所以许霆的行为具有"秘密性"特征;许霆持不具备透支功能的银行借记卡超余额取款,且每次取款银行卡账上都不能如实扣款,其恶意取款的行为之所以能够实现,是因为柜员机出现了异常,不能正确执行银行的指令,所导致出现的不如实扣账等故障情况违背了银行的真实意思,故许霆非法占有银行资金的行为显然违背了银行的意志;许霆取款时虽然输入了正确的密码,但由于许霆是基于非法占有银行资金的这一犯罪目的进行取款,在此前提下,其操作取款行为只是许霆非法占有银行财产的一种手段,密码

是否正确并不影响行为的定性,仅说明其行为具有非暴力性。综上,许霆的恶意取款行为完全符合"秘密窃取"的法律特征。

最后,许霆的行为属于盗窃金融机构,且数额特别巨大。根据最高人民法院《关于审理盗窃案件具体应用法律若干问题的解释》第八条规定:"刑法第二百六十四条规定的盗窃金融机构,是指盗窃金融机构的经营资金、有价证券和客户的资金等,如储户的存款、债券、其他款物,企业的结算资金、股票,不包括盗窃金融机构的办公用品、交通工具等财物的行为。"本案中,自动柜员机是银行对外提供客户自助金融服务的设备,机内储存的资金是金融机构的经营资金,许霆盗窃自动柜员机中资金的行为依法属于"盗窃金融机构"的行为;许霆共计取款成功171次,取款金额共计175 000元,其银行卡账上共计被划扣175元。许霆首次取款的1 000元,因其不具备犯罪意图,不计为盗窃金额;其后170次共计取款174 000元,但银行为此从许霆银行卡账上扣款174元,许霆实际只非法占有银行资金173 826元。故认定许霆盗窃银行经营资金共计173 826元,依法属于数额特别巨大。

3. 许霆的恶意取款行为具有应受刑罚处罚性

许霆的恶意取款行为已经不是民事侵权行为,其主观恶性及违法程度已经远远超出了民事违法的范畴,如果不受刑罚制裁,就不足以防止类似行为的出现,不能实现刑罚的预防目的。许霆没有法定的不承担刑事责任的情形,应当按照刑法相关规定处罚。

应该说,在媒体及社会公众关注以后,许霆案的重审判决较为公开透明,判决书的说理性大为增强,这是值得嘉许的。

二、民事不法抑或刑事犯罪

关于许霆案,争议最大的就在于罪与非罪的界限问题,即许霆的恶意取款行为究竟是民事不法还是刑事犯罪?辩护律师始终坚持许霆的行为只是民事上的不当得利并非刑事犯罪的辩护意见,在我国刑法学界,也有个别学者支持这种观点。

许霆的第一次取款行为当然是民事上的不当得利,对此并无争议。许霆插入真实的借记卡输入正确密码,其本来只取 100 元,因为按错数字键,柜员机吐出 1 000 元。许霆经查询取款机只在借记卡上扣除 1 元。在这一过程中,虽有许霆按错数字键这一无心之过,但主要是因为柜员机故障而使许霆获得 999 元意外之财。按照法律规定,许霆负有返还的义务,但并不能简单地因为许霆没有返还而获罪。如果构成侵占罪,应当严格地按照侵占罪的构成要件加以认定。

问题在于:许霆明知柜员机发生故障以后,利用柜员机的故障恶意取款 170 次,是否还属于民事上的不当得利?这里需要对不当得利的构成要件加以具体界定。在许霆案中,许霆的恶意取款行为到底是否属于民事上的不当得利,这是一个争议的焦点问题。但争议双方都没有对不当得利进行充分的法理分析,即使法院的判决也是如此,这不能不说是一个重大缺陷。

不当得利(unjustenrichment)是债的发生根据的一种,属于债法的一个概念。不当得利制度起源于古罗马法。在古罗马法中,建立在不正当的原因或法律关系基础上的财产增加称为不当得利(arricchimertoingiusto)。[①] 在民法理论上,一般认为不当得利必须具备以下 4 个构成条件。

(1)一方受有利益。所谓受有利益,是指因一定的事实结果而使其得到一定财产利益,既包括财产权利的增强或财产义务的减少,也包括财产应减少而未减少。

(2)他方受有损失,既包括财产应减少而未减少,也包括财产利益应增加而未增加。

(3)一方受利益与他方受损失之间有因果关系。即他方的损失是因一方受益造成的,一方受益是他方受损的原因,受益与受损之间有变动的关联性。

(4)没有合法根据。所谓没有合法根据,是指受益方利益的取得与受损方利益的损失没有法律上的原因。[②]

[①] 参见[意]彼德罗·彭梵得:《罗马法教科书》,黄风译,398 页,北京,中国政法大学出版社,1992。

[②] 参见《北京大学法学百科全书·民法学·商法学》,73 页,北京,北京大学出版社,2004。

应该说，上述不当得利的构成要件只是对不当得利这种法律事实作了某种程度的描述，尚未涉及不当得利与其他法律行为相区分的一些重要法律问题。例如，不当得利在客观上是作为还是不作为，在主观上是善意还是恶意等。对于这些问题，还需要结合不当得利的具体类型加以深入研究。

台湾地区学者王泽鉴提出了不当得利的类型化的概念。因为在民法中对不当得利作出了统一的规定，但在现实生活中，不当得利的现象是多种多样的，因此需要建立不当得利的类型。王泽鉴教授指出："不当得利类型化，可以使我们更清楚地认识各种不当得利的功能与其成立要件，尤其是最具争议性的直接损益变动关系，对于不当得利制度的解释适用，具有助益。"[1] 不当得利的类型不同，其具体的构成要件也是有所不同的。理解这一点，对于解决在不当得利构成要件上的争议具有重大意义。在古罗马法中，不当得利的类型是以针对不当得利提起的诉讼的方式体现出来的。针对不当得利提起的诉讼一般被称为"返还不当得利之诉"（condictionessinecausa）。它们分别是：

（1）当为了换取对方相应的给付而向他人给付了自己的财产时，可提起"因给付的要求返还之诉"（condictioobcausam datorum）。

（2）当因错误而实行了不当清偿（即根据某种不存在的或无效的债实行了清偿）时，可提起"错债索回之诉"（condictioindebiu）。

（3）当实行给付或允许是为了使他人不实施不道德的和不合法的行为时，可提起"因受讹诈的要求返还之诉"（condictioobturpem veliniustam causam）。

（4）当人们要求返还根据任何一种不存在的或已终止存在的关系而给付的钱物时，可提起狭义的"返还不当得利之诉"（condictiosinecausa）和"返还无债因给付之诉"（obcausam finitam）[2]。

关于不当得利的类型，除了以返还不当得利之诉的类型体现出来以外，还可

---

[1] 王泽鉴：《法律思维与民法实例·请求权基础理论体系》，143页，北京，中国政法大学出版社，2001。

[2] ［意］彼德罗·彭梵得：《罗马法教科书》，黄风译，398～399页，北京，中国政法大学出版社，1992。

以从不当得利的原因上加以分类。不当得利既可因给付行为而发生，也可因给付行为以外的事实而发生。因此，王泽鉴教授认为，不当得利可以分为"基于给付而受利益"和"基于给付以外事由而受利益"两个类型，即"给付不当得利"和"非给付不当得利"。王泽鉴教授指出：

基于给付而生的不当得利，以非债清偿为典型，如甲不知买卖契约不成立，而支付价金于乙，乙受领价金自始欠缺给付目的，系无法律上原因而受利益，乙因受领甲的给付，无法律上原因。基于给付外事由而生之不当得利，以侵害他人权益为典型，如甲擅将乙寄托之稀有邮票出售获利，或甲擅在乙的墙壁悬挂广告，于此情形甲之受益所以不具法律上原因，乃因其取得了依权益内容应归属于乙之利益。由此可知，基于给付而生的不当得利，与基于给付外事由而生的不当得利，法律所以使之成立不当得利，实有其不同的理由，应区别加以判断。①

根据以上对不当得利类型的界定，我们接下来讨论许霆是否属于不当得利。这一点涉及罪与非罪的问题。

关于许霆案的性质，我国刑法学界主张许霆的行为不构成犯罪而属于民法中的不当得利观点的杨兴培教授指出：

许霆的行为完全符合不当得利的构成要件，应纳入民法的调整范围。我国民法通则第92条规定："没有合法根据，取得不当得利，造成他人损失的，应当将取得的不当得利返还受损失的人。"不当得利的构成前提有以下两点：

（1）行为人取得的财物占有权没有合法的根据，这是不当得利构成的实质要件。就本案而言，许霆取得了巨款的占有权，是由于ATM机的故障所致。从民法的角度来分析本案，许霆不应当占有这一钱款，也无法取得对这一巨款的合法占有，因此要将钱款归还其真正的所有人。

（2）行为人非积极主动地实施违法行为得利的同时造成他人的损失。许霆获得利益的同时使得银行遭受了较大的经济损失。许霆后续行为当然违反了民法的

---

① 王泽鉴：《法律思维与民法实例·请求权基础理论体系》，142页，北京，中国政法大学出版社，2001。

诚实信用原则,将没有被及时扣除的钱款继续从 ATM 机上提取,其主观上具有致使银行利益受损的目的,属于恶意受益,符合不当得利的构成要件。基于其主观目的的恶意性,其返还责任应该较善意受益人有所加重。因此许霆除应将巨款返还给银行外,还应支付这段时间的银行利息;如果返还仍不能弥补银行遭受的损失,还要进行损害赔偿。①

在以上论述中,首先存在的问题是:许霆的恶意取款行为属于不当得利的哪一种类型,然后再来分析其行为是否符合这一不当得利的构成要件。

许霆的恶意取款行为到底是"基于给付以外事由而受利益"的非给付不当得利还是"基于给付而受利益"的给付不当得利?对此,需要结合这两种不当得利的构成要件加以分析。非给付不当得利发生的原因有 3 种:(1) 由于行为。(2) 由于法律规定。(3) 由于自然事件。因此,非给付不当得利在客观行为上可能以作为的方式构成,即受益人积极实施某种行为使本人受益他人受损。但非给付不当得利不具有给付性,这是它与给付不当得利的根本区分。而给付不当得利,是因为受损人的错误给付。受益人只是给付的接收者,其本身是一种不作为而非作为。在许霆案中,许霆的恶意取款行为是否属于给付不当得利,关键要看许霆的行为是作为还是不作为。如果许霆的行为是作为,那么就不可能构成给付不当得利;只有当许霆的行为是不作为,才有可能构成给付不当得利。

这里涉及许霆的第 1 次取款行为与后续的 170 次取款行为之间在客观上的差别问题。在主张许霆的行为构成不当得利而非犯罪的观点中,大多认为许霆的取款行为前 1 次与后 170 次之间具有同一性,即"插真卡输密码"因柜员机故障而获利。就获利而言,是柜员机故障造成的,许霆都是消极的接收者,其行为形式属于不作为。我认为,许霆第 1 次取款与后续 170 次取款行为在客观行为性质上是不同的:第 1 次取款本意是取借记卡中的 100 元,就此而言是作为。但由于操作失误,从柜员机口吐出 1 000 元,其 999 元的获得是机器故障造成的不当给付,对此许霆是不作为,处于消极接收的境地。因此,第 1 次取款是正当取款行为

---

① 杨兴培:《许霆案的行为性质认定和法理思考》,载《法学》,2008 (3)。

（作为）与给付不当（不作为）的想象竞合。在这一次取款中，许霆对于999元不当得利是不作为，符合给付不当得利的构成要件，属于民事上的不当得利。但后续的170次取款，虽然在表象上与第1次取款的操作过程是相同的，但在性质上明显不同。这种差异，就在于后继的170次取款是利用柜员机故障恶意取款，因而已经是一种作为而非不作为。虽然柜员机发生了故障，但现金仍然存放在柜员机内，正是许霆的恶意取款行为非法占有了柜员机内的财物。

之所以后续的170次取款行为性质不同于第1次，是以许霆认识到柜员机存在故障为前提的。第1次许霆不知柜员机存在故障，无意中获利；后继的170次许霆明知柜员机存在故障，恶意地利用这种故障非法受益，其行为是以作为方式反映出的非法占有金融机构财物的行为。那么，如何看待行为人主观认识上的变化而导致对其行为评价上的差异呢？辩护理由称：

许霆的取款行为在现行法体系内只能有一种确定的法律属性，要么是偷盗行为，要么是储户的取款行为，尽管取得的结果是：17.4万元－176元＝17.3……万元，即许霆每一笔1000元取款，有1元应当归自己外，其余999元为多取的部分，但不能因许霆的主观意识对999元有"恶意"或"善意"的贪念，而改变其作为储户合法取1元钱行为的法律属性。否则，就会走进主观归罪的误区。更加不能得出取1元钱的行为部分为储户合法取款行为，而999元行为部分为盗窃犯罪行为的结论。[①]

这里应当指出，对同一行为分为两个部分进行法律评价，这在刑法中是十分正常的现象。以刑法规定为例，刑法第204条第2款规定："纳税人缴纳税款后，采取前款规定的欺骗方法，骗取所缴纳的税款的，依照本法第二百零一条的规定定罪处罚；骗取税款超过所缴纳的税款部分，依照前款的规定处罚。"因此，对于以欺骗手段骗取国家出口退税款的同一行为，骗取的是所缴纳的税款部分定偷税罪；骗取的是非所缴纳的税款部分定骗取出口退税罪。又如，在司法实践中，

[①] 许霆案（重审）一审辩护词，载谢望原、付立庆主编：《许霆案深层解读——无情的法律与理性的诠释》，331页，北京，中国人民公安大学出版社，2008。

根据刑法第 238 条第 3 款的规定，为索要债务而非法拘押、拘禁他人的，应定非法拘禁罪。但行为人为索取明显超出债务数额的财物而非法扣押、拘禁他人的，对于明显超过部分就应以绑架罪论处。上述两例，都是同一行为分为两个部分进行评价，这在法律上是完全允许的。

问题在于：行为人主观要素的改变是否会影响对行为性质的法律评价？如果影响法律评价，是否属于主观归罪。对此，杨兴培教授指出：

> 许霆的行为形式没变，只是其主观心理发生了变化。因为其主观心理发生了变化，因此其行为性质也就发生了变化。肯定有罪者的观点、理由无非如此而已。……从民法层面分析，我们只能认定取得第一笔钱款属于不当得利行为。第二次行为由于在客观上是合法的，不管许霆内心如何思想，都无论如何不能进入到刑法的评价领域。由此我们只能无奈地认为，行为的合法与否，在法治的层面上，我们只能以行为的形式是否符合法律的规定为评价标准，舍此就很难说是法治意义上的标准。①

在此，存在合法性与违法性的评价标准问题，可以从以下三个方面加以分析。

一是许霆的行为是否属于民法上的合法交易行为？在辩护过程中，律师向法院提交了《广州市商业银行羊城借记卡章程》（以下简称《章程》），其中第 4 条规定："凡密码相符的交易均视为持卡人的合法交易，持卡人须对交易负责。"律师据此认为由于许霆取款时使用的是正确的密码，故其取款行为不具有刑事违法性。对此，二审判决作了这样的评判："上述规定仅只是银行设立的当非持卡人本人持卡和密码取款发生纠纷时的银行免责条款，其合法性是特指凡密码相符的交易行为产生的法律后果及于持卡人的法律效力而言，并没有对交易行为是否正当等其他方面进行合法性评价。"我认为，这一裁判理由是充足的。由此可见，在对某些条款作解释的时候，应当究其原意，而不能牵强附会地理解。一个行为是否具有刑事违法性，应当以刑法规范作为判断的根据。在绝大多数情况下，民

---

① 杨兴培：《许霆案的行为性质认定和法理思考》，载《法学》，2008（3）。

法上的判断与刑法上的判断之间具有一致性，并且刑事违法以民事违法为前提，民事合法可以成为刑事违法的阻却事由。但在少数情况下，刑法上的判断与民法上的判断可能是不一致的。例如，非法占有的状态民法是不保护的，但窃取他人非法占有的财物仍然构成盗窃罪。因此，刑法判断的独立性应当得到维持。就《章程》第4条而言，它对合法交易的解释是以卡中有款这种通常情形为前提的，对其效力范围应当加以限制。尤其是，它不能影响对许霆利用柜员机故障恶意取款行为的刑事违法性的判断。

二是合法行为与违法行为区分的相对性。应当指出，合法行为与违法行为的区分是相对的，在一定条件下甚至是会发生转化的。因此，离开了特定条件，是无法对某一行为究竟是合法行为还是违法行为作出正确判断的。例如杀人行为，在绝大部分情况下是违法行为，但也不排除正当防卫杀人是违法阻却的杀人，即不具有违法性的杀人行为。至于依照合法判决执行死刑命令，那就是合法的杀人行为。又如医生甲经诊断发现病人乙有感冒症状，遂给乙开感冒药，这一开药行为是正常的治疗行为。但如果甲知道乙患心脏病，吃了这种感冒药就会诱发心脏病而死亡。基于希望乙死亡的故意仍然开出感冒药，结果吃药致使乙死亡。从抽象来看，这一开药行为是对感冒的正常治疗行为，但在病人患心脏病吃了感冒药就会诱发心脏病而死亡的情况下仍然开药，这一开药行为就是一种杀人行为。[①] 在本案中也是如此。从形式上看，许霆是插真卡输正确密码，似乎是合法交易行为，但他是在明知柜员机存在故障的情况下恶意取款，因此这一取款行为具有违法性。

三是违法性的判断标准，这是一个根本性的问题。关于这个问题，在刑法理论上存在一个从客观违法性论到主观违法性论的演变过程。最初刑法理论上的通说是客观的违法性论，其口号是："违法是客观的，责任是主观的"，由此而把（客观）违法与（主观）责任加以严格区分。客观违法性论实际上就是客观构成要件论，认为构成要件是违法类型，因而正是构成要件的客观性决定了违法性的

[①] 参见陈兴良：《许霆案的法理分析》，载《人民法院报》，2008-04-01，第5版。

客观性。此后,德国学者麦兹格发现了主观违法要素,即在某些情况下,只从客观方面对行为的违法性是无从作出正确判断的,而必须考虑行为人的主观要素,例如目的犯之目的、倾向犯之倾向等。主观的违法要素实际上也是主观的构成要素,因此,有些学者虽然仍然坚持客观的违法性论,但却承认主观构成要素。例如日本学者小野清一郎指出:

> 关于违法性这个问题,我也属于客观违法性论者。某一行为是否违法,原则上要由其客观外部方面来决定,所以,关于主观违法要素的存在,我大体上持怀疑态度。然而,否定主观违法要素,并不等于直接地否定了主观构成要件要素或主观违法类型要素。对于主观的构成要件要素,我是肯定的。①

无论是称主观违法要素还是称主观构成要件要素,主观要素对于违法性判断的意义现在已经为刑法理论所承认。例如日本学者大塚仁教授指出:

> 主观的违法要素被构成要件类型化时,就成为主观的构成要件要素。主观的构成要件要素只不过成为关于其存在与否的定型性判断的对象,而主观的违法要素则应该对其内容・程度进行更实质的考虑,两者有着不同的性质。在有些场合,由于存在某种主观要素,行为就被合法化。例如,正当防卫中的防卫意思和紧急避险中的避险意思等即是。这种要素被称为主观的正当化要素(subjektive Rechtfertigungselemente)。②

因此,主观的违法要素与主观的正当化要素具有对应性,都表明主观要素具有违法化或者正当化的功能。因此,同一行为,如果主观上具有违法要素,就会被评价为违法行为,如果主观上具有正当化要素,就会被评价为合法行为。在许霆案中,第 1 次取款行为,是基于正当交易的目的,因而其行为是一种合法交易行为。即使意外地多得 999 元,也应当认定为不当得利。但后续 170 次取款,许霆在主观上具有非法占有的目的,因而其行为应当被评价为犯罪行为。这种对同

---

① [日] 小野清一郎:《犯罪构成要件理论》,王泰译,59 页,北京,中国人民公安大学出版社,2004。
② [日] 大塚仁:《刑法概说(总论)》,3 版,冯军译,309 页,北京,中国人民大学出版社,2003。

一行为根据主观意思的不同分别评价为合法行为或者违法行为,并非主观归罪,而恰恰是在客观构成要素具备的基础上,主观要素对于行为违法性的决定作用所致,是合乎刑法原理的。

许霆的取款行为,在主观上出于恶意并无异议。但不当得利是否主观须出于善意,是否存在恶意的不当得利,这在民法理论上是存在争议的。我国民法通说认为,不当得利以受益是否知情为标准可分为善意不当得利和恶意不当得利。受益人取得利益时不知其受益无合法根据是善意不当得利,反之,则为恶意不当得利。因此,我国民法理论认为:不当得利本质上是一种利益,与当事人的意志无关,只要存在不当得利这一事实,不论当事人意志如何,均应产生不当得利之债。[①] 但也有学者不认同这种观点,认为只有善意地取得不应当取得的财产才是不当得利,否则就不是不当得利而是具有非法性的侵权行为。[②] 我认为,不当得利在受益人主观上是否必须为善意,换言之,受益人主观上出于恶意,是否可以构成不当得利,不可一概而论,而应当根据不当得利的具体类型加以考察。在无债清偿返还(condictioindebiti)的不当得利中,受益人主观上应出于善意,如为恶意或有欺诈,则受益人要以盗窃论处。[③] 因此,在无债清偿这种不当得利类型中,主观上只能出于善意,尽管在其他类型的不当得利中主观上也可以是出于恶意的,而许霆利用柜员机故障恶意取款行为,如果构成不当得利,只能是无债清偿的不当得利,但无债清偿的不当得利要求行为人主观上出于善意,而许霆利用柜员机故障取款,主观上出于恶意,因此不符合无债清偿的不当得利的构成要件。

行文至此,可以对许霆的取款行为是否构成不当得利做一个总结。我的基本观点是:许霆的第 1 次取款行为属于不当得利,即无债清偿的不当得利,与之对应的是受损人可以提起错债索回之诉。在无债清偿的不当得利中,受益人在客观上是不作为,处于消极的接收地位;在主观上是善意,是受损人之过错导致受益

---

① 参见王利明等:《民法新论》(下),420 页,北京,中国政法大学出版社,1983。
② 参见谢邦宇、李静堂:《民事责任》,404 页,北京,法律出版社,1991。
③ 参见周枏:《罗马法原论》(下册),771 页,北京,商务印书馆,1994。

人的获利。许霆第 1 次取款行为符合这一特征：因其取款行为是正当交易行为，只是由于柜员机的故障致使许霆消极获利，客观上的不作为与主观上的善意，都符合无债清偿的不当得利的构成要件。但后续的 170 次取款则与之不同：许霆在明知柜员机存在故障的情况下，出于非法占有的目的恶意取款。在这种情况下，许霆客观上是作为，主观上出于恶意，已经完全不符合无债清偿的不当得利的构成要件。

三、侵占罪之非议

我在上文论证许霆的后续 170 次取款行为不是民事上的不当得利，其实同时也已经否定了许霆利用柜员机故障恶意取款的行为构成侵占罪。因为许霆行为构成侵占罪的结论是以许霆的取款行为属于不当得利为前提的；前提不存，结论则无。在此，我还是想对许霆行为构成侵占罪的观点为什么难以成立，不厌其详地加以阐述。在重审一审判决后的判后答疑中，广州市中级人民法院刑二庭庭长甘正培与记者有这样一段对答。

记者：许霆的行为为何不定侵占罪？

甘正培：根据我国刑法第 270 条的规定，侵占罪是指将代为保管的他人财物或者他人的遗忘物、埋藏物非法占为己有，数额较大，拒不退还的行为。而被告人许霆所非法占有的是银行放在自动柜员机内用于经营的资金，该资金既不是他人的遗忘物、埋藏物，也不是银行委托许霆代为保管的财物，故许霆的行为不符合侵占罪的犯罪构成要件。[①]

在这一判后答疑中，甘正培庭长强调许霆所非法占有的是放在柜员机内的资金因而不是侵占，这是正确的。当然，仅以该资金不是他人的遗忘物、埋藏物或者银行委托代为保管的财物而否认侵占是逻辑不周全的。因为侵占罪的客体，除

---

① 参见《前后量刑相差悬殊的背后——广州中院对许霆案的判后答疑》，载《法制日报》，2008-04-01，第 3 版。

上述3种以外，还包括不当得利的财物以及其他已然持有的财物。因此，许霆的行为是否构成侵占罪，应当从以下三个方面加以考察。

（一）柜员机发生故障状态下款项的法律性质

在财产犯罪，侵占罪是一种十分独特的犯罪，它与其他财产犯罪之间存在明显的区别。这里涉及对财物犯罪的分类，而这恰恰是我国刑法研究中的一个薄弱环节。在我国刑法研究中，只是对刑法规定的财产犯罪进行逐个研究，对各个财产犯罪之间的关系缺乏统筹性的考察，这是有所欠缺的。其实，财产犯罪是一个整体，根据不同标准可以对财产犯罪进行细致分类，各种类型的财产犯罪具有各种特点，这对于正确地区分财产犯罪具有重要的参考价值。例如，在日本刑法中，财产犯罪可以作以下分类：（1）财物罪与利益罪；（2）针对全体财产之罪与针对个别财产之罪；（3）领得罪与毁弃罪。其中，领得罪又可以进一步加以分类，对此，日本学者西田典之教授指出："领得罪还可以根据是否伴有占有的转移，区分为占有转移罪（也称为夺取罪）与侵占罪。根据占有的转移是否有违对方的意思，占有转移罪可以进一步区分为有违对方意思的盗取罪（盗窃罪、不动产侵夺罪、强盗罪），以及基于对方意思的交付罪（诈骗罪、恐吓罪）。"[1]

可以说，人身犯罪主要是根据侵害客体进行分类，例如侵害生命的杀人罪、侵害身体的伤害罪、侵害性权利的强奸罪等。但财产犯罪在侵害客体上是相同的，只属于对财产权利的侵害，因此主要是根据侵害方法进行分类。而侵占罪与其他财产犯罪相比，是否存在占有转移是一个最大的差别：侵占罪是以已然持有为前提，因而不存在占有转移；而其他财产犯罪在实施犯罪之前，财产处于他人持有之中，正是通过一定的犯罪方法使他人控制的财产转而处于本人控制之下，这就是所谓占有转移。因此，在实施犯罪前，财产是否处于行为人控制之中，就成为侵占罪与其他犯罪相区分的主要根据。

那么，在柜员机发生故障的情况下，银行资金处于一种什么样的状态呢？换

---

[1] ［日］西田典之：《日本刑法各论》，3版，刘明祥、王昭武译，108页，北京，中国人民大学出版社，2007。

言之,银行是否因为柜员机发生故障而丧失了对柜员机内资金的合法控制?对此,无论是主张有罪的观点还是主张无罪的观点,都不否认在柜员机发生故障的情况下,柜员机内的现金仍然处于银行的控制之中。例如,杨兴培教授指出:"ATM机虽然发生故障,但是从法律上来说,ATM机仍然为设置银行所有,机器内的钱款仍然属于设置银行所有,仍然为银行所控制。"① 这一观点当然是正确的,正如同我把财物遗忘在家里,不能仅仅根据遗忘这一特征就把该财物确认为遗忘物,因为它仍然在家里放着,处于我的控制之中。

既然承认在柜员机发生故障的情况下,柜员机的现金处于银行的控制之下,这就排除了已然持有这一构成侵占罪的前提条件。为什么还会认为许霆利用柜员机故障恶意取款行为构成侵占罪呢?这就需要进一步分析柜员机内的现金转移到许霆手里这一占有转移过程的法律性质。

(二)柜员机内现金占有转移的法律性质

柜员机内现金占有转移过程,也就是许霆的取款过程。那么,许霆利用柜员机故障恶意取款行为的法律性质如何认定呢?主张许霆无罪的观点主张许霆的取款行为属于正常交易,至多其交易无效而已。例如辩护律师在重审一审辩护词中指出:

> 许霆使用自己的实名银行卡到有监控、结算中心系统的自动柜员机上取款,输入的是自己的密码,付款申请也是以自己名义提出,又经过银行网络中心验证、同意后,主动交款,自始至终的取款行为都是公开的,不存在秘密环节。银行机器的故障并不影响行为的公开性,只是影响了交易行为的有效性。②

上述辩护意见虽然是在论证许霆取款行为不具有盗窃罪所要求的秘密性特征,但其基本逻辑还是将许霆的取款行为当作一种正当交易的行为。既然取款行为是正当的,许霆获得多于借记卡扣除数额的现金只是一种不当得利,即是银行

---

① 杨兴培:《许霆案的行为性质认定和法理思考》,载《法学》,2008(3)。
② 参见谢望原、付立庆主编:《许霆案深层解读——无情的法律与理性的诠释》,331页,北京,中国人民公安大学出版社,2008。

"错给"。例如我国学者指出："银行方面的失误是本案发生的必要前提，没有银行的失误，许霆的行为不可能取得非法所得，本案也不可能发生，'错给'不是许霆制造的，超出存款余额'错给'是这一 ATM 机故障本身就具有的性质，许霆只是利用了。"[1] 这里涉及柜员机故障与许霆取款行为性质之间相关性的分析。确实，如果柜员机不发生故障，许霆不可能进行恶意取款。因此，自动柜员机故障对于许霆的恶意取款行为具有诱发性。但是，能不能因为柜员机故障而将许霆的取款行为定性为是银行错给？这里需要研究的是柜员机故障所产生的银行过错的性质。对此，我国学者陈甦教授提出过错应根据所在的法律关系认定的命题，我是极为赞同的。陈甦教授指出：

柜员机发生失灵，利用柜员机提供服务的银行确有过错，但是，银行的过错要根据该过错所在的法律关系来认定。对于许霆而言，银行过错不是侵权上的过错，因为银行并未侵害许霆的权利；这个过错也不是违约上的过错，因为银行对许霆不构成违约上的责任。所以在许霆取款过程中，银行并没有违反对许霆的义务。许霆完全可以足额取走其借记卡上实际拥有的款项，至于柜员机少扣划的账户记载，日后由银行更改借记卡记录即可。

银行的过错仅仅是在许霆第一次取款时，银行因柜员机失灵造成许霆不当得利。至于后来许霆实施侵权行为时，银行对许霆没有任何过错。如果脱离了待判定的过错所在的法律关系，将柜员机失灵与许霆盗取款项混为一个法律关系上的问题，就会得出银行反倒对许霆的侵权行为有过错的结论，而这种结论是非常错误的。[2]

因此，柜员机故障不能直接等同于银行过错。柜员机故障对于善意取款人才是一个过错，其后果是构成受益人的不当得利。但柜员机故障对于恶意取款人不是过错，而只不过是其利用来进行非法占有的一个便利条件。正如我忘了锁门，

---

[1] 李飞：《析许霆案重审判决之两大错误》，载谢望原、付立庆主编：《许霆案深层解读——无情的法律与理性的诠释》，107 页，北京，中国人民公安大学出版社，2008。

[2] 陈甦：《失灵柜员机取款案的民法分析》，载《人民法院报》，2008-01-17，A5 版。

对于误入者来说是一个过错，但对于侵入者来说只是提供了一种条件。从这个意义上来说，许霆获得超过借记卡余额的款项是其恶意取得的结果，而不是银行错给的结果。因此，许霆的行为不是民法上的不当得利，而是民法上的侵权行为，至于这种侵权行为在刑法上如何评价，那是另外一个问题。既然许霆的受益不是不当得利的结果，也就进一步排除了构成侵占罪的可能性。

（三）柜员机因故障而支付款项的法律性质

在许霆案中，存在两个行为：一是取款行为，二是占有行为。那么，到底哪一个行为是刑法评价的客体呢？这个问题直接关系到许霆的行为能否认定为侵占罪。对此，我国学者认为"插真卡输密码"无刑法评价意义，"从出款口拿钱"属于侵占脱离银行占有的遗忘物。在论证脱离银行占有的遗忘物时，我国学者高艳东博士指出："在取款机出错时，银行虽然没有放弃所有权，但事实上无法占有出款口的资金，且该资金并非基于银行本意而脱离其占有，属于遗忘物。因此，'从出款口拿钱'就只能评价为侵占行为。"① 显然，这种主张许霆的行为构成侵占罪的观点，其理由是十分独特的。一般主张许霆的行为构成侵占罪的观点，其理由都认为许霆获得超过借记卡的款项属于民事上的不当得利，在不当得利的情况下拒不返还而构成侵占罪。但高艳东博士的观点则认为，柜员机出口的款项属于遗忘物，许霆占有银行遗忘物拒不退还而构成侵占罪。

关于这个问题，应当从遗忘物的概念着手分析。应当指出，在外国刑法中并无遗忘物的概念而只有遗失物的概念，例如日本刑法第254条，将遗失物、漂流物或者其他脱离占有的他人之物统称为占有脱离物侵占罪，它和单纯侵占是两个独立的罪名。而我国刑法第270条则称遗忘物，并且把将他人的遗忘物或者埋藏物非法占为己有，数额较大的行为规定为侵占罪的一种行为方式。在我国刑法理论上，一般认为，遗忘物是指由于财产的所有人、占有人的疏忽，遗忘在某处的物品。在司法实践中，遗忘物和遗失物是有区别的：遗忘物一般是指被害人明确知道自己遗忘在某处的物品，而遗失物则是失主丢失的物品，对于拾得遗失物未

---

① 高艳东：《从盗窃到侵占：许霆案的法理与规范分析》，载《中外法学》，2008（3），474页。

交还失主的不得按本罪处理。① 由此可见，遗忘物具有以下三个特征：一是财产所有人或者占有人丧失了对财产的控制；二是之所以丧失控制是由于财产所有人或者占有人的疏忽；三是财产所有人或者占有人仍然知道财物遗忘的场所，因而区别于遗失物。

按照以上我国刑法中遗忘物的概念，我们来分析许霆案。上文我已经指出，当款项处于柜员机内时，尽管柜员机发生故障，银行并没有丧失对该款项的控制，因而不属于遗忘物。那么，为什么在许霆将款项从柜员机内取出，就变成了遗忘物了呢？高艳东博士的论证逻辑是：许霆"插真卡输密码"的行为无刑法评价意义，因为这一无评价意义的行为导致柜员机自动出错而出款时，银行丧失了对出款口资金的控制，因而出款口资金属于占有脱离物型的遗忘物。② 关于"插真卡输密码"的行为是否具有评价意义，即是评价为不当得利还是刑事不法，这当然是另一个应当讨论的问题。现在的问题在于：柜员机出错而出款，该款项为什么就是遗忘物？高艳东博士将"机器自动出错"与"使机器出错"相区分，这当然是正确的。但因"机器自动出错"而受益又可以分为以下两种情形：一是利用机器出错而获利，这是一种积极的作为；二是因为机器出错而获利，这是一种消极的不作为。这两种获利的法律性质是有所不同的：后者属于不当得利，前者是一种侵权行为，只不过是利用柜员机故障而侵犯银行的财产所有权。因此，不能认为机器故障不是许霆造成的，许霆的行为就不是犯罪。柜员机虽然发生了故障，但这一故障在以下两种情况下才使银行款项成为他人的不当得利：一是柜员机因为发生故障而在无人操作的情况下自动吐款。二是柜员机因为发生故障将银行或者他人账（卡）上的款项划入许霆的借记卡中。但上述两种情形都不存在，柜员机的故障只有在许霆的操作下才会吐款。在这种情况下，柜员机吐款并非"自动出错"，而恰恰是"被动出错"。因此，柜员机所吐款项并不是银行的遗忘

---

① 参见胡康生、郎胜主编：《中华人民共和国刑法释义》，3版，420页，北京，法律出版社，2006。
② 参见高艳东：《从盗窃到侵占：许霆案的法理与规范分析》，载《中外法学》，2008（3），472～473页。

物,而是许霆操作的结果。在这个意义上说,具有刑法意义的仍然是许霆的取款行为。

四、诈骗罪之质疑

在主张许霆利用柜员机故障恶意取款行为构成犯罪的学者中,认为许霆构成诈骗罪或者信用卡诈骗罪的观点具有一定的影响。

诈骗罪是一种财产犯罪,我国刑法对诈骗罪采用了简单罪状的立法方式。在刑法理论,一般认为诈骗是指以非法占有为目的,用虚构事实或者隐瞒真相的方法,骗取公私财物的行为。[1] 在我国刑法理论上,更多是强调虚构事实、隐瞒真相的诈骗方法。这里的虚构事实,是指捏造不存在的事实,骗取被害人的信任,从而"自愿地"交出财物。而隐瞒真相,是指故意对被害人掩盖客观存在的某一事实,以哄骗被害人,使其"自愿地"交出财物。而这种"自愿"实际上是受行为人的欺骗而上当所致,并非出自被害人的真正意愿。[2] 在这一对诈骗行为的法理阐释中,虽然也论及被害人的"自愿"交付行为,但对该交付行为并未作进一步的论述。在大陆法系刑法理论中,往往将诈骗罪描述为以下环环相扣的因果过程。

欺骗行为—错误认识—处分(交付)行为—诈取

在上述诈骗罪的构成中,纳入了被害人的行为,即陷于错误认识,基于这种错误认识而交付财物。可以说,诈骗罪是一种典型的被害人有过错的犯罪,正确地理解被害人的过错对于诈骗罪的认定具有重要意义。正因为只有存在被害人的认识错误才能构成诈骗罪,因而在日本刑法理论中存在"机器不能被骗"的命题,并在刑法理论与司法实务上得到遵从。例如日本学者西田典之教授指出:

---

[1] 参见胡康生、郎胜主编:《中华人民共和国刑法释义》,3版,415页,北京,法律出版社,2006。
[2] 参见周道鸾、张军主编:《刑法罪名精释》,3版,513~514页,北京,人民法院出版社,2007。

诈骗行为首先必须指向人的行为。也就是，由于机械并不会陷于错误，因而把类似于货币的金属片插入自动售货机而不正当地获取果汁、香烟、乘车券等的就并不构成诈骗罪，而是构成盗窃罪。同样，判例也认为，利用伪造的 CD 卡（指信用卡——引者注）或拾得的 CD 卡从 CD 机（自动取款机）上取款的行为也不是诈骗而是盗窃。与此相反，即便实施了利用类似于货币的金属片而不正当地使用公用电话机、投币存物箱、游戏中心的游戏机的行为，由于属于利益盗窃，因而按照现行法的规定，既不是诈骗也不是盗窃，而只能是不可罚。[1]

"机器不能被骗"的命题，也受到我国学者张明楷教授的认同。张明楷教授认为，只有坚持"机器不能被骗"的观点，才能维持诈骗罪的定型，并进而将诈骗与盗窃加以区分，否则诈骗罪与盗窃罪必将混淆。张明楷教授指出：

构成要件是犯罪的定型，诈骗罪是一种具体类型，有特定的构造与模型。即行为人的欺骗行为导致受骗者陷入或者维持认识错误，进而处分财产。如果认为计算机等机器也可以成为受骗人，则导致诈骗丧失其定型性，从而使诈骗罪的构成要件丧失罪刑法定主义机能。与此相联系，如果认为计算机等机器也可以成为欺骗行为的受骗者，那么，就几乎不可能区分诈骗罪与盗窃罪。例如，根据机器可以成为受骗者的观点，将普通铁币投入自动贩卖机而取出商品的行为，构成诈骗罪。这是难以接受的。再如，许多汽车装有智能锁，其钥匙具有识别功能。如果采纳机器也可能成为受骗者的观点，那么，使用某种工具打开汽车的智能锁开走汽车的，也成立诈骗罪。不仅如此，倘若采纳机器也可能成为受骗者的观点，当被害人的住宅大门安装智能锁时，行为人使用工具使该门打开的，也属于欺骗机器；从住宅取得财物的，也成立诈骗罪。[2]

因此，"机器不能被骗"虽然只是一个理论上的命题，但它与诈骗罪的本质密切相关，可以说是一种隐形的法律。如果坚持"机器不能被骗"这一立场，许

---

[1] ［日］西田典之：《日本刑法各论》，3 版，刘明祥、王昭武译，149～150 页，北京，中国人民大学出版社，2007。

[2] 张明楷：《诈骗罪与金融诈骗罪研究》，90～91 页，北京，清华大学出版社，2006。

霆的行为当然与诈骗罪无涉。① 因此，我国学者通过否认"机器不能被骗"的观点，作为许霆的恶意取款行为构成（信用卡）诈骗罪的一个重要突破口。例如我国学者刘明祥教授指出：

  在刑法中单设使用计算机诈骗罪、信用卡诈骗罪，这本身就表明在立法上承认它具有不同于传统诈骗罪的特殊性。其特殊性就体现在机器本身并不能受骗，只是由于机器是按人的意志来行事的，机器背后的人可能受骗，使用计算机诈骗、信用卡诈骗同传统诈骗罪相比，受欺骗具有间接性，即以智能化了的计算机作为中介，实质上是使计算机背后的人受了骗；同时，人处分财物也具有间接性，即由计算机代替人处分财物，并非是人直接处分财物。既然如此，我们就不能完全用传统诈骗罪的观念来解释计算机诈骗罪、信用卡诈骗罪。由此可见，以机器本身不能受骗来否定非法使用信用卡在 ATM 机上恶意取款行为的诈骗性质，从而作为定盗窃罪的根据是不妥当的。②

  上述观点似乎在这一点上有些模糊：信用卡诈骗罪是特殊诈骗类型，因而可以不恪守"机器不能被骗"的原则。那么，普通诈骗罪是否还应当坚持"机器不能被骗"的立场呢？毫无疑问，诈骗罪与信用卡诈骗罪等特殊诈骗罪之间存在法条竞合关系，后者必然具备前者的本质特征。因此，在"机器不能被骗"这一问题上，信用卡诈骗罪不能有例外。

  根据我国刑法第 196 条的规定，信用卡诈骗罪表现为以下 4 种情形：（1）使用伪造的信用卡的；（2）使用作废的信用卡的；（3）冒用他人信用卡的；（4）恶意透支的。在以上 4 种情况下，都是人被欺骗而不存在机器被骗的问题。我国学者刘明祥教授认为，许霆恶意取款行为属于恶意透支，应定信用卡诈骗罪。刘明祥教授指出："由于 ATM 机出故障，许霆所用借记卡能够在自己卡中仅存 170 余元的情况下取出 17 万余元现金，表明其借记卡已具有了透支的功能（即在卡中无存款记录的情况下先支取钱款）。如果他是以非法占有为目的，经发卡银行

---

① 参见张明楷：《许霆案的定罪与量刑》，载《人民法院报》，2008-04-01，第 5 版
② 刘明祥：《在 ATM 机上恶意取款行为不应定盗窃罪》，载《检查日报》，2008-01-08，第 3 版。

催收后仍不归还,那就是恶意透支。"①

在银行法上,透支是指在银行设账户的客户在账户上已无资金或者资金不足的情况下,经过银行批准,以超过其账户资金的额度支用款项的行为。透支可以分为善意透支与恶意透支。根据我国刑法第 196 条第 2 款的规定:"前款所称恶意透支,是指持卡人以非法占有为目的,超过规定限额或者规定期限透支,并且经发卡银行催收后仍不归还的行为。"恶意透支构成信用卡诈骗罪,是具有一定特殊性的。同时恶意透支行为也完全可以通过自动柜员机实现,但透支不仅是行为人的一种行为,而且是信用卡的一种功能。银行在发放信用卡的时候,已经设置了这种功能,因而概括性地处分了一定的财物。我国刑法中的信用卡,不仅包括具有透支功能的狭义上的信用卡,而且包括不具有透支功能的广义上的信用卡,即所谓借记卡。在一般情况下,由于借记卡不具有透支功能,因而是不可能构成恶意透支型的信用卡诈骗罪的。在许霆案中,由于柜员机发生故障,许霆可以超过其卡中的额度取款,那么,这种情形能否认为借记卡已具有了透支功能呢?对此,我的观点是否认的。透支功能是银行主动设置的,借记卡不可能因故障而具有透支功能。而且,透支并非是在卡中无存款记录的情况下先支取钱款,而是超过卡中款额提取款项,提取款项的额度在卡上当然是有记录而非无记录。而在许霆案中,因为柜员机发生故障,许霆取 1 000元,卡上才扣 1 元。无论对于银行来说,还是对于许霆来说,这一利用柜员机故障的恶意取款行为都不是恶意透支。正如刘明祥教授指出:滥用自己名下的信用卡的行为(恶意透支)的本质是滥用信用,即滥用信用卡发行者给予会员(持卡人)的信用,侵害了信用卡发行者与会员(持卡人)之间的信赖关系,从根本上破坏了信用卡制度,妨害了利用信用卡从事正常的交易活动。② 但在利用柜员机故障恶意取款的情况下,侵犯的并不是信用制度,而是侵犯了金融机构的财产所有权。因此,许霆的行为不符合恶意透支的本质特征,也不能由此构成信用卡诈

---

① 刘明祥:《在 ATM 机上恶意取款行为不应定盗窃罪》,载《检察日报》,2008-01-08,第 3 版。
② 参见刘明祥:《财产罪比较研究》,265 页,北京,中国政法大学出版社,2001。

骗罪。

我国个别学者认为许霆对柜员机进行欺诈性操作,从而骗取他人钱财,构成普通诈骗罪。[①] 这里主要涉及如何理解欺诈性操作的问题。我国学者谢望原教授指出:

在许霆案中,行为人利用 ATM 机信息识别系统错误——行为人从 ATM 机提取 1 000 元却只在行为人的银行账户中扣除 1 元,这本质上等于行为人用 1 元冒充 1 000 元来和银行进行交易,而银行(工作人员)却错误地相信行为人支付的 1 元就是 1 000 元,从而支付给行为人 1 000 元!如果上述分析符合逻辑,那么许霆所实施的 170 多次非法套取银行 ATM 机钱款的行为就是地地道道的诈骗而非盗窃。[②]

上述逻辑推理是值得推敲的。诈骗是行为人通过虚构事实而使他人陷于认识错误,或者隐瞒真相而使他人陷入认识错误或者使他人保持认识错误状态,在此基础上使他人处分财物。因此,虚构事实是制造他人的错误,而隐瞒真相往往包含利用他人已有的错误。在许霆案中,不存在制造他人的错误。那么,利用柜员机的故障是否属于利用他人错误呢?我的回答是否定的。正如上文指出,柜员机的故障不等于银行的过错。而且,许霆也并没有进行欺诈性操作,正如我国学者陈甦教授指出:

对许霆从柜员机取款的行为,不能认定为欺诈,因为许霆取款时输入的资料和指令都是真实的,既没有隐瞒真相也没有捏造事实。许霆输入取款 1 000 元的指令,柜员机就执行支付 1 000 元的指令,只是在记载扣除相应款项这个环节上发生错误。这个错误不是许霆指示或欺骗的结果,而是机器自己糊涂犯晕记错账的结果。[③]

---

① 参见谢望原:《许霆案深层解读:无情的法律与理性的诠释》,载《法制日报》,2008-01-20,第 14 版。
② 谢望原:《许霆案的再思考:刑事司法需要怎样的解释?》载谢望原、付立庆主编:《许霆案深层解读——无情的法律与理性的诠释》,97~98 页,北京,中国人民公安大学出版社,2008。
③ 陈甦:《失灵柜员机取款案的民法分析》,载《人民法院报》,2008-01-17,A5 版。

这里所谓机器自己糊涂犯晕,就是指柜员机发生故障。这一故障并非许霆造成,他只不过是利用这一故障恶意取款而已,该款项并不是机器基于认识错误而交付的,因为"机器不能被骗"。实际上,在许霆案中,机器也确实没有被骗。因此,无论是信用卡诈骗罪还是普通诈骗罪,都不能成立。

五、盗窃罪之论证

盗窃罪也许是财产犯罪中最为古老的一个罪名,在我国春秋时期就有窃盗之罪,例如《荀子·修身》曰:"窃货为盗"。汉初,刘邦入关约法三章:杀人者死,伤人及盗抵罪。其中,盗罪就是三罪之一。关于盗的含义,《晋书·刑法志》引张裴律表云:"取非其物谓之盗。"及至《唐律》,将盗罪分为强盗与窃盗。《唐律·贼盗律》规定:"诸盗,公取、窃取皆为盗。"《疏议》曰:"公取,谓行盗之人,公然而取;窃取,谓方便私窃其财,皆名为盗。"其中,公取之盗为强盗,即"以威若力而取其财"。窃取为窃盗,《疏议》曰:"窃盗人财,谓潜形隐面而取。"因此,窃盗行为是以秘密窃取为特征的。我国现行刑法中的盗窃罪就是《唐律》中的窃盗罪,虽然罪名有所变动,但秘密窃取的特征并无改变。因为盗窃罪是一个常见罪名,因此刑法采用的是简单罪状,未对盗窃罪的行为特征加以法律上的描述。在我国司法实践中,盗窃罪虽然在整个刑事案件的发案率中所占比重较大,但较少出现疑难案件,而许霆案恰恰是一个例外。

在英美刑法中,存在三个经典性的罪名,这就是因取得他人之物而构成的盗窃罪(larceny);因不当保管他人托管(entrusted)之物而构成的侵占罪(embezzlement);因欺诈性地诱使他人脱离自己财产而构成的诈骗罪(fraud 或称 falsepretenses)。而这三种犯罪之间的界限极易混淆。美国学者弗莱彻认为,可以将被害人参与的自愿程度作为这三种犯罪的区别之源。盗窃罪的被害人是不自愿的;侵占罪的被害人虽然自愿将自己财物的占有(possession)委托给被告人,但对于被告人后继的挪用(appropriation)也是非自愿的;通过诈骗获取财物的

犯罪，其被害人名义上同意将自己的财物转移给被告人，但他名义上的同意是由于被诱骗，因而不能反映财物所有者的真实意愿。① 弗莱彻以上对盗窃、侵占和诈骗三种犯罪的区别的论述，当然是从这三种犯罪的构成要件中引申出来的。例如弗莱彻将盗窃行为分解为以下三个要件：(1) 被窃物发生位移；(2) 取自他人占有；(3) 一种违背所有者意愿的行为。② 由于英美法系采用的是判例法，因此虽然有对盗窃罪构成要件的一般概括，但对各个要件在英美法系有一系列案例可以参照。正如澳大利亚 Hugoc Jat 律师所言："做一个比喻，整体来看成文法中的盗窃罪就像一棵大树，然后在案例法上确定要件就是几个分支，分支上面是超过 200 多年历史的案例来充当叶子为大树提供养分。可以说，如果许霆案发生在英美国家，争论绝对不会如此离谱和激烈，而中国的法律很多时候却是没有叶子只有干枯的树干。"③ 应该说，以上评论是极为中肯的，它充分说明了判例法的优越性。由于判例的经年累月的积聚，使法律规定置身于一种历史的时光隧道之中，呈现出某种活生生的历史感。但我国的法律条文，却只是一种抽象的、枯燥的、缺乏历史感的文字。在这种情况下，对法条的解释如果跟不上，就会出现法律适用上的难题。例如在许霆案中，虽然法官试图以理说案，进行判后答疑，但说理的内容自然是干巴巴的、概念式的，而没有生动的阐述与严谨的推理。

其实，在英美刑法中，许霆案定为盗窃罪是没有问题的。在英美刑法的盗窃罪的构成要件中，未经他人同意是一个重要的要件，如果是经过他人同意而取得财物则不构成盗窃罪。这里所谓未经他人同意，是指违背财物所有人或者占有人的意愿，因而这种占有他人财物行为是非法的。因此，未经同意是盗窃行为非法性的根据之一。在美国刑法中，非法获取（trespassorytaking）是盗窃罪的构成要件之一，而这里的非法获取，就是指没有原主同意而获取。④ 因此，Hugoc Jat

---

① 参见[美]乔治·弗莱彻：《反思刑法》，邓子滨译，1 页，北京，华夏出版社，2008。
② 参见[美]乔治·弗莱彻：《反思刑法》，邓子滨译，3 页，北京，华夏出版社，2008。
③ [澳] Hugoc Jat：《英美法系下的许霆案》，载谢望原、付立庆主编，《许霆案深层解读——无情的法律与理性的诠释》，300 页，北京，中国人民公安大学出版社，2008。
④ 参见储槐植：《美国刑法》，2 版，229 页，北京，北京大学出版社，1996。

律师提醒我们：作为盗窃罪的一个重要的客观要件，缺乏占有者同意这一点竟然在许霆案中被中国法院和法律专家完全忽略。在英美法系当中的盗窃罪，如果能够证明任何人在取得他人物品的时候是经过他人同意的，就不能算盗窃，除非此同意是因为某种错误而引起的。① 这个提醒是必要的。在许霆案中，柜员机支付款项是否是银行同意的，这当然是一个值得考察的问题。在主张许霆的行为不能认定为盗窃罪的观点中，存在以下理由。

许霆接受银行"错给"，不违背银行通过 ATM 机表现出来的意志。就本案而言，银行是通过装有交易指令及交易程序的 ATM 机来表达其意思表示。即使 ATM 机出现技术故障，但 ATM 机仍是按银行预先设定程序指令行事，虽然是错误的，但属于银行的意思表示。并且本案的技术故障，并不是许霆通过破坏设备和篡改程序等非法手段造成的。可见，在本案中，出现故障的 ATM 机代表银行错误地向许霆支付款项，由于 ATM 机是无人值守的智能机器，在运行时，无需其他辅助即能独立表达银行意志。②

在上述论述中，包含着这样两个问题值得研究：一是智能机器是否具有意志，能否表示同意？二是错误的同意是否具有法律效力？关于第一个问题，我认为智能机器仍然是机器，它没有独立于人的意志。因此，机器同意其实质是人的同意，即机器程序设置者的同意。就柜员机而言，它是代表银行的，银行的意志才是机器的意志。因此，"机器不能被骗"这一原理是建立在机器不能表达意思不具有意志这一逻辑前提之上的。当柜员机发生故障时，银行设置的程序发生了错误，因此柜员机的给付已经违反银行的意志。关于第二个问题，即使柜员机在发生故障的情况下支付行为反映的是银行的错误同意，这一同意也不具有法律效力，不能认为是缺乏盗窃罪的违反财产所有人或者占有人的意志这一要件。例如，甲在某超市将一箱价值50元的肥皂包装箱打开，取出肥皂，装入价值5 000

---

① 参见［澳］Hugoc Jat：《英美法系下的许霆案》，载谢望原、付立庆主编：《许霆案深层解读——无情的法律与理性的诠释》，303页，北京，中国人民公安大学出版社，2008。
② 李飞：《析许霆案重审判决之两大错误》，载谢望原、付立庆主编：《许霆案深层解读——无情的法律与理性的诠释》，106页，北京，中国人民公安大学出版社，2008。

元的照相机一部，然后包装好去交款。收银员以为是一箱肥皂，收取50元后予以放行。在该案中，甲将相机伪装成肥皂从超市带走，是经收银员同意的，但这种同意显然是基于错误理解的同意，因此不能认为这一购买行为是具有法律效力的交易行为。同时，在该案中，甲虽然采取了调包使收银员受骗，但收银员处分的是肥皂而不是相机。因此，甲的行为构成盗窃而非诈骗。正如日本学者大塚仁指出：在窃取时，即使有欺骗人的行为，只要不是通过对方基于其欺骗行为所产生的错误使其交付了财物，就不是诈欺罪，而应当认为是窃盗罪。[1] 而且，即使基于欺骗交付了财物，如果其所意欲交付的财物并非是他人实际取得的财物，同样也不是诈欺罪而是窃盗罪。因此，在许霆案中，即使把柜员机故障看作是一种错误支付，该支付也应当认为是违反银行本意的，不能认为是一种正确的同意。

柜员机是人——机的交易形式，它不同于人——人的交易形式，因此，柜员机的同意具有特殊性。关于柜员机的同意，澳洲最高法院在 Kennison v. Daire 案中作出以下判词：银行同意你取款，但是你的取款方式只能按照银行卡上面的使用条款来进行。如果你违反银行预定的所同意的取款方式，就超出了银行的同意范围来进行取款。[2] 就许霆利用柜员机故障恶意取款而言，没有一个银行会同意这种取款是合法的，因而许霆的取款显然是违反财产所有人或者占有人的意志的。因此，在英美法系刑法中，许霆的行为构成盗窃罪是不容争辩的。

在大陆法系刑法中，例如日本将盗窃罪称为窃盗罪，其行为是窃取。日本学者大塚仁教授在阐述窃取一词的含义时指出："所谓'窃取'，是指单纯的盗取，即不采取暴行、胁迫，违反占有者的意思，侵害其对财物的占有，将财物转移为自己或者第三者占有。虽然使用着'窃取'一语，但是，并不需要暗地里取得，也可以是公然地侵害占有。"[3] 在此值得注意的是，日本学者认为盗窃罪之成立

---

[1] 参见［日］大塚仁：《刑法概说（各论）》，3版，冯军译，193页，北京，中国人民大学出版社，2003。

[2] 参见［澳］Hugoc Jat：《英美法系下的许霆案》，载谢望原、付立庆主编：《许霆案深层解读——无情的法律与理性的诠释》，306页，北京，中国人民公安大学出版社，2008。

[3] ［日］大塚仁：《刑法概说（各论）》，3版，冯军译，193页，北京，中国人民大学出版社，2003。

利用柜员机故障恶意取款行为之定性研究

既可以是秘密的也可以是公开的。因此,秘密性并非盗窃罪的构成特征。而在许霆案中,秘密性也恰恰是争议的焦点之一。例如辩护律师在否认许霆行为构成盗窃罪时,缺乏秘密性是重要的辩护理由。辩护律师在原审二审辩护词中指出:"在本案中,被告人许霆是用自己的实名工资卡到银行严密监控下的自动柜员机上取款,输入的也是自己预留在银行的密码,自始至终在取款时都认为其行为完全被银行掌握,并能适时发现并马上根据银行卡的开户资料提供的联系方式,采取行动追回多取款项,这样的行为相对于银行而言,只能说是'公开',不存在'秘密'可言。"[①] 辩护律师的逻辑推理是:秘密性是盗窃罪的构成要件之一,既然在许霆案中不存在秘密性,因此许霆的行为不构成盗窃罪。但法院则认为许霆行为具有秘密性,例如重审的二审审判长刘锦平法官在判后答疑时与记者有这样一段对话。

记者:有人认为,许霆取款时过程是公开的,不符合盗窃罪中"秘密窃取"的特征,法院认定许霆是"秘密窃取"的根据是什么?

刘锦平:盗窃罪中的"秘密窃取",指的是行为人采取自认为不被财物所有人或保管人当场发觉的方法,违背财物所有人、保管人的意志,利用非暴力的手段取得财物的行为。本案中许霆取款时不仅明知柜员机出现了故障,而且通过第一次取款的成功,也知道银行工作人员还没有察觉到取款机出了故障,因此利用该故障,通过正常操作就能达到非法占有银行资金的目的,继续取款不会当场被银行工作人员发觉。事实上银行也是在第三天才发觉许霆的恶意取款行为。虽然许霆持有的是其本人的银行卡,柜员机旁亦有监控录像,这些都只是使银行事后能够查明许霆的身份,并不足以使银行能够当场发觉并制止许霆的恶意取款行为。行为人的主观认识是通过客观行为体现出来的,上述事实足以证实许霆产生了其恶意取款行为至少不会被银行工作人员当场发觉的侥幸心理。同时也说明,许霆的取款行为对于银行当时来说是秘密的,说许霆行为具有公开性,只能是相

---

① 李飞:《析许霆案重审判决之两大错误》,载谢望原、付立庆主编:《许霆案深层解读——无情的法律与理性的诠释》,324~325 页,北京,中国人民公安大学出版社,2008。

对于柜员机而言，但应当明确，柜员机只是银行用于经营、保管资金的工具而已。另外，许霆恶意取款的行为违背了银行的意志，具有非暴力性，这些都充分说明了许霆的行为符合"秘密窃取"的特征。①

许霆供述"机器知道，人不知道"可以说是上述回答的一个绝妙注脚。

按照日本刑法理论，既然盗窃罪并不以秘密为要件，许霆的行为构成盗窃罪也是没有问题的。②关于盗窃罪是否要求秘密性这一要件，当然是一个可以讨论的问题。我国学者张明楷教授对此提出："窃取行为虽然通常具有秘密性，其原本含义也是秘密窃取，但如果将盗窃限定为秘密窃取，则必然存在处罚上的空隙，造成不公正现象。所以，国外刑法理论与司法实践均不要求秘密窃取，事实上完全存在公开盗窃的情况。本书也认为，盗窃行为并不限于秘密窃取。"③我认为，我国刑法中的盗窃罪，秘密性是必不可少的构成要件之一，否则，难以将盗窃罪与抢夺罪加以区分。在一定程度上，盗窃罪之秘密与抢夺罪之公开正好形成鲜明的对比。例如，《俄罗斯刑法典》第158条关于盗窃罪的规定明文指出：秘密侵占他人财产的是偷窃。俄国学者在解释偷窃罪的秘密特征时指出："偷窃罪的客观方面表现为秘密侵占他人财物，其本质内容无论客观上还是主观上都在于小偷力求避免与所窃财物的所有人或实际占有人以及可能妨碍犯罪的实施的人或作为目击证人揭露罪犯的旁人发生接触。"④与此同时，《俄罗斯刑法典》第161条规定了抢夺罪：公开夺取他人财产的是抢夺。因此，抢夺罪具有公开性，属于典型的公然犯。我国学者指出："公然犯罪，系秘行犯罪的对称，简称公然犯，是指按照刑法特定犯罪构成要件及其刑罚规范的预设，某种犯罪行为必须或者必然地表现为故意在不特定的人或者多数人能够认识其犯罪行为的场合实施犯

---

① 参见：《许霆案审判长：恶意取款符合秘密窃取特征》，载《法制日报》，2008-05-23。
② 关于许霆案，日本东京大学教授山口厚2008年4月访问北京大学法学院时，我曾当面请教。山口厚教授认为，许霆行为在日本构成盗窃罪。
③ 张明楷：《刑法学》，3版，727页，北京，法律出版社，2007。
④ [俄] 斯库拉托夫、列别捷夫主编：《俄罗斯联邦刑法典释义》（下册），黄道秀译，407页，北京，中国政法大学出版社，2000。

罪的罪态方式。"① 相对于抢夺罪的公然犯,盗窃罪是秘行犯。这种对应关系在我国刑法中的盗窃罪和抢夺罪中也同样存在,尽管因为我国刑法对盗窃罪与抢夺罪采取简单罪状的立法方式,盗窃罪的秘密性与抢夺罪的公开性都不是其法定特征。但在刑法理论上,通过对这两种犯罪的对比,可以确定它们分别具有秘密性与公开性。在德、日刑法中,盗窃罪之所以不要求秘密性,主要是由于在德日刑法中未设抢夺罪。对此,张明楷教授指出:"在德国、日本等国,窃取并不一定要求是秘密取走,只要行为人没有使用暴力、胁迫手段而取走财物,就可以认为是窃取。大多数国家的刑法(如德国、日本等)没有规定抢夺罪,故公然夺取财物的行为,也属于窃取(某些情况下的抢夺可能认定为抢劫)。"② 由此可见,德、日刑法之所以不要求盗窃罪具有秘密性,主要是为了容纳公开抢夺的情形。而在我国及俄罗斯刑法中,盗窃和抢夺是两个不同的犯罪,如果取消了盗窃罪的秘密性,将使盗窃罪与抢夺罪无法区分。因为盗窃与抢夺,从行为要素上来分析,都是一种单纯的取财行为。两者的区分仅表现为是在秘密的客观状态或者主观状态下所取还是在公开状态下所取。

值得注意的是,在台湾地区刑法中也分别设立了盗窃罪与抢夺罪,老一辈学者均认为盗窃须具有秘密性。例如台湾学者韩忠谟指出:"称窃取者,谓乘人之不觉,将他人支配下之物移入自己支配之下。即系乘人不觉,则其所用之方法必出于和平隐秘始足当之。若乘人之不备而公然夺取,或使用强暴、胁迫或诈术等方法,使人交付财物者,则不得谓为窃取,而应构成他罪。"③ 但现在的台湾学者越来越多地主张盗窃行为须以和平之方法实施,但并不以秘密为必要,即使公开实施,也可以构成盗窃罪,因此认为,盗窃罪须具有秘密性的学界及实务见解,颇为不当,亟有修正之必要。④ 台湾学者之所以提出盗窃罪不以秘密实施为

---

① 屈学武:《公然犯罪研究》,29页,北京,中国政法大学出版社,1998。
② 张明楷:《外国刑法纲要》,2版,545页,北京,清华大学出版社,2007。
③ 韩忠谟:《刑法各论》(最新增补版),403页,台北,1990。
④ 参见甘添贵:《体系刑法各论》(第2卷),41页,台北,2004。类似观点,又见林东茂:《刑法综览》,修订4版,2~102页,台北,1995。

必要，主要是为解决一些特殊案例的定性问题。

例1：被害人夜半醒来，闻有人入室行窃，但因胆小如鼠，且思室中无任何有价值之物，故仍蒙首棉被中，任由入室者窃取，俟窃贼离室后，方始呼叫。

例2：行为人进入百货公司或超级市场，以顾客之地位而行窃，在其将货物藏入手提包之时，已为店员或公司雇用之保安人员所发觉，俟行为人正欲出店门时，始于举发。

例3：在公共汽车上扒窃，或在公众得出入之场所行窃，虽行为人主观上认为系隐密方式之偷窃，但在行窃现场，往往有多数人可共见其窃取之行为，故客观上是为公然，而非隐密。

台湾学者林山田认为，以上三种情况，虽非乘人不知不觉，亦非隐密而行窃，但均不影响盗窃罪之成立。因此得出结论："动产之所有人或持有人虽于行为人窃取时有所知觉，或持有人之窃取行为并非秘密或隐密，而系另有他人共见的情况，均无碍于窃取行为之成立，而构成盗窃罪。"[①] 在上述所举3个案例中，虽客观上不是秘密，但行为人主观上均认为是秘密。在这种情况下，如果将秘密性界定为客观上的秘密，则盗窃罪当然不以秘密为必要；但如果将秘密界定为既包含客观上的秘密也包含主观上的秘密，则盗窃罪仍然以秘密为必要。在此，涉及对秘密的解释问题。

关于盗窃罪的秘密手段的认定，俄罗斯学者提出了客观标准和主观标准这两个标准。俄罗斯学者指出：

> 评判侵占他人财物是秘密还是公开实施的，其客观标准在于所有权人或接受所有权人财产的占有人以及其他人对正在实施的侵占的态度，在于他是否意识到犯罪人正在非法取得他人的、即不属于犯罪人的财物。根据客观标准，如果财物是直接从其所有权人的占有中或有所有权人的犯罪现场的情况下获取的，但由于某种原因（熟睡、严重醉酒状态、昏迷等）他不能意识到正在发生的犯罪行为的意义，也应该承认是秘密侵占财物。

---

① 林山田：《刑法各罪论》，644～645页，台北，1996。

主观标准是犯罪人自己意欲背着所有与犯罪无关的人采取秘密行动,以及他内心确信使财物脱离其所有权人占有的行为是背着财物所有权人或其他人进行并且不为他们所觉察的。犯罪人主观上确信所实施的偷窃行为不被他人觉察是以一定的符合犯罪构成事件实际情况的情节事实为基础的。如果犯罪人根据实施犯罪时的实际环境,主观上确信他的行为是秘密的,不被他人觉察,但是事实上有人在观察偷盗的过程(例如相邻房屋的居民从自己家的窗户里观察到偷盗财物的情况,而犯罪人对此却不知道也没有料到),这种行为也构成偷窃。①

因此,在俄罗斯刑法中,对于盗窃罪的秘密性是同时采用客观标准与主观标准加以判定的。在我国刑法理论上,虽然没有采用客观标准与主观标准的表述,但我从以下多个方面对盗窃罪的秘密作了界定。

(1) 特定性。秘密意味着人所不知,是在暗中背着他人进行的。盗窃罪的秘密窃取是指财物所有人或保管人不在场,或虽然在场但未注意、察觉或防备的情况下实施盗窃。因此,盗窃罪之所谓秘密,是指相对于财物的所有人或保管人来说,是一种隐藏性的行为。

(2) 主观性。盗窃罪之所谓秘密,是指行为人自以为采取了一种背着财物所有人或保管人的行为。因此,这种秘密具有主观性。在某些情况下,行为人在众目睽睽之下扒窃,自以为别人没有发现,是在秘密窃取,但实际上已在他人注视之下。这时,行为人仍然可以被视为是在秘密窃取。

(3) 相对性。秘密与公然之间的区别是相对的,秘密窃取之秘密,仅仅意味着行为人意图在财物所有人或保管人不在场、未注意的情况下将财物据为己有,但这并不排除盗窃罪也可能是在光天化日之下而实施。例如,犯罪分子大摇大摆地开车进入某工地,将建筑材料运载而去,这就是利用了人们以为其是合法运输而未觉察的情况下进行盗窃。②

---

① [俄] 斯库拉托夫、列别捷夫主编:《俄罗斯联邦刑法典释义》(下册),黄道秀译,408～409页,北京,中国政法大学出版社,2000。
② 参见陈兴良:《规范刑法学》(下册),2版,747页,北京,中国人民大学出版社,2008。

以上三点，其实就是从客观与主观两个方面把握盗窃罪的秘密性特征。在秘密具有客观性情况下，刑法理论不存在争议。但在主观上自认为秘密但客观上其实已经公开的情况下，盗窃罪是否还具有秘密性？对于这个问题存在争议。例如张明楷教授指出，这种观点混淆了主观要素与客观要素的区别。既然是"自认为"，就意味着"秘密"是主观认识内容，而不是客观要件内容。[①] 这里涉及客观要素与主观要素的关系，尤其是主观要素对于行为性质的影响。

在行为人客观上公开取得，但主观上却自以为是在秘密取得的情况下，存在客观与主观之间的错位，这也就是所谓对事实发生了错误认识。但对客观上秘密发生错误认识，并不能按照刑法中的认识错误的一般原理来解决。因为，它所涉及的只是主观构成要素问题。在盗窃罪中，犯罪的实行行为是窃取，这里的窃取包括两种情形：第一种是客观上秘密地取得他人财物，这是一个纯客观的要件，它足以与抢夺加以区分。第二种是主观上自认为秘密地取得他人财物。在这种情况下，客观上并不存在秘密，其实行行为仅表现为"取得他人财物"。但"取得他人财物"这一行为尚不能与抢夺行为相区分。因此，主观上的秘密，即自认为是秘密这一主观要素就是成为客观上取得行为构成盗窃行为的主观构成要素。在主观上秘密的情况下，不能认为其构成的盗窃罪不存在秘密性，这种秘密性仍然存在，它是以一种主观构成要素的形式体现出来的。因此，如果从客观与主观两个方面理解秘密，就能够较为圆满地解决这个问题，并且具有法理根据。

六、余论

许霆案是一个普通的案件，但在2008年引起社会公众如此广泛的关注，却是令人诧异的。我想，这与原审一审对许霆的处刑有关，根据最高人民法院有关司法解释，许霆的行为属于盗窃金融机构数额特别巨大，被判处无期徒刑。尽管量刑本身没有问题，但在柜员机发生故障的情况下许霆经不起诱惑而恶意取款

[①] 参见张明楷：《外国刑法纲要》，2版，727页，北京，清华大学出版社，2007。

17万元，就被判处无期徒刑，这一判决结果大大地超过了公众的心理预期。经过重审以后，引用刑法第63条第2款的特殊减轻条款，判处5年有期徒刑，已经是许霆之大幸。对于这样一个结果，尽管对于坚信许霆无罪的人来说，仍然难以接受，但已经是在当前法治状态下的较佳结果。当然，从无期徒刑到5年有期徒刑，刑罚悬殊也同样引起争议。在这当中，对司法权威的无形伤害是难以估量的。好在我们身处一个平和的时代，在专家与公众之间可以就各种法律观点进行坦诚对话。2008年6月23日，许霆的父亲许彩亮和重审二审的辩护律师郭向东一起到我的办公室拜访。我们就许霆案的法理问题展开了心平气和的讨论，尽管分歧仍然存在，但在许霆案的重审改判表明我国在法治上的进步这一点上，我们还是达成了共识。

（本文原载《中外法学》，2009（1））

内外勾结窃取银行现金行为之定性研究
——以高金有案为视角

内外勾结进行贪污或者盗窃犯罪如何定性，始终是刑法理论上的一个难题。它不仅涉及盗窃罪与贪污罪的区分，而且涉及有身份者与无身份者的共同犯罪的认定，需要从刑法理论上加以深入研究。本文以高金有案为视角进行分析[①]，高金有案既有一般内外勾结进行贪污或者盗窃犯罪的共性，又有其特殊性，本案的定性问题更需从法理上加以阐述。

一、案情及诉讼过程

被告人高金有，男，1957年5月21日出生，个体户。因涉嫌犯贪污罪，于1998年8月15日被逮捕。

被告人傅爱云，女，1960年1月6日出生，原系陕西省铜川市城区信用社川口业务处主任。因涉嫌犯窝藏罪，于1998年8月9日被逮捕。

---

① 本案例载于最高人民法院刑一庭、刑二庭编：《刑事审判参考》，第2辑，北京，法律出版社，2000；后收入《刑事审判案例》，437~441页，北京，法律出版社，2002。

陕西省铜川市人民检察院以被告人高金有犯贪污罪、被告人傅爱云犯窝藏罪，向铜川市中级人民法院提起公诉。

铜川市中级人民法院经公开审理查明：

1998年7月初，中国人民银行陕西省铜川市分行业务部出纳申玉生（在逃），多次与被告人高金有商议盗窃申与另一出纳共同管理的保险柜内的现金，高未同意。后申玉生多次约高吃饭、喝酒，做高的工作，并把自己的作案计划、安排告诉高，同时还几次让高看自己掌管的钥匙。高金有同意作案后，申即向高金有要了一把中号螺丝刀和一只蛇皮口袋放在自己的办公桌内，又用事先准备好的钢锯条，将业务部的钢筋护栏锯断，为作案后逃离现场做准备。7月23日上午10时许，申玉生将高金有带至铜川市分行业务部熟悉地形，并暗示了存放现金的保险柜和开启保险柜的另一把钥匙的存放地点。7月27日晚，申玉生找到被告人高金有，告知其近日将提款40万元存放保险柜的情况，并详细告诉高金有作案的时间、步骤和开启保险柜的方法及进出路线等。

7月30日上午7时，申玉生将被告人高金有带进该行业务部套间，藏在自己保管的大壁柜内。其他工作人员上班后，申玉生与另一出纳员从金库提回现金40万元，放进保险柜内的顶层。10时许，本市邮政财务科取走现金10万元。10时30分左右，申进入套间向被告人高金有指认了放款的保险柜，后与其他本行职员聊天。10时40分，申玉生乘其他工作人员吃饭离开办公室之际，打开壁柜将自己保管的保险柜钥匙交给高金有，并告知人都走了，自己即离开业务部去吃饭。被告人高金有撬开另一出纳员的办公桌抽屉，取出钥匙，打开保险柜将30万元人民币装入旅行袋里，又在办公室将申玉生等人的办公桌撬开，然后从后窗翻出办公室逃离现场。

8月1日晚，申玉生将作案经过告诉了其妻傅爱云，让傅通知高金有带款在本市青年旅行社等候。8月2日中午，被告人傅爱云找到了高，讲了申的要求。当日下午，高金有依申的要求到了青年旅行社。8月3日晨见面后，二人一同来到高金有家，高拿出旅行袋说钱都在里面。申要高一起逃走，高不同意，申即给高留下3万元，然后携带其余赃款潜逃。破案后，从被告人高金有家中起获赃款

3万元。

铜川市中级人民法院认为：被告人高金有潜入金融机构盗窃，情节特别严重，数额特别巨大，其行为已构成盗窃罪，铜川市人民检察院指控其犯罪的事实清楚，证据充分，但指控的罪名不当。被告人高金有的辩护人辩称，高在本案中系从犯。经查，被告人高金有积极实施盗窃犯罪，应系主犯，故其辩护理由不能成立；公诉机关指控被告人傅爱云犯有窝藏罪的事实清楚，证据充分，罪名成立，鉴于其犯罪情节及悔罪表现，可酌情从轻处罚。依照《中华人民共和国刑法》第264条第1项、第310条第1款、第25条第1款、第26条第1款、第57条第1款、第72条第1款的规定，于1998年12月15日判决如下：

（1）被告人高金有犯盗窃罪，判处死刑，剥夺政治权利终身，并处没收财产人民币1 200元。

（2）被告人傅爱云犯窝藏罪，判处有期徒刑3年，缓刑4年。

一审宣判后，被告人高金有以自己不是主犯，应以申玉生的身份定贪污罪，原判量刑过重等为由，向陕西省高级人民法院提出上诉。铜川市人民检察院亦以原判定性不当，提出抗诉。二审期间，陕西省人民检察院认为抗诉不当，撤回抗诉。陕西省高级人民法院裁定准予撤回抗诉，并继续审理本案。

陕西省高级人民法院经审理认为：上诉人高金有撬开另一出纳员的抽屉，窃取另一把保险柜钥匙，后用该钥匙和申玉生交给的钥匙打开保险柜，窃取柜内存放的现金30万元，这些行为都是高金有单独实施的，也是造成30万元现金脱离存放地点、失去该款保管人控制的直接原因。申玉生虽为业务部出纳，也掌管着另一把保险柜钥匙，作案前进行了周密的准备，将高带进业务部藏匿，将其他工作人员叫出去吃饭，是利用职务之便为高金有实施盗窃提供和创造条件，但是，仅依其个人职务便利尚不足以与高共同侵吞这笔巨额公款，因而不能依申玉生的身份和其行为确定本案的性质。上诉人高金有在窃取巨款的共同犯罪中起了主要作用，原判认定其为主犯正确。鉴于另一案犯申玉生在逃，高金有归案后能如实坦白交代自己的罪行，认罪态度较好，有悔罪表现，故对其判处死刑，但不应立

即执行。依照《中华人民共和国刑事诉讼法》第189条第1、2项、《中华人民共和国刑法》第264条第1项、第25条第1款、第26条第1款、第48条第1款的规定，于1999年6月29日判决如下：

（1）维持铜川市中级人民法院刑事判决第二项，即被告人傅爱云犯窝藏罪，判处有期徒刑3年，缓刑4年；

（2）撤销铜川市中级人民法院刑事判决第一项，即被告人高金有犯盗窃罪，判处死刑，剥夺政治权利终身，并处没收财产人民币1 200元；

（3）上诉人（原审被告人）高金有犯盗窃罪，判处死刑，缓期2年执行，剥夺政治权利终身，并处没收财产人民币1 200元。

二、争议及裁判理由

外部人员勾结、伙同银行工作人员盗窃银行现金的行为，应当如何定罪？本案是一起共同犯罪案件，在逃犯罪嫌疑人申玉生系银行工作人员，被告人高金有不具备法定特殊身份。对于这起共同犯罪案件如何认定犯罪性质，从起诉、审判、抗诉、上诉到庭审判决的全过程来看，存在以下两种不同主张：

一种意见认为，对高金有盗窃银行现金的行为应定为贪污罪。其理由是，在整个案件中，在逃犯罪嫌疑人申玉生利用经管银行现金的职务之便，授意、安排高金有盗窃巨额现金，且分得全部赃款的90％。无论是采用共同犯罪应以主犯的犯罪性质认定罪名，还是根据《刑法》第382条第3款关于"与前两款所列人员勾结，伙同贪污的，以共犯论处"的规定，对被告人高金有的行为，都应认定为贪污罪。

另一种意见则认为，在整个犯罪中，30万元现金是被告人高金有单独窃取的，虽然申玉生对作案进行了周密的策划、带高到其工作单位熟悉环境、为高提供作案工具等，但这仅是申利用职务之便为高实施盗窃制造条件，尚不足以取得现金。被告人高金有必须撬盗另一把保险柜钥匙才能窃得现金，因此，对高金有应以盗窃罪论处。

在上述两种争议观点中，两级法院均采纳了第二种观点，其裁判理由如下所述：

根据《刑法》第382条第3款的规定，与可单独犯贪污罪的人员伙同贪污的，以共犯论处。据此，对于没有法定特殊身份的人与国家工作人员或国家机关、国有公司、企业、事业单位、人民团体委托管理、经营国有财产的人员勾结、伙同贪污的，应一律作为贪污罪的共犯定罪处刑，这是法律规定的一种混合主体实施的共同犯罪。因此，这种有特定身份的人与无特定身份的人勾结，共同犯罪的定性问题都解决了，却不一定全面。这是因为：

不具有国家工作人员身份的公司、企业或者其他单位的经理、副经理等负责管理本单位财物的人员，勾结、伙同公司、企业中的国家工作人员利用各自职务上的便利，共同侵吞本单位财产的共同犯罪，是以贪污罪，还是根据不同主体身份分别以职务侵占罪和贪污罪来定罪，实践中有不同意见。我认为，考虑到上述两种犯罪均是刑法规定的职务犯罪，且法律和司法解释未作明确规定，刑法对两种不同身份的人实施的犯罪行为，均分别规定了不同的罪名和刑罚，就不能简单地以《刑法》第382条第3款的规定一律定贪污罪。仅就本案来说，无法定特殊身份的被告人高金有与有特定身份的银行工作人员申玉生互相勾结、伙同窃取银行现金，也不能简单地以贪污罪定性。按照过去有关司法解释的规定，全案应依主犯的犯罪性质确定。而在本案的全部犯罪过程中，在逃的申玉生提出犯意，并与高金有数次预谋，带领高到自己所在工作单位熟悉环境，指示高作案的时间、方式并提供了自己经管的保险柜钥匙，作案后自己分得绝大部分赃款，显系该共同犯罪的主犯。但同时，被告人高金有积极实施犯罪，撬开另一出纳员的办公桌，窃得打开保险柜的另一把钥匙，将30万元巨额现金窃走，其作用不亚于申玉生。以这种本属于裁量刑罚的犯罪情节作为判定全案犯罪性质的依据，必然产生依哪一主犯的犯罪性质确定全案性质的难题。因而这种依主犯犯罪性质确定全案性质的做法，已为现行刑法所否定。

共同犯罪案件性质的确定取决于共同故意与共同行为是否符合法定某一具体犯罪的构成要件。虽然本案被告人高金有与在逃犯罪嫌疑人申玉生都具有共同将

银行现金非法占为己有的共同故意,但如确定本案系共同贪污犯罪,还必须具备行为人共同利用职务便利侵吞、窃取、骗取或者其他方法非法占有公共财物的共同行为。这种共同行为可以从以下两个方面来考察:

一是各共同犯罪人实施犯罪都利用了职务上的便利,对于不具备特定身份的其他共犯而言,则必须利用了有特定身份的犯罪人的职务之便。本案被告人高金有利用申玉生的职务之便熟悉了作案现场的环境,掌握了打开保险柜的另一把钥匙的存放处,以及巨额现金存放的具体部位。但是高金有撬开另一出纳员的办公桌窃取钥匙,以及用两把钥匙打开保险柜,窃走巨额现金的行为,虽与利用申的职务之便有联系,但并不是全部利用了申玉生的职务便利。换句话说,仅仅利用申玉生的职务便利,尚不能顺利地窃取存放在申与他人共同保管的保险柜内的巨额现金。

二是各共同犯罪人实施了共同的贪污行为。在共同犯罪中,虽然存在着不同的分工和共犯参与犯罪的程度不同,以及各自发挥的作用不同的情况,但是所有行为都必须围绕着一个犯罪目的而彼此配合、互相衔接。本案被告人高金有撬开办公桌、窃取钥匙、窃走现金的行为过程,不是申玉生的职务行为,也不在申的职务所及范围内,与申的职务无关。此一行为无论是申本人实施,还是申与高共同实施,或如本案,仅是申提供前提条件,由高单独实施,都不属刑法规定的职务犯罪行为,而是典型的盗窃行为。

综上,我认为,只有同时具备共同贪污的故意和共同利用职务便利的贪污行为,全案才能以共同贪污犯罪定性。本案被告人高金有利用了申玉生的职务之便,秘密潜入并藏匿在银行业务部套间的壁柜内,趁申玉生请工作人员吃饭而离开现场的机会,实施了超出申玉生职务范围的窃取他人钥匙、秘密窃走保险柜内巨额现金的行为,并不完全符合贪污罪的构成要件,也就不完全符合共同贪污犯罪的特征。即使在逃犯罪嫌疑人申玉生被缉拿在案,对高金有也不能以贪污罪定性。原因就在于全案并不是完全以申玉生的职务行为完成的。未完全利用他人的职务便利实施全部犯罪,全案就不能依以行为人利用职务便利为实施犯罪做了必要准备这一部分行为定性。故一、二审人民法院认定被告人高金有的行为构成盗

窃罪，是正确的。

三、法律及司法解释的沿革

本案涉及有身份者与无身份者共同犯罪如何处理的问题。关于这个问题，大陆法系刑法一般均有专条规定。例如《德国刑法典》第 28 条（特定的个人特征）第 1 项规定："正犯的刑罚取决于特定的个人特征（第 14 条第 1 款）。正犯（教唆犯或帮助犯）缺少此等特征的，依第 49 条第 1 款减轻处罚。"《日本刑法典》第 65 条（身份犯的共犯）第 1 款规定："对于因犯罪人身份而构成的犯罪行为进行加工的人，虽不具有这种身份的，也是共犯。"我国刑法，无论是 1979 年刑法还是 1997 年刑法，都无关于身份与共犯的一般规定，但在法律与司法解释中涉及某些个罪，主要是贪污罪的规定。

在 1979 年刑法施行以后，首次涉及内外勾结共同犯罪如何定性问题的规定是 1985 年 7 月 18 日颁布的最高人民法院、最高人民检察院《关于当前办理经济犯罪案件中具体应用法律的若干问题的解答（试行）》（以下简称《解答》）。该司法解释第 2 条对内外勾结进行贪污或者盗窃活动的共同犯罪案件如何定罪的问题作出如下规定："内外勾结进行贪污或者盗窃活动的共同犯罪（包括一般共同犯罪和集团犯罪），应按其共同犯罪的基本特征定罪。共同犯罪的基本特征一般是由主犯犯罪的基本特征决定的。如果共同犯罪中主犯犯罪的基本特征是贪污，同案犯中不具有贪污罪主体身份的人，应以贪污罪的共犯论处。例如：国家工作人员某甲与社会上的某乙内外勾结，由甲利用职务上的便利，侵吞、盗窃或者骗取公共财物，乙在共同犯罪中起次要、辅助作用，甲定贪污罪，乙虽然不是国家工作人员，也以贪污罪的共犯论处。售货员某甲与社会上的某乙、某丙内外勾结，由甲利用职务上的便利，采取付货不收款、多付货少收款，或者伪开退货票交由乙、丙到收款台领取现金等手段，共同盗骗国家财物，三人共同分赃，甲定贪污罪，乙、丙也以贪污罪的共犯论处。如果共同犯罪中主犯犯罪的基本特征是盗窃，同案犯中的国家工作人员不论是否利用职务上的便利，应以盗窃罪的共犯论

处。例如：社会上的盗窃罪犯某甲、某乙为主犯，企业内仓库保管员某丙、值夜班的工人某丁共同为某甲、某乙充当内线，于夜间引甲、乙潜入仓库盗窃国家财物，四人分赃。甲、乙、丁均定盗窃罪，丙虽是国家工作人员，在参与盗窃活动时也曾利用其仓库保管员职务上的便利，但因他在共同犯罪中起次要或辅助的作用，仍以盗窃罪的共犯论处。"这一司法解释首次在我国刑法中确立了内外勾结共同犯罪，按照主犯的犯罪性质定罪的司法原则。这一司法原则虽然对于统一定性起到了一定的作用，但该司法原则缺乏正确的法理根据与操作可行性。以法理根据而言，该司法解释是建立在"共同犯罪的基本特征一般是由主犯犯罪的基本特征决定的"这一命题基础之上的，但这一命题显然是不能成立的。因为主犯是一个量刑的概念，是指在共同犯罪中起主要作用的犯罪分子，而共同犯罪的定性是一个定罪的概念，是指内外勾结进行贪污或者盗窃活动的共同犯罪案件，到底是定贪污罪还是定盗窃罪的问题。以量刑的概念解决定罪的问题，完全是本末倒置，有悖于基本的逻辑关系。以操作可行性而言，按照主犯的犯罪性质定罪，是以区分主犯与从犯为前提的，但在同一个共同犯罪案件中，有身份者与无身份者在共同犯罪中的作用没有明显差别，均应认定为主犯的情况下，这种按照主犯的犯罪性质定罪的司法原则不具有可行性。

1988年1月21日全国人大常委会《关于惩治贪污罪贿赂罪的补充规定》（以下简称1988年《补充规定》）第1条第2款对有身份者与无身份者共同贪污的问题作出了明文规定："与国家工作人员、集体经济组织工作人员或者其他经手、管理公共财物的人员勾结，伙同贪污的，以共犯论处。"此后，1997年《刑法》第382条第3款吸纳了上述规定，作出以下规定："与前两款所列人员勾结，伙同贪污的，以共犯论处。"根据这一规定，有身份者与无身份者共同犯罪的应以有身份者所犯之罪的共犯论处。这一法律规定的含义，我国学者理解为："与上述人伙同贪污的人员，刑法没有限制，其在共同犯罪中的地位、作用，法律也没有限定。因此，这部分人不论是否为国家工作人员，是否为被委托管理、经营国有财产的人员，不论其在共同犯罪中处于主犯还是从犯的地位，该共同犯罪都应

以贪污罪定性,所有共犯均应以贪污罪定罪处罚。"① 这一论述虽然没有涉及这一法律规定是否完全否定了 1985 年《解答》确定的"按照主犯的犯罪性质定罪"的司法原则,但从论述的行文来解读,这一含义是包括其中的。关于这一点,另有学者明确加以论述,认为修订后的《刑法》第 382 条第 3 款修改了最高人民法院、最高人民检察院 1985 年《解答》中所规定的从犯随主犯定罪的原则,而对 1988 年《补充规定》中按有特殊身份的行为人的身份定罪的原则予以维持,这一修订解决了实践中存在的对于其他人员与贪污罪前两款所列人员勾结,伙同贪污公共财物、国有财物,是按各自不同的身份定罪还是按共同犯罪定罪,如果按共同犯罪定罪,是遵循从犯随主犯定罪还是按有特定职务的行为人的身份定罪的问题,明确了对于与贪污罪规定的前两款所列人员勾结,只要共同犯罪中的前两款人员利用职务上的便利,侵吞、窃取、骗取或以其他手段非法占有了公共财物、国有财产的,则参与犯罪的行为人无论主犯和从犯,都以贪污共犯论处。② 这一理解是有一定道理的,但 2000 年司法解释的颁布,又重复了按照主犯的犯罪性质定罪的司法原则,从而限制了《刑法》第 382 条第 3 款的适用范围。

2000 年 7 月 8 日起施行的最高人民法院《关于审理贪污、职务侵占案件如何认定共同犯罪几个问题的解释》(以下简称《解释》)规定:"为依法审理贪污或者职务侵占犯罪案件,现就这类案件如何认定共同犯罪问题解释如下:第一条,行为人与国家工作人员勾结,利用国家工作人员的职务便利,共同侵吞、窃取、骗取或者以其他手段非法占有公共财物的,以贪污罪共犯论处。第二条,行为人与公司、企业或者其他单位的人员勾结,利用公司、企业或者其他单位人员的职务便利,共同将该单位财物非法占为己有,数额较大的,以职务侵占罪共犯论处。第三条,公司、企业或者其他单位中,不具有国家工作人员身份的人与国家工作人员勾结,分别利用各自的职务便利,共同将本单位财物非法占为己有的,

---

① 周道鸾等主编:《刑法的修改与适用》,782 页,北京,人民法院出版社,1997。
② 参见顾德熙、赵丽萍:《贪污罪的认定》,载秦英等主编:《刑法实施中的重点疑难问题研究》,834 页,北京,法律出版社,1998。

按照主犯的犯罪性质定罪。"上述司法解释的第1条与第2条，规定以共犯论处，与刑法规定的精神是相符合的，而且强调这种情形应以具有职务的人利用职务便利为前提，这显然是正确的。但第3条则对于国家工作人员与公司、企业或者其他单位人员相勾结，分别利用各自的职务便利，共同将本单位财物非法占为己有的，按照主犯的犯罪性质定罪，即：如果国家工作人员是主犯的，对于处于从犯地位的公司、企业或者其他单位中的非国家工作人员，应当以贪污罪共犯定罪处罚；反之，则应当以职务侵占罪的共犯论处。司法解释制定者在阐述上述规定的理由时指出，对这种情况如何认定，实践中有不同认识：一种意见认为，应当依照《刑法》第382条和第271条第1款的规定，分别以贪污罪和职务侵占罪定罪处罚。主要理由是：刑法对贪污行为和职务侵占行为分别规定了相应的处罚，明确表明了两者的区别。因此，对于公司、企业或者其他单位中，非国家工作人员与国家工作人员分别利用了各自职务上的便利，共同将本单位财物非法占为己有，依照刑法的规定分别定罪处罚，能够体现罪、责、刑相适应的原则。另一种意见认为，虽然可以依法对上述行为分别定罪处罚，但是由于贪污罪的法定刑较之职务侵占罪重，假设在这种共同犯罪中国家工作人员是从犯，非国家工作人员是主犯，如果分别定罪，就有可能出现对从犯量刑比主犯重的情况，将会违背刑法有关共同犯罪处罚的规定，导致主、从犯的量刑失衡，甚至对整个案件从轻处罚，影响对此类犯罪行为的打击力度。根据《刑法》第382条第3款的规定，以贪污罪共犯定罪处罚既有充足的法律依据，又可避免出现上述问题。司法解释的制定者没有采纳上述两种观点，认为分别定罪的观点在有些具体案件中可能会出现不符合刑法有关共同犯罪的处罚规定，导致案件处理不能收到良好的社会效果。而以贪污罪共犯论处，则缺乏对公司、企业或者其他单位中的非国家工作人员职务行为的刑罚评价，与立法本意也不完全吻合。因此主张"按照主犯的犯罪性质定"的观点。[①]

但这一司法解释存在如果无从区分主犯与从犯的情况下如何认定的问题。对

---

① 参见张军主编：《解读最高人民法院司法解释 刑事、行政卷 1997—2002》，326～327页，北京，人民法院出版社，2003。

于此种情况,我国学者指出,在定性中存在三种选择:一是全案定贪污罪,这与前述司法解释的规定不一致;二是全案定职务侵占罪,这也与司法解释的规定不一致,且有违《刑法》第271条第2款的精神;三是对各共同犯罪人分别依其身份和所利用职务便利的不同,以贪污罪和职务侵占罪分别定罪量刑。在刑法没有修改、司法解释没有作出进一步明确规定之前,这似乎是比较妥当的一种处理方法。[①] 这是一种弥补疏漏的做法,但问题在于:《解释》本身是否正确?对此,我国学者王作富教授认为国家工作人员与公司、企业或者其他单位中的非国家工作人员勾结,利用各自职务上的便利占有单位财物的情形如何定罪,用传统的罪数理论分析,实际上是想象竞合犯,因为各共犯可能有不同的分工,但他们的行为已经结合成为不可分割的统一体,即行为同时触犯贪污罪和职务侵占罪,换句话说,就是互为共犯,因而应当从一重罪处断。具体说,国家工作人员的行为符合《刑法》第271条第2款的规定,无论其是主犯或是从犯,都无例外地应以贪污罪论处。如果不这样处理,就不可避免地会出现这样极不合理的现象:非国有公司、企业中的劳务人员与被委派来的国家工作人员相勾结,通过后者利用职务上的便利非法共同占有本单位的财物,无论前者是主犯或是从犯,都以贪污罪的共犯论处。非国有公司、企业中非国家工作人员的管理人员与其中的国家工作人员相勾结,分别利用各自的职务上的便利,共同非法占有本单位的财物,前者是主犯反而只能定性为比贪污罪轻得多的职务侵占罪,这是会令人难以接受的。因此,王作富教授认为《解释》是否恰当,值得研究。[②] 由此可见,尽管刑法与司法解释都有规定,但在刑法理论上对此问题却莫衷一是。问题的症结何在,值得深入研究。

四、共犯理论之展开

对于有身份者与无身份者共同犯罪如何处理,涉及共犯与身份的关系。如同

[①] 参见周道鸾、张军主编:《刑法罪名精释》,2版,712页,北京,人民法院出版社,2003。
[②] 参见王作富主编:《刑法分则实务研究》(下),1714页,北京,中国方正出版社,2001。

前文所述，我国刑法理论之所以对内外勾结的共同犯罪问题未能达成共识，主要还是在于缺乏法理上的一致根据。我认为，在解决这个问题的时候，需要研究以下三个问题：

（一）1985年《解答》的评释

1985年《解答》规定了内外勾结进行贪污或者盗窃活动的共同犯罪（包括一般共同犯罪和集团犯罪）适用按照主犯的犯罪性质定罪的司法原则。那么，这里的共同犯罪到底是指共同正犯还是也包括教唆犯和帮助犯，这是一个首先值得研究的问题，而这也恰恰是以往没有引起充分重视的一个问题。我认为，这里的内外勾结进行贪污或者盗窃活动的共同犯罪，是指共同正犯，而不包括共犯（教唆犯与帮助犯）。从《解答》中所举案例来看，有身份者与无身份者都参与了犯罪的实施。根据刑法规定，有身份者利用职务上的便利，盗取、骗取或者侵吞公共财物的，构成贪污罪。无身份者窃取、骗取或者侵吞公共财物的，分别构成盗窃罪、诈骗罪和侵占罪。[①] 在《解答》列举的第二个案例中，售货员某甲与社会上的某乙、某丙内外勾结，由甲利用职务上的便利，采取付货不收款、多付货少收款，或者伪开退货票交由乙、丙到收款台领取现金等手段，共同盗骗国家财物，三人共同分赃。在此，乙和丙实施了诈骗行为，《解答》所称盗窃一词是不确切的。第三个案例中，社会上的盗窃罪犯某甲、某乙为主犯，企业内仓库保管员某丙、值夜班的工人某丁共同为某甲、某乙充当内线，于夜间甲、乙潜入仓库盗窃国家财物，四人分赃。在此，某甲、某乙、某丁实施了盗窃行为。由此可见，1985年《解答》并未解决贪污罪中所有共犯问题，而只适用于共同正犯的情形。当然，这种有身份者与无身份者能否构成共同正犯，在刑法理论上是存在争议的。在这种情况下，有身份者的行为与无身份者的行为是一个不可分割的整体，他们互相分工，共同实施，

对此应当从整体上加以分析。但在不同罪名之间简单地承认其为共犯关系，

[①] 1985年《解答》颁布时，我国刑法中尚无侵占罪之规定，这种侵占情形一般类推为盗窃罪，1997年我国刑法中才首次设立侵占罪。

也是不正确的。对此，我的观点是，有身份者构成身份犯，无身份者的行为具有想象竞合的性质：一方面认为属于身份犯的帮助犯，另一方面其行为又构成非身份犯的正犯。以内外勾结进行贪污或者盗窃而言，国家工作人员构成贪污罪，无论其为主犯或为从犯；非国家工作人员既构成贪污罪的帮助犯，又构成盗窃罪的正犯，在这种共犯与正犯竞合的情况下，根据正犯优于共犯的原则，应以盗窃罪论处。这就是分别定罪说的由来。当然，分别定罪会存在刑罚不协调的问题：贪污罪与盗窃罪之间量刑标准相差悬殊，对非国家工作人员定盗窃罪处罚重而以贪污罪的共犯论处处罚反而轻。这种现象是立法与司法本身的缺陷造成的。如果仅以刑罚轻重作为定罪之引导，那显然是本末倒置。

（二）《刑法》第 382 条第 3 款的评释

1988 年《补充规定》和 1997 年《刑法》第 382 条第 3 款均规定，对于非国家工作人员伙同国家工作人员贪污的，以贪污罪的共犯论处。那么，这里的共犯如何界定？这也是一个值得研究的重要问题。

如前文所述，《日本刑法典》第 65 条第 1 项规定："对于因犯罪人身份而构成的犯罪行为进行加工的人，虽不具有这种身份的，也是共犯。"关于这里的共犯如何理解，在日本刑法学界也是存在争议的。对此，日本学者大塚仁曾经作过以下介绍：第一说主张从教唆犯、从犯（指帮助犯——引者注）附随于正犯的立场出发，认为非身份者的教唆行为、帮助行为附随于身份者的实行行为，成立教唆犯、从犯当然不需要特别的规定，因此，第一项是只关于共同正犯的特别规定。第二说认为，没有必要把教唆犯、从犯特别从"共犯"中除外，即使其成立是当然的，也并非没有作为注意规定的意义。因此，"共犯"中除了共同正犯之外也包括教唆犯和从犯。第三说认为，重视实行行为的规范意义时，在真正身份犯中，不能承认基于非身份者的实行行为。例如，非公务员与公务员一起接受了与公务员的职务相关的不正当财物时，该行为就公务员来说是"贿赂的收受"。但是，对于非公务员来说，该财物不是"贿赂"，接受它的行为也不能说是"收受"。即，只应该对身份者承认身份犯的共同正犯，在非身份者与身份者之间不

能考虑身份犯的共同正犯。必须认为，本项的"共犯"也不可能包括共同正犯，只是指教唆犯和从犯。第四说认为，本项中也包括不真正身份犯时，不真正身份犯只不过由于身份而在法定刑上有轻重，非身份者也能够参与其实行行为，在这个限度内，也可以承认共同正犯。这样，应该认为，关于真正身份犯，所谓"共犯"只指教唆犯、从犯；关于不真正身份犯，所谓"共犯"意指共同正犯、教唆犯和从犯。① 由此可见，在日本刑法理论上，共犯与身份犯是一个极为复杂的理论问题。我国刑法学界对这个问题虽然有所讨论，但远没有达到深入的程度。这个问题看似烦琐，其实从理论上可予以澄清。尽管日本学者是对《日本刑法典》第65条第1项（附带地也涉及第2项）进行讨论，但对于我们正确理解我国《刑法》第382条第3款的规定也是有帮助的，因为法理总是相通的。

我国《刑法》第382条第3款规定："与前两款所列人员勾结，伙同贪污的，以共犯论处。"该法条未明示的主体是没有"前两款"所规定的身份的人员，而"前两款所列人员"是指有"前两款"所规定的身份的人员。由此可见，这是关于有身份者与无身份者共同犯罪的规定。对于这一规定，立法者解释为：这里所说的"伙同贪污"，是指伙同国家工作人员进行贪污，其犯罪性质是贪污罪，对于伙同者，应以贪污罪的共犯论处。② 这一解释似是而非，它没有从共犯理论上对"伙同"作出确切的界定。即，这里的伙同是指教唆、帮助，还是也包括共同正犯？对于这个问题的理解，我们遇到了与日本刑法学界对《日本刑法典》第65条第1项的理解时相同的争议。对此，我国刑法学界通常认为，这里所说的"共犯"，是"共同犯罪人"的简称，包括共同正犯在内。③ 但也有学者持相反的观点，例如在解释1988年《补充规定》的以"共犯论处"时，我国学者指出：这是不是说无特殊身份者与有特殊身份者共同盗窃、骗取公共财物的都必须以贪污罪论处呢？我们认为应具体问题具体分析，不能一概而论。根据刑法理论中共

---

① 参见［日］大塚仁：《刑法概说（总论）》，冯军译，283～284页，北京，中国人民大学出版社，2003。
② 参见胡康生、李福成主编：《中华人民共和国刑法释义》，547页，北京，法律出版社，1997。
③ 参见肖中华：《犯罪构成及其关系论》，324页，北京，中国人民大学出版社，2000。

犯与身份犯关系的理论,共同犯罪中的实行犯既有有身份者又有无身份者的,应依其中起主要作用者有无身份来确定犯罪性质。实行犯中起主要作用者是身份犯的,应定贪污罪;不是身份犯的,不能定贪污罪,构成其他罪的,定其他罪。① 根据这种观点,以共犯论处的情形只能包括教唆犯与帮助犯,共同正犯则应以主犯的身份定罪。在上述两种观点中,我是赞同第二种观点的,在《刑法疏议》一书中我曾经对《刑法》第382条第3款之规定作过以下解释:这里的共犯,是指贪污罪的教唆犯与帮助犯。贪污罪是身份犯,只有具有法定身份的人员才能构成本罪,即成为本罪的实行犯。不具有这种法定身份的人,不能单独构成贪污罪,即不能成为贪污罪的实行犯。但这种人与前两款规定的人员相勾结的,可以成为贪污罪的教唆犯和帮助犯。因此,本款是对有身份的人与无身份的人共同犯贪污罪的处罚规定。② 现在看来,对于我的这一观点需作进一步的论证。

在刑法理论上,身份犯有纯正身份犯与不纯正身份犯之分。纯正身份犯之身份是构成的身份,在日本刑法理论上也称违法的身份,由此构成的是违法身份犯。在这种情况下,无此身份则无此犯罪。因而,构成身份是一种对定罪具有决定意义的身份。不纯正身份犯之身份是加减的身份,在日本刑法理论上也称责任的身份,由此构成的是责任身份犯。在这种情况下,身份对于定罪而言没有影响,无此身份有此犯罪,但对量刑有影响。因此,加减身份是一种对量刑具有影响的身份。一般认为,《日本刑法典》第65条第1项规定的是违法身份犯,第2项规定的是责任身份犯。对此,日本学者山口厚指出:就以违法身份为要件的违法身份犯而言,应该适用(日本)刑法第65条第1项,认定无身份者构成身份犯的共犯;就以责任身份为要件的责任身份犯而言,应该适用或者准用第65条第2款的规定,认定无身份者构成非身份犯的共犯(但是,在欠缺责任身份的行为不被处罚的情况下,则无身份者不可罚)。③ 那么,我国《刑法》第382条第3

---

① 参见赵廷光主编:《中国刑法原理各论卷》,470页,武汉,武汉大学出版社,1992。
② 参见陈兴良:《刑法疏议》,619页,北京,中国人民公安大学出版社,1997。
③ 参见[日]山口厚:《日本刑法中的"共犯与身份"》,载马克昌、莫洪宪主编:《中日共同犯罪比较研究》,143页,武汉,武汉大学出版社,2003。

款是关于纯正身份犯的规定，还是关于不纯正身份犯的规定？显然，它是关于纯正身份犯的规定。应该说，我国刑法对于不纯正身份犯的处理原则并无规定，对此应当按照刑法理论加以解决。例如《刑法》第243条第1款规定了诬告陷害罪，第2款规定："国家机关工作人员犯前款罪的，从重处罚。"这里的国家工作人员犯诬告陷害罪，就是不纯正的身份犯：无此身份也可构成诬告陷害罪，有此身份则应从重处罚。问题在于：非国家工作人员与国家工作人员共同进行贪污或者盗窃，在这种情况下，国家工作人员的身份是构成身份还是加减身份？在回答这个问题之前，我们来看一下日本学者山口厚的解释。日本判例对身份作广义解释，不仅包括一定的资格或者个人情状，而且包括一定的目的。那么，日本的判例为什么要采取广义的身份？其根据和用意何在？对此，山口厚教授指出：意义在于，对身份掌握得宽是为了适用刑法第65条第2款。如走私麻药罪和以营利为目的的走私麻药罪，如前者加功于后者，就可以将后者解释为身份犯，可适用这一款；被告人具有以营利为目的，直接适用后罪即可，但如其没有此目的而与有目的的人一起走私麻药，不如此解释就会构成以营利为目的的走私麻药罪共同正犯，处罚更重。如此解释就适用第65条第2款，有利于被告人。此外，山口厚教授还进一步解释：日本的贪污罪没有主体区分，但有一般委托物侵占罪和业务侵占罪，如果这种情况在日本，国家工作人员和其他人员分别定贪污罪和职务侵占罪。[①] 由此可知，在国家工作人员和非国家工作人员共同进行贪污或者盗窃情况下，国家工作人员的身份是加减身份而非构成身份，因而贪污罪相对于盗窃罪、诈骗罪、侵占罪来说是不纯正的身份犯。在这种情况下，没有特定身份的人，应以无特定身份的犯罪定罪，判处通常之刑。这也就是《日本刑法典》第65条第2项的规定："因身份而特别加重或者减轻刑罚时，对于没有这种身份的人，判处通常的刑罚。"我国刑法虽然无此规定，但这一规定所揭示的法理是我们在处理不纯正的身份犯时应当遵循的。基于以上分析，我认为，《刑法》第

[①] 参见［日］山口厚：《日本刑法中的"共犯与身份"》，载马克昌、莫洪宪主编：《中日共同犯罪比较研究》，247、300页，武汉，武汉大学出版社，2003。

382 条第 3 款规定的共犯,并不包含国家工作人员与非国家工作人员的共同正犯。

(三) 2000 年《解释》的评释

2000 年《解释》是对贪污罪和职务侵占罪的共犯问题的规定,这一规定是对《刑法》第 382 条第 3 款的解释,但这一解释是否符合立法原意及法理,确有可商榷之处。

《解释》第 1 条规定:"行为人与国家工作人员勾结,利用国家工作人员的职务便利,共同侵吞、窃取、骗取或者以其他手段非法占有公共财物的,以贪污罪共犯论处。"这一规定将《刑法》第 382 条第 3 款规定的"伙同贪污",解释为"利用国家工作人员的职务便利,共同侵吞、窃取、骗取或者以其他手段非法占有公共财物",实际上是指国家工作人员与非国家工作人员共同进行贪污或者盗窃,也就是所谓共同正犯。因此,根据这一《解释》,《刑法》第 382 条第 3 款的以共犯论处,包括共同正犯。显然,这一规定违反了刑法对于具有国家工作人员身份的人与不具有国家工作人员身份的人实施相同行为,分别规定为贪污罪与盗窃罪、诈骗罪和侵占罪,以体现对国家工作人员犯相同之罪行处以较重之刑的法理。

《解释》第 2 条规定:"行为人与公司、企业或者其他单位的人员勾结,利用公司、企业或者其他单位人员的职务便利,共同将该单位财物非法占为己有,数额较大的,以职务侵占罪共犯论处。"这一规定的性质与上述规定相同,不再赘述。

《解释》第 3 条规定:"公司、企业或者其他单位中,不具有国家工作人员身份的人与国家工作人员勾结,分别利用各自的职务便利,共同将本单位财物非法占为己有的,按照主犯的犯罪性质定罪。"这是引起争议最大的一个规定,究其原委,问题是"按照主犯的犯罪性质定罪"这一规定违反定罪的一般法理。同时,这一规定与前两条规定也有不相协调之处。如果按照这一条规定的精神,就应将"按照主犯的犯罪性质定罪"这一原则贯彻到前两条规定的情况之中。

当然,2000 年《解释》也有一定的积极意义,即《解释》强调"利用国家

工作人员的职务便利"才能以贪污罪共犯论处。因此，如果虽然是国家工作人员与非国家工作人员共同犯罪，但未利用国家工作人员职务上的便利的，仍应定盗窃罪的共同正犯而非贪污罪。

五、高金有案评析

高金有案是一个典型的内外勾结窃取公共财产的案件。在本案中，高金有是非国家工作人员，在逃的申玉生是国家工作人员，作案时任中国人民银行陕西省铜川市分行业务部出纳。这个案件的特点是内外勾结共同作案，因而关系到对被告人如何定罪的问题。从诉讼经过来看，检察院以贪污罪起诉，而法院以盗窃罪判处，因而存在到底是定贪污罪还是定盗窃罪的争论。

本案之所以对被告人高金有应定盗窃罪而不应定贪污罪，就在于窃取银行现金并未完全利用被告人申玉生的职务上的便利。利用职务上的便利，是贪污罪构成的一个前提条件。这里所说的"利用职务上的便利"，是指利用自己职务范围内的权力和地位所形成的主管、管理、经手公共财物的便利条件。① 利用职务上的便利，在一般情况下并不难理解。但在某些特殊情况下，就像在本案中，保险柜内的现金是在两人共同保管的情况下，两人共谋共同利用职务上的便利窃取保险柜内财物的，当然可以构成贪污罪的共同正犯。但在本案中，另一人并不知情，申玉生乘其他工作人员外出吃饭离开办公室之际，打开壁柜将自己保管的保险柜钥匙交给高金有，并告知人都走了，自己即离开业务部去吃饭。被告人高金有撬开另一出纳员的办公桌抽屉，取出钥匙，打开保险柜窃取 30 万元人民币。在这种情况下，即使申玉生本人实施上述行为，也并不构成贪污罪而构成盗窃罪。因此，本案对于贪污罪的利用职务上的便利确认了以下规则：

国家工作人员在与其他国家工作人员共同保管财物情况下，利用本人职务上的便利但未利用他人职务上的便利，从而窃取其所共同保管财物的，构成盗窃罪

---

① 参见胡康生、李福成主编：《中华人民共和国刑法释义》，547 页，北京，法律出版社，1997。

而非贪污罪。

在上述共同保管的情形下，部分利用职务上的便利，部分没有利用职务上的便利，裁判理由解释为不具备利用职务上便利，这是一种不利于被告人的解释，其理论根据尚可探究。但基于上述规则，在本案中，由于国家工作人员申玉生的行为本身不构成贪污罪，对被告人高金有也就不能以贪污罪的共犯论处。

本案的裁判结论虽然是正确的，但从裁判理由来看，涉及内外勾结共同犯罪如何定罪问题的有关论述是值得研究的。例如，在本案中被告人高金有是否可能实施贪污行为，就是一个问题。裁判理由认为，只有同时具备共同贪污的故意和共同利用职务便利的贪污行为，全案才能以共同贪污犯罪定性。这一观点，如果是就共同保管公共财物的两个国家工作人员而言，无疑是正确的。但如果是针对本案中国家工作人员申玉生和非国家工作人员高金有而言，就值得推敲。这种观点实际上是以高金有可能实施贪污行为为其逻辑前提的。那么，只有纯正身份犯才能实施的行为，无身份者是否可能实施呢？这里应当区分两种情形：

一是某一行为只有具有特定身份的人才有可能实施，没有这种特定身份的人根本不能实施或只能实施部分行为。根本不能实施的是指受贿行为，收受财物的行为是利用职务便利为他人谋取利益的对价，只有国家工作人员才有可能实施，他人不可能实施。即或国家工作人员家属收下行贿人送上门来的财物的，也只是一种"代为收受"的性质，因而不是受贿罪的实行行为，充其量只能是受贿罪的帮助犯。只能实施部分行为的是指强奸行为，行为人使用暴力、胁迫或者其他方法，违背妇女意志强行与其发生性关系。因而，强奸罪的实行行为只能由男子实施，妇女不可能实施完整的强奸行为，但可以实施暴力、胁迫或者其他方法。在这种情况下，妇女与男子是否构成强奸罪的共同正犯是存在争议的。但如果不是形式地而是实质地考察强奸罪的实行行为，就不能不认为妇女的行为是对男子强奸的帮助行为，属于事中帮助犯。对此，1984年最高人民法院、最高人民检察院、公安部《关于当前办理强奸案件中具体应用法律的若干问题的解答》指出："妇女教唆或帮助男子实施强奸犯罪的，是共同犯罪，应当按照她在强奸犯罪活动中所起的作用，分别定为教唆犯或从犯，依照刑法有关条款论处。"根据这一

规定,妇女不可能成为强奸罪的共同正犯。二是某一行为无论是有身份者或无身份者均可实施,但刑法规定为不同的犯罪,予以不同的法律评价。例如非法开拆他人信件的,如果是普通公民实施,构成侵犯通信自由罪;如果是邮政工作人员实施,则构成私自开拆邮件罪。贪污罪与盗窃罪的关系也是如此:国家工作人员利用职务上的便利窃取公共财物的,是贪污行为。非国家工作人员窃取公共财物,是盗窃行为。由于非国家工作人员没有职务上的便利,其不可能实施贪污行为。

根据以上分析,我认为高金有不可能实施贪污行为,也就不存在申玉生与高金有实施共同贪污行为的问题。在窃取银行现金的犯罪中,申玉生与高金有确实是作了分工:申玉生提供本人的职务便利,高金有利用了申玉生提供的这种便利,从而窃取了申玉生与他人共同保管的现金。在这种情况下,申玉生的行为本身也不构成贪污罪,高金有更是直接实施了盗窃行为。因此,高金有不可能实施贪污行为。即使申玉生实施的是贪污行为,高金有的行为仍然是盗窃性质。

(本文原载《刑事司法指南》,第 2 辑,北京,法律出版社,2004)

民事欺诈和刑事欺诈的界分

在民刑交叉案件中,最为疑难复杂的当属民事欺诈和刑事欺诈相互纠缠交织的案件。在民事诈欺和刑事欺诈这两类案件中,都存在欺骗因素。欺骗的特征就是虚构事实,隐瞒真相,致使他人产生认识错误。当然,民事欺诈的欺骗和刑事欺诈的欺骗在性质和程度上存在区分,如果将两者混为一谈,就会混淆罪与非罪的界限。

一、民事欺诈与刑事欺诈的概念

民事欺诈,也称民事诈欺,是指故意将不真实的情况当作真实的情况加以表示,以使他人产生误解,进而作出意思表示。我国《民法通则》第58条第3项将欺诈规定为民事行为无效的事由之一,最高人民法院《关于贯彻执行〈中华人民共和国民法通则〉若干问题的意见(试行)》第68条对民法中的欺诈行为做了以下界定:"一方当事人故意告知对方虚假情况,或者故意隐瞒真实情况,诱使对方当事人作出错误意思表示的,可以认定为欺诈行为。"那么,民事欺诈究竟是民事违约呢还是民事侵权?这个问题较为复杂。我国《合同法》第52条第1

项将欺诈规定为合同无效的事由之一。如果是合同缔结中的欺诈，属于民事侵权而不是民事违约。如果是合同履行中的欺诈，则属于民事违约。由此可见，民事欺诈可以分为两种：第一种是民事违约的欺诈，第二种是民事侵权的欺诈。

笔者在论述欺诈的法律渊源时曾经指出："诈欺的法律渊源可以追溯到古罗马法。在古罗马法中，诈欺可以分为两种：第一种是作为法律行为瑕疵之诈欺（dolus faudus），指以欺骗手段使相对人陷于错误或利用相对人的错误使之成立不利的法律行为。第二种是作为私犯的诈欺（dolus malus），指行为人用欺骗手段使对方为或不为某种行为。在现代民法理论中，这两种诈欺又分别称为法律行为制度中的诈欺与侵权行为法中的诈欺。两者的构成要件并不相同：法律行为制度中的诈欺以导致被诈欺人的错误意思表示为最终构成要件，而侵权行为法中的诈欺以导致被诈欺人的实际损失为最终构成要件。并且，两者的法律后果也有所不同：法律行为制度中的诈欺的法律后果仅限于构成无效的法律行为，而侵权行为法中的诈欺的法律后果则在于使诈欺人承担赔偿责任。当然，当法律行为制度中的诈欺行为成立后而导致实际损害后果时，都不妨嗣后构成侵权行为法中的诈欺行为。"在以上论述中，法律行为制度中的欺诈就是指民事违约的欺诈，而侵权行为法中的欺诈就是指民事侵权的欺诈。

欺诈并不仅仅是民法问题，同时也是刑法问题。日本著名民法学家我妻荣指出："一般地，欺诈发生民刑两法上的效果。刑法努力致力于惩罚实施欺诈者，除去社会的危害，民法为受到欺诈者谋求其正当利益的保护。并且，民法为了这个目的，将欺诈作为侵权行为，承认由受害者提起损害赔偿的请求和受害者撤销因欺诈做出的意思表示脱离其拘束这样两种手段。但是，这种刑法的处罚与民法的损害赔偿及撤销的三个效果，分别有其目的，所以其要件不同。"刑法中的诈骗是在民法中的欺诈的基础上演变而来的，对于刑法中的诈骗罪的理解必须以民法中的欺诈为背景进行考察。刑事欺诈对应于民事欺诈，也可以分为两种。

第一种刑事欺诈对应于民事违约的欺诈，是指刑法中以虚假陈述构成的欺诈犯罪。我国刑法并没有类似普通诈骗罪这样设立普通虚假陈述罪，因此，只有在刑法有特别规定的情况下，对于虚假陈述行为才能按照相关犯罪处理。对于刑法

没有明文规定的虚假陈述行为，根据罪刑法定原则，不能以犯罪论处，只能按照民事欺诈处理。例如，我国刑法第175条规定的骗取贷款、票据承兑、金融票证罪，这是将与贷款诈骗罪、金融票据诈骗罪、金融票证诈骗罪相对应的虚假陈述行为设立为犯罪，但刑法并没有将与信用证诈骗罪、信用卡诈骗罪、有价证券诈骗罪、保险诈骗罪相对应的虚假陈述行为予以犯罪化，因此对于信用证欺诈、信用卡欺诈、有价证券欺诈和保险欺诈行为只能按照民事欺诈处理，不能认定为犯罪。此外，我国刑法还规定了某些单纯的虚假陈述的犯罪。例如刑法第160条规定的欺诈发行股票、债券罪是指在招股说明书、认股书、公司、企业债券募集办法中隐瞒重要事实或者编造重大虚假内容，发行股票或者公司、企业债券，数额巨大、后果严重或者有其他严重情节的行为。刑法第181条规定的编造并传播证券、期货交易虚假信息罪和诱骗投资者买卖证券、期货合约罪。其中，编造并传播证券、期货交易虚假信息罪是指编造并且传播影响证券、期货交易的虚假信息，扰乱证券、期货交易市场，造成严重后果的行为；诱骗投资者买卖证券、期货合约罪是指证券交易所、期货交易所、证券公司、期货经纪公司的从业人员，证券业协会、期货业协会或者证券期货监督管理部门的工作人员，故意提供虚假信息或者伪造、变造、销毁交易记录，诱骗投资者买卖证券、期货合约，造成严重后果的行为。这些虚假陈述犯罪都是典型的刑事欺诈。应该说，虚假陈述的欺诈罪与民事违约的欺诈之间的区分，就在于刑法是否有特别规定，只有刑法有特别规定的，才能认定为犯罪。当然，即使在刑法有特别规定的情况下，还要根据数额和情节区分犯罪与民事不法。

第二种刑事欺诈对应于民事侵权的欺诈，是指刑法中以欺骗行为构成的诈骗犯罪。以往我国刑法学界只是把诈骗罪理解为刑事欺诈的犯罪，其实虚假陈述构成的犯罪同样是刑事欺诈的犯罪。在我国刑法中，除了普通诈骗罪以外，还规定了特殊诈骗罪，包括合同诈骗罪、金融诈骗罪（集资诈骗罪、贷款诈骗罪、金融票据诈骗罪、金融票证诈骗罪、信用证诈骗罪、信用卡诈骗罪、有价证券诈骗罪、保险诈骗罪），此外还有骗取出口退税罪、组织领导传销活动罪等。这些特殊诈骗罪都是诈骗罪的特别法，它们都必须具备诈骗罪的基本特征。如果不能归

入这些特殊诈骗罪的诈骗行为，则应当按照普通诈骗罪定罪处刑。

就虚假陈述的欺诈罪与诈骗罪的关系而言，传统刑法中只是规定了诈骗罪，而且是在财产犯罪中加以规定的。随着保护市场经济秩序的需要，现在刑法中逐渐增加了虚假陈述的欺诈罪。相对来说，刑法中的欺诈罪和民事欺诈的区分较为容易；而刑法中的诈骗罪和民事欺诈的区分则较为疑难，因此，本文主要论述诈骗罪和民事欺诈之间的区分。

在最近最高人民法院再审的张文中案中，其中诈骗罪主要涉及张文中以及物美集团骗取国债技改贴息资金。对此，原审法院河北省衡水市中级人民法院一审判决认定：张文中的诈骗行为表现为：（1）申报主体虚假：冒用国有企业申报国债技改贴息资金支持技术改造项目。（2）申报内容虚假：在张文中指使下，张伟春等人以虚假资料编制了物美集团技改项目《可行性研究报告》。（3）实施项目虚假：以与其关联公司签订虚假设备采购合同和开具虚假发票为手段，获得1.3亿元贷款，用于公司日常经营，但未实施信息化项目。为此，原审判决认定张文中以及物美集团构成诈骗罪。最高人民法院再审判决认定：（1）物美集团作为民营企业具有申报国债技改项目的资格，其以诚通公司下属企业名义申报，并未使负责审批的主管部门产生错误认识。（2）物美集团申报的物流项目和信息化项目并非虚构。再审判决认为，物流项目并非虚构，项目获批后未按计划实施及未能贷款系客观原因所致，且已异地实施。物美集团虽然采用签订虚假合同等手段申请信息化项目贷款，但并不能据此认定信息化项目是虚假的。国家发放国债技改贴息的目的在于支持企业的技术改造项目，而物美集团申报的项目经相关部门审核属于政策支持范围。根据申报流程，物美集团申请银行贷款时，其国债技改贴息项目的申报已经获得审批通过。物美集团在此后采用签订虚假合同等手段申请信息化项目贷款，虽然违规，但并非是为骗取贴息资金而实施的诈骗行为，也不能据此得出信息化项目是虚构的结论。（3）物美集团违规使用3 190万元国债技改贴息资金不属于诈骗行为。物美集团在获得3 190万元国债技改贴息资金后，将该款用于偿还公司其他贷款，但在财务账目上一直将其列为应付人民政府款项，并未采用欺骗手段予以隐瞒、侵吞，且物美集团具有随时归还该笔资金的能

力。因此，物美集团的行为虽然违反国债专项资金应专款专用的规定，属于违规行为，但不应认定为非法占有贴息资金的诈骗行为。综上，最高人民法院再审判决认为：原审被告人张文中以及物美集团不构成诈骗罪。

从以上原审的有罪判决和再审的无罪判决的对比中，我们发现，两者认定的事实存在某些差异，当然更主要的还是对事实的法律判断的不同。例如，关于申报主体的虚假问题，在申报当时民营企业究竟是否具有申报的资格。原审判决认为，民营企业没有申报资格，因此才有冒充国有企业下属单位以获得申请资格的问题。但再审判决则认定：物美集团通过诚通公司以真实企业名称申报国债技改项目，没有隐瞒其民营企业性质，也未使负责审批的主管部门产生错误认识，这就否定了原审判决认定的申报主体虚假的事实。如果以未使审批部门产生认识错误作为否定诈骗的理由，当然还是具有一定法理根据的。只是再审判决试图从当时国家有关部门关于申报国债技改项目的文件中寻找并未将民营企业排除在申报主体之外，则不无牵强。在张文中案中，原审判决认定诈骗的是国债技改项目的贴息资金，这种资金是无对价的，具有补贴性质。目前国家对企业的各种补贴是大量存在的，在申报过程中存在虚假也是十分明显的。例如在申报资格上作假、在申报条件上作假、在资金使用上作假，等等。在张文中案中，也是如此。关键问题在于，如何区分项目资金申报中的欺诈和诈骗罪的关系？笔者认为，如果完全不具备申报条件，以申请项目为名，非法占有项目资金，可以构成诈骗罪。如果仅仅是在申报材料上弄虚作假，但申报以后具体实施了项目，则构成欺诈。只有这样，才能正确地区分民事欺诈和刑事诈骗之间的界限。类似张文中案，以往在我国司法实践中都是以诈骗罪论处的，张文中案公布以后，对于处理同类案件具有参照意义。因此，这对于民事欺诈和刑事诈骗的区分也同样具有参考价值。

二、民事欺诈和刑事诈骗的比较考察

民事欺诈和诈骗罪是两种不同性质的违法：前者是民事不法，后者是刑事不法。然而，笔者注意到，在德日刑法教义学中，对于民事欺诈和诈骗罪并不严格

区分,而是将我国学者所认为的民事欺诈都认定为诈骗罪。因此,德日刑法教义学中的诈骗罪的构成范围要比我国更为宽泛,几乎容纳了所有的民事欺诈。从刑法规定来看,德日刑法对于诈骗罪的规定与我国刑法对于诈骗罪的规定,并无重大区分。例如,根据《德国刑法典》第263条的规定,诈骗罪是指以使自己或第三人获取非法财产利益为目的,通过虚构事实或者歪曲、隐瞒真相引起或维持认识错误从而损害他人财产的行为。在德国刑法教义学中,诈骗罪的构成要件要素包括:(1)客观构成要件:1)就事实进行欺骗;2)认识错误;3)财产处分;4)财产损失;5)客观构成要件要素之间的因果关系。(2)主观构成要件:1)故意;2)非法获利目的。根据《日本刑法典》第246条的规定,诈骗罪是指欺骗他人使之交付财物的行为、取得财产性利益或者使他人取得该利益的情形。因此,在日本刑法教义学中,诈骗罪的客观构成要件要素包括:(1)欺骗他人;(2)使之产生认识错误;(3)基于认识错误而交付财物或者利益;(4)因果关系。从以上列举的德日刑法教义学关于诈骗罪的构成要件要素来看,基本上是一致的。然而,通过对比可以发现,在德日判例中诈骗罪构成范围比我国刑法中的诈骗罪构成范围更为宽泛,因此大部分民事欺诈被诈骗罪所涵盖。

(一)诈骗罪保护法益的比较

诈骗罪是财产犯罪,因此,如何理解诈骗罪保护法益——财产,对于认定诈骗罪具有重要意义。值得注意的是,《日本刑法典》专门设立了利益诈骗罪,将财产性利益包含在诈骗罪的保护法益之中。《德国刑法典》虽然没有设立利益诈骗罪,但对诈骗罪客体的财产持法律的财产说,据此,所谓财产就是财产性权利的总和。因此,具有经济价值的物或者利益都是财产。因为财产的范围较宽,诈骗罪的范围也就随之扩张。根据德国判例,通过购买彩票所获得的中奖可能性,也被认为属于财产。例如在彩票案中,行为人人为操作彩票抽奖,导致彩票中奖概率实际上低于所宣传的概率的,或者谎称自己所组织的抽奖合法,后来却被国家机关查封的,均没有提供与彩票售价相应的中奖可能性,从而造成了彩票购买者的财产损失,成立诈骗罪。在日本判例中,以不正当手段取得文书,如果能够通过该文书取得财产性利益的给付,也可以成立诈骗罪。例如,山口厚教授指

出:"在各种证明书中,还有下述类型的证明书:通过给付该证明书,赋予的不仅仅是对某事项的证明这种利益,同时还赋予了可以取得财产性给付的地位(健康保险被保险人证等)。就此类证明文书而言,财产性利益已经转化在该证明文书上,不正当地取得这种作为财产性利益之化身的物品的,即便是该文书交给了申请人,仍然有违交付人的交付目的,就完全能肯定存在财产性的法益侵害性,因此,能肯定成立诈骗罪。"在这种文书案中,只要骗取的文书可以取得财产性利益的给付,就可以认定为诈骗罪。

在我国刑法中,诈骗罪的保护法益也包括财产性利益,例如探矿权和采矿权都可以成为财物诈骗罪的行为客体,利用欺骗手段取得探矿权或者采矿权的,应当构成诈骗罪。但如果只是夸大探矿或者采矿的范围或者储量的,一般认为是民事欺诈,并不构成诈骗罪。此外,如果不是直接骗取他人财物,而只是利用欺骗手段获取非法利益的,也是民事欺诈而不是刑事诈骗。例如,在我国刑法学界,对于骗购经济适用房行为的定性分歧主要在于该行为能否被认定为诈骗罪。有的学者认为,骗购经济适用房行为应当定性为诈骗罪,如周光权教授指出,骗购行为完全符合诈骗罪的构成要件,行为人虚构事实、隐瞒真相欺骗了开发商,使开发商陷入错误认识,并导致开发商因错误认识而作出相应的处分行为,其处分的对象是财产性利益,因而行为人应当构成诈骗罪;张明楷教授同样认同骗购经济适用房行为应当构成诈骗罪的观点。当然,持有否定观点的学者也不在少数,例如阴建峰教授认为,就骗购经济适用房而言,由于行为人骗取的只是购房资格而不是"财物",同时,行为人也完全支付了经济适用房的对价,无论对开发商、政府还是第三方购房者而言均不存在财产损失,所以行为人骗购经济适用房的行为不构成诈骗罪。当然,骗购经济适用房所采取的"虚假"手段(如伪造户口簿、单位公章),则有可能构成伪造证件、印章罪。通过中国裁判文书网的检索发现,在司法实践中,几乎没有直接将骗购经适房行为入罪的案例,最多如2007年北京首次追回骗购经济适用房后,实施骗购行为者被判处伪造国家机关公文、印章罪。质言之,司法实践还没有将骗购经济适用房行为入罪,最多的是对违规交易经济适用房的行为人处以行政处罚并收回相应的经济适用房资格。在

这种骗购经济适用房的情况下，房屋本身是行为人通过支付购房款而购买的，因此，这不是一种骗取经济适用房的行为，而是骗购，即骗取购买经济适用房的资质，在不具备购买经济适用房的情况下，非法取得购买经济适用房的资格。在骗购经济适用房的案件中，行为客体是购买经济适用房的资质，这是一种财产性利益。骗购经济适用房当然具有欺骗的性质，但它还不是直接骗取财物。因此，在我国司法实践中，骗购经济适用房并不构成诈骗罪，而只是一种民事欺诈行为。

(二) 诈骗罪财产损失的比较

对于诈骗罪中的财产损失，德国刑法教义学认为，只有当被害人遭受了财产损失，也即其财产整体上发生减损时，才能认定行为人符合诈骗罪的构成要件，成立诈骗罪。但对这里的财产损失的理解又是较为宽泛的。例如，根据德国司法判例和学界的多数见解，在特定情况下，当行为人导致被害人的财产陷入紧迫的具体危险时，就已经可以认定被害人财产受到损失，构成诈骗罪的既遂。并且，诈骗罪是针对整体财产的犯罪，因此，只要对比被害人财产在处分行为前后的整体价值，确定其整体财产是否有所减损，就可以确定财产损失。例如德国刑法教义学把诈骗分为缔约诈骗和履约诈骗，所谓缔约诈骗是指行为人在与被害人缔结合约时就事实进行诈骗。例如，在保险案中，行为人隐瞒真相与保险公司签订人寿保险合同，当自己死亡时保险公司应当向受益人进行赔付，但是实际上行为人一开始就已经伙同受益人准备将来谎称自己死亡，联邦最高法院认定行为人在与保险公司签订保险合同时就造成了保险公司的财产损失。此时保险公司虽然通过保险合同获得了保险金，但是这种保险金只是在考虑运营成本的前提下依据正常情况下的死亡风险收取的费用，当行为人计划谎称保险事故时，保险公司所承担的风险将远高于其所收取的保险金，从而负担了过高的给付义务。在日本刑法教义学中，并未将财产损失确定为诈骗罪的构成要件要素，而是认为因交付而转移的个别物或者利益的丧失本身，就是诈骗罪中的法益侵害。因此，在财产交易过程中，即使提供相当价格的商品，或者支付了相当的价款，仍然可以成立诈骗罪。例如，在不动产案中，欺骗住宅金融管理机构，谎称要将该机构设定有最高抵押权的某处不动产卖给第三人，该机构信以为真，遂答应对方只要部分履行债

务即可,并放弃了所设定的最高抵押权。对此,判例认为,只要放弃最高抵押权有悖于该机构的方针,即便向该机构所支付的价款,是该机构认为相当的金额,仍能肯定成立诈骗罪。在这种存在对价的情况下,只要对是否交易存在欺骗,就认为存在财产损失,因而构成诈骗罪。

在我国刑法中,诈骗罪要求直接造成被害人的经济损失。这种经济损失是指被害人丧失对财物的占有,而被告人获得对财物的占有或者处分。如果没有这种直接的经济损失,在我国刑法中就不可能构成诈骗罪。例如,就保险诈骗而言,我国刑法规定了保险诈骗罪,是指投保人、被保险人、受益人,以非法占有为目的,违法保险法律、法规,采取虚构事实、隐瞒真相的方法骗取保险金数额较大的行为。只有通过欺骗方法骗取保险金数额较大的,才能认定为诈骗罪。如果只是在保险过程中提供虚假信息而签订保险合同,损害保险公司利益的,尽管保险公司存在经济损失,也不能认定为保险诈骗,而只是保险欺诈。我国刑法规定的保险诈骗行为包含虚构保险标的的情形,是指投保人违背《保险法》规定的如实告知义务,虚构一个根本不存在的保险标的或者将不合格的标的伪称为合格的标的,与保险人订立保险合同的行为。如果不是虚构保险标的,而是故意不履行如实告知义务,致使保险公司对存在瑕疵的标的提供了保险,这就是保险欺诈。例如,2009年1月中旬,黄某被医院诊断为肠癌并住院治疗,2011年11月5日,其子黄小某为黄某投保了万能型终身寿险,保险金额18万元,年缴保费9 000元,在询问是否患有恶性肿瘤、尚未证实为良性或恶性肿瘤时均填写"否"。2014年9月11日,黄某因肠癌去世。保险公司以投保人欺诈为由诉请撤销保险合同。法院经审理认为,黄小某隐瞒其父患有恶性肿瘤的事实予以投保,属于《合同法》第54条规定的欺诈,保险公司有权撤销保险合同。由此可见,保险欺诈的法律后果只是保险合同无效。因此,在我国刑法中,保险诈骗罪和保险欺诈是严格区分、不能混同的。

(三)诈骗罪主观违法要素的比较

德国刑法教义学明确地将诈骗罪的主观违法要素称为非法获利的目的,这里的非法获利目的属于主观的超过要素,既包括想让我使自己获利的目的,也包括

使其他第三人获取财产利益的目的。这里的财产性利益与财产损失是一体两面的关系，是指对财产状况的任何程度的改善。因此，德国刑法教义学中的非法获利目的的范围是较为宽泛的，只要被害人存在财产损失，并且被告人的收益与之存在素材同一性，就认定具有非法获利目的。在日本刑法教义学中，例如山口厚教授对于诈骗罪的主观违法要素并没有在诈骗罪的构成要件中讨论，只是在论述盗窃罪的构成要件时予以论及，指出："非法取得的意思，属于事关整个取得罪的问题，而不限于盗窃罪。"由此可见，日本刑法中的诈骗罪的主观违法要素，称为非法取得意思或者非法取得目的。虽然非法取得意思包括排除意思和利用意思，但就该主观要素以非法取得为内容而言，其含义是较为宽泛的。例如，以欺骗方法取得银行贷款，在这种情况下，很难否定行为人具有非法取得贷款的意思，诈骗罪的构成也是顺理成章的。

在我国刑法中，诈骗罪要求具有非法占有的目的，属于财产犯，以此区别于以营利为目的的营利犯。非法占有目的意味着行为人通过欺骗方法无对价地取得他人财物，而以营利为目的则是指通过某种欺诈性的交易活动获得利益。因此，在财产犯中，不存在交易活动，而是直接占有他人财物。在营利犯中，因为存在交易活动，因而是通过经营活动取得利益。例如，我国刑法规定了销售伪劣商品罪，包括欺诈性销售伪劣商品的情形。对此，张明楷教授指出："诈骗罪的保护法益是财产，销售伪劣商品罪的保护法益是经济秩序。一个行为完全可能同时触犯诈骗罪与销售伪劣商品罪，对此应当认定为想象竞合犯，从一重罪处断。"将诈骗罪和销售伪劣商品罪认定为想象竞合犯的前提是销售伪劣商品行为符合诈骗罪的构成要件，这种观点只是考虑到诈骗罪和销售伪劣商品罪都具有客观上的欺诈性，但这两种欺诈是不同的：诈骗罪是非法占有的欺诈，销售伪劣商品罪是虚假陈述的欺诈。更为重要的是，这种观点没有从主观目的上加以区分：诈骗罪在行为人的主观上具有非法占有他人财物的目的，而销售伪劣商品罪在行为人的主观上具有非法营利的目的，因此不能认为销售伪劣商品行为同时符合诈骗罪的构成要件。

三、民事欺诈和刑事诈骗的区分

应该说,在德日刑法教义学中,诈骗罪的范围较为宽泛,包含了大部分民事欺诈。而在我国刑法中,还是应当严格区分民事欺诈和诈骗罪。尤其是在司法实践中,应当正确认定诈骗罪,将它与民事欺诈加以区分。论及民事欺诈与诈骗罪之间的区分,笔者认为并不存在单一的区分标准,而是应当从欺骗内容、欺骗程度和非法占有目的这三个方面加以界分。

(一)欺骗内容

民事欺诈和诈骗罪,虽然都具有欺骗性,但两种欺骗的内容是有所不同的。可以说,民事欺诈是个别事实或者局部事实的欺骗,而诈骗罪则是整体事实或者全部事实的欺骗。在考察民事欺诈和诈骗罪区分的时候,需要分析欺骗的具体内容。在司法实践中,存在欺诈性借款和借款诈骗的区分,欺诈性销售和销售诈骗的区分,保险欺诈和保险诈骗的区分,合同欺诈和合同诈骗的区分,等等。可以说,几乎每一种诈骗犯罪类型都存在与之对应的民事欺诈,只有极少数不存在。以下,笔者以合同欺诈和合同诈骗为例进行考察。

在合同诈骗罪中,在签订、履行合同过程中,根本就没有履行合同的能力和意思,行为人意在以签订、履行合同为手段,骗取他人财物。在这种情况下,签订、履行合同的民事行为完全是诈骗的掩盖,因而只有在能够刺破合同行为面纱的情况下,才能构成合同诈骗罪。在合同诈骗罪中,行为人的欺骗是一种整体事实或者全部事实的欺骗。我国刑法第224条规定了五种合同诈骗的方法,这就是:(1)以虚构的单位或者冒用他人名义签订合同的;(2)以伪造、变造、作废的票据或者其他虚假的产权证明作担保的;(3)没有实际履行能力,以先履行小额合同或者部分履行合同的方法,诱骗对方当事人继续签订和履行合同的;(4)收受对方当事人给付的货物、货款、预付款或者担保财产后逃匿的;(5)以其他方法骗取对方当事人财物的。在此,除了第五种属于兜底条款以外,其他四种合同诈骗的方法,都是整体性事实的欺骗。但是,行为人虽然实施了上述各种

欺骗行为，但仍然履行了合同，并通过履行合同获利的，属于合同欺诈，不构成合同诈骗罪。

　　第一种情形，以虚构的单位或者冒用他人名义签订合同的，如果签订合同以后根本就没有履行合同，以此骗取他人财物的合同诈骗行为，就是一种假冒主体的合同诈骗。在这种情况下，如果行为人只是冒用其他单位名义签订合同，但还是履行了合同，则只是合同主体的民事欺诈，不能认定为合同诈骗罪。

　　第二种情形，以伪造、变造、作废的票据或者其他虚假的产权证明作担保的，如果签订合同以后根本就没有履行合同，以此骗取他人财物的合同诈骗行为，就是一种虚假担保的合同诈骗。在这种情况下，如果行为人只是提供虚假担保，但还是履行了合同，则只是合同担保的民事欺诈，不能认定为合同诈骗罪。

　　第三种情形，没有实际履行能力，以先履行小额合同或者部分履行合同的方法，诱骗对方当事人继续签订和履行合同的，这是一种合同履行能力的欺骗。这种情况下民事欺诈和合同诈骗的区分，显得较为复杂。这种合同履行能力的欺骗，其实存在两种不同的情况：第一种是隐瞒没有合同履行能力的事实，与他人签订合同，合同签订以后也没有实际履行，以此骗取他人财物的，可以构成合同诈骗罪。第二种是隐瞒只有部分合同履行能力的事实，与他人签订合同，以先履行小额合同或者部分履行合同的方法，诱骗对方当事人继续签订和履行合同，以此骗取他人财物，这是钓鱼式的合同诈骗。对于这里的合同履行能力，还要进行具体分析。虽然在签订合同的时候，还不具备合同履行的条件，但行为人自认为经过努力可以创造条件履行合同，即使后来因为客观原因未能履行合同的，不能因为行为人在签订合同的时候虚称能够履行合同而认定为合同诈骗，这是一种民事欺诈。

　　第四种情形，收受对方当事人给付的货物、货款、预付款或者担保财产后逃匿的方法。诈骗罪是一种占有转移的财产犯罪，即行为人通过诈骗行为取得他人财物。在合同诈骗罪中，采用欺骗手段签订合同以此骗取他人合同项下的款项，因而符合占有转移的特征。如果行为人在签订合同的时候具有履行合同的意思，只是在收受对方当事人给付的货物、货款、预付款或者担保财产后，才产生非法

占有的意思，则是一种侵占行为。那么，占有合同款项后逃匿的合同诈骗，其欺骗行为表现在什么地方呢？这里涉及隐瞒主观心理事实的诈骗。例如，我国学者在介绍德国刑法中的诈骗罪时，就论及主观心理事实的诈骗，指出："（诈骗罪隐瞒的）事实既可以是外在的，也可以是内在的。内在的事实包括例如内心的确信、认知以及主观目的等。特别是获取有偿服务的行为人，原则上都明示或暗示地表示自己有支付的意愿，若实际上并非如此，便应认定其就事实进行了欺骗。因此，行为人没有付款意图却在自助加油站（在工作人员知情的情况下）加油、在旅店住宿或在餐馆消费或者购买商品，没有还款意图却向被害人借贷，或者对被害人谎称会将其财物放置到特定地点或捐助给他人的，均构成诈骗罪。"按照这一逻辑推演，则占有合同款项后逃匿的合同诈骗就是一种隐瞒没有履行合同意愿的诈骗，这是一种隐瞒主观心理事实的诈骗。这种合同诈骗罪认定的难点在于如何证明行为人在签订合同的时候，隐瞒了没有履行合同的意愿。对此，刑法第224条是采用事后隐匿的客观行为加以推论的。但事后逃匿只是一种客观表现，还不能直接证明行为人签订合同的时候就没有履行合同的意愿。尤其是在某些案件中，发生了不可抗力，使得合同不能履行，这只是一种违反合同的违约行为，应当按照合同纠纷处理，连合同诈骗都谈不上。例如，王某系手机经销商，长期在某商场销售各种品牌的手机，与手机批发商建立了长期合作关系。手机销售市场的交易规则是先进货，待收到货物以后的一周内结清货款。王某一直以来信用良好，深受手机批发商的信任。2014年6月以来，王某因为染上赌博恶习，输掉了数十万元，欠下巨额赌债。此后，王某向手机批发商进货，十多万元的手机收到以后，王某以低于进价出售，然后将货款用于赌博，最终导致不能按时向手机批发商交付货款，手机批发商遂以合同诈骗向公安机关报案。从表面上看，这是一起拖欠货款的合同纠纷，因为在客观上并不存在明显的欺骗行为，但因为王某在最后一次进货的时候，已经因为欠下巨额赌债，而且收到手机以后低价出售，可以证明王某隐瞒了不交付货款的主观意思，因而构成合同诈骗罪。

根据以上论述，笔者认为合同欺诈和合同诈骗之间的区分，主要还是应当以欺骗的内容为根据：如果是整体事实的欺骗，行为人根本没有履行合同的意愿和

行为，只是利用合同骗取他人财物的，应以合同诈骗罪论处。如果只是在合同的每个要素，例如主体、担保或者数量、质量等进行欺骗，但行为人还是履行了合同，则属于合同欺诈，其后果是合同无效，承担违约责任。

(二) 欺骗程度

欺骗程度是指行为人采用的欺骗方法，是否达到使他人产生认识错误并处分财物的程度。在民刑交叉的案件中，如果行为人采用的欺骗手段达到了使他人产生认识错误并处分财物的程度，则构成诈骗罪。如果行为人虽然采用欺骗手段，但并没有达到使他人无对价交付财物的程度，则只是民事欺诈，尚不构成诈骗罪。由此，在这些案件中，应当区分欺骗的程度。

这里应当指出，诱使他人参加某种活动，并造成一定的财产损失，并不是构成诈骗罪的充足要件。关键在于，在参加某种活动的时候，行为人是否采用欺骗手段使他人产生认识错误并处分财物。例如，1990年11月12日四川省高级人民法院就设置圈套诱骗他人参赌获取钱财的案件应如何定罪问题，向最高人民法院请示 (川法研〔1990〕45号)。请示报告指出："我省一些地方不断出现设置圈套诱骗他人参赌从中获取钱财的案件，这种案件一般都是多人结伙在公共汽车、火车等公共场所公开进行的，常见的是猜红、蓝铅笔，以猜中者赢，猜不中为输诱骗他人参赌，由于设赌人在红、蓝铅笔上做手脚，设机关，以致猜红变蓝，猜蓝变红，参赌者有输无赢，设赌者包赢不输。设赌者为骗取参赌者的信任，还常以同伙参赌赢钱为诱饵，诱使他人就范。对这种案件如何定罪的问题，我们在讨论中有两种意见：第一种意见认为，在赌博活动中常有设置圈套弄虚作假的情况，带有欺骗性，但其客观行为是实施的赌博行为，设赌人和参赌人均以非法营利为目的，应以赌博罪论处。第二种意见认为，这种设置圈套诱骗他人参赌从中骗取钱财的行为已不同于一般的赌博，更符合诈骗罪的特征，设赌只是一种诈骗的手段其实质仍属虚构事实或隐瞒真相，使人信以为真。采取弄虚作假进行欺诈，应定诈骗罪，而不能定赌博罪。我们倾向于第二种意见，当否，请批复。"对于四川省高级人民法院的上述请示，1995年11月6日最高人民法院批复如下："行为人设置圈套诱骗他人参赌获取钱财，属赌博行为，构成犯罪的，应当以赌

博罪定罪处罚。参赌者识破骗局要求退还所输钱财，设赌者又使用暴力或者以暴力相威胁，拒绝退还的，应以赌博罪从重处罚；致参赌者伤害或者死亡的，应以赌博罪和故意伤害罪或者故意杀人罪，依法实行数罪并罚。"按照这一批复的精神，如果只是设置圈套诱骗他人参加赌博，甚至在赌博过程中存在作弊行为，仍然只能构成赌博罪，只是在赌博中存在欺诈。但并不能认为，在这种情况下，一概不能构成诈骗罪。如果诱骗他人参加赌博，并且在赌博过程中，完全控制输赢，由此造成他人财产损失的，应当认定为诈骗罪，这是一种利用赌博实施的诈骗行为。在这种情况下，赌博只是手段，而诈骗才是目的。

目前在司法实践中存在利用网络平台实施的诈骗活动，我们可以将这类诈骗称为网络平台诈骗。在网络平台诈骗案中，行为人设立网络公司，建立网络平台，包括期货交易平台、各类大宗货物交易平台、外汇交易平台等，在从事交易过程中，行为人采用了诱骗他人参加交易，并在交易中进行欺骗等各种欺诈手段。对于此类案件，究竟是认定为民事欺诈还是刑事诈骗，往往存在争议。对此，应当区分不同情况进行认定。

在交易过程中，利用网络平台进行欺骗性操作，造成他人财产损失。例如，以提供行情、带领操作、保证赚钱为诱饵，诱骗被害人到平台上投资交易，并通过告知代理商价格行情，由代理商对客户发送反向行情，或由代理商发送行情并由后台反向操作等方式致使他人亏损，骗取他人投资款。在被告人获利的三种途径，即手续费、点差和客户亏损中，前两种属于非法经营的获利，而第三种客户亏损则是诈骗所得。如果没有第三种获利，那么，被告人的行为属于非法经营行为，只不过在经营中存在民事欺诈。第三种获利方法，就是通过诈骗方法取得的，应当构成诈骗罪。

在交易过程中，没有控制网络平台，而是利用他人的网络平台，采取操纵行情的方法，通过交易活动获利，造成他人财产损失。例如，利用大宗商品交易平台，通过操纵价格走势，致使被害人损失。在这种案件中存在真实的商品交易，这从根本上有别于不存在真实对价物的诈骗行为。同时，商品价格的变动也是真实的，虽然存在透过优势资金影响甚至操纵价格，但这种操纵不同于通过伪造和

修改K线造成的价格波动假相,即便可能符合其他罪名的构成要件,也并不属于诈骗罪中的虚构事实、隐瞒真相。在诈骗罪中,被害人基于被骗而基于认识错误向行为人或其指定的人交付财产,而在这种案件中,受损客户并不存在基于欺骗产生的认识错误而交付的行为,因此不构成诈骗罪。

从以上两类案件来看,虽然都是在网络平台诱使他人从事交易,但其具体手段是不同的。在第一类案件中,网络平台本身就是虚假的,被告人实际上完全控制了交易活动的结果。被害人名义上似乎因为参加网络平台交易而遭受损失财物,实际上则是因为被欺骗而交付财物。同样,被告人是通过网络平台的欺骗行为,无对价地取得他人财物,因而构成诈骗罪。在第二类案件中,网络平台是真实合法的,被告人利用第三方的网络平台,诱使他人参加商品交易,通过操作行情非法获利。这是一种类似操纵期货市场的行为,但因为商品交易不属于期货交易,因此也不构成操纵期货市场罪,只能作为民事欺诈处理。由此可见,上述两类案件虽然都有欺骗,但欺骗的程度是不同的:诈骗罪的欺骗是达到了控制交易结果的程度,因而被害人是无对价的交付财物。而民事欺诈的欺骗则是在交易真实前提下的欺诈,尽管被害人遭受财产损失,但这是因为被欺诈而造成的财产损失。

(三)非法占有目的

无论是民事欺诈还是刑事诈骗,都会造成他人的财产损失,这是没有疑问的。因此,存在财产损失并不能就此认定为诈骗罪。在某些情况下,民事欺诈和刑事诈骗在行为方式上是完全相同的,因此不能从行为方式上区分民事欺诈和刑事诈骗,而是要从行为人主观上是否具有非法占有目的上予以区分。只有诈骗罪才具有非法占有目的,而民事欺诈,包括刑事化的民事欺诈都没有非法占有目的。例如,贷款诈骗罪和骗取贷款罪,行为人在客观上都实施了欺骗银行或者其他金融机构的行为。我国刑法第175条将骗取贷款罪的客观行为表述为欺骗手段,这里的欺骗手段,是指行为人在取得银行或者其他金融机构的贷款时,采用的是虚构事实、隐瞒真相的手段,掩盖了客观事实,骗取了银行或者其他金融机构的信任。只要申请人在申请贷款的过程中有虚构事实、掩盖真相的情节,或者

在申请贷款过程中,提供假证明、假材料,或者贷款资金没有按申请的用途去用,都符合这一条件。至于贷款诈骗罪的欺骗手段,我国刑法第193条做了明文规定,这就是具有下列情形之一:(1)编造引进资金、项目等虚假理由的;(2)使用虚假的经济合同的;(3)使用虚假的证明文件的;(4)使用虚假的产权证明作担保或者超出抵押物价值重复担保的;(5)以其他方法诈骗贷款的。可以说,根据我国刑法的规定,骗取贷款罪和贷款诈骗罪的客观上的欺骗行为是完全相同的,这两种犯罪的区分就在于主观上是否具有非法占有目的。对此,张明楷教授指出:"贷款诈骗罪与骗取贷款罪存在特别关系。亦即,使用欺骗方法获取金融机构贷款的,均成立骗取贷款罪,但是,如果行为人具有非法占有目的,则应认定为贷款诈骗罪。"张明楷教授在这里所说的特别关系,是指法条竞合中的特别法与普通法之间的关系。

应该说,在大部分民事欺诈和刑事诈骗案件中,从欺骗行为上就可以将两者加以区分。但确实存在着某些民事欺诈和刑事诈骗,在欺骗方法上是存在竞合的。当然,因为我国刑法已经将骗取贷款这种以虚假陈述为特征的民事欺诈设立为犯罪,因此它和贷款诈骗罪之间的界限,就是此罪和彼罪的区分。而大多数这种与刑事诈骗的方法相同的民事欺诈,并没有被刑法规定为犯罪。因此,这些民事欺诈和刑事诈骗之间的界限就是罪与非罪之间的区分,而这种区分的根据就是非法占有目的之有无。例如,被告人王喆与被害人李昆泽签订借款合同,并约定以天津港保税区天兴货运服务有限公司与天津港汇盛码头有限公司的入库合同协议书中的货物为抵押,向李昆泽借款280万元,用于购买运输车辆。王喆收到借款后,未按照约定购买运输车辆。借款到期后,王喆及其父母归还125万元,余款未还。对于本案,天津市滨海新区人民检察院以合同诈骗罪提起公诉,天津市滨海新区人民法院一审判决被告人王喆无罪。宣判后,天津市滨海新区人民检察院提出抗诉,后在审理过程中,天津市人民检察院第二分院认为抗诉不当,撤回抗诉,天津市第二中级人民法院于2014年9月2日作出(2014)二中刑终字第284号刑事裁定,准许天津市人民检察院第二分院撤回抗诉。法院生效裁判认为:"公诉机关提供的现有证据不足以认定被告人王喆在向被害人李昆泽借款过

程中采取虚构事实、隐瞒真相、冒用公司名义的手段，使被害人陷入错误认识从而出借钱款，亦不能认定被告人主观上具有非法占有的目的，故公诉机关指控被告人王喆构成合同诈骗罪证据不足，指控罪名不能成立。李昆泽可通过其他合法途径向被告人王喆主张权利。"从这一认定来看，似乎法院是以指控王喆构成合同诈骗罪事实不清、证据不足为由作出无罪判决的。那么，本案如果能够证明王喆采用欺骗方法借款，是否就可以构成合同诈骗罪呢？一审判决同时又认为："本案的关键问题在于，在民间借贷案件引发的诈骗案件中，如何认定被告人主观上是否具有非法占有的目的，以及现有证据是否足以认定被告人的行为构成合同诈骗罪。合议庭认为，在民间借贷行为引发的合同诈骗案件中，不能仅以借款的实际用途与合同约定用途不符，或者约定的抵押物无法实现抵押债权为由即认定被告人构成合同诈骗罪，应当严格按照合同诈骗罪的犯罪构成要件加以判断，如果被告人的行为客观上不足以使被害人陷于错误认识从而交付钱款，主观上不具有非法占有的目的，那么被告人的行为就不符合合同诈骗罪的犯罪构成，应当依法宣告被告人无罪。"这一解说则似乎认为本案是非法占有目的的证据不足，而这两者之间是存在根本区别的。根据犯罪阶层理论，是否具有欺骗行为在位阶上置于是否具有非法占有目的之前。如果没有欺骗行为，就不再需要讨论是否具有非法占有目的的问题。只有在认定欺骗行为的基础上，才需要继续讨论是否具有非法占有目的的问题。从本案的情况来看，欺骗行为是存在的，这就是借款目的的欺骗，即借款用途与实际用途不符；而且还存在抵押物的欺骗，即使用无法实现抵押债权的抵押物继续抵押。但就此还不能构成合同诈骗罪。本案无罪的主要根据还是不能证明被告人具有非法占有目的，这对于区分民事欺诈和刑事诈骗具有重要意义。笔者注意到，我国司法机关都宁愿采用事实不清、证据不足作为判决无罪的根据，以此在判决书中予以表述；但不愿意从刑法意义上明确宣告因为缺乏犯罪的某一构成要件要素而无罪。其实，不符合法律规定而无罪和事实不清、证据不足而无罪，这是完全不同的。在本案中，本来是因为缺乏非法占有目的而无罪，但判决书却将其转换为事实不清、证据不足的无罪，但在对本案的分析文章中，又从不具有非法占有目的的角度进行讨论，指出："综合以上证据来看，

被告人王喆在借款时以及借款后的一系列行为,都表明其并没有恶意逃避还款,非法占有该笔钱款的故意。"这一说法与无罪判决理由之间明显存在矛盾。因此,当从欺诈行为上无法区分民事欺诈还是诈骗罪的时候,应当对行为人是否具有非法占有的目的进行判断。如果没有非法占有目的,则不能认定为诈骗罪。

(本文原载《法治现代化研究》,2019(5))

侵占罪研究

侵占罪是财产犯罪中常见多发的一种犯罪行为。狭义上的侵占罪，指《刑法》第270条规定的侵占代为保管的他人财物、遗忘物、埋藏物的犯罪。广义上的侵占罪，除上述犯罪以外，还包括《刑法》第271条规定的职务侵占罪。前者可以说是普通侵占罪，后者可以说是特别侵占罪。这两种侵占罪虽然同以侵占作为其行为方式，但在内容上又存在重大差别。本文以论述侵占罪为主，兼而论及职务侵占罪。

一、侵占罪的概念

在论述侵占罪的概念之前，首先有必要对侵占一词加以分析。根据《现代汉语词典》的解释：侵占指非法占有别人的财产。由于未对占有的方式加以限制，因而这里的侵占是从广义上来理解的，指所有非法侵犯他人财产所有权的行为。这一含义上的侵占概念，在我国宪法上被采用。《宪法》第12条规定："禁止任何组织或者个人用任何手段侵占或者破坏国家和集体的财产。"这里的侵占是在广义上使用的，指侵犯财产，包括了盗窃、诈骗、抢夺、贪污等各种

财产犯罪。在刑法中，侵占是从狭义上理解的，它是盗窃、诈骗、抢夺之外的侵犯财产的一种特定犯罪行为方式。确切地说，它是以侵犯本人业已合法持有的他人财物为特征的一种财产犯罪。根据我国《刑法》第270条的规定，侵占罪是指以非法占有为目的，将自己代为保管的他人财物非法占为己有，数额较大，拒不退还或者将他人的遗忘物或者埋藏物非法占为己有，数额较大，拒不交出的行为。我国《刑法》第271条还规定了职务侵占罪，指公司、企业或者其他单位中的人员，利用职务上的便利，将本单位财物非法占为己有，数额较大的行为。

侵占罪在我国刑法中是一个新罪名，但在大陆法系刑法中，这是一个具有悠久历史并在各国刑法中均有规定的传统罪名。侵占罪源于罗马法，在欧洲封建制时代是财产犯罪的一种，直到19世纪侵占罪才完全与盗窃罪分离，成为一种独立的罪名。[1] 我国1979年《刑法》没有规定侵占罪。之所以没有规定，主要是立法者考虑到国家工作人员或受国家机关、企业、事业单位、人民团体委托从事公务的人员利用职务上的便利侵占公共财物的，要按贪污罪论处，剩下的其他侵占公私财物，数量一般比较有限，可以不作犯罪论处。故尽管在1979年《刑法》草案第22稿、第23稿中均规定了侵占公私财物罪，但最后还是被立法者所删除。[2] 在1979年《刑法》中，没有规定侵占罪，并非立法者的疏忽，而是由当时我国的财产状态和犯罪的实际情况所决定的。因为在1979年制定刑法时，我国财产关系十分单一，基本上是全民所有和集体所有的公共财产，如果行为人利用职务上的便利侵占公共财产的，可以按照贪污罪处理。公民个人的财产十分有限，侵占他人财物的犯罪极为罕见。因此，在刑法上没有必要规定侵占罪。随着我国实行经济体制改革，尤其是允许个体经济（后来发展为私营经济）的存在与发展，公民个人财产的存量增加，财产流转也更加频繁，因而在现实生活中出现了侵占他人财物的行为。由于1979年《刑法》没有规定侵占罪，因而当时在司

---

[1] 参见刘辉：《侵占罪若干问题研究》，载《法律科学》，1999（1），103页。
[2] 参见高铭暄：《中华人民共和国刑法的孕育和诞生》，213页，北京，法律出版社，1981。

法实践中对此类案件的处理主要有以下两种方式：一是类推定罪。我国1979年《刑法》第79条规定了对于本法分则没有明文规定的犯罪行为，可以比照本法分则最相类似的条文定罪处刑。这一类推规定，就为司法机关处理侵占行为提供了法律根据。因而，在司法实践中，往往通过类推处理侵占案件。例如，被告人马晓东，男，21岁，无业。1987年2月经人介绍，与来沪经商的广东省饶平县饶兴蛇皮加工厂港商代理郭长浩结识。同年8月29日，马晓东与郭长浩自上海市来到广州市。次日上午，郭长浩去深圳办事，将密码手提箱1只交给马晓东保管。郭长浩走后，马晓东撬开手提箱，窃取郭长浩在上海市的银行存折2个，合计存款3.9万元，现金270元，以及私人图章等财物。随后，马晓东携带手提箱回上海，先后三次将郭长浩的存款余额及利息合计2.024万元全部从银行支取挥霍，郭长浩返回广州后，发现马晓东去向不明，即赴上海，发现银行存款已被马晓东取走，即向公安机关报案。同年10月19日公安机关找到马晓东，追回赃款1.25万元。经审理，上海市南市区人民法院依据1979年《刑法》第79条关于类推的规定，比照《刑法》第152条的规定，类推被告人马晓东犯非法侵占他人财产罪，判处有期徒刑15年，剥夺政治权利5年。一审判决后，被告人马晓东没有上诉，检察机关也没有抗诉。南市区人民法院依法将全案报请上海市中级人民法院审查。上海市中级人民法院审查后，认为原判正确，报请上海市高级人民法院审查。上海市高级人民法院审查认为，原审认定事实清楚，证据确凿，适用类推定罪准确，量刑适当，遂于1989年11月6日依法报请最高人民法院核准，最高人民法院审判委员会审核认为，原审类推定罪是正确的，但量刑过重。最高人民法院于1990年2月2日判决如下：（1）撤销上海市南市区人民法院（89）南法刑字第119号刑事判决对马晓东的判决量刑；（2）被告人马晓东犯侵占他人财产罪，判处有期徒刑10年，剥夺政治权利3年。本案被告人马晓东的行为是典型的侵占代为保管的他人财物的行为，在当时法无明文规定的情况下类推定罪是一种正确的做法。对于侵占行为除类推定罪以外，当时在司法实践中根据行为特点也有直接定盗窃罪或者诈骗罪的。严格地说，这种做法是于法无据的。

在司法实践中，随着非公有经济的迅速发展壮大，由于刑法在保护非公有经济上存在明显的漏洞，在相当长的一段时间内只有通过扩大贪污罪的主体和客体的方法涵盖某些公私混合经济（例如中外合资企业、中外合作企业、以公有制为基础的股份制企业）中的侵占犯罪。这不仅捉襟见肘，而且与贪污罪立法原意相去甚远。在这种情况下，1995年全国人大常委会颁布的《关于惩治违反公司法犯罪的决定》（以下简称《决定》）设立了公司、企业工作人员侵占罪，该罪是指有限责任公司、股份有限公司的董事、监事或者职工及上述公司以外的企业职工，利用职务或者工作上的便利，侵占本公司或本企业的财物数额较大的行为，这一犯罪的罪名被司法解释确立为侵占罪，这是在我国刑法中首次出现的侵占罪罪名。但这一规定只解决了公司、企业中的侵占行为的定罪问题，大量存在于公民个人之间的侵占行为仍然无法定罪，而且，公司、企业中的侵占行为被规定为侵占罪，与世界各国刑法中的侵占罪同名异质。在这种情况下，我国刑法学界提出了各种设立侵占罪的立法建议，认为侵占罪是指以非法占有为目的，将自己所持有的他人之公私财物转化为己有或者擅自使用、处分，数额较大，情节严重的行为。犯罪对象包括：他人交与行为人持有之公私财物，行为人拾到的他人的遗失物、他人的遗忘物、漂流物、埋藏物、隐藏物、沉没物、失散的饲养动物、地下遗存文物等。[①] 1997年在刑法修订中，采纳了上述建议，在《刑法》第270条和271条分别设立了侵占罪与职务侵占罪，从而完善了我国的刑事立法，为惩治各种侵占行为提供了刑法根据。

二、侵占行为

在认定侵占罪的时候，最根本的是要正确地界定侵占行为。由于我国刑法中，对侵占一词在立法上存在多种含义，因而理解侵占行为的内容就显得十分重要。我认为，侵占行为具有以下特征：

---

① 参见赵秉志主编：《刑法修改研究综述》，337页，北京，中国人民公安大学出版社，1990。

（一）合法持有

侵占行为是以合法持有为前提的，这也是侵占行为区别于盗窃行为和诈骗行为的根本之所在。那么，如何理解这里的合法持有呢？《刑法》第270条规定了侵占财物与行为人之间具有"代为保管"的关系。对于这里的"代为保管"，我国刑法学界存在以下两种不同的理解：一是狭义说，此说主张对保管作严格的解释，认为行为人侵占的是自己业已持有的，他人暂托自己保管、看护的财物。① 这种观点将保管视为以看护为特征的一种具体行为方式。二是广义说，此说主张对保管作较为宽泛的解释，认为这里所说的保管，主要是指基于委托合同关系，或者是根据事实上的管理，以及习惯而成立的委托、信任关系所拥有的对他人财物的持有、管理。② 这种观点将保管视为一种非所有的管理关系。在上述两种观点中，我们同意第二种观点，似应从财物与行为人的关系上理解"代为保管"，而不是机械地从字面上理解"代为保管"。从各国刑法的规定来看，对于这种财物与行为人的关系在立法上采用了不同的措词：《朝鲜民主主义人民共和国刑法》第155条规定为"委托自己保管的财物"；《俄罗斯联邦刑法典》第147条规定为"被委托给犯罪人和他人的财物"；《日本刑法》第252条规定为"由自己占有的属于他人的财产"；我国台湾地区"刑法"第335条规定为"自己持有他人之物"。在上述规定中，有的提到了行为人与他人财产的关系，以"委托"概括之；有的则没有提到这种关系，而只是描述了占有、持有这样一种事实。尽管如此，在刑法理论和判决上均解释为是合法持有。例如，日本学者在解释由自己占有的属于他人的财产时指出：占有必须是基于委托关系，契约不是必要的根据。但在信义诚意的原则上，就物的占有而言，与委托者之间存在着信任关系，还是必要的。③ 由此可见，这里仍然强调这种占有是以合法委托为前提的。我国《刑法》第270条虽然使用"代为保管"一词，但从内容上分析，这是一种委托管理关

---

① 参见梁华仁、裴广川主编：《新刑法通论》，295页，北京，红旗出版社，1997。
② 参见胡康生、李福成主编：《中华人民共和国刑法释义》，383页，北京，法律出版社，1997。
③ 参见［日］木村龟二主编：《刑法学词典》，721页，上海，上海翻译出版公司，1992。

系，具有持有的合法性。那么，如何理解这里的合法呢？在我国刑法学界对合法持有之"合法"存在两种不同的观点。第一种观点认为，这里的合法持有是指行为人没有用犯罪的方法将他人的财产转移到自己的控制之下。[①] 第二种观点认为，只要行为人不以自己的违法行为而对他人之物取得持有，便是侵占罪中的合法持有。[②] 上述两种观点对"合法"的理解在范围上稍有不同，我认为第二种观点更为确切一些。为了理解这种特有的合法性根据，在司法实践中可以分为以下几种情形：

1. 委托关系

委托是指行为人基于委托关系持有他人财物。这种委托关系中，委托人出于一定目的，基于对受托人的信任，将某一事项交给受托人完成。受托人由此而获得了在委托期间对他人财物的保管权。在现实生活中，这种委托关系是极为常见的，委托事项也是多种多样的。例如委托代为保管财物、委托代购、代卖某种物品、委托代为转交、转送某种物品、委托代为接收某种财物、委托代办邮寄财物等。我国《刑法》第270条规定的代为保管，就是接受委托而保管。由此可见，委托关系是合法持有他人财物的一种常见方式。基于这种委托关系持有他人财物，就负有对该财物的保管之责任。如果行为人背信弃义，将受委托持有的他人财物占为己有，就是一种典型的侵占。

2. 租赁关系

租赁是指行为人基于租赁合同持有他人财物。租赁合同又称租赁契约，是指出租人将出租财产交付给承租人有偿使用，承租人按照约定向出租人支付租金，并在租赁关系终止时将所租财产交还出租人的协议。在合同法上，租赁合同具有以下特征：（1）租赁合同为双务有偿合同，又为诺成合同及不要式合同。出租人把租赁物提供给承租人使用，须以承租人向出租人支付一定租金为对价。租赁合同因双方意思表示一致而成立，不以交付租赁物和采取书面形式

---

① 参见王作富：《论侵占有罪》，载《法学前沿》，第1辑，38页，北京，法律出版社，1997。
② 参见周少华：《侵占埋藏物犯罪的若干问题探析》，载《法律科学》，1998（3），75页。

为要件。（2）出租人仅将租赁物的使用权有期限地转移给承租人，不发生所有权的变动。（3）合同终止后，承租人须将原租赁物返还出租人，因此租赁物只能是特定物或特定化之物且不易消耗。在租赁合同成立后，承租人与出租人之间就形成租赁关系。承租人根据这种租赁关系而合法地取得对租赁物的持有。在租赁期间，承租人可以合法地使用承租物，但在租赁期满时，须将租赁物返还出租人。如果承租人违反上述返还义务，非法地将承租物据为己有，就属于侵占行为。

3. 担保关系

担保是指以确保债务的履行为目的而在债务人或第三人的物上设定物权的行为。由担保而形成的物权，称为担保物权，包括质权、留置权等。其中，质权是指债权人占有债务人或者第三人为担保债务履行而移交的财产，在债务人不履行债务时就该财产的变卖价金优先受偿的权利。在质权关系中，债务人或第三人须将质物（即质权所设定的标的物）交与质权人占有，从而不再享有对质物的占有、使用及收益。留置权是指债权人因合同关系占有债务人的财产，在由此产生的债权未得到清偿以前留置该项财物并在超过一定期限仍未得到清偿时依法变卖留置财物，从价款中优先受偿的权利。在上述质权和留置权的情况下，行为人都因这种担保关系而获取了对他人财物的占有权；但这又和享有所有权有所区别，例如，在留置权中，除了保管上的必要或经债务人同意外不得使用留置物，未经债务人同意不得将留置物出租或抵押。在担保关系解除以后，质权与留置权自然消失，行为人就负有返还质物的义务。如果行为人将质物非法占为己有，就属于侵占行为。

4. 借用关系

借用是指出借人将出借物无偿地交给借用人使用，借用人在一定期限内或使用完毕后将原物返还给出借人的协议。借用人通过借用关系获取了对他人财物的使用权，因而这里只发生使用权的转移，不发生所有权的转移。在使用完毕或借用期满以后，借用人有义务将出借物返还给出借人。如果借用人不履行返还义务，在借用期间或者借用期满以后，将出借物非法占为己有，就是侵占

行为。应当指出，作为合法持有原因的借用关系，不同于借贷关系。在借用关系中，出借人仅转移出借物的使用权，借用人对出借物不享有所有权，不能处分出借物，但借贷关系出借人转移的是所有权或处分权。借用关系借用人借用的目的在于使用借用物，使用完毕后须将原物返还，故标的物须为不易消耗的特定物，而借贷关系借用的目的在于消耗借用物，法律要求借用人返还同值的货币或等质、等量的实物，故标的物只能是种类物。正因为借贷关系与借用关系存在上述区别，因而只有在借用关系中才发生侵占的问题。在借贷关系中，行为人在借贷期满拒不归还或者无力归还的，只能按照债务纠纷处理，不能构成侵占罪。

5. 无因管理

在民法上，无因管理是指未受他人委托，也无法律上的义务，为避免他人利益受损失而自愿为他人管理事务或提供服务的事实行为。在无因管理的情况下，行为人对他人之物形成事实上的管理与支配关系。但由于他人并未放弃对其物的所有权，因而无因管理者只是对该物形成占有状态，并不改变该物的所有权。根据无因管理的一般原则，行为人对物的管理付出一定劳动，因而与物主形成债的关系，物主应当向无因管理者交付一定的费用。但如果行为人对无因管理的财物非法占为己有，则属于侵占行为。

6. 不当得利

在民法上，不当得利是指没有法律上或合同上的根据，使他人受到损害而自己获得某种利益的事实行为。根据大陆法系民法规定，不当得利事实将在不当得利人与受害人之间引起债的关系。不当得利人负有将全部不当得利返还受害人的债务，而后者则享有请求返还的债权。对于不当得利能否视为侵占行为成立的合法持有根据，是一个理论上值得研究的问题，这里涉及对合法持有之合法的理解。如果把合法解释为具有法律根据，则不当得利不属于合法持有。如果把合法理解为不违法，则不当得利仍然可以理解为合法持有。我国学者在论及对于埋藏物的合法持有性时指出：行为人得到埋藏物的行为，不具有"非法"的性质，从而可以认为是"合法的持有"。"合法的"这一术语，除了包含"法定的、与法律

相一致的"这层意思外,还包含"不违反法律的"之意。① 前一层意思上的"合法"是指具有法律上的根据,后一层意思上的"合法"则是指虽无法律上的根据但亦不与法律相冲突。② 我赞同这一观点,因而认为无因管理虽然是没有法律根据地持有他人财物,但其持有财物的原因并非违反法律,并不与法律相冲突,可以视为合法持有。因此,不当得利人非法占有财物的,应视为侵占行为。应当指出,在民法上不当得利可以分两类:一类为给付不当得利,即基于一方的给付行为而使另一方受利益,但此种利益的获得没有法律根据。二为非给付不当得利,包括因受损失者自己的事实行为造成的不当得利、因受益人实施的侵权行为而发生的不当得利和由第三人的行为以及自然事件等原因而发生的不当得利。③ 可以作为侵占行为之合法持有的不当得利,只能指给付不当得利,而不包括非给付不当得利。

(二)非法占有

侵占行为的本质是将合法持有他人之物非法占为己有。简言之,合法持有非法占有。这里的占有,是指占为己有。应当指出,对于这里的占有应当正确理解。在民法中,对于占有存在两种解释:第一种是将占有理解为对物的实际控制状态,在这个意义上的占有并不等同于所有权。换言之,没有所有权的人对于财物也会发生占有关系。第二种是作为所有权一项权能的占有。在这个意义上的占有应当等同于所有,因为占有是所有权的基本内容,所有权是占有在法律上的反映与认可。在此,我们是在第二种意义上理解占有的。这种占有是指将他人财物非法归自己所有,因而侵犯了他人财产的所有权。

非法占有是侵占行为的主要内容。如果说合法持有只是侵占成立的前提,那么,非法占有就是侵占的行为本身。由于行为人先前已经合法持有了他人的财物,那么,如何理解这里的非法占有呢?对于非法占有的理解,在大陆法系刑

---

① 参见《牛津法律大辞典》,531页,北京,光明日报出版社,1988。
② 参见周少华:《侵占埋藏物犯罪的若干问题探析》,载《法律科学》,1998(3),75页。
③ 参见王利明:《改革开放中的民法疑难问题》,300页,长春,吉林人民出版社,1992。

法理论上存在占有行为说和越权行为说之争。根据占有行为说,所谓侵占是指以非法占有的意思,违反他人的委托宗旨而使用和处分他人之物。反之,根据越权行为说,就不需要非法占有的意思,只要对占有物实施了超越职权的行为就构成了侵占。因此,越权行为说认为,以暂时挪用的目的而处分占有物或单纯地毁损占有物时也构成侵占。[①] 由此可见,上述两种观点对侵占的理解不尽相同。我同意占有行为说,因为行为人只有将代为保管的他人财物占为己有,才能构成侵占行为。如果行为人并无意非法占有,只是越权擅自处理代为保管的他人财物,只是挪用或毁坏,则不是侵占行为。至于具体的占有方式,一般有以下两种情形:

1. 处分

在民法上,处分是指以处分权利为内容并直接发生权利变动效果的民事法律行为。处分权是所有权各项权能中最重要的一种,它的行使是以行为人对被处分的财物具有所有权为前提的。因此,行为人对代为保管的他人之物予以非法处分,直接表明他对该物的非法占有。在司法实践中,处分包括两种方式:一是法律上的处分行为,即行为人通过抵押、买卖等法律形式将代为保管的他人财物予以处分。这种法律上的处分,由于行为人通过一定的法律形式,因而发生了所有权的法律上的转移。例如,将代为保管的他人财物予以出卖,这就是实施了法律上的处分行为。二是事实上的处分行为,行为人虽然未通过某种法律上的方式予以处分,但将代为保管的他人财物作为本人财物加以消费或者隐匿,这在事实上也是处分了他人财物。

2. 所有权非法转移

非法占有除了将代为保管的他人财物予以处分以外,还包括将本人持有的他人财物转归己有,即发生所有权的非法转移,从而使他人形式上丧失对财物的所有权。例如对于代为保管的他人房屋,通过伪造契约的方式转到自己名下,就是一种典型的侵占行为。

---

① 参见 [日] 木村龟二主编:《刑法学词典》,722 页,上海,上海翻译出版公司,1992。

三、侵占对象

我国《刑法》第270条根据侵占对象的不同,将侵占罪分为三种情形。[①] 下面,分别对这三种侵占对象加以论述:

(一)代为保管的他人财物

对于行为人与他人财物的关系,已经如上所述。在此,我重点探讨财物的性质与形式。

1. 财物是否包括不动产

财产有动产与不动产之分。动产是指可以移动而并不因此改变性质和经济价值的物。不动产是指不能移动或移动后会引起性质和经济价值改变的物。例如土地、房屋等。对于某些犯罪来说,其侵害的对象只能是动产,而不包括不动产。例如盗窃罪,秘密窃取的只能是动产或者是不动产上可与之分离的附属物,不动产不能成为盗窃对象,但侵占罪却与之不同,不仅动产可以成为侵占罪的对象,而且不动产也可以成为侵占罪的对象。这是由侵占行为的特点所决定的。因为盗窃罪的秘密窃取是指将在他人控制之下的财物窃为己有,作为盗窃罪的对象的财物应当是行为人能够移动的,否则不可能窃为己有。例如,一座房子不可能搬动,也就不能成为窃取的对象。侵占则不然,行为人可能基于某种关系管理他人的不动产,例如房屋。在这种情况下,如果行为人通过伪造契约的方式将房屋转到自己名下,就应视为侵占了该房屋,因而可能构成侵占罪。因而,不动产可以成为侵占的对象。换言之,代为保管的他人财物包括不动产。

2. 财物是否包括无形财产

财产有有形财产与无形财产之分。有形财产是指具有一定物理属性的财产,

[①] 在刑法理论上,对于我国《刑法》第270条是定一个罪名还是定三个罪名存在不同观点,我个人认为定三个罪名为好。同为侵占代为保管的他人财物属于违反诚实信用原则的犯罪,侵占遗忘物和侵占埋藏物,则不具有违反诚实信用的性质,而且国外一般也是分开定罪的,但最高人民法院司法解释确定为一个罪名,即侵占罪。

而无形财产是指不具有物理属性的财产。例如，专有技术，属于人的智力成果，属于知识产权的一部分。在国际上，专有技术被普遍认为是一种无形财产而受到法律保护。在侵占罪中，大多数侵占的是有形财产，但也不排除在某些情况下也可能侵占他人的无形财产。例如技术秘密、技术资料等，这些财物的载体本身可能并不值钱，但由于这些资料中凝聚着大量物化劳动以及潜在的价值，因而一旦受到侵占，必然造成大量的财产损失，对此应以侵占罪论处。所以，代为保管的他人财物包括无形财产。

3. 财物是否包括公共财物

对于侵占罪的他人财物，是否包括公共财物，在我国刑法理论上存在以下两种观点：第一种观点认为侵占罪中代为保管的他人财物，可以是私人的财产，也可以是公共财产。[①] 第二种观点认为侵占罪中代为保管的他人财物是指公民的个人财产，其财产是有特定的范围：有的是行为人代为保管的他人财物，有的可能是被害人委托其收管的财物，亦可能是按有关规定由其托管的财产。[②] 我认为，侵占罪中代为保管的他人财物在绝大多数情况下都是公民的个人财产，但并不排除在某些情况下是公共财产。因为在现实生活中，单位将公共财产交给个人保管是经常发生的，例如农村粮站收购粮食后，委托农民暂时保管等。在这种情况下，受托农民将所保管的公粮非法占为己有，就是侵占行为。那么，将公共财产纳入侵占对象，是否会混淆侵占罪与职务侵占罪的界限呢？我们的回答是否定的。因为职务侵占罪是公司、企业或者其他单位的人员，利用职务上的便利，将本单位财物非法占为己有。在职务侵占罪中，行为主体的身份是特殊人，侵占的是本单位的财物。而在侵占罪中，行为主体是普通的，侵占的不是本单位的财物而是代为保管的其他单位的财物。因此，根据行为主体与被侵占单位之间是否存在身份上的隶属关系，我们可以把侵占罪与职务侵占罪加以区分，而无论侵占的是否为公共财产。

---

① 参见高西江主编：《中华人民共和国刑法的修订与适用》，60页，北京，中国方正出版社，1997。
② 参见黄太云、滕炜主编：《中华人民共和国刑法适用指南》，386页，北京，红旗出版社，1997。

4. 财物是否包括本人财物

根据我国刑法规定，侵占罪所侵占的是代为保管的他人财物，由此可见，本人财物一般是难以成为侵占罪对象的。但在某些特殊情况下，对于他人财物与本人财物尚需分析。例如，《日本刑法》第 350 条第 2 款规定："虽然是自己的财物，但在公务机关命令其保管的情形下侵占该财物的与前项同。"即在这种情况下，应仍以侵占罪论处，这种"在公务机关命令其保管"下的本人财物，应当视同为他人财物。因为侵占以后，公务机关负有赔偿的责任，其财产所有权会受到侵害，其性质与其他侵占并无二致。此外，侵占共有物的问题，也是值得研究的。在民法上，共有是指两个以上权利主体对同一物共享所有权。对同一物都享有所有权的公民或法人为财产共有人，该物为共有物或称共有财产。共有可以分为按份共有与共同共有。在共有的情况下，共有人对共有物按照各自的份额或者平等地享有权利。在这种共有的情况下，行为人非法地予以占有，侵害了其他共有人的财产所有权，因而成立侵占罪。当然，其数额应当按照共有关系进行确定。对此，日本判例也认为与他人的共有物，仅仅是由自己占有的，仍是自己占有。[①] 对此成立侵占罪，在理论上是没有异议的。

5. 财物是否包括非法财物

在一般情况下，侵占罪所侵占的代为保管的他人财物都是合法财物，那么非法财物是否也可以成为侵占罪的对象呢？对于这个问题，在日本刑法理论上存在争论。肯定说认为，消费了（即占有——引者注）基于不法原因而委托之"物"，可以成立侵占罪。其理由在于：尽管在民法上，在不法给付的场合，对那些"物"，是没有返还请求权的，也不能得到私法上的救济，但民法上有无保护和刑法上是否成立犯罪是两回事。否定说则认为，在不法给付的场合，委托人已经对委托之"物"失去了所有权，对委托人而言不负任何义务。即使得到了刑法目的论的解释，在民法上没有返还义务的人，强制其不得处分那"物"，也是破坏法制统一的。在判例中，由于是委托人卖的货也只成立销赃罪而不成立侵占罪。明

---

① 参见 [日] 木村龟二主编：《刑法学词典》，721 页，上海，上海翻译出版公司，1992。

知是赃物,基于委托而将其处于保管之中,即使擅自占有该物体,因为委托人不仅没有所有权,而且也没有其他任何权利,就受托人而言看起来只成立寄藏赃物罪,而不成立侵占罪。[①] 我认为,非法财物是否可以成为侵占罪的对象,之所以存在否定说,主要疑虑将侵占非法财物的行为作为侵占罪处理,是否会保护了非法财物的所有权。我认为,这种疑虑是没有必要的。因为非法财物,由于行为人是非法取得的,因而其所有权在民法上是非法的。按照我国刑法规定,这种非法财物如果是赃物,应当没收归公或者发还给被害人;如果是犯罪物品,应当追缴上交国库。因而,对于非法财物,在获取者没有合法的所有权,但并不意味着这是无主物,实际上,这些非法财物是公私财物的一种特殊种类。因此,对于侵占非法财物的行为以侵占罪论处,并不是保护了非法财物获得者的所有权,而是保护了公私财物的所有权,在现实生活中,较为常见的侵占非法财物的有以下两种情形:

其一,介绍贿赂或者行贿共犯中,行为人私自侵吞贿赂款。这种情况在司法实践中时常发生,其中有的是侵吞部分款项,有的甚至全部侵吞,然后欺骗他人称已经支付贿赂。在这种情况下,我认为行为人实施了侵占行为。

其二,侵占盗窃或者其他财产犯罪所得赃物的行为,在现实生活中也时有发生,对于这种情况,应当根据具体情形分别处理。王作富教授认为应分以下几种情况:(1) 行为人明知是代为保管或代为销售的是他人犯罪所得的赃物,日后将该财物非法转为己有,或者非法占有其销赃所得,分别构成窝赃罪、销赃罪和侵占罪,应当作为牵连犯,从一重处断。(2) 行为人不知代为保管或代为销售的财物是赃物,将其非法转归己有的,应以侵占罪论处。(3) 在其他人犯罪之后或在犯罪过程中代为保管用于犯罪的财物,不知该物的非法性质,将该财物据为己有,不构成其他罪的共犯的,只能以侵占罪论处。(4) 行为人参与走私、贩毒、贿赂或其他犯罪,并管理用于犯罪的财物,乘机将共有的或他人的财物非法转为

---

① 参见 [日] 木村龟二主编:《刑法学词典》,728～729 页,上海,上海翻译出版公司,1992。

己有的，应当以其参与的具体犯罪论处，一般不定侵占罪。[①] 这里特别需要指出，在上述第四种情况下，之所以不定侵占罪，是因为行为人侵占共同犯罪中的赃物的行为，大体上来说是一个分赃的问题，并未再次侵犯他人财物的所有权，不需要再定侵占罪。

（二）遗忘物

在论及遗忘物的时候，首先存在的一个问题是遗忘物与遗失物是否存在区别。对于这个问题，存在肯定说与否定说两种观点。肯定说认为遗忘物与遗失物是两种不同性质的事物，应当加以区分。否定说则认为，遗忘物与遗失物是词异而义同，两者为同种性质的事物。这个问题关系到侵占罪对象的界定，应当从法理上加以认真研究。

从我国法律规定上看，民法与刑法分别采用了遗失物与遗忘物这两个不同的用语，这大概就是产生上述分歧的根本原因之所在。我国《民法通则》第79条第2款规定："拾得遗失物、漂流物或者失散的饲养动物，应当归还失主，因此而支出的费用由失主偿还。"这里明确地采用了"遗失物"一词。对于这里的"遗失物"，我国民法学界一般界定为他人不慎丢失的动产。遗失物并不是无主物，也不是所有人抛弃的或因为他人的侵害而丢失的物，而是所有人和合法占有人不慎丢失的动产。[②] 尤其需要指出的是，在刑法修订之前，民法理论上对于遗失物与遗忘物并无严格区分。但在刑法修订以后，第270条第2款规定了侵占遗忘物的犯罪。由于民法与刑法分别采用两个不同的术语，因而民法学界也有人认为遗失物与遗忘物应当区分，这种区分主要表现在：遗失物是非出于遗失人自己的意思而丧失占有，同时又不为其他人占有的非无主动产。遗忘物则是指占有人偶然遗忘于他人的车船、飞机、住宅等特定场所的物品。虽然在占有人偶然丧失对物品占有这一点上两者颇具相似性，但遗失人在丧失对遗失物的占有期间已完全失去了对该物的控制能力，而遗忘人是知道物品可能遗忘于何处，及时采取措

---

① 参见王作富：《论侵占罪》，载《法学前沿》，第1辑，43~44页，北京，法律出版社，1997。
② 参见佟柔主编：《中国民法》，239页，北京，法律出版社，1990。

施便能迅速恢复对遗忘物的占有，故遗忘人对遗忘物的控制能力并未丧失殆尽。而且由于遗忘物是被遗忘于特定的场所，因而物品在被遗忘的同时即落入该特定场所的所有人或管理人的控制之中，故不属遗失物。[1] 上述观点以财物所有人对财物的控制能力是否完全丧失作为区分遗失物与遗忘物的主要标准，在刑法理论上是大可责难的。因为如果财物所有人对财物没有丧失控制能力，行为人非法占为己有，就不是构成侵占遗忘物的犯罪，而是应以盗窃罪论处。关于这一点，将在侵占罪与盗窃罪的区分中详加论述。在我国刑法学界，对于《刑法》第270条规定之遗忘物如何界定，尤其是遗忘物与遗失物是否为同一事物也存在较大的观点分歧。通行的观点是遗忘物与遗失物区分说，这种观点认为，遗忘物不同于遗失物，前者一般是刚刚遗忘，随即想起的财物，遗忘者还记得财物被遗忘的具体地点与时间，拾得者一般也知道失主是谁。而遗失物一般为失主大意丢失的财物，一般失主也不知道财物丢失的具体时间与地点，且丢失财物的时间相对较长，拾得者一般也不知道失主具体是谁。[2] 也有论者没有对遗忘物与遗失物作出区分的界说，例如我国学者周振想指出，所谓遗忘物是指非出于占有人或所有人的本意，偶然失却其占有之动产，如在商场遗忘在柜台上的物品等。[3] 我个人不同意上述遗忘物与遗失物区分说，而主张遗忘物与遗失物同一说，主要理由如下：（1）我国民法与刑法分别采用遗失物与遗忘物这两个术语，不能成为遗失物与遗忘物区分的充分理由。在其他国家和地区，民法与刑法均采用遗失物一词，例如日本专门制定了《遗失物法》，而在刑法中又对侵占遗失物罪作了规定，从遗失物的概念上来说，并未作出区分。又如我国台湾地区"民法"也对遗失物之拾得作了规定，并且对拾得人据为己有而自行使用收益的行为规定了严厉的责任。依其规定，除拾得人不能取得遗失物之所有权外，还将发生以下后果：其一，构成侵占罪；其二，构成违警；其三，成立侵权行为或不当得利。第一、二

---

[1] 参见张炳生：《遗失物拾得法律问题研究》，载《法律科学》，1994 (1)，64页。
[2] 参见周道鸾、张军主编：《刑法罪名精释》，565页，北京，人民法院出版社，1998。
[3] 参见周振想：《刑法学教程》，544页，北京，中国人民公安大学出版社，1997。

两种后果，拾得人将依台湾地区"违警罚法"第 77 条与"刑法"第 337 条的规定承担公法上的责任；而第三种后果，拾得人将负损害赔偿责任，同时因成立不当得利而负返还责任。① 这里所称台湾地区"刑法"第 337 条的规定，就是指侵占遗失物罪。我认为，我国民法与刑法分别采用遗失物与遗忘物，并非此二物之间存在区分，而是立法语言上不严谨的表现。(2) 遗失物与遗忘物具有不可分性。从遗失物与遗忘物两个词上考察，遗失强调的是客观方面，即物主丧失了对财物的控制，遗忘则强调了主观方面，即物主之所以丧失对财物的控制，是因为主观上遗忘的结果。由此可见，遗失物与遗忘物是一物二名。从我国学者对遗失物与遗忘物的区分理由来看，主要是根据物主对丧失之财物的主观心理状态来确定的，即物主是否能够准确地回忆起财物遗置的时间、地点，如果能够准确地回忆起财物遗置的时间、地点的，就是遗忘物，反之就是遗失物。物主遗失财物时间的长短，遗失时间较短的是遗忘物，遗失时间较长的就是遗失物，如此等等。在我看来，遗失物与遗忘物的共同本质在于都是财物所有人非出于本意而丧失了控制的财物，至于丧失控制时间的长短，是否能回忆起财物遗置的时间、地点，都不足以将两者区分开来。(3) 更为主要的是，根据我国刑法中犯罪构成理论，一个人的行为是否构成犯罪，主要取决于其自身的行为以及主观心理状态。根据遗失物与遗忘物区分说，当行为人将某一无人控制的财物非法占为己有的时候，如果财物所有人能够准确地回忆起财物遗置的时间、地点，该物为遗忘物，行为人构成侵占罪；反之，则是遗失物，行为人不构成侵占罪。而据以区分遗失物和遗忘物，从而也是区分侵占罪与非罪界限的这一标准对于行为人来说是完全不知情的，是财物所有人的主观状态。因此，这种遗失物与遗忘物区分说是不符合刑法中的犯罪构成理论的。总而言之，遗失物与遗忘物同为一物。我认为，遗忘物具有以下特征：

第一，须为动产。遗忘物是动产，不动产不能成为遗忘物，因为动产是可移动的，而不动产是不可移动的，因而只有动产才可能发生遗忘的问题。在现实生

---

① 参见郑玉波：《民商法问题研究》(3)，100 页，台北，台湾大学法学丛书编辑委员会编辑。

活中，成为遗忘的一般都是随身携带的、体积较小的物品，包括金银首饰等贵重物品。另外，现金也是十分常见的遗忘物。

第二，须为财物所有人丧失对财物的控制，这是遗忘物与正常财物的本质区别。在一般情况下，财物都处于财物所有人的控制之下，若想非法占有这种在财物所有人的控制下的财物，必须采取盗窃、诈骗等其他侵占财物的犯罪手段。

第三，须非出于财物所有人之本意而丧失对财物的控制，这是遗忘物与遗弃物的根本区别。遗弃物是财物所有人主动放弃控制之财物，换言之，财物所有人丧失对财物的控制乃出于财物所有人之本意。而遗忘物则与之不同，财物所有人并未放弃对财物的所有权，而只是由于主观上的遗忘而丧失了对财物的控制，因此，遗弃物是无主物，遗忘物是有主物。

(三) 埋藏物

我国民法与刑法都涉及对埋藏物的规定，因此，在对作为侵占对象之埋藏物进行考察的时候，同样也涉及它与民法上的埋藏物的关系问题。

在民法上，埋藏物的概念起源于古罗马法，但在古罗马法文献上，埋藏物的含义不甚明确，认为凡隐藏于他物之中，因时隔多年，而不能确定其所有人的动产即为埋藏物。近现代各国民法，仅法国民法典设有埋藏物概念的明文规定，该法典第716条第2项规定：一切埋藏或隐匿的物件，任何人又不能证明其所有权且其发现又纯为偶然者，为埋藏物。德国民法典和瑞士民法典虽未就埋藏物之概念设立明文，但从其立法理由书可以推知，所谓埋藏物，乃指因长期埋藏而不能查明其所有人的物。日本民法同样未就埋藏物设有明文，但学者通说认为埋藏物指于土地或他物中，其所有权归谁所有不能判明之物。我国《民法通则》第79条第1款规定，所有人不明的埋藏物、隐藏物，归国家所有。这一规定只是指出了埋藏物具有所有人不明这一特征，对其他特征未予规定，可见这也不是对埋藏物的一个完整概念。尤其是我国民法通则将埋藏物与隐藏物并列，这就进一步提出了两者的区别问题。我国民法学界，一般将埋藏物界定为：埋藏于土地及他物

中，其所有权归谁所属不能判明之动产。① 在我国刑法学界，在论及埋藏物的时候，大都取与民法关于埋藏物相似之概念，认为埋藏物是指所有权不明的埋藏于地下的财物、物品。② 但对于刑法中的埋藏物与民法上的埋藏物是否应视为同一概念，我国刑法学界存在不同理解。有的学者认为，民法中的埋藏物与侵占埋藏物犯罪中的"埋藏物"是有所不同的。前者最显著的一个特征是所有权归属不明，如果将刑法中的埋藏物理解为仅指所有人不明的地下埋藏之物，虽与民法上的概念保持了一致，但却与《刑法》第270条之立法意图不符。这些学者认为，对刑法中的埋藏物应作广义理解。如果仅限于所有人不明之物，就会产生这样两个问题：第一，如果他人个人埋藏于地下的财物（有主财产）被行为人偶然发现并侵占，是否会因为该物并非"所有人不明之物"而不受《刑法》第270条之保护？第二，民法上的埋藏物属所有权归属不明之物，因而得推定为无主财产。如果侵占埋藏物犯罪中的"埋藏物"与民法上的"埋藏物"为同一概念，当行为人被依法判刑之后，却发现其侵占的埋藏物并非可推定为无主财产的"所有人不明之物"，而是存在合法的所有权人，该如何处理呢？在民事法律关系中撤销上述推定是可以的，在刑法中，如果也撤销上述推定而使行为人变得无罪，不但于理不通，而且有损法律的严肃性。可见，刑法上的埋藏物应区别于民法上的埋藏物，不能局限于所有人不明之物，不能因侵占对象所有权归属的变化而影响罪的成立。③

我不同意上述观点，并就关于民法中的埋藏物不同于刑法中的埋藏物的两点理由作出以下辩驳：关于他人埋藏于地下的财产，我们认为是一般意义上的埋藏物而非法律意义上的埋藏物。从一般意义上说，只要是埋藏在地下的财物就是埋藏物，而无论这种财物的所有人明确还是不明确。但如果是所有人明确的埋藏物，在民法上可按普通财物保护其物主的所有权。只有在所有权不明的情况下，才存在财物所有权的归属问题。有些国家民法规定对于所有人不明的埋藏物，发

---

① 参见陈华彬：《物权法原理》，446页，北京，国家行政学院出版社，1998。
② 参见胡康生、李福成主编：《中华人民共和国刑法释义》，384页，北京，法律出版社，1997。
③ 参见周少华：《侵占埋藏物犯罪的若干问题探析》，载《法律科学》，1998（3），77～78页。

现者可以善意取得。我国民法通则规定，所有人不明的埋藏物归国家所有。由此可见，我国民法中的埋藏物只是指所有人不明的埋藏物，而未包括所有人明确的埋藏物。那么在刑法中是否也仅指所有人不明的埋藏物而不包括所有人明确的埋藏物呢？这是一个争论的焦点。我国有的学者认为，埋藏物，就其本来含义来讲，是指埋藏于地下或他物之中的物。它既包括有主物，又包括应归国家所有的无主物；既包括归私人所有之物，又包括归国家所有的无主物；既包括归私人所有之物，又包括归国家、集体所有之物。对于《刑法》第270条第2款中的埋藏物，我们在新刑法的有关司法解释颁布之前，只能做此理解。[①] 我认为，有主物与无主物不能等同于所有人明确的财物与所有人不明确的财物。换言之，物之是否有主与财物的所有人是否明确是不同的问题，不能混为一谈。因为所有人是否明确是相对的，是一个在当时的具体条件下的判断问题，所有人不明不等于无主，而无主财物是不存在所有人的财物。埋藏物，在一般情况下都是所有人不明的财物。民法规定，这种所有人不明的埋藏物，所有权归国家。因此，侵占埋藏物是一种侵犯所有权的犯罪。如果某种埋藏物，在偶然发现时所有人不明，后来出现了明确的所有人，当然可以依法主张对财物的所有权。行为人拒不交出的，构成侵占罪。在这种情况下，从发现的时候看，仍然可以视为是所有人不明的财物。因此，这里的所有人是否明确，不是就发现以后的客观事实而论，而是就发现当时的客观情况而言的。根据以上论述，即使在判刑以后，出现了所有人，也不影响侵占罪的成立。

在理解埋藏物的时候，还有一个如何理解埋藏物与隐藏物的关系问题。在我国民法通则中，埋藏物与隐藏物是并列的，那么侵占隐藏物是否构成侵占罪呢？在民法中，隐藏物是指隐藏于他物中的物。包藏隐藏物的他物，指土地以外的物。隐藏物须是动产，须不具有显而易见性，须所有人不明。[②] 由此可见，隐藏物的外延要比埋藏物小，但它可以包容在埋藏物的概念之中。因为埋藏物是指长

[①] 参见赵秉志主编：《侵犯财产罪研究》，325页，北京，中国法制出版社，1998。
[②] 参见邹瑜、顾明主编：《法学大辞典》，1500页，北京，中国政法大学出版社，1991。

期埋藏于地下或包藏于他物之中，其所有权归属已无法证明的物。归属已无法证明的物，有广义、狭义之分。广义指不论其藏于何处，只要久存于动产或不动产之中，不知其所有人的物，均为埋藏物。狭义仅指埋藏于土地之中的不能证明其所有权的物。① 从上述埋藏物的定义来看，狭义上的埋藏物不包含隐藏物，是与隐藏物并列的，民法就是在狭义上采用埋藏物一词的。但广义上的埋藏物则包含隐藏物，在刑法上应对埋藏物作广义的理解。值得注意的是，在我国刑法学界，在为埋藏物作出界定的时候，有的学者从狭义上理解埋藏物，将埋藏物界定为埋藏在地下的财物，因而未包括隐藏物。例如王作富教授指出，刑法上所说的埋藏物，主要是地下埋藏物。② 根据这种理解，埋藏物包括了隐藏物。我个人同意上述第二种观点，认为应从广义上理解刑法中的埋藏物，应当而且可以将隐藏物包含在埋藏物的概念之中。

根据以上论述，作为侵占罪对象的埋藏物具有以下特征：

第一，须为动产。所谓动产，通常是指金银财宝。古代房屋或城市因地震、火山爆发等事变被埋藏于地下而成为土地之一部分，不属于埋藏物。

第二，须为埋藏之物。埋藏，指包藏（隐藏或埋没）于他物之中，不易由外部窥视或目睹之状态。他物，又称为包藏物。隐藏物就是在包藏物中发现之物。由此特征可见，埋藏物不同于遗忘物，前者处于一种隐蔽状态，而后者往往处于一种公开状态。因而，前者不易发现，后者易于发现。

第三，须为所有权归属不能判明之物。埋藏物在性质上不是无主物，但在现实上，该埋藏物所有权的归属须是不能判明的。

四、非法占有的目的

构成侵占罪，行为人主观上须具有非法占有的目的，这是所有侵犯财产罪的

---

① 参见邹瑜、顾明主编：《法学大辞典》，1279页，北京，中国政法大学出版社，1991。
② 参见王作富：《论侵占罪》，载《法学前沿》，第1辑，47页，北京，法律出版社，1997。

共同要件。但侵占罪之非法占有的目的与其他财产犯罪的非法占有的目的又有所不同,这主要表现在:其他财产犯罪所非法占有的他人财产,是处于他人合法控制之下的,行为人采取盗窃、诈骗、抢夺等非法手段使他人财物置于本人的控制下。因此,在实施盗窃、诈骗、抢夺行为以前就产生了将他人财物非法占为己有的犯罪目的,因而这种犯罪的主观心理状态也比较容易认定。但在侵占罪,侵占代为保管的他人财物的犯罪,他人财物是通过合法形式置于行为人控制之下的,这就是所谓合法持有,因而在持有以前,并不具有非法占有他人财物的目的。只是在合法持有以后,才萌生非法占有他人财物的目的,并实施了非法占有的侵占行为。因此,行为人的主观占有目的不像其他财产犯罪那样容易认定,而要通过拒不退还这一行为来认定。在侵占遗忘物、埋藏物的情况下,遗忘物、埋藏物是被行为人偶尔发现的。这里的偶尔发现,表明这种发现是出于行为人意料之外的,因而这种发现本身并无犯罪故意可言。如果行为人明知地下有文物等埋藏物,非法地进行盗掘,那就不是构成侵占罪,而是构成《刑法》第328条规定的盗掘古墓葬罪。只有行为人在进行挖掘地基等建设劳动中,偶尔发现地下文物,非法占为己有才构成侵占罪。因此,在认定侵占罪的非法占有目的的时候,一定要注意分析这种非法占有目的产生的时间、这种非法占有目的的客观表现。只有这样,才能正确地揭示侵占罪的主观心理状态,并将侵占罪与其他财产型犯罪加以科学地区分。

五、侵占罪与非罪的界限

由于侵占罪是一种较为轻微的犯罪,尤其是侵占罪与民事违法行为具有十分密切的联系,因而正确地区分侵占罪与非罪的界限,具有十分重要的意义。

(一)侵占罪与不当得利的界限

在界定侵占罪与非罪的时间,首先需要解决的一个问题,就是侵占罪与不当得利的区分问题。我国刑法学界有人对侵占罪与不当得利的界限作了如下区分:不当得利是指没有法律根据,使他人的利益受到损害而获得的一种不正当利益。

如甲去银行取款 100 元，出纳员由于工作上的疏忽，误将票面为 100 元的人民币当成 10 元，共 10 张交给甲。甲多得 900 元即为不当得利。不当得利的受益人与侵占（财物）罪的行为人虽然都表现为非法占有他人财物，但二者有重要区别：(1) 二者非法占有他人财物的故意形成时间不同。侵占罪的行为人在实施侵占行为之前，就产生了明知是他人财物而将其非法占有的故意；而不当得利的受益人在取得不当利益之前，根本没有非法占有他人财物的故意。(2) 二者的行为方式不同。侵占罪的行为人获得财物的方式既可以表现为作为，也可以表现为不作为，但非法占有他人财物这一事实是行为人积极促成的；而不当得利法律事实的出现，是由于受害人的疏忽、过错造成的，受益人获得不当得利是被动的。(3) 行为性质不同。侵占财物是一种犯罪行为，行为人不仅要被追究刑事责任，而且还必须依法承担赔偿的民事责任。而不当得利的行为是一种轻微的民事违法行为，不当得利的受害人只需承担返还不该获得利益的民事责任。[1] 我认为，上述对侵占罪与不当得利的关系的论述，虽然看到了两者相区分的一面，但没有看到两者可能转化的一面，因而论述是不够全面的。事实上，某些侵占行为是由不当得利转化而来的。例如，由于银行工作人员的疏忽，行为人不当得利数万元。当行为人获利数万元的时候，即构成民法上的不当得利，这是毫无疑问的。根据我国《民法通则》第 92 条之规定，不当利益应返还给受损失的人。这是民法对不当得利的处理。那么，行为人不返还怎么办呢？在这种情况下，受害人可以向法院主张债权，这是一种民法的保护。如果不当得利的数额较大，而受益人又拒不退还的，受害人还可以向法院起诉，要求追究行为人侵占罪的刑事责任。因此，刑法上的某些侵占行为是从民法上的不当得利转化而来的，转化的标志是数额是否达到了较大的程度。

（二）侵占罪的数额界定

在侵占罪与非罪的区分中，数额较大是一个重要界限。我国刑法中的大多数财产犯罪都是数额犯，即以一定的财产数额作为定罪的标准。由于侵占罪与民事

---

[1] 参见赵秉志主编：《新刑法教程》，650～651 页，北京，中国人民大学出版社，1997。

违法行为具有这种法律上的转化关系,因而侵占数额更具有重要意义。根据我国刑法的规定,行为人侵占代为保管的他人财物或者遗忘物、埋藏物的,只有在数额较大的情况下才构成侵占罪。如果行为人侵占上述财物,数额尚未达到较大程度的,则不构成侵占罪。对于不构成侵占罪的行为,只能按照民事违法行为处理。

那么,如何确定侵占罪的数额呢?对此,在刑法中未予明示,而只是概括地规定为数额较大,至于具体的数额标准应由司法解释予以明确。在司法解释没有明确规定的情况下,应按照高于盗窃罪的数额标准掌握。在以往的司法解释中,曾对1995年全国人大常委会《关于惩治违反公司法的犯罪的决定》中规定的侵占罪(即修订后的《刑法》第271条规定的职务侵占罪)的数额标准作出规定,即1万元至3万元作为数额较大、构成犯罪的标准。我认为,对侵占罪可以参照上述司法解释认定数额较大。

在区分侵占罪与非罪的界限时,除考虑侵占数额以外,还要考虑侵占的情节以及事后的态度、表现等。尤其是我国刑法将侵占罪规定为告诉才处理的犯罪,这就赋予了受害人在是否追究行为人的刑事责任上的较大自主权,这对于区分侵占罪与非罪的界限也具有一定意义。

(三)拒不退还或者拒不交出

在大陆法系各国刑法中,对于侵占罪的规定,一般并无拒不退还或者拒不交出的规定。我国刑法则不然,第270条明文规定普通侵占罪以拒不退还或者拒不交出作为成立犯罪的构成要件。因此,在我国刑法中,拒不退还或者拒不交出是侵占罪与非罪的重要界限。当然,我国《刑法》第271条对于职务侵占罪并无拒不退还或者拒不交出的规定。之所以在两罪之间存在这种构成要件上的差别,主要是由于职务侵占罪之侵占与普通侵占罪之侵占在内容上有所不同。

这里还有一个问题值得研究,就是拒不退还或者拒不交出在侵占罪的构成要件中的性质。质言之,拒不退还或者拒不交出是侵占行为成立的条件还是侵占罪成立的要件?我国有的学者不同意那种认为只要有非法占为己有的事实,就成立

侵占行为的观点，认为拒不退还或者拒不交出首先应当是侵占行为成立的核心要件，其次才能视为侵占罪成立的要件。① 我不赞同这种观点，主要理由如下：（1）侵占行为的本质特征在于合法持有非法占有，只要行为人非法占有了代为保管的他人财物，侵占行为就可成立，是否返还或者交出并不影响侵占行为的成立。（2）我国《刑法》第 270 条与第 271 条分别规定了侵占罪与职务侵占罪，对于侵占行为都表述为非法占为己有，尽管两种侵占在内容上不尽相同，但至少后者包含前者。可是，刑法对职务侵占罪却没有规定以拒不退还为要件，但这不妨害在职务侵占罪中侵占行为的成立。（3）如前所述，大陆法系各国刑法均未规定侵占罪以拒不退还或者拒不交出为要件，例如《日本刑法》第 350 条第 1 款规定："（侵占）自己占有的他人的财物的，处 7 年以下惩役或者 30 万元以下罚金。"第 351 条规定："（业务上）侵占在业务上由自己占有的他人的财物的，处 10 年以下惩役。"在上述规定中侵占罪的成立均不以拒不退还为要件。即使是《日本刑法》第 356 条规定的侵占遗失物罪，也并无拒不交出的要件，而是规定："侵占遗失物、漂流物、埋藏物或者其他脱离占有的他人的财物的，处 2 年以下惩役、10 万元以下罚金、拘留或者科料"。显然，不能由此得出结论：在上述法律中，由于没有拒不退还或者拒不交出的规定，侵占行为就不能成立。（4）如果把拒不返还或者拒不交出当作侵占行为的成立要件，就会得出侵占行为系犯罪不作为的必然结论。因为不返还或者不交出都是以不履行一定之作为义务为特征的。但在刑罚理论上，一般认为侵占行为是作为而非不作为。我认为，拒不返还或者拒不交出是侵占罪成立的要件，而非侵占行为成立的要件。刑法之所以规定侵占行为只有具备拒不退还或者拒不交出的情形下才成立侵占罪，主要是为了缩小打击面，这是一种刑事政策上的考虑。因为侵占行为往往是与一定的民事法律关系相联系的，一般的侵占行为只是民法上的侵权行为。对此，民法作出民事制裁的规定。例如，我国《民法通则》第 117 条第 1 款规定：侵占国家的、集体的财产或者他人财产的，应当返还财产，不能返还财产的，应当折价赔偿。因此，

---

① 参见刘辉：《侵占罪若干问题的研究》，载《法律科学》，1999（1），106 页。

已经返还或者折价赔偿的侵占行为，只是一种民事违法行为。只有当行为人侵占他人财物，拒不退还或者拒不交出的情况下，才构成侵占罪。因此王作富教授指出：行为人公然拒绝履行退还或交出的义务，将业已持有的他人财物非法转为己有，触犯了刑法，从而由单纯民事法律关系转化为刑事法律关系，要对其侵犯他人财产权利的行为承担刑事责任。① 因此，拒不退还或者拒不交出是民事违法行为向刑事违法行为转化的关键。在侵占罪的构成要件中，侵占行为是侵占罪犯罪构成客观方面的行为，而拒不退还或者拒不交出则是侵占行为构成要件的附加要件，其功能类似于我国刑法分则中常见的"情节严重"。

我国《刑法》第270条对侵占代为保管的他人财物构成的侵占罪与侵占遗忘物、埋藏物构成的侵占罪，分别表述为拒不退还与拒不交出。对此，我国学者作了正确的阐述，指出：这里立法之所以用不同的法律术语来表述行为人的拒绝态度和行为，原因主要在于：侵占罪在原本的意义上，是侵害信义诚实原则，即在具有委托关系的情况下，违背信义非法持有他人财物。而侵占遗忘物、埋藏物（包括国外有些国家、地区刑法中侵占漂流物），行为人持有他人的财物而侵占时，由于缺少对持有者主动交出的期待可能性，是法律强制持有者交出，所以侵害的并非信义诚实原则。正因为如此，对持有者的拒绝态度和行为只能以含义相同的不同法律术语来表达。② 由此可见，侵占代为保管的他人财物与侵占遗忘物、埋藏物在性质上是有所不同的：前者主要是违反诚实信用原则，而且有明确的被害人，因此刑法表述为"拒不退还"，而后者之获得并非违反诚实信用原则的结果，而可能是不当得利的结果，且往往无明确被害人，所以刑法表述为"拒不交出"。当然，无论是"拒不退还"还是"拒不交出"，都是作为侵占罪的附加要件而存在的，其功能相同。

那么，在司法实践中如何认定"拒不退还"或者"拒不交出"呢？一般认为，"拒不退还"或者"拒不交出"存在以下几种情形：

---

① 参见王作富：《论侵占罪》，载《法学前沿》，第1辑，38页，北京，法律出版社，1997。
② 参见刘辉：《侵占罪若干问题的研究》，载《法律科学》，1999（1），106页。

1. 公然拒绝

"拒不退还"或者"拒不交出"都有一个"拒"字，即拒绝。在现实生活中，常见的是公然拒绝的情形。这里的公然拒绝是指当财物所有人及有关单位向行为人明确提出退还或者交出主张，并且举有证据证明该财物属于其合法所有时，行为人公然加以明确拒绝。在这种情况下，即应认定为拒不退还或者拒不交出。

2. 拒不承认

拒不承认是指财物所有人及有关单位向行为人明确提出退还或者交出的主张，并且举有证据证明该财物属于其合法所有时，行为人无视证据，拒不承认其占有财物。在这种情况下，行为人实际上也是拒不退还或者拒不交出。

3. 擅自处分

擅自处分是指行为人在财物所有人明确提出交还主张时，在承认了其主张并且答应退还或者交出，但在其后又擅自处理了该财物，致使无法实际交还的，也应认定为拒不退还或者拒不交出。

在侵占罪的认定中，行为人是否具备拒不退还或者拒不交出的行为，是区分罪与非罪界限的一个主要标志。根据我国刑法规定，如果行为人虽有非法侵占行为，但最终还是退还或者交出了其所侵占的财物，则不能构成本罪。如果行为人在合法所有人明确提出交还主张以前，已经处理了该财物，事后也承认并答应赔偿的，也不能以本罪论处。例如，1998 年 12 月 24 日傍晚，冯某拿着存有 7.7 万元的通存通兑活期存折到广州市大德路某储蓄所取款，取了 7 万元现金后，接过营业员递来的存折一看，发现本该只剩下 7 000 元的存折却写着 14.7 万元。冯某拿了钱和存折匆匆走人。于是，在接下来的 20 分钟内，冯某利用银行通存通兑的便利条件，接连在读书路等三处储蓄所提取 8 万元的现金。当晚，储蓄所清账时发现账面与现金不符，共缺现金 14 万元，便向派出所求助。派出所民警根据线索找到了冯某经营皮革的档口，但寻不到冯某，于是通过其家人与朋友，终于促使冯某于 25 日上午 9 时带上非法占有的 8 万元现金及存折投案，接受有关部门处理。在本案中，由于营业员粗心大意，使冯某存折上多出 14 万元，系

冯某不当得利。由于错账，已经使这 14 万元归于冯某名下，冯某合法地持有了这 14 万元人民币。此后，冯某提取 8 万元，是非法占有行为。由此可见，冯某具备了侵占行为。但当民警出面做工作以后，冯某没有拒不退还，而是第二天就带上非法占有的 8 万元现金及存折投案，应视为主动退还，因而不构成侵占罪。

六、侵占罪与其他犯罪的区分

侵占罪是一种财产犯罪，它与其他财产犯罪存在一定的关联，但又具有性质上的区分。下面我们对侵占罪与其他犯罪的区分论述如下。

（一）侵占罪与职务侵占罪的区分

侵占罪与职务侵占罪同属于广义的侵占罪，在外国刑法中，也有类似的规定。例如，《日本刑法》第 252 条规定了侵占罪，第 253 条规定了业务侵占罪。这里的业务侵占罪与我国刑法中的职务侵占罪存在相似之处，但又不完全相同。在日本刑法中，侵占罪与业务侵占罪，其侵占行为是相同的，都是指将本人合法持有的他人财物非法占为己有。但在我国刑法中，侵占罪之侵占与职务侵占罪之侵占在性质上是不同的。这需要从职务侵占罪设立的缘由上说起。如前所述，我国《刑法》第 271 条规定的职务侵占罪，来源于 1995 年全国人大常委会《关于惩治违反公司法的犯罪的规定》设立的侵占罪。当时设立侵占罪是为了限制贪污罪的构成范围，并填补私营企业财产的刑法保护的空白。因此，当时侵占罪之侵占无异于贪污，与"侵占"一词本来的含义存在很大差别。"侵占"一词的本来含义应该是指行为人出于不法的取得意图，侵占自己持有的他人财产的行为。与其他财产犯罪不同，侵占罪所不法取得的财产，其实施侵占行为之前，就已经处于侵占者的持有之中。在利用职务上的便利条件骗取本单位财物构成职务侵占罪的情况下，其财物事先并不处于本人的持有之中。因此，这里的职务侵占罪，实际上就是公司、企业工作人员贪污罪。在我国刑法中，这里的侵占与贪污无异，而与《刑法》第 270 条规定的侵占则有所不同。这一点，从对贪污和职务侵占行

为的表述上看得十分明显。我国《刑法》第382条将贪污行为表述为：利用职务上的便利，侵吞、窃取、骗取或者以其他手段非法占有公共财物的行为。我国《刑法》第271条第1款虽然将职务侵占行为表述为利用职务上的便利，将本单位财物非法占为己有的行为，但第2款又规定，国有公司、企业或者其他单位从事公务的人员有前款行为的，以贪污罪论处。由此可见，这里的职务侵占行为与贪污行为是相同的。更为主要的是，刑法理论上都将职务侵占行为表述为公司、企业或者其他单位的人员利用职务上的便利，侵吞、窃取、骗取或者以其他手段非法占有本单位的财物的行为。① 因此，在客观行为上，侵占罪与职务侵占罪存在重大的差别，这是两罪区分的根本。

那么，如果行为人采取的是合法持有非法占有的侵占形式，又如何区分侵占罪与职务侵占罪呢？我认为，在这种情况下，应以行为人的主体身份作为区分两罪的标准，侵占罪是一般主体，因而只要达到刑事责任年龄、具有刑事责任能力的人都可以成为该罪的主体。而职务侵占罪是特殊主体，根据我国刑法规定，只有公司、企业或者其他单位人员才能构成。这里的公司，是指依照公司法在中国境内设立的有限责任公司和股份有限公司。这里的企业，是指进行企业登记从事经营活动的非以公司形式组成的经济实体，如厂矿、商店、宾馆、饭店以及其他的服务性行业。这里的其他单位，是指公司、企业以外的其他社会组织。上述单位的人员，利用职务上的便利将本单位财物占为己有的，就构成职务侵占罪。如果不是上述单位人员，在社会生活中代为保管他人财物而予以非法占有的，则构成侵占罪。

(二) 侵占罪与盗窃罪的区分

侵占罪与盗窃罪都是侵犯财产的犯罪，并且这两种犯罪是最为接近的，在司法实践中往往很难区分。下面，我们对侵占罪的三种类型与盗窃罪的区分论述如下：

1. 侵占代为保管的他人财物犯罪与盗窃罪的区分。侵占代为保管的他人财

---

① 参见胡康生、李福成主编：《中华人民共和国刑法释义》，385页，北京，法律出版社，1997。

物是常见的侵占类型,它与盗窃罪的区分在于财物的代为保管关系是否存在。在一般情况下,根据这一点就可以把两种犯罪区分开来。但在某些情况下,财物并不在所有人或者保管人的控制之中,事实上处于被告人的控制下,被告人借机将财物占为己有的,是构成侵占罪还是盗窃罪,容易引起争议。例如,被告人钟某,男,37岁,某市出租汽车职员。1997年11月18日下午5时许,被告人钟某准备收班回家吃饭,途经马甸桥,上了一位中年男子贾某要求去飞机场。钟某遂改道送客,途中贾某突然记起有件关键的东西还放在家中,若不取到将影响这次出差工作的完成,于是要求钟某调头开回马甸桥住处。当出租车开到马甸桥某区居民楼下时,贾某叫钟某停车,便急匆匆地下了车,贾某一边快步往家走,一边对钟某喊:"师傅,您等几分钟,我马上回来。"钟某从驾驶室回头看到后座上放了一个很精致的皮包,心中很是欢喜。等了几分钟,贾某尚未赶回来。钟某见天色已暗下来,心想反正这人也未记我的车牌号码,不如开车走,捡个包倒也划算。于是,钟某径直开车回家。回家后,钟某打开贾某放在车上的皮包,发现里面有一部手机、8万元现金,以及工作证等物。钟某自感事态严重,原只想要个好包,没想包里有这么多钱物。钟某彻夜未眠,第二天上午未出车,下午直接到了出租车公司,将它交给了公司的有关部门,只说是乘客遗忘的。贾某已于当天晚上报案,公安机关根据有关情况,也于第二天下午到该出租汽车公司调查情况,在该公司办公楼与被告人钟某相遇,经被害人贾某指认,办案人员当场将其抓获。在本案中,对于被告人钟某的行为如何定性,主要存在以下两种观点:第一种观点认为,被告人钟某的行为应构成盗窃罪。其理由是,本案中,被告人钟某送乘客去机场,途中乘客贾某急于回家取物,而钟某见到贾某放在车上的皮包十分考究,起意非法占有,遂乘机偷偷将车开走。可见,钟某是以非法占有为目的,实施了秘密窃取的行为,且数额特别巨大,构成盗窃罪。第二种观点认为,被告人钟某的行为应构成侵占罪。其理由是:在本案中,被告人钟某应允他人去机场,途中有代为保管他人财物的义务,但是钟某见物起意,随即将车开走,非法侵占他人财物,且数额较大。根据刑法的规定,被告人钟某的行为应构成侵占罪。上述两种观点的分歧,关键在于委托关系是否存在。那种认为应以侵占罪论

处的观点认为存在这种委托关系。被害人贾某让钟某等一下，实际上是将车上的财物委托给钟某保管，尽管没有明确的委托，但这种事实上的委托关系是存在的。所以，钟某将处于本人控制之下的财物非法予以占有，符合侵占罪的特征。我不同意这种观点，本案应以盗窃罪论处，而不符合侵占罪的特征，应定盗窃罪，而不是定侵占罪。我也承认本案不是一起典型的盗窃案，但它与侵占罪存在本质区分。侵占罪中代为保管的他人财物，这种保管关系成立，意味着一种法律义务的转移，即保管人由于委托关系产生了对他人财物的保管义务。而在本案中，贾某乘坐出租车去机场，钟某只是承担运输义务，财物始终处于贾某控制之下。至于中途回家取物，对财物暂时失去了控制，但并不意味着财物的保管义务转移到了钟某的身上，钟某的义务只是等人。钟某利用贾某暂时离车这一空隙，乘机将财物非法占为己有，是一种利用他人的疏于防范而实施的盗窃犯罪，这与车站里犯罪分子利用乘车人对皮包看管不严而窃走财物的道理是一样的。因此，不能认为物主暂时失去对财物的控制，被告人乘机予以非法占有的行为是侵占而非盗窃。

对于侵占代为保管的他人财物犯罪与盗窃罪的区分上，还有一个问题值得研究，就是保管财物的范围如何界定？例如，委托人把财物放进皮箱上锁以后交给他人保管，受托人将箱内财物秘密取出非法占为己有，到底是构成侵占罪还是盗窃罪？其实，这种情况还可以细分：一种情形是将皮箱打开，非法占有箱内财物以后也不归还，即表现为一种公然占有的状态。第二种是偷偷打开皮箱，占有皮箱内的若干财物后将皮箱归还委托人。例如，箱内有 1 万元现金，偷拿 5 000 元，佯作不知箱内少钱蒙骗委托人。对于前一种公然占有的状态，定侵占罪似乎争论不大，关键是第二种情形是定侵占罪还是盗窃罪。对此，在日本刑法理论上存在争论。日本判例认为，应把皮箱的占有与其中物品的占有区别开来。由于其中物品的占有属于寄托人，故当打开皮箱之锁而占有其中物品时就可以成立盗窃罪。但也有的学者认为这种做法不合理，其理由在于：占有皮箱中的物品仅仅构成盗窃罪，而占有整个皮箱却构成侵占罪，这不只使人觉得奇怪，而且如果合并起来进行考虑的话，那么单纯侵占罪的处刑比盗窃罪要轻。因此，将箱中之物和

箱子不加区别,应当就其全部的占有进行考虑。① 我认为,对于上述情况是定侵占罪还是定盗窃罪,关键在于确定保管财物的范围。委托人把皮箱交给被委托人保管,是仅仅保管这只皮箱还是也包括对皮箱的财物的保管? 我认为应当是后者而非前者。因此,对于这种情况,应定侵占罪而不是盗窃罪。

在司法实践中,如何理解侵占罪与盗窃罪的区分,还存在一些十分复杂疑难的案例,需要从刑法理论上加以明确。例如,被告人何某,男,24岁,高中文化,无业。被告人徐某,男,25岁,大专文化,无业。1997年12月10日上午10时许,被告人何某在某市证券公司营业所大厅进行股票交易。当其发现名为"R003"的"股票",近来价位波动剧烈,而当天的价位为每股7元左右。何某从交易大厅显示屏上获取了R003的代码1800,遂在大厅自助终端上,敲入个人密码,用委托交易系统欲购"R003"100股,但因为该申报排在连续竞价买入委托的第二位,交易未成。1997年12月11日上午,被告人何某叫了被告人徐某一同来到证券公司营业所交易大厅。二人看到"R003"的价格当天又下降,见状,徐某马上回家提款。当何某观察到"R003"的价位已降到每股3.3元,于是他用自己户头上的300余元,通过大厅的计算机自动委托系统申报买入100股。当徐某取来现金后,两人一起查询是否成交,发现正顺利成交,同时发现R003卖出价为每股100余元,于是何某将其买入的R003抛出,之后,其账户上的资金莫名其妙地翻出十几倍,原300元变成了1万余元,二人感到意外和兴奋。由于当天交易已结束,两人决意第二天大干一场。1997年12月12日上午,两人再次来到该证券公司营业交易大厅。被告人何某利用其深圳股东账户非法买入R003国债10手,成交资金1万元,然后回到其资金账户上。当交易成功后,何某再次购买R003国债200手,成交资金20万元回到其账上。随后,何某转移卖出国债返回的资金,利用其上海股东账号买进"上海石化"1万股。接着,何某又第三次买进R003国债500手,成交资金50万元回到其账上。为转移账上的资金,何某又用其深圳股东账户和上海股东账户分别买进"深源宝"股票14 000股,"四

---

① 参见[日]木村龟二主编:《刑法学词典》,732页,上海,上海翻译出版公司,1991。

川长虹"20 000 股。被告人何某在连续几次交易中，成交金额 71 万元，从中获利 70 余万元，并于当天转移资金 65 万余元购入其他股票，其账面剩余资金 5 万元。被告人徐某，利用其深圳股民账户二次非法购入 R003 国债共计 800 手，成交资金 80 万元回到其账上。为转移资金，徐某买入"联华化纤"10 000 股，"深特力"10 000 股，"淄博基金"10 000 股，"华亚纸业"15 000 股。被告人徐某当天成交金额 80 余万元，从中获利 70 多万元，并于当天转移资金购入其他股票金额 67 万余元，其账面剩余资金 14 万余元。1997 年 12 月 15 日（星期一）上午，被告人何某从其账上提走 4 万元。当日深圳交易所电脑主机判断有人非法申报 R003 国债回购进行盗卖。当天，当被告人徐某提现款时，其账户已被冻结，便速告之于何某。二人感到事态严重，遂主动到有关部门交代情况。该营业所将被告盗用资金购入的股票卖出，追回了全部赃款。本案中，关于被告人何某和徐某非法进行国债回购交易，非法占有他人财产数额巨大的行为是否构成犯罪，构成何种犯罪存在争议：第一种观点认为，被告人何某和徐某的行为属于民法中不当得利，不构成犯罪。其理由如下：首先，被告人何某和徐某，将 R003 国债当作普通股票，在整个交易过程中，其账户上的资金猛增，二被告虽感意外，但是股市交易大起大落是常事。因此，从主观上说，二被告人不具有非法占有他人财物的直接故意。其次，从客观上说，二被告人从第一次误入 R003 国债回购交易系统，而第二次、第三次交易，都是在交易大厅，通过计算机委托系统，用自己的账户，用自己的密码进行交易，是完全合情合理的。二被告人进行 R003 国债交易后获利，又买入其他股票，完全是一种再投资的股市正常交易行为，不存在非法占有他人财物后急于转移资金。最后，作为国债回购的交易，是需要一套专门程序和专门密码、专门的审批、监督程序，二被告人完全是在不知情的情况下误入 R003 交易，在误入 R003 国债交易系统，造成了较大损失（实际已完全归还），其责任不在二被告人，而应由证券公司营业所自身负责。综上可见，二被告人的行为完全不构成犯罪。根据民法规定，不当得利是指没有合法根据，使他人受到损失而自己获得利益，应当将取得的不当利益返还受损失的人。在本案中，二被告人没有合法理由获得了不当利益，使证券公司蒙受损失，其行为属于

不当得利。事后,二被告人将取得的不当利益完全返还证券公司。因此,二被告人可不再承担任何责任。第二种观点认为,被告人何某、徐某的行为构成盗窃罪,其理由是:所谓盗窃罪,是指以非法占有为目的,秘密窃取数额较大的公私财物或多次窃取公私财物的行为。在本案中,被告人何某、徐某均是老资格的股民,对R003国债回购不可能一点不知,即使承认其开始误入R003国债回购交易系统,但其在获得不明利益的情况下,连续多次作案,不能否认其非法占有公私财物的故意。因此,二被告人以非法占有为目的,以计算机秘密窃取他人财产,数额巨大,其行为构成盗窃罪。上述案件,虽然似乎只涉及盗窃罪是否构成的问题,但实际上对于区分盗窃罪与侵占罪也具有一定的意义。尽管何某、徐某在案发以后投案,并使款项得以追回,不具备侵占罪之"拒不退还"的条件,不能构成侵占罪。但其先前行为到底是侵占行为还是盗窃行为,在学理上进行区分是十分必要的。从本案的情况来看,二被告人在不知情的情况下,首次误入R003国债回购交易系统,意外地获利1万余元,这显然是不当得利而非秘密窃取。但此后数次继续进入R003国债回购交易系统获取暴利的行为,是不当得利因而构成侵占行为,还是秘密窃取构成盗窃行为,则是本案定性的关键。我认为,除非有证据证明在第一次误入R003国债回购交易系统以后,二被告人已经明知这不是正常的证券交易,而是交易系统出现问题。在这种情况下,仍然继续进行所谓交易,才能构成盗窃罪。但从案情上来看,并未提供这方面的证据,而只是以二被告人系老资格的股民,对R003国债回购不可能一点不知这种推论,认定二被告人主观上具有盗窃的犯罪故意,似乎不足以服人。如果上述二被告人在案发以后,拒不退还财物,我认为,可以作为侵占罪处理。但由于二被告人在案发后主动向有关部门交代情况,并挽回了经济损失,似按不当得利处理较妥。

2. 侵占遗忘物的犯罪与盗窃罪的区分。在侵占罪与盗窃罪的区分中,最为复杂的是侵占遗忘物的犯罪与盗窃罪的区分。就这两种犯罪的区分而言,关键在于对财物控制状态的分析。一般来说,盗窃罪是对处于他人控制之下的财物的秘密窃取,因此在盗窃罪中存在这样一个过程,即从物主控制到被告人控制的转

变，这个转变过程就是秘密窃取的过程。而在侵占遗忘物的情况下，不存在物主控制的问题，即在物主丧失了对财物控制的情况下，被告人获得财物并占为己有。由此可见，财物是否处于物主控制之下的界定，对于区分侵占遗忘物罪与盗窃罪具有十分重要的意义。

那么，如何理解对财物的控制呢？应该说，控制的形式是多种多样的，不可一概而论。将财物握在手中、锁在屋里，当然是控制。但将财物放在身边，或者搁在桌子上，即使人暂时离开，也不能说就是失去控制了。类似于顺手牵羊的盗窃犯罪，往往都是利用了财物所有人没有看管好财物而秘密窃取的。在这种情况下，无疑应以盗窃罪论处。我认为，作为遗忘物之丧失控制，是指由于行为人的遗忘，而使财物置于完全丧失控制的状态，而不是一般的疏于看管。当然，对于遗忘物之失控，在刑法理论上还存在理解上的分歧。尤其是将遗忘在特定场所的财物非法占为己有的行为，应认定为侵占罪还是盗窃罪，在刑法理论上是值得研究的。例如，被告人王福，女，43岁，其公司职员。一天晚上8点多钟，王福与同事在小红嘴饭馆吃饭。饭馆经理张苛因他人送了一根皮带，遂把手机从身上摘下放在吧台上，叮嘱服务员看管，自己进屋去试皮带。吧台服务员未将手机收放好，转身进厨房取菜。此时，被告人王福来到吧台打电话，见吧台上放着一只手机，且四周无人，遂将手机拿走放在自己的手提包里。对于本案定性，存在两种观点：第一种观点认为被告人王福将遗忘在吧台上的手机占为己有，属于侵占罪。第二种观点认为，虽然服务员未将手机收管好，但手机放在吧台上，且饭店只有十几平方米，在这一特定环境中，不能认为服务员丧失了对手机的控制。被告人王福将放在吧台上的手机非法占有，应以盗窃罪论处。在上述两种观点中，我同意第二种观点，主要理由在于：在饭馆这样一个特定场所，手机又是放在吧台上，虽然暂时无人看管，但不能认为是完全丧失了控制的遗忘物。非法占有这种财物的行为，是一种顺手牵羊的盗窃犯罪。如果财物遗忘在他人具有保管义务的场所，行为人予以非法占有的，是构成侵占罪还是盗窃罪，在刑法理论上也存在争论。我国学者王作富教授认为，如果是遗忘在他人有权控制的范围内，行为

人乘人不备将其秘密窃为己有,应以盗窃罪论处。[①] 在此,王作富教授提出了双重控制说,即遗忘物不仅是指本人由于遗忘而丧失了对财物的控制,而且由于遗忘在一般场所,因而处于一种无人控制状态。如果遗忘在特定场所,虽然本人丧失了对财物的控制,但特定场所中的他人具有对财物的控制义务,因而仍然不能视为遗忘物。例如,乘客在乘坐出租车时,将贵重物品遗忘在出租车上,如果出租车司机发现以后,乘机非法占为己有的,是侵占罪。但如果是后来的乘客发现遗忘的贵重物品,非法占为己有的,应以盗窃罪论处。因为该财物是遗忘在出租车这样一个特定场所,虽然财物所有人丧失了对财物的控制,但该财物的控制义务转移到了出租车司机身上,后来的乘客的秘密窃取是针对司机而言的,构成盗窃罪。我个人赞同这种观点,认为这对于区分侵占罪与盗窃罪具有重要意义。

3. 侵占埋藏物的犯罪与盗窃罪的区分。侵占埋藏物的犯罪,如前文所述,可以分为合法持有、非法占有两个部分。这里的合法持有,主要是指善意取得埋藏物。在现实生活中,这种情形是十分常见的,例如在基建过程中,突然挖掘出地下文物、金银财宝等。在这种情况下,行为人就合法地持有这些埋藏物,如果非法占为己有,应以侵占罪论处。而盗窃罪中行为人并不是合法持有财物,财物是秘密窃取的,据此可以将侵占埋藏物的犯罪与盗窃罪区分开来。当然,在现实生活中,情况是十分复杂的,有时侵占罪与盗窃罪往往纠缠在一起。在这种情况下,应当根据侵占罪与盗窃罪的构成要件,正确地予以认定。例如我国学者指出:司法实践中,可能遇到这种情形:行为人在对地面进行挖掘时,偶然发现埋藏物,并以非法占有为目的据为己有。之后行为人估计附近还可能存在埋藏物,遂以非法占有为目的前去挖掘,结果得逞。在这种情况下,如果行为人对前一次行为占有的财物"拒不交出",则前一次行为构成侵占罪,后一种行为根据埋藏物的具体情况构成盗窃罪或盗掘古墓葬罪,两行为触犯两罪名,此时应以数罪并

[①] 参见王作富:《论侵占罪》,载《法学前沿》,第1辑,46页,北京,法律出版社,1997。

罚之。① 我赞同上述观点。在此，需要把侵占埋藏物的犯罪与盗窃埋藏物的犯罪加以区别。并非任何非法占有埋藏物的行为都只能定侵占罪，关键要看行为人是如何取得埋藏物的。如果善意取得，则符合侵占罪之合法持有的特征，应以侵占罪论处。如果是秘密窃取，则应以盗窃罪论处。

（三）侵占罪与诈骗罪的区别

侵占罪与诈骗罪都属于非法占有他人财物的犯罪，但两种犯罪非法占有的方法是不同的，据此，可以将侵占罪与诈骗罪加以区分。

我认为，侵占罪与诈骗罪区分的关键在于采取欺骗手段的目的是什么：如果采取欺骗手段是为了取得财物，即财物的非法占有是通过欺骗方法取得的，就应当以诈骗罪论处。如果采取欺骗手段是为了掩盖非法占有的行为，即在采取欺骗手段之前财物已经处于行为人的保管之下，就应当以侵占罪论处。下面以案例分别加以说明：

1. 以欺骗手段取得财物然后予以非法占有之情形。例如，被告人王某，系其公司职员。1997年11月，王某到南方某乡镇企业，该乡镇企业因发展生产需要大量贷款。王某得知此情，就吹嘘自己在北京认识许多金融界人士，可以为之拉贷款。乡镇企业总经理李某信以为真，委托王某代办贷款事宜。王某遂提出需要活动经费30万元，李某付给王某30万元，王某以化名写下一张收据。获得30万元巨款后，王某并未去跑贷款，而是将部分挥霍，另一部分兑换成美元，以个人名义存在银行。事后，因贷款久久不见动静，乡镇企业经理李某向王某索要30万元经费，王某否认曾经收到30万元，后报案，此案乃发。对于本案被告人王某的行为如何定性，存在以下两种观点：第一种观点认为应定诈骗罪，因为30万元巨额财产是通过欺骗手段取得的。第二种观点认为应定侵占罪，因为王某这30万元写有收据，是一种代为保管的关系。我认为，本案定罪的关键在于：被告人王某的30万元是否以虚构事实、隐瞒真相取得的。在本案中，虽然被告人王某给乡镇企业经理李某打了收据，似乎王某是合法地取得这30万元的。

---

① 参见周少华：《侵占埋藏物犯罪的若干问题探析》，载《法律科学》，1998（3），79页。

但实际上，李某之所以交给王某 30 万元，是由于听信了被告人王某的谎言，因而王某是采取欺骗手段取得这 30 万元的，应以诈骗罪论处。

2. 以诈骗手段侵占代为保管的他人财物的情形。例如，被告人李某与某公司合办一个运输队。某公司的两辆汽车交由李某经营。在经营过程中，李某利用伪造证明等手段，将公司的两辆汽车私自过户到自己名下。在这个案例中，被告人李某采取了欺骗手段，但由于某公司的两辆汽车先前已经处于李某的合法持有状态，因而这种欺骗手段只能视为是侵占的行为方式，应以侵占罪论处。又如，被告人张某代他人持一张支票去取 7 万元人民币，钱取出后起意非法占为己有，就找了两个朋友密谋，以被抢劫为名到派出所报案，后被识破。在本案中，被告人张某也采取了欺骗手段，但这种欺骗是为了掩盖其侵占的行为。由于财物先前已在张某的保管之下，因而仍应以侵占罪论处。

七、侵占罪的未遂问题

关于侵占罪是否存在未遂形态，各国刑法与刑法理论存在不同的立法例和学说。从刑法立法上来看，某些国家的刑法明文规定处罚未遂犯，因而肯定了侵占罪存在未遂形态。例如德国刑法明确规定了对侵占罪未遂犯的处罚。根据韩国刑法典，侵占罪可划分为侵占罪（普通侵占罪）、业务侵占罪、侵占脱离物罪。对于普通侵占罪和业务侵占罪，韩国刑法典明确规定未遂犯也要处罚。在我国台湾地区，一般认为侵占罪是即成犯。因此，尽管台湾地区"刑法"规定处罚侵占罪的未遂，但学者仍认为由于本罪为行为犯，行为人只要实施构成要件所描述之行为内容即可成罪，故只要在客观上行为人已明白地显示其变持有为所有之行为，即为侵占之既遂。因此，在理论上实难想象有未遂犯之状态。[①] 在我国刑法学界，对于侵占罪之未遂大多没有论及，个别学者主张侵占罪存在未遂。例如，王作富教授认为，按照我国刑法的规定和刑法理论，侵占罪是结果犯，因此，不能

---

① 参见林山田：《刑法特论》（上），299 页，台北，三民书局，1979。

否定侵占未遂之构成。例如，甲借住乙的住房，为据为己有，意图将其以个人名义卖掉。在其正与买主商谈时被乙发觉，乙遂告到法院。经查甲确有非法转为己有之目的，只因乙及时发觉才未得逞，应以侵占未遂论处。如果物主考虑财物未受损失，而不愿控告，当然不能作为犯罪追究行为人的刑事责任。[1] 我认为，对于我国刑法中的侵占罪是否存在未遂形态，应当从我国关于侵占罪的刑事立法的特点出发加以考察。我国刑法关于侵占罪的规定，在以下两点上不同于其他国家和地区的刑法典：一是我国刑法规定实施侵占行为的，只有具备拒不退还或者拒不交出这一条件的才构成犯罪。而其他国家和地区的刑法典则无此限制。二是我国刑法将侵占罪规定为告诉才处理的犯罪，不告诉则不构成犯罪。而其他国家和地区的刑法典除个别以外，一般将侵占罪规定为公诉罪，而非自诉罪。从我国刑法上述规定来看，表现了立法对侵占罪从严控制的立法精神，这一点显然与其他国家和地区的刑法典有所不同。那么，在我国刑法中，除了不告诉则不构成犯罪这一点以外，如果不具备拒不退还或者拒不交出这一要件，是否能够成立侵占罪之未遂犯罪？我们的回答是否定的。在上述案例中，甲意图盗卖借住的住房，在与买主商谈过程中被发觉。在这种情况下，房屋所有权未发生转移，可以及时制止，甲对于房屋也不存在拒不退还的问题。因此，我认为，上述情形不能认为构成侵占罪之未遂犯，仍将按照一般的违法行为处理。

八、侵占罪之告诉才处理

我国《刑法》第270条将侵占罪规定为亲告罪，即告诉才处理。如上所述，立法意图在于对侵占罪从严控制，因而将告诉权赋予被害人。从各国规定来看，大部分国家刑法典将侵占罪规定为公诉罪，但也有少数国家对侵占罪之诉权作了特别规定。例如《泰国刑法典》第12章关于财产之犯罪中第5节规定了侵占罪，其侵占罪由一般侵占罪、委托管理侵占罪、侵占埋藏物罪构成。对于上述三罪，

---

[1] 参见王作富：《论侵占罪》，载《法学前沿》，第1辑，45页，北京，法律出版社，1997。

《泰国刑法典》第 356 条明确规定，告诉才处理。此外，还有些国家规定特殊身份者犯侵占罪，告诉才处理。所谓特殊身份者主要是指那些与被害人有特殊关系的人，如被害人亲属或家属之类。由于侵占罪属于轻罪范围，并且在多数情况下是侵害公民个人的私有财产，因此对于那些和公民个人有特殊关系的犯罪人由公民个人决定是否行使诉权是适宜的。正因为如此，在一些国家的刑法中明确规定亲属或家属犯侵占罪，告诉乃论。[①] 我国刑法将侵占罪规定为告诉才处理的犯罪，立法意图是好的，但在实践操作中也带来一些问题值得研究。首先是侵占罪的侦查问题，侵占罪作为自诉案件，公安机关是否具有侦查权？根据我国刑事诉讼理论，侦查，是侦查机关为提起和支持公诉而进行的调查作案人和案件证据的活动。[②] 按照这一定义，侦查活动是与公诉联系在一起的，因而对自诉案件就不能进行侦查，更谈不上采取强制措施。但实际上，对于侵占案件，如果不是公安机关介入，犯罪事实很难调查清楚。因此，将侵占罪规定为自诉案件，不利于保护被害人的合法权益。其次，在侵占案件，尤其是侵占埋藏物案件中，往往没有作为个人的被害人。根据埋藏物归国家所有的民法原则，国家是此类犯罪案件的被害人。但国家，包括单位能否成为自诉人呢？这里涉及对自诉主体的理解。我国《刑法》第 98 条规定：本法所称告诉才处理，是指被害人告诉才处理。如果被害人因受强制、威吓无法告诉的，人民检察院和被害人的近亲属也可以告诉。这里对自诉主体规定为被害人，并且仅规定了被害人因受强制、威吓无法告诉的，人民检察院才可以告诉。那么，这里的被害人是否包括法人单位呢？对此，我国刑事诉讼法学界存在两种观点：第一种观点认为，应将法人纳入自诉主体范围。特别是修订后的刑法规定了单位犯罪以后，根据权利、义务对等原则，既然法人能成为公诉案件中被追诉的对象，那么对侵犯其权利的行为自然有直接请求法律予以保护的权利。[③] 第二种观点认为，不能将法人列入自诉案件主体范围，

---

① 参见赵秉志主编：《侵犯财产罪研究》，337 页，北京，中国法制出版社，1998。
② 参见徐静村主编：《刑事诉讼法学》（上），182 页，北京，法律出版社，1998。
③ 参见陈光中等主编：《中华人民共和国刑事诉讼法释义与应用》，229 页，沈阳，辽宁人民出版社，1996。

这样做既不违背立法者的意图,而且明确规定不将法人纳入自诉主体范围,势必增强公诉机关的责任感,由公诉机关从维护国家、集体利益的实质出发对侵害他人合法利益的案件,以国家名义提起公诉。① 由于这些观点的纷争,使得某些无被害自然人的侵占案件处于无人告诉的状态,显然不利于保护国家财产所有权。因此,我认为,对于侵占罪的自诉范围应当加以限制,凡有具体被害人,且事实清楚,证据确实的,可以自诉。对于没有具体被害人或者案件事实须经公安机关侦查才能查清的,可以作为公诉案件受理。此外,如果被告人同时犯有公诉罪的,应当由司法机关查处,在检察机关向法院对公诉之犯罪提起公诉的同时,通知被害人对于侵占罪提起自诉,人民法院可以并案审理。

(本文原载陈兴良主编:《刑事法判解》,第 2 卷,北京,法律出版社,2000)

---

① 参见罗平:《刑事自诉中若干问题之探讨》,载《诉讼法理论与实践》,535 页,北京,中国法学会诉讼法学研究会印行,1998。

立此存照：高尚挪用资金案侧记

一、引言

2013年春节后不久的一天，一个名叫高尚的当事人访问了我，他为其自身的刑事案件正在申诉奔波之中。春节前，我应邀参加过高尚挪用资金罪的专家论证，与会专家一致认为该案定性确有错误。这次，高尚又特意来访。高尚大约四十出头的年纪，衣着整洁，相貌端正。从形象上来看，他不像一般的上访人员。因为上访人员在我的印象中总是破衣烂衫的，多少有些像祥林嫂一样的倾诉欲望。而高尚更像是一个工程技术人员；其实，目前他是一个较为成功的商人。虽然申诉屡屡退败，经商却颇有斩获。本案之所以引发，正是因为高尚太有生意头脑，因此现在经商成功也不意外。这也叫做失之桑榆，收之东隅。总之，高尚给我的印象是极为理性的。当然，他骨子里还是有着一份执着，否则也不会出狱这么多年以后还在四处奔跑，八方申诉。

我在家里接待了高尚，他给我看了新近收集的一些案件材料，并提供了电子版。这些材料中有最高人民法院立案一庭的驳回通知书，因为此前不久，高尚的

案件刚刚被最高人民法院驳回申诉。我对高尚说，你这个案件的申诉几乎走到头了，再想翻案难乎其难。我之所以说"几乎"，是因为还有最高人民检察院抗诉这一最后的程序可走，但那是几乎不可能的。到目前为止，我还没有见到过最高人民检察院为追求被告人无罪的结果，而向最高人民法院提起抗诉的。但高尚似乎并不甘心，还是要"讨个说法。"自从张艺谋的电影《秋菊打官司》走红以后，"讨个说法"几乎成为冤屈者的口头禅。高尚对于自己的行为不构成犯罪似乎胸有成竹，一再强调自己的案件是当地市委书记干预的结果。几乎每一个向我诉说案情的申诉人，甚至包括一些律师，都会向我提到各种案外因素，领导干预就是最为常见的一个提法。有的还会给我讲一个曲折复杂的故事，仿佛离开了这些案外因素就无法理解案情。但这些案外的因素或者故事又往往是没有证据的，或者是无法证实的，所以我只是顺耳听听而已。其实，讨论一个案件并不需要了解太多的案外因素。有时即使当事人没有说，面对一个怪异的案件，我们也自然会触摸到或者猜测到案外因素的存在。因此，对于法律判断来说，案外因素并不重要。

  高尚这个案件经过这么多年的申诉，案件材料已经积攒了不少。高尚说自己的案件主要是证据问题，其实，高尚案件的主要问题还是法律适用问题。高尚这个案件从基层法院的一审，到中级法院的二审，再到高级法院的申诉驳回，最后是最高法院的申诉驳回，已经走完了我们国家的四个审级。因为我国实行的是二审终审制度，一般案件到了二审维持原判也就结束了审判。但我国又存在申诉及再审制度，一个案件在终审以后，还可以提起申诉。申诉从终审的法院开始，一直可以申诉到最高法院。在申诉过程中，各级法院如果认为原判确有错误，都可以提起再审，从而推翻原判。因此，如果当事人认为自己的案件在认定事实或者适用法律上确有错误，随时可以提起申诉。高尚这个案件就是如此。但是，申诉而获得再审，并推翻原判，概率是极低的，只是让人从门缝中看到的一丝光亮而已。即使是这么一丝光亮，也使当事人像飞蛾赴火一样，趋光而至。高尚就是这样，最终还是碰到了南墙。不过，高尚仍然不服，认为省高院和最高法院在申诉过程中并没有仔细地审查他的材料。也许，高尚说得是对的。但面对成千上万个像高尚一样的申诉人，高级法院和最高法院怎么能够像一审、二审那样对一个陈

年旧案进行全面审查呢？再说，一些案件的案情本身就极为复杂，不是在三头六面的情境下，仅仅书面审查，要想弄明白案情都不太可能，又怎么能够指望通过申诉审查得出一个反面的结论呢？除非这个案件的原审判决漏洞百出。对于高尚的案件，专家在论证的时候也是事前阅读了所有案卷，并由律师介绍案情以后才得以了解整个案件经过，经过充分讨论以后才得出初步结论。因此，对一个案件，尤其是复杂疑难案件的了解，如果不下工夫是十分困难的。

在高尚的申诉材料中，从基层法院到最高法院各个审级法院的司法文书都有。高尚的意思是想让我对这个案件再专门研究一下，若有可能再进一步帮助他申诉。帮助申诉对于我来说是一个难题，但考虑到高尚案件的材料较为齐全，对这个案件进行专门研究倒是具备条件。如果我是一个面对申诉的法官，能否从这些案件材料中对案件做进一步的解剖，尤其是对于案内与案外的各种因素进行实证性的描述？这个念头在我的脑海中升腾，我让高尚把这些材料留下，等我有时间再慢慢看，有消息了再告诉他。在我的私心里，因为这个案件是没有多大希望的；而且，我之所以对这个案件感兴趣，也主要是基于一种实验性的求证心理，只是没有向高尚说破这一层意思。我宽慰高尚，申诉无止境，上访无穷期。还是让他保留一丝对未来的希望，以便显得不那么残酷。

案件材料放在我这里大半年了，高尚没有来催问。也许他对这个案件已经懒得过问，从申诉的窘境中解脱出来了，这倒是我所希望的。对于我来说，首先，当然是忙；其次，也有些为难情绪，不愿去触碰这么一大堆案件材料。不过，这些案件材料还是像一块石头压在我的心上，在不经意间蓦然瞥见搁置在书架一侧开始蒙上尘土的这些案件材料，我的心有些隐隐作痛。终于到了一个为期三天的小长假，我下定决心，要彻底解读高尚留给我的这些案件材料，就像进入一个深不可测的洞穴进行探险。我想把这些案件材料如实地整理出来，然后再对这些案件材料做一些分析判断。由于自己的电脑输入水平较低，把这些字数不少的案件材料，一个字一个字地输入电脑的过程，就像是一步一步地走向这个洞穴深处的过程。

希望各位读者有耐心读下去，跟着我走进这个案件。

二、案情简介

这是一份案情简介,是高尚给我的一份对于全案案情介绍的文字性材料。为了区别,我把这份案情简介的字体设置为仿宋体。在没有接触到本案的司法文书之前,阅读这份案情简介,可以对高尚的挪用资金案先有一个大致的了解。当然,对于没有办案经验与阅卷经历的人来说,要想通过这份案情简介了解案情还是相当困难的。不过,你可以试试,暂且摒弃一切杂念,使头脑像一张白纸一样,开始接触案情。

(一)三方两份协议的订立

1. 2003年1月,淮北市国土资源局给刘家保颁发S1101土地证,土地使用权类型为"转让",使用用途为"综合用地"(见附件1)。

2. 2003年11月6日,刘家保公证委托高尚全权办理S1101宗地的"权属转让、结算及相关事宜或联合开发、结算及相关事宜"(见附件2《公证书》)。转让类型说明:该宗地已进入二级市场,刘家保委托合法有效。

3. 2004年1月8日,高尚与淮北图南房地产开发有限公司(以下简称图南公司)签订《联合开发协议书》(见附件3)。协议第二条"项目地块编号:S1101宗地及该宗地块南至跃进河北、李桥村土地西、李楼村土地东";第三条"地块面积:约2.8万平方米(最终以土地使用证定位面积为准)";第七条"比例分成:按实际开发面积计算,甲方分得30%,约合1.2万平方米,折合人民币捌佰肆拾万元整"。S1101宗地实际面积17 238平方米,其他面积不在S1101宗地范围内。《联合开发协议书》第二条、第三条实际约定了高尚有代买S1101以外规定地块的义务。

4. 2004年2月10日,淮北市市容局(以下简称市容局)与图南公司签订《住房购销协议书》(见附件4)。协议第一条"所购住房项目地块编号:S1101宗地及该宗地块南至跃进河土地";第三条"地块面积:约2.8万平方米";第五条第一款"购房价格:乙方购买甲方该小区住宅,购房价格按土建安装成本(以招

投标价计。变更部分以实际变更签证为准，另行结算)、土地费用（840万÷实际总建筑面积/㎡计)、实交税费及利润（建筑成本的2.5%）四项计"；第五条第四款"付款方式：由于甲方售房基本属无利润销售，故在选址确定后十五天内，乙方支付甲方人民币伍佰万元整作为订金，余款按工程进度支付。乙方确保足额资金到位，不影响正常施工，否则造成停工或给甲方造成损失，乙方承担全部责任"；第五条第七款"甲乙双方设立共同账户，资金调配由甲乙双方共同管理"。

第一条、第三条内容表明市容局是以签订《住房购销协议书》的形式加入《联合开发协议书》，同时表明市容局既认可高尚的土地方身份又委托高尚代买S1101宗地界外土地的事实；第五条的"土地费用"既是市容局所谓购房款中的四项之一，同时又把《联合开发协议书》中规定的"比例分成：按实际开发面积计算，甲方分得30%，约合1.2万平方米，折合人民币捌佰肆拾万元整"明确为人民币捌佰肆拾万元；第五条第四款规定的市容局支付的伍佰万元订金实际是购买土地款；从协议中可以看出规定市容局出资给图南公司的款项只有四项即土建、土地、税费和2.5%的好处；由于土建、税费都没有发生，2.5%的好处是以土建造价为标的的，也没有实际发生，不存在支付或预付问题，在当时只有土地需要付款，所以该协议规定的500万元订金实际是土地款；市容局这样签订协议是为了规避买地事实；第五条第四款规定的伍佰万元订金支付条件是选址确定后十五天内，S1101宗地已经有了土地证，不需要选址，需要选址的是没有土地证的界外土地，本条款的规定也是高尚代买界外土地的证明（见附件5《建设项目选址意见书》)；第五条第七款的规定表明资金的管理和调配权属市容局和图南公司，高尚没有这两方面的权力。

《住房购销协议书》签订后，由其下属单位环卫处工会代行市容局职权，市容局方面负责人为李安祥。

（二）三方两份协议的执行

1. 2004年2月24日，淮北市城市规划局（以下简称"市规划局"）出具《建设项目选址意见书》（见附件5)，批准图南公司的用地申请。

立此存照：高尚挪用资金案侧记

2. 2004年3月24日，市容局委托其下属单位环卫处工会开始集资并设立专户，集资专户使用印鉴为"环卫处工会行政章"和"李安祥"私章。环卫处共集资148户，每户3万元，计款440万元；另高尚代收李安祥关系户1人，3万元。

3. 2004年3月26日，市容局分管副局长李安祥签批支付高尚S1101宗地款人民币伍拾万元整（见附件6），高尚出具收条（见附件7）。

4. 2004年4月29日，环卫处工会转款360万元（见附件8）到市容局和图南公司共管账户，也就是建设专户上。该建设专户使用的印鉴章为"图南公司"的一枚章和"李安祥"私章。该款实际是用来支付高尚土地款的。

5. 360万元集资款到共管账户后，图南公司将此款分批部分支付高尚土地款：2004年4月29日当天，图南公司给付高尚220万元（见附件9）；2004年5月26日，图南公司给付高尚110万元（见附件10）；由于图南公司老打截流主意，使得市容局不能完全履约，2004年12月8日，环卫处工会书面通知图南公司将360万元全部交给高尚（见附件11）；接通知后，图南公司于2004年12月15日给付高尚51 700元，此款应含360万元的利息，余款被图南公司强行借用。

6. 市容局集资447万元（含高尚代收3万元）流转情况：2004年3月26日，李安祥签批支付高尚S1101宗地款50万元。此签批有两层含义：(1) 付的是S1101地块不是界外地块；(2) 证明是市容局买的地。后来，李安祥证明付S1101地款是为了让高尚支付寇湾村地款，此证明与50万元地款支付共同说明高尚把S1101宗地卖给了市容局，并帮助市容局购买界外土地（2004年3月26日，高尚收取50万元地款的当天就与寇湾村签订了购地协议，见附件12）。2004年4月29日，环卫处工会转款360万元到图南公司，图南公司分批将此款支付高尚地款（含图南公司强借款）。2004年12月8日，环卫处工会通知图南公司将此款给高尚。2005年1月19日，高尚给市容局打444万元收条（见附件13），此444万元是市容局集资447万元（含高尚代收3万元）被环卫处挪用3万元（见附件14）后的全部集资款，包括上述50万元、连同图南公司强行借用的360万元及在集资专户上准备给高尚还未给的部分。2005年4月19日，市容局与淮北市公民黎辉签订《购房转让协议》（见附件15），承认尚欠高尚地款400万元，

465

这是协议 840 万元已付 440 万元的未付部分。总之，至 2005 年 5 月 19 日前，市容局或图南公司一直在根据三方两份协议给付高尚土地款，同样，高尚也在根据三方两份协议收取土地款，已构成完整的收取和给付土地款完整证明链，足以证明。

（三）案件的发生和发展

1. 2005 年 5 月 19 日，淮北市公安局接受市容局的诬告，不顾本案的民事法律关系事实强行传讯高尚，淮北市公安局办案人员谢旭东告诉高尚：领导让我们搞你，没办法，你应当配合我们保存证据，以利后面翻案。谢当时拿出 2005 年 4 月 20 日问话笔录（见附件 16）和 2005 年 5 月 13 日提请批准逮捕书（见附件 17），说：你看，今天是 5 月 19 日，我们提前一个月弄好问话笔录，提前一个礼拜弄好提请批准逮捕书，没有领导安排，我们敢吗？

2. 2005 年 8 月 1 日，淮北市公安局将高尚刑事案件移送（见附件 18《淮北市公安局起诉意见书》）淮北市人民检察院审查起诉。依照规定，审查起诉期限为一个月，最迟不超过一个半月，如果是改变管辖，应在 7 日内作出，淮北市人民检察院（以下简称市检）于 2005 年 9 月 14 日指令淮北市相山区人民检察院（以下简称"区检"）审查高尚案件。区检检察委员会在全面审查后一致认为无罪，并且作出不起诉的决定（见最高人民检察院 2007 年 7 月 20 日总第 227 期《方圆法治》"集资建房引来牢狱之灾"），由于检察机关认为无罪不愿起诉，市容局局长吕剑活动市领导强行起诉，检察机关不得已将高尚案件卷宗在市检和区检之间来回倒腾，到 2006 年 3 月 21 日被逼起诉（见附件 19 相山区人民检察院起诉书），共历期间 236 天远超刑诉法规定的 45 天。

3. 2006 年 9 月 11 日，淮北市相山区人民法院（以下简称"一审法院"）判高尚无罪（见附件 20 一审判决书），予以释放。随即，不愿起诉的检察机关提起抗诉（见附件 21 相山区人民检察院抗诉书）。2006 年 12 月 11 日，二审法院判高尚犯挪用资金罪，处有期徒刑三年，缓刑五年执行（见附件 22 二审判决书）。二审判决后，高尚向淮北市中级人民法院申请再审，2008 年 3 月 20 日，淮北市中级人民法院作出（2007）淮刑监字第 9 号驳回申请通知书（见附件 23），高尚随

即向安徽省高级人民法院递交了申诉材料。安徽省高级人民法院于2008年9月8日立案审查，立案后却作出没有法律根据的（2008）皖刑监字第0071号函（见附件24），将本案转回淮北市中级人民法院"复查报果"。二审法院于2009年7月30日作出（2008）皖刑监字第5号驳回通知书（见附件24）。高尚接到通知书后再次到高法申诉，奇怪的事情发生了：二审法院驳回的申诉，高法的电脑里显示"正在处理"。2011年2月23日，高法作出（2008）皖刑监字第0071号驳回通知书（见附件25），驳回高尚申诉。从2008年9月8日立案算起，省市两级法院以演双簧的方式调卷用了18个月，结案用了29.5个月，创下共和国耻辱之最。

4. 2012年3月10日，中华人民共和国第十一届全国人民代表大会傅延华等六位代表在全面审查高尚卷宗认为没有犯罪事实后，共同签署了《关于申请要求对高尚案件再审的建议》（见附件26），2012年6月14日，最高法决定对高尚案件立案复查，2012年11月29日，最高法立案一庭决定不予再审（见附件27）。按规定，此类案件复查应当交审监庭审查。

从卷宗证据可以看出，本案从发生、发展直到今天，无不透露着诡异。高尚的屈辱经历透露出一个重大的社会法律现实：当今中国社会虽然已经做到了有法可依，但是有法不依的现象还相当严重，其主要原因便是地方政府的面子和权力关系互为表里，使得违法必究成为一句空话，可以这样说，淮北市的公检法没有一家不对高尚案件一定程度地做了抵制。淮北市公安局保留了高尚的确实充分的无罪证据，同时又把自己的违法事实留于卷宗；淮北市相山区人民检察院一致认为高尚无罪并且作出不起诉的决定（《方圆法治》记者韦洪乾采访录音并拍照证明）；淮北市人民检察院时任分管公诉的副检察长徐从峰（现任检察长）和公诉处处长司洪波（现任濉溪县人民检察院检察长）均对相山区人民检察院检察委员会的决定予以支持；淮北市中级人民法院在判决高尚有罪的判决书中保留了不审而判的事实（抗诉86万元，判360万元）；安徽省高级人民法院虽然在驳回申诉书中说高尚没有提供新的证据与事实，但是办案法官良心未泯，把高尚提供的市容局出假证的证据完整地保留了下来。上述事实说明，在高尚一案中，公安司法

机关在抵制不成后大都屈服于权力的压迫，最终按领导意见给高尚定罪，在问题暴露后，这些被拖下水的公检法又对各自的上级机关公关，各上级机关为了自己部门的荣誉，地方领导为了地方的荣誉，协力提防，于是就有了"犯罪人"及其代理律师努力按证据与程序申诉而公安司法机关却违背事实和证据，自设刑诉阶段，不按刑诉法规定程序办案的怪事。

（四）公安司法机关用各自的法律文书证明自己的行为是权力压迫下的不得已而为

1. 公安局的提请批准逮捕书歪曲事实部分：（1）第二页第十三行"同年3月25日，市容局成立临时基建办，由李安祥副局长全面负责，高尚具体负责"与事实不符：市容局没有临时基建办，基建办是市容局和土地方成立的联合机构；李安祥是市容局方面的负责人，高尚是土地方或土地方的代理人；该提请批准逮捕书第二页第二段、第三段上的两份协议清楚地表明了高尚的土地方身份，突然变成了所谓的市容局临时基建办具体负责人，证据在哪？（2）两份协议清楚表明基建是图南公司的事情，证据证明两份协议签订后由环卫处代行市容局的权力，证据证明高尚依据协议收取土地款是得到市容局和图南公司双方认可的土地方权利，高尚在协调机构基建办里面代表土地方取得权利并代表土地方办些必须由土地方出面的事，履行义务。（3）淮北市公安局隐瞒市容局和图南公司给付高尚土地款事实，隐瞒高尚收取土地款事实，直接把资金的去向嫁接到虚构的高尚挪取"事实"上，徇私枉法证据昭然！如此荒谬的提请批准逮捕书，怎么能被检察院批准的呢？

2. 淮北市公安局起诉意见书歪曲事实部分

该起诉意见书第二页第四段第五行说"高尚刻了李安祥私章"是原提请批准逮捕书上面没有的内容，也是与事实不符的。该枚李安祥私章与环卫处工会行政章组成集资专户印鉴章，与图南公司一枚章（不知什么章）组成建设专户印鉴章。无论在集资专户上转款、用款还是在建设专户上转款、用款，单凭该枚李安祥印章都是不可能办到的。淮北市公安局起诉意见书，先是诬陷高尚私刻李安祥印章，然后把环卫处工会和图南公司转款、用款（包括给高尚地款）说成是高尚

拿着一枚李安祥印章就可以办到的，与事实不符。上述事实说明该枚李安祥私章的使用得到了市容局和图南公司的共同认可，淮北市公安局起诉意见书回避主要事实，置无罪人于有罪，依法应按徇私枉法罪、滥用职权罪处置。

3. 淮北市相山区人民检察院起诉书

（1）起诉书开始经依法审查表明了高尚与图南公司、市容局签订的三方两份协议，承认了高尚的刘家保委托代理人身份，实际上等于承认了高尚的土地方身份。（2）起诉书第一页倒数第二段把起诉书"高尚负责基建办具体工作"改成了"高尚负责基建办全面工作"，由此，上述高尚的土地方代理人身份突然转变成了所谓的市容局基建办负责人，高尚的土地方有公证委托和三方两份协议证明，高尚的所谓市容局基建办负责人哪有证明呢？市容局成立基建办或者临时基建办的证据在哪呢？高尚的土地方通过两份协议市容局是清楚知道的，代表市容局的是环卫处工会，负责基建的是图南公司，所谓的市容局基建办是干什么的？市容局是怎么任命高尚做市容局的基建办或临时基建办负责人的？证据在哪起诉书只字未提。（3）起诉书把每一笔市容局或图南公司转、用款（含给高尚土地款）都说成是高尚怎么转款、怎么提款，市容局是高尚家开的？图南公司也是高尚家开的？市容局局长吕剑有本事把市容局的钱想往哪拿往哪拿吗？吕剑有本事拿了一枚李安祥私章就可以把在银行的钱取出来？吕剑不知道李安祥的私章是谁刻的？我刻我儿子的章也不刻市容局人的章，刻那些章有什么用？（4）起诉书说高尚挪用单位资金数额巨大却没有起诉数字，开创中华人民共和国有史以来没有犯罪事实厚脸皮起诉先河。

4. 淮北市人民检察院抗诉书

本抗诉书把起诉书中"尚有86万余元被高尚个人占用"部分当作高尚挪用与事实与法理不符："尚有86万余元被高尚个人占用"说明原来用的不止86万元，假定挪用成立应当以实际数字起诉，而不应以未归还部分起诉，事实上无论哪几笔数字加在一起都没有86万元这个结果，用公诉人在一审时说的话，此86万元的来历是"领导意见"；起诉书和公安局的法律文书对中国法治进步的最大贡献在于：公检法可以利用自己的话语权对真实的东西视而不见，把不存在的东

西说的比鳖蛋还圆,他们的贡献还在于让懂法的人能看得出来他们违法的做法是权力压迫的结果。

5. 淮北市中级人民法院判决书

二审法院判决的理由是"另查明,原审被告人高尚在担任淮北市市容局基建办负责人期间,私刻市容局分管基建办的副局长李安祥的个人印章,利用职务便利,挪用由淮北市市容局和图南公司的共同管理的职工集体购房款360万元"。这个理由是错误的:(1)法院只能根据指控进行"经庭审查明"而不能没有指控进行"另查明",所谓的"另查明"实际上就是"自控自审";(2)市容局从成立直到今天都没有基建办此一机构设置,所谓的高尚基建办负责人唯一"证据"是环卫处总支委2004年3月12日会议记录上的一句话"关于抽调高尚、王毅、纵静、尚云鹏四人负责集体购房工作",这句话与所谓的高尚基建办负责人根本不具关联性,这句话的最后一人尚云鹏当时还是社会闲杂人士,不在环卫处上班(见附件28),添加人承认这句话是他2004年7月13日加上去的,是领导安排的;(3)所谓私刻的印章与环卫处工会行政章组成集资专户印鉴、与开发方印章组成建设专户印鉴的事实表明建设方和出资方共同认可并使用了该枚印章,相反,从没有任何证据证明高尚使用了该枚印章,更根本不存在高尚私刻的道理;(4)上述给、收款的完整证据链证明360万元是给付高尚的土地款的一部分,从市容局或图南公司来说,是给付土地款,从高尚来说,是收取土地款,高尚收取的土地款无论用到什么地方都不应被视为挪用市容局资金,二审法院隐瞒资金性质径取使用方向是错误的,事实上,就是该360万元还被图南公司截留了好几十万,给到高尚手上的只是350万元;(5)相山区人民检察院向二审法院抗诉挪用的是86万元,庭审的也是86万元,而中院却判了360万元,中院超越指控和庭审范围判决的行为,事实上变相剥夺了高尚当庭辩解的权利,是典型的不审而判,属重大违法;(6)翻遍卷宗没有中院判罪的证据;(7)S1101宗地最终没能按协议开发,是因为在具备开发条件后吕剑对高尚诬告的结果(见附件29《关于S1101宗地使用说明》)。

另:附件30刻制"李安祥"印章当事人证明。

在上述材料中提到的附件，高尚都给了我电子摄影版，以示所述内容的真实。从这份案情简介中，可以看出案件是由一块地引起的，套用"一个馒头引起的血案"的句式，本案可以说是"一块地引发的一个神案"。我对上述案情简介进行了以下归纳。

1. S1101 宗地的权属

这块地为 S1101 宗地，原系刘家保所有，后刘家保委托高尚开发这块地。从材料来看，S1101 宗地的权属与刘家保的委托，手续均齐全。

2. S1101 宗地的开发

刘家保委托高尚对 S1101 宗地进行开发，高尚与淮北图南房地产开发有限公司（以下简称图南公司）签订协议进行联合开发，高尚以 S1101 宗地投入，图南公司出资建设，按照 30% 与 70% 的比例进行分成。高尚应得的 30% 折合人民币 840 万元整。但是，S1101 宗地只有 17 238 平方米，约定的开发面积为约 2.8 万平方米，其中 10 762 平方米土地不在 S1101 宗地范围内。《联合开发协议书》约定高尚有代买 S1101 以外地块（以下简称界外地块）的义务。

3. 市容局的介入

高尚当时是市容局环卫处的工人，在 S1101 宗地以及界外地块的开发过程中，市容局介入进来。市容局与图南公司签订《住房购销协议书》（见附件 4），实际上，市容局是以购房的名义加入了联合开发，我想是为了解决开发的资金问题。在相关协议中，高尚应得的 840 万元以及高尚代为购买的界外地块的费用 500 万订金，均由市容局以土地费用的名义支付。

4. 高尚的角色

如前所述，高尚当时是市容局下属单位的职工，市容局参加房屋的开发是高尚牵线搭桥的结果。因此，从案情简介的叙述来看，市容局既认可高尚的土地方身份又委托高尚代买 S1101 宗地界外地块的事实。在本案中，争议较大的是高尚是否具有所谓基建办负责人的身份问题。从目前的证据来看，这显然不是一个正式身份，既没有文件也没有任命书。但指控方以环卫处总支委的会议纪要为凭据，而高尚则予以否认。

5. 集资款的去向

市容局的投入采取了集资建房的方式，并从集资款中向高尚支付土地费用。根据案情简介的叙述，市容局集资 447 万元（含高尚代收 3 万元），市容局支付给高尚 S1101 宗地款 50 万元。另有 360 万元转到图南公司，图南公司分批将此款支付高尚地款，高尚给市容局打 444 万元收条（见附件 13）。

6. 界外地块的购买

2005 年 4 月 19 日，市容局与淮北市公民黎辉签订《购房转让协议》（见附件 15），购买界外地块，并承认市容局尚欠高尚地款 400 万元，这是协议 840 万元已付 440 万元以外的未付部分。

以上这些要点都有书证证明，基本脉络是清楚的。这里应当指出：在一般情况下，听取当事人对案情的叙述，都要防止其一面之词。因为当事人身涉其案，对案情的叙述往往是具有自己的倾向性的，因此你要仔细分辨哪些是客观事实，哪些是当事人的价值判断。要求当事人对案情的叙述，每一句话都有证据也不太可能。因此，一般案件的事实陈述往往真假难辨。但如果某一案件有书证，尤其是主要依靠书证定罪的案件，依照书证去认定案件事实就要容易得多。高尚案就是这样一个存在大量书证的案件，这些书证反映了案件的真实情况，因此理解起来要方便可靠一些。当然，在高尚案中也存在个别依靠证言认定的事实，例如李安祥是否同意高尚刻制其私章，就会出现各执一词的情况。对此，应该根据其他证据以及情理，进行审查判断。此外，上述案情简介是以时间为线索对案件进行勾画的，这也是一种较为简便的了解案情的方式。因为，任何一个案件，尤其是较为复杂的案件，都是一个故事，具有时间维度。因此，我们可以根据案件主要情节发生的时间关系描绘出案件的基本脉络。就此而言，上述案情简介对案情叙述部分还是写得较为专业的。

这份案情简介叙述到案发部分，案件的时间进程突然被打断，使人感到唐突。甚至连指控的犯罪事实究竟是什么也未能在案情简介中展示出来，本来这一部分内容是可以根据司法文书的顺序，继续把这个故事往下讲的。案情简介后半部分对于案外干预因素的披露，其实暂时与本案无关。这个案情简介不知是高尚

本人所写还是律师所写，前半段的案情叙述清楚，到了后半段突然中断案情叙述。因此，从这个案情简介中，我们只能了解到围绕着S1101宗地的集资建房过程，但完全无法也无从了解案件的审理过程，无法对高尚的行为是否构成犯罪进行判断，甚至高尚的什么行为被指控为犯罪都无从把握。

既然案情简介无法给我们清晰的全案事实，以下我们开始阅读司法文书，按照时间顺序，从公安局的提请批准逮捕书开始。

三、淮北市公安局提请批准逮捕书（2005年5月13日）

目前，我所能见到的最初始的案件材料是淮南市公安局的提请批准逮捕书。该提请批准逮捕书包括了对案情的官方叙述。如果说，以上我们见到的案情简介是从高尚的角度对案情的叙述；那么，以下司法文书是从官方角度对案情的叙述。这两种视角的对比，可以使我们能够较为准确与全面地掌握案情。

淮北市公安局
提起批准逮捕书
淮公经捕字（2005）006号

犯罪嫌疑人高尚（曾用名高自力），濉溪县人，高中文化，淮北市市容局环卫处工人。

犯罪嫌疑人高尚于2005年5月19日因涉嫌"挪用资金"罪被我局刑事拘留。

经依法侦查查明：2001年5月18日，寇湾村村民六组组长刘祥安与淮北市平安房地产有限责任公司张如红（法人）签订一份"有偿转让土地协议书"，土地面积25.88亩（即S1101宗地），合计人民币31.0560万元。2002年12月经土地局局长办公会议研究（四次），同意出让该宗土地给张如红，出让期限是五十年，合计17 238m²，每平方米土地使用权出让金是18.44元，合计317 765元。2002年12月31日淮北市平安房地产公司获得S1101宗土地使用证。同年12月25日，平安房地产公司张如红与刘家保签订了S1101宗地的转让协议。

2003年1月3日刘家保获得该宗地的土地使用证，而实际出资转让该宗土地人都是雷河选煤有限公司官超（刘家保是该公司职工），具体经办人是高尚，也就是说，该宗土地实际拥有者是官超与高尚，刘家保只是挂名。2003年11月6日，刘家保授权委托高尚全权代表处理S1101宗地事宜。高尚在得知张如红没有给寇湾六组S1101宗地钱后，于2004年3月26日与寇湾村六组组长刘德新签订一份土地转让协议，商定S1101宗地价格为180万元，交定金2万元，首付30万元，同年5月10日付清全部款项，而实际共付72万元。

2004年1月8日，高尚与淮北市图南房地产开发有限公司李峰签订"联合开发协议书"，高尚投入S1101宗地及该宗地块南至跃进河北，李桥村土地西，李楼村土地东（该宗地号：168，图号煤（84）航57—81，面积12 432.32m²，土地使用证为淮北市图南房地产开发有限责任公司，1998年3月6日获得），并确保投入土地无争议。

2004年2月10日，图南公司李峰与淮北市市容局签订了"住房购销协议书"，购房价格按土建安装、土地费用、实交税费和利润（建筑成本2.5%）四项计，造址确定后十五天内，支付人民币500万元，余款按工程进度支付，设立共同账户，资金调配双方共同管理。

同年3月25日，市容局成立临时基建办，由李安祥副局长全面负责，高尚具体负责，纵静担任会计，抽调相关人员，并向环卫处职工集资，从2004年3月25日至2004年8月13日共计148户，合计集资444万元，设立基建办账户，高尚刻了李安祥私章。同年3月26日，经李安祥同意，高尚将集资款50万元转到其四姐高萍存折上，又于当天和寇湾村六组签订土地转让协议时，将其中30万元付了地款。同年4月29日，将360万元转到图南房地产与市环卫处工会共同管理账户。2004年7月7日借给环卫处购买劳保用品，付给荣海侠3.782 8万元，转到纵静账户10万元，付给南京百市设计院5万元，擅自付给寇湾村治保主任（原六组组长）刘祥安5万元，剩下9.92万元全部转到纵静账户，合计444.202 8万元，其中2 028元是利息。

2004年4月29日，高尚将360万元转出后，当天转出220万元，其中给李

春艳20万元，200万元给了官超。同年5月10日支出4.9万元给圣广军（寇湾村民兵营长）好处费。同日支取20万元付寇湾村买地款。同年5月26日转出110万元到高尚四姐高萍存折上。

2004年3月26日和2004年5月26日二笔转到高萍存折上160万元，将其中50万元付给寇湾村地款，30万元付给李峰，30万元替朋友陈小刚还账，余款被高尚花费和归还个人欠账了。

认定上述犯罪事实的证据如下：报案材料、证人证言、书证，犯罪嫌疑人高尚供认不讳。

综上所述，犯罪嫌疑人高尚利用职务便利，挪用资金385.5217万元，特别巨大，其行为已触犯《中华人民共和国刑法》第272条第1款，特别巨大，涉嫌挪用公款罪，依照《中华人民共和国刑事诉讼法》第六十条、六十六条之规定，特提请批准逮捕。

此致
淮北市人民检察院

局长：（印章）

二〇〇五年五月十三日

附：1. 本案卷宗共计三卷；
　　2. 犯罪嫌疑人高尚现羁押于淮北市看守所。

这份提请批准逮捕书较为客观地叙述了整个案件的经过，补强了在前一份案情简介中对于S1101地块的前生。但这宗土地在与图南公司和市容局合作已经处于高尚的控制之中，对此并无争议。提请批准逮捕书明确了对高尚的指控，即利用担任临时基建办负责人的职务便利，将360万元转出，归个人支配。但该提请批准逮捕书认定的挪用数额是385.5217万元，其中的25.5217万元是如何计算出来的，实在无从知晓。另外，该提请批准逮捕书上高尚的身份证号码与其年龄对不上，不知哪一个出错。

提请批准逮捕书的最大破绽在于：该文书的正文载明："犯罪嫌疑人高尚于2005年5月19日因涉嫌挪用资金罪被我局刑事拘留"。但该提请批准逮捕书的落

款时间却是 2005 年 5 月 13 日。如果不是有官方的书面文本在手，简直不敢相信会有这种时间误差的存在。如果高尚确实是 2005 年 5 月 19 日被刑事拘留的，那么就是在其刑事拘留之前一周，提请批准逮捕书已经写好。这与高尚在案情简介中所述完全一致。另外，在高尚的材料中，还有一份询问笔录，询问时间是 2005 年 4 月 20 日，但高尚的签字时间则是 2005 年 5 月 20 日，相差一个月。这些情况给本案蒙上了一层神秘色彩，不由得使我们相信高尚所述，本案确实是因为领导干预而做成的案件。

四、淮北市公安局起诉意见书（2005 年 7 月 18 日）

上述提请批准逮捕书显然获得了淮北市检察院的批准，但高尚给我的材料中，没有批准逮捕书，而只有淮北市公安局的起诉意见书。

淮北市公安局

起诉意见书

淮公经诉字（2005）006 号

犯罪嫌疑人高尚，曾用名高自力，出生地安徽省濉溪县，汉族，高中文化，淮北市市容局环卫处工人。

犯罪嫌疑人高尚于 2005 年 5 月 19 日因涉嫌"挪用资金"罪被淮北市公安局刑事拘留，经淮北市人民检察院批准，于同年 6 月 1 日被依法逮捕。

犯罪嫌疑人高尚涉嫌"挪用资金"一案，由被害人单位淮北市市容局于 2005 年 5 月 18 日报案到我局。我局经过审查，于 5 月 19 日立案进行侦查。犯罪嫌疑人高尚已于 2005 年 5 月 19 日被抓获归案。犯罪嫌疑人高尚涉嫌挪用资金案，现已侦查终结。

经依法侦查查明：2001 年 5 月 18 日，寇湾村村民六组组长刘祥安（在逃，另案处理）与淮北市平安房地产有限责任公司张如红（法人）签订一份"有偿转让土地协议书"，土地面积 25.88 亩（即 S1101 宗地），合计人民币 31.056 0 万元。2002 年 12 月经土地局局长办公会议研究（四次），同意出让该宗土地给张

如红，出让期限是五十年，合计17 238m²，每平方米土地使用权出让金是18.44元，合计317 765元。2002年12月31日淮北市平安房地产公司获得S1101宗土地使用证。同年12月25日，平安房地产公司张如红与刘家保签订了S1101宗地的转让协议。2003年1月3日刘家保获得该宗地的土地使用证，而实际出资转让该宗土地人都是雷河选煤有限公司官超（刘家保是该公司职工），具体经办人是高尚，也就是说该宗土地实际拥有者是官超与高尚，刘家保只是挂名。2003年11月6日，刘家保授权委托高尚全权代表处理S1101宗地事宜。高尚在得知张如红没有给寇湾六组S1101宗地钱后，于2004年3月26日与寇湾村六组组长刘德新（另案处理）签订一份土地转让协议，商定S1101宗地价格为180万元，交定金2万元，首付30万元，同年5月10日付清全部款项，而实际共付72万元。

2004年1月8日，高尚与淮北市图南房地产开发有限公司李峰签订"联合开发协议书"，高尚投入S1101宗地及该宗地块南至跃进河北，李桥村土地西，李楼村土地东（该宗地号：168，图号煤（84）航57—81，面积12 432.32m²，土地使用证为淮北市图南房地产开发有限责任公司，1998年3月6日获得），并确保投入土地无争议。

2004年2月10日，图南公司李峰与淮北市市容局吕剑签订了"住房购销协议书"，购房价格按土建安装、土地费用、实交税费和利润（建筑成本2.5%）四项计，造址确定后十五天内，支付人民币500万元，余款按工程进度支付，设立共同账户，资金调配双方共同管理。

同年3月25日，市容局成立临时基建办，由李安祥（移交市纪委查处）副局长全面负责，高尚具体负责，纵静担任会计，抽调相关人员，并向环卫处职工集资，从2004年3月25日至2004年8月13日共计148户，合计集资444万元，设立基建办账户，高尚刻了李安祥私章。同年3月26日，经李安祥同意，高尚将集资款50万元转到其四姐高萍存折上，又于当天和寇湾村六组签订土地转让协议时，将其中30万元付了地款。同年4月29日，将360万元转到图南房地产与市环卫处工会共同管理账户。2004年7月7日借给环卫处3.782 8万元购买劳保用品，转到纵静账户10万元，付给南京百市设计院5万元，擅自付给寇湾村

477

治保主任刘祥安 5 万元，合计 444.202 8 万元，其中 2 028 元是利息。

2004 年 4 月 29 日，高尚将 360 万元转出后，当天转出 20 万元给李春艳（李峰妹），200 万元给了官超。同年 5 月 10 日支出 4.9 万元给圣广军（寇湾村民兵营长）。同日支取 20 万元付寇湾村买地款。同年 5 月 26 日转出 110 万元到高尚四姐高萍存折上。

2004 年 3 月 26 日和 2004 年 5 月 26 日二笔合计 160 万元转到高萍存折上，高尚将其中 50 万元付给寇湾村（六组）地款，30 万元付给李峰，30 万元替朋友陈小刚（已死）还账，余款被高尚花费和归还个人欠账了。

联合管理账户上 5.17 万元也被高尚于 2004 年 12 月 15 日支出挥霍了。

另查，犯罪嫌疑人高尚于 2004 年 3 月 25 日侵吞谢肖玉 3 万元集资购房款未入账。

认定上述事实的证据如下：报案材料、被害（人）单位有关人员证言和证人证言、书证、鉴定等，犯罪嫌疑人高尚亦供述不讳。

上述犯罪事实清楚，证据确实、充分，足以认定。

综上所述，犯罪嫌疑人高尚利用职务之便，挪用资金 444 万元，侵占资金 3 万元，其行为已触犯《中华人民共和国刑法》第 272 条、第 271 条，涉嫌挪用资金罪、职务侵占罪。依照《中华人民共和国刑事诉讼法》第 129 条之规定，现将此案移送审查起诉。

此致
淮北市人民检察院

局长：（印章）
2005 年 7 月 18 日

附：1. 本案卷宗三卷；
    2. 犯罪嫌疑人高尚现羁押于淮北市看守所。

以上起诉意见书正文的绝大部分几乎原文照抄提请批准逮捕书，只是在最后指控部分发生了以下两个重大变化：（1）指控挪用资金罪的数额从提请批准逮捕书的 385.521 7 万元增加到 444 万元。（2）另外又增加了一个罪名，即职务侵占

罪，侵占数额是 3 万元。这里的 444 万元，也就是市容局环卫处集资的总数额。提请批准逮捕书将这 444 万元中的合理支出部分，例如经李安祥同意付给高尚的 50 万元地款、借给环卫处购买劳保用品的 3.782 8 万元，转到会计纵静账上的 19.92 万元，以及付给南京百市设计院的 5 万元和付给刘祥安的 5.5 万元，全部都计入高尚挪用资金的数额。并且，起诉意见书还把高尚代收的 3 万元集资款认定为职务侵占罪。显然，起诉意见书对高尚的指控是无所不用其极，至此高尚处于一种十分不利的法律地位。

五、淮北市相山区人民检察院起诉书（2006 年 3 月 21 日）

从 2005 年 7 月 18 日淮北市公安局提交起诉意见书，到 2006 年 3 月 21 日淮北市相山区人民检察院出具起诉书，这期间长达 236 天，远远超过了我国刑事诉讼法所规定的 45 天的法定期限。在这期间到底发生了什么？高尚在案情简介中叙述，相山区人民检察院不愿起诉，并且作出了不起诉决定。这里的作出了不起诉决定是指开会讨论的决定，还是指出具了不起诉的法律文书？不得而知。我想可能是指前者。该案还是在各种因素的作用下起诉了。案件从公安局推到检察院，检察院又要向法院推进。我想看看检察院的起诉书对所指控的犯罪事实又会如何叙述。

淮北市相山区人民检察院
起诉书
相检诉（2006）64 号
犯罪嫌疑人高尚，男，汉族，濉溪县人，高中文化，淮北市市容局环卫处工人，2005 年 5 月 19 日被刑事拘留，同年 6 月 1 日被逮捕，现押淮北市第二看守所。
被告人高尚涉嫌挪用资金、职务侵占一案，由淮北市公安局侦查终结，经淮北市人民检察院向本院交办审查起诉。
经依法审查表明：

被告人高尚的朋友刘家保于 2003 年 11 月 6 日，经公证将其拥有所有权的淮北市地号 S1101 宗地 1.7 万余平方米，委托高尚处置该地权属转让、结算及相关事宜或联合开发、结算及相关事宜。

2004 年 1 月 8 日，高尚以刘家保委托代理人的身份与淮北市图南房地产开发有限公司签订联合开发协议书，约定使用 S1101 宗地，刘家保可分得拟建面积 4 万平方米的 30%，折合人民币 840 万元。

2004 年 2 月 10 日，淮北市市容局与图南房地产开发有限公司签订住房购销协议书，约定用地包括 S1101 宗地，拟购面积 4 万平方米，土地费 840 万元，设立共同账户，资金共同管理等等。

市容局安排副局长、环卫处处长李安祥负责职工购房工作，李安祥在环卫处抽调高尚等人成立基建办公室，由高尚负责基建办全面工作。

2004 年 3 月 23 日，高尚用其私下刻制的"李安祥"的印章和环卫处工会行政公章，在市建行设立职工购房集资款专用账户。

基建办会计纵静经手收 148 户首付款 444 万元，存入上述专用账户。

高尚经手收谢肖玉首付款 3 万元，给谢打了收据，但未将该款交给纵静入账。

2004 年 3 月 26 日，高尚经李安祥书面签批，提取集资款 50 万元存入其姐高萍存折，高萍将这笔款汇入相山区任圩镇会计核算中心，转给寇湾村六组，作为支付地款。

2004 年 4 月 29 日，高尚将集资款 360 万元汇入淮北市图南房地产开发有限公司与市容局设立的共同账户上。当日高尚从该账户提取 20 万元转入烈山区雷河洗煤有限公司官超账户上，还原从官超处支付的买地款。同日又提取一笔 20 万元交图南房地产开发有限公司李春艳，由李春艳转交该公司经理李峰，是给李峰的联合开发预计利润款。

同年 5 月 10 日高尚提取该账户上 20 万元，付给寇湾村土地款。

同年 5 月 10 日提取该账户 4.5 万元，高尚将该款支付给寇湾村委员会圣广军。

同年5月26日高尚提取该账户110万元存入高萍存折上。高尚将其中30万元交给李峰,是付给李峰联合开发预计利润款。

同年12月8日,高尚以环卫处工会的名义通知废止市容局与图南房地产开发有限公司签订的住房购销协议。

同年12月15日,高尚将该账户的余款5.17万元取出,存入高萍存折上。

2005年1月19日,高尚给市容局打张收条:收淮北市环卫处工会转职工委托购房款人民币444万元整。

同日高尚给市容局写下退款承诺。

同日高尚与环卫处签约,将S1101宗地使用证交环卫处保管。

2005年2月24日、3月30日,高尚与环卫处工会签订二份关于环卫处有权拍卖S1101宗地的协议。

2005年4月19日,市容局与淮北雷河洗煤有限公司签订"购房转让协议",市容局收首付款200万元。

高尚于4月30日给市容局党委写份还款保证书。

案发后从高萍手追回17 560元,尚有86万余元被高尚个人占用。

认定上述事实的证据有:

1. 被害人陈述;2. 被告人供述;3. 证人证言;4. 书证;5. 鉴定结论等。

本院认为,被告人高尚利用工作职务便利,侵占单位资金数额较大,挪用单位资金数额巨大,其行为涉嫌触犯《中华人民共和国刑法》第二百七十一条、第二百七十二条,犯罪事实清楚,证据确实、充分,应以职务侵占罪、挪用资金罪追究其刑事责任。根据《中华人民共和国刑事诉讼法》第一百四十一条的规定,提起公诉,请依法判处。

此致
淮北市相山区人民法院

检察院:孟宪君

二〇〇六年三月二十一日

附注:随文书正本移送证人名单、证据目录、主要证据复印件。

以上起诉书采取了流水账的方式，陈述了围绕着S1101宗地的购买、开发以及资金往来展开的案件事实。其中，给人留下深刻印象的是关于高尚刻制李安祥私章的行为，对于这一行为在淮北市公安局的提起批准逮捕书和起诉意见书中均表述为："高尚刻了李安祥私章"。但到了淮北市相山区人民检察院的起诉书中被表述为："私下刻制。"前两份法律文书的表述较为中立，一般可以理解为经过同意刻制了李安祥的私章。但后一份法律文书称"私下刻制"，也就是私刻，则是指未经同意而刻制，这一刻制就具有了非法性，从而为此后的利用私自刻制的李安祥私章转移购房集资款属于挪用资金的行为定性提供了根据。这一转变可能是李安祥提供了对高尚不利的证言，但这种证言的可信度也存在问题。因为此时李安祥也自身难保，在淮北市公安局的起诉意见书中对李安祥就有"移交市纪委查处"的表述。关于私刻李安祥私章的问题，是本案较有争议的问题，这个问题还将在此后的申诉中一再提及。根据高尚的说法，李安祥的私章与环卫处工会的公章是作为购房款的共同账户使用的。换言之，李安祥的私章并非其私刻，而是为了管理共同账户而刻制的。其实，我认为李安祥的私章是否高尚所私自刻制对于本案的定性并非决定性的情节，因此没有必要过度纠缠。

从起诉书我还了解到2004年12月8日，高尚以环卫处的名义通知废止市容局与图南房地产开发有限公司签订的住房购销协议，也就是联合开发宣告失败。这是高尚的案情简介中所未涉及的事实。为什么联合开发会失败？这背后又发生了什么？这些虽然是案外情况，但其合理性关系到对高尚行为的定性。而且，从起诉书中还了解到在联合开发失败以后，高尚给市容局写下了444万元的收条。从以上叙述来看，似乎是高尚在非法转出360万元购房款后，又单方面废止住房购销协议。但根据高尚提供的书证，事实并非如此。所谓高尚以环卫处的名义通知废止市容局与图南房地产开发有限公司签订的住房购销协议，是环卫处工会于2004年12月8日致函图南房地产开发有限公司，说接市容局通知，我局与贵公司所签四万平方米订房协议已作废，并提出两点：(1) 共同账户资金转到高尚名下；(2) 有关债权、债务经高尚审核认可后交给高尚。这样，才有高尚于2005

年1月19日打给环卫处的收条:"收淮北市环卫处工会转职工委托购房款444万元。"此时444万元购房款中已经大部分支付出去,用于购买土地等住房开发事宜。住房购销协议到底是谁主张作废的?看来不像是高尚,因为高尚只有从住房购销协议的履行完成中才能获利。之所以废止住房购销协议是因为当时的政策不允许集资建房,市纪委对此进行了查处,因而环卫处废止了住房购销协议。这一点,在一审判决书确认的图南房地产开发有限公司李峰的证言中,已经得到了证实。但集资建房已经进行到一定程度,部分集资款已经支付出去,而这是履行住房购销协议的结果。在住房购销协议单方面被环卫处废止以后,接下来的问题是对已经部分履行的住房购销协议进行清理,分清各方责任,落实违约责任。但市容局急于拿回444万元职工集资款,在高尚已经打条收到购房集资款,其实就是承担了对款项的责任,并承诺归还购房集资款以后,市容局还不依不饶,向市公安局举报高尚挪用集资款和侵占集资款,将444万元集资款的责任全部推到高尚的身上,而市容局及环卫处却成为本案的刑事被害人。不用再往下看,至此,本案的真相初步呈现。这里我有一点疑问,高尚在住房购销协议的签订与履行过程中,是否对市容局及环卫处隐瞒了其事实上系S1101宗地的权利人的情况,是否在市容局及环卫处发现这一情况以后才对高尚采取法律行动。如果这样说的话,还能稍微减轻市容局及环卫处在本案中的责任,因为该司毕竟不是司法机关。

此外,仔细阅读这份起诉书,发现在其结论处,只是笼统地指控被告人高尚利用职务便利,侵占单位资金数额较大,挪用单位资金数额巨大,但并没有载明侵占与挪用的实际数额。从起诉书前文的内容来看,侵占的数额当然是指高尚代收谢肖玉的购房首付款3万元。但挪用资金的数额,市公安局的提起批准逮捕书认定为385.5217万元,而起诉意见书则认定为444万元。那么,起诉书究竟认定为385.5217万元还是444万元,并没有予以明确。对起诉书中所指控的犯罪数额不予明确这种情况还是较为罕见的。但是,按照通常的理解,应当认为起诉书认定的挪用资金数额是起诉意见书中的444万元。

六、一审辩护词（2006年6月12日）

一审辩护词

审判长、审判员：

安徽龙兴律师事务所依法接受被告人高尚的委托，指派我作为高尚的辩护人，参与本案诉讼活动。在对全部案件证据材料进行认真的研究并参加庭审查证之后，我认为，公诉机关对高尚的犯罪指控不能成立。高尚不构成犯罪。现提出以下具体辩护意见，请慎酌。

一、公诉机关对高尚的指控事由

起诉书指控：高尚利用工作职务便利，分别侵占、挪用了本单位的较大、巨大数额的资金，其行为触犯了我国《刑法》第271条、第272条，应以职务侵占罪、挪用资金罪追究其刑事责任。公诉人为支持这一指控，观点归纳为：

（一）高尚系非法占有或占用本单位资金。

（二）高尚的非法占有占用行为系其利用了工作职务上的便利条件。

以上指控事由能否成立呢？显见不能。

二、从犯罪构成要件析高尚不构成犯罪的具体意见

（一）关于犯罪主体

证据表明，高尚在"占用"或"占有""本单位"资金的2004年3月至被起诉期间，具有双重身份：他不单是市容局环卫处的一名普通职工，还是以提供S1101号宗地与市图南房地产开发公司以及市容局"联合开发"市容生活小区的刘家保授予该地权转让、结算和联合开发、结算等相关事宜的全权委托代理人。撇开高尚是否利用了工作职务上的便利条件暂予不谈，单就他系刘家保授权项下之代理人来分析，倘若他确系非法占有或挪用，就产生的后果也只能依民法规定由刘家保承担。他只对刘家保负责。

（二）关于犯罪客体

依照《刑法》，"挪用、侵占"二罪的犯罪客体均指本单位资金的所有或占

用权，该财产权属具有不可任意扩大解释或理解的特定性，即集体单位财产的所有、占用权，若非集体单位财产，或国有，或个人，均不构成本罪。证据显示，市容局属下单位职工用来集资建房的所有筹措款项，均按市容局领导的研究意见被安排进入专用账户。这表示，职工集资款的性质自"进入"市容局特立账户后便发生了质的变化，即由私有转化为公有，并且系市容局此一国家机关的"公款"。由此判定，不能以"挪用资金"或"侵占"行为对高尚问罪。

（三）关于犯罪的客观方面

从起诉书所指二罪而言，犯罪的客观方面主要系指获取资金的方式或手段。指控称高尚一是私下刻制了负责集资"购房"（实则为集资建房，这从刘家保与图南公司及市容局的三方两份协议内容上已得明证）工作的"李安祥"的私章，二是他利用了其在"基建办"的工作职务便利。然而，这二者均不是。

1. 进入市容局特立账户的集资款，非由领导批准，并加盖"李安祥"私章和"环卫处工会行政公章"才能支取。单凭"李安祥"私章无以获取。因之，假使这枚私章系高尚私下刻制，那么，他利用该私章支取集资款显然不是挪用或侵占性质。"环卫处工会"的公章非由高尚保管，既然支取集资款须加盖之，高尚取款只有窃取，然而证据呢？退而言之，若为窃取盗用公章、私刻私章，进而支取集资款，这又怎么会是"挪用"或"侵占"性质？

2. 证据充分证明：

（1）高尚于2004年3月26日提取的首笔集资款50万元，是经李安祥书面签批的。

（2）和首笔50万元近似，2004年4月29日由市容局特立账户汇入图南公司与市容局共同账户的360万元也是作为支付地款的一部分经李安祥同意的。对此，不唯有高尚陈述，更有纵静证言佐证为实。

因上，作为土地方全权代为处理相关事宜的高尚经市容局同意获得地款，这合理、合法，并不违反法律规定。由此，怎么能将高尚的此一合法行为武断为

"利用工作职务便利条件"呢?

(四)关于犯罪的主观方面

结合前述有关犯罪构成的三个方面,已不难得出结论:高尚对地款的获取,系在授权范围的合法获取,系经领导批准或同意后的合法获取,系经正常渠道的合法获得,不具任何非法占用或挪用目的。

以上,"侵占""挪用"二罪犯罪构成的诸个方面,高尚无一构成。因之,公诉机关对高尚的犯罪指控,完全不成立。高尚的行为并不构成犯罪。无法解释高尚遵照领导机关的意志在"挪用""侵占"非法行为实施的过程中亲立"收条"、立据为凭的现象。辩护人认为,刘家保和图南公司以及市容局间所缔结的关系是市容局集资建房过程中形成的商品交换关系和债权债务关系,三方间的二份协议内容已明证此点。而作为高尚本人,他在这三方关系中所履行的,正是作为土地一方代理人的特定职责,这是十分清楚的。建议合议庭对高尚作出无罪的判决。我想,这完全符合法律的要求。

以上意见,请予充分的考虑。

辩护人:安徽龙兴律师事务所

律师　李林

二〇〇六年六月十二日

律师为高尚作了无罪辩护,这也在预料之中。律师是根据四要件对本案进行无罪辩护的,从这里也可以观察四要件的犯罪论体系在司法实践中的实际运用情况。不过,比较奇怪的是本案律师叙述的四要件的顺序:主体、客体、客观方面、主观方面。我国刑法教科书通常的四要件的顺序是客体、客观方面、主体、主观方面。[1] 也有的采用如下四要件顺序:主体、主观方面、客观方面、客体。[2] 由此可见,四要件的逻辑顺序是极为混乱的,并没有固定的位阶关系。其实,本案高尚是否有罪,主要涉及的还是高尚将 400 万元款项从图南公司和市容局

---

[1] 参见高铭暄、马克昌主编:《刑法学》,5 版,50 页,北京,北京大学出版社,2011。
[2] 参见赵秉志:《论犯罪构成要件的逻辑顺序》,载《政法论坛》,2003 (6)。

的共管账户转走的行为是否属于挪用。围绕这个问题，又涉及三个小问题：其一是高尚是否具有市容局基建办负责人的主体身份；其二是涉案的400万元处于共管账户时，到底是市容局的资金还是市容局支付给图南公司的建房款？其三是高尚将这400万元转走是擅自决定还是经过了市容局的同意。这些问题，在三阶层的犯罪论体系中，都属于构成要件的问题，尤其是与责任要件无关。但是，按照四要件的逻辑，凡是论及某一犯罪不能成立，必须将四个要件逐个否定。

应该说，一审辩护词还是围绕着无罪的结论，根据四要件的犯罪论体系对高尚的行为不构成挪用资金罪以及职务侵占罪进行了论证。但是，在辩护的思路与逻辑上存在怪异之处。例如，在关于客体的辩护中，辩护意见认为，挪用资金罪的客体是集体所有的财产，而非国有或者个人所有的财产。而本案中的个人集资购房款，当其进入市容局与图南公司的共管账户以后，就由个人财产转化为市容局的国有财产，即属于公款。因此，高尚对该资金的占有与支配不是挪用资金。我认为，这一辩护理由难以成立。进入市容局与图南公司共管账户的资金是否属于市容局的公款性质，本身就是可以质疑的。职工个人的集资建房款交给市容局的时候，该款项从个人财产转化为市容局的公款，这是正确的。但该款项进入共管账户以后，其性质已经发生了变化。该款项是作为支付建房款而进入共管账户的，因此，只要是基于这个目的并经过合法程序动用该款，就不是挪用资金，更不是挪用公款。而根据辩护意见，该款项属于市容局的公款性质，假若不构成挪用资金罪还有可能构成挪用公款罪。因此，该款项的性质认定对于犯罪是否成立具有重大影响。本案的关键在于该款项是否属于应当支付给高尚的购地款，由此也就决定了高尚动用该款项是否合法。由此可见，平面式的四要件在涉及运用中容易发生逻辑上的混乱。

尽管律师辩护的逻辑存在一定的问题，但律师无罪辩护的结论还是值得肯定的。那么，律师的辩护意见是否能够被法院所采纳呢？请接着往下看一审判决书，也许它会给我们带来惊喜。

七、淮北市相山区人民法院一审判决书（2006年9月8日）

从 2006 年 3 月 21 日起诉，到 2006 年 9 月 8 日作出一审判决，不到半年时间，在审判时限上是符合我国刑事诉讼法规定的。果然，一审法院对本案作出了无罪判决。

安徽省淮北市相山区人民法院

刑事判决书

（2006）相刑初字第 087 号

公诉机关：淮北市相山区人民检察院。

被告人高尚，男，出生于皖濉溪县，汉族，高中文化，淮北市市容局环卫处工人。因涉嫌犯挪用资金罪于 2005 年 5 月 19 日被刑事拘留，同年 6 月 1 日被逮捕。现押于淮北市第二看守所。

辩护人：李林，安徽龙兴律师事务所律师。

淮北市相山区人民检察院以相检诉（2006）64 号起诉书指控被告人高尚犯挪用资金罪、职务侵占罪，于 2006 年 3 月 24 日向本院提起公诉。本院受理后，依法组成合议庭，公开开庭审理了本案。淮北市相山区人民检察院指派检察员孟宪君出庭支持公诉，被告人高尚及其辩护人李林到庭参加诉讼。现已审理终结。

淮北市相山区人民检察院指控：

被告人高尚的朋友刘家保于 2003 年 11 月 6 日经公证将其拥有使用权的淮北市地号 S1101 宗地 1.7 万余平方米，委托高尚处置该地权属转让、结算及相关事宜或联合开发、结算及相关事宜。

2004 年 1 月 8 日，高尚以刘家保委托代理人的身份与淮北市图南房地产开发有限公司（以下简称图南公司）签订联合开发协议书，约定使用 S1101 宗地，刘家保可分得拟建面积 4 万平方米的 30%，折合人民币 840 万元。

2004 年 2 月 10 日，淮北市市容局（以下简称市容局）与图南公司签订住房购销协议书，约定用地包括 S1101 宗地，拟购面积 4 万平方米，土地费 840 万

元，设立共同账户，资金共同管理等。

市容局安排副局长、环卫处处长李安祥负责职工购房工作，李安祥在环卫处抽调高尚等人成立基建办公室，由高尚负责基建办全面工作。

2004年3月23日，高尚用其私下刻制的"李安祥"印章和环卫处工会行政公章，在市建行设立职工购房集资款专用账户。

基金办会计纵静经手收148户首付款444万元，存入上述专用账户。

高尚经手收谢肖玉首付款3万元，给谢打了收据，但未将该款交给纵静入账。

2004年3月26日，高尚经李安祥签批，提取集资款50万元存入其姐高萍存折，高萍将这笔款汇入寇湾村6组账户，作为支付土地款。

2004年4月29日，高尚将集资款360万元汇入图南公司与市容局设立的共同账户。当日，高尚从该账户提取200万元还从官超处支付的买地款，同日又提取20万元交图南公司李春艳，由李转交该公司经理李锋，付李锋联合开发预计利润款。

同年5月10日，高尚提取20万元，付给寇湾村土地款。

同年5月10日，高尚提取4.9万元，支付给寇湾村村委会委员圣广军。

同年5月26日，高尚提取110万元存入高萍存折。高尚将其中30万元交给李锋，付李锋联合开发预计利润款。

同年12月8日，高尚以环卫处工会名义通知废止市容局与图南公司的住房购销协议。

同年12月15日，高尚将该账户的余款5.17万元取出，存入高萍存折。

2005年1月19日，高尚给市容局打张收条：收环卫处工会转职工委托购房款444万元整。

同日，高尚给市容局写下退款承诺，并与环卫处签约，将S1101号宗地使用权证交环卫处保管。

2005年2月24日、3月30日，高尚与环卫处签订二份关于环卫处有权拍卖S1101号宗地的协议。

2005年4月19日,市容局与淮北雷河洗煤有限公司签订"购房转让协议",市容局收首付款200万元。

2005年4月30日,高尚给市容局党委写份还款保证书。

案发后从高萍手中追回1.756万元,尚有86万余元被高尚个人占用。

该院认为,被告人高尚利用工作职务便利,侵占单位资金数额较大,挪动单位资金数额巨大,其行为涉嫌触犯刑法第二百七十一条、第二百七十二条,应当以职务侵占罪、挪用资金罪追究其刑事责任。

该院当庭提供了以下证据:

1. 有关报案材料

(1) 环卫处工会于2005年4月27日致市委、市政府领导的《关于市环卫处职工集体购房情况的紧急报告》,主要内容:为解决环卫处职工住房困难问题,2004年2月10日由环卫处工会与图南公司及代理人高尚签订了《住房购销协议书》,高尚自称有土地25亩,并提供了相关土地使用证,由其开发后,愿以900元/平方米的价格集体售给环卫处职工。局党委研究同意,由李安祥负责,环卫处工会与对方设立统一账户共同管理。后高尚及其代理公司偷偷将此款转移,被发现后,才重补了一张收据。当我们得知对方提供的属违法土地,环卫处工会及时追要该款项,对方以种种借口久拖不还。高尚以提供不合法土地等手段诈取职工购房款,请公安机关立案查处,追回职工血汗钱。

(2) 环卫处工会于2005年5月18日向市公安局提交《报案材料》,主要内容同上,不同部分:《住房购销协议》规定由图南公司提供土地,我方提供职工集资款共同建房,当我方将约定的集资款444万元提供给图南公司委托代理人高尚手上后(原约定由双方共同管理使用,后被高尚采取不正当手段划到其控制的账户),迟迟不见动工,高尚以种种借口拒不归还集资款。高尚以故意提供不合法,不具备开发条件的土地为由诈骗巨额财产,要求严惩犯罪分子,追回损失。

(3) 谢肖玉(市政工程处职工)在公安机关陈述,主要内容:谢按规定不享有集资购房的权利,但其父母是环卫处工人,且住有环卫处一间门面房。环卫处为让其搬出门面房,答应谢参与环卫处福利分房,并订了协议。交钱时谢找到李

安祥，李让其找基建办负责人高尚，后其与高尚一块到李办公室，李让高尚给谢暂订三楼，谢又到高尚办公室，当时纵静会计也在，谢把三万元交给高尚，高、纵二人当面点清，高尚在协议上签了收据。

2. 被告人高尚在公安机关的供述和辩解

（1）2005年5月20日、29日两次自书材料，主要内容为444万元集资款的去向说明。经李安祥局长同意付寇湾村地款50万元，后陆续付50万元，款有汇款，也有刘祥安、圣广军和刘建设拿的。给官超200万元，因官超原是和高一块搞的这块地皮，高先把官应得的钱给官。高用高萍的名义转存100万元（因高无身份证），其中50万元给了寇湾村，约50万元给了李锋。约有50万元用在办事和还家里欠账上。余款34万元经会计安排，3.78万元经李安祥同意借给荣海侠进化妆品；5.5万元付刘祥安地款；5万元付南京设计费；19.92万元由会计纵静支出；余款由纵静办事用款。

（2）2005年5月19日询问笔录。主要内容：大约2003年，市容局想在高的土地上搞集资建房，高找到图南公司法人代表李锋，李锋同意以图南公司名义为市容局集资建房。高带李一起和市容局领导见面，签了一份"集体购房协议"，但集资建房违反规定。高的那块地是高于2002年从寇湾村购买的，购地款是180万元，当时所有办购土地的费用都是刘家保出的，约50万元左右，为让刘放心，高把土地产权证办在刘名下，然后再由刘把土地处置权和结算权委托给高。当时这180万元没付给寇湾村，也就是欠180万元。图南公司与市容局签过购房协议后，市容局开始集资，148户每户3万元，共444万元。李安祥局长只同意给高50万元地钱，后又批了10万元的办公费。后李安祥想挪用这笔集资款，由于高反映没挪成。为防止李挪用，这笔款由市容局账户打到图南公司与市容局共同账户，李没用上这笔钱很生气，就把自己的私章给了高，说高"你不是要你的地钱吗？章给你，这笔钱你爱咋办就咋办吧"。后来有人到纪委告市容局集资建房，吕剑局长让我赶紧把购房协议收回来，李安祥怕图南公司扣钱不给，让高把钱全部转到高自己那里，反正少高的地钱。后李又同意把环卫处工会剩下的钱都转到高名下。高尚认为这钱（444万元集资款）就是我的，我该还账就还账，该给谁

就给谁。市容局之所以欠高土地钱，是因为，在集资建房前市容局招来一个台商看中高那块地，市容局想让高拿出地来完成招商引资。后来市容局又让高用这块地给职工建住宅，是吕剑局长给高谈的，讲买高的地钱是八百多万，先给高500万，建房开工半年内余款结清。这是口头说，没有协议（因1998年12月份之后，新置土地不能用于集资建房）。所以市容局除高已划走的400多万元款外，还欠高400万。高认为自己就是卖地，至于职工集资的钱能不能归还是市容局的责任。高的地因超过两年闲置，今年5月被市土地局收回。

（3）2005年5月20日讯问笔录。主要内容：高划走集资钱没经领导同意，但有客观原因，一是高想尽快把地钱给人家付清，把自己的债务还清，为建房创造好的外部环境；二是因地是高的，李安祥让高自由支配职工集资款。444万元中有一笔50万和一笔10万是李同意转的，其他的钱转走李不知道，其他领导也不知道。转款需要环卫处工会公章，需工会主席胡长玲盖。还需要李安祥的私章。李的私章是由李把身份证复印件交给高，高到市惠黎加油站对面花40元刻的，是李同意刻的。李私章平时在纵静处保管，高也保管过一段时间。盖李私章高不需领导同意。关于撤销购房协议的证明是假的，因为当时不允许集资建房，市纪委来查，李安祥让高出个假证明，做给纪委看的，事实上后来并没有撤销购房协议。今年4月份规划局还下文同意建房方案。关于让图南公司把集资款都转到高名下的证明是高起草的，盖公章时胡长玲打电话请示了李安祥，李同意的。

（4）2005年5月20日讯问笔录。主要内容：市容局集资建房款444万元，其中李安祥同意使用60万元，余款384万元被高挪用。其中付给宫超200万元，付李锋50万元，寇湾村圣广军、刘建设、刘祥安等私人拿了30余万，付寇湾村70万元，环卫处借3.7万元，付南京设计院5万元，余下让高花掉了。

（5）2005年5月22日讯问笔录，主要内容：约2002年，淮北平安房地产公司（以下简称平安公司）经理张如红（又名张毛），找高用S1101号地搞抵押贷款，经到土地局咨询，不能抵押，能转让。由于张借了高一些钱，张就把这块地转给高了。土地局开了几次会研究这件事，就把这块地的土地证办到了刘家保名下。刘家保是雷河洗煤长的法人，高与宫超（雷河洗煤长的老板）是好朋友，都

不想出头，两次转让（一次是寇湾村转到平安公司，第二次是平安公司转到刘家保名下）费用50余万元，都是高从官超处拿的钱给土地局的。在一次吃饭中，高见到圣广军，才知道张如红没付寇湾村一分地钱，高当时就说地钱由高来付。之后高又通过圣广军认识了黄四清、刘祥安、刘建设等寇湾村一班人，最后商定这块地总价180万元，签了协议，并做了公证。共计已付村里72万元（其中2万元定金）。另外，刘祥安、圣广军、刘建设三人分别都向高要过好处费，合计超过30万元。2004年3月26日以后给他们的钱都是市容局集资444万元中支出，之前就不是了。关于李安祥的印章，是李把身份证交给王毅去复印的，交给高去刻的章。关于共同账户360万元高取走，高认为这个钱是他个人的钱，高给李安祥打过招呼，李说你该怎么用就怎么用，图南公司李锋也同意，但要求补个手续。高给官超的200万元是分给官的卖地钱。关于市容局和黎辉签"购房转让协议"，一是为了尽快退还职工集资款，二是可以净落四五千平方米的房子。后高从官超处拿回220万元。

(6) 2005年5月24日讯问笔录，主要内容：关于S1101宗地如何从张如红名下转到刘家保名下的。高称，张如红以前欠高父亲200余万元水泥、黄沙等费用没钱还，张的S1101地当时是划拨的，不是综合用地，高看到出让合同后面有局长办公会议（四次）研究、同意，高就和张谈好办出使用证，钱由高出，事后转让给刘家保。高与官超也签一份协议，以每亩14.5万元转给官超（因为办证的钱是官支付的，再者每亩14.5万元，共计370万元左右足以收回欠账）。此后，官没给高一分钱，所以，这块土地仍是高的。高与官约定S1101宗地转让出去，每亩14.5万元以上都归官超，加上办土地证五六十万元，所以高给官200万元，应是给官的卖地钱。高给李锋50万元是图南公司的管理费，也就是合同约定的2.5%利润。高萍存折160万元，付寇湾村地款50万元，给李锋50万元，帮陈小刚还账30余万元，剩下的用于还个人和家里的欠账及个人消费了。

(7) 2005年6月1日讯问笔录。主要内容：关于市容局基建办，当时只是一种说法，没有下文，是临时的，由李安祥分管，胡长玲、纵静负责财务，高具体负责（高又称其没有接受基建办负责人，因为其代表刘家保），成立基建办主要

是为了用（即买）高的 S1101 号地。关于高转走 360 万元到共同账户，是经李安祥同意的，但李未签字而是告诉高事后让环卫处给高出个证明。转账支票是纵静保管，工会行政章是胡长玲保管，她们不经李同意，也不可能转款。

（8）2005 年 6 月 11 日讯问笔录。主要内容是高共付给寇湾村土地款 100 余万元（其中付给集体 72 万元，付给村干部 30 余万元）。

（9）2005 年 7 月 15 日讯问笔录。主要内容是关于谢肖玉的 3 万元集资款的去向，高不知道，收条是李安祥让高写的，钱高未收到，钱可能让李收去了。

3. 寇湾村有关证人证言

（1）证人黄四清（寇湾村书记兼主任）的证言，主要内容：黄是通过高尚买寇湾村 6 组在跃进河北边的废窑场地时认识高的。关于高买地的情况，2002 年底，黄在报纸上看到村里的这块地要拍卖，黄很奇怪，因为这块地村里根本没卖，其就找到原 6 组组长刘祥安，问刘卖地是怎么回事，刘说这块地的使用证还没办，是和刘家保签的假合同。后黄、刘等人到拍卖行讲不能拍卖。后来刘一直未把土地证拿来。2003 年 5、6 月份，刘带高尚找黄，讲高要买这块地，黄称只要村民不吃亏可以卖。2004 年 2、3 月份，和高定下包括刘家保的地南边鱼塘在内，共计 180 万元。3 月 26 日 6 组与高签订了《土地转让协议》，高先后付了 80 万元给村里。

（2）证人董淑萍（寇湾村支部副书记）的证言，主要证明 2004 年上半年的一天，董和黄四清、朱汝金、刘祥安、圣广军、刘建设、丁在胜、刘祥顺等人在市军人接待站和高尚及其律师签了一份土地转让协议，总价 180 万元。

（3）证人圣广军（寇湾村支部委员）的证言，主要内容：关于卖给高尚的那块地最早是在 80 年代以寇湾村 6 组的名义办了 25 亩地使用证。先前听说是以平安公司张如红的名义办的土地证。2002 年左右，高尚拿着刘家保名字的土地使用证，高说这块地属于他所有。这块地一直没人给村里付钱，高尚愿付给村里地钱，村里就安排 6 组组长刘建设、村治保主任刘祥安和圣同高尚谈。最终谈好，全部土地约 45 亩，其中 25 亩有证（即 S1101 号地），20 亩大坑没证（即 168 号地），总价款 180 万元整，签了协议。高尚共付村里 72 万元，付给刘祥安、圣广

军14.9万元。

(4) 证人刘德新(寇湾村6组组长)的证言,主要内容:关于高尚买地的事,2002年6月,刘祥安找到刘德新,说有人要买村里这块地,让刘选10个村民代表开个会研究一下。开会前听刘祥安说这块地原来是开发公司的张如红要买,是替高尚买,后刘祥安把高尚介绍给刘德新,共同谈卖地的事,当时参加的有圣广军、刘祥安、刘德新和高尚,最后敲定180万元卖40亩地。谈好后刘德新又约10位村民代表开的会,大家一致通过。后签了合同。村里共收高尚72万元地款。刘德新个人要了高尚4.3万元。

(5) 证人陈孟华(寇湾村报账员)的证言,主要证明高尚共付村里地款72万元,分别是2003年10月17日付2万元定金;2004年3月26日付30万元;2004年5月10日付20万元;2004年6月3日付20万元,付款方式都是银行转账。收款都给高尚开收据了。村里的账都由任圩镇会计中心统一管理。

4. 市容局、图南公司等开发各方有关证人证言及书证

(1) 证人李安祥(市容局副局长兼环卫处处长)的证言,主要内容:关于集资建房一事,2004年初一次党委会上,某副局长提出环卫处职工高尚有一块地,想招商搞房地产开发,我们职工缺房,不如我们职工集资建房。当时党委成员考虑这是为职工谋福利,大家都同意,并提出有问题责任大家集体承担。后高尚找到图南公司同市容局签订了建房协议,每平方米900元,上下浮动不超过50元。协议是谁签的及协议内容李不知道。协议签过后,党委会研究让李负责此事,抽调专人成立基建办公室,设在环卫处。基建办由高尚具体负责,环卫处工会主席胡长玲任主管会计,纵静任现金会计,还有王毅参加。后来贴出通知请职工自愿认购,签协议,每套预交3万元,总共交了148户,收款444万元,都存放在环卫处临时账户上。李对基建办人员宣布,没有李签字,加盖工会公章和李的私章,任何人都不允许动这笔钱。2004年6、7月份,高尚找李要求再买一块地,想从预交款中支付50万元,高写了个报告,李签了字,后这笔款是否提走李不清楚。临时账户用的是工会公章和李的私章,当时李不同意再刻一枚私章,李让用李在财务科的章,现在才知道胡长玲说李的私章缺个拐,当时他们又刻了一枚

495

李的私章，没人向李汇报，谁刻的李也不知道。2004年底，市容局吕局长问李，怎么预交款转到高尚个人账户上了，李不相信，后找高尚要钱，高答应还，却迟迟不还，后写保证在2005年3月31日前开工，否则无条件退回购房款和利息。高还把土地证交市容局保管，作抵押。事后，高还补了一个收到市容局444万元的条子。到期高仍未开工，高说黎辉要买剩下的房子，后黎辉分次付给环卫处工会219万元，是高交来的。高现在承认把钱拿走，也愿意还。今天下午（即2005年5月19日），市容局为这件事开党委会，研究决定报案。李提出，他之所以签批付50万元，一是考虑工程进度，这块地不买不行；二是考虑局里在合同上有批文下来15天内给他们500万元的约定，而且他们的批文已拿来了；三是考虑反正财务手续还要再签字，否则钱汇不出去。李之所以签批付另外10多万元，一是考虑局里合同有我们承担办理手续费用的约定，二是办理各类手续也确实需要些备用金付给人家，只是借用，回头还要有发票报销。关于市容局与图南公司的购房协议，从来没有终止过，关于图南公司与市容局设立共同账户的事，李均不知情，是高尚个人私下所为。关于谢肖玉购房情况，李安排高尚给予办理。直至2005年6月份李才知谢没去工会缴款，而把钱直接交给高尚了，高给她打了收条。

（2）证人胡长玲（环卫处工会主席）的证言，主要内容：高尚原在渣土办，后来单位搞集资建房，成立了基建办，高就到了基建办。最早提出集资建房是在2003年年底，当时提的是集体购房。2004年4月职工开始交钱，每人交3万元，直接交到基建办，胡后来听说收148户，共444万元。基建办开票用的公章和职工签协议的公章都是工会的，是领导定的，工会的公章由胡保管。购房款由基建办的人保管。在建行开户用的是工会的公章，私章胡不知道，也不知是谁办的。高尚应该是基建办负责人。工会的公章只有纵静（会计）、王毅拿过。集资款单独设立账户是李安祥安排的，开户时建行的人到工会，胡提供的工会行政章（李安排），高尚拿出的李安祥的私章。胡从来不知道高尚等人将444万元转出，也没有在有关手续上盖工会行政章。

（3）证人纵静（市容局基建办会计）证言，主要内容：2003年12月，环卫

处把纵调到市容局基建办工作，单位要集资建房。2004年3月份定下来，要职工预交3万元，纵负责开收据，建行负责收款，收据上盖环（卫）处工会的章，共收148户，444万元。基建办由李安祥分管，由高尚负责。这笔款一开始放在工会账户上，银行印鉴留的是工会的公章和李安祥的私章。李的私章不是处财务科的，是新刻的，谁刻的纵不知道也没保管过，用的时候在高尚那里。支出情况：收款的第二天，付土地款50万元；环卫处借3.7万元；付设计费5万元；另开第二个账户分别存备用金10万元；剩余的款全部转到市容局和图南公司的共同账户上了。20万备用金主要付差旅费、招待费等，现还剩2万元。其间，因为市纪委查市容局集资建房问题，局里就不问这些集资账目问题了，把这一块都交给高尚管理，还改了什么协议。20万备用金中的17万元都是高尚用的，高尚从纵处取款从不愿签字，也不讲用途，他讲这块（地）是他的，这些钱是前期费用，以后到投资商那里报销。纵为了防止万一出问题就自己记了流水账。在纵按高尚要求转出第一笔10万元备用金时曾找李安祥汇报，并将该账在纵接手前，已被转走360万元的情况向李汇报，李当时没说什么，让纵把高尚喊上来就让纵出去了（大概2004年7月）。关于设立共同账户的事，约在2004年4月底，纵和高尚、图南公司的一个女会计和一个司机四人到建行分理处，开了一个联合管理账户，公章是图南公司的，私章是李安祥的（听说是高尚私自刻的），当天就转到账户360万元。当时支票是纵填写的，高尚把工会公章和李安祥私章交给纵盖在支票上，后高让纵把工会公章交给胡长玲。李安祥知道开共同账户，转360万元时不知李是否知道，但纵事后告诉了李，李又找高尚谈的。纵每次盖工会公章都是找胡长玲盖，胡也不问；私章都是找高尚盖的。关于谢肖玉所交3万元，是在2004年3月25日下午快下班时，谢来了，好像李安祥也来了，钱是交给高尚的，高在谢的协议上签了收据，高未交纵存银行。这种情况只有谢肖玉一人。

（4）证人赵娟（环卫处财务科）证言，主要内容：收集资款之前，市容局准备把集资款放在环卫处账上，赵不同意（怕因债务纠纷款被划走），李安祥也同意了赵的意见。李安祥在环卫处的印鉴私章是赵保管的，赵没借给高尚等人用过。

(5) 证人李锋（图南公司总经理）证言，主要内容：2003 年下半年，市容局的高尚找到李，说他有一块地皮，让李开发，卖给市容局职工，李与高签了《联合开发协议》，主要内容是高投入土地，图南公司投入全部资金。后高与市容局领导协商，图南公司与市容局签了《住房购销协议书》，后李跑设计、办规划、勘探，市容局没按协议支付图南公司 500 万订金，后达成口头协议（高尚说的），设立共同账户，在图南公司名下，由市容局管理，取钱要公司的公章和李安祥的私章，账户设在市建行营业部。2004 年 4 月 29 日打过来 360 万元。协议的房产没有开发，刚开始跑规划，后来就是资金的事，没办好，接着市纪委调查市容局集资建房的事，这事就停了。到 2004 年 12 月，高尚拿一份市容局环卫处工会的通知，要求"购房协议"作废，共同账户上所有债权、债务转到高尚名下。后 360 万全部被高尚转走了。共同账户的款是市容局管理，但账户是在图南公司名下，支出钱要给李锋打条。

(6) 证人李春艳（图南公司会计，李锋之妹）的证言，主要内容：2004 年 4 月，李锋让李与司机一起带着公司财务章，和高尚与高单位的两个女的一起到建行办一个共同管理的账户，转过来 360 万元。都让高尚使用了，转给李 20 万元，李交给了李锋。每次高尚转款都是李锋通知李，李填好支票，盖好财务章，高尚拿李安祥的私章盖上，就办成了。

(7) 证人王毅（市容局基建办技术员）证言：关于市容局职工购房之事，当时高尚和图南公司联合开发房产，然后卖给市容局职工，每人先交 3 万元，基建办以工会的名义给职工开票，签协议，总共是 148 户，但有 5 户没交钱，实际收到 429 万元。关于高尚刻李安祥私章之事，当时王和高到夜市东头找人，没找到，在惠黎十字路口有一刻章的，高就要刻李安祥的私章，刻章的和高熟，当时他说很忙，让刻好后来拿，王、高就走了。

(8) 证人高萍（高尚之姐）证言，主要内容：高尚转到高萍名字的存折上 160 万元（因高尚没有身份证，用高萍身份证办的存折），多数都是高尚和高萍一起到银行取钱，由高尚交给别人。高尚曾让高萍取钱交给寇湾村一个姓刘的（应是刘祥安）七万多元。

(9) 证人刘家保（雷河洗煤厂工人）证言，主要内容：刘是通过其同学官超认识的高尚，高和官利用刘的名字买一块地。2002年下半年天冷时，官超（雷河洗煤厂的老板）找到刘，说有人要和他共同买一块地，让刘和高尚一起跑这个事（因官经常外出，没有时间），用刘的名字办土地证。刘听官讲，高尚知道有一块国有土地，可以买来将来开发挣大钱，高尚在土地局有关系但没钱，高和官合作是想利用官的钱、资金。许多大事都是高和官谈好的，刘只是跟着高提供身份证等证件，带着官超的钱到土地局有关部门交钱，大约交六七十万元。办证用了约一个月时间（2002年底）。这块地是指寇湾村6组河北原砖瓦厂上的约25亩地。2003年上半年，高找刘说要和市容局开发土地，让刘写给委托书，后高又找官，官让刘写，刘就写个委托高尚全权代理这块土地的委托书，还经过公证。买地用多少钱刘不清楚。

(10) 证人官超（雷河洗煤厂法定代表人）证言，主要内容：官是通过朋友陈小刚（已去世）介绍认识高尚的，陈与高合伙承包水泥厂，亏损了，高欠陈30多万元，陈找官讲高有一块地要卖（即寇湾村6组地），不久陈死了。高说这块地是他的，每亩按14.5万元，共计25亩等，合计360余万元。官共给高70余万元（官因正在建厂，故分期付款），土地局的费用等都是高用这个钱交的，土地证的名字是刘家保。2004年高多次催官要钱，官没有，高说他帮官把地卖了，每亩20万元，官怕高把地卖掉官拿不到钱，官让高打了个借条，20万－14.5万元加上官前期付的70余万，高给官打了一份借条212万元。官实际收到200万元（2004年4月份打入账户）。这块地卖给谁的官不知道。2005年4月，高找官说有个好项目，市容局集资建房不做了，按成本价给官，盖好能卖2 000元/平方米，官同意，让高起草协议，官见协议中提到余款付给高尚，就问高为什么要付给你，高说他把那块地的大坑买下了。官就安排黎辉（司机）带着钱与高一起到市容局把协议签了。共给市容局220余万元。

(11) 证人黎辉（雷河洗煤厂工人）的证言，主要证明其代表官超与市容局签订了《购房转让协议》，共付市容局220万元购房钱。

(12) 证人张如红（平安公司法定代表人）证言，主要内容：关于买地情况，

2000年张在开发寇湾村小城镇建设时和6组组长刘祥安认识,刘说有一块原村砖瓦厂的25亩多地是国有土地,可以转让开发,当时谈好每亩6.5万,共160多万元,开发后再给钱或房子都行,这是口头协议,村长、书记都知道。接着村里就给张提供了相关手续,张到相山土地局办好手续(花二、三万元),就差到土地局办证了。这时高尚不知怎么知道了,就天天上张家找张,高提出他姐高兰英是土地局局长,他姐夫张胜利和张是同学。后高萍、张胜利也经常来找张。张当时一缺资金二缺关系,高尚都能帮忙解决,高要和张共同开发,将来挣了钱张拿50%,他们三人拿50%。后来张就把其名下的这块地过户给高找来的刘家保名下。高曾提出8万元一亩买张的地,张没同意。高给过张7千元请村里客。市土地局的费用都是高尚弄的钱以平安公司的名义交的。这块地是高尚骗走的,张准备告高。

(13) 证人田志金(个体刻章)的证言,主要证明高兰英的弟弟(即高尚)曾找田刻了一枚"李安祥"的私章,高是一个人来的,说刻个私章等着用,可能是第二天就一个人来拿走了。

(14) 证人王德海(市容局党委副书记)证言,主要内容:2003年12月,在市容局党委会上,李安祥副局长提出要为职工建住房,由市容局牵线,房钱由职工出。会上同意这个意见,并定下由王、李安祥、杨芝龙(爱卫处处长)负责这个项目,由环卫处成立基建办。2004年2月10日,市容局与图南公司签订了"住房购销协议书",约在2004年3、4月份通知职工交集资款,每户3万元。收过款不久,王和杨就退出管理了。在这之后,党委会多次强调动用集资款必须经局党委同意,否则任何人都不能动。李安祥一直讲钱没动。局党委没有研究过中止"住房购销协议"的事。李安祥没有向局党委汇报过动用集资款的事。

(15) 证人吕剑(市容局党委书记、局长)证言,主要内容:2003年12月,开党委会提出为职工集体购房的事。在这之前,本局职工高尚找过吕,同时也找过其他党委成员,说高有一块地,也给吕看了土地证,说现在土地不好卖,高与一家开发公司联合搞开发,可以便宜一点卖给市容局。然后经党委研究,同意购房,由副局长李安祥具体负责。后来与图南公司签了"住房购销协议",后以环

卫处工会的名义给职工发了通知，共收148户444万元。这笔钱由李安祥全面负责，如动用一分钱需经党委会同意。这笔款被动用吕不知道，后期知道后及时通知李安祥，李说没有动。市容局与图南公司的协议现仍有效，没有给图南公司下通知要中止协议。吕知道李安祥与黎辉签过一份"购房转让协议"。高尚没有把土地卖给市容局。

（16）市容局环卫处2004年3月12日总支扩大会议记录，主要证明在这次会议上决定抽调高尚、王毅、纵静、尚云鹏4人负责集体购房问题。

（17）市容局党委会情况说明，主要内容与吕剑、王德海的证言相同。

（18）环卫处与谢肖玉《协议书》，上有高尚签收3万元及"90～110m²、三楼"等字样，并有环卫处工会公章（2004、3、25）。

（19）环卫处出具的高尚基本情况，证明高尚系环卫处在编职工，工人身份，现任环卫处基建科负责人（2005、5、19）。

（20）李安祥私章的"文件检验鉴定书"（二份）主要证明用于管理集资款的账户所留"李安祥"私章系高尚所私刻，与环卫处财务科留存的李安祥的章不是同一枚印章。

（21）证人尚云鹏自书"工作说明"，主要内容：尚于2004年5月到环卫处工作，被安排到基建办，说是高尚为基建办负责人，负责小区筹建工作，尚开始跟着王毅到各个小区了解市场情况，楼房外型和户型，并做些资料。后来小区需招商引资，高尚让尚跟王毅做些关于开发建筑方面的资料。这期间，高让尚跟着高到南京、上海出差，与外商谈判，并做些记录、资料。因小区未建成，基建办被撤（2005年8月19日）。

（22）高尚与台商《会议纪要》（2004年11月13日）。甲方高尚，记录纵静；乙方林先生（台），记录蒋先生，特邀嘉宾：刘琪（市规划局科长），会谈内容：合作开发相关事宜。高称：听市政府办公室凌主任讲，林老板对我那块地很感兴趣，欢迎林老板与我合作。林称：刚才规划局刘科长给我一路介绍很多，地势很好，就是你的门槛太高了，能否降低一点，我是真心想合作的。高称：我的地已进入二级市场，不需出地钱，也不要办理产权转移，就可以满足你开发所需的政

策要求。林总说的三七分成是否最低？林称：我房子品位很高，给你二点五都比一般三还要值钱（后谈规划）……刘称：你们协议签好后，我们规划局肯定能为林老板服务好。林称：高先生，你这个黄皮土地证有公证书，证明你有权处置；那红皮土地你能当家吗？高称：如林总需要，我立即可以办出同黄皮那样的公证。林：那好。协议咱俩签吗？高：不能跟我签，我没有开发资格，你要跟图南公司签。林：我不能跟他签，扯皮太多啦。高：图南公司给我授权，我来签怎么样？林：同意。但要以自己的名义规划。高：回家商量一下。双方有高尚、林或签字。

5. 有关银行票据等书证

(1) 建行对账单（共同账户）显示，2004年4月29日进账360万元（从环卫处工会汇入）；当日转账支票20万元（付李春艳）；当日转账支票200万元（付官超）；5月10日转账支票4.9万元（给圣广军）；同日转账支票20万元（付寇湾村地款）；5月26日转账支票110万元（转高萍存折）；12月15日转账支票5.17万元（转高尚存折）。留余77.91万元。

(2) 建行柜面签约流水查询（高萍存折）共计160万元。显示2004年3月26日开户，当日从环卫处工会账户转存25万元；取现10万元（付刘祥安）；又从环卫处工会账户转存25万元，取现30万元（付寇湾村土地款）；3月31日取现5万元；5月26日从共同账户转存110万元，当日取现30万元（付李锋）；6月1日取现40万元（付刘祥安6万余元、刘德新3万元）；6月3日取现20万元（付寇湾村土地款）；至2005年3月31日尚存4 400余元（附有关票据复印件）。

(3) 从共同账户360万元中转账支票付官超200万元的银行票据。

(4) 从环卫处工会账户转账支票付荣海侠37 828元的银行票据。

(5) 从环卫处工会账户转账支票付刘祥安5.5万元的银行票据。

(6) 从共同账户转账支票付李春艳20万元的银行票据。

(7) 从共同账户付圣广军4.9万元的银行票据。

(8) 纵静从环卫处工会转账支票19.92万元银行票据。纵静所写款项支出说明，称均被高尚支取现金，尚余21 455.23元已退回工会。

(9) 高尚从共同账户转走 360 万元所打收条（2004、4、29—04、5、26）。

(10) 高尚给纵静所打 50 万元地款收条（2004、3、26）。

(11) 高尚所打付地款 50 万元请示，李安祥签批"同意转付"（2004、3、26）。

(12) 纵静所打的基建办账户转款 28 万元前期备用金的请示报告，李安祥签批"请转 10 万元"（2004、7、7）。

(13) 纵静所打付南京百市设计院设计费 5 万元的请示报告，李安祥签批"同意"（2004、7、16）。

(14) 高萍提供的付寇湾村购地款 50 万元的单据、票据。

(15) 市容局提供的高尚所打收条"收淮北环卫处转职工委托购房款人民币 444 万元整，收款人高尚，2005、元、19"。

(16) 市容局提供的高尚所写承诺：本人保证在 2005 年 3 月 31 日开工，开工之日如职工愿意退款，本人无条件给大家退款并付银行同期贷款利息，如房子建成后职工不能接受，本人照上述条件退款。以上承诺愿负法律责任，否则市容局可以拍卖我的土地。承诺人，高尚（2005、元、19）。

(17) 市容局提供的高尚"保证书"，局党委：关于职工集体购房退款金额，我绝在 2005 年 5 月 13 日 5 时前全部打入到环卫处工会账户，以上保证以（1）人格担保，（2）负法律责任，高尚，2005、4、30。

(18) 李梅提供的高尚欠条："今欠陈小刚款叁拾捌万元整，高尚，2002 年 4 月 24 日"，有杨峰签名。

6. 有关追还款物证据

(1) 公安机关扣押清单（高萍），扣押高萍现金 17 560 元（2005、5、22）。该款返还环卫处工会（2005、5、22）

(2) 公安机关扣押刘德新人民币 43 000 元的清单（2005、5、22）该款返还环卫处工会（2005、5、22）。

(3) 公安机关扣押圣广军人民币 68 700 元的清单（2005、5、22），该款返还环卫处工会（2005、5、22）。

(4) 公安机关扣押闫东根人民币27 548.61元，扣押李锋人民币20万元，寇湾村土地款6万元，共计287 548.61元，已返还环卫处工会（2005、6、14）。

(5) 公安机关扣押李锋人民币45 590.39元，已返还环卫处工会（2005、6、14）。

(6) 环卫处工会于2005年4月19日、4月30日分别收到黎辉交来购房转让金2 195 656元。

(7) 公安机关扣押闫东根帕萨特轿车一辆，购车费、附加费、保险费共计226 861元，已返还市容局（2005、6、16）。

7. 有关集资购（建）房几方的协议

(1)《联合开发协议书》（2004、1、18）。甲方刘家保，委托代理人高尚。乙方图南公司。主要内容：甲方委托乙方代为开发土地。1）委托项目：市容生活小区；2）项目地块编号：S1101宗地及该宗地南至跃进河北、李桥村土地西、李楼村土地东；3）地块面积：约2.8万平方米；4）（缺）；5）拟建面积，约4万平方米；6）投资方式：甲方投入土地，乙方投入开发所需全部资金；7）比例分成：按实际开发面积计算，甲方分得30%，约1.2万平方米、折合人民币840万元整；8）质量标准：合格；9）施工日期：18个月；10）双方权益与义务：甲方确保投入土地无争议。土地如需过户，由甲方负责，乙方负责办理和履行开发建设一切手续和费用。乙方保证足额资金到位，不影响正常施工。结算：同委托代理人结算……。协议由高尚，李锋签字。

(2)《住房购销协议书》（2004、2、10）甲方：图南公司，乙方：市容局。主要内容：为解决市容环卫职工的住房困难，同时也为解决甲方资金周转困难，双方达成协议。1）所购住房项目地编号：S1101宗地及该宗地块南至跃进河土地。2）项目地块区位：（同上）。3）地块面积：约2.8万平方米。4）拟购面积：约4万平方米；5）双方权益与义务：a. 购房价按土建安装成本、土地费用（840万÷实建总面积/平方米）、实交税费及利润（建筑成本×2.5%）四项计。b. 道路、绿化、公共设施配套由乙方自行解决。c. 乙方负责协助甲方办理开发建设所需一切手续并承担相关费用。d. 付款方式：由于甲方售房基本属无利润

销售，故在选址确定后15天内，乙方支付甲方人民币500万元作为订金，余款按工程进度支付。乙方确保足额资金到位，不影响正常施工。e.（略）。f. 甲乙双方设立共同账户，资金调配由甲乙双方共同管理。g. 乙方参与房型设计，监督工程发包，参与质量管理。甲方有李锋签字，乙方有吕剑签字。

（3）环卫处工会于2004年12月8日致图南公司函：接市容局通知，我局与贵公司所签四万平方米订房协议已作废，我工会与贵公司共同账户及有关债权、债务按如下条款执行：1）共同账户资金全部转到高尚名下；2）有关债权、债务经高尚审核后全部交给高尚；以上当否？敬请签字盖章，回执工会。此函有高尚"同意按此办"的签字。另有高尚"共同账户款已全部转交给我。2004年12月9日"的签字。

（4）保管《协议书》（2005、1、19）甲方刘家保，代理人高尚。乙方李安祥，代理人杨艳。主要内容：签订协议之日，甲方将S1101宗地土地使用权证交乙方保管，乙方签本协议视为收到该国有土地使用证。保管期限自签订本协议之日起至该宗土地施工手续审批完毕并进行施工时止。……甲方有高尚签字，乙方有杨艳签字（附有公证书）。

（5）《集体代购房协议》（2005、2、24）甲方环卫处工会，乙方高尚。主要内容：为解决市容环卫职工住房困难，经研究并经职工个人自愿同意，甲方为职工集体代购高尚与外商联合开发商住楼个人分成部分。1）甲方受购房职工委托，与乙方签订集体代购房协议，代表职工利益，负责处理相关事宜。2）甲方一次性购买乙方商住楼148套。3）购房毛坯房的价格900±50元/平方米，每户首付叁万元，房屋交付使用时付清全部房款。4）（略）。5）乙方将土地证及有效授权书，经司法公证后交甲方保管，如不能按期开工，乙方应于2005年4月1日前无条件将职工集资款及利息如数退还，并按银行同期贷款利息予以补偿，乙方若无力偿还，甲方有权将其土地拍卖，所得款用于归还职工首付款。甲方盖有公章，乙方有高尚签字。

（6）关于《集体代购房协议》第六条补充协议（2005、3、20），主要内容是如乙方违约，愿将"淮转国用（2002）字第41号"中所属土地（即S1101地）

转让给甲方。甲方有权拍卖该宗土地使用权,扣除职工款项后剩余部分返还乙方。乙方应积极协助甲方办理该宗土地使用权的转让相关手续。

(7)《购房转让协议》(2005、4、19)。甲方市容局,乙方黎辉。主要内容:经市容局集体购房职工同意,甲方将原集体购房有偿转让给乙方。1)转让面积:10 000平方米;2)单价900元/平方,总价人民币900万元(不含税费);3)付款方式:乙方预付500万元,签协议时首付200万元,余款300万元一个月内付清,剩余房款400万元售房时逐步付清,剩余房款付给高尚作为地款;4)位置:市容局职工集体购房处。……市容局有李安祥签字,加盖市容局公章。乙方有黎辉签字。

(8)《委托购房协议书》,此系环卫处工会与购房职工签订的协议书样本(略)。

8. 有关"市容小区"所涉土地权属证据

(1)《有偿转让土地协议书》(2001、5、18)甲方寇湾村6组,乙方平安公司。主要内容为甲方有偿转让给乙方使用国有土地25.88亩(即S1101宗地),价格每亩包干费1.2万元(包括基要地价,青苗补偿费、附属物补偿费和安置补偿费),合计31.056万元。乙方亦可与第三方签订转让协议。转让一切费用由甲方承担;甲乙双方共同指界,并办理有关土地手续……。甲乙双方加盖公章,甲方有刘祥安签字,乙方有张如红签字。

(2)平安公司《关于要求补交土地出让金的报告》(2002、11)(2002、12、3赵局长组织局务会议研究同意)。

(3)《土地登记指界确权委托书》(2002、12、31),主要内容是平安公司张如红委托高尚为办理上述土地的登记指界全权代表;代表法人负责办理有关他项权利事宜。

(4)淮划国用(2001)字第63号国有土地使用证。证明S1101宗地土地使用者为寇湾村6组,系划拨使用权。

(5)《国有土地使用权出让合同》(2002、12、8)。出让人淮北市国土资源局,受让人平安公司。出让宗地为S1101号,出让金总额317 765元。双方签公

章，法人代表签字（2002年11、7至12、3先后四次局务会议研究决定）。

（6）《土地转让协议》（02、12、25）甲方平安公司，乙方刘家保。主要内容为甲方自愿将S1101宗地有偿转让乙方，甲方提供手续，乙方自行办理。

（7）淮出国用（2002）字第33号国有土地使用证，证明S1101地使用者为平安公司。

（8）淮转国用（2002）字第41号国有土地使用证，证明S1101号地使用者为刘家保。

（9）相国用（98）字第168号国有土地使用证，证明168号地使用者为图南公司。

（10）刘家保《委托授权书》（2003、11、6）委托人刘家保，受托人高尚。委托事项：办理归委托人所有的S1101宗地国有土地使用权的权属转让、结算及相关事宜或联合开发、结算及相关事宜。受托人在其权限范围内签订的一切相关文件，委托人均予承认，由此在法律上产生的权利、义务均由委托人享有和承担。刘家保签字（附有公证书）。

（11）图南公司《授权委托书》（2004、11、19）受托人高尚，主要内容同上，土地为168号宗地。

（12）《土地转让协议》（2004、3、26）。转让方（甲方）寇湾村6组。受让方（乙方）高尚，主要内容：甲方将位于……（即S1101宗地和168宗地）包干转让给乙方，转让价人民币180万元。乙方于2004年3月26日首付人民币30万元，余款于5月10日一次性付清。付款方式转账，开户行……。甲方按乙方要求协助把土地相关手续办到图南公司名下，费用由乙方承担。土地款全部付清后方可施工。2004年5月10日前乙方不能付清余款，合同终止。乙方首付款30万元及定金2万元不再退还。甲方有寇湾村村委会及6组公章，有刘德新签字，乙方有高尚签字。

（13）淮北市国土资源局向刘家保发出的《拟收回国有土地使用权告知书》，（2005、4、19）主要内容：S1101宗地已超过规定的两年期限仍未动工开发建设，依据《闲置土地处置办法》第四条第二款的规定，拟收回该宗地的国有土地

使用权。

9. "市容小区"立项有关规划、计划文件

(1) 淮北市计划委员会《关于下达商品房建设计划的通知》(2004、2、27)。下达图南公司计划新建商品房4万平方米，总投资2400万元。

(2) 淮北市城市规划局《建设项目选址意见书》(2004、2、24)"关于市容小区建设项目选址意见"主要内容：该项目位于……（即S1101号和168号宗地）（附南京百市设计院设计图）。

对起诉书指控的事实部分，被告人高尚提出如下异议：(1) 起诉书既称高尚是刘家保委托代理人，又称高是市容局基建办负责人，自相矛盾。高实际是在基建办负责按刘家保的授权进行土地方的结算。(2) 起诉书指控高私下刻制李安祥印章不是事实，刻章是经李同意的。集资款专用账户是环卫处工会设立的，并非高个人设立。(3) 起诉书指控高经李安祥签批，提取50万元支付寇湾村土地款，实际这笔款应当是"环卫处工会"提取支付的。(4) 起诉书指控高将集资款360万元汇入共同账户，实际也是"环卫处工会"汇入的。(5) 起诉书指控高以环卫处工会的名义通知废止市容局与图南公司的购房协议，实际高只是把通知送给图南公司，通知是"环卫处工会"发的。环卫处工会是市容局下属单位环卫处的下属单位，不可能代表市容局，这份通知是为了应付市纪委检查，事实上购房协议一直在履行而未终止。(6) 起诉书指控的高给市容局写下退款承诺和还款保证书是事实，但高是按市容局的意思写的，目的是应付交款职工的情绪，内容不客观真实。(7) 起诉书所列的"转款""付款"等都是市容局付给高的地款，不是职工集资款。起诉书隐瞒了市容局通知图南公司把360万元转给高的事实。(8) 起诉书指控2005年1月高将S1101宗地使用证交环卫处保管，事实是土地使用证一直由李安祥保管。(9) 起诉书指控的市容局与雷河洗煤厂签订的购房转让协议，可以证明市容局已付高土地款440万元，尚欠高400万元。

关于本案的定性，被告人高尚认为应属经济纠纷而不能构成刑事案件。(1) 在土地方（即刘家保或高尚）和图南公司、市容局合作开发住房的过程中，两份协议（即刘家保与图南公司签订的《联合开发协议》，图南公司与市容局签

订的《住房购销协议》)是两个框架性文件,明确规定了三方的权利、义务,由市容局投入全部开发资金和图南公司2.5%的利润,获取全部开发成果;土地方投入土地,获取土地使用费;图南公司实施开发和基建,获取2.5%的利润。市容局通过变相集资建房获得售房权;图南公司拥有开发权和基建权;市容局和图南公司通过共同账户拥有资金管理权。高尚只有收取土地使用费的权利而无资金管理权和基建权。因此,起诉书指控高尚利用工作职务便利侵占单位资金、挪用单位资金无事实根据。(2)三方两份协议明确规定,土地方应获取土地使用费840万元,且市容局应在选址确定后十五日内给付图南公司500万元整(即是付地款),因此,高尚获得的444万元集资款是土地方应得的地款(多份协议、书证等能反映这一事实)。(3)高尚经手转出地款均是经市容局、图南公司同意的,是按三方协议执行的,手续是合法的,是正常履行协议的行为,并无违法或犯罪行为。(4)关于高尚收谢肖玉购房款3万元,已包括在高尚所打总收条444万元中,因为总集资款是447万元,但有3.78万元被李安祥签批借给了荣海侠,实际用于建房的尚不足444万元。

辩护人从犯罪构成四要件的角度提出如下辩护意见:第一,关于犯罪主体,因高尚是作为土地方的刘家保的全权代理人,即使确系非法侵占或挪用单位资金,所产生一切后果也只能依民法规定由刘家保承担。第二,关于犯罪客体。挪用资金和职务侵占的客体是集体单位财产所有权、占有权,而国有或个人的财产权,构不成本罪的客体。本案中涉及的集资款属国家机关的公款,不是挪用资金、职务侵占所侵犯的客体。第三,关于犯罪的客观方面,起诉书指控高尚犯罪的客观方面,一是私刻了负责集资建房工作的李安祥的私章,二是利用了其在"基建办"的工作职务便利。辩护人认为均不是。(1)市容局专用账户的集资款,非有领导批准,并加盖"李安祥"私章和"环卫处工会"行政章才能支取,单凭"李安祥"私章无法支取。即使高尚私刻了李安祥的私章,也无法支取集资款,除非其盗用工会公章。但无证据证明其盗用了公章。(2)作为土地方全权代理人的高尚于2004年3月26日提取集资款50万元是李安祥书面签批的。2004年4月29日转到共同账户360万元也是李安祥同意支付土地款的,这合理合法,不

能武断地认为"利用工作职务便利条件"。第四，关于犯罪的主观方面。从上述三个方面已不难得出结论，高尚对地款的获取，系在授权范围内合法获取，是经正常渠道的合法获取，不具有任何非法占有或挪用的目的。综上，辩护人认为，刘家保和图南公司以及市容局之间所缔结的关系，是市容局集资建房过程中形成的商品交换关系和债权债务关系。而高尚在三方关系中所履行的正是作为土地方代理人的特定职责。其行为不构成犯罪。

经审理查明：

本案的基本事实是围绕"市容小区"的开发建设这一经济活动而展开的，被告人高尚在此活动中担任着特殊而重要的角色，其参与了大部分的主要活动，进而引发了本案。开发建设行为及其与高尚行为的联系主要表现在：（1）开发所用土地的使用权的转让；（2）联合开发关系的形成及各方权利、义务关系；（3）开发资金的筹集和使用。下边分别叙述查明的事实。

1. 开发所用土地的使用权的演变过程

"市容小区"建设用地是位于相山区任圩镇寇湾村6组原砖瓦厂的两块相连的土地，即S1101号宗地和168号宗地。

（1）S1101宗地原系寇湾村6组拥有使用权的国有土地。2001年5月18日，寇湾村6组与平安公司签订《有偿转让土地协议书》，以包干费每亩1.2万元的价格（总价31万元）转让给平安公司。此后，平安公司未付给寇湾村6组地款，也未办理使用权转让手续。（2）被告人高尚与平安公司经理张如红熟识，高尚得知张无能力办土地使用证，遂以与张发生一定经济关系并出资找人协助办理使用权转让手续为条件，使张同意将土地使用权转让给高尚的朋友宫超。平安公司于2002年12月25日与刘家保签订《土地转让协议》，约定将S1101地有偿转让给刘，甲方提供手续，乙方自行办理。张于2002年12月31日向高尚出具了《土地登记指界确权委托书》，委托高尚为全权代表，办理登记指界和有关他项权事宜。（3）高尚与宫超谈的价格是每亩14.5万元（总价360余万元），由宫超出资办理使用权转让手续，使用权证办到刘家保名下。宫超出资约五六十万元交纳了国有土地出让金及其他费用，于2003年1月办理了土地使用权证，但剩余地款

未付。(4) 2003年间高尚向宫超提出，可以每亩20万元的价格将S1101地使用权转让，多出每亩14.5（万）元以上部分归宫超所有，宫超同意，遂按高尚的要求，安排刘家保于2003年11月6日向高尚出具《授权委托书》，委托高尚办理S1101地使用权的权属转让、结算及相关事宜，或联合开发、结算及相关事宜。(5) 其间（2002、2003年间），高尚得知S1101地平安公司并未付给寇湾村6组土地款，遂与寇湾村两委委员黄四清、刘祥安、圣广军、6组组长刘德新等人接触协商，表示愿补土地款，并同时包干买下相邻的水塘（即168号地）的使用权。高于2003年10月17日付定金2万元，双方于2004年3月26日签订了《土地转让协议》，以180万元总价有偿转让S1101和168号地土地使用权。高尚自2003年10月17日至2004年6月3日共付寇湾村土地款72万元，付给刘祥安、圣广军、刘德新个人32万余元，总计104万余元，另于2004年4月29日付宫超土地款200万元。(6) 2003年年底，高尚与市容局领导班子成员联系，称其本人有一块地，可以找开发商建住宅楼，为市容局职工集资建（购）房。市容局于2003年12月召开党委会，研究同意用高尚的S1101地与开发公司联系开发住宅楼，市容局职工集资购买，并决定成立基建办公室，设在环卫处，由李安祥副局长负责。

2. 联合开发和集资建（购）房进展过程及各方权利义务关系

(1) 2003年12月份市容局党委会研究同意高尚提出的集资建（购）房方案后，高尚（代表甲方，刘家保）于2004年1月8日与图南公司（乙方）签订了《联合开发协议书》，约定甲方委托乙方代为开发"市容生活小区"，甲方提供土地（即S1101地和168地），乙方投入开发全部资金。开发面积4万平方米。甲方分得30%，约1.2万平方米，折合人民币840万元。甲方由高尚结算。

(2) 2004年2月10日图南公司（甲方）与市容局（乙方）签订《住房购销协议书》，约定为解决市容职工住房困难，同时为解决甲方周转资金困难，乙方购买甲方住房约4万平方米（项目地块为S1101和168地），购房价包括土建安装成本，土地费用（840万），实交税费及利润（建筑成本×2.5%）四项，道路、绿化、公共设施配套由乙方自行解决。乙方于项目选址确定后15天内支付

甲方订金 500 万元，余款按工程进度支付；双方设立共同账户，资金调配由双方共同管理；乙方参与房型设计，监督工程发包，参与质量管理。

（3）2004 年 2 月 24 日，市规划局下发市容小区《建设项目选址意见书》，同年 2 月 27 日，市计委下达图南公司建设 4 万平方米商品房的计划。

（4）2004 年 12 月 8 日环卫处工会致图南公司函：接市容局通知，我局与贵公司所签四万平方米订房协议已作废，我工会与贵公司共同账户资金全部转到高尚名下；有关债权、债务经高尚审核认可后全部交给高尚。此函有高尚"同意按此办"及"共同账户款已全部转交给我"签字。

（5）2005 年 1 月 19 日，刘家保（甲方，代理人高尚）与李安祥（乙方，代理人杨艳）签订《协议书》，约定协议签订之日甲方将 S1101 地土地使用权证交乙方保管，至施工手续审批完毕进行施工止。

（6）2005 年 2 月 24 日，市容局环卫处工会（甲方）与高尚（乙方）签订《集体代购房协议》，约定甲方为职工集体代购高尚与外商联合开发商住楼个人分成部分，价格平均为 900±50 元/平方米，购买 148 套，每户首付 3 万元。商住楼于 2005 年 3 月 31 日前开工，一年内交付使用，乙方如不能按时开工，愿将 S1101 地转让给甲方，甲方有权拍卖，乙方应积极协助甲方办理土地使用权转让手续。

（7）2005 年 4 月 19 日，市容局（甲方）与黎辉（乙方）签订《购房转让协议》，约定甲方将原集体购房 10 000 平方米以 900 元/平方米价格转让给乙方，总价 900 万元。乙方预付 500 万元，剩余 400 万元售房时逐步付清，剩余房款付给高尚作为地款。

（8）2005 年 4 月 19 日，市国土资源局向刘家保发出《拟收回国有土地使用权告知书》。至此，集资建（购）房终结。

3. 市容局集资款 444 万元收取及支付情况

（1）市容局在决定集资建（购）房后，于 2004 年 3 月在环卫处设基建办公室，口头让高尚任负责人，由副局长李安祥主管，以环卫处工会的名义在建行开设集资专户（账号 9593），筹集职工集资款（每户 3 万元）。

(2) 2004年3月25日开始集资,当天收款63万元(不包括收谢肖玉3万元)。

(3) 2004年3月26日,基建办高尚向李安祥打报告申请支付S1101地款50万元,李安祥签批同意暂付。当日,从集资专户分两笔转出50万元至高萍存折。当日,从高萍存折汇出30万付寇湾村地款。2004年6月3日,从高萍存折汇出20万元付寇湾村地款。

(4) 2004年4月16日,集资专户集资余额为361万元。4月29日,高尚、纵静持集资专户印鉴(环卫处工会行政章和李安祥私章)和转账支票,同图南公司会计李春艳等人一起,将集资专户360万元转至市容局与图南公司在建行的共同账户(账户9999,为图南公司账户)。账户印鉴为图南公司财务章和李安祥私章。当日,高尚从共同账户转账付李春艳(李锋之妹)20万元;当日,转账付官超200万元;5月10日转账付圣广军4.9万元;同日,转账付寇湾村地款20万元;5月26日转账入高萍存折110万元;12月15日转账入高尚存折5.17万元。

(5) 2004年7月7日,集资专户余额21万余元,转账支借荣海侠37 828元(李安祥签批)。

(6) 2004年7月7日,纵静打报告申请集资专户转到纵静账户(账号9950)28万元备用金,李安祥签批同意转10万元。后于7月14日、7月15日、7月16日共转账入纵静账户10万元。

(7) 2004年7月16日,纵静打报告申请从集资专户付南京百市设计院小区设计费5万元,李安祥签批同意。当日,电汇南京5万元。

(8) 2004年9月23日、9月27日,纵静从集资专户付刘祥安地款5.5万元。

(9) 2004年12月21日、22日、23日从集资专户转入纵静另开账户(备用金,账号81837)9.92万元。

(10) 高萍存折110万元支付情况见证据5(2)。

(11) 2005年1月19日,高尚向市容局写收条:环卫处工会转职工委托购房

款人民币444万元整。同日写下承诺,保证在2005年3月31日前开工,否则无条件退款,市容局也可拍卖其土地。

另查明,在市容局集资建(购)房中,市政工程处职工谢肖玉按规定不享有集资建(购)房的权利,但其父母是环卫处工人,且住有环卫处一间门面房。环卫处为让其搬出门面房,答应谢参与环卫处福利分房,并订了协议(仅此一户)。2004年3月25日谢来交集资款时找到李安祥,李让其找高尚,后其与高尚一块到李办公室,李让高尚给谢暂订三楼,谢又到高尚办公室,当时纵静也在,谢把三万元交给高尚,高、纵二人当面点清,高尚在协议上签了收据。此款因是外单位人员所交,未入环卫处集资专户,由高尚保管。

以上事实,根据公诉机关举证情况综合得出,控辩双方均无异议,足以认定。

本院认为:

一、关于挪用资金罪的指控

根据刑法第二百七十二条的规定,挪用资金罪是指:公司、企业或者其他单位的工作人员,利用职务上的便利,挪用本单位资金归个人使用或者借贷给他人,数额较大,超过三个月未还的,或者虽未超过三个月,但数额较大,进行营利活动的,或者进行非法活动的行为。根据这一规定,本罪的犯罪构成是:(1)主体是本单位工作人员;(2)客体是本单位对其财产的占有权、使用权和收益权,犯罪对象是本单位的资金;(3)主观方面是故意;(4)客观方面表现为利用职务上的便利,非法擅自动用单位资金归本人或他人使用,但准备日后归还。结合本案的事实情节,就高尚的行为性质是否属挪用资金分析如下:

(一)就主体身份而言,被告人高尚是市容局职工,也是市容局临时成立的基建办的"负责人",这是客观事实。但高尚作为市容局环卫处渣土办的一名普通工人,何以能被抽调并口头委任为基建办负责人呢(而当时环卫处工会主席胡长玲仅是高尚属下的主管会计)?这恰恰是因为高尚还有一个特殊的身份——联合开发集资建(购)房三方中土地方的代理人(或本人就是土地方)。正是其这一特殊身份而不是渣土办工人的身份,使他成为"基建办"的"负责人",这是

符合实际情况的一种安排,因为土地方在集资方与开发方之间起着重要的桥梁作用,是不可或缺的中间环节,高尚担任"负责人"最为合适,最有利于"基建"工作的开展。因此,在本案的特定环境中,高尚的身份与其说是市容局的职工,不如说是集资建房这一经济活动中的土地方或土地方的代理人。高尚作为土地方,与集资方市容局是双方平等的民事主体,并不存在隶属关系。此时,高尚的市容局环卫处工人的身份已淡化趋无。在本案一系列民事行为中,高尚作为土地方的角色十分明显,而其从未以市容局或环卫处的代理人身份出现过。市容局在两份报案材料中均称高尚是图南公司的代理人或土地方,而以诈骗罪报案,它们对高尚在本案中身份的认识是符合实际的。

(二)就犯罪客体和犯罪对象而言,本案所涉及的市容局职工集资的444万元是什么款?是否属市容局的资金?

首先必须明确,这444万集资款是购房款还是建房款。如是购房款,则只需筹集后存放即可,待购房时支付房款。如是建房款,则需投入到建房的各个环节,在经济运作中进行流转,实现投资所追求的利益。根据本案的事实,可以得出结论,此444万元是建房款。主要理由如下:(1)根据图南公司与市容局签订的《住房购销协议》(现无任何一方否认这一协议的真实性有效性)的约定,市容局承担建房全部费用(包括土地费840万元),并于项目选址确定后15天内支付订金500万元,余款按工程进度支付;双方设立共同账户,资金调配由双方共同管理。市容局还参与房型设计,监督工程发包,参与质量管理。而开发商图南公司则不投入任何资金。这是一份明显的出资建房协议,而不是购房协议。(2)事实表明,市容局积极履行协议,使用集资款投资建房。2004年3月26日,在开始集资第二天刚筹集到63万元时,李安祥即签批支付S1101地地款50万元;同年4月29日,在集资款余额361万元时,市容局按协议(即选址确定后15日内支付订金500万元,选址确定时间为2004年2月24日),将360万元转至图南公司账户(共同账户)用于建房。同年7月7日,李安祥签批支付10万元备用金。同年7月16日,李安祥签批支付小区设计费5万元。这些情况说明,在集资伊始和开始建房伊始,集资款即陆续进入流转中,投入到地款、前期费

用、设计费等支出。(3) 市容局设立"基建办",并让土地方高尚任负责人,清楚地表明集资建房的性质。

其次需明确的是,444万元集资款在流转中权属发生了哪些变化,是否一直属市容局占有、支配呢?根据本案事实,得出的结论是否定的。444万元的权属演变经过了如下轨迹:(1) 市容局从2004年3月25日开始筹集并在环卫处工会设立集资专户,到同年4月29日转出360万元到共同账户,除转出的360万元之外,其他资金归市容局占有、支配。(2) 360万元转到图南公司账户(共同账户),属市容局履行支付订金500万元或投资开发的行为,此360万元的所有权已转移,市容局只有一定的监督权。实际控制这360万元的是开发商图南公司和土地方高尚(高持有李安祥私章)。(3) 2004年12月8日,市容局环卫处工会致函图南公司,要求双方协议作废,将共同账户资金全部转到高尚名下,有关债权、债务经高尚审核后可全部交给高尚。高尚签字认可。此时,360万元的所有权又转移给了高尚,或追认高尚有所有权,涉及360万元的债权、债务均归属于高尚。(4) 2005年2月24日,市容局环卫处工会与高尚签订《集体代购房协议》,约定购买高尚与外商联合开发商住楼个人分成部分,进一步明确444万元集资款为支付高尚购房款,即444万元的所有权归属高尚。(5) 2005年4月19日,市容局与黎辉签订《购房转让协议》约定市容局将购买高尚的10 000平方米房屋转让给黎,总价900万元,预付500万元,剩余400万元付高尚地款。这一协议明确了市容局除已付高尚444万元房款外(实际是地款),尚欠高尚地款400万元(即总地款840万元)。从以上演变轨迹可以看出,444万元在投资建房的经济流转中,所有权的归属经历了职工个人——市容局——图南公司(共同账户)——高尚个人的过程,发生数次债权债务关系的变化。市容局有所有权(或管理权)的只是除360万元以外的并且在2004年12月8日前集资专户上的款项,共计84万元,扣除2004年12月8日后被高尚转出9.92万元,实为74.8万元,对此高尚并无挪用行为。

(三) 从犯罪客观方面看,起诉书指控高尚有擅自动用部分集资款归个人使用,主要依据的事实,一是高尚私刻了李安祥的私章(银行印鉴),导致其有擅

自动用集资款的条件；二是其不经主管领导李安祥同意擅自动用集资款归个人使用。

根据本案的事实，第一，高尚擅自私刻李安祥私章的事实不能成立，主要理由是：(1)李安祥作为环卫处处长，在环卫处财务科有一枚私章，由财务科赵娟保管。而赵娟并不是基建办人员，也未参与集资建房的任何事务。因此，集资款专户不可能使用赵娟保管的李安祥私章。(2)李安祥本人也承认设立集资专户前，胡长玲等人提出过要重刻一枚李的私章，不过李未同意。(3)胡长玲、纵静、王毅等基建办人员均证明知道高尚又另刻了一枚李的私章，而且也都知道是高尚拿着的，可见高尚不是私刻、私用。(4)在刚开始设集资专户时，高尚就使用了这枚新刻的李私章作为开户印鉴。此后，在办理李安祥签批支付的4笔款项时，也是使用的这枚新章，不可能是偷偷擅自使用，而一直未被发现。

第二，高尚经手从集资专户转款360万元到共同账户，是否未经有关主管领导同意私下擅自所为？从案件事实看，难以认定。主要理由是：(1)市容局在二份报案材料中均称，"与对方设立统一账户共同管理""我方将约定的集资款444万元提供给图南公司代理人高尚手上（原约定由双方共同管理使用，后被高尚以不正当手段划到其控制的账户）"。这些内容说明，转款360万元是按约定履行的，也是市容局认可的，只不过后来发现高尚提供的土地有问题，而认为是诈骗。(2)证人纵静证明李安祥知道开共同账户的事，其和高尚一起转款后，向李汇报了转走360万元，当时李让高过来，和高谈的，这说明李安祥对此事是知道的，也是认可的。同时证明高尚所说"李让高自由支配集资款"这一情况。(3)转走360万元是2004年4月29日，此后，集资专户仍继续集资，在同年7月7日，李安祥签批支付了两笔款13.78万元。同年7月16日，李签批支付5万元。作为主管领导，李应当知道集资专户存余的款数。(4)2004年12月8日，市容局致函图南公司购房协议作废，共同账户资金全部转到高尚名下。这从侧面说明，共同账户360万元资金是按协议履行的，现协议作废，共同账户也同时作废。

（四）从犯罪的主观方面来看。挪用资金罪是故意犯罪，行为人明知自己的行为是危害社会的行为，而且有明确的犯罪目的和犯罪动机，主观上有较大的恶性（危害社会的心理。社会危害性是犯罪的本质属性）。而从本案的事实看，难以看出高尚有危害社会的主观恶性表现。主要理由是：(1) 高尚所经手支付的大部分款项，是为了联合开发建房的需要：支付寇湾村地款（包括与此有关的款项）104.5万元（还欠108万元），支付宫超地款200万元，支付图南公司应得利润50万元；支付设计费5万元，备用金支出17万余元。上述款项达376万余元。(2) 高尚作为土地方，在联合开发建房中有巨大的可期待利益（最低获利400万元以上）。因此，其积极促成开发的成功，其中也做了大量工作。其缺乏犯罪的动机。(3) 联合开发建房最终未能成功，并不是资金原因造成的，而主要是因为集资建房违纪被调查而遭重重障碍（多项协议的变迁可以反映出这一问题）以及开发用地权属有瑕疵所致。如果市容小区开工建设，各方按协议履行即可，不会存在"挪用资金"的问题。高尚虽然在使用集资款时少部分用于个人其他支出，但其主观心理态度是"钱是我的地钱，我有权自由支配"，并无危害社会的心理，不宜认为有犯罪的目的和故意。

综上，根据现有事实和证据，从挪用资金罪的犯罪构成要件对被告人高尚的行为进行综合分析，尚不足以认定其行为构成挪用资金罪。

二、关于职务侵占罪的指控

高尚所收谢肖玉的3万元，实质上与其他444万元一样属于集资建房款，是集资款总体的一部分，只是因为谢属于照顾的外单位人员，此款未入集资专户，而由高尚个人保管，是个特例。高尚的行为是否构成职务侵占罪，从犯罪构成的角度看，关于主体要件、客体要件和主观方面与前述关于"挪用资金罪"分析观点相同。关于客观方面，本案尚无充分的证据证明高尚对此3万元采取何种方法、手段进行非法占有。事实上，由于高尚单独给谢打了收条，已形成债权债务关系，无法达到侵占的目的。故被告人高尚的行为不构成职务侵占罪。

依照《中华人民共和国刑法》第三条、《中华人民共和国刑事诉讼法》第一

百六十二条第（二）、（三）项之规定，判决如下：

被告人高尚无罪。

如不服本判决，可在接到判决书的第二日起十日内，通过本院或者直接向安徽省淮北市中级人民法院提出上诉。书面上诉的，应提交上诉状正本一份，副本一份。

审　判　长　翟文彦
代理审判员　齐　立
代理审判员　任　敏
二〇〇六年九月八日
书　记　员　杨莉

一审法院对本案作出无罪判决，这在司法实践中是极为少见的。我国是一个无罪判决率极低的国家，其实，这不是一种正常的现象。一审判决对高尚收取谢肖玉的3万元购房款认定为是民事法律关系，因为高尚给其打了收条。对此，法律争议问题较为简单，无须深入分析，只是一个接受的问题。但对于检察机关指控高尚挪用资金444万元，一审判决无罪，却涉及较为复杂的事实、证据和法律问题。为了了解一审判决的判决无罪的主要根据，我对一审判决无罪的裁判理由进行以下归纳。

1. 主体身份

一审判决明确了高尚在本案中具有双重身份：一方面是环卫处临时基建办的负责人，另一方面又是土地方。一审判决采用了"土地方"这样一个用语，还是较为通俗易懂的。在公安机关的提起批准逮捕书和起诉意见书，检察机关的起诉书中，虽然在案情叙述中承认高尚是S1101宗地的权利人，但却从来没有在法律上承认高尚在房屋购销协议的履行中，具有土地方的这样一种身份，只是片面地强调了高尚是环卫处临时基建办负责人的身份。

2. 444万元集资款的性质

一审判决对444万元集资款的性质进行了分析，主要围绕着该集资款是购房款还是建房款而展开。一审判决得出的结论是建房款。这一结论十分重要，

对于本案的定性具有重大影响。因为如果是购房款，则与房屋之间形成对价关系。但如果是建房款，那么在房屋建设过程中就应当使用该款项。从市容局环卫处与图南房地产开发有限公司之间签订的《房屋购销协议》的名称上看，似乎是购房协议，因此 444 万元是购房款。但从该协议的具体条款来看，包含了土地款等约定，因此又是打着房屋购销名义的集资建房协议，444 万元属于建房款。

3. 私刻李安祥的私章

前面已经讨论过指控高尚私刻李安祥私章的问题，指控的根据是李安祥的证言，以及保管在环卫处财务科赵娟那里的李安祥私章。虽然私章对于本案定性并不具有决定性的作用，但还是有必要加以澄清。因为这是指控高尚转款行为属于未经批准的主要根据。实际上，高尚之所以刻制李安祥的私章，是用于集资专户的管理。一审判决引用纵静等人的证言证明均知道高尚刻制了李安祥的私章并用于账户的管理，以此否定私章系高尚私自刻制。

4. 转款行为的性质

检察机关指控高尚从集资专户将 360 万元转到共同账户的行为属于挪用资金。一审判决通过证据证明，这一转款并非高尚的擅自所为，而是按照约定的转款，并且所转款项主要用于买地与房屋建设。因此，不能将该转款行为认定为挪用资金罪。

上述四点已经形成一个环环相扣的逻辑链条，充分证明高尚的转款行为不构成挪用资金罪。应该说，一审判决对于其无罪判决的结论还是进行了相当充分的说理与论证。这也是我所见到的一份写得相当成功、具有示范意义的判决书。我阅读过上千份判决书，给我留下的一个强烈感觉是：无罪判决书往往都会深入地讲理，而有罪判决书往往讲理不深，甚至根本就不讲理。因此，对于一个法官来说，判决有罪是极为容易写判决书的，反之，判决无罪则要下大力气来写判决书。在此，对于那些勇于判决无罪的法官，不能不给予应有的敬意。当然，徇私枉法而判决无罪的除外。

应该说，一审判决讲理还是相当充分的。而且，一审法官从本案中提炼出若

立此存照：高尚挪用资金案侧记

干个关系到罪与非罪界限的重大问题专门加以分析，而不是简单地从犯罪构成的四要件进行论述，这也是值得肯定的。但是，一审判决书在对挪用资金罪构成要件的概述中，引用的四要件是按照主体、客体、主观方面、客观方面这一顺序展开的。在我所见到的判决书中，我认为民事判决书一般来说要比刑事判决书更为讲理，审级越高的法院，其民事判决书越是讲理。对于这样一个印象，我自己也是十分吃惊的。照道理来说，民事判决仅仅涉及财产权益，而刑事判决则涉及自由权，甚至生命权，当然也涉及财产权，可以说是生杀予夺。因此，刑事判决应该比民事判决更讲道理。但现实情况是完全颠倒了，其原因令人费解。我想，可能还是涉及刑事司法理念问题。民事判决涉及的是平等主体之间的纠纷，大体上属于所谓人民内部矛盾，所以要以理服人。当一方当事人是政府，或者大型国企的时候，讲道理程度就要差一些。而刑事判决涉及的是犯罪，在打击犯罪的思想支配下，又受到代表国家提起公诉的控方的强大压力，判决的立场预先就偏向于公诉方。而被告人以及辩护人的意见往往难以入耳，甚至被告人的辩解被认为是无理狡辩，而辩护人的辩护则认为是拿人钱替人消灾。在这种情况下，判决书在认定有罪的时候，往往无须讲理而被认为理所当然。只有在认定无罪的时候才须讲理，并且讲得很充分才行，否则很难说服控方放弃抗诉。由此，就出现了这样一种怪现象：法官要想判一个案件无罪，会十分麻烦，光是判决书就要花费更大的精力。而法官要想判一个案件有罪，则十分容易，不需长篇大论讲道理。其结果是，即使从偷懒的角度来说，法官也不愿意作出无罪判决。这是多么的反常，而这又是我国司法实践中的正常状态。只有当法官作出无罪判决很容易，不用讲太多的道理的时候，无罪判决才有可能是更为容易的。按照无罪推定原则，不能证明有罪就是无罪。因此，只要指控存在瑕疵就足以成为评价无罪的理由。但法官作出有罪判决则应当很难，需要讲很多的道理，按照无罪推定原则，需要证明的是有罪，无罪是不需要证明的。因此，只有当具有足够的证据能够证明一个人有罪的时候，法官才能对其判决有罪。即使从这个角度分析，也可以想见，我国距离刑事法治的目标是多么遥远。

八、淮北市相山区人民检察院抗诉书（2006 年 9 月 13 日）

在一审作出无罪判决以后，作为控方的相山区人民检察院提起了抗诉。对于无罪判决进行抗诉，这在我国刑事诉讼活动中应当是正常现象。

淮北市相山区人民检察院

刑事抗诉书

相检刑抗（2006）02 号

原审被告人高尚，男，1968 年出生，濉溪县人，汉族，高中文化，淮北市市容局环卫处工人，住淮北市相山区。因本案于 2005 年 5 月 19 日被刑事拘留，同年 6 月 1 日被逮捕。

原审被告人高尚涉嫌挪用资金、职务侵占一案，由淮北市公安局侦查终结，经淮北市人民检察院向本院交办审查起诉。本院于 2006 年 3 月 24 日提起公诉，淮北市相山区人民法院以（2006）相刑初字第 087 号刑事判决书作出判决：被告人高尚无罪。经依法审查，本案的事实如下：

原审被告人高尚于 2004 年 3 月至 2005 年 4 月间，利用全面负责淮北市市容局基建办公室工作的职务便利，挪用其单位收集的职工购房款 86 万余元归个人使用；并于 2004 年 3 月 25 日经手收取谢肖玉购房首付款 3 万元不交会计入账，占为己有。

原审被告人上述犯罪事实清楚，证据确实、充分，足以认定。

本院认为，原审被告人高尚利用职务便利挪用资金数额巨大，职务侵占数额较大，其行为已涉嫌触犯《中华人民共和国刑法》第二百七十一条、第二百七十二条，应以职务侵占罪、挪用资金罪追究其刑事责任。

一审法院以证据不足为由判决被告人高尚无罪，属认定事实不当，适用法律有误。

综上所述，为严肃国法、准确惩治犯罪，特依照《中华人民共和国刑事诉讼法》第一百八十一条的规定，提出抗诉。请依法改判。

此致

淮北市中级人民法院

淮北市相山区人民检察院
二〇〇六年九月十三日

注：证据目录、证人名单与一审无异。

这是我所见到过的最不讲理的一份刑事抗诉书，当然，我见过的刑事抗诉书本来就不多。之所以说这份刑事抗诉书不讲理，是因为其对抗诉理由完全没有论述，而只有一句话："一审法院以证据不足为由判决被告人高尚无罪，属认定事实不当，适用法律有误。"可以说，见过司法文书不讲理的，但没有见过司法文书这么不讲理的。

一审判决书是以被告人高尚的行为不具备职务侵占罪和挪用资金罪的构成要件为由判决高尚无罪的，并且对此进行了法律论证。那么，检察机关认为一审判决错误，就应该针对无罪判决的理由展开论述，以此说明无罪判决的理由是不能成立的，请求二审法院撤销无罪判决，改判有罪。但本案的刑事抗诉书并没有提出一审判决错误的理由与根据，而是采用了起诉书的行文方式，这是前所未见的，可谓稀罕。

这份不讲理的刑事抗诉书的背后，也许隐含着一段不为人知的隐情。我的猜测是：领导指令必须抗诉，承办人无奈之下，呈交了一份根本不讲理的刑事抗诉书，以为消极反抗。

九、二审辩护词（2006年10月16日）

二审辩护词

审判长、审判员：

安徽龙兴律师事务所依法接受被告人高尚的委托，指派我作为高尚的辩护人出庭参与本案本审诉讼活动。庭审情况表明：淮北市相山区人民检察院的抗诉意见不能成立，（2006）相刑初字第087号刑事判决认定事实正确，适用法律无误，

应予维持。高尚的行为不构成犯罪。

法庭审理过程中,检察员没有提举任何新的证据证明其抗诉主张。为证明高尚无罪,辩护人提举了八组证据材料予以充分抗辩。现根据事实和法律,提出以下具体辩护意见,供合议庭参考。

一、高尚不构成挪用资金罪

(一)根据《刑法》,本罪侵犯的客体系指本单位财产的所有权或占有权,该财产权属具有特定性,即为集体所有,而非国有或个人所有。如果不是这样,就不构成本罪。证据表明,市容局属下单位职工用来集资建房的所有筹款,均按市容局的研究意见被安排进入专用账户。应当认定职工集资款的性质自进入该专设账户后即由公民个人所有转化为公有,即市容局机关所有或占有,具有明确的"公款"性质。由此可见,高尚后来对该账户资金的占有和支配,不是"挪用资金"。

(二)高尚占有和支配"专用账户"的集资款是否系利用所有的"职务便利"?这是本案事实认定的又一关键。证据证明:高尚对集资款的占有和使用,完全是合法的方式,通过合法的渠道进行,并无"非法性"。2004年3月26日,高尚提取的首笔50万元集资款,是经全面负责集资建房工作的李安祥审批的;同年4月29日由市容局集资专户转入该局与"图南公司"共同账户的360万元也是经李安祥同意批准的。此后的12月8日,市容局致函"图南公司",要求将账户资金转到高尚名下,至此,高尚对该360万元的占有和支配,已为市容局完全认同。而且,由市容局、图南公司和高尚三方所分别订立的《联合开发协议》、《住房购销协议》以及市容局和黎辉之间的《购房转让协议》内容所确定,前述集资款的支付,早已明确界定为"土地款"。这怎么能被诉之为高尚利用职务便利条件而非法获取呢?

(三)高尚之所以能够占有和支配前述款项,是由于此前他已被提供所开发土地的刘家保授权为"该土地权转让、结算和联合开发、结算等相关事宜的全权委托代理人"。正如高尚所言,他是受托履行三方协议中土地一方的代理人职责的。既如此,何罪之有?

综合上述有关犯罪的三个方面,已不难看出:高尚对土地款的获得,是在经领导批准同意后的合法获得,是他作为土地所有权人一方代理人在授权和经营范

围内合法获得，不具有任何犯罪的动机和目的。因而，无论从犯罪构成的任何方面分析，高尚均不构成本罪。

二、高尚不构成（职务）侵占罪

高尚所收谢肖玉的 3 万元与 444 万元集资建房款属同一性质，是其中的一部分，只不过谢肖玉属于照顾的外单位人员，该笔款项未进入集资专户，由高尚收管，是个特例。因而对该款的占有和使用，亦非"职务侵占"，理由同上。

综上，高尚的行为不构成犯罪，建议合议庭维持一审正确判决，终审宣告高尚无罪。

辩护人：安徽龙兴律师事务所

律　师：李　林

二〇〇六年十月十六日

针对抗诉书，二审辩护词还是围绕着高尚的行为是否构成挪用资金罪和职务侵占罪展开。在二审辩护词中，律师对挪用资金罪与职务侵占罪分别加以讨论，主要还是就挪用资金罪进行辩护。在对挪用资金罪的辩护论证中，律师又改为客体、客观方面、主体这样一个逻辑顺序，至于主观方面只是简单提及。也许一审判决已经是无罪，所以二审辩护词写得相对简单，与一审辩护词相比并没有增加新的辩护理由。

十、淮北市中级人民法院刑事判决书（2006 年 12 月 11 日）

一审判决无罪，高尚走出了看守所，至此，高尚已经在看守所被羁押将近一年零四个月。对于无罪判决，高尚当然没有上诉的必要。但检察院的抗诉，使本案拖入了二审。三个月后，淮北市中级人民法院作出了二审判决。

安徽省淮北市中级人民法院

刑事判决书

（2006）淮刑终字第 86 号

抗诉机关：安徽省淮北市相山区人民检察院。

原审被告人高尚，男，1968年×月×日出生于安徽省濉溪县，汉族，高中文化，淮北市市容局环卫处工人，住淮北市相山区。2005年5月19日因涉嫌犯挪用资金罪被刑事拘留，同年6月1日被逮捕，2006年9月11日被宣告无罪释放。

辩护人李林，安徽龙兴律师事务所律师。

安徽省淮北市相山区人民法院审理相山区人民检察院指控被告人高尚犯挪用资金罪、职务侵占罪一案，于二〇〇六年九月十一日作出（2006）相刑初字第087号刑事判决。一审宣判后，淮北市相山区人民检察院提出抗诉。本院受理后，依法组成合议庭，公开开庭进行了审理。安徽省淮北市人民检察院指派检察员樊秀荣、代理检察员孟宪君出庭履行职务，原审被告人高尚及其辩护人李林到庭参加诉讼。现已审理终结。

原判认定：

（一）开发所用土地的使用权的演变过程

"市容小区"建设用地是位于淮北市相山区任圩镇寇湾村6组原砖瓦厂的两块相连的土地，即S1101号宗地和168号宗地。S1101宗地原系寇湾村6组拥有使用权的国有土地。2001年5月18日，寇湾村6组与淮北市平安房地产有限责任公司（以下称平安公司）签订《有偿转让土地协议书》，以包干费每亩1.2万元的价格（总价31万元）转让给平安公司。被告人高尚得知平安公司法人代表张如红无能力办理土地使用证，遂以与张如红发生一定经济关系并出资找人协助办理使用权转让手续为条件，使张如红同意将土地使用权转让给高尚的朋友宫超。2002年12月25日，平安公司与刘家保签订《土地转让协议》，约定将S1101地有偿转让给刘家保，张如红于2002年12月31日向高尚出具了《土地登记指界确权委托书》，委托高尚为全权代表，办理登记指界和有关他项权事宜。随后，高尚与宫超商谈以每亩14.5万元（总价360余万）的价格，由宫超出资办理使用权转让手续，使用权证办到刘家保名下。宫超出资约五六十万元交纳了国有土地出让金及其他费用，于2003年1月办理了土地使用权证，但剩余地款未付。2003年间高尚向宫超提出，可以每亩20万元的价格将S1101地使用权转

让，多出每亩14.5万元以上部分归官超所有，官超同意，并按高尚的要求，安排刘家保于2003年11月6日向高尚出具《授权委托书》，委托高尚办理S1101地使用权的权属转让、结算及相关事宜，或联合开发、结算及相关事宜。其间（2002、2003年间），高尚得知平安公司并未付给寇湾村6组S1101地的土地款，遂与寇湾村两委委员黄四清、刘祥安、圣广军、6组组长刘德新等人接触协商，表示愿补土地款，并同时包干买下相邻的水塘（即168号地）的使用权。高于2003年10月17日付定金2万元，双方于2004年3月26日签订了《土地转让协议》，以180万元总价有偿转让S1101和168号地土地使用权。高尚自2003年10月17日至2004年6月3日共付寇湾村土地款72万元，付给刘祥安、圣广军、刘德新个人32万余元，总计104万余元。另于2004年4月29日付官超土地款200万元。2003年年底，高尚与市容局领导班子成员联系，称其本人有一块地，可以找开发商建住宅楼，为市容局职工集资建（购）房。市容局于2003年12月召开党委会，研究同意用高尚的S1101地与开发公司联系开发住宅楼，市容局职工集资购买，并决定成立基建办公室，设在环卫处，由李安祥副局长主管。

（二）联合开发和集资建（购）房进展过程及各方权利义务关系

2003年12月份，淮北市市容局党委会研究同意高尚提出的集资建（购）房方案后，高尚（代表甲方刘家保）于2004年1月8日与图南公司（乙方）签订了《联合开发协议书》，约定甲方委托乙方代为开发"市容生活小区"，甲方提供土地（即S1101地和168地），乙方投入开发全部资金。开发面积4万平方米。甲方分得30%，约1.2万平方米，折合人民币840万元。甲方由高尚结算。2004年2月10日图南公司（甲方）与市容局（乙方）签订《住房购销协议书》，约定为解决市容职工住房困难，同时为解决甲方周转资金困难，乙方购买甲方住房约4万平方米（项目地块为S1101和168地），购房价包括土建安装成本，土地费用（840万），实交税费及利润（建筑成本×2.5%）四项，道路、绿化、公共设施配套由乙方自行解决。乙方于项目选址确定后15天内支付甲方订金500万元，余款按工程进度支付；双方设立共同账户，资金调配由双方共同管理；乙方参与房型设计，监督工程发包，参与质量管理。2004年2月24日，市规划局下发市

容小区《建设项目选址意见书》，同年 2 月 27 日，市计委下达图南公司建设 4 万平方米商品房的计划。2004 年 12 月 8 日，环卫处工会致图南公司函，称订房协议已作废，共同账户资金全部转到高尚名下，有关债权、债务经高尚审核认可后全部交给高尚。2005 年 1 月 19 日，刘家保（甲方，代理人高尚）与李安祥（乙方，代理人杨艳）签订《协议书》，约定协议签订之日甲方将 S1101 地土地使用权证交乙方保管，至施工手续审批完毕进行施工止。2005 年 2 月 24 日，市容局环卫处工会（甲方）与高尚（乙方）签订《集体代购房协议》，约定甲方为职工集体代购高尚与外商联合开发商住楼个人分成部分，价格平均为 900±50 元/平方米，购买 148 套，每户首付 3 万元，商住楼于 2005 年 3 月 31 日前开工，一年内交付使用，乙方如不能按时开工，愿将 S1101 地转让给甲方，甲方有权拍卖，乙方应积极协助甲方办理土地使用权转让手续。2005 年 4 月 19 日，市容局（甲方）与黎辉（乙方）签订《购房转让协议》，约定甲方将原集体购房 10 000 平方米以 900 元/平方米价格转让给乙方，总价 900 万元。乙方预付 500 万元，剩余 400 万元售房时逐步付清，剩余房款付给高尚作为地款。2005 年 4 月 19 日，市国土资源局向刘家保发出《拟收回国有土地使用权告知书》。至此，集资建（购）房终结。

（三）市容局集资款 444 万元收取及支付情况

市容局在决定集资建（购）房后，于 2004 年 3 月在环卫处设基建办公室，让高尚任负责人，由副局长李安祥主管，以环卫处工会的名义在建行开设集资专户，筹集职工集资款（每户 3 万元）。2004 年 3 月 25 日开始集资，当天收款 63 万元（不包括收谢肖玉 3 万元）。2004 年 3 月 26 日，基建办高尚向李安祥打报告申请支付 S1101 地款 50 万元，李安祥签批同意暂付。当日，从集资专户分两笔转出 50 万元至高萍存折。当日，从高萍存折汇出 30 万元付寇湾村地款。2004 年 6 月 3 日，从高萍存折汇出 20 万元付寇湾村地款。2004 年 4 月 16 日，集资专户集资余额为 361 万元。4 月 29 日，高尚、纵静持集资专户印鉴（环卫处工会行政章和李安祥私章）和转账支票，同图南公司会计李春艳等人一起，将集资专户 360 万元转至市容局与图南公司在建行的共同账户。账户印鉴为图南公司财务章

和李安祥私章。当日，高尚从共同账户转账付李春艳（李锋之妹）20万元，转账付宫超200万元，5月10日转账付圣广军4.9万元，同日，转账付寇湾村地款20万元，5月26日转账入高萍存折110万元，12月15日转账入高尚存折5.17万元。2004年7月7日，集资专户余额21万余元，转账支借荣海侠37 828元（李安祥签批）。2004年7月7日，纵静打报告申请集资专户转到纵静账户28万元备用金，李安祥签批同意转10万元。后于7月14日、7月15日、7月16日共转账入纵静账户10万元。2004年7月16日，纵静打报告申请从集资专户付南京百市设计院小区设计费5万元，李安祥签批同意，当日，电汇南京5万元。2004年9月23日、9月27日，纵静从集资专户付刘祥安地款5.5万元。2004年12月21日、22日、23日从集资专户转入纵静另开账户9.92万元。2005年1月19日，高尚向市容局写收条，收到环卫处工会转职工委托购房款人民币444万元整，同日写下承诺，保证在2005年3月31日前开工，否则无条件退款，市容局也可拍卖其土地。

另查明，在市容局集资建（购）房中，市政工程处职工谢肖玉按规定不享有集资建（购）房的权利，但其父母是环卫处工人，且住有环卫处一间门面房。环卫处为让其搬出门面房，答应谢肖玉参与环卫处福利分房，并订了协议（仅此一户）。2004年3月25日谢肖玉来交集资款时找到李安祥，李安祥让其找高尚，后其与高尚一块到李安祥办公室，李安祥让高尚给谢肖玉暂订三楼，谢肖玉又到高尚办公室，谢肖玉把3万元交给高尚，高尚、纵静二人当面点清，高尚在协议上签了收据。此款因是外单位人员所交，未入环卫处集资专户，由高尚保管。

上述事实，有以下证据证实：

1. 被告人高尚的供述和辩解：约2002年，淮北平安房地产公司（以下简称平安公司）经理张如红（又名张毛）找其用S1101号地进行抵押贷款，经到土地局咨询，不能抵押，只能转让。由于张如红借了其一些钱，张如红就把这块地转给其。刘家保是雷河洗煤长的法人，其与宫超（雷河洗煤长的老板）是好朋友，都不想出头，就把这块地的土地证办到了刘家保名下，然后再由刘家保把土地处置权和结算全委托给其。两次转让（第一次是寇湾村转到平安公司，第二次是平

安公司转到刘家保名下）费用50余万元，都是其从官超处拿的。后来其见到圣广军，知道张如红没付寇湾村地钱，其当时就表示地钱由其来付。之后其又通过圣广军认识了黄四清、刘祥安、刘建设等寇湾村一班人，最后商定这块地总价180万元，签了协议，并做了公证，共计已付村里72万元（其中2万元定金）。另外，刘祥安、圣广军、刘建设三人分别都向其要过好处费，合计超过30万元。2004年3月26日以后给他们的钱都是从市容局集资444万元中支出。其与官超也签一份协议，以每亩14.5万元转给官超（因为办证的钱是官超支付的，再者每亩14.5万元，共计370万元左右，足以收回欠账）。此后，官超没有给其钱，这块土地仍属其所有。其与官超约定S1101宗地转让出去，每亩14.5万元以上的部分都归官超，加上办土地证的五六十万元，所以其给官超200万元，算是给官超的卖地钱。大约2003年，市容局想在其土地上搞集资建房，其找到图南公司法人代表李锋，李锋同意以图南公司名义为市容局集资建房。其带李锋一起和市容局领导见面，签了一份"集体购房协议"。市容局成立基建办，当时只是一种说法，没有下文，是临时的，由李安祥分管，胡长玲、纵静负责财务，其具体负责，成立基建办主要是为了用（即买）其S1101号地。转款需要环卫处工会公章，需工会主席胡长玲盖，还需要李安祥的私章。李安祥的私章是由李安祥把身份证复印件交给其，其到市惠黎加油站对面花40元刻的，是李安祥同意刻的，私章平时在纵静处保管，其也保管过一段时间，盖李安祥的私章高不需领导同意。市容局集资建房款444万元，其中李安祥同意使用60万元，余款384万元被其挪用，其中付给官超200万元，付李锋50万元，寇湾村的圣广军、刘建设、刘祥安等私人拿了30余万，付寇湾村70万元，环卫处借3.7万元，付南京设计院5万元，余款被其花掉了。转走360万元到共同账户，是经李安祥同意的，但李未签字而是告诉其事后让环卫处出个证明。转账支票是纵静保管，工会行政章是胡长玲保管，她们不经李安祥同意，也不可能转款。后来有人到市纪委告市容局集资建房，吕剑局长让其赶紧把购房协议收回来，李安祥怕图南公司扣钱不给，且市容局欠其地钱，就让把钱全部转到其自己那里。后李安祥又同意把环卫处工会剩下的钱转到其名下。其认为这钱（444万元集资款）就是其地款，其可

以随意支配。关于撤销购房协议的证明是假的,因为当时不允许集资建房,市纪委来查,李安祥让其出个假证明,做给纪委看的,事实上后来并没有撤销购房协议。2005年4月份规划局还下文同意建房方案。关于让图南公司把集资款都转到其名下的证明是其起草的,盖公章时胡长玲打电话请示了李安祥。后来市容局和黎辉签"购房转让协议",主要是为了尽快退还职工集资款,而且还可以净赚四五千平方米的房子。

2. 寇湾村有关证人证言

(1) 证人黄四清(寇湾村书记兼主任)的证言:其是通过高尚买寇湾村6组在跃进河北边的废窑场地时认识高尚的。2002年底,其在报纸上看到村里的这块地要拍卖,其很奇怪,因为这块地村里根本没卖,其就找到原6组组长刘祥安,问卖地是怎么回事,刘祥安说这块地的使用证还没办,是和刘家保签的假合同。后其与刘祥安等人到拍卖行讲不能拍卖。2003年5、6月份,刘祥安带高尚找其,讲高尚要买这块地,其称只要村民不吃亏可以卖。2004年2、3月份,和高尚定下包括刘家保的地南边鱼塘在内,共计180万元。3月26日6组与高尚签订了《土地转让协议》,高尚先后付了80万元给村里。

(2) 证人董淑萍(寇湾村支部副书记)的证言:2004年上半年的一天,其和黄四清、朱汝金、刘祥安、圣广军、刘建设、丁在胜、刘祥顺等人在市军人接待站和高尚及其律师签了一份土地转让协议,总价180万元。

(3) 证人圣广军(寇湾村支部委员)的证言:卖给高尚的那块地最早是在80年代以寇湾村6组的名义办了25亩地使用证,先前听说是以平安公司张如红的名义办的土地证。2002年左右,高尚拿着刘家保名字的土地使用证,说这块地属于他所有。这块地一直没人给村里付钱,高尚愿付给村里地钱,村里就安排6组组长刘建设、村治保主任刘祥安等人同高尚谈,全部土地约45亩,其中25亩有证(即S1101号地),20亩大坑没证(即168号地),总价款180万元,签了协议。高尚共付村里72万元,付给刘祥安、圣广军14.9万元。

(4) 证人刘德新(寇湾村6组组长)的证言:2002年6月,刘祥安找到其,说有人要买村里这块地,让其选10个村民代表开会研究一下。开会前听刘祥安

说这块地原来是开发公司的张如红要买,是替高尚买的,后刘祥安把高尚介绍给其,共同商谈卖地的事,当时参加的有圣广军、刘祥安、刘德新和高尚,最后商定180万元卖40亩地,谈好后其又约10位村民代表开会,大家一致通过,后签了合同。村里共收高尚72万元地款,其个人要了高尚4.3万元。

(5) 证人陈孟华(寇湾村报账员)的证言:高尚共付村里地款72万元,分别是2003年10月17日付2万元定金;2004年3月26日付30万元;2004年5月10日付20万元;2004年6月3日付20万元,付款方式都是银行转账。

3. 淮北市市容局、图南房地产开发公司等各方有关证人证言及书证

(1) 证人李安祥(市容局副局长兼环卫处处长)的证言:2004年初的一次党委会上,某副局长提出环卫处职工高尚有一块地,想招商搞房地产开发,职工缺房,不如职工集资建房。当时党委成员考虑这是为职工谋福利,大家都同意,并提出有问题责任大家集体承担。后高尚找到图南公司同市容局签订了建房协议,每平方米900元,上下浮动不超过50元。协议是谁签的及协议内容其不知道。协议签过后,党委会研究让其负责此事,抽调专人成立基建办公室,设在环卫处。基建办由高尚具体负责,环卫处工会主席胡长玲任主管会计,纵静任现金会计,还有王毅参加。后来贴出通知请职工自愿认购,签协议,每套预交3万元,总共交了148户,收款444万元,都存放在环卫处临时账户上。其对基建办人员宣布,没有其签字,加盖工会公章和其私章,任何人都不允许动这笔钱。2004年6、7月份,高尚找其要求再买一块地,想从预交款中支付50万元,高尚写了报告,其签了字,后来这笔款是否提走其不清楚。临时账户用的是工会公章和其私章,当时其同意再刻一枚私章,让用其在财务科的章,现在才知道胡长玲说其私章缺个拐,当时他们又刻了一枚其私章。2004年底,市容局吕局长问其预交款怎么转到高尚个人账户上了,其不相信,后找高尚要钱,高尚答应还,却迟迟不还,后写保证在2005年3月31日前开工,否则无条件退回购房款和利息。高尚还把土地证交市容局保管,作抵押。事后,高尚补了一个收到市容局444万元的条子。到期高尚仍未开工,高尚说黎辉要买剩下的房子,后黎辉分次付给环卫处工会219万元,是高尚交来的。高尚现在承认把钱拿走,也愿意还。

今天下午（即 2005 年 5 月 19 日），市容局为这件事开党委会，研究决定报案。其提出，他之所以签批付 50 万元，一是考虑工程进度，这块地不买不行；二是考虑局里在合同上有批文下来 15 天内给他们 500 万元的约定，而且他们的批文已经拿来了；三是考虑反正财务手续还要再签字，否则钱汇不出去。其之所以签批付另外 10 多万元，一是考虑局里合同有其承担办理手续费用的约定，二是办理各类手续也确实需要些备用金付给人家，只是借用，回头还要有发票报销。关于市容局与图南公司的购房协议，从来没有终止过，关于图南公司与市容局设立共同账户的事，其不知情，是高尚个人私下所为。关于谢肖玉购房情况，其安排高尚给予办理，直至 2005 年 6 月份其才知谢肖玉没去工会缴款，而把钱直接交给高尚了，高给她打了收条。

（2）证人胡长玲（环卫处工会主席）的证言：高尚原在渣土办，后来单位搞集资建房，成立了基建办，高就到了基建办。最早是 2003 年年底提出来集资建房，当时提的是集体购房。2004 年 4 月职工开始交钱，每人交 3 万元，直接交到基建办，其后来听说收 148 户，共 444 万元。基建办开票用的公章和职工签协议的公章都是工会的，是领导定的，工会的公章由其保管。购房款由基建办的人保管。在建行开户用的是工会的公章，对于私章其不知情。高尚应该是基建办负责人。工会的公章只有纵静（会计）、王毅拿过，集资款单独设立账户是李安祥安排的，开户时建行的人到工会，其提供的工会行政章，高尚拿出李安祥的私章。其从来不知道高尚等人将 444 万元转出，也没有在有关手续上盖工会行政章。

（3）证人纵静（市容局基建办会计）的证言：2003 年 12 月，环卫处把其调到市容局基建办工作，单位要集资建房。2004 年 3 月份定下来，要职工预交 3 万元，其负责开收据，建行负责收款，收据上盖环卫处工会的章，共收 148 户，444 万元。基建办由李安祥分管，由高尚负责。这笔款一开始放在工会账户上，银行印鉴留的是工会的公章和李安祥的私章。李安祥的私章不是处财务科的，是新刻的，在高尚那里。收款的第二天，付土地款 50 万元；环卫处借 3.7 万元；付设计费 5 万元；另开第二个账户分别存备用金 10 万元；剩余的款全部转到市

容局和图南公司的共同账户上了。20万备用金主要付差旅费、招待费等，现还剩2万元。其间，因为市纪委查市容局集资建房问题，局里就不问这些集资账目问题了，把这一块都交给高尚管理，还改了什么协议。20万元备用金中的17万元都是高尚用的，高尚从其处取款从不愿签字，也不讲用途，他讲这块地是他的，这些钱是前期费用，以后到投资商那里报销。其为了防止万一出问题就自己记了流水账。在其按高尚要求转出第一笔10万元备用金时曾找李安祥汇报，并将该账在其接手前，已被转走360万元的情况向李安祥汇报，李当时没说什么，让其把高尚喊上来就让其出去了（大概2004年7月）。大约在2004年4月底，其和高尚、图南公司的一个女会计和一个司机四人到建行分理处，开了一个联合管理账户，公章是图南公司的，私章是李安祥的（听说是高尚私自刻的），当天就转到账户360万元，当时支票是其填写的，高尚把工会公章和李安祥私章交给其盖在支票上，后高尚让其把工会公章交给胡长玲。其每次盖工会公章都是找胡长玲盖，胡也不问。私章都是找高尚盖的。2004年3月25日下午快下班时，谢肖玉来了，好像李安祥也来了，钱是交给高尚的，高尚在谢肖玉的协议上签了收据，高尚未将款交给其存银行，这种情况只有谢肖玉一人。

（4）证人赵娟（环卫处财务科）的证言：收集资款之前，市容局准备把集资款放在环卫处账上，其不同意（怕因债务纠纷款被划走），李安祥也同意了其意见。李安祥在环卫处的印鉴私章是赵保管的，赵没借给高尚等人用过。

（5）证人李锋（图南公司总经理）的证言：2003年下半年，市容局的高尚找到其，说他有一块地皮，让其开发，卖给市容局职工，其与高签了《联合开发协议》，主要内容是高尚投入土地，图南公司投入全部资金。后高与市容局领导协商，图南公司与市容局签了《住房购销协议书》，后其跑设计、办规划、勘探，市容局没按协议支付图南公司500万订金，后达成口头协议（高尚说的），设立共同账户，在图南公司名下，由市容局管理，取钱要公司的公章和李安祥的私章，账户设在市建行营业部。2004年4月29日打过来360万元。协议的房产没有开发，刚开始跑规划，后来就是资金的事，没办好，接着市纪委调查市容局集资建房的事，事情就停下来了。到2004年12月，高尚拿一份市容局环卫处工会的

通知，要求"购房协议"作废，共同账户上所有债权、债务转到他的名下。后360万元全部被高尚转走了。共同账户的款是市容局管理，但账户是在图南公司名下，支出钱要给李锋打条。

（6）证人李春艳（图南公司会计，李锋之妹）的证言：2004年4月，李锋让其与司机一起带着公司财务章，和高尚与高尚单位的两个女的一起到建行办一个共同管理的账户，转过来360万元。都让高尚使用了，转给其20万元，其交给了李锋。每次高尚转款都是李锋通知其，其填好支票，盖好财务章，高尚拿着李安祥的私章盖上，就办成了。

（7）证人王毅（市容局基建办技术员）的证言：当时高尚和图南公司联合开发房产，然后卖给市容局职工，每人先交3万元，基建办以工会的名义给职工开票、签协议，总共是148户，但有5户没交钱，实际收到429万元。关于高尚刻李安祥私章之事，当时其和高尚到夜市东头找人没找到，在惠黎十字路口有一刻章的，高尚就要刻李安祥的私章，刻章的和高熟，当时他说很忙，让刻好后来拿。

（8）证人高萍（高尚之姐）的证言：高尚转到其名字的存折上160万元（因高尚没有身份证，用高萍身份证办的存折），多数都是高尚和其一起到银行取钱，由高尚交给别人。高尚曾让其取钱交给寇湾村一个姓刘的（应是刘祥安）7万多元。

（9）证人刘家保（雷河洗煤长工人）的证言：其通过同学官超认识的高尚，高尚和高尚利用其名字买一块地。2002年下半年天冷时，官超（雷河洗煤厂的老板）找到其，说有人要和他共同买一块地，让其和高尚一起跑这个事（因官经常外出，没有时间），用其名字办土地证。其听官讲，高尚知道有一块国有土地，可以买来将来开发挣大钱，高尚在土地局有关系但没钱，高尚和官超合作是想利用官的资金。许多大事都是高尚和官超谈好的，其只是跟着高尚提供身份证等证件，带着官超的钱到土地局有关部门交钱，大约交六七十万元，办证用了一个月时间（2002年底）。这块地是寇湾村6组河北原砖瓦厂上的约25亩地。2003年上半年，高尚找其讲要和市容局开发土地，让其写给委托书，后高尚又找官超，

宫超让其写，其就写个委托高尚全权代理这块土地的委托书，还经过公证。买地用多少钱其不清楚。

(10) 证人宫超（雷河洗煤厂法定代表人）的证言：其通过朋友陈小刚（已去世）介绍认识高尚，陈小刚与高尚合伙承包泥厂，亏损了，高尚欠陈小刚30多万元，陈小刚找其讲高尚有一块地要卖（即寇湾村6组地），不久陈小刚死了。高尚说这块地是他的，每亩按14.5万元，共计25亩等，合计360余万元。其共给高尚70余万元（宫因正在建厂，故分期付款），土地局的费用等都是高尚用这个钱交的，土地证的名字是刘家保。2004年高尚多次催其要钱，其没有钱，高尚说他帮其把地卖了，每亩20万元，其怕高尚把地卖掉拿不到钱，其让高尚打了个借条，每亩20万元减14.5万元加上其前期付的70余万，高尚给其打了一份212万元的借条。其实际收到200万元（2004年4月份打入账户）。这块地卖给谁其不知道。2005年4月，高尚找其讲有个好项目，市容局集资建房不做了，按成本价给其，盖好能卖2000元/平方米，其同意，让高尚起草协议，其见协议中提到余款付给高尚，就问原因，高尚说他把那块地的大坑买下了。其就安排黎辉（司机）带着钱与高一起到市容局把协议签了，共给市容局220万元。

(11) 证人黎辉（雷河洗煤厂工人）的证言：其代表宫超与市容局签订了《购房转让协议》，共付市容局220万元购房钱。

(12) 证人张如红（平安公司法定代表人）的证言：2000年其在开发寇湾村小城镇建设时和6组组长刘祥安认识，刘祥安说有一块原村砖瓦厂的25亩多地是国有土地，可以转让开发，当时谈好每亩6.5万，共计160多万元，开发后再给钱或房子都行，这是口头协议，村长、书记都知道。接着村里就给其提供了相关手续，其到相山土地局办好手续（花二三万元），就差到市土地局办证了。这时高尚知道了，就天天上其家找其，高尚提出他姐高兰英是土地局局长，他姐夫张胜利和其是同学。后高萍、张胜利也经常来找其。其当时一缺资金二缺关系，高尚都能帮解决，高要和其共同开发，将来挣了钱其拿50%，他们三人拿50%。后来其就把其名下的这块地过户给高尚找来的刘家保名下。高尚曾提出8万元一

亩，其没同意。高给过其7千元请村里人。市土地局的费用都是高尚弄的钱以平安公司的名义交的。

（13）证人田志金（个体刻章）的证言：高兰英的弟弟（即高尚）曾找其刻了一枚"李安祥"的私章，高尚是一个人去的，可能第二天就拿走了。

（14）证人王德海（市容局党委副书记）的证言：2003年12月，在市容局党委会上，李安祥副局长提出要为职工建住房，由市容局牵线，房钱由职工出。会上同意这个意见，并定下由其与李安祥、杨芝龙（爱卫处处长）负责这个项目，由环卫处成立基建办。2004年2月10日，市容局与图南公司签订了"住房购销协议书"，约在2004年3、4月份通知职工交集资款，每户3万元。收过款不久，其和杨芝龙就退出管理了。在这之后，党委会多次强调动用集资款必须经局党委同意，否则任何人都不能动，李安祥一直讲钱没动。局党委没有研究过中止"住房购销协议"的事，李安祥没有向局党委汇报过动用集资款的事。

（15）证人吕剑（市容局党委书记、局长）证言：2003年12月，开党委会提出为职工集体购房的事。在这之前，本局职工高尚找过其，同时也找过其他党委成员，说其有一块地，也给其看了土地证，说现在土地不好卖，高尚与一家开发公司联合搞开发，可以便宜一点卖给市容局。然后经党委研究，同意购房，由副局长李安祥具体负责。后来与图南公司签了"住房购销协议"，后以环卫处工会的名义给职工发了通知，共收148户444万元。这笔钱由李安祥全面负责，如动用一分钱需经党委会同意。这笔款被动用其不知道，后期知道后及时通知李安祥，李安祥说没有动。市容局与图南公司的协议现仍有效，没有给图南公司下通知要中止协议。其知道李安祥与黎辉签过一份"购房转让协议"。

（16）市容局环卫处于2004年3月12日总支扩大会议记录：决定抽调高尚、王毅、纵静、尚云鹏4人负责集体购房问题。

（17）市容局党委会情况说明：主要内容与吕剑、王德海的证言相同。

（18）环卫处与谢肖玉签订的《协议书》：上面有高尚签收3万元及"90～110m^2、三楼"等字样，并有环卫处工会公章。

(19) 环卫处出具的高尚基本情况：高尚系环卫处在编职工，工人身份，现任环卫处基建科负责人。

(20) 李安祥私章的"文件检验鉴定书"（二份）：用于管理集资款的账户所留"李安祥"私章系高尚所刻，与环卫处财务科留存的李安祥的章不是同一枚印章。

(21) 证人尚云鹏自书"工作说明"：其于2004年5月到环卫处工作，被安排到基建办，说是高尚为基建办负责人，负责小区筹建工作，其开始跟着王毅到各个小区了解市场情况，楼房外型和户型，并做些资料。后来小区需招商引资，高尚让其跟王毅做些关于开发建筑方面的资料。其间，高尚让其跟着到南京、上海出差，与外商谈判，并做些记录、资料。因小区未建成，基建办被撤。

(22) 高尚与台商《会议纪要》：甲方高尚，记录纵静；乙方林先生（台），记录蒋先生，特邀嘉宾：刘琪（市规划局科长），会谈内容是合作开发相关事宜。

4. 有关银行票据等书证

(1) 淮北市建行对账单（共同账户）显示，2004年4月29日进账360万元（从环卫处工会汇入）；当日转账支票20万元（付李春艳）；当日转账支票200万元（付官超）；5月10日转账支票4.9万元（给圣广军）；同日转账支票20万元（付寇湾村地款）；5月26日转账支票110万元（转高萍存折）；12月15日转账支票5.17万元（转高尚存折）；留余77.91万元。

(2) 淮北市建行柜面签约流水查询高萍存折总计160万元，显示：2004年3月26日开户，当日从环卫处工会账户转存25万元；取现10万元（付刘祥安）；又从环卫处工会账户转存25万元，取现30万元（付寇湾村土地款）；3月31日取现5万元；5月26日从共同账户转存110万元，当日取现30万元（付李锋）；6月1日取现40万元（付刘祥安6万余元、刘德新3万元）；6月3日取现20万元（付寇湾村土地款）；至2005年3月31日尚存4400余元。

(3) 从共同账户360万元中转账支票付官超200万元的银行票据。

(4) 从环卫处工会账户转账支票付荣海侠37 828元的银行票据。

(5) 从环卫处工会账户转账支票付刘祥安5.5万元的银行票据。

(6) 从共同账户转账支票付李春艳 20 万元的银行票据。

(7) 从共同账户付圣广军 4.9 万元的银行票据。

(8) 纵静从环卫处工会转账支票 19.92 万元银行票据。纵静所写款项支出说明，称均被高尚支取现金，尚余 21 455.23 元已退回工会。

(9) 高尚从共同账户转走 360 万元所打收条。

(10) 高尚给纵静所打 50 万元地款收条。

(11) 高尚所打付地款 50 万元请示，李安祥签批"同意转付"。

(12) 纵静所打的基建办账户转款 28 万元前期备用金的请示报告，李安祥签批"请转 10 万元"。

(13) 纵静所打付南京百市设计院设计费 5 万元的请示报告，李安祥签批"同意"。

(14) 高萍提供的付寇湾村购地款 50 万元的单据、票据。

(15) 市容局提供的高尚所打收条"收淮北环卫处转职工委托购房款人民币 444 万元整，收款人高尚，2005、元、19"。

(16) 市容局提供的高尚所写承诺："本人保证在 2005 年 3 月 31 日开工，开工之日如职工愿意退款，本人无条件给大家退款并付银行同期贷款利息，如房子建成后职工不能接受，本人照上述条件退款。以上承诺愿负法律责任，否则市容局可以拍卖我的土地。承诺人，高尚，2005、元、19"。

(17) 市容局提供的高尚"保证书"，"局党委：关于职工集体购房退款金额，我绝在 2005 年 5 月 13 日 5 时前全部打入到环卫处工会账户，以上保证以（1）人格担保，（2）负法律责任，高尚、2005、4、30"。

(18) 李梅提供的高尚欠条："今欠陈小刚款叁拾捌万元整，高尚，2002 年 4 月 24 日"。

5. 公安机关有关追还款物的证据

(1) 扣押高萍现金 17 560 元的清单。该款返还环卫处工会。

(2) 扣押刘德新人民币 43 000 元的清单。该款返还环卫处工会。

(3) 扣押圣广军人民币 68 700 元、4 300 元的清单。该款返还环卫处工会。

(4) 扣押闫东根人民币 27 548.61 元的清单，扣押李锋人民币 20 万元的清单，寇湾村土地款 6 万元的清单，共计 287 548.61 元。该款已返还环卫处工会。

(5) 扣押李锋人民币 45 590.39 元的清单。该款已返还环卫处工会。

(6) 环卫处工会于 2005 年 4 月 19 日、4 月 30 日分别收到黎辉交来购房转让金 2 195 656 元。

(7) 扣押闫东根帕萨特轿车一辆，购车费、附加费、保险费共计 226 861 元，已返还市容局。

6. 有关集资购（建）房几方的协议

(1)《联合开发协议书》：甲方刘家保，委托代理人高尚，乙方图南公司。主要内容：甲方委托乙方代为开发土地。1）委托项目：市容生活小区；2）项目地块编号：S1101 宗地及该宗地南至跃进河北、李桥村土地西、李楼村土地东；3）地块面积：约 2.8 万平方米；4）（缺）；5）拟建面积，约 4 万平方米；6）投资方式：甲方投入土地，乙方投入开发所需全部资金；7）比例分成：按实际开发面积计算，甲方分得 30%，约 1.2 万平方米、折合人民币 840 万元整；8）质量标准：合格；9）施工日期：18 个月；10）双方权益与义务：甲方确保投入土地无争议。土地如需过户，由甲方负责，乙方负责办理和履行开发建设一切手续和费用。乙方保证足额资金到位，不影响正常施工。结算：同委托代理人结算……。协议由高尚，李锋签字。

(2)《住房购销协议书》：甲方：图南公司，乙方市容局。主要内容：为解决市容环卫职工的住房困难，同时也为解决甲方资金周转困难，双方达成协议。1）所购住房项目地编号：S1101 宗地及该宗地块南至跃进河土地。2）项目地块区位：（同上）。3）地块面积：约 2.8 万平方米。4）拟购面积：约 4 万平方米。5）双方权益与义务：a. 购房价按土建安装成本、土地费用（840 万÷实建总面积/平方米）、实交税费及利润（建筑成本×2.5%）四项计。b. 道路、绿化、公共设施配套由乙方自行解决。c. 乙方负责协助甲方办理开发建设所需一切手续并承担相关费用。d. 付款方式：由于甲方售房基本属无利润销售，故在选址确

定后15天内，乙方支付甲方人民币500万元作为订金，余款按工程进度支付。乙方确保足额资金到位，不影响正常施工。e.（略）。f. 甲乙双方设立共同账户，资金调配由甲乙双方共同管理。g. 乙方参与房型设计，监督工程发包，参与质量管理。甲方有李锋签字，乙方有吕剑签字。

（3）环卫处工会于2004年12月8日致图南公司函："接市容局通知，我局与贵公司所签四万平方米订房协议已作废，我工会与贵公司共同账户及有关债权、债务按如下条款执行：1）共同账户资金全部转到高尚名下；2）有关债权、债务经高尚审核后全部交给高尚；以上当否？敬请签字盖章，回执工会。"此函有高尚"同意按此办"的签字。另有高尚"共同账户款已全部转交给我。2004年12月9日"的签字。

（4）《保管协议书》：甲方刘家保，代理人高尚。乙方李安祥，代理人杨艳。主要内容：签订协议之日，甲方将S1101宗地土地使用权证交乙方保管，乙方签本协议视为收到该国有土地使用证。保管期限自签订本协议之日起至该宗土地施工手续审批完毕并进行施工时止。……甲方有高尚签字，乙方有杨艳签字（附有公证书）。

（5）《集体代购房协议》：甲方环卫处工会，乙方高尚。主要内容：为解决市容环卫职工住房困难，经研究并经职工个人自愿同意，甲方为职工集体代购高尚与外商联合开发商住楼个人分成部分。1）甲方受购房职工委托，与乙方签订集体代购房协议，代表职工利益，负责处理相关事宜。2）甲方一次性购买乙方商住楼148套。3）购房毛坯房的价格900±50元/平方米，每户首付叁万元，房屋交付使用时付清全部房款。4）（略）。5）乙方将土地证及有效授权书，经司法公证后交甲方保管，如不能按期开工，乙方应于2005年4月1日前无条件将职工集资款及利息如数退还，并按银行同期贷款利息予以补偿，乙方若无力偿还，甲方有权将其土地拍卖，所得款用于归还职工首付款。甲方盖有公章，乙方有高尚签字。

（6）关于《集体代购房协议》第六条补充协议：如乙方违约，愿将"淮转国用（2002）字第41号"中所属土地（即S1101地）转让给甲方。甲方有权拍卖

该宗土地使用权,扣除职工款项后剩余部分返还乙方。乙方应积极协助甲方办理该宗土地使用权的转让相关手续。

(7)《购房转让协议》:甲方市容局,乙方黎辉。主要内容:经市容局集体购房职工同意,甲方将原集体购房有偿转让给乙方。1)转让面积:10 000平方米;2)单价900元/平方米,总价人民币900万元(不含税费);3)付款方式:乙方预付500万元,签协议时首付200万元,余款300万元一个月内付清,剩余房款400万元售房时逐步付清,剩余房款付给高尚作为地款;4)位置:市容局职工集体购房处。……市容局有李安祥签字,加盖市容局公章。乙方有黎辉签字。

7. 有关"市容小区"所涉土地权属证据

(1)《有偿转让土地协议书》:甲方寇湾村6组,乙方平安公司。主要内容:甲方有偿转让给乙方使用国有土地25.88亩(即S1101宗地),价格每亩包干费1.2万元(包括基要地价、青苗补偿费、附属物补偿费和安置补偿费),合计31.056万元。乙方亦可与第三方签订转让协议。转让一切费用由甲方承担;甲乙双方共同指界,并办理有关土地手续……。甲乙双方加盖公章,甲方有刘祥安签字,乙方有张如红签字。

(2)《土地登记指界确权委托书》:平安公司张如红委托高尚为办理上述土地的登记指界全权代表;代表法人负责办理有关他项权利事宜。

(3)淮划国用(2001)字第63号国有土地使用证:S1101宗地土地使用者为寇湾村6组,系划拨使用权。

(4)《国有土地使用权出让合同》:出让人淮北市国土资源局,受让人平安公司,出让宗地为S1101号,出让金总额317 765元。双方盖公章,法人代表签字(2002年11、7至12、3先后四次局务会议研究决定)。

(5)《土地转让协议》:甲方平安公司,乙方刘家保。主要内容:甲方自愿将S1101宗地有偿转让乙方,甲方提供手续,乙方自行办理。

(6)淮出国用(2002)字第33号国有土地使用证:S1101地使用者为平安公司。

(7)淮转国用(2002)字第41号国有土地使用证:S1101号地使用者为刘

家保。

(8)相国用(98)字第168号国有土地使用证：168号地使用者为图南公司。

(9)刘家保《委托授权书》：委托人刘家保，受托人高尚。委托事项：办理归委托人所有的S1101宗地国有土地使用权的权属转让、结算及相关事宜或联合开发、结算及相关事宜，受托人在其权限范围内签订的一切相关文件，委托人均予承认，由此在法律上产生的权利、义务均由委托人享有和承担。

(10)图南公司《授权委托书》：受托人高尚，主要内容同上，土地为168号宗地。

(11)《土地转让协议》：转让方（甲方）寇湾村6组，受让方（乙方）高尚，主要内容：甲方将位于……（即168宗地）包干转让给乙方，转让价人民币180万元，乙方于2004年3月26日首付人民币30万元，余款于5月10日一次性付清，付款方式转账，开户行……。甲方按乙方要求协助把土地相关手续办到图南公司名下，费用由乙方承担，土地款全部付清后方可施工，2004年5月10日前乙方不能付清余款，合同终止。乙方首付款30万元及定金2万元不再退还。甲方有寇湾村村委会及6组公章，有刘德新签字，乙方有高尚签字。

(12)淮北市国土资源局向刘家保发出的《拟收回国有土地使用权告知书》：S1101宗地已超过规定的两年期限仍未动工开发建设，依据《闲置土地处置办法》第四条第二款的规定，拟收回该宗地的国有土地使用权。

8."市容小区"立项有关规划、计划文件

(1)淮北市计划委员会《关于下达商品房建设计划的通知》：图南公司计划新建商品房4万平方米，总投资2 400万元。

(2)淮北市城市规划局《建设项目选址意见书》："关于市容小区建设项目选址意见"主要内容：该项目位于……（即S1101号和168号宗地）（附南京百市设计院设计图）。

原判认为，被告人高尚在主体方面不符合挪用资金罪和职务侵占罪的构成要件，主观上不具有非法占有的犯罪故意，客观上没有实施犯罪行为，其行为不构

成犯罪。依照《中华人民共和国刑法》第三条、《中华人民共和国刑事诉讼法》第一百六十二条第（二）、（三）项之规定，判决被告人高尚无罪。

安徽省淮北市相山区人民检察院抗诉称，原审被告人高尚利用职务之便挪用单位职工的购房款86万元归个人使用，并将其经手收取谢肖玉的购房款3万元不交会计入账，占为己有，其行为构成挪用资金罪和职务侵占罪，事实清楚，证据充分。原判宣告高尚无罪，属认定事实不当，适用法律有误，提请本院依法改判。

经审理查明，原判认定原审被告人高尚参与购地、建房及支出购房款的事实清楚，证据充分。在二审期间，抗诉机关和原审被告人均未提供新证据，本院对上述事实予以确认。

另查明，原审被告人高尚在担任淮北市市容局基建办负责人期间，私刻市容局分管基建办的副局长李安祥的个人印章，利用职务便利，挪用由淮北市市容局和图南公司共同管理的职工集体购房款360万元，案发后，追回288.9216万元，尚有71.0784万元未能追回。该事实有经一审当庭举证、质证的证据证实，本院予（以）确认。

本院认为，原审被告人高尚在担任淮北市市容局基建办负责人期间，私刻领导印章，利用职务便利，挪用由该局和图南公司共同管理的职工集体购房款供个人使用，数额巨大，超过三个月未能归还，其行为构成挪用资金罪。高尚所收谢肖玉购房款3万元，因该款系高尚个人所收，其与谢肖玉之间属民事关系，不以犯罪论处。淮北市相山区人民检察院的抗诉理由部分成立，本院予以部分支持。案发后，高尚挪用的资金大部分已被退回，且高尚能如实供述其犯罪事实，对其酌情从轻处罚，并可适用缓刑。依照《中华人民共和国刑事诉讼法》第一百八十九条第（二）项及《中华人民共和国刑法》第二百七十二条第一款、第七十二条第一款、第七十三条第二、三款、第六十四条之规定，判决如下：

一、撤销淮北市相山区人民法院（2006）相刑初字第087号刑事判决；

二、原审被告人高尚犯挪用资金罪，判处有期徒刑三年，缓刑五年；

（缓刑考验期限，从判决确定之日起计算。）

三、继续追缴原审被告人高尚的犯罪所得七十一万零七百八十四元。

本判决为终审判决。
审　判　长　齐敦全
审　判　员　邓　明
审　判　员　刘以军
二〇〇六年十二月十一日
书　记　员　蒋　蓉

二审判决推翻了一审的无罪判决，改判高尚有罪，但对高尚适用了缓刑，由此避免了重新收监的结果，这算是不幸中的大幸。然而，高尚的命运还是发生了巨大的变化：从无罪之人到戴罪之身。

二审判决下达以后，根据此后记者的描述，高尚的律师作出了以下反应。

"淮北中院的判决非常荒唐。"高尚的律师陈令明告诉记者："28页的判决书，自己的东西只有一页多一点，其余全是一审的内容。淮北中院说一审错了，但怎么错的，错在哪里，一点都不说，就直接下判，这个判决太霸道了。"

陈令明律师认为，淮北中院的这个判决95%抄袭了一审判决内容，堪称史上"最牛判决"——检察机关指控高尚挪用资金86万元，而淮北中院直接认定挪用360万元，这是典型的"自控自审"。

记者看到了这份判决，确实显得"很另类"。也许是巧合，也许是内容雷同太多，淮北中院的这个终审判决与其撤销的那个一审判决，都是28页。

"二审法官告诉我，这个判决书没法写——对无罪的人硬要写成有罪，所以只好抄袭一审判决了。"高尚对记者说："法官认为我无罪，但领导要判我有罪，法官们也没办法。最近，有关部门要协调我的案件，给我一个说法。"[1]

在一审和二审的辩护词中，律师署名都是李林，以上报道中的陈令明律师是否高尚在申诉时所请的律师，不得而知。

二审判决认定的案件事实本身，与一审并没有发生重大变化。因为，在二审期间抗诉机关没有提供新证据，这是被二审判决书所确认的事实。换言之，二审

---

[1] 韦洪乾：《集资建房引来牢狱之灾》，载《方圆法制周刊》，2008-07-22。

判决确认了原一审判决所认定的全部案情,并认为事实清楚,证据充分。二审判决书的前面部分完全重复了一审判决书的认定,只是在其判决的最后一页,以"另查明"开头,对高尚作出了有罪认定。这一认定分为两个部分:一是事实认定部分,二是法律评价部分。

关于事实认定部分,二审判决指出:"原审被告人高尚在担任淮北市市容局基建办负责人期间,私刻市容局分管基建办的副局长李安祥的个人印章,利用职务便利,挪用由淮北市市容局和图南公司共同管理的职工集体购房款360万元,案发后,追回288.9216万元,尚有71.0784万元未能追回。该事实有经一审当庭举证、质证的证据证实,本院予以确认。"这里还是涉及所谓私刻李安祥的私章问题,这是一个事实问题。一审判决针对这一事实,得出了"高尚私刻李章不能成立"结论。但二审判决又说"该事实有经一审当庭举证、质证的证据证实,本院予以确认"。这里的该事实是高尚私刻李章不能成立的事实呢,还是高尚私刻李章能够成立的事实?二审判决难以自圆其说。

关于法律评价部分,二审判决指出:"本院认为,原审被告人高尚在担任淮北市市容局基建办负责人期间,私刻领导印章,利用职务便利,挪用由该局和图南公司共同管理的职工集体购房款供个人使用,数额巨大,超过三个月未能归还,其行为构成挪用资金罪。"值得注意的是,二审判决认定被告人高尚挪用资金数额是360万元,但检察机关的刑事抗诉书认为高尚挪用资金的数额是未归还的86万余元。显然,二审判决认定的挪用数额超出了检察机关指控的86万余元的挪用数额,这是否超出了审判权限,是一个值得研究的问题。撇开这一点不谈,二审判决对高尚挪用购房款的认定,还是按照控方的思路,根本没有考虑到市容局的444万元是集资建房款,而高尚是土地方这样一个基本事实。至于444万元归个人使用的认定也并不符合事实,因为其中绝大部分都用于买地与建房。

可以说,二审判决改判高尚有罪,并无事实与法律根据,而且也没有展开说理。事实已经证明,道理与法理都不会支持错误的判决结论。相比一审判决书,二审判决是完全不讲理的,这也印证了我在前面所说的话,有罪判决无须讲理。无罪判决才需讲理。但对于二审判决的不讲理,还不能简单地套用这样一个司法

潜规则。因为，这是一个从无罪改判有罪的二审判决书。改判，意味着对原判的彻底推翻。如果没有充分的事实与法律根据，怎么能够推翻原判？因此，本案的二审判决即使是在我国目前法治状态下也是难以容忍的。二审判决书基本拷贝了一审判决书。二审判决书共计28页，在事实认定部分，以"原判认定"起头，以25页的篇幅重复了一审判决。在法律适用部分，以"原判认为"起头，重复一审判决。再加上以"抗诉称"复述抗诉意见。属于二审判决自身的内容只有一页。在这一页中，在事实认定部分，以"经审理查明"打头的一段，完全确认了一审认定的事实，并明确指出二审期间控辩双方都没有提出新证据。以"另查明"打头的一段，对一审认定的本案事实进行了有罪的描述。在法律适用部分，以"本院认为"打头，简单地引述了刑法规定，连一句讲理的话都没有。要不是亲眼所见，简直令人难以置信。就是这样一份完全不讲理的二审判决书将高尚重新定罪，但这样不讲理的判决书何以服人？可以说，由此而起的连绵不断的申诉的种子，就埋在这份二审判决书中。如果我们对二审的法官做善意的推测，那么，这份二审判决书背后肯定有一只黑手，操纵着本案的二审。在这里，也只是在这里，我们才能感受到所谓案外因素的存在，并且惊叹着其巨大的能量。因为，权力是不需要讲理的，它是恣意的、专横的、强制的，当然也是野蛮的。

　　高尚虽然没有因为二审的有罪判决重新失去自由，但他对二审判决会接受吗？如果不接受，那么，高尚的案件就要开始进入一个介乎于法内与法外之间的特殊诉讼途径，这就是申诉。在上述报道中，高尚说："最近，有关部门要协调我的案件，给我一个说法。"但高尚可能过于乐观了，申诉之路并不顺遂。

十一、淮北市中级人民法院驳回申诉通知书之一（2008年3月25日）

　　高尚在2007年10月18日，也就是二审判决生效半年多以后，向淮北市中级人民法院第一次提出了再审申请。及至2008年3月25日，淮北市中级人民法院作出了驳回申诉通知书。

淮北市中级人民法院

驳回申诉通知书

(2007) 淮刑监字第 9 号

高尚：

你因犯挪用资金罪一案，不服本院（2006）淮刑终字第 86 号刑事判决，以你所参与的法律关系是民事法律关系，没有挪用资金的犯罪事实，不属于刑法调整范围和原审认定的挪用 360 万元没有事实和法律依据为由，根据《刑事诉讼法》第 203 条和第 204 条之规定，向本院申请再审。

经认真阅卷，并于 2007 年 11 月 14 日对你进行问话，本院认为，原审判决在认定事实方面并无不当。1. 你提出原判认定你为市容局基建办负责人并不属实，有充分证据证明你系土地方刘家保的代理人。经审查，你提出的该理由不能成立。原判认定你为市容局基建办负责人有 2004 年 3 月 12 日市容局环卫处总支扩大会议记录、市容局党委会情况说明以及李安祥、王德海、王毅、纵静等人的证人证言佐证，这和你是否系刘家保的代理人并不矛盾。作为个人，你固然可以成为他人的代理人，但作为市容局环卫处的在编职工，你更应该服从单位的安排。因此，原判认定你为市容局基建办负责人事实清楚。2. 你提出原判认定你系利用职务之便与事实不符，你依据协议收取土地款的行为正当、合法。经审查，该理由不能成立。作为土地方的代理人，你依据有关协议收取土地款并无不可。但是，2004 年 1 月 8 日的联合开发协议系你代表刘家保与淮北图南房地产开发有限责任公司（以下简称图南公司）签订，刘家保依据协议分得 30%，计 1.2 万平方米，图南公司分得 70%，计 2.8 万平方米，而 2004 年 2 月 10 日的住房购销协议系图南公司与淮北市市容管理局（以下简称市容局）签订，也就是说，有权从市容局收取购房款的只能是图南公司，而不是刘家保或其代理人。虽然，2004 年 11 月 19 日图南公司法定代表人李锋委托你全权办理有关事项，但 360 万元被你从共同账户中转走，此时，你的身份只能为"市容局基建办负责人"，因此，原判认定你利用职务之便并无不当。3. 你提出原判认定你私刻市容局分管基建办的副局长李安祥的私章与事实不符，事实是该印章与图南公司印章组成共

同账户专用章，与环卫处工会行政章组成集资专户专用章。经审查，该理由虽有一定的事实基础，但关键在于谁应该持有李安祥的私章。作为市容局分管基建办的副局长，李安祥当然可以拥有本人的私章，纵静作为市容局基建办会计，也可以依据有关规定持有李安祥的私章；但是，你作为经手基建办具体工作的负责人，持有李安祥的私章违反财务管理制度的有关规定，如果未经李安祥同意刻制，更不应该拥有。4. 你提出原判认定你挪用360万元资金的事实不符，该款系依据协议取得，每笔均有收条，岂有挪用之理。经审查，从你出具的收条来看，你提取360万元的时间系2004年4月29日至2004年5月26日，此时，你尚未接受图南公司的委托，无权收取购房款；市容局并未和刘家保签订购房协议，你作为刘家保的代理人也无权收取购房款，如果你认为你与淮北市环卫处工会之间有集体代购房协议，但该协议书签订日期为2005年2月24日。故你认为提取360万元系依据有关协议合法、合理的主张不能得到支持。

至于本案的法律适用，本院经审查认为，你作为市容局环卫处的在编职工，因市容局环卫处为事业单位，依照《刑法》第九十三条第二款的规定对你应以国家工作人员论。具有国家工作人员身份的人只能成为挪用公款罪的主体，不能成为挪用资金罪的主体。但是，你从共同账户中挪用360万元时，该账户所留印鉴章系图南公司的公章和李安祥的私章，对你的行为图南公司在很大程度上系明知的，其法定代表人李锋也于2004年11月19日将有关事项全权委托于你，图南公司依据2004年2月10日其与市容局签订的住房购销协议第5条第4项的规定已取得该款的支配权，由于你挪用的行为，最后导致该款尚有710 784元没有追回，对社会造成一定的危害。从这个角度来讲，原判本着惩罚是手段，保护合法权益是目的的宗旨，认定你犯挪用资金罪，判处有期徒刑三年，缓刑五年，在适用法律上并无不当。

你于2007年10月18日向本院申请再审，本院于2007年11月5日立案依法进行复查。刑事再审案件的裁判原则为：依法纠错，正确处理维护既判力和纠正错案的关系；一般不得加重被告人刑罚；法律效果和社会效果相统一。根据上述原则和法律有关规定，由于你的申诉不符合《刑事诉讼法》第二百零四条规定

的情形之一，故对你的再审申请，依照最高人民法院《关于执行〈中华人民共和国刑事诉讼法〉若干问题的解释》第三百零二条的规定予以驳回。

特此通知。

二〇〇八年三月二十五日

  应该说，上述驳回申诉通知书是在各种文书中最讲道理的文书之一。尽管不像其他司法文书都有署名，该文书没有署名，但还是可以看出来，讲述者是较有耐心的，对高尚的申诉理由进行了逐条反驳。但只要抓住一个破绽，就可以推翻所有的说理内容。二审判决认定高尚以市容局基建办负责人的职务便利，于2004年4月29日至2004年5月26日，挪用市容局的集资购房款。但上述驳回申诉通知书又明确指出："图南公司依据2004年2月10日其与市容局签订的住房购销协议第5条第4项的规定已取得该款的支配权。"那么，《住房购销协议》5条第4项的内容是什么呢？其内容是："付款方式：由于甲方售楼基本属无利润销售，故在选址确定后十五天内，乙方支付甲方人民币伍佰万元整作为订金，余款按工程进度支付。乙方确保足额资金到位，不影响正常施工，否则造成停工或给甲方造成损失，乙方承担全部责任。"这里的甲方是指图南公司，乙方是指市容局。因此，打入共同账户的444万元，实际上是市容局按照上述约定支付给图南公司的款项，支配权归图南公司。因此，高尚在2004年4月29日至2004年5月26日从共同账户转款，所转的款项已经不是市容局的款项，而是图南公司的款项。并且，如同上述驳回申诉通知书所言："对你的行为图南公司在很大程度上系明知的。"在这种情况下，怎么能够认定高尚挪用市容局的资金呢？结论不言自明。

  按照上述驳回申诉通知书的逻辑，高尚系市容局环卫处的在编职工，因市容局环卫处为事业单位，因此高尚是国家工作人员，本来是应该以挪用公款罪论处的。只是因为该款项已经转入与图南公司的共管账户，才没有对高尚的行为以挪用公款罪论处。其实，这一逻辑是不能成立的。对于高尚的行为既然不能以挪用公款罪论处，当然也不能以挪用资金罪论处。因为建房款转让到与图南公司的共管账户以后，就已经不是市容局的公款，而是应当支付给图南公司的建房款。而

高尚在图南公司明知的情况下将款项取走,是根据其与图南公司的协议,用于支付购地款。

十二、淮北市中级人民法院驳回申诉通知书之二（2009 年 7 月 30 日）

对于淮北市中级人民法院的第一次驳回申诉,高尚依然不服,遂又于 2008 年 3 月 25 日向安徽省高级人民法院提起申诉。安徽省高级人民法院将申诉转给淮北市中级人民法院,遂有淮北市中级人民法院第二次驳回申诉通知书。

淮北市中级人民法院

驳回申诉通知书

(2008) 淮刑监字第 5 号

高尚：

你因犯挪用资金罪一案,不服本院（2008①）淮刑终字第 86 号刑事判决,于 2007 年 1 月 14 日提出申诉,本院于 2008 年 3 月 25 日制作（2007）淮刑监字第 9 号驳回申诉通知书,驳回你的再审申请。你仍然不服,于 2008 年 6 月 30 日书写刑事申诉状,请求安徽省高级人民法院依法提起再审,撤销本院二审判决,宣告你无罪。安徽省高级人民法院以（2008）皖刑监字第 007 号函转本院处理。本院于 2008 年 9 月 26 日决定立案审查,并组成合议庭认真阅读,又与你约谈,现已审查完毕。

经审查,本院认为,高尚本次申诉的请求及理由与前次的申诉请求及理由基本一致,而前次的申诉请求及理由已被本院（2007）淮刑监字第 9 号驳回申诉通知书,予以驳回,鉴于高尚本次申诉并无新的证据和理由,本通知书不再重复本院（2007）淮刑监字第 9 号驳回申诉通知书中的驳回理由,本院（2007）淮刑监字第 9 号驳回申诉通知书应予维持。

综上,本院（2006）淮刑终字第 86 号刑事判决基本事实认定清楚,证据充

---

① 此处应为 2006,但该驳回申诉通知书误为 2008。

分，定性准确，量刑适当，应予维持。高尚的申诉理由缺少有效证据支持，不符合《中华人民共和国刑事诉讼法》第二百零四条规定的再审条件，本案不予再审。

特此通知。

二〇〇九年七月三十日（章）

这是淮北市中级人民法院第二次驳回高尚的申诉，通知书的内容较为简单，因为是维持前一次驳回申诉通知书的结论及理由，所以这是可以理解的。上述驳回申诉通知书提及我国刑事诉讼法第204条关于再审条件的规定，其实，再审条件分为两种情形：一是有新的证据；二是适用法律确有错误。该驳回申诉通知书仅以高尚的申诉理由缺少有效证据支持，即没有新的证据，以此为由驳回申诉。而没有提及如果适用法律确有错误也是符合再审条件的。本案主要是一个适用法律是否确有错误的问题，而不是一个证据问题。

淮北市中级人民法院的申诉程序就此走完了，高尚还是不服，又接着向安徽省高级人民法院继续进行申诉。

十三、安徽省高级人民法院驳回通知书（2011年2月23日）

如前所述，高尚曾经向安徽省高级人民法院申诉过，那次申诉被高院转到中院处理，这才有了淮北市中级人民法院的第二次驳回申诉。这次向安徽省高级人民法院再次进行申诉，高院不好再次转交中院处理，因此经过长达两年多时间以后，给高尚下发了驳回通知书。

安徽省高级人民法院

驳回通知书

(2008) 皖刑监字第0071号

高尚：

你对淮北市中级人民法院（2006）淮刑终字第86号刑事判决不服，以原判认定你犯挪用资金罪无事实依据、你不构成犯罪为由，向本院申诉，请求再审改

判你无罪。

经本院审查,原判认定你在担任淮北市市容局基建办负责人期间,私刻领导印章,利用职务便利,挪用由该局和图南公司共同管理的职工集体购房款供个人使用,数额巨大,超过三个月未能归还,你的行为构成挪用资金罪的事实,有证人证言、联合开发协议、住房购销协议、银行对账单、你本人供述等相关证据在卷佐证。对你申诉提出的你非市容局基建办负责人的理由,经查,证人证言及淮北市市容局会议记录证实你系淮北市市容局基建办负责人;对你申诉提出的你未挪用360万元的理由,经查,证人证言、联合开发协议、住房购销协议等证据证实淮北市市容局职工集资444万元建房的事实,银行对账单、证人证言及你的供述证实你挪用该集资款360万元,其中你个人占用86万元;对你申诉提出的你未私刻印章的理由,经查,证人证言证实李安祥对你私刻其私章并不知情。对你申诉认为你的行为不属于刑法调整范围,仅是民事行为的理由,经查,你虽为土地方代表,但你主要是利用了担任市容局基建办负责人的职务便利,挪用单位职工集资建房款,数额巨大,且超过三个月未能归还,你的行为已经构成挪用资金罪。

综上,原判认定你犯挪用资金罪,事实清楚,证据确实、充分。你的申诉理由不能成立,不符合《中华人民共和国刑事诉讼法》第二百零四条规定的再审条件,二审判决应予维持。希望你服判息讼。

特此通知。

二〇一一年二月二十三日(章)

安徽省高院的驳回通知书只是简略地对申诉要点进行了点评式的说明,而没有展开说理。值得注意的是,上述驳回通知书认可了高尚是土地方代表,但又认为高尚主要是利用了担任市容局基建办负责人的职务便利,挪用单位职工集资建房款。这里涉及土地方代表与基建办负责人这两种身份的关系。高尚本人并不承认所谓基建办负责人的身份,而控方则不承认高尚土地方代表的身份。一审判决书虽然承认高尚同时具有土地方代表与基建办负责人双重身份,但又认为在建房过程中,高尚主要是以土地方代表的身份与市容局发生平等主体之间的民事法律

关系，而基建办负责人的身份基本不起作用，由此否定了高尚具有挪用资金罪的主体身份，并判决高尚无罪。但二审判决则对高尚的土地方代表身份没有提及，是持一种否定的态度。以上驳回通知书虽然也承认高尚同时具有土地方代表和基建办负责人这两种身份，但认为发生作用的是基建办负责人的身份，由此肯定高尚具备挪用资金罪的主体身份。纵观全案，高尚确实具有两种身份，但要看高尚将涉案款项从共管账户转出的时候，他到底是利用什么身份。案件事实表明，高尚是以市容局和图南公司都认可的方式将该款项转出的，款项的用途是支付购地款。在这种情况下，可以认为高尚是代表土地方取得该款项。由此，取款行为体现的是土地方代表的身份。这也是本案罪与非罪的关键所在之一。

至此，高尚的案件在地方——安徽省，算是走完了常规的申诉程序，结果是令人绝望的。

高尚还有办法继续其申诉之旅吗？

十四、最高人民法院申诉立案一庭通知书（2012年11月29日）

一年后，高尚还是不服安徽省高院的驳回通知书，又出现在北京上访队伍当中，成为其一员。高尚开始了赴京申诉，也就是所谓涉法上访之路。这里的涉法上访，是上访中的一个类型，是指因为不服司法机关，尤其是法院的判决或者处理而进行的上访。涉法上访虽然还有申诉这一法律外衣，但基本上法律的救济渠道已经不通，而是游走在法律之外，与一般上访实际上已经没有太大的区别。而且，全国的涉法案件都集中到北京，集中到最高法院，这也是其不能承受之重。因此，绝大部分到北京最高法院的涉法上访案件，最高法院是不可能逐一进行审查的，更不用说审理了。通常的做法是将申诉材料逐级往下转，并通知下级法院来北京将上访人员带回原籍，以维护北京的稳定和谐。外地法院以中级法院为节点，都有常驻北京的接访人员。接访人员是对应于上访人员而产生的一个概念，这些人大多数是从各个单位抽调出来的，以轮班的方式驻守北京。到了各种节日、重大会议召开，接访人员的人数会成倍增加，以应不时之需。

其实，上访人员也分为不同类型，那些风餐露宿，流落街头的属于底层社会：没有门道，没有关系，只能误打误撞。我也接待过不少这种类型的上访人员，其实是挺无奈的。还有一种上访人员是有些关系的，所以往往寻找各种关系，以便使其申诉抵达天听。不过，这也往往以受骗而告终。上访人员比较迷信的是高级别领导的批示和新闻记者的报道，但成功的也不多。不过，现在多了一条渠道，这就是人大代表的建议，尤其是全国人大代表的建议。因为最高法院每年要向全国人大报告一次工作，并且还要投票，这些年最高法院的票数屡创新低。为此，最高法院出台规定，对于全国人大代表建议的案件，每案必复。也就是说，只要是全国人大代表提出的案件，最高法院对于每个案件的审理情况都要向人大代表和案件当事人回复结果。这是一条使申诉案件进入最高法院的捷径。

高尚发现了这条捷径。

2012年3月10日，全国人大代表傅延华等六位全国人大代表向最高法院提出了《关于申请要求对高尚案件再审的建议》。对于高尚是如何找到这六位全国人大代表为其案件提出建议的具体经过，不得而知。《民主与法制时报》关于高尚案件的报道中透露出了若干信息。

"我是一个普通老百姓，慕名前来找您申冤。我在报上看到，老百姓称您为'傅青天'，您也常说，'人民选我当代表，我当代表为人民'。您的浩然正气让我看到了讨回公道的希望，恳请您在百忙之中对我的冤案给予关注，主持正义。"高尚慕名找到全国人大代表傅延华等六位全国人大代表，2012年3月10日全国"两会"期间，六位代表签署了《关于申请要求对高尚案件再审的建议》。这份建议随后被转到最高人民法院办公厅监督办。2012年5月4日，该案申诉材料交至最高人民法院申诉立案一庭，并于当年6月14日立案复查。[①]

耐人寻味的是，建议的发起人傅延华是山东省枣庄市人民检察院的代表，其他五位附议人也都是山东籍的人大代表。从网上查询获知，傅延华是山东省枣庄

[①] 参见宋伟、郭新磊：《集资建房引牢狱之灾，环卫工人七年诉"累"》，载《民主与法制时报》，2013-01-17。

市人民检察院副检察长,也是一名法医。傅延华曾当选全国十大杰出检察官,2002年7月16日中央电视台《焦点访谈》栏目曾经以"科学检验公正断案"为题专门报道过傅延华的优秀事迹,也许正是从这些报道中高尚慕名找到傅延华,请求傅延华为民申冤,傅延华遂联络了其他五位山东籍的全国人大代表,联署向最高人民法院提出建议。

至此,高尚的申诉案件犹如坐上了直通车,终于抵达了最高法院法官的手中。半年后,高尚等来了来自最高法院的消息。当然,是不好的消息。

中华人民共和国最高人民法院

立案一庭通知书

(2012)刑监字第181号

高尚:

你因挪用资金一案,不服安徽省淮北市中级人民法院(2006)淮刑终字第86号刑事判决和安徽省高级人民法院(2008)皖刑监字第71号驳回申诉通知,向本院提出申诉。

经审查,你的申诉不符合《中华人民共和国刑事诉讼法》第二百零四条规定的重新审判条件,本院决定不对该案提起再审。

特此通知

二〇一二年十一月二十九日(章)。

最高法院对申诉案件分为两个程序:一是立案,由立案庭进行审查,以便决定对某一案件是否进行再审。二是再审,由审判监督庭,简称审监庭进行重新审理。一般来说,一个申诉案件由立案庭提起再审,那么这个案件基本上就是存在问题的。经过审监庭再审以后改判的概率极大。但高尚的申诉案件未能通过立案审查,就被驳回。我不太清楚立案审查是如何进行的,例如像高尚这样的案件是否进行调卷审查,等等。当然,可以想见对于发生在数年,甚至数十年前的旧案,审查起来有多么困难。一个案件如果不能通过两级法院的审理获得正确的结果,要想通过申诉再审予以纠正,那是难乎其难。

接到最高法院的驳回通知以后,高尚还不死心。这样,高尚的案件到了我的

案头。这是 2012 年底，距离案发的 2005 年 5 月 19 日，已经整整过去了七年半的时间。

十五、专家法律意见书（2013 年 1 月 19 日）

高尚的案件，虽然申诉希望渺茫，但他还是希望邀请法律专家进行论证。专家论证只能提出一些法律意见，这些法律意见是建立在当事人提供的案件材料基础之上的，并且也是供有关部门参考。有时，仅仅是为了给案件当事人一个"说法"，可能并无实际作用。高尚就是如此。

那么，法律专家会对高尚案件作出什么结论呢？

关于高尚被判挪用资金罪一案的

专家法律意见书

目　次

一、研讨所依据的主要材料

二、论证的问题

三、专家论析

四、结论性意见

2013 年 1 月 19 日，北京大学法学院、清华大学法学院、中国人民大学法学院、中国政法大学刑事司法学院有关刑法学专家，就高尚被判挪用资金罪一案，进行了专门研讨。出席本次研讨会的专家有：

陈兴良　北京大学法学院教授、博士生导师

张明楷　清华大学法学院教授、博士生导师

周光权　清华大学法学院教授、博士生导师

冯　军　中国人民大学法学院教授、博士生导师

阮齐林　中国政法大学刑事司法学院教授、博士生导师

本次论证会由**付立庆**博士（中国人民大学法学院副教授）负责记录并整理文稿。

一、论证所依据的主要材料

（一）相关法律文书

1. 淮北市公安局起诉意见书（淮公经诉字〔2005〕006号）
2. 淮北市公安局提请批准逮捕书（淮公经捕字〔2005〕006号）
3. 淮北市相山区人民检察院起诉书（相检诉〔2006〕64号）
4. 安徽省淮北市相山区人民法院刑事判决书（〔2006〕相刑初字第087号）
5. 淮北市相山区人民检察院相检刑抗〔2006〕2号刑事抗诉书
6. 安徽省淮北市中级人民法院刑事判决书（〔2006〕淮刑终字第86号）
7. 安徽省淮北市中级人民法院驳回申诉通知书（〔2007〕淮刑监字第9号、〔2008〕淮刑监字第5号）
8. 安徽省高级人民法院驳回通知书（〔2008〕皖刑监字第0071号）
9. 中华人民共和国最高人民法院立案一庭通知书（〔2012〕刑监字第181号）
10. 申诉人高尚的申诉书

（二）其他材料

11. 购房转让协议（甲方：淮北市市容局，乙方：黎辉）
12. 联合开发协议书（甲方：刘家保，委托代理人：高尚；乙方：淮北市图南房地产开发有限公司）
13. 住房购销协议书（甲方：淮北市图南房地产开发公司；乙方：淮北市市容管理局）
14. 集体代购房协议（甲方：淮北市环卫处工会，乙方：环卫处职工高尚）
15. 授权委托书（委托人：刘家保，受托人：高尚）
16. 上述相关材料的公证书
17. 高尚的相关供述
18. 纵静、胡长玲、黎辉等人的询问笔录
19. 2004年3月12日淮北市市容局总支扩大会议记录
20. 尚云鹏所作的"工作说明"

21. 其他主要证据材料

二、论证的问题

1. 高尚的行为是否构成挪用资金罪？
2. 淮北市中级人民法院的二审判决是否存在程序上的明显瑕疵？

三、专家论析

经过仔细、认真地研究案卷材料，并经过严肃讨论，专家们一致认为，本案所涉高尚的一系列行为应该属于行使权利的行为，不构成挪用资金罪；淮北市中级人民法院的二审判决，在程序上存在着明显的瑕疵。具体意见，分述如下。

（一）在实体上，高尚的行为不构成挪用资金罪

1. 高尚本身并不符合挪用资金罪的主体要件

根据我国刑法第272条的规定，挪用资金罪的犯罪主体是公司、企业或者其他单位的工作人员。二审判决认定高尚担任淮北市市容局基建办负责人（参见《安徽省淮北市中级人民法院刑事判决书（（2006）淮刑终字第86号）》第27页），因此符合挪用资金罪的主体要求。但是，高尚与图南公司签订的联合开发协议书、图南公司与市容局签订的住房购销协议书、市容局出具的报案材料、市容局环卫处出具的证明、尚云鹏的工作说明等证明，在判决书认定的360万元资金所涉及的法律关系中，高尚是有权获得360万元土地款的合同一方当事人，而不是利用职务便利挪用资金的公司、企业或者其他单位的工作人员。判决书所认定的360万元，根本不是被高尚挪用的单位资金，而是高尚出卖S1101号土地应该获得的报酬。

（1）高尚被二审法院认定为淮北市市容局基建办负责人，但事实上并不存在市容局基建办这一机构。

淮北市市容局从成立至今，并没有基建办这一机构设置。市容局作为政府部门，其机构设置需要明文规定，其负责人也应有相应的任职文件。但是，市容局自身从未出具任何书面证明材料，而只是通过人证和下属单位的证明来说明高尚为所谓市容局基建办负责人，但下属单位的证明实属伪证。证明犯罪主体的身份是公诉机关的证明责任，颠倒过来由被告人高尚来证明其不具有相应身份，明显

不符合现代刑事诉讼的基本原理。

无可否认，高尚属于淮北市市容局职工。但必须指出的是，在本案中，其是作为土地方（或者土地方的代理人）介入本案所涉及的集资建房这一经济活动之中。根据高尚与图南公司签订的联合开发协议书和图南公司与市容局签订的住房购销协议书，在高尚个人、淮北市市容局与图南公司这三方之中，代表市容局的是环卫处工会，而且，并没有任何证据证明高尚在本案中代表了市容局或者环卫处。高尚实为土地方代表，而非并不存在的所谓市容局基建办负责人。

（2）虽然客观上存在基建办这样一个协调机构，但高尚并非其负责人。

在卷宗中，高尚收取50万元地款上面的签字为"基建办高尚"，这似乎可以证明确实存在着基建办这样一个机构。但由于该土地款是基于三方协议的部分土地款，而三方协议里有地的只有高尚一方，所以可以说，此证据恰恰表明基建办不过是包括土地方在内的松散的协调机构，表明了高尚在履行协议过程中与市容局、图南公司是平等的民事主体，互相之间并不存在任何的隶属关系，是共同开发土地、集资建房实现三赢中的独立的一方，是与市容局、图南公司签订三方协议的土地方。高尚在本案中已经实质上脱离了单位，也就不符合挪用资金罪的主体要求。市容局作为集资建房活动三方中的一方，其下属单位环卫处所出具的两份材料都明确指明了高尚从未在任何活动中表明其市容局或者环卫处职工的身份，应当说市容局及其下属环卫处对于申诉人高尚在整个事情中的身份有着明确认识。

（3）二审法院判决认定高尚为基建办负责人的依据存在重大疑问。

二审判决认定高尚为市容局基建办负责人的唯一依据，是2004年3月12日市容局环卫处党总支部会议"关于抽调高尚、王毅、纵静、尚云鹏4人负责集体购房问题"的记录。但是，这个记录的真实性却存在重大疑问。市容局环卫处2008年5月5日出具的证明证实："尚云鹏同志于2004年5月至2007年8月在我单位干临时工。"尚云鹏在2005年8月9日出具的工作说明中也表明，其在2004年5月才开始在市容局上班。在尚云鹏尚未在市容局环卫处干临时工之前，市容局环卫处党总支部何以能够抽调他负责市容局的集体购房问题？可见，二审

法院认定高尚系市容局基建办负责人所依据的前述会议记录值得怀疑，其可能是伪造的。环卫处众负责人2005年8月19日的集体证词试图证明前述会议记录的真实性，以便在移送起诉前能够形成证据链，但在尚云鹏自身的证言等相反证据面前，这种集体证词的证明力也同样是存在重大疑问的。

根据以上内容可见，在本案所涉及的法律关系中，高尚只是作为土地方的代表在市容局开展相关工作，而不能算是市容局基建办的负责人，不符合挪用资金罪的主体要求。二审判决认定其符合挪用资金罪的主体要求与市容局及环卫处出具的材料、与市容局参与的协议以及与高尚在本案中从未代表市容局或环卫处、只代表土地方这些事实之间，是矛盾的。

2. 高尚也不具备挪用资金罪的客观要件

成立挪用公款罪，要求挪用"本单位资金"归个人使用或者借贷给他人。但是，有充分的理由认为，涉案的360万元原本即并非市容局或其他单位所有的资金，而是属于高尚个人的土地款，因此，没有相应的财产法益受到侵害，自然也就不能构成挪用资金罪。

(1) 作为S1101土地的权利人，高尚领取360万元的行为属于行使权利；或者至少可以说，高尚动用共同账户360万元资金不违背资金用途。

依据高尚与图南公司签订的联合开发协议书和图南房地产开发公司与市容局签订的住房购销合同可知，集资建房由高尚方提供土地，市容局提供资金，图南公司负责建设。根据现有证据可以认定，淮北市市容局与图南公司欠高尚840万元土地款，市容局集资建房款360万元应当属于高尚所应得的土地款的一部分，高尚有权自由支配，二审法院认定其构成挪用资金罪，实属错误。

首先，在共同账户建立之后，360万元的款项已经不再是市容局的集资建房款。根据市容局与图南公司签订的住房购销协议书第五条的约定，市容局应当支付包括土地费840万元在内的全部基建费用，图南公司不承担任何费用；在项目选址确定后要付给图南公司500万元订金，双方设立共同账户，资金调配由双方共同管理，2004年4月29日市容局按照上述协议，将集资款360万元汇入双方设立的共管账户之中。需要强调的是，此时该360万元的性质已经发生了改变，

即已经由市容局职工集资款改变为图南公司收到的合同订金,该笔款项的实际控制人也已经转变为图南公司,依据合同精神,此时市容局针对该笔款项的管理职责仅限于监督其是否被图南公司用于项目建设,市容局对该笔钱款不再享有任何其他权利。

其次,图南公司使用共同账户中的资金来支付高尚的土地款,是其按照约定实施的履约行为,对此,市容局不应持有异议。根据高尚以刘家保代理人身份与图南公司签订的联合开发协议书第六条、第七条、第十一条的约定,高尚一方投入土地,图南公司一方投入资金并需支付高尚一方土地款840万元,资金是同高尚直接结算。据此,图南公司使用共同账户中的资金来支付高尚的土地款,是其履行上述合同的行为,即按照约定向高尚支付土地款的行为。作为该笔840万元款项的权利人,高尚如何使用该款项(或者该款项的构成部分),是将这笔钱用在项目上还是用在他处,是高尚的自由,与图南公司无关,更与淮北市市容局无关。高尚和图南公司之间不存在违约行为,市容局也就没有权利对该笔钱款的支配提出异议。而且,2004年12月18日,淮北市市容局环卫处工会以市容局名义通知图南公司:"一、共同账户资金全部转到高尚名下;二、有关债权、债务经高尚审核认可后全部交给高尚。"此通知后经高尚和图南公司确认生效。如果说此前市容局对于共同账户中的360万元如何支配持默许的态度,那么,这份通知就表明了市容局的态度,即其同意将该笔钱款交给高尚。至此,共同账户中的钱,已经经市容局和图南公司的明确同意,作为土地款支付给了高尚。

再次,有其他证据表明,市容局承认444万集资款为支付给高尚的土地款的一部分,图南公司对高尚支配联合账户中的360万元也不存疑问。2005年2月24日市容局环卫处工会绕开图南公司直接与高尚签订了职工代购房协议,第二条、第三条约定工会付给高尚444万首付款。2005年4月19日市容局与黎辉签订了购房转让协议,第三条约定黎辉需代市容局向高尚支付地款400万元。从以上两份协议可以清晰看出,在2004年12月以后,市容局就绕开图南公司,以通知和签订协议的方式,使得市容局和高尚之间的权利义务关系清晰化,市容局不

仅仅承认其所集资的344万是应当付给高尚的土地款，也承认其共需向高尚支付840万元的土地款。此外，依据市容局会计纵静2005年5月20日和2005年6月9日的证言可知，市容局领导李安祥对于将360万元汇入共管账户一事是知晓的，此证言与高尚的供述相吻合，可以认定李安祥的证言和说明是虚假的。李安祥没有提出疑义一事，也印证了高尚在2005年5月19日等多次的供述中指出李安祥让高尚自由支配集资款的说法是可信的。

最后，即便不承认高尚领取360万元的行为属于行使权利，至少也应该承认，高尚动用共同账户360万元资金不违背资金用途。

刑法第272条挪用资金罪之"挪用"，实质特征是"违背资金用途"（归个人使用）。如果动用资金的行为既不违背资金用途又不违反资金管理程序、权限（后述），则不成立挪用资金罪。即便不承认高尚领取360万元的行为属于行使权利，至少也应该承认，高尚动用共同账户360万元资金并不违背资金用途。市容局向职工集资444万元，名为"购房款"实为"建房款"。这一点，从高尚向市容局有关领导提议、市容局形成集资决策、市容局成立基建办、市容局与图南公司签订的"住房购销协议"的实际内容等事实得到全面的证实。既然是"建房款"，就随着协议履行、建房进程而支付。李安祥于2004年3月26日同意高尚的支付土地款50万元的申请，从"集资专用账户"中支付出50万元，继而市容局与图南公司于2004年4月29设立"共同账户"，从"集资专用账户"中转出360余万元到"共同账户"，均表明该"集资款"实际是合作"建房"投入款，因此用于支付有关建房费用并不违背该集资款的真实用途。之后，高尚和图南公司有关人员将"共同账户"中360万元"建房款"用于支付有关建房费用（主要是取得土地使用权的费用、备用金、设计费），同样也不违背该"共同账户"中360余万元资金的用途，不具备挪用资金罪的实质特征。

（2）高尚动用"共同账户"360万元资金不违反资金管理程序、权限。二审法院认定高尚私刻李安祥的个人印章的说法经不起推敲。

李安祥的私章和图南公司印章组成"共同账户"专用章，凭此构成支取"共同账户"中360余万元建房资金的权限。高尚动用"共同账户"资金都由图南公

司财务人员陪同办理,就"共同账户"另一管理方图南公司而言不存在违反资金管理程序、权限"擅自"挪用的问题。就市容局方面而言,高尚有没有违反资金管理程序、权限动用"共同账户"资金问题?这关键是高尚持有的李安祥私章并使用是否"合法"?是否"合法"的关键不在于"谁刻制",也不在于淮北中院"驳回申诉通知书"所称"谁应该持有"(参见安徽省淮北市中级人民法院驳回申诉通知书((2007)淮刑监字第9号)第2页),而在于有没有获得李安祥的"授权"!

对于高尚持有李安祥私章并使用,有没有得到李安祥"授权",有关证据存在矛盾之处。李安祥在其2005年5月31日、7月8日的两次情况说明以及同年5月18日的证言之中,多次提到在集资建房前,基建办提出要重新刻一枚李安祥的私章,但是其没有同意再刻,也不知道有另外一枚私章。但是胡长玲2005年7月13日的证言、纵静2005年5月18日、2005年5月20日、2005年6月9日的证言、王毅2005年5月24日的证言,均证实他们从集资建房活动一开始就知道高尚持有一枚李安祥的私章,并且开设集资账户时就是使用该印章作为开户印鉴,而且李安祥本人还先后四次签批了款项,可见李安祥的证言明显不符合正常逻辑,李安祥本人应当知道高尚从一开始所用的李安祥私章就是高尚自己所刻的,这一点不是李安祥本人能够主观地加以否定的。二审法院认定高尚私刻李安祥的个人印章的说法是经不起推敲的。至少可以认为,认定高尚未经授权持有并使用李安祥私章证据不足。

如果高尚得到授权就是"应该"持有、使用。从本案的全过程看,是市容局集资建房(购房)自始就违法违规,为规避法律、规避追查,自始至终都是在以"集资购房"名义下行"集资建房"之实,处处都是遮遮隐隐、不按规章正常运作,其中包括高尚持有、使用李安祥私章。因此,对于高尚持有李安祥私章与图南公司共同管理"共同账户"资金是否正常也不能脱离本案背景。从案件背景和常情判断,高尚持有李安祥私章,是市容局和李安祥的授权,即通过这种方式授权高尚与图南公司共同管理"共同账户"资金。因此根据高尚"私刻"和"非法"持有领导私章动用"共同账户"资金,认定高尚有"擅自"挪用资金的行

为，缺乏事实根据，证据不足。相反，根据本案全过程看，高尚使用李安祥私章得到了协议三方的共同认可，没有违反程序、逾越权限。

综上，不论该360万元集资款是否属于高尚所应得的土地款，根据以上证据，也可以认定高尚支配上述款项是经过市容局和图南公司允许的，合理合法。因此，二审判决（参见《安徽省淮北市中级人民法院刑事判决书（（2006）淮刑终字第86号）》第27页）认定高尚利用职务便利，挪用市容局和图南公司共同管理的集资款360万元，构成挪用资金罪，既没有事实依据，也不符合法律规定。

（二）在程序上，二审法院的判决也存在明显瑕疵

1. 二审判决违背了"不告而审"这一基本的刑事诉讼规则以及最高法院的有关司法解释。

淮北市相山区人民检察院相检刑抗（2006）2号刑事抗诉书指控高尚挪用资金86万元，但是二审法院却认定高尚挪用资金360万元（参见《安徽省淮北市中级人民法院刑事判决书（（2006）淮刑终字第86号）》第27页），这明显违背了现代刑事诉讼的基本规则以及最高法院的有关司法解释。

（1）二审法院的做法违背了司法的被动性和中立性的原则。

现代司法有别于传统司法的重要特征在于，现代司法强调司法的被动性与中立性。即认为法官作为裁判一方，不应该主动介入争端、积极裁决案件，而应该保持冷静与克制。因为一旦违反了被动性原则，主动介入纠纷，就难免会带有先入为主的偏见，就可能不恰当地侵害某一方当事人的权利，违背法官中立裁判的基本立场。在本案之中，二审法院在公诉方只起诉86万元的前提下仍然直接判处高尚挪用资金360万元，明显地违反了司法裁判者的被动性角色，而其欠缺中立性的裁判结论，也就自然无公正性可言。

（2）二审法院的做法剥夺了被告人高尚的诉讼权利。

之所以说淮北市中级人民法院的二审判决有失公正，主要就是因为这样的"不告而理，不审而判"，明显剥夺了高尚作为诉讼主体的相应权利，如辩护权、质证权和上诉权等。由于公诉机关并未对360万元之中的绝大部分进行指控，高

尚的辩护人自然也就不会为此精心地准备辩护，当然也就不会在法庭之上为此而充分质证；而且，由于是由二审法院即终审法院所作出的此种"突然袭击"，更是实质性地剥夺了高尚作为被告人依法应该享有的上诉权。换言之，即使淮北市中级人民法院认定高尚挪用资金360万元有充分的事实依据（如前所述，这一点本身是有重大疑问的），但考虑到其作为二审即终审法院的角色，也不应该认定超出指控数额的部分，唯有如此，才能保证作为被告人的高尚所依法享有的诉讼权利。

（3）二审法院的做法违反了最高法院有关司法解释的规定

依据《最高人民法院关于执行〈中华人民共和国刑事诉讼法〉若干问题的解释》第178条的规定，人民法院在审理中发现新的事实，可能影响定罪的，应当建议人民检察院补充或者变更起诉；人民检察院不同意的，人民法院应当就起诉指控的犯罪事实，依照本解释第176条的有关规定依法作出裁判。在本案中，由于无法查到哪几笔数字能凑合出86万元，在没有指控、不经审判的情况下，二审法院既没有建议人民检察院补充或者变更起诉，也没有依据人民检察院指控的内容作出判决，而是索性直接把图南公司根据协议给付高尚的土地款当成挪用资金，直接判决高尚挪用资金360万元。这种做法，明显违反上述司法解释的规定。

可以认为，本案二审法院的做法，不仅违背现代刑事诉讼中法院的"中立性""被动性"之基本理念，也违背了最高法院的上述司法解释，在程序上严重违法。二审法院自诉、自审、自判，严重干扰了司法公正，侵犯了申诉人高尚的合法权益。

2. 二审判决推翻一审的无罪判决，改判为有罪，却不充分说明理由，也属明显瑕疵

二审法院在审理本案的过程中，未列明改判被告人高尚有罪的理由与依据，在作出的28页判决书中，仅有十行两百余字以"另查明"的形式来论述申诉人高尚构成挪用资金罪的理由，并据此推翻一审法院的无罪判决，而所谓的另查明并不是真的另查明，仅是对一审真实证据的虚假运用。

3. 安徽省省市两级法院违反有关审判监督程序的规定，使得无罪被改判有罪案件未能得到及时纠正

二审判决之后，高尚就向淮北市中级人民法院申请再审，2008年3月20日淮北市中级人民法院作出（2007）淮刑监字第9号驳回申诉通知书；高尚随后即向安徽省高级人民法院递交了申诉材料，但是安徽省高级人民法院却作出（2008）皖刑监字第0071号函将本案又转回淮北市中级人民法院处理，该院遂在2009年7月30日又作出了（2008）淮刑监字第5号驳回申诉通知书；高尚接到通知书后又再次向安徽省高级人民法院提起申诉，2011年2月23日该院作出了（2008）皖刑监字第0071号驳回通知书，两级法院的申诉程序用了将近三年。依据《关于执行〈中华人民共和国刑事诉讼法〉若干问题的解释》第298条的规定，受理、审查申诉一般由作出发生法律效力的判决、裁定的人民法院进行。直接向上级人民法院申诉的，如果没有经作出发生法律效力的判决、裁定的人民法院审查处理，上级人民法院可以交该人民法院审查，并告知申诉人；如果属于案情疑难、复杂、重大的，或者已经由作出发生法律效力的判决、裁定的人民法院审查处理后仍坚持申诉的，上级人民法院可以直接受理、审查，下级人民法院也可以请求移送上一级人民法院审查处理。依据《关于执行〈中华人民共和国刑事诉讼法〉若干问题的解释》第302条的规定，人民法院受理申诉后，应当在3个月内作出决定，至迟不得超过6个月。安徽省省市两级法院违反上述规定，拖延程序，使一个无罪改判有罪案件未能及时得到纠正。

四、结论性意见

（一）本案所涉事实属于经济纠纷，不应加以刑事制裁

高尚与淮北市市容局集资建房一事如果没有相关纪检部门的调查，一切都将按部就班进行，协议各方都会达到预期目的。正是由于市容局的集资建房行为违反国家规定，遭人举报，所以其就意图收回全部款项。但此时款项的绝大部分已经作为土地款付给高尚，市容局为要回已经合法支付给高尚的土地款，就通过纪委向公安局报案；公安局为了帮助市容局追回款项，就公然违反《公安部关于严禁越权干预经济纠纷的通知》的规定插手经济纠纷。检察机关在检察委员会一致

认定高尚无罪后，仍迫于领导压力，将高尚公诉至法院（有淮北市相山区检察院公诉科科长孟宪君的讲话录音为证），在一审法院认定高尚无罪后，检察院仍然抗诉，最终由二审法院以挪用资金罪对高尚判处三年有期徒刑、缓刑五年。对这样一场因集资建房失败而引发的经济纠纷，加以刑事制裁，让高尚承担刑事责任，无公正性可言。

（二）高尚的行为不构成犯罪，应该通过审判监督程序加以纠正

综合本案的相关事实，专家们认为，没有任何法定证据证明二审法院认定的所谓市容局基建办的存在；二审法院所认定的私刻印鉴实为图南公司、市容局和高尚共同使用；二审法院所认定的挪用市容局360万元资金实为市容局方面和图南公司给付高尚的土地款。与会专家认真讨论后认为，本案实为民事纠纷，不应将高尚在本案中的行为认定为挪用资金罪。终审法院将本案定性为挪用资金罪，实属定性错误，应该通过刑事诉讼法规定的审判监督程序予以纠正。在二审法院过于形式化地理解刑法的相关规定并进而认定高尚在本案中的行为构成犯罪的情况下，应当启动再审程序，加以纠正。

（以下无正文，只有专家签名）

以上专家意见对高尚案件涉及的法律问题作了较为全面的论述，它虽然是应一方当事人对涉案法律问题所进行的论证，但基本上还是能够较为中立与客观地对案件进行分析，为当事人提供法律帮助。一般来说，对于适用法律问题的专家论证效果较好，更具有说服力。但如果是事实或者证据问题，则说服力稍差。当然，对于案件事实是否清楚、证据是否达到确实、充分的程度，专家也还是可以作出一个较为客观的判断。但由于这种程度性的判断，取决于对标准的把握，因此在标准不同的情况下，往往难以达成共识。高尚案件尽管在个别案件细节上还存在争议，但并不妨碍对案件性质的判断。所以，高尚案件完全是一个法律适用问题。专家意见也是根据案件事实和我国司法实践处理挪用资金罪的一般理论进行分析的。无论是从法理还是从学理上来看，高尚挪用资金案确实存在硬伤，经不起检验。

十六、向最高人民检察院提交刑事申诉状（2013年3月8日）

高尚对于自己的案件即使是在被最高人民法院驳回以后，仍然不服。他接着又向最高人民检察院提出了申诉，期望最高人民检察院能够重启本案的再审。这是法律所能提供的最后通道，尽管是非常规的通道。高尚案件虽然被最高法院驳回，本来是已经申诉到头了，按照俗话说的，已经撞到南墙了。但按照我国刑事司法体制的设计，检察机关并不是单纯的公诉机关，而且是法律监督机构。即使是最高法院驳回的案件，如果最高人民检察院认为适用法律确有错误，还是可以提出要求再审。因此，高尚才会有撞到南墙不回头的勇气，将刑事申诉状递向最高人民检察院。

刑事申诉状

申诉人：高尚，45岁，男，汉族，高中文化程度，安徽省淮北市容局环卫处工人，现居住淮北市相山区。

申诉事由：不服安徽省淮北市中级人民法院（2006）淮刑终字第86号刑事判决书对我的有罪判决，不服安徽省淮北市中级人民法院和安徽省高级人民法院驳回我的申诉，不服最高人民法院立案一庭决定不根据我的申诉提起再审，特向最高人民检察院提出申诉。

请求事项：安徽省淮北市中级人民法院（2006）淮刑终字第86号刑事判决书回避安徽省淮北市相山区人民法院（2006）相刑初字第087号刑事判决书对我作出的无罪判决，没有指控、不经审判地认定我犯挪用资金罪，判处我有期徒刑三年，缓刑五年。安徽省淮北市中级人民法院的上述判决缺乏证据支持，在事实认定上不准确、在适用法律上有错误。为此，本人在2007年1月14日向安徽省淮北市中级人民法院提出申诉，在安徽省淮北市中级人民法院驳回我的申诉之后，我又向安徽省高级人民法院提出申诉，安徽省高级人民法院把我的申诉转给安徽省淮北市中级人民法院审查处理，结果，安徽省淮北市中级人民法院维持了自己对我的有罪判决。在安徽省高级人民法院把安徽省淮北市中级人民法院的审

查处理结论当做自己的结论通知我之后，我又向最高人民法院提出申诉，最高人民法院立案一庭在2012年11月29日以一份没有任何实质性理由说明的《通知书》通知我："经审查，你的申诉不符合《中华人民共和国刑事诉讼法》第二百零四条规定的重新审判条件，本院决定不对该案提起再审。"我认为，安徽省淮北市中级人民法院和安徽省高级人民法院驳回我的申诉以及最高人民法院立案一庭"决定不对该案提起再审"，都不是在深入审查、认真分析事实之后选择的符合法律规定的妥当做法，特请求最高人民检察院履行法律监督职责，按照审判监督程序向最高人民法院提出抗诉，促使最高人民法院对本案予以再审。

申诉事实与理由：安徽省淮北市中级人民法院（以下简称"二审法院"）对我的有罪判决，存在明显的程序瑕疵和重大的实体缺陷，应通过再审程序予以纠正。

1. 在程序上，二审法院不告而理、不诉而判

2006年9月13日，安徽省淮北市相山区人民检察院"相检刑抗（2006）02号刑事抗诉书"指控我挪用单位收集的职工购房款86万元，庭审的也是86万元。但是，二审法院却超越指控，仅用了一句"另查明"，就判我挪用资金360万元。二审法院判决书第27页一开始就表明："经庭审查明，原判认定原审被告人高尚参与购地、建房及支出购房款的事实清楚，证据充分。在二审期间，抗诉机关和原审被告人均未提供新证据，本院对上述事实予以确认。"根据二审法院自身的上述说法，稍具法律常识的人都不免产生疑问：既然二审法院对一审判决所采信的证据予以确认，并且确认抗诉机关和原审被告人均未提供新证据，那么，"另查明"究竟是由谁、又是如何查明的呢？显然，二审法院的"另查明"就是自控、自审、自判的代名词，也只有自控、自审、自判，二审法院才能"顺理成章"地把无罪的高尚判为有罪。二审法院的这种做法，既违反了《最高人民法院关于执行〈中华人民共和国刑事诉讼法〉若干问题的解释》第178条的规定，也剥夺了我应有的辩护权、质证权等基本的诉讼权利；同时，二审法院的做法也回避了为什么一审法院判无罪而二审法院为什么要判有罪的不能回答的问题。可以说，这在程序上严重违法。

2. 在实体上，二审法院的判决毫无事实和法律依据

二审法院在判决中指出，"原审被告人高尚在担任淮北市市容局基建办负责人期间，私刻市容局分管基建办的副局长李安祥的个人印章，利用职务便利，挪用由淮北市市容局和图南公司共同管理的职工集体购房款360万元"。但是，这个说法是完全错误的：从协议到执行的证据都显示所谓的集资购房款实际上是集资建房款，二审法院故意不按协议内容只取协议名称的做法是枉法行为；我根据协议收取的360万元的行为是属于行使权利的行为，按照协议和授权（土地方授权及根据协议市容局同意的土地方权利），我完全具有使用该资金的权限，没有越权行为，同时用于支付地款等是建房需要也符合集资款用途，何来"挪用"之说？

（1）所谓"高尚担任市容局基建办负责人"的说法，不符合事实。淮北市市容局从成立至今，都没有设置基建办这一机构；市容局是政府部门，机构设置应有编制，部门负责人应有任职文件，最少也应有会议记录，这些市容局都拿不出证据；公安局在办案时也没有高尚是市容局基建办负责人的证据，只是到移送起诉时才让环卫处的负责人和一些职工证明高尚是市容局基建办负责人，为了形成"证据链"又让环卫处副书记葛印雷于2005年7月13日在所谓2004年3月12日"召开"的环卫处党总支会议记录上添上一句话"关于抽调高尚、王毅、纵静、尚云鹏等四人负责集体购房工作"，由于是领导逼葛印雷作的伪证，迫不得已，葛印雷写了与所谓高尚为市容局基建办负责人风马牛不相及的证词，这句证词的最后一人尚云鹏是2004年5月份才到环卫处干临时工的，之前与环卫处没有任何关系，怎么可能在2004年3月12日的环卫处党总支会议上就被决定抽调到环卫处负责集体购房工作？显然，这些漏洞百出的所谓"证据"，并不能证明市容局基建办的存在。对于上述事实，二审法院心知肚明，所以干脆来了个没有理由的判决，后来由于我盯着不放，在二审法院的驳回申诉里才列出所谓市容局基建办负责人的"证据"，包括与高尚所谓基建办负责人根本不具有关联性的市容局党委会的情况说明和上述环卫处党总支的会议记录。作为一级人民法院，在判决书里不说明判决所依靠的证据，却要到后来的驳回申诉里去说，二审法院是

不是在告诉世人：我就违法，你能怎么样？！

在本案中，我（高尚）于2004年1月8日与淮北图南房地产开发有限公司（以下简称"图南公司"）签订"联合开发协议"，市容局以与图南公司签订"住房购销协议"形式加入"联合开发协议"，三方两份协议规定高尚出地获取840万元地款、图南公司开发建房后收取市容局按建筑成本计的2.5%的好处、市容局出全部资金并获取全部开发成果。因市容局集资建房违反规定，协议签订后由环卫处工会代行市容局职权，由市容局环卫处抽调职工和土地方高尚组成协调机构（所谓"基建办"）用以解决因土地不能过户、市容局不方便出面而又必须由土地方解决的事情，又因为市容局靠集资才能支付高尚的地款，成立所谓"基建办"有利于让高尚放心。两份三方协议及其执行，清楚地表明：代表市容局行使职权的是环卫处工会，市容局方面的负责人是李安祥；高尚代表的是土地方，没有证据证明高尚代表了市容局或者环卫处。所谓高尚为市容局基建办负责人的说法与两份三方协议及其执行不符，与证据显示的高尚只是代表土地方而从未代表过市容局方面不符，是公安机关违反证据制度收集和运用证据的结果，是二审法院虚假运用证据的结果。

（2）高尚持有李安祥私章并使用，并不属于"私刻"，也不违法，而是协议授权和李安祥授权的结果。根据胡长玲、纵静、王毅等人的证言，他们从集资建房一开始就知道高尚持有一枚李安祥的私章，并且开设集资账户时就是使用该印章作为开户印鉴，李安祥本人还先后四次签批了款项。可见，高尚从一开始所用的李安祥私章，李安祥本人就知道是高尚自己所持有的。二审法院认定高尚私刻李安祥的个人印章的说法经不起推敲。至少可以认为，高尚未经授权持有并使用李安祥私章证据不足。

从本案的全过程看，淮北市市容局集资建房（购房）自始就违法违规，为规避法律、规避追查，自始至终都是在"集资购房"的名义下行"集资建房"之实，处处都是遮遮隐隐、不按规章正常运作，其中包括高尚持有、使用李安祥私章。在本案中，由于市容局购地没有钱给高尚，只有靠集资才能支付高尚地款，所以才有了高尚手里的李安祥私章与环卫处工会行政章组成集资专户印鉴章的事

实；同样的道理，才有了高尚持有李安祥私章与图南公司一枚印章组成建设专户印鉴章的事实。这两个专户的设立、李安祥四次从集资专户签批付款、138户444万元集资款的存入和从集资专户转款360万元到建设专户，一致地说明了高尚对该枚李安祥私章的使用得到了协议三方的共同认可，高尚持有李安祥私章是市容局和李安祥认可的行使土地方权利的体现，没有违背程序、逾越权限。因此，根据高尚"私刻"和"非法"持有领导私章动用"共同账户"资金，认定高尚有"擅自"挪用资金的行为，缺乏事实根据，与理不符。

(3) 高尚支配360万元"集资款"，属于正常的行使权利，符合该资金的用途。高尚与市容局、图南公司签订的协议，高尚的供述，李安祥、纵静、李锋等人的证言和银行票据的书证均证实，共同账户中的360万元，是经过图南公司和市容局（包括环卫处工会）确认的应当支付给高尚的土地款，高尚有权支配上述款项，不存在挪用。退一步说，该笔"集资款"实际是合作"建房"投入款，只要是用于支付有关建房费用，就不违背该集资款的真实用途。高尚和图南公司有关人员将"共同账户"中360万元"建房款"用于支付有关建房费用（主要是取得土地使用权的费用、备用金、设计费），一点儿也不违背该"共同账户"中360余万元资金的用途，因此也就不具备挪用资金罪的实质特征。二审法院认定高尚构成挪用资金罪，既没有事实依据，也不符合法律规定。

综上所述，二审法院的判决从形式来说是不审而判，已构成重大违法；从内容来说，是对一审判决所用证据的虚假运用，明显是不符合法律规定的裁判。对于这样一个明显的错判，各级法院顾及地方面子，长期不予纠正。痛心和无奈之余，我只有向全国人大代表和全国政协委员喊冤，并申诉到最高人民检察院。盼望最高人民检察院能够依照法律赋予的监督权力，启动审判监督程序纠正本案，还我公道！

此致

最高人民检察院

申诉人

2013年3月8日

十七、感言

我当然不太可能给高尚案件的申诉带来什么期盼，高尚的案件却给我带来了一个诊断我国司法病灶的绝佳病例。犯罪是社会的病症，而错案则是司法的病症。社会有病并不奇怪，甚至也可以说是正常现象。但司法有病，这就十分危险而且难以得到有效的救治。

围绕着高尚的案件，我们所展示的主要是司法文书和案件相关材料，但这只是浮在表面的东西，在高尚的叙述中所反映出来的领导干预等问题，在这些司法文书中是得不到证实的。而且，某个领导的一个批示或者一句指示，只不过是其千头万绪的日常事务中的一点痕迹。对于这个领导来说，他可能早就遗忘了。但其影响所及却还要延续好多年，尤其是落实到司法文书，是要永久存留下去而成为历史的。我们不能说这只是一个领导干预导致的错案，因为司法人员在其中是其咎难辞的。

刑法上有冤假错案之说，其实，冤、假、错这三种案件是有所不同的：冤案是就事实而言的，所谓不白之冤，是指被冤屈，即没有实施某一犯罪者被认定实施了某一犯罪。而假案，是指陷构出来的案件，因此，对于被陷构的人来说也是冤屈的。之所以称为假案而不称为冤案，是就司法者的主观心理不同而言的：对于冤案，司法者主观上可能是过失的。但对于假案，司法者肯定是故意的。至于错案，是指证据认定错误、法律适用错误或者程序存在瑕疵的案件。如果说，冤案与假案还较为容易界定，事后纠正起来也相对容易一些。例如佘祥林这样死者复生的冤案，随着死者归来而不得不翻案。但错案就难以界定，至于翻案就更难。因为错案之错，在一定程度上存在一个模糊地带，或者包含了一个价值判断，所以很容易形成"你说我错，我不认为错"的分歧或者争议。例如，就事实认定的错误而言，一种犯罪事实是否存在，要根据证据进行判断。我国刑事诉讼法规定的事实认定标准是事实清楚，证据确实、充分。这一事实认定标准本身是十分模糊的，其实还是排除合理怀疑这个标准更加明确一些。这里还存在着一个

认定事实的司法理念问题，即无罪推定原则。无罪推定原则的基本精神是：有罪是需要证明的，而无罪则不需要证明。因此，在不能证明有罪的情况下，被告人即为无罪。但在我国司法实践中，在相当长的时期内，主张的是所谓实事求是的原则：有罪即为有罪，无罪即为无罪。实事求是原则听起来很美，但缺乏可操作性。因为实事求是是以已经查清案件事实为前提的，但现在的问题恰恰是案件事实本身无法查清。在这种情况下，才有无罪推定原则的适用问题。事实无法查清表明不能证明被告人有罪，因此被告人应该被推定为无罪。但根据实事求是原则，则往往导致被告人被无限期地羁押。例如李怀亮案件，指控被告人李怀亮在2002年强奸杀人，但未能收集到有效证据证明被告人李怀亮没有实施强奸杀人行为，即犯罪嫌疑不能排除。在这种情况下，导致对李怀亮的长时间超期羁押。对于李怀亮这样的案件，纠正起来就有很大的难度。显然，李怀亮案件不属于冤案，因为他的犯罪嫌疑并没有排除。但从犯罪事实认定来说，这种在法定期限内不能收集有效证据证明被告人犯罪而予以超期羁押的，显然属于事实认定上的错案。至于法律适用的错误，界定起来也是有困难的。因为，有时法律规定本身就不够明确。尽管如此，犯罪还是存在客观界限的。就以高尚的案件而言，其将360万元从市容局与图南公司的共管账户转走的行为，到底是挪用了市容局的资金归其个人使用，还是依照相关协议将360万元用于买地建房，我想这是一般人都能判断的一个问题。其实，一审判决对这个法律问题的把握是十分精准的。可见，这个案件在二审的逆转，完全不是一个法律问题，而是一个法外干预的问题。

像高尚这样的案件，在我国司法实践中并不鲜见，事实上这就是一种法律适用的错案。但又有多少起获得了纠正呢？微乎其微。相对于冤案和假案的平反，错案的纠正太难。或者说，我国的司法实际状况还没有达到大规模纠正错案的程度。因为，即使是冤案，还有大量未能平反。想到这一点，我对我国司法的现状真是有些失望。我国目前的司法体制存在太多的问题，可以说还没有建立起现代司法体制。因为司法独立与中立这些司法的基本特征都还不具备，那么，怎么能够指望司法机关依法正确办理如此大量的各种案件，解决各种社会冲突与纠纷

呢？从某种意义上来说，我国司法机关在解决社会纠纷上，已经完全失败了，而只能沦为维稳的工具。但司法机关在维稳的同时，却不断地制造着不稳定的因素——大量的涉法上访人员就是明证。

在当前对于冤假错案的讨论中，对于如何避免冤假错案，涉及一个重要的思想认识问题，这就是纵与枉的辩证关系。对于纵与枉的关系可以组合排列出以下三种情形：(1) 不纵不枉；(2) 宁纵不枉；(3) 宁枉不纵。我国传统的观念是不纵不枉：既不冤枉一个好人，也不放纵一个坏人。这一想法也符合具有政治正确性的实事求是原则。但正如我在前面所说，实事求是原则看上去很美，却难以做到。在这种情况下，只有两种选择，这就是宁纵不枉与宁枉不纵。现在，越来越多的人意识到宁纵不枉的正确性。例如最高人民法院副院长沈德咏在题为《我们应当如何防范冤假错案》一文中，指出："我们必须保持清醒的认识，同时在思想上要进一步强化防范冤假错案的意识，要像防范洪水猛兽一样来防范冤假错案，宁可错放，也不可错判。错放一个真正的罪犯，天塌不下来，错判一个无辜的公民，特别是错杀了一个人，天就塌下来了。"[①] 尤其值得注意的是，沈德咏还提出了放过一个坏人是不冤枉一个好人的代价的观点，指出："我们的观念中常有'不冤枉一个好人，不放过一个坏人'的认识，但要有效防范冤假错案，做到'不冤枉一个好人'，让无辜者获得保护，那就有可能会'放过'一些坏人，这种制度风险是客观存在的，在这个问题上社会各方面都要有心理准备，这也是维护刑事司法公正、防范冤假错案必须要付出的代价。"[②] 应该说，这些观点是具有突破性的，表明最高法院面对频发的冤假错案，进行了深刻的反思，力图从刑事司法理念入手，克服造成冤假错案的各种错误观念。但在沈德咏副院长的文章中，也还是存在模糊甚至是错误的提法，例如在以上这段话中，沈德咏副院长在阐述宁纵不枉的观点时，将其概括为："宁可错放，不可错判。"我认为，"宁可错放，不可错判"的提法是存在可质疑之处的。其实，在没有证据证明被告人有罪的情况下，只有错判而根本就没有错放。所谓的错放，是指尚没有证据证明

---

① ② 沈德咏：《我们应当如何防范冤假错案》，载《人民法院报》，2013-05-06。

立此存照：高尚挪用资金案侧记

被告人无罪，因此将其放归社会，此后的证据证明该犯罪确实为其所为，因此称之为错放。显然，这种所谓错放的观念仍然是有罪推定思想在作祟，并且以客观真实而非法律真实为其理论根据。根据无罪推定原则，只要在某一个刑事诉讼程序中，没有证据证明被告人有罪，那么就是无罪。这里的无罪是基于法律真实的观念。即使此后发现证据，该犯罪确实系其所犯，也不能认为前一次无罪释放是错放。只有根据客观真实的观念，才能认为这是错放。至于即使此后也没有证据证明该犯罪系其所犯，那么更不能说是错放。由此可见，对于宁纵不枉的观念接受起来还是存在难度的，不仅存在各种误读，而且还存在明确的质疑与反对的意见。例如，最高人民检察院副检察长朱孝清在其题为《对"坚守防止冤假错案底线"的几点认识》一文中指出："有的同志认为，坚守防止冤假错案的底线，就要宁漏勿错。我不同意这种认识。所谓公正司法，就是受到侵害的权利一定会得到保护和救济，违法犯罪活动一定会受到制裁与惩罚。也就是说，公正司法包括防漏。案件质量的内涵是事实清楚、证据确实充分、定性准确、处理适当、程序合法，这就必须做到不错不漏。因为如果错了，犯罪嫌疑人、被告人就感受不到公平正义；如果漏了，案件的被害人就感受不到公平正义。因此，我们既要坚守防止冤假错案底线，又要坚持'两个基本'，防止纠缠细枝末节，宽纵犯罪。"[①]如果把这篇文章中的"错"理解为"枉"，而把"漏"理解为"纵"，并且如果我的理解没有错的话，那么，这篇文章的中心意思还是要坚持不枉不纵，而反对宁纵不枉。其理论根据也还是实事求是的这些道理，基本逻辑是：既要防止冤假错案，又要防止放纵犯罪。这种四平八稳的辩证思维，也正是传统的不枉不纵思想的逻辑特征。然而，我们现在要回答的却是：在无法查清案件事实，判则可能枉，放则可能纵的情况下，我们到底是宁枉不纵还是宁纵不枉。这是一个两难选择，在这一两难选择面前，我们根本做不到不枉不纵。对于这一两难选择，实事求是原则是无能为力的。当然，我也注意到在朱孝清副检察长的文章中还提到这样的意思："当然，根据罪疑从无原则，对疑罪作无罪处理有可能造成'漏'，与

[①] 朱孝清：《对"坚守防止冤假错案底线"的几点认识》，载《检察日报》，2013-07-08。

指导思想上防止'漏',二者并不矛盾。"① 我的疑问是:对疑罪作无罪处理有可能造成的"漏",还是不是"漏"?如果承认这种"漏"是必要的,也是必须的;那么,那些主张"坚守防止冤假错案的底线,就要宁漏勿错"的同志所称的"漏",难道不正是这个意义上的"漏"吗?难道主张宁漏勿错的同志还会愚蠢到认为应当放纵那些事实清楚、证据确实充分,符合"两个基本"的罪犯吗?显然不会。至于作者担心因为主张宁纵不枉而导致纠缠于案件的细枝末节,站在其控方的立场上,这种担心当然也是可以理解的。但是,这不能成为反对宁漏勿错的理由。现在的问题是要统一对"漏"的认识,尤其是要统一对案件细枝末节的理解。也许,冤假错案正隐藏在这些细枝末节之中。在浙江张氏叔侄冤案中,明明在死者的指甲缝里发现了并不属于嫌疑人的人体组织,后来证明这恰恰就是真凶的人体残留物。但侦查机关认为这是案件的细枝末节而轻轻地放过了,由此铸成冤案。这里的"两个基本",应该理解为基本事实清楚、基本证据确实充分。但某些地方的司法机关,主要是控方,则往往错误地理解为事实基本清楚、证据基本确实充分。这样理解的结果,是降低了证据标准。对经法院判决最后造成的冤假错案,公检法三机关都难辞其咎。例如,在高尚一案中,难道不是在法院一审作出无罪判决后的抗诉,而将案件向有罪方向推进了吗?当然,按照我的设想,更好的制度设计是最后一个司法机关承担对冤假错案的责任。唯有如此,才能加强司法机关之间的互相制约,尤其是在刑事诉讼程序上居后的司法机关对居前的司法机关的制约力度,避免有错大家一起承担,使冤假错案的责任弥散化的机制。而且,我也不能同意沈德咏副院长在其文章中所说的,法院对某些冤案采取疑罪从轻,尤其是死刑案件,刀下留人,因而有功的说法。沈德咏副院长的原话是:"应该说,现在提看到的一些案件,包括河南赵作海杀人案、浙江张氏叔侄强奸案,审判法院在当时是立了功的,至少可以说是功大于过的,否则人头早已落地。面临来自各方面的干预和压

---

① 朱孝清:《对"坚守防止冤假错案底线"的几点认识》,载《检察日报》,2013-07-08。

力，法院对这类案件能够坚持做出留有余地的判决，已属不易。"① 这里有无奈的感叹，自我的安慰，这也是可以将心比心地理解的。但将冤假错案造成的杀与未杀的过错严重性程度上的差异，说成是功与过的关系，则无论如何也是难以成立的。"错"就是"错"，无论在什么条件下都不会转化为"对"；"过"就是"过"，无论在什么条件下也不会转化为"功"。这里不需要辩证法的思维，需要的只是直觉与良心。由此可见，在对于冤假错案的思想认识上还亟待澄清与统一，更待转变与提高。

目前，我国在十多年前造成的各种冤假错案集中暴发，随着冤假错案的平反，涉及一个如何建立避免冤假错案的有效机制问题。在这一制度设计中，首先需要解决的是对冤假错案的责任人的追究问题，这就是目前已经被平反的受害人的强烈呼声。但虽见冤假错案的平反，却鲜见责任人的追究。为此，我提出了一个较为极端的主张，任何冤假错案，只追究署名者的责任，未署名者无论对于冤假错案造成的实际作用大小，一概不追究责任。我的意图是，那些隐藏在背后的人随着时间的推移是越来越难找到，但判决书等司法文书上的署名者是载入历史的。这一规则可能会使那些背后的人逍遥法外，但却将所有责任落实到署名者身上，使其终身担责，而且无可推卸。这样，就会使这些署名者具有抵御外来干预的内在动力。如果不加抗拒，则其责任将由本人承担。我的这一想法，受到不少人的批评，认为这是不公平的，也是不合理的。例如，审判委员会讨论决定的案件，为什么要由合议庭成员来承担责任？对此，我的抗辩意见是：要改变这种决定者与署名者分立的现象，采取谁决定，谁署名的原则。在我国目前的司法运作中，存在太多的集体决定，这为案外干预创造了条件，也使冤假错案的责任无从落实。因此，只有从司法改革入手，才能消除冤假错案产生的制度性根源。

任何一个社会都存在着矛盾与冲突，各种社会纠纷需要得到化解。而司法制度就是社会纠纷解决的正式机制，它以法律为根据，为社会提供一种有效的纠纷解决机制。但我国目前存在如此之多的涉法上访人员，表明这些纠纷没有在司法

---

① 沈德咏：《我们应当如何防范冤假错案》，载《人民法院报》，2013-05-06。

机制中获得解决，至少没有在基层司法机关获得解决。目前，在我国取消涉法上访的呼声很高，限制再审制度的言论也时有发声。在一个理想的法治社会，涉法上访与再审制度确实没有存在的必要性与合理性。但是，在我国目前这样一种法治状态下，如果没有其他制度跟进，贸然取消涉法上访与限制再审制度是完全错误的。

涉法上访，也称为涉诉信访，是指与某一具体诉讼案件相联系，针对人民法院审判和执行案件的行为和结构，要求人民法院启动司法程序、实施一定诉讼行为的人民群众的来信来访。[①] 因此，涉法上访是以提起法院对某一案件的再审为目的的，可以说，没有再审也就无所谓涉法上访。但我国法律虽然设立了再审制度，案件的再审率却是很低的。例如，自2008年至2011年，全国各级人民法院受理各类刑事再审案件分别为2 930、2 788、3 356、3 055件，共计12 129件。但2008年全国法院审结的一审刑事案件为768 130件，2009年为767 000件，2010年为779 641件、2011年为840 000件。比较以上数字可以看出，每年再审案件在整个刑事案件总数中的比例之低，可谓微不足道。涉法上访人数之多与其欲达到的再审案件数量之少，形成鲜明对照。在这种情况下，想通过上访获得再审，几乎不可能。因此，再审制度形同虚设。

在这种情况下，我认为应当考虑建立第三审，以此取代再审，并在条件具备的情况下，取消涉法上访。世界各国的司法体制大多实行三审终审制，即一个案件必须经过三个法院的审理才能最终审结，并且对于那些疑难复杂的案件应当可以上诉到最高法院审理，以此保障公民的诉讼权利。但我国长期以来采取的是二审终审制，并辅之以再审制度作为救济途径。由于法院审理案件难以做到案结事了，所以申请再审案件的数量居高不下。我国法律对再审制度的程序设计不够明确，导致当事人逐级申诉，大量的申诉案件就像洪水一样涌向上级法院，甚至涌向最高法院。而上级法院或者最高法院根本就没有能力对数量如此之大的申诉案

---

① 参见景汉朝主编：《立案信访和审判监督改革的路径与成效》，155页，北京，人民法院出版社，2013。

件进行实质性的审理，由此申诉案件又像退潮一样回到初审法院。在这一上一下之间，再审制度流于形式，没有给当事人带来任何实际的效果。在这种情况下，我认为较为可行的是建立第三审，使基层法院一审的案件能够上诉到高级法院，中级法院一审的案件能够上诉到最高法院。为了方便当事人，也是为了避免上访，高级法院和最高法院都可以以巡回法庭的形式承担第三审的职责。在三审终审制建立以后，如果运行顺畅，就可以取消涉法上访与再审制度。第三审应该对案件进行实质性的审理，当然，以法律审为主。三审也不同于一审与二审，它不是对案件的全面审理，而只是对争议的事实问题与法律问题进行审理。三审以后，没有再审，三审定谳的案件不得再被推翻。如此，可以建立起司法的权威，并取得司法的公信力。

高尚案件，属于刑法中的财产犯罪案件，因为挪用资金罪在我国刑法中规定在财产犯罪一章。财产犯罪的特点是犯罪行为与民事违法行为往往交织在一起难以区分。这里涉及一个民刑交叉的问题，即民事法律关系与刑事法律关系的相互交错。例如，日本著名刑法学家佐伯任志教授在其与日本著名民法学家道垣内弘人合著的《刑法与民法的对话》一书的开头就径直指出："刑法问题中存在很多与民法问题相交错的部分，立即浮现于脑海中的便是财产犯罪领域——刑法中关于财产犯的讨论深受民法影响。此外，在违法阻却问题上也有许多与民法中的权利行使相关联的情形，而更大的问题是，寻求权利保护时应如何考量刑法与民法的功能分担。此外，还存在许多其他值得探讨的问题。"[①] 在这种民刑交叉的案件中，首先需要辨清民事法律关系。在此基础上，才能进一步对刑事法律关系进行认定。由此，这种民刑交叉案件的性质认定是极为疑难的，极易导致民刑两种法律关系的混淆。在高尚案件中，即使是民事法律关系也是极为复杂的，涉及市容局环卫处、图南公司、高尚作为土地方代表等多个主体，同时又涉及以上主体之间的多个协议以及由此而形成的多重法律关系。对此，都要仔细地加以分辨。

---

① ［日］佐伯任志、道垣内弘人：《刑法与民法的对话》，于改之、张小宁译，1页，北京，北京大学出版社，2012。

例如，2004年1月8日高尚作为刘家保的代理人与图南公司签订了《联合开发协议书》，这是一个平等主体之间签订的合作开发协议，基于这个协议，高尚作为甲方委托图南公司作为乙方对高尚所持有的S1101地块以及界外地块进行开发。2004年2月10日图南公司作为甲方又与作为乙方的市容局签订了《住房购销协议书》，市容局购买图南公司开发的房屋。这是涉及本案定性的两份基本合同，明确规定了高尚、图南公司、市容局在不同的法律关系中各自的权利与义务。在这些合同中，高尚出地委托图南公司建房，所建房屋又以图南公司的名义卖给市容局。因此，高尚间接地对市容局享有某种权利，发生某种法律关系。值得注意的是，图南公司与市容局虽然签订的是《住房购销协议书》，但实际上是集资建房，而市容局是对职工进行集资以后，将集资款交给图南公司，这部分款项中即包括付给高尚的购地款，同时也包括图南公司的建房款。正因为如此，当市容局将440万元购房款转入市容局与图南公司的共管账户以后，图南公司才能同意高尚将该款转走，因为这是事先约定的购地款。在以上法律关系中，高尚与图南公司是平等主体之间的关系，与市容局也只是一种间接的关系。但本案的复杂性在于，高尚同时还是市容局下属的环卫处的职工，而且图南公司与市容局之间的购房协议也是高尚一手促成的，因此才有高尚的基建办负责人的身份。这里的基建办负责人并非正式任命的职务，而是一种临时性的委派，这种事实上的委派关系是可以成立的。但在高尚具有土地方代表与基建办负责人这双重身份的情况下，其从市容局与图南公司共管账户取走购房款，不仅要看是利用何种主体身份，而且要看其所取得这一款项是否具有民法上的正当性。无疑，就高尚从共管账户取走购房款而言，主要是利用其基建办负责人的身份。如果该款项是其不应该得到的，那么，其行为构成挪用资金罪并无不可。但高尚作为土地方的代表，这一购房款恰恰是其应该得到的土地款。在这种情况下，就不能简单地说这一款项是利用职务上的便利取得的，因此构成了挪用资金罪。正如一个非国有单位的会计为本人列支了劳务费，如果根本就没有劳务而虚列，则其行为构成了挪用资金罪。如果实际上存在劳务，这笔劳务费是该会计所应当得到的。在这种情况下，就不能因为该会计为本人开支劳务费是利用了职务上的便利而将其行为认定为挪用资

金罪。因此，对于本案来说，首先要从民法角度来看，高尚是否应当得到该款项。这里还应当说明，该款项对于市容局来说是购房款，但对于高尚来说就是图南公司支付给他的购地款。同一种款项而在不同的法律关系中，具有不同的称呼，表明其具有不同的性质。

从以上分析可以看出，高尚这个案件本身就是一个十分复杂的案件，要求司法工作人员同时具有刑法知识与民法知识，要能够从复杂的民刑法律关系的交错中，对高尚的行为进行准确的法律定性。当然，对于这种复杂案件也不是都能难倒司法工作人员，像一审法院对本案的无罪判决就正确地区分了民刑法律关系，对高尚的行为作了准确的定性。但当存在外来干预的情况下，这类性质本来就扑朔迷离的案件，更容易受到干扰。对于如此性质复杂的案件，非专业人士在没有大量的占有与掌握案件材料的情况下，是很难对其性质作出正确判断的。因此，面对此类案件，有关领导也就很容易被一些似是而非的投诉所打动，于是愤然出手干预，由此铸成大错。

在此，我强调了判案的专业性与职业性。对此，就会出现如何看待西方陪审制度的问题。在我国法学界，也有较强的呼声要求实行人民陪审员制度，将罪与非罪的判断权交给人民陪审员，认为这是增强司法公信力的必由之路。其实，法官审案要比法官指导陪审员审案简单得多。法官审案是自己明白了就可以下判，而法官指导陪审员审案，则法官自己明白还不行，还要对陪审员进行引导，使那些完全不懂法律的陪审员能够作出在法律上正确的判决，这要比法官审案难上十倍都不止。在目前我国法官素质较低，本人都还不能完全审清案件的情况下，要采取人民陪审员制度，是不具备条件的。在陪审员制度下，因为陪审员不懂法律，只是根据其常情、常理与常识（所谓三常，这是重庆大学法学院陈忠林教授的专利）对案件进行判断。在这种情况下，就要对案件中涉及的法律问题进行"翻译"，为陪审员的判断提供基础。这就是英美陪审制度中的"指示陪审团"。例如英国学者指出："在最后辩论之后，首席法官会对陪审团作出指示，当然，如果审判席上的其他法官对法律的理解有不同意见，他们也可以逐次作出附加指示。出于不同的考虑，指示会包括各种不同的内容：有时首席法官感到需要在此

过程中向陪审员强调他们的裁决的政策性含义；有时是与本案相关的法律规则；当案件涉及更广范围内的经济贸易活动时，则尤其要去解决法律上的分歧。首席法官时常列举证据并且向陪审团解释它的意义，在内容上甚至超出了对被控罪行的构成要素的列举和举证责任的分配，这一点与现代美国实践形成了鲜明的对照。通过这样的做法，首席法官表述他关于证言的真实性或者咨询的重要性的看法。此外，如果法官发现案件已经毫无疑问地得到证实，或者发现公诉方没有负担起责任，他会毫不犹豫地发出判决指示，即告知陪审员应当作出有罪或者无罪判决。"[1] 由此可见，在陪审制度下，法官的职责是巨大的：法官并没有像我们所误解的那样放弃了审判职责，而是承担了更重的职责。那么，陪审团又如何根据法官的指示进行评议与判决呢？英国学者指出："在法庭指示完成之后，有罪或者无罪的问题就留给了陪审团来决定，陪审团有权作出一个概括性裁决并且享有不因其裁决的依据而受到质询的特权。法律赋予了他们与法庭在法律和证据效果上持不同观点的权力，并且他们的裁决一般情况下不会受到干扰；尽管如此，陪审团的裁决总是追随着法庭的指示，仅在极少数情况下与法庭持不同观点。而正是这些陪审团与法庭观点的差异或者它所受到法庭的控制，恰到好处地解释了陪审团评议模式的性质和影响范围。"[2] 在陪审制度下，法官与陪审员各司其职，形成了一个完整的审判体制。不能认为，陪审团制度就是完全由不懂法律的普通公民对被告人的行为是否构成犯罪进行裁决。其实，法官的指示对于陪审团的裁决具有重要的引导功能。正是法官将复杂的法律问题转换为不懂法律的陪审员所能够理解并且可以按照常情、常理与常识来进行判断的问题。也不能认为，陪审员只是简单地追随法官的指示，否则，陪审团的设置也就失去了其价值。其实，陪审员还是承担了终局性的判断职责。1998年香港律师协会曾经在北京大学法律系举办过一场按照英国普通法进行审判的模拟，模拟法庭的法官、检察官、律

---

[1] [英]麦高伟、切斯特·米尔斯基：《陪审制度与辩诉交易——一部真实的历史》，陈碧、王戈等译，165页，北京，中国检察出版社，2006。

[2] [英]麦高伟、切斯特·米尔斯基：《陪审制度与辩诉交易——一部真实的历史》，陈碧、王戈等译，176页，北京，中国检察出版社，2006。

师、出庭作证的警察,以及被告人和证人都由来自香港的具有相同身份的人士担任,当然除了被告人以外。该模拟法庭采取陪审制,参与审理的七位陪审员由大陆人士担任。本案审理的是一起杀人案,被告人系一名男士,在某次交通事故以后,导致性功能下降,与其妻,也就是本案的被害人就此产生矛盾,导致分居。经家人劝解,被告人与其妻和解。案发时,被告人与其妻在钟点旅馆发生性交,但被告人还是不能满足其妻的性欲。其妻为此以极其难听的语言恶毒地嘲讽被告人,被告人一气之下用随身携带的皮包带子缠绕其妻的脖子,欲让其住嘴。但因为用力过猛,致其妻死亡。被告人当场报警,警察出庭作证,证明案发时的情况。钟点旅馆的服务员也出庭作证,证明前后经过。被告人辩解,其不是故意要杀死其妻,而是被其妻的恶毒讽刺激怒,使其丧失理智,不幸致其妻死亡,这是一个意外事件。法庭调查查清了案件事实,表明被告人所述属实。控方指控被告人犯有过失致人死亡罪,律师则做无罪辩护。在法庭辩论完成后,法官对陪审员作出了以下指示:"怎么判断被告人有罪还是无罪呢?你可以把自己设想为被告人,在当时情景之下,你遭到妻子的嘲讽,如果你也会作出被告人一样的举动,那么,被告人就是无罪的;如果你不会作出被告人那样的举动,那么,被告人就是有罪的。"经过陪审团评议,陪审员对本案被告人作出了无罪裁决。这次模拟法庭给我留下了深刻的印象,使我对英美的陪审团制度有了初步的、感性的认识。根据陪审制度,不仅陪审团的裁决极为重要,而且法官的指示也同样重要:两种缺一不可。以高尚这个案件为例,除了极为复杂的民事法律关系以外,还需要对最为关键的高尚将共管账户中的款项取走的行为进行判断,而这种判断又取决于法官的指示。如果法官作出这样的指示:"市容局与图南公司共管账户中的款项,本来就是用于购地的款项,高尚将其取走是否构成挪用资金罪,取决于高尚是否有权支配该购地款。"那么,陪审员很可能作出无罪判决。如果法官作出这样的指示:"市容局与图南公司共管账户中的款项,应该是市容局环卫处职工的购房款,在未经市容局同意的情况下,高尚是否有权将其取走。"则陪审团很可能作出有罪判决。因此,陪审团制度是一种较为复杂的法律制度,在没有法治传统的情况下要想实行陪审制,

确实是存在重大障碍的。

高尚案件经过长达七年的审理与申诉,几乎穷尽了各种救济渠道,但还是未能翻案。相对来说,高尚还是幸运的,因为本案刑罚还不算重。如果是那些冤屈的被告人,长久地在监狱中熬过漫漫长夜,叫天天不应,喊地地不灵。那种肉体与精神的双重折磨,是常人难以体会、难以想象,也是难以忍受的。在我国目前的司法现状中,我们不仅要关注杜培武、佘祥林、赵作海、张氏叔侄等这样的冤案,而且要关注李怀亮这样证据认定错误的错案,还应该关注像高尚这样适用法律错误的错案。虽然说,在任何司法活动中冤假错案都是难以绝对避免的,但如果这种冤假错案是由于体制性的原因造成的,那么,避免与防止冤假错案的唯一出路就是司法改革。在我国当下,冤假错案的大面积暴露,表明我国的司法改革迫在眉睫。

立此存照。

2013年仲夏

(本文原载陈兴良主编:《刑事法评论》第33卷,北京,北京大学出版社,2013)

敲诈勒索罪与抢劫罪的界分

——兼对"两个当场"观点的质疑

敲诈勒索罪与抢劫罪如何区分,在我国司法实践中是一个较为疑难复杂的问题。以往,我国刑法理论往往是以是否当场使用暴力、是否当场取得财物(以下简称"两个当场")作为敲诈勒索罪与抢劫罪区分的标志。笔者认为,"两个当场"对于区分敲诈勒索罪与抢劫罪虽然具有一定的帮助,但它只是一种形式特征,据此还不足以区分敲诈勒索罪与抢劫罪。因此,需要对敲诈勒索罪与抢劫罪的构成要件加以重新厘定,在此基础上对两罪加以科学的区分。

一、敲诈勒索手段:是否包含暴力?

对于敲诈勒索罪与抢劫罪的区分,首先应当从手段行为切入。关于抢劫罪的手段行为,我国《刑法》第263条表述为暴力、胁迫或者其他方法。而对于敲诈勒索罪的手段行为,我国《刑法》第274条并没有规定。在我国刑法理论上,一般表述为:威胁或者要挟。我国学者在论及这里的威胁或者要挟的方法时,指出:

从内容上看,有对被害人及其亲属以杀、伤相威胁的;有以揭发、张扬被害

人的违法行为、隐私进行要挟的;有以毁坏被害人及其亲属的财物相威胁的;还有以凭借、利用某些权势损害被告人切身利益进行要挟的,等等。①

以上所界定的威胁,其内容大体上与抢劫罪的胁迫相同,而要挟则不能被容纳在抢劫罪的胁迫之中。因此,我国学者指出:如果不是以暴力相威胁,而是对被害人以将要揭露隐私、毁坏财物等相威胁,则构成敲诈勒索罪,而不是抢劫罪。② 由此可见,当行为人采用暴力以外的威胁方法,即要挟时,则不可能构成抢劫罪而只能构成敲诈勒索罪。对此,当然是没有疑问的。此外,以将来使用暴力相威胁,也只能构成敲诈勒索罪。问题在于,暴力是否可以成为敲诈勒索罪的手段?以及以当场使用暴力相威胁是否可以成为敲诈勒索罪的手段?对此,有必要加以探讨。

我国传统理论是否认暴力可以成为敲诈勒索罪的手段,当然也否认以当场使用暴力相威胁可以成为敲诈勒索罪的手段的。例如,我国学者在论及敲诈勒索罪与抢劫罪的区分时,明确指出:这两个罪的显著区别在于,抢劫罪可以是使用暴力,当场取得财物,而敲诈勒索罪不可能当场使用暴力,而只能是依靠威胁。③ 敲诈勒索罪不仅不可能当场使用暴力,而且在暴力威胁的情况下,这种暴力也是将来可能实行的暴力,由此而进一步地排除当场使用暴力的可能性。例如,我国学者在对比敲诈勒索罪的暴力威胁和抢劫罪的暴力威胁时,指出:从实现威胁的时间看,抢劫罪的威胁具有当场即时发生暴力的现实可能性,如果被害人不交出财物,犯罪人会当场加以杀害或伤害;敲诈勒索罪的威胁不具有当场即时发生暴力的现实可能性,具有一定时间性与空间性。比如罪犯威胁被害人说,如果不把钱拿出来,三天之后在某地把他杀死。④ 根据以上观点,是否当场使用暴力或者是否具有当场使用暴力的可能性就成为敲诈勒索罪与抢劫罪在手段行为上的根本

---

① 周道鸾、张军主编:《刑法罪名精释》,3 版,532 页,北京,人民法院出版社,2007。
② 参见全国人大常委会法制工作委员会刑法室编:《中华人民共和国刑法条文说明、立法理由及相关规定》,540 页,北京,北京大学出版社,2009。
③ 参见王作富:《中国刑法研究》,596 页,北京,中国人民大学出版社,1988。
④ 参见高铭暄主编:《中国刑法学》,523 页,北京,中国人民大学出版社,1989。

区分之所在。但问题并不这么简单。如果行为人当场使用暴力,但并没有当场取得财物,能否以抢劫罪论处呢?显然不能。在这种情况下,虽然当场使用暴力,但没有当场取得财物的,应当认定为敲诈勒索罪。按照这一观点,暴力又可以成为敲诈勒索罪的手段行为。例如,我国学者指出:是否只要是为索取财物而实施了暴力,就只能构成抢劫罪而不能构成敲诈勒索罪呢?笔者认为,回答是否定的。例如,甲发现乙与其妻通奸。一日找到乙,要求乙在一周内向其支付5万元"爱情损失费",遭乙拒绝。于是甲对乙进行拳打脚踢,在乙被迫答应其要求时才住手。事后,乙向公安机关报案,甲被抓获。甲虽然使用了暴力,但并非当场占有乙的财物,因此,甲不构成抢劫罪,而是构成敲诈勒索罪。之所以这样定罪,关键问题在于,暴力起什么作用。根据前述抢劫罪的特点,如果使用暴力是为了排除被害人的反抗,当场占有其财物,当然应当定抢劫罪。但是,如果使用暴力的目的是迫使被害人答应在日后某个时间、地点交付财物,其暴力实际起的是与以实施暴力相威胁一样的胁迫作用,只是因为其不是作为当场占有他人财物的手段,所以,不能定抢劫罪。但是如果其暴力造成严重伤残或者死亡,则根据案件的具体情况定故意伤害罪或者故意杀人罪。[①] 以上观点虽然突破了暴力不能成为敲诈勒索罪的手段行为的传统理论,但是,这种观点将暴力限制在非当场取得财物的场合。如果是当场取得财物而使用暴力,仍然应当以抢劫罪论处。在暴力作为敲诈勒索罪的手段行为的情况下,敲诈勒索罪的成立只限于非当场取得财物的场合吗?笔者的回答是否定的:即使是在当场取得财物的场合,暴力也同样可以成为敲诈勒索罪的手段行为。这里涉及敲诈勒索罪与抢劫罪在暴力程度上的差别。

二、暴力的程度:敲诈勒索罪与抢劫罪的比较

我国刑法学界在论及抢劫罪的手段行为时,并非形式性地理解暴力、胁迫

---

① 参见王作富主编:《刑法分则实务研究》(中),3版,1071页,北京,中国方正出版社,2007。

或者其他方法，而是加以实质性地判断：抢劫罪的暴力是使被害人"不能反抗"，胁迫是使被害人"不敢反抗"，其他方法是使被害人"不知反抗"。例如，我国学者指出：（抢劫罪的）强制性行为足以压制被害人的反抗。上述三种强制性行为（暴力、胁迫或者其他方法）并不是一般性的强制，要求具有足以压制被害人反抗的属性，具有能够造成被害人不能反抗、不敢反抗、无法反抗的因果力量，至于上述三种强制性手段行为是否实际压制了被害人的反抗行为，不影响本罪的构成。① 按照上述观点，抢劫罪的暴力要求达到足以压制被害人反抗，即使之不能反抗。这显然是对抢劫罪的暴力的一种程度要求。那么，如果暴力没有达到上述程度，就不能构成抢劫罪，其结论是构成敲诈勒索罪。对此，我国学者指出：对于构成敲诈勒索罪来说，威胁实行暴力侵害与财物取得，原则上不能当场同时实现，否则构成抢劫罪。例外的情形是，以暴力侵害相威胁为主，伴随着低度暴力，但是暴力程度明显不足以压制被害人反抗、防止被害人回避、逃跑的，以敲诈勒索罪论处。② 尽管论者在关于敲诈勒索罪的概念中，没有明确地把暴力作为敲诈勒索罪的手段行为，但是在例外的情况下，还是认可了低度暴力或者轻微暴力可以成为敲诈勒索罪的手段行为。之所以在敲诈勒索罪的概念中回避暴力一词，主要还是受到以是否使用暴力作为敲诈勒索罪与抢劫罪的区分标志这一传统观念的影响。其实，敲诈勒索罪与抢劫罪在手段行为上的区分，并不在于是否使用暴力，而恰恰在于暴力是否达到了足以压制被害人，使之不能反抗的程度。如果暴力没有达到足以压制被害人使之不能反抗的程度，即使是当场取得财物也不构成抢劫罪而应以敲诈勒索罪论处。

对此，我们可以借鉴域外的相关规定及其理论。例如，日本刑法中的强盗罪（即我国刑法中的抢劫罪）都要求作为其手段的暴力、胁迫，必须达到能足以抑制被害人反抗的程度，在这一点上与恐吓罪（即我国刑法中的敲诈勒索罪）区分

---

① 参见曲新久：《刑法学》，2版，420页，北京，中国政法大学出版社，2008。
② 参见曲新久：《刑法学》，2版，430页，北京，中国政法大学出版社，2008。

开来。① 与此同时，日本刑法理论又明确地将暴力作为恐吓罪的手段行为。例如，日本学者指出：敲诈勒索的方法中也包括暴力。因为实施暴力并表示之后还会继续实施的话，就会使人产生恐惧心理。这里的暴行是指对人所施加的广义上的暴力，只要能够使对方产生恐惧心理就够了。对第三者的暴行也能成为对被害人的胁迫。但是，必须是没有达到压制对方反抗的程度。② 日本学者西田典之教授还对日本判例从恐吓手段仅限于胁迫到肯定暴力也可以成立恐吓手段这一演变过程，作了以下叙述：最高裁判所的判例存在这样一种倾向，即将恐吓的手段限于胁迫，并认为在如果不答应要求就有可能受到暴力这一使人产生畏惧的意义上，暴力就相当于胁迫（最决昭和33·3·6刑集12卷3号452页。木村138页、便携式注释574页也将恐吓理解为胁迫）。这是因为，从渊源上看，恐吓罪是由实施告知对方要揭发有损其名誉的事实（名誉毁损性事实），从而使得对方交付财物的行为（chantage）发展而来（参照木村138页、植松433页）。但可以说现在的判例已从正面肯定暴力也可成为恐吓的手段（最裁昭和24·2·8刑集3卷2号75页。团藤624页、植松433页、福田266页、大谷285页、小仓正三·大解说10卷243页以下）。③ 由此可见，在日本刑法中，暴力成为恐吓罪的手段行为，也是通过判例逐渐确认的。此外，我国台湾地区"刑法"第328条明确地把"致使不能抗拒"规定为强盗罪的手段，这是关于强盗罪的强制程度的明文规定。我国台湾学者指出：本罪（指强盗罪，——引者注）是行为人以强力压制被害人，在被害人无法抵抗的情形下取得财物。故本条构成要件中以"致使不能抗拒"的叙述表达出本罪的非难基础。亦即对于上述的强制行为有此程度上之要求，必须要达到使被害人不能抗拒之程度。而"致使不能抗拒"是被害人所处

---

① 参见［日］西田典之：《日本刑法各论》，3版，刘明祥、王昭武译，132页，北京，中国人民大学出版社，2007。
② 参见［日］大谷实：《刑法讲义各论》，新版3版，黎宏译，263～264页，北京，中国人民大学出版社，2008。
③ 参见［日］西田典之：《日本刑法各论》，3版，刘明祥、王昭武译，171页，北京，中国人民大学出版社，2007。

状态的描述，而不是要求被害人必须有外在的抗拒举动。所以实务见解也表示，本罪之成立只须强暴胁迫手段抑压被害人之抗拒，足以丧失其意志自由为已足，纵令被害人实际并无抗拒行为，仍于强盗罪之成立不生影响。① 因为台湾地区"刑法"明文规定以"致使不能反抗"作为强盗罪的构成要件，由此形成强盗罪之强制行为的程度限制。因此，在台湾地区"刑法"中，强盗罪与恐吓罪的区分不在于是否当场使用暴力，而在于暴力是否达到"致使不能反抗"的程度。在这种情况下，强盗罪与恐吓罪之间的关系，就形成所谓补充关系。对此，台湾学者指出：在构成要件之关系上，强盗罪与恐吓罪间，虽不具特别关系，唯二罪同系立法者为保护主要法益之个人财产安全，就其侵害被害人意思自由或行动自由之不同程度之手段态样，所设立制裁规定。因此，二者间具有补充关系，强盗罪为基本规定，恐吓罪为补充规定。②

这里所谓补充关系，是法条竞合之一种，亦称为偏一竞合。对于补充关系的认定，台湾学者指出：认识有否补充关系存在时，亦须：（1）先就某犯罪事实所该当之数个构成要件，观察其有否侵害法益之同一性。如具有法益之同一性时，（2）再就此数个构成要件要素加以分析比较，如发现二个（或以上）构成要件所规定之行为，均具有相同之侵害方向，而其侵害法益之程度有高低或强弱之别者，则规定较强程度之构成要件，即属于基本规定；其他规定较弱程度之构成要件，则为补充规定。③

我国大陆刑法理论虽然对抢劫罪的暴力要求达到不能抗拒的程度这一点，是肯定的，但对于暴力没有达到不能抗拒的程度，是否构成敲诈勒索罪，则往往语焉不详。如果基于"两个当场"的理解，则使用暴力并未达到致使被害人不能反抗程度而当场取财行为，也不能认定为敲诈勒索罪，其结果是被以抢劫罪论处，从而扩张了抢劫罪的范围。笔者认为，这一理解显然是难以成立的，它是建立在

---

① 参见卢映洁：《刑法分则新论》，609页，台北，新学林出版股份有限公司，2008。
② 参见甘添贵：《体系刑法各论·第2版·侵害个人非专属法益之犯罪》，408～409页，台北，2004。
③ 参见甘添贵：《罪数理论之研究》，74页，北京，中国人民大学出版社，2008。

暴力不能成为敲诈勒索罪的手段行为的前提之上的。只要承认暴力可以成为敲诈勒索罪的手段行为，则即使当场使用暴力，如果暴力程度轻微，没有达到致使被害人不能反抗的程度，由此而当场取财，即使符合两个当场的特征，也不能认定为抢劫罪，而应以敲诈勒索罪论处。例如，在秦某某等敲诈勒索案中，秦某某等人于2000年3月，共谋由秦某某利用其在治安联防队的工作之便，伺机将手铐带出，去路边发廊，佯装要求提供色情服务，待发廊内女青年上钩后冒充公安人员，取出手铐将女青年的双手铐住，然后以带到公安派出所处理相要挟，索要财物。对于本案秦某某等人的行为到底是定抢劫罪还是定敲诈勒索罪，在司法实务中存在不同意见。本案终审法院对秦某某等人以敲诈勒索罪论处，在有关分析意见中，作者指出：本案审理中，还有一个特殊情节值得细究。两名被告人在作案一开始就使用手铐，把被害人铐起来，这种行为明显是一种暴力行为。那么，敲诈勒索罪的行为手段是否还包括暴力手段？对于这个问题，我国《刑法》并未作出明文规定，但根据通说的刑法理论，敲诈勒索仅限于威胁，不包括当场实施暴力。我们认为，对这个问题不能一概而论，关键要看到暴力存在着程度上、性质上的差异，不同程度、不同性质的暴力是否达到抑制他人反抗的程度也是不同的。如果暴力没有达到抑制他人反抗能力的程度，就构成敲诈勒索罪，反之则构成抢劫罪。就本案来说，两被告人用手铐将被害人铐住，并不是为了阻止被害人反抗，也不是为了对被害人进行人身伤害，而是为了使被害人确信他们是公安干警，是在执行公务，从而顺利地达到非法索要财物的目的。因此，本案被告人用手铐把被害人铐起来的暴力，并没有达到抑制被害人反抗的程度，同时这也不是被告人主观上要达到的目的。因此在本案中，这种性质和程度的暴力可以理解为敲诈勒索的威胁方法之一。[①] 在以上分析意见中，明确地认为没有达到抑制被害人反抗程度的暴力可以成为敲诈勒索罪的手段行为，这是完全正确的。但作者又把这种暴力理解为威胁方法，这又显得有些暧昧。由此可见，我国司法实务还处在西田典之教授所说的将暴力解释为胁迫的阶段，尚未正面肯定暴力是敲诈勒

---

① 参见卢方主编：《刑事案例精选》，239页，上海，上海人民出版社，2004。

罪的手段行为。但具体到本案，使用手铐将被害人的双手铐住，如果是借机直接将被害人的财物据为己有，那么即使被告人冒充是公安人员进行威胁，由于双手被铐住处于不能反抗的境地，因此应当认定为抢劫罪而不是敲诈勒索罪。如果先使用手铐将被害人的双手铐住，冒充公安人员进行威胁，然后打开手铐，迫使被害人交付财物，则应当认定为敲诈勒索罪。此外，以上分析意见强调被告人使用暴力的目的是威胁而不是阻止被害人反抗，以此区分敲诈勒索罪的暴力和抢劫罪的暴力，笔者认为也是有所不妥的。事实上，被告人使用暴力的目的就是占他人财物，至于是阻止被害人反抗还是进行威胁，并非刑法所关心的。问题只是在于：暴力是否达到致使被害人不能反抗或者不敢反抗的程度。

三、占有财物的形式：取得还是交付？

我国刑法理论对敲诈勒索罪与抢劫罪的区分，侧重于对取财手段及其程度的描述，但对于占有财物本身并无透彻的分析。对于取得财物，我国学者大多以是否当场取得加以界分，但又承认当场取得也可以构成敲诈勒索罪。例如我国学者认为，抢劫必须是当场占有财物，敲诈勒索则可以是当场也可以是日后占有财物。[①] 那么，在当场取得财物的情况下，敲诈勒索罪与抢劫罪如何区分呢？对于这一点，我国刑法理论没有予以正面回答。这表明，我国学界对于敲诈勒索罪与抢劫罪的分界尚未能从本质上加以把握，其理论上的似是而非给实务带来困惑。笔者认为，对于敲诈勒索罪与抢劫罪的区分，不能仅限于手段行为的描述，还应当论及占有财物的形式，而这两者之间恰恰存在本质上的关联。

在日本刑法理论上，对于财产犯罪根据各种不同标准加以分类，其中一种分类就是盗取罪（亦称取得型财产犯罪）与交付罪（亦称交付型财产犯罪）。例如，日本学者指出：作为盗取罪，就是在夺取罪之中，不是基于被害人的意思而取得财物占有的犯罪，即盗窃罪、侵夺不动产罪以及抢劫罪。所谓交付罪，是指基于

---

① 参见王作富主编：《刑法分则实务研究》（中），3版，1070页，北京，中国方正出版社，2007。

对方的意思而取得财物占有的犯罪，包括诈骗罪和敲诈勒索罪。① 在此，大谷实教授从取财的方式上将盗窃罪、抢劫罪与诈骗罪、敲诈勒索罪加以区分：前者是违反对方意思的占有，后者是基于对方意思的占有。在盗窃罪的情况下，行为人采取秘密方式窃取他人财物，他人在缺乏主观认知，即不知情的情况下，丧失对财物的占有。因此，行为人取得他人财物，显然是违反对方意思的。而在抢劫罪的情况下，行为人使用暴力、胁迫，致使被害人不能反抗、不知反抗而取得他人财物，这是致使他人丧失意志自由而取得财物，因而也是违反对方意思的。与之不同的是交付罪，其特征是基于被害人的意思而交付财物。这里的交付，也称为处分，当然，这是存在瑕疵的处分，因而是民法上的无效处分。其中，诈骗罪的被害人是基于被骗产生认识错误而交付财物，属于认识上有瑕疵的处分。敲诈勒索罪的被害人是基于被恐吓的畏惧心理而交付财物，属于意志上有瑕疵。日本学者西田典之在论及恐吓罪的处分行为时，指出：同诈骗罪一样，要成立本罪，还必须存在以恐吓为手段使得被害人感到畏惧，并基于被害人的意思将财物或财产性利益转移至对方的处分（交付）行为。② 因此，被害人到底是在丧失意志自由的情况下，财物被劫取，还是在意志被胁迫但尚未完全丧失意志自由的情况下，交付其财物，就成为区分敲诈勒索罪与抢劫罪的另一个标志。

被害人是丧失意志自由而被劫取财物，还是意志被胁迫而交付财物，如果仅仅根据主观标准是难以判断的，因此在刑法理论上通常采取客观标准，即考察行为人所采取的暴力、胁迫是否达到致使一般人不能反抗或者不敢反抗的程度。因此，区分敲诈勒索罪与抢劫罪的手段行为与取财方式具有相关性，两者可以互相补强。例如，行为人采用严重暴力或者以严重暴力相胁迫，足以抑制被害人的反抗，则可以直接推定是劫取财物，而没有必要对被害人是否丧失意志自由而转移财物进行单独判断。只有在行为人采取较为轻缓的暴力或者暴力胁迫，才有必要

---

① 参见［日］大谷实：《刑法讲义各论》，新版3版，黎宏译，166页，北京，中国人民大学出版社，2008。
② 参见［日］西田典之：《日本刑法各论》，3版，刘明祥、王昭武译，172页，北京，中国人民大学出版社，2007。

对被害人是否基于自己的意思而交付财物加以单独的判断。但即便如此，就敲诈勒索罪的构造而言，敲诈勒索行为——使被害人产生恐惧——交付财物——占有财物，这样一些构成要件的内容还是缺一不可的。

四、"两个当场"的质疑：以个案为例的分析

在区分敲诈勒索罪与抢劫罪的时候，我国刑法学界的通说是"两个当场"，即当场使用暴力、当场取得财物是抢劫罪，而当场使用暴力事后取得财物或者以事后使用暴力相胁迫而当场取得财物的是敲诈勒索罪。质言之，具备两个当场的，是抢劫罪；反之，就是敲诈勒索罪。如前所述，"两个当场"是以敲诈勒索罪的手段行为不包含暴力为前提的，在敲诈勒索罪的手段行为包含暴力的前提下，是否当场使用暴力并非敲诈勒索罪与抢劫罪的根本区分，其区分在于暴力的程度是否达到足以使被害人不能反抗或者不敢反抗。而且，当场取得财物也不是敲诈勒索罪与抢劫罪的根本区分，关键在于是违反被害人的意思取得财物还是基于被害人的意思交付财物。由此可见，不能按照"两个当场"来简单地区分敲诈勒索罪与抢劫罪。以下，通过何木生案[①]加以说明。

1998年，被告人何木生在一发廊内对其同伙何良清、何元达、何东仁（均在逃）说，其女友兰会娇被兰桂荣（系兰会娇之父）介绍嫁往广东，得去找兰桂荣要钱。次日上午10时许，何木生携带照相机和4副墨镜，何良清携带1把菜刀，与何元达、何东仁一起分乘两辆摩托车来到兰桂荣家。兰不在家，何木生对兰的妻子和女儿拍了照。下午2时许，在返回的路上，何木生将兰桂荣从一辆微型车上拦下，要兰赔偿其4 000元，并对兰进行拍照。兰拒绝赔偿后，何良清踢了兰一脚。兰桂荣见状就说："有什么事到家里去好好说。"到兰桂荣家后，兰说没有钱。何木生说："不拿钱我不怕，照了你们的相，会有人来杀你们。"接着，何良清又拿出菜刀仍在桌子上，叫兰把手指剁下来，在此情况下，兰桂荣即到外

[①] 本案刊于最高人民法院：《刑事审判参考》第23辑，28页以下，北京，法律出版社，2002。

面向他人借了2 000元，交给何木生。此款后被4人均分。

对于本案，江西省会昌县人民检察院以何木生犯抢劫罪提起公诉，会昌县人民法院经审理认为：被告人何木生伙同他人以非法占有为目的，虽然对被害人采取暴力相威胁的行为，但不足以使其不可抗拒。事后被害人被迫独自外出借钱给被告人，此时被害人完全脱离了被告人的控制，本可以向有关部门报案，但在又怕日后遭到被告人等的报复的情况下向他人借齐2 000元钱给何木生。其行为符合敲诈勒索罪的特征，判处有期徒刑3年。

宣判后，何木生服判，未上诉。检察机关以何木生等非法占有人民币2 000元的行为构成抢劫罪，一审判决定性错误，导致适用法律不当，量刑畸轻为由，向江西省赣州市中级人民法院提出抗诉。

赣州市中级人民法院经审理认为：被告人何木生等人当场出示菜刀并叫兰桂荣将手指剁下来，是以当场使用暴力相威胁，符合抢劫罪的特征，判处有期徒刑4年，并处罚金4 000元。

对于本案，有关裁判理由指出：我们认为，"当场"不是一个纯粹的时空概念，而是一定物质内容的存在形式。脱离了物质内容的时间和空间是不存在的，也无从把握。对于在以暴力威胁实施的抢劫罪中，"当场"的认定，必须结合行为人的暴力威胁以及所形成的对被害人的身体和精神强制的方式和程度，具体案件、具体分析认定。只要暴力威胁造成了强制，且该强制一直持续，即使时间延续较长，空间也发生了一定的转换，同样可以认定符合"当场"使用暴力威胁这一抢劫罪的构成要件，应当以抢劫罪定罪处罚。[①] 以上裁判理由还是以"两个当场"作为其立论根据的。在此，主要涉及的是第二个当场，即当场取得财物。从表面来看，本案是符合当场取财这一特征的，只不过存在中断而已。对于这里的中断，一审法院认为已经不是劫取财物，而是勒索财物，因而认定为敲诈勒索罪。但二审法院则认为，即使中断也不能改变其当场取得财物的性质，因而改判为抢劫罪。笔者认为，从本案的事实来看，以暴力相威胁，其暴力是较为严重

[①] 参见最高人民法院：《刑事审判参考》第23辑，23页，北京，法律出版社，2002。

的。如果是就此而把被告人身上或者家里的财物取走，则构成抢劫罪是没有问题的。因为家里没钱，要到外面去借钱，如果被告人押着被害人去取钱，其行为构成抢劫罪也同样没有问题。但在本案中，被害人是独自外出借钱，正如一审判决所言，本来被害人是可以报案的，只是因为害怕事后被报复，才把2 000元交给被告人。在此，需要分析的不是当场的问题，而是被告人使被害人不能反抗而取得财物，还是被害人在可以反抗的情况下，因为恐惧而交付财物。换言之，被害人交给被告人2 000元时，是完全丧失了意志自由，还是意志受到胁迫，基于自己的意思而交付财物？笔者认为，显然是后者而非前者。因此，本案应当以敲诈勒索罪论处。由此可见，"两个当场"只是形式性的特征，对于敲诈勒索罪与抢劫罪的区分，不能根据"两个当场"，而是应当根据两罪之间的本质界限。

（本文原载《法学》，2011（2））

故意毁坏财物行为之定性研究
——以朱建勇案和孙静案为线索分析

故意毁坏财物罪在司法实践中并不多见,在刑法理论上研究故意毁坏财物罪,重要目的之一在于将故意毁坏财物罪与其他财产犯罪相区分。本文以朱建勇案和孙静案为线索,并兼而论及李焕强案[①],对故意毁坏财物行为的定性问题进行研究。

一、朱建勇案的案情及裁判理由

上海市静安区人民检察院以被告人朱建勇犯故意毁坏财物罪,向上海市静安区人民法院提起公诉。起诉书指控:被告人朱建勇为泄私愤,侵入他人的股票委托交易账户并篡改密码,在他人账户内高价买进股票然后低价卖出,造成他人账户内的资金损失 19 万余元。案发后,朱建勇赔偿了给他人造成的全部损失。朱

---

① 朱建勇案刊载于《最高人民法院公报》2004 年卷,北京,人民法院出版社,2005;孙静案刊载于最高人民法院《刑事审判参考》第 4 辑,北京,法律出版社,2004;李焕强案刊载于《最高人民法院公报》2007 年卷,北京,人民法院出版社,2008。

建勇的行为触犯了《中华人民共和国刑法》第二百七十五条的规定，构成故意毁坏财物罪。朱建勇犯罪后有自首情节，依照《刑法》第六十七条的规定，应从轻处罚。请依法追究朱建勇的刑事责任。

上海市静安区人民法院经审理查明：2002年4月29日至5月10日，被告人朱建勇利用事先获悉的账号和密码，侵入被害人陆正辉、赵佩花夫妇在证券营业部开设的股票交易账户，然后篡改了密码，并使用陆、赵夫妇的资金和股票，采取高进低出的方法进行股票交易。5月16日，朱建勇再次作案时被当场发现。按照股票成交平均价计算，用首次作案时该账户内的股票与资金余额，减去案发时留有的股票与资金余额，朱建勇共给陆、赵夫妇的账户造成资金损失19.7万余元。朱建勇被发现后，立即如实供认了全部事实，并赔偿了陆、赵夫妇的经济损失。

上海市静安区人民法院认为：

（一）关于对被告人朱建勇的行为能否用刑法评价的问题

刑法第二条规定："中华人民共和国刑法的任务，是用刑罚同一切犯罪行为作斗争，以保卫国家安全，保卫人民民主专政的政权和社会主义制度，保护国有财产和劳动群众集体所有的财产，保护公民私人所有的财产，保护公民的人身权利、民主权利和其他权利，维护社会秩序、经济秩序，保障社会主义建设事业的顺利进行。"第十三条规定："一切危害国家主权、领土完整和安全，分裂国家、颠覆人民民主专政的政权和推翻社会主义制度，破坏社会秩序和经济秩序，侵犯国有财产或者劳动群众集体所有的财产，侵犯公民私人所有的财产，侵犯公民的人身权利、民主权利和其他权利，以及其他危害社会的行为，依照法律应当受刑罚处罚的，都是犯罪，但是情节显著轻微危害不大的，不认为是犯罪。"第二百七十五条规定："故意毁坏公私财物，数额较大或者有其他严重情节的，处三年以下有期徒刑、拘役或者罚金；数额巨大或者有其他特别严重情节的，处三年以上七年以下有期徒刑。"被告人朱建勇为泄私愤，秘密侵入他人的账户操纵他人股票的进出，短短十余日间，已故意造成他人账户内的资金损失19.7万余元。这种行为，侵犯公民的私人财产所有权，扰乱社会经济秩序，社会危害性是明显

的，依照刑法第二百七十五条的规定，已构成故意毁坏财物罪，应当受刑罚处罚。

（二）关于股票所代表的财产权利能否作为故意毁坏财物罪的犯罪对象问题

故意毁坏财物罪，是指故意毁灭或者损坏公私财物，数额较大或者有其他情节严重的行为。法律规定故意毁坏财物罪，旨在通过保护公私财物，进而保护该财物权利主体的权益。刑法意义上的财物，既包括有体物，也包括无体物，只要它具有一定经济价值，能成为权利主体依法享有的权益，就可以成为故意毁坏财物罪的犯罪对象。电力、煤气等无形财产，已经被刑法分则和相关的司法解释明确规定为盗窃罪的犯罪对象。股票所代表的财产权利，也可以成为故意毁坏财物罪的犯罪对象。

（三）关于犯罪数额的计算问题

故意毁坏财物是否构成犯罪，数额多少是一个要件。股票不同于一般财物，既有即时行情、当日最高价、当日最低价，也有平均价、成交价、收盘价，等等，而且其价格呈不断波动状态。对以股票为犯罪对象的故意毁坏他人财物行为，如何计算损失数额，目前法律和司法解释都未明确规定。最高人民法院在《关于审理盗窃案件具体应用法律若干问题的解释》第五条规定，盗窃股票的，数额"按被盗当日证券交易所公布的该种股票成交的平均价格计算"。故意毁坏财物罪与盗窃罪同为侵犯财产类的犯罪，因此应参照上述司法解释计算本案的犯罪数额。

（四）关于量刑问题

《刑法》第六十七条第一款规定："犯罪以后自动投案，如实供述自己的罪行的，是自首。对于自首的犯罪分子，可以从轻或者减轻处罚。其中，犯罪较轻的，可以免除处罚。"被告人朱建勇的行为虽已构成故意毁坏财物罪，但在被证券交易所工作人员发现后，朱建勇立即坦白并赔偿了被害人的全部经济损失，之后又随证券交易所工作人员归案，有自首情节，依法予以减轻处罚。根据朱建勇的犯罪情节和悔罪表现，依照《刑法》第七十二条第一款的规定，对其适用缓刑也确实不致再危害社会。

二、朱建勇案裁判理由的评判

在朱建勇案中,被告人的行为是否构成故意毁坏财物罪,主要涉及两个问题:一是被告人的行为是否具备故意毁坏财物的行为,二是股票所代表的财产权利能否认定为故意毁坏财物的对象。

在朱建勇案中,裁判理由将被告人的行为是否具备故意毁坏财物的行为这一问题表述为"对被告人朱建勇的行为能否用刑法评价",然后援引刑法第 2 条关于刑法任务的规定、刑法第 13 条关于犯罪概念的规定以及刑法第 275 条关于故意毁坏财物罪的规定加以论证。其实,刑法任务和犯罪概念对于论证被告人的行为是否构成故意毁坏财物罪并没有直接关联,即使是刑法第 275 条关于故意毁坏财物罪的规定,由于立法机关采用的是简单罪状,仅凭法条仍然无从判断被告人朱建勇非法侵入并篡改他人股票交易账户密码,采用高进低出的方法恶意交易,致使他人财产造成损失的行为是否属于故意毁坏财物的行为。从裁判理由的论证来看,我国司法人员习惯于采用宏大叙事的方法进行法律论证,而不是按照犯罪构成理论,采用逻辑推理方法解决法律疑难问题。

值得注意的是,本案的法官曾经撰写了"朱某故意毁坏财物案——侵入他人账户恶意交易股票损失较大的,构成故意毁坏财物罪"一文[①],对朱建勇案中的法律问题作了进一步阐述,其中论及故意毁坏财物行为:使财物的价值降低或者丧失是故意毁坏财物的本质特征。所谓"毁坏",就是指毁灭或损坏。这种行为的本质就是使其侵害的对象全部或部分丧失其价值或使用价值。"毁坏"的方式通常是以一种直观的物理的方式表现出来,如打碎杯子或者将杯子上的手柄打断等等。但随着社会的进步,新生事物与新现象日益增多,毁坏财物的方式也呈现出多样性。具体表现是某些有形物即使不使其物理上发生变更也同样可以降低其价值或使用价值,某些无形物在客观上往往都是通过非物理的手段使其

---

① 参见卢方主编:《经济、财产犯罪案例精选》,413~418 页,上海,上海人民出版社,2008。

价值降低或灭失。在此情况下，如果我们仍坚持传统思维，将物理上的毁损方式视为故意毁坏财物罪的唯一行为方式，就不能适应实践中保护公私财产的客观需要，就背离了立法者设立故意毁坏财物罪的立法原意。认定毁坏财物的行为，不应将眼光局限于行为手段是否具有物理性质，而应着眼于毁坏行为的本质特征，即该行为是否使刑法所保护的公私财物的价值或使用价值得以降低或者丧失，只要能使财物的价值或使用价值得以降低或丧失，都可以视为毁坏行为。本案中，被告人朱某利用高进低出买卖股票的方法使被害人的股票市值降低，实际上使作为财产性利益代表的股票丧失部分价值，这就是毁坏他人财物的行为。

在此，作者是从故意毁坏财物罪的本质特征出发论证毁坏行为的应有之意。我认为，这种论证思路是值得商榷的。问题在于：本质特征是如何归纳出来的？难道存在脱离犯罪具体构成要件的本质特征吗？采用这种从本质特征论证具体要件的方法，就是一种价值判断先于规范判断的方法。因为所谓本质特征是超规范的，属于价值层面。而规范则是有法律的存在形式的，是一种实体性存在。从实体性存在出发，推导出实体性存在背后的价值内容，也就是从现象到本质，这是符合认识规律的。如果反其道而行之，从本质到现象，就容易先入为主，误入歧途。在刑法方法论中也是如此。根据大陆法系的三阶层的犯罪论体系，规范判断应该先于价值判断，这是犯罪认定的一个基本规则。在构成要件该当性、违法性、有责性三个逐步递进的要件中，就存在从形式判断到实质判断这样一个基本逻辑，由此实现对司法权的限制功能。例如日本学者西田典之指出：在如何保持裁判官作出正确、适当的判断这一意义上，构成要件该当性※违法性※有责性这一判断顺序也具有相应作用。理由在于，是否该当于可罚性行为类型这一构成要件该当性的判断在某种程度上具有形式性、明确性，正因为如此，若由此首先设定一个限制性框架，即便其后对违法性、有责性进行实质性判断，也不会扩大处罚范围；接着进行的违法性判断是一种实质性判断，即使如此，由于原则上是基于客观性要素所作的判断，仍有可能相对明确地进行判断；相反，由于有责性判断进入实质性判断、由对客观性要素的判断进入对主观性要素的判断，从而力图

确保裁判官的判断的正确、适当。根据上述解释，可以说，对于控制裁判官的思考过程，进而将刑法的适用限定于适当正确的范围之内，构成要件该当性、违法性、有责性这种犯罪论体系是一种行之有效的做法。[①]

因此，从规范判断到价值判断、从形式判断到实质判断，这种逻辑关系是被大陆法系三阶层的犯罪论体系所确认的，从而贯彻到司法裁判过程。但在我国刑法理论中，强调社会危害性是犯罪的本质特征，这是一种典型的实质思维方法。行为是否因具有社会危害性而构成为犯罪呢？从立法上说，行为是因为具有社会危害性而被规定为犯罪。但从司法上说，行为并不能简单地因为具有社会危害性而构成犯罪，而是依照刑法规定而认定为犯罪，这也是罪刑法定原则的题中之意。具体到朱建勇案，其行为是否构成故意毁坏财物罪，首当其冲需要解决的是其高进低出买卖股票造成他人财产损失的行为是否属于毁坏财物的行为？按照作者的观点：故意毁坏财物的本质特征是使财物的价值降低或者丧失。那么，这一本质特征是否必须依附于毁坏行为？换言之，是否只有"毁坏"行为造成财物的价值降低或者丧失才构成故意毁坏财物罪？还是说，只要使财物的价值降低或者丧失，就是"毁坏"行为。这里进一步引申的问题是：用"财物的价值降低或者丧失"来界定"毁坏"，还是用"毁坏"来实现"财物的价值降低或者丧失"？毁坏当然可以使财物的价值降低或者丧失，但难道毁坏是使财物的价值降低或者丧失的唯一方法吗？其他方法是否也可能使财物的价值降低或者丧失？答案是不言而喻的。另外，财物的价值丧失，是对谁而言的：对本人还是对他人？例如将甲鸟笼中的小鸟放飞，被乙捕获成为其宠物。在这种情况下，是否属于财物价值的丧失？这些问题，都不能直接从所谓毁坏财物的本质特征中获得，而取决于对毁坏行为的理解。

关于故意毁坏财物行为如何理解，这个问题本身在刑法理论上就是存在较大争议的。在德、日刑法学界，存在以下三种观点。

[①] 参见［日］西田典之：《日本刑法总论》，刘明祥、王昭武译，45页，北京，中国人民大学出版社，2007。

1. 效用侵害说

认为毁损是指损害财物的效用的所有行为。这是从广义上理解毁损概念的主张，在日本处于通说地位。根据此说，不仅直接造成财物全部或部分毁坏，导致其丧失效用的情形构成对财物的"毁损"，而且财物的外形并未毁坏，只是其效用受损者，也应视为"毁损"。例如，把财物隐藏在所有者难以发现的处所，将他人的金银首饰丢弃到湖海之中，在他人字画上涂墨水等污物，将他人鱼塘的闸门打开让鱼流失，把别人的鸟笼打开让笼中的小鸟飞走，在他人的餐具中投入粪尿，如此等等，都属于毁损财物的行为。效用侵害说又分为"一般的效用侵害说"与"本来的用法侵害说"两种不同的具体主张。其中，前者认为，只要是侵害了财物的一般效用，就构成"毁损"；但后者认为，只有造成财物的全部或部分损害，并使之处于不能按其本来的用法使用的状态，才能视为"毁损"。

2. 有形侵害说

认为毁损是指对财物施加有形的作用力，从而使财物的无形价值、效用受损，或者损害物体的完整性的情形。明显没有施加有形力的场合，毁坏财物罪不可能成立。按照此说，在他人餐具中投入粪尿使之不能再次使用的，因为对餐具施加了有形力，所以，构成毁坏财物罪。如果仅仅只是将财物隐藏起来，则由于没有对之施加有形力，即便是损害了其效用、价值，也不能视为对财物的毁损。不过，也有持此说的学者不赞成这种观点，认为隐匿财物的行为本身就是对财物施加了有形力，应该视为对财物的毁损。有形侵害说是德国的通说。不过，德日两国的有形侵害说并非完全相同。例如，日本的有形侵害说对把金戒指投入河海中，是否属于施加了有形力的毁损行为的问题没有涉及，而德国的有形侵害说认为，投弃行为不是施加有形力的行为，因而不构成毁坏财物罪。另外，德国的有形侵害说认为，使他人的鸟、鱼逃走，把别人的金戒指投弃到河海之中，之所以不构成毁坏财物罪，不仅仅只是对财物没有施加有形力，更重要的是并非是使之不能按财物的本来用法使用。这同日本的有形侵害说十分强调对财物本身的侵害有所不同。

3. 物质的毁损说

物质的毁损是指对财物的整体或部分造成物质的破坏或毁坏，从而使此种财

物完全不能或部分不能按其本来的用法使用。按照此说，毁损的实质不在于是否对财物施加了有形的作用力，也不在于是否损害财物的效用，而在于其所采用的手段是否导致财物遭受物质的破坏或损坏，并且使之不能或者很难恢复原状，因而不能按其本来的用法使用。反过来，如果只是造成财物轻微的损坏，很容易恢复原状，并未达到不能按其本来的用法使用的程度，则不能说是对财物的毁损。由此而论，使他人鱼塘里的鱼流失，将笼中之鸟放飞，把金银首饰丢弃到湖海之中，将物品隐藏起来，在餐具中投入粪尿，由于没有杀伤鱼鸟、没有对首饰、物品、餐具等造成物质的破坏，因而不能构成毁坏财物罪。但隐匿财物的行为并非一概不能处罚，如果行为人有非法取得的意思，那就应该以盗窃定罪处罚。目前，物质的毁损说虽然不是日本刑法理论上的通说，但支持者近年来有逐渐增加的趋势。①

在以上三种观点中，把财物予以隐匿使财物所有人丧失该财物的使用权，显然不属于毁坏财物。虽然隐匿也能使他人丧失财物的价值，但财物本身没有被毁坏，不能因为隐匿财物符合使财物的价值降低或者丧失的本质特征就将其认定为故意毁坏财物罪。除此以外，在上述三种观点中，对毁坏含义的理解是不同的。这三种观点对毁坏含义的理解，从宽到窄分别是：（1）效用侵害说。（2）有形侵害说。（3）物质的毁损说。在这三种观点中，物质的毁损说较为符合损毁的本义，强调财物物理性价值的丧失或者降低。有形侵害说则将对财物的有形侵害与无形侵害加以区分，只有有形侵害才是毁坏，无形侵害不是毁坏；但如何界定侵害的有形性与无形性，存在较大争议。至于效用侵害说，对于毁坏的理解过于宽泛，已经超出毁坏的字面含义。

在我国刑法中，虽然设有故意毁坏财物罪，但由于此案件在司法实践中并不多见，因此对毁坏的含义只是作一般性的字面解释，并未真正在法理上展开讨论。近年来，随着从德、日引入有关刑法学说，关于故意毁坏财物罪的讨论逐渐展开。例如张明楷教授主张一般的效用侵害说，指出：毁坏不限于从物理上变更

---

① 参见刘明祥：《财物罪比较研究》，418~420 页，北京，中国政法大学出版社，2001。

或者消灭财物的形体，而是包括丧失或者减少财物的效用的一切行为。所谓财物效用的丧失与减少，不仅包括因为物理上、客观上的损害而导致财物的效用丧失或者减少（使他人鱼池的鱼游失、将他人的戒指扔入海中），而且包括因为心理上、感情上的缘故而导致财物的效用丧失或者减少（如将粪便投入他人餐具，使他人不再使用餐具）；不仅包括财物本身的丧失，而且包括被害人对财物占有的丧失（如将他人财物隐藏）等情况。[①] 显然，这是一种对毁坏的十分宽泛的解释，不仅财物价值的丧失或者减少，而且财物占有丧失都属于对财物的毁坏。此外，刘明祥教授主张本来的效用侵害说，并作更进一步的限制，指出：只有使他人财物永久地失去其效用的行为，才能视为毁损行为。具体说来，如果行为造成了财物实质上的破坏（包括拆卸、部分毁坏或整体毁灭），使之永久性地完全失去效用或部分失去效用，这自然可以构成故意毁坏财物罪。虽然没有对财物本身造成破坏，但却使之永久地脱离他人的占有，或者尽管所有者仍占有该物，但已不可能发挥其原有效用的，也可以构成故意毁坏财物罪。[②] 上述观点仍然较为宽泛地定义毁坏。我认为，毁坏财物行为应当揭示行为的破坏性，只有破坏性的行为才能构成毁坏，那些不具有破坏性的行为则不能认定为毁坏。效用侵害说只着眼于效用丧失或者降低的结果，对行为方式本身没有加以限制，因此其对毁坏的理解具有结果论的效应，过于宽泛；有形侵害说指出了有形作用力对于界定毁坏的作用，开始注重行为，但无形作用力难以准确认定，存在司法操作上的困难；物质的毁损说强调采用导致财物遭受物质损毁的手段，我认为是正确的，但该说将后果局限在物理性损毁，不包括功能性损毁，也存在缺陷。基于行为的破坏性，才能把那些虽然使他人财产遭受损失，但并未采用破坏性手段的行为从毁坏中予以排除。例如隐匿行为，其手段不具有破坏性，即使能够使他人永远丧失对财物的占有，也不能认定为财物的毁坏。其他没有直接对财物采取破坏性手段而使他人财产受到损失的行为，也不能构成故意毁坏财物。例如放走小鸟，将戒指

[①] 参见张明楷：《刑法学》，3版，750页，北京，法律出版社，2007。
[②] 参见刘明祥：《财物罪比较研究》，425页，北京，中国政法大学出版社，2001。

丢到大海等。在这些情况下，这些财物本身没有遭受物理上的或者功能上的毁损，即使他人丧失对这些财物的占有，也不是故意毁坏财物。毁坏的后果不在于使他人丧失对财物的占有，更为重要的是使财物丧失价值。把一张价值连城的名画烧毁，当然是毁坏财物；在这张名画上泼墨，使之污损，也是一种毁坏财物。

之所以对毁坏一词进行语言论上的深入分析，是因为在现实生活中确实存在一些案件，需要根据明确的法律标准加以衡量。例如我国学者邓子滨教授曾经举出纽扣掺杂案，对毁坏一词加以探讨：几个妇女，因为自己一方有人在前日的冲突中意外死亡，跑到对方的住宅兼纽扣厂房哭闹。她们不仅打碎了一些门窗玻璃，还将装在袋中、摆在庭院周围的大量不同型号的纽扣倒在地上，掺杂在一起。这些纽扣有成品，也有半成品；有合格品，也有不合格品。邓子滨教授认为，刑法上的"毁坏"，从物理上说，主要是使财物严重变形，丧失其完整性，如踏坏鸟笼，砸碎玻璃，撕破衣服；或者是使财物灭失、流失，如当着物主的面，将他人储存的饮用水倒在地上；或者是使财物外观受损，如向他人的画卷上喷涂油污。将各种铜纽扣掺杂在一起，只要将其分离开来，并不改变纽扣的物理和化学性质，也不影响其使用价值，因而不是刑法中所说的"毁坏"[①]。我是赞同邓子滨教授对毁坏所作的较为限制的解释的，这既符合毁坏的字面含义，又不违反罪刑法定原则。刑法惩罚的是那些采取"毁坏"手段使他人财物价值丧失或者降低的行为。如果不是采用"毁坏"手段而使他人财物价值丧失或者降低，造成财产损失，则可以作为民事纠纷处理，由此限制刑法的惩罚范围。

回到朱建勇案，被告人采用的是高买低卖的方式进行股票交易，致使他人财产受到损失。财产损失这是一个客观事实，问题在于这种财产损失是否由"毁坏"行为造成？在裁判理由中，以较大篇幅论证了股票所代表的财产权利可以作为故意毁坏财物罪的犯罪对象。在"朱某故意毁坏财物案"一文中，作者更进一步地对此作了深入论证，并且作为定罪的第一个问题，放在毁坏行为之前加以讨

[①] 邓子滨：《就一起故意毁坏财物案向虚拟陪审团所作的辩护》，载陈泽宪：《刑事法前沿》（第4卷），187页以下，北京，中国人民公安大学出版社，2008。

论。这当然是受到客体—客观方面—主体—主观方面这一犯罪构成理论的影响。关于股票可以成为故意毁坏财物罪的对象，作者论证理由如下。

首先，股票作为一种典型的资本证券，是股份有限公司在筹集资本时发行的用以证明投资者股东身份和所有者权益的股份凭证，它既是反映财产权的有价证券，也是证明股东权利的法律凭证。股票除了有其自身的法律属性外，最显著的特征就是其目的的利益性、流通的收益性和收益的不确定性三个方面。也就是说，投资者购买股票的目的在于获取收益，该收益包括股份公司给付的股息、红利以及股票流通带来的利益等；股票持有者持股票到市场进行交易，当股票的市场价格上涨到高于投资者当初买入的价格时，卖出股票就可以获取收益，反之就会因股票贬值而使股票持有者蒙受损失。具体表现就是股票在一个合适的时间、采用合适的方法进行交易会给股票持有者带来经济利益。如果在一个合适的时间采取不合适的方法，或者在不合适的时间进行股票交易等，就会给股票持有者造成经济利益的损失。那么，反映股票持有者经济利益的多少，主要是看持有股票价值的多少，即股票的价值反映持有者具有相应价值的财产，股票就是代表该财产所有权的书面凭证，这种书面凭证是无形权利有形的、外在的表露载体，如果进行股票流通交易，就预示着该财产权利的转移。

其次，所谓"财物"是指钱财和物资，它包括有形的或者无形的动产、不动产以及附属物，其中有形财产是指人的感官能够感觉到的实物。对故意毁坏财物罪中的"财物"能否包括无形财产的问题，目前立法和司法解释均没有明确规定。我们认为，既然法律没有限制，除《刑法》有规定侵犯的特定财物属其他犯罪外，应理解为包括各种形式的财物。这种广义的理解既符合法律对社会财产权保护的原则，又为不断出现的新类型财产权不受侵犯提供保障。正如有的学者认为，我国《物权法》中的物应涵括"除去债权关系之外的所有具有可支配性的资源，包括有体物和无体物。这样能够承纳现行《民法通则》、《担保法》与《继承法》等法律中的财产的范畴，即有体物之外，延伸至知识资产、权利等无体物，从而不失为现行财产法与物权法体系相互协调的一种物权立法节约技术"。

最后，摒弃传统刑法理论关于财物必须是看得见、摸得着、具有某种特殊形

609

态的观点，符合刑法原则和立法精神：(1) 随着现代科技的进步和发展，某些无形财产，如电力、煤气、股权等逐渐进入人们的普通生活，尤其是在股票及其代表的无形权利与有形财产具有可转让、继承、赠与、质押等相同特征的情况下，如果将这些具有经济价值并为人们所支配和管理的财物排斥在《刑法》保护的范畴之外，显然没有法律依据，也不符合我国刑法的基本原则。(2) 现代刑法学理论普遍认为，我国《刑法》规定的故意毁坏财物罪，其侵犯的对象是各种形式的公私财物，包括生产资料、生活资料、动产、不动产等，既可以是国家、集体所有的财物，也可以是个人所有的财物。而我国《刑法》第九十二条明确规定，公民私人所有的财产包括依法归个人所有的股份、股票、债券和其他财产等。因此，代表无形财产权的股票作为故意毁坏财物罪中的"财物"认定，于法有据。(3)《最高人民法院关于审理盗窃案件具体应用法律若干问题的解释》中，已将电力、煤气、天然气等无形财产作为盗窃犯罪中的"财物"予以认定，体现了司法解释的与时俱进。所以，将我国《刑法》侵犯财产罪中的"财物"理解为包括有形财物、无形财物和其他形式的财产权，无疑是正确的。就本案而言，被告人朱某通过非法手段进入证券营业部的操作系统，擅自操作他人股票，造成他人股票市值降低，即股票持有者相应价值的财产权益减少，对这种侵犯他人财产利益的行为理应予以刑事处罚。①

以上文字对侵犯财产罪的财产的含义作了十分精彩的论述，这是值得肯定的。但各种不同的财产犯罪，由于受犯罪手段的限制，并不是所有财产都能成为其犯罪对象。例如，不动产可以成为侵占罪、诈骗罪的对象，但不能成为盗窃罪、抢夺罪、抢劫罪的对象。不仅如此，某一种财物可以成为财产犯罪的对象，还存在一个如何成为这种财产犯罪的对象问题。就故意毁坏财物罪而言，现金或者其他不记名的财产凭证是可以成为其对象的，如将其撕毁，撕毁以后财产就丧失了。但对于股票或者其他记名的财产凭证，即使把股票或者存折撕毁，还可以对股票或者存折项下的财产加以保全，使其不致被灭失。在高买低卖股票使他人

---

① 卢方主编：《经济、财产犯罪案例精选》，416~417 页，上海，上海人民出版社，2008。

财产受到损失的情况下,能否定故意毁坏财物罪,其法律问题并不在于股票能否成为故意毁坏财物罪的对象,还恰恰在于:高买低卖的行为是否属于毁坏。而作者对此的论证是从结果推及行为,其关键性的一句话是:只要能使财物的价值或者使用价值得以降低或丧失,都可以视为毁坏行为。按照这句话的逻辑,毁坏行为的含义不是由行为方式本身决定的,而是由结果决定的。这样,就使故意毁坏财物罪演变成为故意使他人财产受损失罪,其实行行为的定型性就会荡然无存。

三、孙静案的案情及裁判理由

江苏省南京市雨花台区人民检察院以被告人孙静犯职务侵占罪,向雨花台区人民法院提起公诉。公诉机关指控:被告人孙静利用担任海浪乳品公司南京分公司片区管理员的职务便利,为创造虚假业绩,骗取该公司钙铁锌奶 340 260 份,价值人民币 323 247 元,其行为构成职务侵占罪。

雨花台区人民法院经公开审理查明:被告人孙静于 2001 年 9 月应聘到海浪乳品公司南京分公司担任业务员。出于为该公司经理孙建华创造经营业绩的动机,自 2002 年 10 月 8 日起向该公司虚构了南京市三江学院需要供奶的事实,并于 2002 年 12 月 1 日利用伪造的"南京市三江学院"行政章和"石国东、陈宝全、蔡斌"三人印章,与该公司签订了"供货合同",从 2002 年 10 月 8 日起至 2003 年 1 月 4 日止,被告人孙静将该公司钙铁锌奶 321 500 份(每份 200 毫升)送至其家中,并要求其母亲每天将牛奶全部销毁。经鉴定上述牛奶按 0.95 元/份计算,共价值人民币 305 425 元。2003 年 12 月 24 日,被告人孙静以三江学院名义交给海浪乳品公司南京分公司奶款 7 380 元,其余奶款以假便条、假还款协议等借口和理由至案发一直未付给该公司。

雨花台区人民法院认为,职务侵占罪是指公司、企业或者其他单位的人员,利用职务上的便利,将本单位财物非法占为己有,数额较大的行为。由此法律规定可以看出,职务侵占罪主观上必须具有非法占有的故意,客观上必须具有非法占有的行为。所谓"非法占有"不应是仅对财物本身物理意义上的占有,而应理

解为占有人遵从财物的经济用途,具有将自己作为财物所有人进行处分的意图,通常表现为取得相应的利益。本案中被告人孙静主观上并没有非法占有公司牛奶或将牛奶变卖后占有货款的故意,其犯罪目的主观上是为了讨好公司经理孙建华,出于为孙建华创造业绩;同时被告人孙静在客观上亦没有非法占有公司牛奶的行为,当牛奶送至被告人孙静家中后,被告人即让其母亲随意处置,其本身并没有实际占有。综观本案,被告人孙静作为业务员,明知鲜牛奶的保质期只有1天,却对牛奶持一种放任其毁坏变质的态度,其主观上并没有遵从牛奶的经济用途加以适当处分的意图,其行为完全符合故意毁坏财物罪的故意构成要件。同时客观上孙静实施了将牛奶倒掉、喂猪等毁坏行为,符合故意毁坏财物罪的客观要件。故南京市雨花台区人民检察院指控被告人孙静犯职务侵占罪事实清楚,但定性不当,不予采纳。对辩护人提出的被告人孙静的行为构成故意毁坏财物罪的辩护意见予以采纳。孙静把牛奶倒掉的客观行为也充分证明了孙静主观上不是非法占有的目的,因此,其主观上也不符合职务侵占罪必须具备的非法占有目的的主观要件。孙静的行为不构成职务侵占罪。故意毁坏财物罪的毁坏行为有两种:一种是使公私财物完全丧失价值和效用;另一种是使公私财物部分丧失价值和效用。本案中虽然大部分牛奶喂猪了,从表面看并未完全丧失牛奶的价值,但相对于海浪乳品公司南京分公司而言,牛奶已完全丧失了所有权和相应的价值,故本案故意毁坏财物的价值应以海浪乳品公司南京分公司实际损失的牛奶的价值计算。被告人孙静辩解被毁坏的牛奶价值应以每份 0.65 元计算。经查,无锡海浪乳品工业有限公司证明及价格鉴定结论书均证实钙铁锌牛奶每份价值人民币 0.95 元,而被告人孙静未能提供相应证据,故对这一辩解意见不予支持。对公诉机关指控被告人孙静从 2002 年 10 月 8 日起至 2003 年 1 月 6 日共计侵占海浪乳品公司南京分公司牛奶 340 260 份,被告人孙静辩解 2003 年 1 月 5 日和 6 日并未再收到该公司送至家中的牛奶了,因公诉机关对此未能提供足够的证据加以证实,故对被告人的这一辩解予以采信,即被告人孙静自 2002 年 10 月 8 日至 2003 年 1 月 4 日共收到该公司送至其家中的钙铁锌牛奶 351 500 份,按每份 0.95 元计算价值 305 425 元。此外,被告人孙静于 2002 年 12 月 24 日曾以三江学院的名义

付给公司 7 380 元奶款，对此公诉人当庭也表示认可，但认为被告人是以其他片区的奶款来冲抵的，不应从总价值中扣除。对此被告人当庭辩解这 7 380 元中有部分是其他片区的奶款，也有部分是自己的工资。不论这 7 380 元是被告人用其他片区的奶款冲抵的还是自己的工资，对于本案来说被告人已经实际给付了 7 380 元，故应从总价值 305 425 元中扣除已付的 7 380 元。为维护社会秩序，保护公司财物不受侵犯，惩罚犯罪，依照《中华人民共和国刑法》第 275 条之规定，判决如下：被告人孙静犯故意毁坏公私财物罪，判处有期徒刑 4 年。

四、孙静案裁判理由评判

孙静案也是一个故意毁坏财物的案件，但它所面临的问题与上述朱建勇案是完全不同的。朱建勇案涉及的是如何理解毁坏的问题，因而是一个罪与非罪的区分问题。而孙静案涉及的是故意毁坏财物罪与盗窃罪的区分问题。在孙静案中，其行为属于毁坏并不存在太大的争议。在认定是否属于毁坏时，存在一个是否按照财物的本来用途使用的问题。如果不是按照财物的本来用途使用，就属于对财物毁坏。对此，裁判理由指出：本案中，孙静并未占有牛奶和遵从作为食品或商品的牛奶的本来用途加以利用或处分，既未供自己或他人饮用，也未变卖牛奶占有货款，而是让其母亲将牛奶倒掉和让邻居拉去喂猪，这与通常意义上的以实现财物的价值和使用价值为目的非法占有具有本质区别。

对于上述观点，我是赞同的。孙静案的法律问题在于：行为人是在利用职务上的便利将本单位的牛奶予以占有后再加以倾倒的。在这种情况下，是按照其先行的利用职务上的便利而占有牛奶的行为认定为职务侵占罪，还是将此后的倾倒行为认定为故意毁坏财物罪，这是存在争议的。因此，需要从理论上加以论证。

对于孙静案，检察机关是以职务侵占罪起诉的，而法院则以故意毁坏财物罪论处。由此可见，检法之间对于本案定性具有分歧。我认为，本案被告人孙静的行为到底是定职务侵占罪还是故意毁坏财物罪，并不是一个客观要素的问题，而是一个主观要素的问题。这里涉及对职务侵占罪行为人主观上以非法占有为目的

这一要素的体系性地位的认识问题。关于这个问题，我国学者周光权教授作了以下归纳性论述：财产罪的成立，除了要求行为人有故意（夺取财物的意思）之外，是否还要求其有非法占有目的（不法取得意思）这一主观的超过要素。尤其是盗窃、抢劫、抢夺罪的成立，除了有相应的犯罪故意以外，是否还应要求行为人有非法占有目的？这是非常值得研究的问题。在日本刑法理论中，虽然不法取得意思不要说有一定影响，但是通说还是坚持认为盗窃等取得罪中行为人要有不法取得意思，这里的不法取得不仅包括将他人财物非法占为己有，也包括占为第三人所有。按照多数人所接受的观点（折中说），不法取得意思是指永久性地排除原占有权利者，将他人之物作为自己之物，并遵从财物的经济价值加以利用或者处分的意思。需要行为人有永久地而非暂时地排除权利者的意思，是为了将盗窃与"使用盗窃"相区别（可罚性限定机能）；要求有遵从财物的经济价值加以利用的意思是为了将盗窃与毁弃、隐匿行为相区别（犯罪个别化机能）。所以，遵从财产的经济价值而加以利用的意思是不法领得意思的主要内容。在我国刑法学中，取得型财产罪的成立，需要行为人有非法占有目的，这是理论上的通说。至于如何理解非法占有目的这一概念，则存在两种比较有影响的观点。意图占有说认为，非法占有目的是指明知是公共的或他人的财物，而意图把它非法转归自己或第三者占有。利用、处分说认为，非法占有目的除包括意图占有或控制财物之外，还应该包括利用和处分意思在内。应该说，利用处分说是有道理的。[①]

职务侵占罪和盗窃罪等财产犯罪一样，都属于取得型犯罪。在我国刑法理论上都表述为以非法占有为目的，而这一目的在法律上并未明文规定，因而无疑属于非法定的目的犯。问题在于：一般的目的犯，目的是一种超过的主观要素，并不要求具备目的的实现行为。那么，在取得型的财产犯罪中，目的还是否属于超过的主观要素呢？因为在实施取得型财产犯罪以后，行为人通常都对财物予以占有，即使是处分也是以占有为前提的。在这种情况下，往往容易把取得后财产所处的状态理解为占有行为。但是我认为，占有状态与占有行为还是不同的，取得

---

① 参见周光权：《刑法各论》，99页，北京，中国人民大学出版社，2008。

以后财产所处的是一种财产的占有状态，这种财产占有状态是从属于其取得行为的。例如窃取，其行为是秘密取得，而占有是取得以后财产处于非法占有的状态，不能认为这种财产占有状态就是一种行为，除非是在持有型犯罪中这种占有状态才能认为是一种特殊的犯罪实行行为。那么，什么是行为呢？占有行为是指在财产被占有之后依照财物的本来用途加以使用（本人使用或者他人使用）的行为。例如，盗窃汽车，行为人主观上的非法占有目的，是使窃取汽车以后意图归自己使用，这种使用当然是以占有状态为前提的，但使用行为与占有状态又是可以分离的。在这种情况下，我们仍然要把非法占有的目的作为一种主观的超过要素加以考虑，而不是在客观要素的意义上讨论占有行为。

非法占有目的对于取得型财产犯罪来说是一种主观违法要素，对于行为的定性具有重要意义。正是通过非法占有目的，可以将取得型的财产犯罪与毁坏型财产犯罪加以区别，尤其是对占有财物以后实施的故意毁坏财物行为来说，更是具有重要意义。故意毁坏财物，在绝大多数情况下，并不一定以占有财物为前提，而是可以对处在他人占有下的财物进行毁坏。例如，将他人合法地停放在车库的汽车进行毁坏。在这种情况下，行为人的行为是一种纯正的故意毁坏财物的行为，而与其他财产犯罪无关。但在某些情况下，行为人先将他人的汽车予以占有，然后再进行毁坏。我们以李焕强故意毁坏财物案为例。

天津市红桥区人民法院经审理查明：刑事附带民事诉讼原告李诚从事个体客运业务，系牌照号为津A 84941的"华北"牌HC 6790型中巴汽车车主。被告人、刑事附带民事诉讼被告李焕强于2004年10月通过职业介绍所与李诚相识，双方口头约定由李焕强担任李诚的客车司机。后李诚表示不再雇佣李焕强，李焕强对此心怀不满，蓄意伺机报复李诚。2004年11月24日晚，李焕强来到位于红桥区丁字沽一号路福源楼附近的公安红桥分局下属停车场，趁工作人员不备，持未归还的汽车钥匙，将李诚存放于此的津A 84941中巴车开走。次日20时许，李焕强驾驶该车行驶至河东区红星路向阳楼57号楼附近时与路边的电线杆相撞，导致车辆受损。李焕强将该客车丢弃于河东区晨阳道天池里一号楼附近，随后逃逸。公安机关经侦查，于2004年12月1日将该车找回，当时车内"厦华"牌车

载电视及多碟 VCD 机各一台已经丢失。经天津市红桥区价格认证中心评估，该车辆损坏价值为人民币 12 433 元，被盗车载电视及 VCD 机价值为人民币 2 250 元。2005 年 2 月 15 日，李焕强被抓获归案。

天津市红桥区人民法院认为：起诉书指控被告人李焕强因被害人、刑事附带民事诉讼原告李诚不再雇佣其做司机而心怀不满，继而蓄意泄愤报复，偷开李诚所有的涉案机动车，在发生事故后将该车丢弃，造成该车毁损、车上物品被盗的事实足以认定。结合李焕强在作案前与李诚之间发生的纠葛及其作案手段，同时考虑李诚明知李焕强尚未归还涉案机动车钥匙，案发前李焕强曾经有过偷开涉案机动车行为的事实，并根据李焕强本人供述等在案证据，可以认定李焕强的主要目的是报复李诚，其主观上不具有非法占有他人财产的目的，不具有盗窃犯罪故意，其行为亦不符合盗窃罪秘密窃取的行为特征，故不构成盗窃罪。根据最高人民法院《关于审理盗窃案件具体应用法律若干问题的解释》第十二条第（四）项的规定，偷开机动车辆造成车辆损坏的，应当按照刑法第二百七十五条的规定定罪处罚。刑法第二百七十五条规定，故意毁坏公私财物，数额较大或者有其他严重情节的，处三年以下有期徒刑、拘役或者罚金；数额巨大或者有其他特别严重情节的，处三年以上七年以下有期徒刑。综上，检察机关指控的事实及罪名成立，李焕强的行为已构成故意毁坏财物罪，且造成损失数额较大。李焕强对其犯罪事实能够如实供述，认罪态度较好，但其曾因盗窃罪受过刑事处罚，可在量刑时酌情予以考虑。天津市红桥区人民法院判决如下：被告人李焕强犯故意毁坏财物罪，判处有期徒刑二年。

在李焕强案中，被告人在采用秘密的方法非法窃取他人汽车以后故意毁坏汽车。那么，为什么对其窃取汽车的行为不定盗窃罪呢？判决理由是"主观上不具有非法占有他人财产的目的，不具有盗窃犯罪故意"。对于这一行为的定性，我认为应该从刑法理论上加以深入分析。被告人李焕强在客观上实施的是窃取他人汽车的行为，这一点没有问题。那么，能不能说被告人"主观上不具有盗窃犯罪故意"呢？我认为，主观上的盗窃故意也是存在的，盗窃故意是指明知是他人财物而窃取的主观心理状态。被告人正是在这一心理状态的支配下实施窃取他人汽

车这一行为的,怎么能说被告人主观上不具有盗窃故意。问题在于:对于盗窃来说,除了客观上的盗窃行为与主观上的盗窃故意以外,还必须具有非法占有的目的,如果不具有非法占有的目的,则其行为仍然不能构成盗窃罪。因此,对于李焕强的窃取汽车行为,不能单独评价为盗窃罪。因为被告人主观上是在毁坏财物目的的支配下实施窃取行为的,这只是故意毁坏财物罪的预备行为。当然,在李焕强案中,被告人窃取汽车以后,为报复而将汽车毁坏,其后的毁坏行为认定为故意毁坏财物罪,当然是没有问题。但如果并非出于非法占有的目的,而是为了报复窃取他人汽车以后,只是简单地将汽车丢弃而没有毁坏,并且汽车被找回没有受到财产损失。在这种情况下,丢弃汽车的行为不能认定为是故意毁坏财物的行为,因而前行为不能定盗窃罪,后行为不能定故意毁坏财物罪,只能按照一般违法行为处理。

我们回到孙静案上来。对于孙静的行为是否构成职务侵占罪,控辩双方存在以下争议意见:公诉机关认为,孙静以虚假事实欺骗本公司,将牛奶骗出时即具有了非法占有的目的;当牛奶送至孙静家中时,孙静实际上已完成了非法占有的行为,至于将牛奶如何处理是对赃物的处置问题,不影响其非法占有的性质。辩护人则认为,孙静是为讨好公司经理孙建华,为给孙建华创造业绩而欺骗公司,主观上没有非法占有牛奶的目的;客观上也没有变卖牛奶占有货款,而是将牛奶销毁和送给邻居喂猪,不属于非法占有性质。

针对上述争议,裁判理由指出:刑法意义上的"非法占有"行为与"非法毁坏"行为具有一定的相似性,客观上两者都非法排斥了权利人对财物的占有、使用、收益和处分的权利,侵害了他人财物的所有权。两者的根本区别在于行为人主观目的的不同,前者以依照财物的本来用途利用和处分为目的,后者则以毁坏为目的。刑法意义上的"非法占有"不仅表现为行为人对他人财物在物理意义上的实际控制,通常也表现为行为人遵从财物的本来用途进行利用和处分,以实现财物的价值或取得相应的利益。所谓本来用途就是财物自身具有的价值和使用价值,不仅包括经济价值,还包括审美等其他价值。比如行为人非法取得了他人的一件具有很高经济价值的古董,放置于家中或将其变卖,均体现了其对该古董的

价值的利用或处分，均属于遵从其本来用途利用和处分，如果其具有永久性地将该古董占为己有的目的，即可以认定其属于非法占有。一般而言，非法占有人不会无故将占有的财物轻易毁弃。"非法毁坏"中，行为人出于毁坏公私财物的经济用途的目的实际控制他人财物后予以毁损或毁灭。虽然行为人也实际控制了他人财物，排除了权利人合法占有财物的可能性，但其控制该财物的目的并不是依照其本来的用途利用和处分，而是变更财物性质和价值或使其灭失，使人在事实上不能按照该物的本来用途使用和处分。司法实践中，对于此类行为应区分不同的情况，依照主客观相一致的原则，客观分析、认定。对于有证据证明行为人以毁损或毁坏为目的而实施的非法取得他人财物的行为，符合毁坏公私财物罪构成要件的，无论其是否已实施了毁坏行为，都应以非法毁坏公私财物罪定罪处罚；对于行为人不以毁坏为目的实际控制了他人财物的，一般均可以认定其具有利用和处分财物的目的，符合职务侵占、贪污或盗窃、诈骗等犯罪构成要件的，应以相应的罪名定罪处罚。

在上述裁判理由中，能够从主观目的上对职务侵占罪与故意毁坏财物罪加以区分，这是正确的，这也否定了裁判理由一开始提出本案的关键是非法占有行为与毁坏行为的区分的思路。职务侵占的占有是指侵占本身的占有，它与非法占有其实是两个不同的问题。每一种取得型的财产犯罪，都具有独特的占有方式，例如窃取、骗取、夺取、侵占等。但这些取得型财产犯罪的非法占有目的却是完全相等的。由此可见，不能把通过窃取、骗取、夺取、侵占而获得的对他人财物的非法占有状态，看作是非法占有目的所对应的非法占有行为。非法占有目的所对应的占有行为，是上述窃取、骗取、夺取、侵占以外的占有行为，它并非本罪之实行行为。对于取得型的财产犯罪而言，这种占有行为并非法定构成要件，不是刑法评价对象。但非法占有的目的却是主观的违法要素，为构成取得型财产犯罪所不可或缺。因此，取得型财产犯罪的非法占有目的具有共同特征，对此我国学者周光权教授指出：（1）不能将非法占有目的解释为行为人仅仅是为了取得所有权，因为很多财物（例如，汽车、自行车等）即使被盗窃、抢劫，原所有权人在法律上的权利并不会丧失，犯罪人自己也清楚不能通过犯罪手段取得所有权。

(2) 不能将非法占有目的解释为必须含有"将他人所有之物转变为自己所有之物"的意思，否则，对所有人将自己所有但被他人占有的财物偷回的行为，无法认定其具有非法占有目的，由此导致犯罪成立范围缩小。因此，应该将非法占有目的界定为：永久而非暂时地排除他人的占有，将他人之物作为自己之物，并遵从财物的经济价值加以利用或者处分的意思。由此可见，非法占有目的的概念从消极的层面看是排斥他人占有；从积极层面看，则是行为人意图使自己具有类似于所有人的地位，从而对他人财物加以支配、控制。不具有非法占有他人财物的意思，例如，债权人为促使债务人及早履行义务，而将其财物搬走，并当场出具清单的，行为人没有永久排除他人占有的意思，并非以财物的所有人自居，自不应成立盗窃、抢劫等罪。(3) 遵从财物的经济价值对财物加以利用或者处分的意思，是指行为人有意享受该财物本身所具有的利益与效用。改变财物用途，但仍然对该财物的经济用途加以享用的，仍然认为有非法占有目的。例如，盗窃他人数量较多的木材，将其砍成小块，然后作为柴火取暖的，构成盗窃罪而非故意毁坏财物罪。①

以上对取得型财产犯罪的非法占有目的的界定，我认为是正确的，尤其是第三点，对于区分取得型财产犯罪与故意毁坏财物罪，具有重大参考价值。应当指出，实施取得型财产犯罪行为时，可能与故意毁坏财物罪发生某种竞合关系。例如在破坏性盗窃的情况下，行为人以非法占有为目的，在秘密窃取财物过程中，使用了破坏性手段，造成了毁坏公私财物的后果。对于这些情况，我国学者认为构成牵连犯：破坏性盗窃中的盗窃行为是属于目的行为，破坏行为是属于手段行为，如果行为人目的行为盗窃的数额较大，手段行为破坏公私财物的数额较大或者情节严重，则此种情况应成立盗窃罪与故意毁坏财物罪的牵连犯，应择一重处断。② 牵连犯是以手段行为与目的行为分别构成犯罪为前提的，但在上述这种情况下，破坏财物的合法控制状态的行为本身就是盗窃行为的一部分。因此，不能

---

① 参见周光权：《刑法各论》，99～100 页，北京，中国人民大学出版社，2008。
② 参见董玉庭：《盗窃罪研究》，147～148 页，北京，中国检察出版社，2002。

对这一个行为作重复评价。我认为，在这种情况下，属于想象竞合，择一重罪处罚。当然，在相互竞合的情况下，其中一个行为因未达到罪量要求而不构成犯罪的，应以另一犯罪论处。对此，1997年11月4日最高人民法院颁布的《关于审理盗窃案件具体应用法律若干问题的解释》第12条第5项规定："实施盗窃犯罪，造成公私财物损毁的，以盗窃罪从重处罚；又构成其他犯罪的，择一重罪从重处罚；盗窃公私财物未构成盗窃罪，但因采用破坏性手段造成公私财物损毁数额较大的，以故意毁坏财物罪定罪处罚。"

此外，取得型财产犯罪与故意毁坏财物罪之间，还会发生犯罪的转化问题。例如在取得财物的时候具有非法占有的目的，但在取得以后因其他原因而将财物毁坏。对此，应当把此后的毁坏财物行为视为对此物的一种处分。之所以如此，是因为在这种情况下，取得财物行为是在非法占有目的的支配下实施的，其取得行为本身构成财产犯罪。而在孙静案中，在实施取得行为的时候，主观上不具有非法占有的目的，而是为将其毁坏做准备，因而取得行为不构成财产犯罪，只应将毁坏行为认定为犯罪。

（本文原载《国家检察官学院学报》，2009（1））

六、社会秩序犯罪

扰乱法庭秩序罪的修订：以律师为视角的评判

《刑法修正案（九）》在争议中通过，这种争议反映了我国刑事立法在某种程度上的公开，这对于加强立法民主具有示范意义。当然，立法是一个多方博弈的过程，立法结果也许并不都能尽如人意。在《刑法修正案（九）》的制定过程中，对《刑法》第309条扰乱法庭秩序罪的修订，成为一个争议的热点问题。本文将对《刑法》第309条扰乱法庭秩序罪的规定，从法理上进行探讨。

一、扰乱法庭秩序罪的演变过程

我国1979年《刑法》并没有设立扰乱法庭秩序罪，当时对于情节严重的扰乱法庭秩序行为，是按照妨碍公务罪论处的。例如孟甲等人妨碍公务案，就是一起典型的扰乱法庭秩序的案件。孟甲，男，30岁，农民，1991年12月30日因妨害公务被逮捕。孟乙，男，27岁，农民，1991年12月10日被收容审查，同月27日因妨害公务被逮捕。孟丙，男，20岁，农民，1991年12月18日被收容审查，同月27日因妨害公务被逮捕。1991年12月10日上午十时许，河北省固安县柳泉人民法庭开庭对蒋某平诉孟乙离婚一案进行公开审判。在审判长宣读离

婚判决书期间，被告孟乙无视法庭纪律，先是吸烟，而后找茬将其子打倒在地，挑起事端，并扑向原告蒋某平。此时，孟乙的兄弟孟甲、孟丙等人也闯入法庭哄闹，审判长多次制止无效，致使宣判无法进行。在这种紧急情况下，法庭按照《民事诉讼法》第101条关于"人民法院对违反法庭规则的人，可以予以训诫，责令退出法庭或者予以罚款、拘留"的规定，决定对孟乙立即采取拘留措施。当法警上前对孟乙实施强制措施时，孟乙极力抗拒，孟甲、孟丙等人也一拥而上，围攻谩骂审判人员和法警，并夺去手铐。对此，审判人员和法警口头制止无效。孟氏三兄弟继续哄闹，并殴打法庭工作人员，抢夺法警执行职务的戒具。审判长见状，鸣枪警告，孟甲上前掐住审判长的脖子，摁着头往汽车上撞。法警见状，再次鸣枪警告，孟甲等又扑向法警抢夺枪支，法警被迫开枪制止，击伤孟甲腿部。后柳泉乡派出所干警赶赴现场，才共同将事态控制住。经当场勘验，一名法警右手拇指被扭伤，脸部和上身多处损伤；在现场停放的一辆警车防雾灯被搬掉，标杆被拉弯。法庭宣判被迫中断。固安县人民法院认为，孟甲、孟乙、孟丙三人哄闹、冲击法庭，殴打审判人员和法警，抢夺干警执行职务的戒具和枪支的行为，严重扰乱了法庭秩序，应当依照《民事诉讼法》第101条第3款之规定，追究行为人的刑事责任。由于行为人的行为发生在民事诉讼过程中，侵害的客体是人民法院的公务活动，对行为人追究刑事责任，实质是人民法院对妨害民事诉讼人采取的更为严厉的强制措施，应当同采取其他强制措施一样，由人民法院直接处理。1992年1月27日，固安县柳泉人民法庭对孟甲、孟乙、孟丙妨害民事诉讼应依法追究刑事责任一案，由审判蒋某平诉孟乙离婚一案的原审判组织成员组成合议庭，公开开庭进行审理。开庭时，向案犯宣布了合议庭组成人员，不允许对合议庭组成人员申请回避；并告知可以委托辩护人为其辩护和有陈述意见的权利。两名案犯表示不请辩护人；一名要求其亲属为其委托辩护人，但被其亲属拒绝。在审理中，先由法庭宣布了案犯严重扰乱法庭秩序的事实材料，然后由案犯对其扰乱法庭秩序行为的事实进行供述。孟丙对主要事实供认不讳，孟甲、孟乙只供认部分事实。法庭还宣读了事发在场群众证实现场事实以及与案犯一起来庭的人证实案犯预谋闹庭的证人证言，出示了被打干警伤情的法医诊断证明。经

过审理，法庭认为，孟甲、孟乙、孟丙之行为，严重阻碍了国家工作人员依法执行职务，严重扰乱了法庭秩序，均已构成妨害公务罪。为了严厉打击妨害社会管理秩序的犯罪行为，维护法庭秩序，保障国家工作人员依法执行职务不受侵犯，依照《中华人民共和国民事诉讼法》第101条第3款和《中华人民共和国刑法》第157条之规定，判决如下："一、孟甲犯妨害公务罪，判处有期徒刑三年；二、孟乙犯妨害公务罪，判处有期徒刑二年；三、孟丙犯妨害公务罪，判处有期徒刑六个月。"宣判后，孟甲、孟乙、孟丙均没有提出上诉。上述孟甲等人妨碍公务案，就是扰乱法庭秩序引起的案件。只是因为当时刑法中没有规定扰乱法庭秩序罪，因而认定为妨碍公务罪。这种行为定性，在当时的法律语境中是正确的。因为扰乱法庭秩序罪本身确实具有妨碍公务的性质，尤其是在孟甲等人妨碍公务一案中，被告人不仅在法庭上哄闹，殴打审判人员，而且当法警对其违法行为进行制止时，还对法警的执法行为进行抗拒、阻挠，严重妨害了国家工作人员的公务活动。对此，应当按照妨碍公务罪论处。

可以说，在1997年《刑法》设立扰乱法庭秩序罪之前，并不存在法律上的缺失。孟甲案已经说明，对于司法实践中发生的扰乱法庭秩序的行为完全可以按照妨碍公务罪定罪处罚。

在1997年《刑法》修订的过程中，刑法分则的章节体例发生了重大变化。当时，对于刑法分则的体例存在大章制与小章制的争议。1979年《刑法》属于大章制，对分则条文分为8章，这与当时罪名较少的状况有关系。此后，随着单行刑法不断增加罪名，到1997年《刑法》修订的时候，大章已经难以容纳众多罪名。在这种情况下，有关方面提出来小章制的方案。立法机关经过权衡考量，最终采取的是一种妥协性的方案，即基本保持大章制不变，对于罪名较多的大章采取章下设节的办法。其中，刑法分则第3章破坏社会主义市场经济秩序罪下设8节，而刑法分则第6章妨害社会管理秩序罪则下设9节。在这种情况下，妨害司法罪设立专节就有必要性。对此，法院系统认为，将妨害司法罪设立专节规定，有利于强化我国的法制秩序。刑法对妨害司法罪设立专节，体现了立法者对司法活动的高度重视，同时全面、系统地规定妨害司法罪，为司法活动的正常进

行创造了良好的环境和条件，提供了特殊的、强有力的法律保障。[1] 在专节设立妨害司法罪的情况下，扰乱法庭秩序罪的设立也就顺理成章。

在刑法理论上，我国学者最初提出来干扰法庭秩序罪的罪名，认为干扰法庭秩序罪是指在法庭审理案件过程中，诉讼参与人或旁听人员不听劝阻，喧哗、哄闹、冲击法庭，或者侮辱、诽谤、威胁、殴打、围攻诉讼参与人，严重扰乱法庭秩序的行为。根据这一表述，干扰法庭秩序罪的行为主要表现为以下6种情形：(1) 在法庭内喧哗、吵闹、录音、录像、摄影；(2) 冲击法庭，破坏法庭开庭审理案件的设备，如损坏门窗、桌、椅、广播等；(3) 侮辱、诽谤、责骂、指责、刁难诉讼参与人；(4) 威胁、围攻、殴打诉讼参与人等；(5) 诉讼参与人无故不参与诉讼活动；(6) 其他干扰法庭秩序的行为，如不允许旁听的人员，经劝阻不听，仍擅自冲击法庭进行旁听等。[2] 这一对干扰法庭秩序罪的设计，对于所谓干扰法庭秩序行为界定得过于宽泛，实际上是将所有扰乱法庭秩序的行为都包含在内，而且还有兜底性的设想，甚至将某些较为轻微的扰乱法庭秩序的行为也纳入犯罪的范畴，由此而无法区分法庭违法行为与扰乱法庭秩序罪的界限。例如，在法庭内进行喧哗、吵闹、录音、录像、摄影等行为，只要当场制止即可，甚至连一般性的拘留处罚都没有必要。只有在不听劝阻的情况下，才有必要予以拘留处罚。如果把这种轻微的影响法庭秩序的行为都规定为犯罪，显然违反刑法谦抑性原则。

1997年《刑法》第309条关于扰乱法庭秩序罪的规定，将某些严重扰乱法庭秩序的行为设置为犯罪。该条规定：

聚众哄闹、冲击法庭，或者殴打司法工作人员，严重扰乱法庭秩序的，处三年以下有期徒刑、拘役、管制或者罚金。

在此，刑法将以下三种扰乱法庭秩序行为规定为犯罪，这就是：(1) 聚众哄闹；(2) 冲击法庭；(3) 殴打司法工作人员。并且，该罪的成立以严重扰乱法庭

---

[1] 参见周道鸾等：《刑法的修订与适用》，627页，北京，人民法院出版社，1997。
[2] 参见赵秉志：《妨害司法活动罪研究》，563页，北京，中国人民公安大学出版社，1994。

秩序为要件。因此，严重扰乱法庭秩序可以说是该罪的罪量要素，据此区分罪与非罪的界限。

在《刑法修正案（九）》对扰乱法庭秩序罪作出修订之前，其实在司法实践中该罪案例极少，基本上是一个僵尸化的罪名。即使存在个别案例，也主要集中在民事庭审活动中，主体一般都是民事诉讼案件的当事人或者其亲属，并且扰乱法庭秩序行为表现为性质较为严重的冲击法庭的行为。而刑事审判，由于法院布置了较为严密的保安措施，并且还有法警在法庭执勤，因此，较少发生扰乱法庭秩序的案件。

二、扰乱法庭秩序罪的修订背景

《刑法修正案（九）》草案第一稿提出了修订《刑法》第309条的方案，并与《刑法修正案（九）》草案一起公布，征求公众意见。修订的理由是：保障人民法院独立公正行使审判权。《刑法修正案（九）》草案第一稿第35条对扰乱法庭秩序罪的修订条文如下：

有下列情形之一，严重扰乱法庭秩序的，处三年以下有期徒刑、拘役、管制或者罚金：

（一）聚众哄闹、冲击法庭的；

（二）殴打司法工作人员或者诉讼参与人的；

（三）侮辱、诽谤、威胁司法工作人员或者诉讼参与人，不听法庭制止的；

（四）有其他严重扰乱法庭秩序行为的。

在以上修订条文中，对扰乱法庭秩序罪的罪状从叙述式规定改为列举式规定。从内容来看，第1项和第2项保留了原条文的内容，第3项和第4项则属于新增加的内容。

该草案公布以后，受到来自律师界的强烈批评。从条文表述来看，该规定似乎并没有专门针对律师，而且从逻辑上说，律师作为诉讼参与人，也是该规定所保护的对象。但是，律师还是从这一规定中感受到了不安和警觉，认为这是针对

扰乱法庭秩序罪的修订：以律师为视角的评判

律师而来的，其结果与效果类似于《刑法》第306条的律师伪证罪，将成为一把随着可能落在律师头上的悬剑。律师的这一理解当然是没有错的，因为从现实情况来看，扰乱法庭秩序的行为几乎没有按照该罪处理的。换言之，现行《刑法》第309条规定并没有出现立法不足因而加以扩容的客观需求。因此，该立法修改恰恰就是针对极个别律师在刑事法庭上的抗争行为。

律师是庭审活动的重要参与者，也就是法律上的所谓诉讼参与人。律师参与诉讼的深度与广度在很大程度上是一个国家法治水平的标志之一。我国律师制度是从20世纪80年代初开始恢复的，随着我国法治的发展，律师队伍也迅速壮大。对于律师职业的定位，经历了从国家法律工作者到社会法律工作者的转变，律师也逐渐从体制中剥离出去，成为立足于社会的法律服务提供者。可以说，律师制度改革本身是较为到位的。与此同时，我国的司法体制改革则相对滞后，由此而出现了律师与司法体制之间的矛盾与冲突。这种矛盾与冲突必然会在法庭上反映出来，这就是律师在法庭上所采取的抗争行为愈演愈烈。这里使用抗争一词，具有中性的含义。因为这种抗争有些是在合法范围之内的，有些是超越法律界限的；有些是善意的法律举动，有些则是恶意的行为艺术。[①] 这种抗争将法院置于一种尴尬而无奈的境地，也使法庭审理失控。律师在法庭上的抗争以所谓死磕的形式而出现，死磕成为极少数律师所采取的诉讼策略。因此，死磕成为律师自身对法庭抗争行为的诠释。与此同时，这种抗争行为在法官的视野中，被斥为闹庭。死磕与闹庭，可谓一种行为两种表述，深刻地揭示了我国法律职业共同体内部的分裂。

律师将死磕界定为：律师在刑事辩护中，针对办案机关在程序上的违法行为，以较真的态度和方式所采取的针锋相对的抗争，大多表现为审辩冲突。杨学林律师指出了4种死磕的方式：（1）法条较真；（2）网络揭露；（3）举报投诉；（4）行为艺术。[②] 在以上4种所谓死磕方式中，只有法条较真这种方式真正发生在法庭，而其他3种死磕方式都发生在法庭之外。尽管这3种死磕方式会对庭审

[①][②] 参见杨学林：《论死磕派律师》，http://yangxuelin1513.blog.sohu.com/302268199.html，2015-08-31。

产生一定的作用，但与法庭秩序没有关系。因此，从法庭秩序的角度来说，需要认真对待的是法条较真的死磕方式。根据法条所进行的死磕，一般都是针对程序问题，并且以个案公正为诉求。法条较真是以法律为根据的，以此对抗庭审活动中的程序违法现象。如果是法院自身的程序违法，在这种死磕的作用下，比较容易获得纠正。但当这种程序违法系侦查阶段或者审查起诉阶段所遗留，则法官无力纠正。由此而使法官承受不可承受之重，处于与律师对立的风口浪尖。

死磕现象，是一种值得思考的法律现象，同时也是一种社会现象。可以想见，在法治发达的社会，律师的辩护权获得有效的法律保障，某些律师的死磕行为就是正常的履行职责的行为。而其他那些具有破坏性，甚至自虐性与自杀性的死磕则根本就没有发生的可能。律师的执业活动说到底是一种有偿的法律服务活动，律师在执业过程中必然会考量投入产出以及各种风险，是一种理性人的行为。那么，是什么原因使得律师在执业活动中丧失理性，甚至演变为恶作剧？我认为，这正是我们对死磕现象进行抨击或者否定之前首先需要思考的问题。

在法庭上，这里主要是指刑事审判的法庭，因为死磕都发生在刑事案件的辩护之中，作为辩护人的律师与作为公诉人的检察官形成对抗的双方，而法官本来处于中立的裁判者的地位。但为什么现在法庭上缺失了辩护人与公诉人的对抗，而法官却成为与辩护人对抗的一方？这是一种诉讼结构的严重错位。之所以发生这种错位，主要原因在于目前是公检法三位一体的司法体制。我国采取的是一种诉讼阶段论，即公安的侦查、检察的批捕与公诉、法院的审判各自为一个阶段，分别行使侦查权、检察权和审判权。在这种诉讼结构中，三机关的三种权力前后衔接、互相制约，形成线形的司法流水线，同时发挥打击犯罪和保护人民的诉讼职能。对于这种所谓线性结构的弊端，我国学者指出：它仅有国家权力互动，忽视了涉案公民的主体地位以及辩护人的能动作用，损害诉讼平等，消解诉讼构造[①]。这种线性结构之所以排斥辩护律师，是因为这种具有阶段性的诉讼结构本身具有自足性，律师则是一种外部与外在的因素，会对司法流水线的正常运作造

[①] 参见龙宗智：《以审判为中心的改革及其限度》，载《中外法学》，2015（4）。

成干扰。因此,阶段性的诉讼结构天然具有对律师职能的排斥性。从 1979 年的《刑事诉讼法》到 1996 年《刑事诉讼法》的第一次修订,再到 2012 年《刑事诉讼法》的第二次修订,我国的阶段性的诉讼结构也在不断地调整当中,及至 2014 年新一轮司法改革提出以审判为中心的诉讼结构,线形的诉讼结构逐渐演变为三角形的诉讼结构,更加符合司法规律。在司法体制完全调整到位之前,律师的执业活动与不合理的司法体制之间的碰撞和摩擦也是在所难免的。

事实上,律师辩护从实体辩护,乃至于形式辩护,到法条较真的程序辩护,以至于实质辩护,这是一种辩护制度的进步。我国学者对审判区分为实质性审判和表演性审判,实质性审判的基本含义是:法官不听命于政府(追诉机关),也就是说,法院不是政府的橡皮图章,法官中立,与政府一方和辩护一方保持等距离;法庭审判应当进行实质性调查,为此应当防止和排除法官的预断,不允许审判活动流于形式;判决的结果应当以法庭审判中形成的心证为依据,这一心证是根据法庭调查过的证据得出的;法庭辩论应当充分,辩护律师应有使自己的辩护意见得到完整表达的权利。当他这样做时,自身的自由应当得到事中与事后的安全保障。[1] 在这种实质性审判的刑事法庭,律师的辩护权受到法律的充分保障,法庭秩序也就成为实质公正的组成部分,很难设想律师会对这样的法庭秩序进行对抗。与这种实质性审判相对应的是表演性审判,这种表演性审判也可以称为形式性审判,对形式性审判来说呈现在法庭上的活动并不重要,因为裁判并不以法庭调查和辩论形成的心证为依据,判决甚至在开庭前已经作出了,辩护律师的作用只是配合将这场戏演下去,诉讼处于"你辩你的,我判我的"状态。[2] 事实上,在某些敏感性或者受关注性案件中,连"你辩你的"也难以做到。因为法庭冗长的庭审只有当其对于裁判确有必要时,法官才会聚精会神地听取。而在先定后审的案件中,既然判决结果已有,法官不可能再有耐心进行细致的法庭调查,更没有心情听取律师冗长的辩护意见。在这种情况下,律师的辩护权往往得不到有效保障。为此,如果律师配合法庭的形式性审判,当然法庭会呈现出秩序井然

---

[1][2] 参见张建伟:《审判中心主义的实质内涵与实现途径》,载《中外法学》,2015 (4)。

的景象。反之，律师如果不能配合法庭，在法庭上进行较真，则死磕在所难免。如果一个律师对于案件中的各种违法现象视而不见，那才是一种失职行为。这种不作为的律师虽然维护了法庭的秩序，但有悖于委托人的利益，不是一位称职律师之所为。从这个意义上说，依法死磕是律师的职业道德的生动体现。

当然，我们也必须看到，某些死磕现象已经超越法律的界限，甚至不求法律上的所得，而是与法庭形成极端的对立。例如，通过被告人在法庭上解聘律师，使庭审无法进行。在休庭以后，再重新聘请原律师，以此拖延庭审时间。在这种极端的案件中，只有当事人对法庭彻底失望，才会做出这种非功利性的死磕举动。在目前的庭审活动中，有些案件因其特殊原因，法庭并不是一个确定有罪还是无罪的场所，而只是一个过场，这种先定后审的审判其实是法律秀。为此，当事人以及律师采取一种不配合的态度进行死磕。在这种情况下，需要反思的仍然是我们的司法体制本身。随着领导干部违法干预案件审理制度的建立，这种非法干预现象会有所减少，法官的中立性会有所提高。因此，此类死磕现象也会逐渐消失。当然，只有当对案件审判制度性的合法干预也不复存在，法庭的公正性得到有效保障，律师行使辩护职责的法治环境彻底改善之日，死磕现象才会彻底消亡。

不可否认，在法庭上死磕对既有的法庭秩序具有一定的破坏性。因此，死磕现象出现之时，就与闹庭的恶名结下了不解之缘。小河案（贵阳市小河区法院审理黎庆洪黑社会性质犯罪案件）被认为是死磕派律师形成的标志性事件。[1] 2012年1月9日，该案在贵阳市小河区法院开庭。辩护律师就法院管辖权、检察院和法官回避等问题与法庭激烈交锋，律师20余人次被警告、训诫，迟凤生、刘志强、李金星、杨名跨等4名律师被逐出法庭。[2] 正是在小河案中，辩护律师在法庭上的抗争行为开始被冠以闹庭的恶名。

闹庭是扰乱法庭秩序行为的一种形象的称谓。根据具有审判经验的法官的归

---

[1] 参见王凤涛：《"磕出"中国法治的"进步"？——死磕派律师的制度角色与中国司法的策略选择》，载《时代法学》，2014（6）。

[2] 参见杨学林：《论死磕派律师》，http://yangxuelin1513.blog.sohu.com/302268199.html，2015-08-31。

纳概括，闹庭主要有以下 6 种表现：（1）当事人或代理人打乱法官庭审时所引导的节奏，其在庭审中无正当理由滥用回避权，使庭审活动非正常中止，给案件的审理制造困扰；（2）当事人或代理人不当行使庭审中的程序异议权，在庭审过程中反复对法官提出不当的抗议、反对，甚至"警告"法官，给庭审的顺利进行制造了障碍；（3）侵犯法官的诉讼许可权，主要是当事人或代理人未经法官允许擅自发言及在法庭上随意走动实施不当行为；（4）当事人或代理人侵犯法官的诉讼制止权，例如在有的案件中不顾法官的制止，发微博、拍照等行为；（5）挑战法官庭审秩序维持权，有的案件中当事人或代理人不服法官对其训诫决定，甚至辱骂法官；（6）侵犯法官独立作出司法裁判的权力，在一些案件中，当事人或代理人会在庭审中用言语鼓动旁听群众，对法官施加不当影响，干扰法官依法判案。[①] 以上行为当然具有对法庭秩序的破坏性，但具体情节有重有轻，不可一概而论。

毫无疑问，《刑法修正案（九）》对扰乱法庭秩序罪的修订，确实是针对以死磕派律师为主的所谓闹庭现象的，形成对死磕行为的某种震慑。我们可以看到，在原《刑法》第 309 条关于扰乱法庭秩序罪的规定中，只是将严重扰乱法庭秩序的行为规定为犯罪，即采取聚众哄闹、冲击法庭，或者殴打司法工作人员的方式，严重扰乱法庭秩序的行为才能构成该罪，其他较为轻微的扰乱法庭秩序的行为只能作为一般违法行为进行处罚。在《刑法修正案（九）》草案第 35 条的规定中，除了上述两种扰乱法庭秩序的行为以外，还增加了侮辱、诽谤、威胁司法工作人员或者诉讼参与人，不听法庭制止的行为。这一行为除了威胁以外，其他行为方式还是较为容易界定的。只是第 4 项规定的其他严重扰乱法庭秩序行为是一种空白规定，具有较大的被宽泛解释，因而被滥用的可能性。例如，以上法官所列举的闹庭行为，如果不是解释为其他严重扰乱法庭秩序的行为，按照前三项的列举，是根本不能入罪的。而死磕派律师在法庭上的死磕行为，也同样难以入罪。即使是在司法实践中受到处罚的律师扰乱法庭秩序的行为，也都不属于前三

[①] 参见马良骥：《"闹庭"现象与"藐视法庭罪"》，载《人民法院报》，2014-05-16。

项规定的范围。例如，靖江市人民检察院于2013年1月22日指控被告人朱亚年犯利用邪教组织破坏法律实施罪，靖江市人民法院于2013年4月3日上午9时30分在该院第三审判庭公开开庭审理此案。北京市振邦律师事务所王全璋律师出庭为被告人朱亚年辩护。据靖江市人民法院介绍，当天的庭审过程如下：庭审中，辩护人王全璋多次打断合议庭成员以及公诉人的讯问，扰乱法庭正常的审判活动，经审判长多次警告制止并训诫。在法庭辩论中，辩护人王全璋用其手机拍摄，被审判长发现，审判长当即指令法警对王全璋的手机予以暂扣，待休庭后处置。法警当即通知本院网管员到场，发现该手机显示"云录音"状态，法警当即将此情况向审判长报告。审判长在庭审结束后要求辩护人王全璋留置谈话。谈话过程中，审判长要求辩护人王全璋提供手机开机密码，其自始至终都未能提供有效密码，致手机无法打开。该法院决定，鉴于王全璋上述行为违反法庭秩序，情节严重，依据《最高人民法院关于适用〈中华人民共和国刑事诉讼法〉的解释》第250条第（三）、（四）款规定，对辩护人王全璋拘留。在这个辩护律师扰乱法庭秩序案中，律师的行为主要表现为：（1）多次打断合议庭成员以及公诉人的讯问；（2）用手机进行拍摄。而这两种行为都没有在《刑法修正案（九）》草案第35条前三项规定的范围内，不能认定为扰乱法庭秩序罪。因此，在《刑法修正案（九）》草案第35条中，要害问题在于第4项。如果该项内容被通过，则刑法中没有明文规定的扰乱法庭秩序行为都可以通过司法解释的方式入罪。

《刑法修正案（九）》草案第35条第4项采取的是空白规定，也就是所谓的兜底条款。这种兜底式的条款，具有对行为的扩充作用。事实上，在这次刑法修订之前，我国学者在对扰乱法庭秩序罪的立法建言中，就有设置空白规定的内容。例如，我国学者指出：《刑法》第309条这种列举式的规定，虽然清晰明了，符合罪刑法定原则的要求，但难免举不胜举，挂一漏万。鉴于司法实践中严重扰乱法庭秩序的行为错综复杂且层出不穷，难以一一列举，为最大限度地维护法庭秩序，做到"法网恢恢，疏而不漏"，笔者建议，宜采用列举与概括相结合的方式规定本罪的行为方式，即在列举"聚众哄闹、冲击法庭，殴打司法工作人员"之后，加上"其他严重扰乱法庭秩序的行为"的兜底规定。所谓"其他严重扰乱

法庭秩序的行为"是指与法条中所列举的"聚众哄闹、冲击法庭"和"殴打司法工作人员"的社会危害性相当,足以严重扰乱法庭秩序的行为。用概括性规定作为兜底条款,可以囊括形形色色的实质上具有严重社会危害性的扰乱法庭秩序的行为,使刑法条文更加严谨和科学,体现刑事立法上原则性与灵活性的统一,为法庭的井然有序提供法律保障。[①] 这一立法建议极大地扩张了扰乱法庭秩序行为入罪的范围,笔者对此不能赞同。而《刑法修正案(九)》草案第一稿第35条第4项则采纳了这种空白规定的立法方式。

应该说,在我国刑法分则对具体犯罪的规定中,这种兜底条款为数不少。从性质分类,这种兜底条款可以分为两种情形:一是列举式的兜底条款。例如《刑法》第193条贷款诈骗罪,立法者列举了5种贷款诈骗的方法,即(1)编造引进资金、项目等虚假理由的;(2)使用虚假的经济合同的;(3)使用虚假的证明文件的;(4)使用虚假的产权证明作担保或者超出抵押物价值重复担保的;(5)以其他方法诈骗贷款的。这里的第5种贷款诈骗方法,也是一种兜底式的规定。但因为本罪的行为是诈骗,而具体方法受到诈骗这一行为的限制,只具有提示性。因此,这种兜底条款并不违反明确性原则。二是补漏式的兜底条款。例如《刑法》第225条非法经营罪,立法者也列举了4种非法经营行为,即(1)未经许可经营法律、行政法规规定的专营、专卖物品或者其他限制买卖的物品的;(2)买卖进出口许可证、进出口原产地证明以及其他法律、行政法规规定的经营许可证或者批准文件的;(3)未经国家有关主管部门批准非法经营证券、期货、保险业务的,或者非法从事资金支付结算业务的;(4)其他严重扰乱市场秩序的非法经营行为。以上4种行为属于不同性质的非法经营行为,前三种是明文列举,而第四种则具有补漏的性质。我认为,以上两种兜底条款存在重大区别。列举式的兜底条款虽然是一种空白规定,但其行为范围是封闭的。但补漏式的兜底条款则具有开放性,其具体内容由司法机关根据实际情况加以填充。在我国,通常都是以司法解释的方式进行规定。因此,这种补漏式的兜底条款在一定程度上与罪刑法定

[①] 参见利子平:《扰乱法庭秩序罪的立法缺陷及其完善》,载《法学杂志》,2008(6)。

原则有抵触。而《刑法修正案（九）》草案第35条第4项规定，就是这样一种补漏式的兜底条款。相对于其他补漏式的兜底条款而言，扰乱法庭秩序罪的补漏式兜底条款与法院利益攸关。可以说，法官作为法庭秩序的维护者，同时也是扰乱法庭秩序罪的某种意义上的被害者。在这种情况下，如果对扰乱法庭秩序罪规定补漏式的兜底条款，任由法官解释，或者由具有司法解释权的最高人民法院和最高人民检察院进行解释，则该罪被滥用的可能性是相当大的。

在征求意见过程中，律师界以及公众对《刑法修正案（九）》草案第35条关于扰乱法庭秩序罪的规定，主要是第3款和第4款提出了较为集中的意见，从而引起了立法机构的重视。为此，立法机关在《刑法修正案（九）》草案第二稿的审查过程中，指出：二审稿中适用此项罪名的行为第三项和第四项分别是"侮辱、诽谤、威胁司法工作人员或者诉讼参与人"及"其他严重扰乱法庭秩序行为"，审议中就有意见提出，这两款规定可能被滥用。全国人大法律委员会研究后认为，刑事诉讼法的相关规定措辞为"聚众哄闹、冲击法庭或者侮辱、诽谤、威胁、殴打司法工作人员或者诉讼参与人，严重扰乱法庭秩序，构成犯罪的"，民事诉讼法的相关规定措辞为"哄闹、冲击法庭，侮辱、诽谤、威胁、殴打审判人员，严重扰乱法庭秩序的"，草案二审稿与其相一致和衔接，不宜取消。但为了防止该罪名在实践中被扩大化，三审稿仍作出了一定修改，即将有兜底作用的第四款"其他严重扰乱法庭秩序行为"，调整为定义明确的"有毁坏法庭设施，抢夺、损毁诉讼文书、证据等扰乱法庭秩序行为，情节严重的"。由此，在《刑法修正案（九）》草案第三稿中，取消了第35条第4项的补漏式的兜底条款。我认为，这是一个重大的进步。

三、扰乱法庭秩序罪的罪体特征

经过修订的《刑法》第309条规定："有下列扰乱法庭秩序情形之一的，处三年以下有期徒刑、拘役、管制或者罚金：（一）聚众哄闹、冲击法庭的；（二）殴打司法工作人员或者诉讼参与人的；（三）侮辱、诽谤、威胁司法工作人

员或者诉讼参与人，不听法庭制止，严重扰乱法庭秩序的；（四）有毁坏法庭设施，抢夺、损毁诉讼文书、证据等扰乱法庭秩序行为，情节严重的。"为了避免该罪的滥用，就必须对其构成要件，尤其是行为特征进行严格的解释。根据修订后的《刑法》第309条规定，扰乱法庭秩序罪具有以下三个特征。

（一）时间地点的特定性

扰乱法庭秩序罪发生在特定的时间与地点，这就是开庭时间与开庭地点。虽然在《刑法》第309条的表述中，并没有标明该罪只能发生在开庭的时间和开庭的地点；但本罪行为的性质是扰乱法庭秩序，这就决定了本罪行为必然发生在开庭的时间和地点。

这里的开庭时间，除了庭审正在进行的时间以外，还包括开庭准备的时间。一般来说，扰乱法庭秩序的行为都发生在庭审正在进行的时间。但因为被告人的扰乱行为而使庭审不能按照计划开始的，也可以构成扰乱法庭秩序罪。因此，扰乱法庭秩序罪也可以发生在开庭的准备时间。

本罪发生的地点是法庭，也就是庭审举行的地点。扰乱法庭秩序的行为，一般都发生在法庭之内。但在某些情况下，法庭以外的扰乱行为也会影响到庭审活动。这种行为也可能构成扰乱法庭秩序罪。

除此以外的时间和地点所发生的扰乱行为，不能构成扰乱法庭秩序罪，但有可能构成其他犯罪。例如，殴打司法工作人员或者诉讼参与人是扰乱法庭秩序的行为表现，然而这一行为必须发生在开庭时间和地点的，才能构成本罪。如果发生在其他时间和地点，例如在庭审以外的时间和地点，对司法工作人员或者诉讼参与人进行殴打的，就不能构成扰乱法庭秩序罪，但造成伤害的，可以构成故意伤害罪。

（二）保护客体的复杂性

扰乱法庭秩序罪的保护客体较为复杂，既存在单一客体又存在双重客体。本罪的主要保护客体是法庭秩序，这是没有问题的。但同时根据扰乱法庭秩序行为类型的不同，本罪有些行为还可能侵害了其他保护客体。其中，第一种扰乱法庭秩序的行为，即聚众哄闹、冲击法庭的，是一种单纯的扰乱法庭秩序的行为。因

此，这种扰乱法庭秩序行为侵害的保护客体是单一客体。第二种扰乱法庭秩序的行为，即殴打司法工作人员或者诉讼参与人的，既侵害了法庭秩序，同时又侵害了司法工作人员或者诉讼参与人的人身权利。如果只是侵害了司法工作人员或者诉讼参与人的人身权利，但没有侵害法庭秩序的，则不属于本罪的行为。第三种扰乱法庭秩序的行为，即侮辱、诽谤、威胁司法工作人员或者诉讼参与人的，既侵害了法庭秩序，同时又侵害了司法工作人员或者诉讼参与人的人格权、名誉权等人身权利。如果只是侵害了司法工作人员或者诉讼参与人的人格权、名誉权等人身权利，但没有侵害法庭秩序的，则不属于本罪的行为。第四种扰乱法庭秩序的行为，即毁坏法庭设施，抢夺、损毁诉讼文书、证据的，既侵害了法庭秩序，同时又侵害了法庭设施等。如果只是侵害了法庭设施等，但没有侵害法庭秩序的，则不属于本罪的行为。从以上分析可以看出，《刑法》第309条规定的都是一些较为严重的扰乱法庭秩序行为，即不仅扰乱了法庭秩序，而且侵害了其他法益。只有聚众哄闹、冲击法庭这一种行为，是单纯地扰乱法庭秩序的行为。

（三）行为类型的多样性

扰乱法庭秩序的行为，《刑法》第309采取了列举的方式，共计列举了下述4种扰乱法庭秩序的行为。

1. 聚众哄闹、冲击法庭

这里的聚众哄闹、冲击法庭，是指聚集三人以上，在法庭上起哄捣乱，或者在未经许可的情况下，强行进入法庭，造成法庭混乱的情形。法庭是一个庄严和神圣的场所，任何人都必须遵守法庭纪律，维护法庭秩序。而聚众哄闹、冲击法庭的行为严重破坏法庭秩序，因此规定为犯罪具有合理性。

2. 殴打司法工作人员或者诉讼参与人

这里的殴打司法工作人员或者诉讼参与人，是指对法官、公诉人、法警以及各种诉讼参与人进行暴力袭击。应该指出，这种殴打一般都发生在法庭，因此具有扰乱法庭秩序的性质。如果不是在法庭，而是在其他地点殴打上述人员，则不具有对法庭秩序的破坏性，因此不能构成本罪。如果造成伤害的，可以构成故意伤害罪。这种殴打司法工作人员或者诉讼参与人的行为，并不要求达到伤害的程

度。因此，这是将扰乱法庭秩序的一般暴行规定为犯罪。

3. 侮辱、诽谤、威胁司法工作人员或者诉讼参与人

这里的侮辱、诽谤、威胁司法工作人员或者诉讼参与人，是指在法庭上对法官、公诉人、法警以及各种诉讼参与人进行侮辱、诽谤和威胁。这是《刑法修正案（九）》新增加的行为类型，在草案征求意见过程中，对此存在较大的争议。我认为，对于这里的侮辱、诽谤和威胁都应该加以严格的界定，以避免对律师的法庭辩护形成负面效果的可能性。我国刑法中对侮辱、诽谤罪都有明文规定，扰乱法庭秩序罪中的侮辱、诽谤也应当按照该规定加以理解。因此，这里的侮辱，是指以暴力、言辞或者其他方法，公然损害他人人格，破坏他人名誉的行为。诽谤是指故意捏造事实，并进行散布，损害他人人格和名誉的行为。因为在我国刑法中，对侮辱、诽谤的理解是较为确定的，因此不存在争议。但如何理解这里的威胁，则是一个需要特别关注的问题。我认为，这里的威胁，并不是指一般性的恐吓，而是指以杀害、伤害、毁坏财物、毁坏名誉等相威胁。

4. 毁坏法庭设施，抢夺、损毁诉讼文书、证据

这也是《刑法修正案（九）》新增加的扰乱法庭秩序行为。这里的毁坏法庭设施，是指对法庭设施进行破坏。例如，损毁法庭的桌椅、破坏法庭的录音录像设备等。抢夺、损毁诉讼文书、证据，是指夺取诉讼文书、证据，撕坏诉讼文书、毁坏证据等。法庭设施是法庭的物质形态，对法庭设施的破坏是一种严重扰乱法庭秩序的行为。当然，这种对法庭秩序的破坏活动只能发生在庭审期间，如果是庭审以外的时间，对法庭设施进行破坏的，只能构成故意毁坏财物罪，而不能构成本罪。诉讼文书和证据是案件资料和材料，也是案件的物质载体。抢夺、损毁诉讼文书、证据的行为，不仅使这些案件资料和材料受到毁坏，而且阻碍了庭审活动，因此，具有对法庭秩序的扰乱性，应当以扰乱法庭秩序罪论处。

通过以上对修订后的《刑法》第309条扰乱法庭秩序罪的解释，我认为，虽然增加了第3、4项扰乱法庭秩序行为的类型，但由于刑法对此进行了明文描述，对入罪标准作出了严格的限制。在这种情况下，试图以扰乱法庭秩序罪应对律师的法庭抗争行为，是不可能的。事实上，法庭秩序不能、也不应该通过刑事手段

来加以维护。如果法庭是一个摆事实、讲道理的场所,则其法庭秩序自然会受到各方诉讼参与人的遵守和尊重。因此,对于法庭秩序的获得来说,建立以审判为中心的刑事诉讼结构,使各方诉讼参与人在法庭上的权利都能够得到有效的保障,是更为重要的。

当法庭平静之时,也就是法治到来之日。

(本文原载《现代法学》,2016(1))

包庇罪与帮助毁灭证据罪之界分
——冉儒超案研究

倾接黑龙江省高级人民法院一位法官来电，咨询在他人杀人后帮助他人肢解尸体、毁灭证据的行为是定毁灭证据罪还是定包庇罪？从该案行为特征来看，毁尸灭迹属于毁灭证据的行为，似应以帮助他人毁灭证据罪论处，判处3年以下有期徒刑。但从该案的犯罪性质来看，肢解尸体并加以毁灭，性质十分严重，且行为人主观上具有包庇他人的目的，以包庇罪论处，按照情节加重犯可判处3年以上10年以下有期徒刑。这一询问引起我对包庇罪与帮助毁灭证据罪之关系的思考。正好最高人民法院《刑事审判参考》（2003年第4辑）刊登的冉儒超案涉及这个问题。本文拟结合冉儒超案从法理上对包庇罪与帮助毁灭证据罪加以研究。

一、案情及诉讼过程

被告人冉国成，男，1974年出生，大专文化，原系重庆市黔江区金洞乡人民政府林业站副站长。因涉嫌犯故意杀人罪，于2002年10月16日被逮捕。

被告人冉儒超，男，1970年出生，农民。因涉嫌犯包庇罪，于2002年10月

16日被逮捕。

被告人冉鸿雁，男，1980年出生，农民。因涉嫌犯包庇罪，于2002年10月17日被逮捕。

重庆市人民检察院第四分院以被告人冉国成犯故意杀人罪，被告人冉儒超、冉鸿雁犯包庇罪，向重庆市第四中级人民法院提起公诉。

重庆市第四中级人民法院经审理查明：

2001年4月10日，被告人冉国成与本乡杨家村村民何玉均因赌博纠纷发生斗殴，冉被何打伤，遂对何怀恨在心，伺机报复。案发前，冉国成曾先后3次对其胞兄冉儒超流露"要搞（指报复）何玉均"，但冉儒超对此一直未置可否。

2002年9月11日23时许，冉国成与冉儒超、冉鸿雁在其家中喝酒时，金洞乡政府林业站打来电话，称有人在非法贩运木材，要求冉国成立即前去查处。接电话后，冉国成突发当晚杀死何玉均的念头，于是，便从家中携带一把砍刀，并邀约冉儒超、冉鸿雁陪同执行查处任务。冉儒超看见冉国成携带的砍刀后，问为何带刀，冉国成含糊搪塞。执行完任务后，三人到乡政府外小吃摊吃夜宵的过程中，冉国成借故离开，潜入在附近居住的被害人何玉均的卧室，持随身携带的砍刀向熟睡中的何玉均猛砍二十余刀，致其当即死亡。

与此同时，金洞乡政府干部罗军出来看见冉国成的摩托车后，向冉儒超和冉鸿雁打听冉国成的去向，冉儒超便安排冉鸿雁和罗军在附近寻找冉国成。不一会儿，三人听见从何玉均住房内传出砍杀声。冉儒超当即意识到可能是冉国成在砍杀何玉均，遂叫冉鸿雁和罗军到何玉均的卧室去"看一下"。二人赶到现场时，发现冉国成已将何玉均杀死。随后，冉国成安排冉鸿雁用摩托车将冉儒超和其本人送回家。之后，冉国成指使冉儒超和冉鸿雁将其杀人所用的砍刀等物转移至冉鸿雁的养鸡场内藏匿。到养鸡场后，冉儒超给冉国成打电话，授意冉国成将其作案时所穿的血衣和鞋子等物烧毁；同时，又安排冉鸿雁用乙醇把冉国成杀人所用的砍刀上的血迹烧掉，但冉鸿雁还未来得及行动，公安人员已闻讯赶来抓捕。冉儒超把砍刀藏匿后，逃回家中与冉国成共商对策。冉儒超认为冉国成"是国家干部，还有前途"，决定由自己为其顶罪，并和冉国成订立攻守同盟后外逃。当日，

640

三被告人分别被公安机关抓获。

重庆市第四中级人民法院经审理认为：被告人冉国成因赌博与被害人何玉均发生纠纷，蓄意报复杀人，其行为构成故意杀人罪。被告人冉儒超明知被告人冉国成杀死何玉均后，仍受其指使，与冉鸿雁一起转移、隐藏冉国成的杀人凶器，并与冉国成共谋逃避处罚的对策，故意制造是其本人杀人后畏罪潜逃的假象，转移侦查视线，同时，授意被告人冉鸿雁及冉国成本人毁灭冉国成杀人的罪证，其行为已构成包庇罪。被告人冉鸿雁明知被告人冉国成是犯罪的人而帮助其逃离犯罪现场，并在冉国成的指使下，转移其作案工具，其行为亦构成包庇罪。被告人冉儒超、冉鸿雁是包庇罪行特别严重的犯罪分子，情节严重。在共同包庇犯罪中，被告人冉儒超起主要作用，是主犯；被告人冉鸿雁起次要作用，是从犯，应当从轻处罚。鉴于被告人冉鸿雁在包庇犯罪中系受冉国成及冉儒超的指使、安排，且归案后认罪态度好，有悔罪表现，对其适用缓刑不致再危害社会，决定对其适用缓刑。

综上，依照《中华人民共和国刑法》第232条，第310条第1款，第25条，第26条第3、4款，第27条，第57条第1款，第72条，第73条的规定，判决如下：

（1）被告人冉国成犯故意杀人罪，判处死刑，剥夺政治权利终身；

（2）被告人冉儒超犯包庇罪，判处有期徒刑4年；

（3）被告人冉鸿雁犯包庇罪，判处有期徒刑3年，缓刑3年。

二、争议及裁判理由

本案在司法处理过程中涉及以下三个争议问题：（1）事前明知，并且事后包庇的行为，是否构成共同犯罪？（2）行为人出于包庇的目的，实施了包庇行为和帮助毁灭证据行为，如何定罪？（3）共同包庇犯罪案件中的共犯可否划分主、从犯？在这三个问题中，本文拟研究包庇罪与帮助毁灭证据罪之间的关系，因此主要涉及上述第二个问题。对于这个问题，裁判结论是：被告人冉儒超出于包庇的

故意，实施包庇行为和帮助毁灭证据行为，对其行为以包庇罪定罪，而不应数罪并罚。裁判理由如下。

被告人冉儒超明知被告人冉国成杀死何玉均后，仍受其指使，与冉鸿雁一起转移、隐藏冉国成的杀人凶器，并与冉国成共谋逃避处罚的对策，故意制造是其本人杀人后畏罪潜逃的假象，转移侦查视线。上述行为已构成包庇罪。同时，被告人冉儒超授意被告人冉鸿雁及冉国成本人毁灭冉国成杀人的罪证，该行为已构成帮助毁灭证据罪。但被告人冉儒超是出于帮助冉国成逃避刑事法律追究这一犯罪目的而实施的上述犯罪行为，只是由于犯罪的手段行为与目的行为分别触犯了帮助毁灭证据罪和包庇罪这两个罪名，因而出现了犯罪的手段行为与目的行为的牵连，此种情形属于刑法理论上的牵连犯。由于刑法在法定刑的设置上，包庇罪的法定刑比帮助毁灭证据罪的法定刑更重，故按照牵连犯从一重罪处罚的处置原则，对被告人冉儒超的包庇行为和帮助毁灭证据的行为只以包庇罪定罪，而不实行数罪并罚。

上述裁判理由虽然简单，但提出了一些值得研究的问题，例如冉儒超授意冉鸿雁及冉国成本人毁灭罪证，其行为是否构成帮助毁灭证据罪？尤其是：包庇罪与帮助毁灭证据罪能否构成刑法理论上的牵连犯？要解决这些问题，应从包庇罪与帮助毁灭证据罪的基本构成特征入手。

三、立法沿革分析

包庇罪是在1979年刑法中规定的一个罪名，在1979年《刑法》第162条第2款，包庇罪的罪状被表述为：作假证明包庇其他犯罪分子。这里之所以规定"其他犯罪分子"，是因为第162条第1款规定了包庇反革命分子的行为。那么，如何理解这里的作假证明包庇犯罪分子？尤其是作假证明，是指向司法机关虚假陈述，还是也包括毁灭证据或者转移证据等行为？对于这个问题，从刑法草案修改的过程来看，经历了一个立法用语的转换，由此我们也可以窥见包庇罪之包庇行为的立法本意。1979年刑法的第22稿（1957年6月28日）第190条规定：

"事前没有通谋,事后隐藏犯罪分子或者为犯罪分子毁灭、隐藏罪证的,处三年以下有期徒刑或者拘役;事后隐藏反革命分子或者为反革命分子毁灭、隐藏罪证的,处三年以上十年以下有期徒刑。"在这一规定中,涉及为犯罪分子或者反革命分子毁灭、隐藏罪证的行为,但并未出现包庇一词。第 27 稿(1962 年 12 月)第 175 条的规定有所调整,对包庇行为表述为"为犯罪分子消灭、隐匿犯罪证据"。第 30 稿(1963 年 2 月 27 日)第 178 条对此未作改动。第 33 稿(1963 年 10 月 9 日)第 179 条首次出现包庇一词,以此取代"消灭、隐匿犯罪证据"的用语。对于修改的理由,高铭暄教授指出,是由于"毁灭、隐藏罪证"包括不了所有的包庇行为。[①] 第 34 稿(1978 年 12 月)和第 35 稿(1979 年 2 月)均维持了上述规定,未作变动。及至第 36 稿(1979 年 3 月 31 日)第 169 条首次出现了"作假证明包庇"一语,1979 年《刑法》第 162 条采用了上述表述。在论及"包庇"修改为"作假证明包庇"的理由时,高铭暄教授指出:(通过这种修改)把包庇的概念明确起来,包庇不是单纯的知情不举(不作为),而是弄虚作假的积极行为(作为)。因此,根据高铭暄教授的理解,1979 年刑法中的包庇罪是指明知是反革命分子或者其他犯罪分子,而弄虚作假帮助其掩盖罪行,使之逃避法律制裁的行为。[②] 从以上叙述可以看出,包庇罪的客观行为经历了一个从毁灭、隐藏罪证到包庇,再到作假证明包庇这样一个立法表述的改动过程。毁灭、隐藏罪证是一种较为具体的描述,而包庇则较为抽象。将毁灭、隐藏罪证包含在包庇之中,并使包庇能够将更多的帮助犯罪分子逃避法律制裁的行为包含进来,似乎并无不当。但在包庇一词前加上"作假证明"一语的限制,又缩小了包庇行为的内涵,尽管其目的在于强调包庇是一种作为而非不作为,但确如我国学者指出:用"作假证明"限定包庇,不仅没有达到这个预期的效果,反而带来了问题:一是"作假证明"的含义不清,与《刑法》第 148 条"伪证罪"中证人的虚假陈述不易区分;二是用"作假证明"来限定包庇,使包庇的范围大为缩小,甚至连第

[①] 参见高铭暄:《中华人民共和国刑法的孕育和诞生》,221 页,北京,法律出版社,1981。
[②] 参见高铭暄:《中华人民共和国刑法的孕育和诞生》,222 页,北京,法律出版社,1981。

22 稿中规定的"为犯罪分子毁灭、隐藏罪证"的包庇行为都无法体现。[①] 在这种情况下，对于这里的作假证明包庇犯罪分子，是否包括帮助犯罪分子毁灭、隐藏罪证，我国刑法学界出现了争议。

在 1979 年刑法颁布之初，我国学者对作假证明包庇犯罪分子，倾向于作狭义的理解。例如高铭暄教授强调，包庇行为的本质特征在于弄虚作假帮助犯罪分子掩盖罪行。[②] 以"弄虚作假"诠释"作假证明"，是较为贴切的。因此，包庇行为就有欺骗司法机关之意蕴。还有学者更是从字面出发，将作假证明包庇犯罪分子解释为"有意识地向司法机关和有关组织出具口头的或书面的假证明，借以帮助罪犯掩盖罪行，使其逃避应受的法律制裁的行为"[③]。在这种情况下，以作假证明以外的其他方法实施包庇行为的，就不能按照包庇罪定罪。为此，我国学者认为，应当实行类推定罪。[④] 由于 1979 年刑法设有类推制度，因而在法无明文规定的情况下通过类推定罪不失为一种较好的选择。但这只是个别学者的观点，我国刑法学界的通说是主张对作假证明包庇犯罪分子进行扩大解释。例如，王作富教授指出：关于包庇的方法，《刑法》第 162 条只提到"作假证明"的方法，例如，明知是犯罪分子，却为他申报临时户口，说他是出差办事的，掩盖其罪犯的身份。但是，实践表明，"作假证明"并不是包庇罪犯的唯一方法。例如在犯罪分子完成犯罪之后，当场帮助他毁灭罪迹、洗净血衣、掩埋被害人尸体、掩藏凶器等，都是属于目的在于帮助罪犯掩盖犯罪事实、逃避制裁的包庇行为，应当以包庇罪论。[⑤] 在上述论述中，只是以"实践表明作假证明并不是包庇罪犯的唯一方法"为由，就径直将帮助隐藏、毁灭罪证的内容涵括在包庇方法之内，而没有作任何学理上的论证。这表明在当时的历史背景下，我国刑法学理解释的随意性。当然，考虑到 1979 年刑法存在类推制度，这种解释的随意性的后果似乎并

---

① 参见赵秉志主编：《妨害司法活动罪研究》，265 页，北京，中国人民公安大学出版社，1994。
② 参见高铭暄：《中华人民共和国刑法的孕育和诞生》，222 页，北京，法律出版社，1981。
③ 李光灿主编：《中华人民共和国刑法论》，下册，630 页，长春，吉林人民出版社，1984。
④ 参见李道重：《关于包庇罪的一个问题》，载《法学杂志》，1986（1）。
⑤ 参见王作富：《中国刑法研究》，663 页，北京，中国人民大学出版社，1988。

没有那么严重。其背后的逻辑是：反正要定罪，无非是类推还是直接解释在内的手段选择问题。当然，也有学者明确这是一种扩张解释，并认为鉴于《刑法》（指1979年刑法，下同）第162条规定上的疏漏，应尽快加以修正完善，在修正完善之前，为了满足司法实践的需要，可以对"作假证明"作扩张解释，而且这样做，并不违背立法原意，没有必要对"为犯罪分子毁灭、隐藏罪证"的行为以类推的方法适用《刑法》第162条。① 通过扩张解释，包庇行为扩展为以下6种情形：(1) 隐藏、毁灭物证、书证。(2) 制造虚假的证人证言。(3) 制造虚假的被害人陈述。(4) 制造虚假的被告人供述。(5) 指使、收买、威胁鉴定人作虚假的鉴定结论。(6) 伪造犯罪现场。我国学者指出：以上6种行为都是与妨害刑事证据有关的包庇行为。司法实践中出现的包庇行为，也有一些与证据无关的，比如向司法机关作假证明，隐瞒或谎言编造犯罪分子逃跑的路线、方向及地点，为犯罪分子鸣冤叫屈，对被害人污蔑诽谤，等等，其意图都是包庇犯罪分子，使其逃避法律制裁，故而亦应认定为包庇罪。② 至此，包庇罪的内涵大为扩展，使之成为将除窝藏以外帮助犯罪分子逃避法律制裁的所有行为都涵括在内的一个罪名。

在1997年刑法修订中，第307条第2款新增了帮助毁灭、伪造证据罪。这里的证据，包括民事证据与刑事证据。因此，帮助毁灭、伪造证据行为不仅妨害民事诉讼，同时也妨害刑事诉讼。对此，在刑法理论上并无异议。例如立法者在论及本罪时指出：帮助当事人毁灭、伪造证据，是指与当事人共谋，或者当事人指使为当事人毁灭证据、伪造证据提供帮助的行为，如为贪污犯罪的嫌疑人销毁单据等。③ 在1997年刑法设立帮助毁灭、伪造证据罪以后，本罪与包庇罪的关系究竟如何，就成为一个值得研究的问题。对于这个问题，大部分刑法论著并未涉及，对包庇罪的解释也仍然保持刑法修订前的原样。在1997年刑法颁布之初，

---

① 参见赵秉志主编：《妨害司法活动罪研究》，265页，北京，中国人民公安大学出版社，1994。
② 参见赵秉志主编：《妨害司法活动罪研究》，271页，北京，中国人民公安大学出版社，1994。
③ 参见胡康生、郎胜主编：《中华人民共和国刑法释义》，2版，420页，北京，法律出版社，2004。

我亦如此。例如，在《刑法疏议》一书中，我将帮助犯罪分子湮灭罪迹和毁灭罪证行为为包含在包庇罪之中。① 这种解释没有考虑到1997年刑法新设的帮助当事人毁灭、伪造证据罪，因而有所不妥。也有学者对包庇罪与帮助毁灭、伪造证据罪的关系作了论述，指出：原来（指1997年刑法修订前——引者注）将"帮助湮灭罪迹和毁灭罪证的行为"解释为"作假证明包庇"，是由于刑法没有单独将此行为规定为犯罪，而司法实践中又大量出现这种行为，为了满足司法实践的需要，必须将这种行为类推解释为"作假证明包庇"。从严格的罪刑法定原则出发，这种类推解释是站不住脚的。新刑法发现了这一立法上的疏漏，增加规定了帮助毁灭、伪造证据罪。因此，对于这种帮助湮灭罪迹和毁灭罪证的行为，应按新刑法的这一罪名定罪处罚，而不能再按包庇罪来定罪处罚。② 现在看来，这一观点是可取的。由此可见，在帮助毁灭、伪造证据罪设立以后，包庇罪的范围有所减小，原先不恰当地解释在包庇罪中的帮助湮灭罪迹和毁灭罪证的行为显然应当是帮助毁灭、伪造证据罪的题中之意。

最后还要指出一点，随着帮助毁灭、伪造证据行为从包庇罪中分离出来，包庇罪的构成又受到伪证罪的限制，包庇行为实际上已经十分有限。在这种情况下，对犯包庇罪情节严重的处3年以上10年以下有期徒刑已经完全没有必要，而且使包庇罪的处罚与帮助毁灭、伪造证据罪的处罚失衡，这是在将来刑法修改时值得考虑的。

四、裁判理由评述

在冉儒超、冉鸿雁包庇案中，法院判决认定，被告人冉儒超明知被告人冉国成杀死何玉均后，仍受其指使，与冉鸿雁一起转移、隐藏冉国成的杀人凶器，并与冉国成共谋逃避处罚的对策，故意制造是其本人杀人后畏罪潜逃的假象，转移

---

① 参见陈兴良：《刑法疏议》，492页，北京，中国人民公安大学出版社，1997。
② 参见李希慧主编：《妨害社会管理秩序罪》，257~258页，武汉，武汉大学出版社，2001。

侦查视线，同时，授意被告人冉鸿雁及冉国成本人毁灭冉国成杀人的罪证，其行为已构成包庇罪。被告人冉鸿雁明知被告人冉国成是犯罪的人而帮助其逃离犯罪现场，并在冉国成的指使下，转移其作案工具，其行为亦构成包庇罪。在上述法院判决的行为中，可以分为以下三种情形：一是转移、隐藏犯罪证据；二是制造假象，转移侦查视线；三是帮助毁灭犯罪证据。在上述三种行为中，帮助毁灭犯罪证据行为，已构成帮助毁灭证据罪，对此不会有争议。至于制造假象，转移侦查视线，以顶罪的方式使真正的犯罪人逃避法律制裁，这是一种包庇的特殊形式。对此，我国学者指出：在司法机关追捕的过程中，行为人出于某种特殊原因为了使犯罪人逃匿，而自己冒充犯罪的人向司法机关投案或者实施其他使司法机关误认为自己为原犯罪人的行为的，也应认定为本罪。[①] 我认为，这一理解是正确的。那么，对转移、隐藏证据的行为能否以帮助毁灭证据罪论处？这里的关键是如何理解毁灭证据。如果把毁灭理解为使证据从物质形态上消失，将难以将这种转移、隐藏证据的行为涵摄在内。如果将毁灭证据理解为使司法机关无从发现某种证据，则不仅使证据从物质形态上消失属于毁灭证据，而且虽未使证据从物质形态上消失但将证据藏匿、使之不被发现，也可扩大地解释为毁灭证据。在司法实践中，对于这种帮助转移、隐藏证据的行为也是以帮助毁灭证据罪处理的。例如被告人赵某于2002年8月31日18时45分左右，应同事潘某的要求，驾驶轿车至潘某住处。潘告知赵已将女友袁某杀害并肢解，并要求赵帮忙将尸体运至一油料库后山处理。赵帮潘将装有尸体的牛仔包抬进汽车后备箱，连同潘抬进的另一包尸体和作案工具一并拉到油料库的后山上。公安机关找赵谈话时，即如实作了交代。法院在审理此案过程中，对本案的定性有两种不同意见：一种意见主张定帮助毁灭证据罪，另一种意见主张定包庇罪。法院认为，本案中，被害人的尸体是重要的证据。赵帮助潘抬、运装有尸体的牛仔包的行为，属于毁灭证据的行为，且情节严重，已构成帮助毁灭证据罪，遂依法作了判处。[②] 我认为，这一

---

① 参见张明楷：《刑法学》，2版，829页，北京，法律出版社，2003。
② 参见周道鸾、张军主编：《刑法罪名精释》，2版，531页，北京，人民法院出版社，2003。

判决是正确的。对于这种转移、隐藏证据的行为如果不以毁灭证据罪论处而定包庇罪，使其受到较之毁灭证据罪更重的刑罚处罚，显然不妥。

根据以上分析，被告人冉儒超、冉鸿雁实际上实施了包庇行为和帮助毁灭证据行为，触犯了两个罪名。那么，对此应当如何处理呢？裁判理由指出：被告人冉儒超是出于帮助冉国成逃避刑事法律追究这一犯罪目的而实施的上述犯罪行为，只是由于犯罪的手段行为与目的行为分别触犯了帮助毁灭证据罪和包庇罪这两个罪名，因而出现了犯罪的手段行为与目的行为的牵连，此种情形属于刑法理论上的牵连犯。由于刑法在法定刑的设置上，包庇罪的法定刑比帮助毁灭证据罪的法定刑更重，故按照牵连犯从一重罪处罚的处罚原则，对被告人冉儒超的包庇行为和帮助毁灭证据的行为只以包庇罪定罪，而不实行数罪并罚。以上对包庇罪与帮助毁灭证据罪之关系的论述，我认为是不能成立的。实际上，无论是包庇罪还是帮助毁灭证据罪，都存在帮助犯罪分子逃避刑事追究的目的，只是手段不同而已。从这个意义上说，包庇罪与帮助毁灭证据罪之间是一种并列关系而非牵连关系。因此，在本案中，被告人既实施了包庇行为，又实施了帮助毁灭证据行为，应以数罪论处。

（本文原载刘宪权主编：《刑法学研究》，第1卷，北京，北京大学出版社，2005）

图书在版编目（CIP）数据

刑法研究. 第十二卷，刑法各论. Ⅱ/陈兴良著. --
北京：中国人民大学出版社，2021.3
（陈兴良刑法学）
ISBN 978-7-300-29098-0

Ⅰ. ①刑… Ⅱ. ①陈… Ⅲ. ①刑法-中国-文集
Ⅳ. ①D924.04-53

中国版本图书馆 CIP 数据核字（2021）第 081884 号

国家出版基金项目
陈兴良刑法学
刑法研究（第十二卷）
刑法各论Ⅱ
陈兴良　著
Xingfa Yanjiu

出版发行	中国人民大学出版社	
社　址	北京中关村大街 31 号	邮政编码　100080
电　话	010-62511242（总编室）	010-62511770（质管部）
	010-82501766（邮购部）	010-62514148（门市部）
	010-62515195（发行公司）	010-62515275（盗版举报）
网　址	http://www.crup.com.cn	
经　销	新华书店	
印　刷	涿州市星河印刷有限公司	
规　格	170mm×228mm　16 开本	版　次　2021 年 3 月第 1 版
印　张	41 插页 4	印　次　2021 年 3 月第 1 次印刷
字　数	614 000	定　价　2 980.00 元（全十三册）

版权所有　侵权必究　　印装差错　负责调换